1 개념 이해 문제 + 기초 유형 연산 대폭 강화

- 핵심 개념과 원리를 이해하는 연산 문제를 유형별로 대폭 강화했습니다.
- 연산 문제, 빈칸 채우기 문제, 단계별 과정 완성하기 문제 등도 함께 수록해 쉽고 재미있게 개념을 익힐 수 있습니다.

2 단원 마무리 평가 문제

- 개념이 학교 시험 기본 문제에 어떻게 적용되어 출제되는지 파악할 수 있도록 단원 마무리 평가 문제를 수록했습니다.
- 학교 시험을 준비하는 기본 문제로 수학 실력을 차근차근 높일 수 있습니다.

3 실력 향상 테스트 문제

- 학교 시험에 자주 출제되는 문제를 대단원별로 종합하여 수록했습니다.
- 실력을 점검하고 부족한 부분을 찾아서 다시 풀어보면 수학 실력이 쑥쑥 오를 것입니다.

DREAMS COME TRUE

물이 강줄기를 따라 흐르는 것은
그것이 물의 흐름을 가장 쉽게 하는 자연의 순리이기 때문입니다.
최소 저항의 길이라는 이 길을
우리는 세상을 살아가면서 끊임없이 부딪히고, 또 이쪽저쪽 재며 갈등합니다.
순리대로 힘들이지 않고 가면 되는 길인 것 같지만 꼭 그렇지만은 않은가 봅니다.
모두가 으레 밟고 지나가는 이 길이 때로는 버거운 짐이라 느껴져
어떻게든 거슬러 보려고 하지만 바로 이 길만이 최소 저항의 길인 것입니다.

가장 자유로워야 할, 그리고 무한한 가능성을 알맞게 빚어나가야 할 나이에
여러 가지 족쇄에 얽매여 날개를 움츠러뜨린
이 땅의 수많은 수험생들 여러분,
내 앞에 놓인 이 길을 어차피 지나가야 하는 거라면
저 멀고 높은 곳을 목표로 삼아 한 번 멋지게 이뤄보는 것은 어떤가요?
현재가 불안한 사람일수록 앞날을 알고 싶어합니다.
그러나 미래를 아는 사람은 이 세상에 단 한 사람도 없습니다.
그런데 100%는 아니지만 조금이나마
미래를 알 수 있는 방법이 하나 있습니다.

그것은 자신의 현재를 살펴보는 것입니다.
현재에 충실한 것이 곧 내가 꿈꾸는 미래를 만들어 가는 것입니다.
내일을 염려하지 말고 오늘에 충실하면 됩니다.
스스로를 신뢰하고 긍정적인 사고로 전환하면 꿈꾸던 미래가 현실이 됩니다.
더 나은 내일을 위해 고전 분투하는 수험생들을 위해
오늘날의 교육 환경 모두를 개선하는 것은 역부족이지만,
뜻을 모으고, 머리를 맞대고, 마음의 정성을 쏟아
오로지 공부만을 위한 공부가 아닌 편안한 마음으로 볼 수 있는 교재,
노력한 만큼 뿌듯한 결과를 안겨줄 수 있는 교재를
만들어 드리기 위해 꾸준히 노력하겠습니다.

이 땅의 수험생 여러분께 진심으로 경의를 표합니다!!

수경출판사 임직원 올림

수학 실력 100% 충전

수력 충전

중등 수학

구성과 특징

수력충전을 공부하면...

- 수학의 원리를 스스로 터득하여 자신감을 회복할 수 있습니다.
- 수학의 흥미를 잃은 학생에게 문제를 푸는 재미를 느끼게 합니다.
- 개념과 수학 실력을 위한 연산 능력을 동시에 정복할 수 있습니다.

1 대단원 개념 – 한 눈에 보기

단원 전체 중요 개념의 A to Z를 연결하여 한 눈에 볼 수 있도록 정리하였습니다.

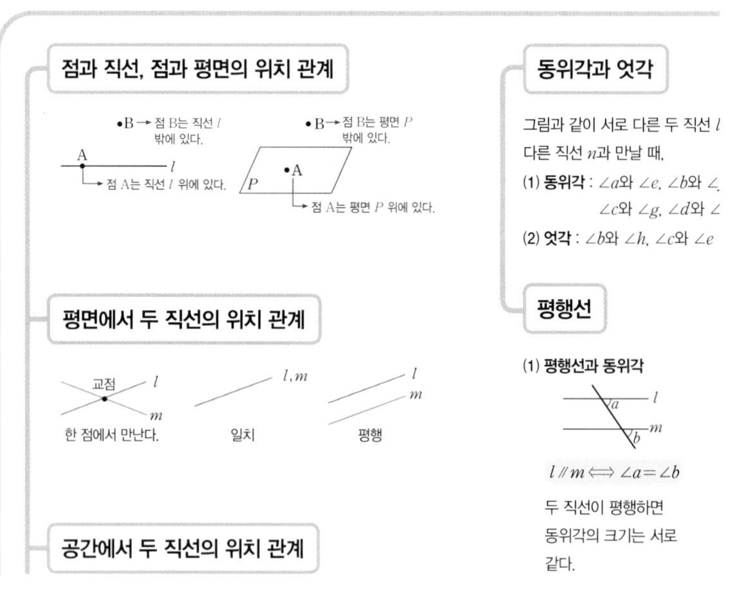

2 개념 정리

반드시 알아야 하는 기본적인 수학 개념과 원리가 쉽게 설명되어 있습니다.
실제 연산 문제에 유용하게 적용하는 수학적 내용들을 첨삭으로 자세히 설명하였습니다.

(예) 개념의 이해를 돕기 위한 적절한 예를 제시
주의 틀리기 쉬운 개념 짚어주기
참고 개념을 보충 설명하기

07 맞꼭지각

(1) **교각** : 두 직선이 한 점에서 만날 때 생기는 네 개의

➡ $\angle a$, $\angle b$, $\angle c$, $\angle d$

(2) **맞꼭지각** : 교각 중에서 서로 마주 보는 각

➡ $\angle a$와 $\angle c$, $\angle b$와 $\angle d$

(3) **맞꼭지각의 성질** : 맞꼭지각의 크기는 서로 같다.

➡ $\angle a=\angle c$, $\angle b=\angle d$

참고 평각은 180°이므로 $\angle a+\angle b=180^\circ$이고 $\angle b+\angle c=180^\circ$

$\therefore \angle a=\angle c$

즉, 맞꼭지각의 크기는 서로 같다.

주의 평각은 서로 다른 두 직선이 한 점에서 만나 이루어지는 각이

3 개념 이해 + 기초 유형 연산

유형별로 나누어 가장 기본적인
연산 문제를 반복적으로 풀 수 있어
개념을 확실하게 이해할 수 있도록
하였습니다.

- **빈칸 채우기**: 풀이 과정에 있는 빈칸 채우기를 통해 문제해결의 기본 원리를 터득할 수 있습니다.

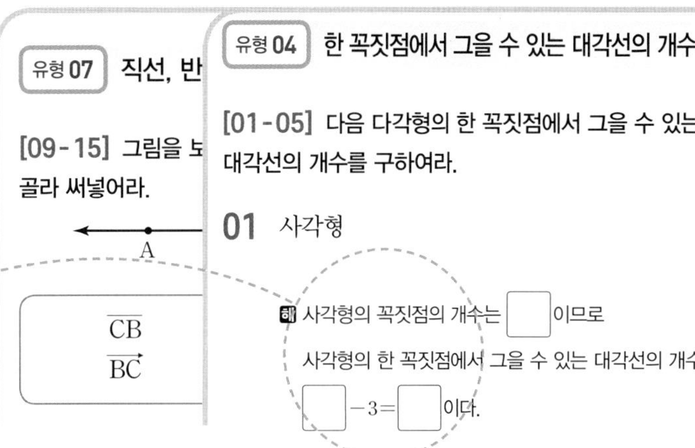

유형 07 직선, 반
[09-15] 그림을 보
골라 써넣어라.
A
CB
BC
유형 04 한 꼭짓점에서 그을 수 있는 대각선의 개수
[01-05] 다음 다각형의 한 꼭짓점에서 그을 수 있는
대각선의 개수를 구하여라.
01 사각형
해 사각형의 꼭짓점의 개수는 이므로
사각형의 한 꼭짓점에서 그을 수 있는 대각선의 개
−3= 이다.

4 개념 체크

각 유형별 학습의 마지막에 개념을 다시
한 번 체크할 수 있는 코너입니다.
개념을 확실히 오래도록 기억할 수 있게
해줍니다.

개념 체크

10 다음 빈칸에 알맞은 것을 써넣어라.

선과 [　　　] 또는 선과 면이 만나서 생기는 점을 [　　　]이라 하고, 면과 [　　　]이 만나서 생기는 선을 [　　　]이라 한다.

5 단원 마무리 평가

공부한 단원 개념을 학교 시험에서 출제되는
기본 문제로 풀어보도록 구성했습니다.
따로따로 배웠던 개념과 원리를 여러 개념의
흐름 속에서 하나로 연결하는 능력을
향상시킬 수 있습니다.

학교 시험 기본 문제 **단원 마무리 평가** 01 도형 ~ 08 수직과 수선

01

그림과 같은 입체도형에 대하여 교점의 개수를 a, 교선의 개수를 b라 할 때, $2a-b$의 값을 구하여라.

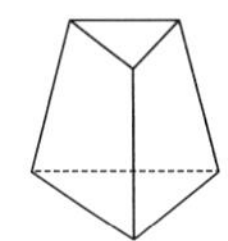

04

〈보기〉 중에서 기호를 올바
것을 모두 고른 것은?

〈보
ㄱ. 점 M은 선분 AB의
➡ $\overline{AM}=\overline{BM}=\frac{1}{2}\overline{A}$

6 실력 향상 테스트

실제 학교 시험의 난이도로 구성된 문제입니다.
공부한 수학 실력을 완벽하게 테스트 할 수
있습니다.

학교 시험 대비

I 단원 실력 향상 테스트 I 기본 도형

01

그림과 같은 입체도형에 대하여 교점의 개수를 a, 교선의 개수를 b라 할 때, $b-a$의 값은?

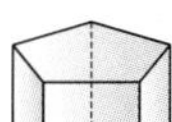

04 시험에 꼭!

그림에서 두 점 M, N은 각각 $\overline{A}$
$\overline{MN}=15$ cm이다. $\overline{AB}=\frac{3}{2}\overline{BC}$
길이는?

차례

Ⅰ 기본 도형

1. 기본 도형

2. 위치 관계

3. 평행선

4. 작도와 합동

Ⅱ 평면도형

1. 다각형

2. 원과 부채꼴

Ⅲ 입체도형

1. 다면체와 회전체

2. 입체도형의 겉넓이와 부피

Ⅳ 통계

1. 대푯값

2. 자료의 정리와 해석(1)

3. 자료의 정리와 해석(2)

학교 시험 대비 실력 향상 테스트

수력충전 학습계획표

Day	학습 내용	페이지	틀린 문제 / 헷갈리는 문제 번호 적기	학습 날짜		복습 날짜	
01	Ⅰ 기본 도형 01~04	10~15		월	일	월	일
02	05~08	16~24		월	일	월	일
03	단원 마무리 평가	25~27		월	일	월	일
04	09~13	28~35		월	일	월	일
05	단원 마무리 평가	36~38		월	일	월	일
06	14~16	39~43		월	일	월	일
07	17~19	44~48		월	일	월	일
08	단원 마무리 평가	49~51		월	일	월	일
09	20~25	52~57		월	일	월	일
10	26~29	58~63		월	일	월	일
11	단원 마무리 평가	64~66		월	일	월	일
12	Ⅱ 평면도형 01~04	70~76		월	일	월	일
13	05~06	77~84		월	일	월	일
14	07~08	85~89		월	일	월	일
15	단원 마무리 평가	90~93		월	일	월	일
16	09~13	94~101		월	일	월	일
17	14~15	102~108		월	일	월	일
18	단원 마무리 평가	109~111		월	일	월	일
19	Ⅲ 입체도형 01~04	116~124		월	일	월	일
20	05~07	125~131		월	일	월	일
21	단원 마무리 평가	132~134		월	일	월	일
22	08~09	135~139		월	일	월	일
23	10~11	140~144		월	일	월	일
24	12~15	145~150		월	일	월	일
25	16~19	151~158		월	일	월	일
26	단원 마무리 평가	159~161		월	일	월	일
27	Ⅳ 통계 01~03	166~172		월	일	월	일
28	단원 마무리 평가	173~175		월	일	월	일
29	04~05	176~186		월	일	월	일
30	06~07	187~193		월	일	월	일
31	08~09	194~200		월	일	월	일
32	단원 마무리 평가	201~203		월	일	월	일
33	10~12	204~211		월	일	월	일
34	단원 마무리 평가	212~214		월	일	월	일
35	Ⅰ단원 실력 향상 테스트	216~219		월	일	월	일
36	Ⅱ단원 실력 향상 테스트	220~223		월	일	월	일
37	Ⅲ단원 실력 향상 테스트	224~227		월	일	월	일
38	Ⅳ단원 실력 향상 테스트	228~231		월	일	월	일

I

기본 도형

I

기본 도형

1 기본 도형

★ 이전에 배웠던 개념

〈선분, 반직선, 직선〉

(1) 선분: 끝이 있고, 직선의 일부분이다.
(2) 반직선: 한쪽 방향으로만 늘어나므로 시작점만 있고, 직선의 일부분이다.
(3) 직선: 양쪽 방향으로 늘어나므로 끝이 없다.

〈각도〉

(1) 각의 크기를 각도라 한다.
(2) 직각을 똑같이 90으로 나눈 것 중 하나를 1도라 하고 1°라고 쓴다.
(3) 직각의 크기는 90°이다.
(4) 한 직선이 이루는 각도는 180°이다.

도형

① **도형의 기본 요소** : 점, 선, 면
② **평면도형** : 원, 사각형 등과 같이 한 평면 위에 있는 도형
③ **입체도형** : 직육면체, 원기둥 등과 같이 한 평면 위에 있지 않은 도형

선

① **직선 AB($\overleftrightarrow{AB}$)** : 서로 다른 두 점 A, B를 지나 한없이 곧게 뻗은 선
② **반직선 AB($\overrightarrow{AB}$)** : 직선 AB 위의 점 A에서 시작하여 점 B의 방향으로 한없이 뻗은 직선의 일부분
③ **선분 AB($\overline{AB}$)** : 직선 AB 위의 두 점 A, B를 포함하여 점 A에서 점 B까지의 부분

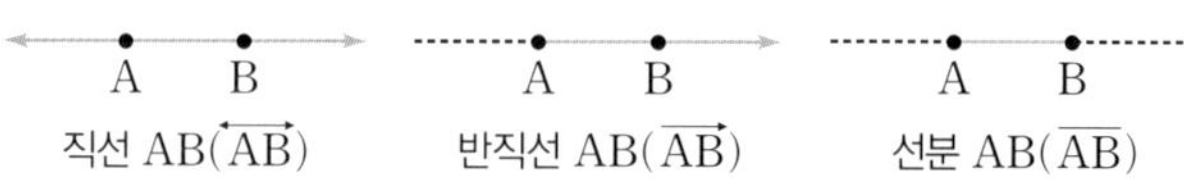

직선 AB($\overleftrightarrow{AB}$) 반직선 AB($\overrightarrow{AB}$) 선분 AB($\overline{AB}$)

두 점 사이의 거리

(1) **두 점 사이의 거리** : 서로 다른 두 점을 잇는 무수히 많은 선 중에서 길이가 가장 짧은 선분의 길이

(2) **선분의 중점** : 선분의 길이를 $\frac{1}{2}$로 나눈 점

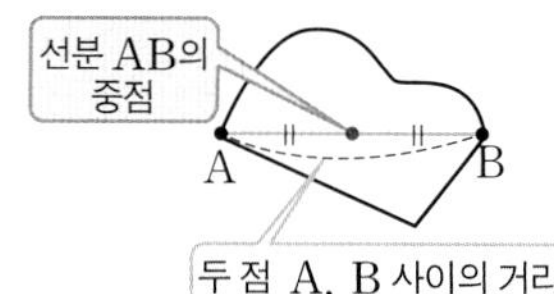

각

시작점이 같은 두 반직선으로 이루어진 도형

각의 분류

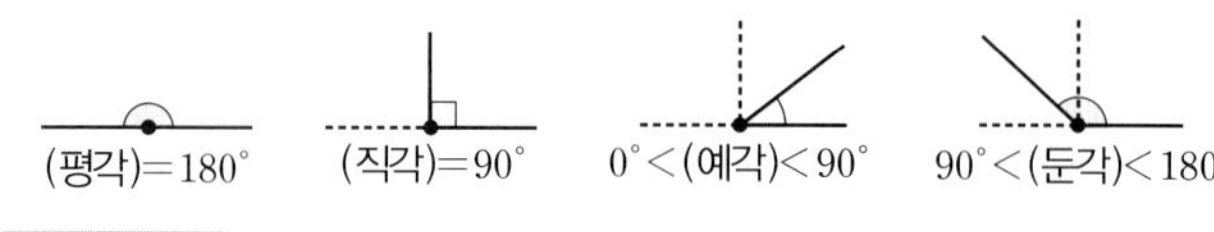

맞꼭지각

두 직선이 한 점에서 만날 때 생기는 네 개의 각 중 서로 마주 보는 각
➡ 맞꼭지각의 크기는 서로 같다.

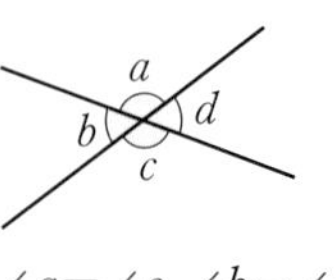

$\angle a=\angle c$, $\angle b=\angle d$

수직과 수선

(1) **수직과 수선** : 직교하는 두 직선을 서로 수직이라 하고, 한 직선을 다른 직선의 수선이라 한다.
(2) **수직이등분선** : 두 직선 AB와 CD가 서로 수직이고 두 직선의 교점 M이 선분 AB의 중점일 때, 직선 CD는 선분 AB의 수직이등분선이다.

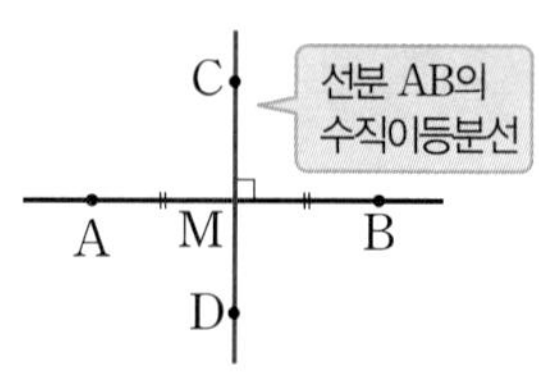

2 위치 관계

점과 직선, 점과 평면의 위치 관계

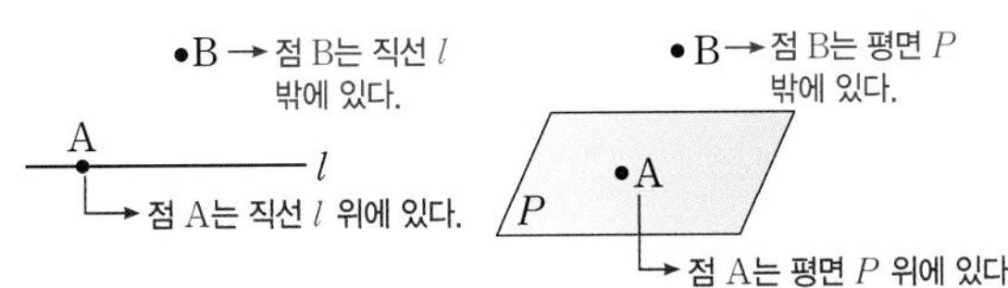

평면에서 두 직선의 위치 관계

공간에서 두 직선의 위치 관계

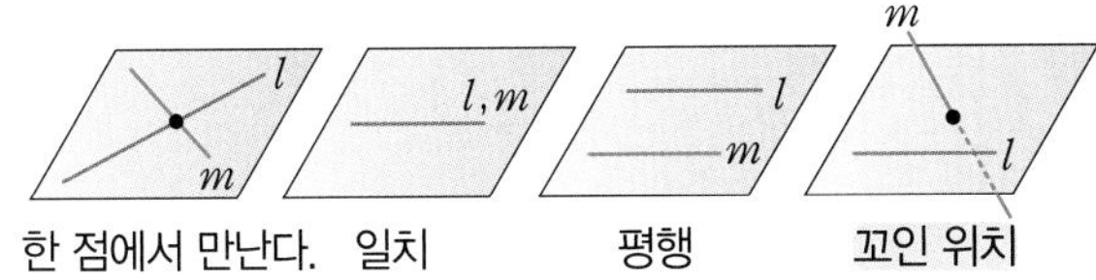

공간에서 직선과 평면의 위치 관계

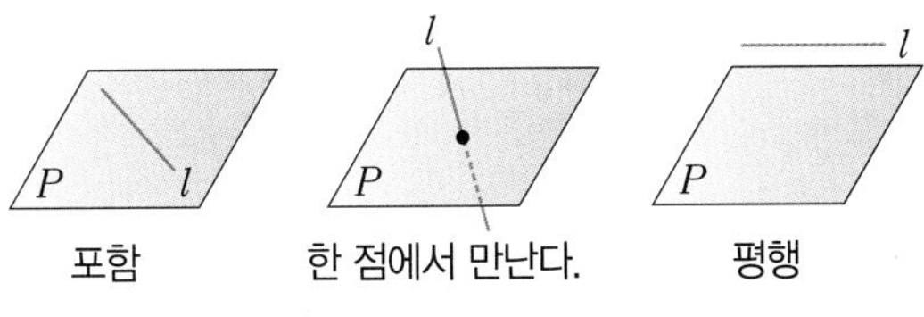

공간에서 두 평면의 위치 관계

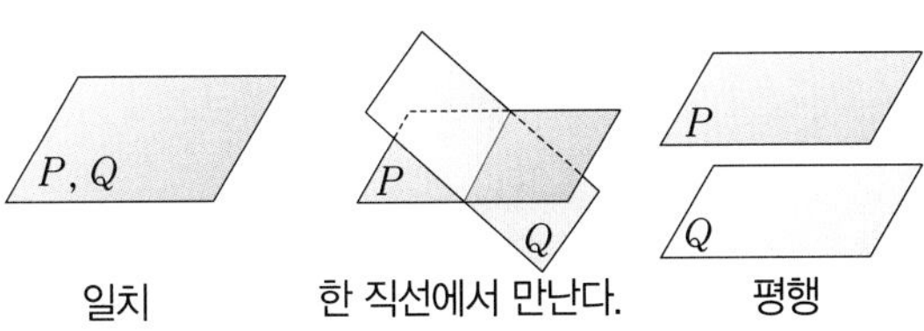

3 평행선

동위각과 엇각

그림과 같이 서로 다른 두 직선 l, m이 다른 직선 n과 만날 때,

(1) **동위각** : $\angle a$와 $\angle e$, $\angle b$와 $\angle f$
$\angle c$와 $\angle g$, $\angle d$와 $\angle h$

(2) **엇각** : $\angle b$와 $\angle h$, $\angle c$와 $\angle e$

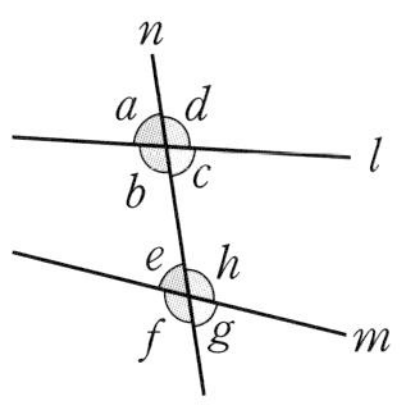

평행선

(1) 평행선과 동위각

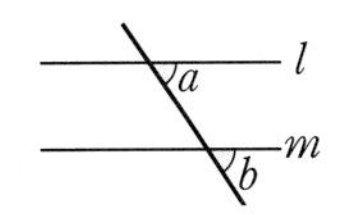

$l /\!/ m \Longleftrightarrow \angle a = \angle b$

두 직선이 평행하면 동위각의 크기는 서로 같다.

(2) 평행선과 엇각

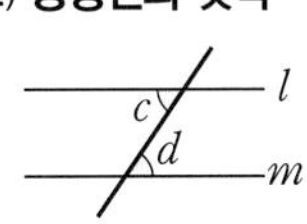

$l /\!/ m \Longleftrightarrow \angle c = \angle d$

두 직선이 평행하면 엇각의 크기는 서로 같다.

4 작도와 합동

작도

눈금 없는 자와 컴퍼스만을 사용하여 도형을 그리는 것

삼각형의 합동

(1) **SSS 합동** : 대응하는 세 변의 길이가 각각 같을 때

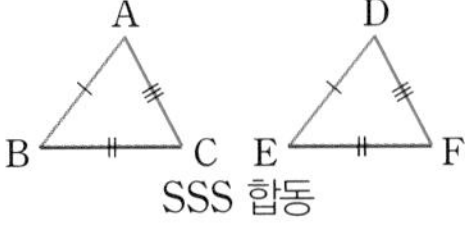

SSS 합동

(2) **SAS 합동** : 대응하는 두 변의 길이가 각각 같고, 그 끼인각의 크기가 같을 때

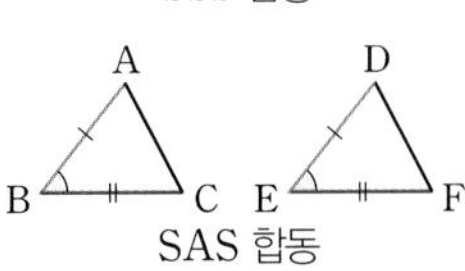

SAS 합동

(3) **ASA 합동** : 대응하는 한 변의 길이가 같고 그 양 끝 각의 크기가 각각 같을 때

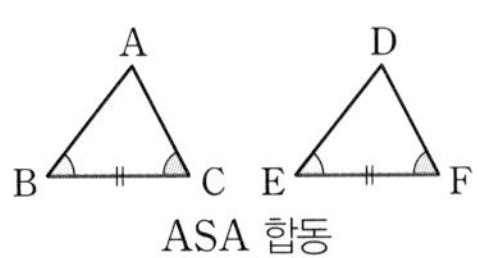

ASA 합동

01 도형

(1) 점, 선, 면

① 점, 선, 면을 도형의 기본 요소라 한다.
② 점이 연속적으로 움직이면 선이 되고, 선이 연속적으로 움직이면 면이 된다.

참고 선은 무수히 많은 점으로 이루어져 있고, 면은 무수히 많은 선으로 이루어져 있다.

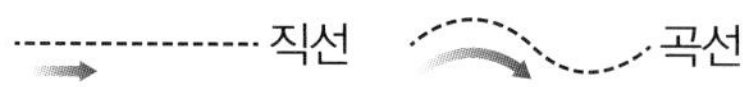

(2) 평면도형과 입체도형

① **평면도형**: 원, 사각형 등과 같이 한 평면 위에 있는 도형으로 두께가 없고 길이나 폭만 가진다.
② **입체도형**: 직육면체, 원기둥 등과 같이 한 평면 위에 있지 않은 도형으로 길이와 폭, 두께를 모두 가진다.

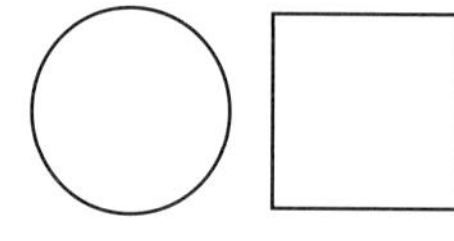
〈평면도형〉

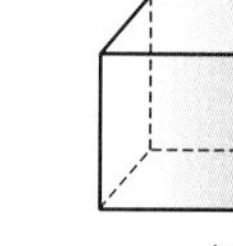
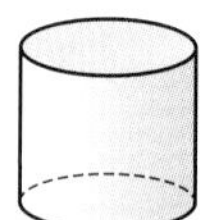
〈입체도형〉

유형 01 도형의 이해

[01-07] 다음 중 옳은 것은 ○표, 옳지 않은 것은 ×표를 (　　) 안에 써넣어라.

01 도형의 기본 요소는 점, 선, 면이다. (　　)

02 점이 움직인 자리는 선이 된다. (　　)

03 면은 무수히 많은 선으로 이루어져 있다. (　　)

04 점이 움직인 자리는 항상 직선이다. (　　)

05 한 평면 위에 있는 도형은 입체도형이다. (　　)

06 삼각형, 원뿔, 직육면체는 평면도형이다. (　　)

07 원기둥, 삼각뿔, 사각기둥은 입체도형이다. (　　)

유형 02 평면도형과 입체도형 구분하기

[08-13] 다음 도형이 평면도형이면 '평'을 입체도형이면 '입'을 (　　) 안에 써넣어라.

08

(　　)

09
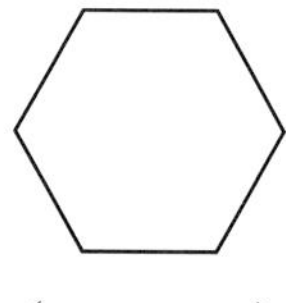
(　　)

10
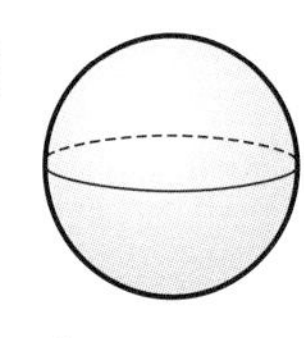
(　　)

11
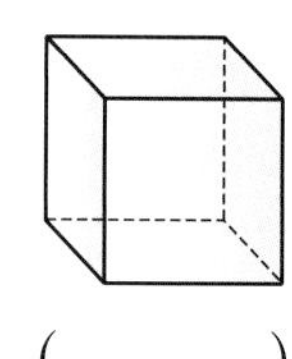
(　　)

12
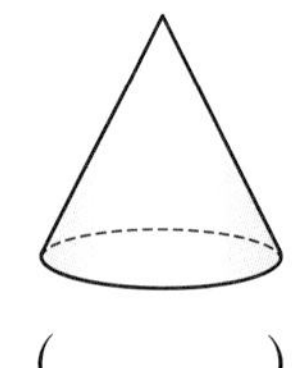
(　　)

13

(　　)

개념 체크

14 다음 빈칸에 알맞은 것을 써넣어라.

모든 도형은 점, [　　], [　　]으로 이루어져 있다. 이때, 한 평면 위에 있는 도형을 [　　]도형, 한 평면 위에 있지 않은 도형을 [　　]도형이라 한다.

〈정답과 해설 p. 15〉

02 교점과 교선

(1) **교점** : 선과 선 또는 선과 면이 만나서 생기는 점

(2) **교선** : 면과 면이 만나서 생기는 선

참고 교선은 직선이 될 수도 있고, 곡선이 될 수도 있다.

(3) **도형에서 교점의 개수와 교선의 개수**

① 평면도형에서 (교점의 개수)=(꼭짓점의 개수)

② 평면으로만 둘러싸인 입체도형에서

(교점의 개수)=(꼭짓점의 개수), (교선의 개수)=(모서리의 개수)

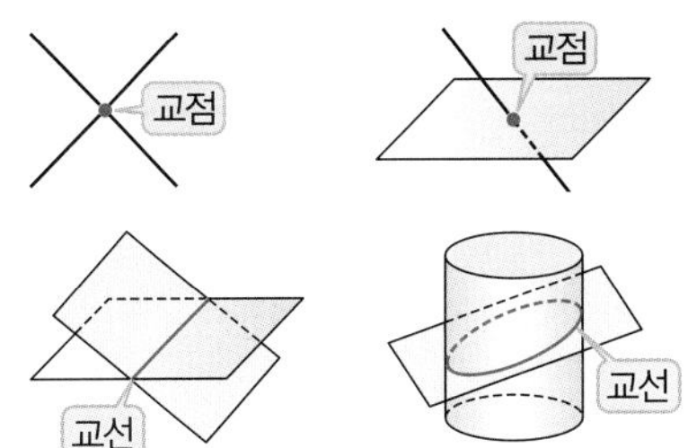

유형 03 교점과 교선

[01-06] 그림과 같은 입체도형에 대하여 다음을 구하여라.

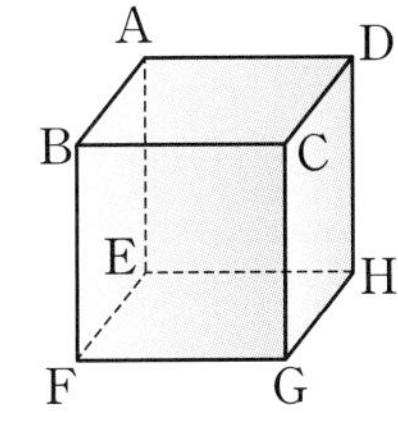

01 모서리 AB와 모서리 AE가 만나서 생기는 교점

해 모서리 AB와 모서리 AE는 점 ☐에서 만난다.

02 모서리 FG와 모서리 GH가 만나서 생기는 교점

03 모서리 BF와 면 EFGH가 만나서 생기는 교점

해 모서리 BF와 면 EFGH는 점 ☐에서 만난다.

04 모서리 AD와 면 CGHD가 만나서 생기는 교점

05 면 ABCD와 면 BFGC가 만나서 생기는 교선

해 면 ABCD와 면 BFGC는 모서리 ☐에서 만난다.

06 면 AEHD와 면 CGHD가 만나서 생기는 교선

유형 04 교점과 교선의 개수

[07-09] 다음 도형에 대하여 ☐ 안에 알맞은 수를 써넣어라.

07

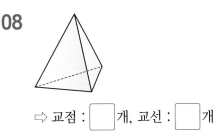

⇨ 교점 : ☐개

해 평면도형에서 교점의 개수는 ☐의 개수와 같다.

08

⇨ 교점 : ☐개, 교선 : ☐개

09

⇨ 교점 : ☐개, 교선 : ☐개

개념 체크

10 **다음 빈칸에 알맞은 것을 써넣어라.**

선과 [ ] 또는 선과 면이 만나서 생기는 점을 [ ]이라 하고, 면과 [ ]이 만나서 생기는 선을 [ ]이라 한다.

〈 정답과 해설 p. 15 〉

03 직선, 반직선, 선분

(1) **직선의 결정** : 한 점을 지나는 직선은 무수히 많지만 서로 다른 두 점을 지나는 직선은 오직 하나뿐이다.

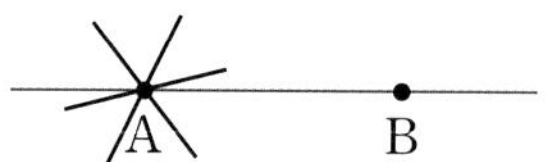

(2) **직선, 반직선, 선분**

직선 AB($\overleftrightarrow{AB}$)	반직선 AB($\overrightarrow{AB}$)	선분 AB($\overline{AB}$)
직선 AB($\overleftrightarrow{AB}$) A B	반직선 AB($\overrightarrow{AB}$) A B	선분 AB($\overline{AB}$) A B
서로 다른 두 점 A, B를 지나 한없이 곧게 뻗은 선	직선 AB 위의 점 A에서 시작하여 점 B의 방향으로 한없이 뻗은 직선의 일부분	직선 AB 위의 두 점 A, B를 포함하여 점 A에서 점 B까지의 부분
$\overleftrightarrow{AB}(=\overleftrightarrow{BA})$	$\overrightarrow{AB}(\neq\overrightarrow{BA})$	$\overline{AB}(=\overline{BA})$

주의 $\overleftrightarrow{AB}=\overleftrightarrow{BA}$, $\overline{AB}=\overline{BA}$이지만 $\overrightarrow{AB}$는 A B 이고 $\overrightarrow{BA}$는 A B 이므로 $\overrightarrow{AB}\neq\overrightarrow{BA}$이다.

유형 05 직선, 반직선, 선분을 기호로 나타내기

[01-04] 다음 그림을 기호로 나타내어라.

01

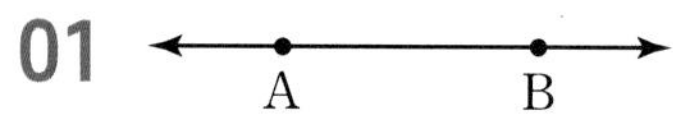

02

03

04

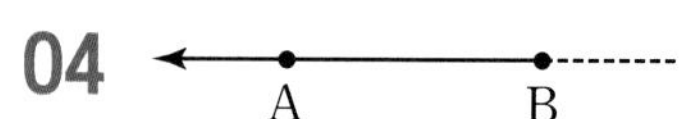

유형 06 직선, 반직선, 선분을 그림으로 나타내기

[05-08] 다음 기호를 그림으로 나타내어라.

05 $\overline{PR}$

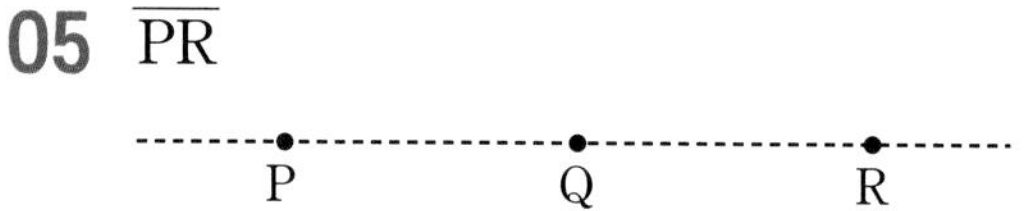

06 $\overleftrightarrow{PQ}$

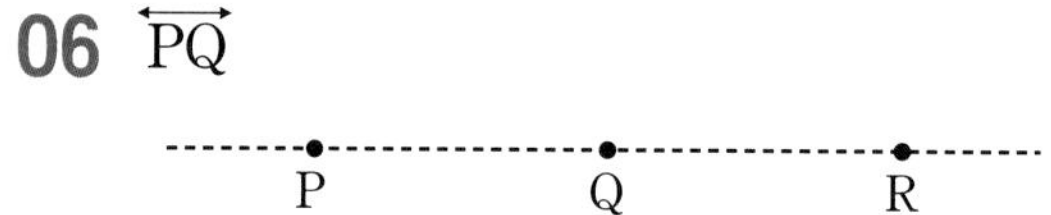

07 $\overrightarrow{QP}$

08 $\overrightarrow{QR}$

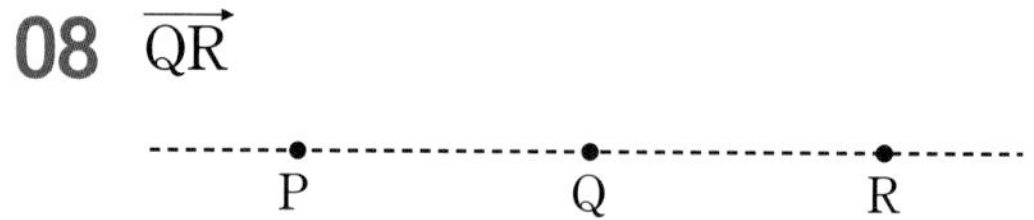

유형 07 직선, 반직선, 선분 찾기

[09-15] 그림을 보고, □ 안에 알맞은 것을 〈보기〉에서 골라 써넣어라.

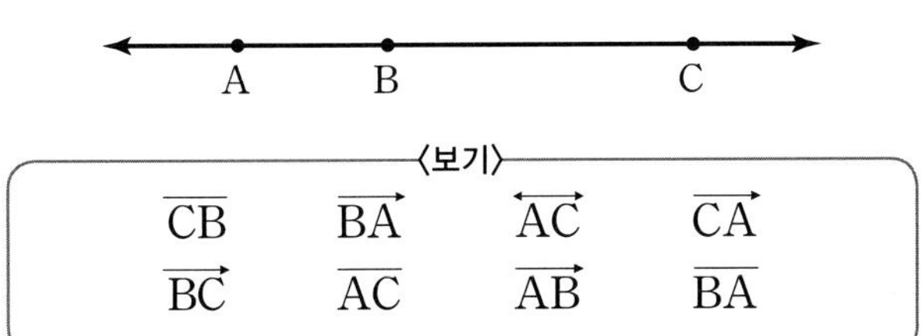

〈보기〉

$\overline{CB}$ $\overrightarrow{BA}$ $\overleftrightarrow{AC}$ $\overrightarrow{CA}$

$\overrightarrow{BC}$ $\overline{AC}$ $\overrightarrow{AB}$ $\overline{BA}$

09 $\overline{AB}=$ □

10 $\overline{BC}=$ □

11 $\overline{CA}=$ □

12 $\overleftrightarrow{BC}=$ □

13 $\overleftrightarrow{AB}=$ □

14 $\overrightarrow{CB}=$ □

15 $\overrightarrow{AC}=$ □

유형 08 직선, 반직선, 선분에서 같은 것, 다른 것의 구별

[16-23] 그림과 같이 한 직선 위에 네 점 A, B, C, D가 있다. □ 안에 = 또는 ≠를 써넣어라.

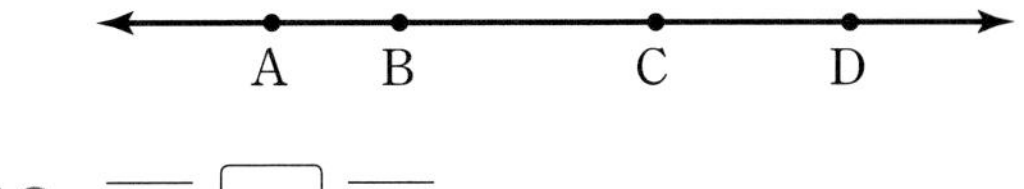

16 $\overline{AB}$ □ $\overline{CD}$

17 $\overline{AD}$ □ $\overline{BD}$

18 $\overleftrightarrow{AC}$ □ $\overleftrightarrow{CD}$

19 $\overrightarrow{AB}$ □ $\overrightarrow{BA}$

20 $\overrightarrow{CA}$ □ $\overrightarrow{CB}$

21 $\overleftrightarrow{BC}$ □ $\overleftrightarrow{DA}$

22 $\overrightarrow{AC}$ □ $\overrightarrow{BC}$

23 $\overrightarrow{BD}$ □ $\overrightarrow{BC}$

〈 정답과 해설 p. 15~16 〉

유형 09 직선의 개수

[24-27] 그림에서 주어진 점을 모두 지나는 직선을 긋고, 그 개수를 구하여라.

24 한 점 A를 지나는 직선의 개수

A

25 두 점 A, B를 지나는 서로 다른 직선의 개수

A B

해 $\overleftrightarrow{AB}$의 [ ]개이다.

26 한 직선 위에 있지 않은 세 점 A, B, C 중 두 점을 지나는 서로 다른 직선의 개수

A

B C

27 한 직선 위에 있지 않은 네 점 A, B, C, D 중 두 점을 지나는 서로 다른 직선의 개수

A D

B C

유형 10 직선, 반직선, 선분의 개수

[28-30] 그림과 같이 한 직선 위에 있지 않은 세 점 A, B, C에 대하여 다음을 구하여라.

A

B C

28 두 점을 지나는 서로 다른 직선의 개수

해 두 점을 지나는 서로 다른 직선의 개수는 $\overleftrightarrow{AB}$, $\overleftrightarrow{BC}$, [ ]로 [ ]이다.

29 두 점을 이은 서로 다른 선분의 개수

30 두 점을 지나는 서로 다른 반직선의 개수

개념 체크

31 **다음 빈칸에 알맞은 것을 써넣어라.**

서로 다른 두 점 A, B를 지나는 직선을 직선 [ ]라 하고 기호로 [ ]로 나타내고, 직선 AB 위의 한 점 A에서 시작하여 점 B의 방향으로 한없이 뻗어나가는 직선의 일부분을 [ ] AB라 하고 기호로 [ ]로 나타낸다. 또한, 직선 AB 위의 두 점 A, B를 포함하여 점 A에서 점 B까지의 부분을 [ ] AB라 하고 기호로 [ ]로 나타낸다.

〈정답과 해설 p. 16〉

04 두 점 사이의 거리

✪ **두 점 사이의 거리** : 서로 다른 두 점 A, B를 잇는 무수히 많은 선 중에서 길이가 가장 짧은 선인 선분 AB의 길이

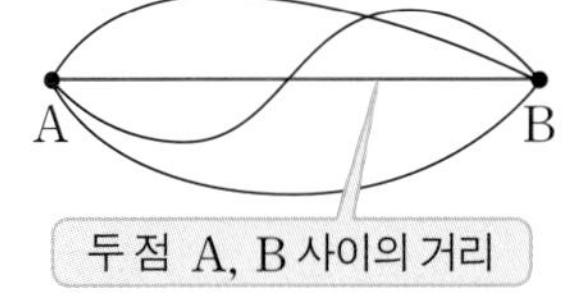

예 그림에서 두 점 A와 B, 두 점 B와 C, 두 점 C와 A 사이의 거리를 구하면 다음과 같다.

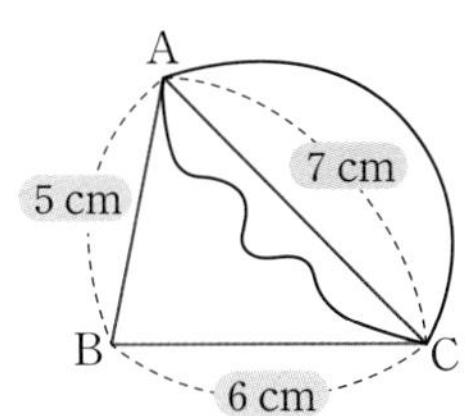

① (두 점 A와 B 사이의 거리)$=\overline{AB}=5$ cm
② (두 점 B와 C 사이의 거리)$=\overline{BC}=6$ cm
③ (두 점 C와 A 사이의 거리)$=\overline{AC}=7$ cm

참고 기호 $\overline{AB}$는 선분을 나타내기도 하고, 선분의 길이를 나타내기도 한다.
① 두 선분 AB, CD의 길이가 같다.
$\Longleftrightarrow \overline{AB}=\overline{CD}$
② 선분 AB의 길이가 5 cm이다.
$\Longleftrightarrow \overline{AB}=5$ cm

유형 11 **두 점 사이의 거리**

[01-04] 그림을 보고, 다음을 구하여라.

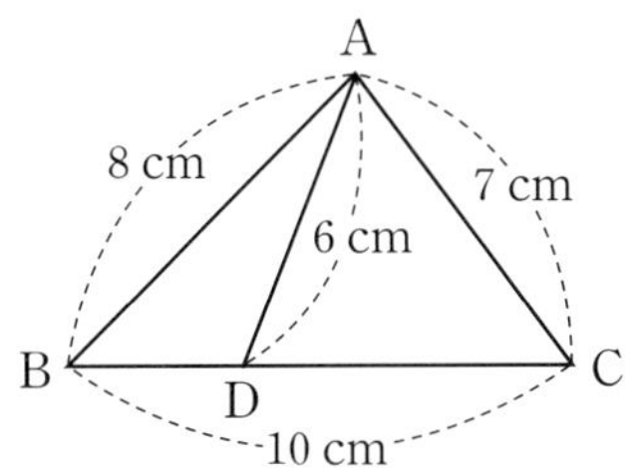

01 두 점 A, B 사이의 거리

해 (두 점 A, B 사이의 거리)
=(선분 ☐의 길이)=☐ cm

02 두 점 A, C 사이의 거리

03 두 점 A, D 사이의 거리

04 두 점 B, C 사이의 거리

[05-08] 그림을 보고, 다음을 구하여라.

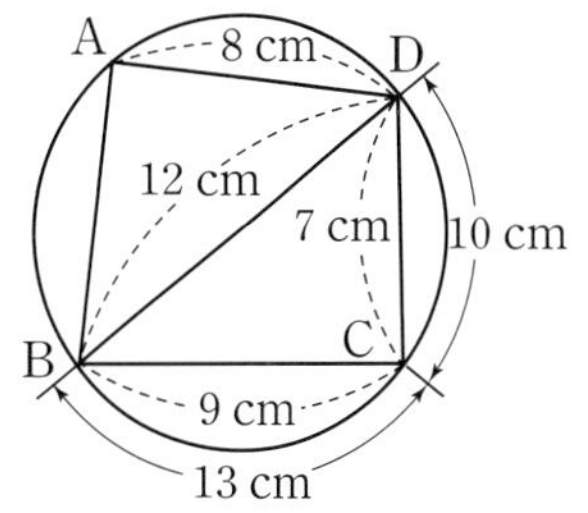

05 두 점 A, D 사이의 거리

해 (두 점 A, D 사이의 거리)
=(선분 ☐의 길이)=☐ cm

06 두 점 B, C 사이의 거리

07 두 점 C, D 사이의 거리

08 두 점 B, D 사이의 거리

개념 체크
09 **다음 빈칸에 알맞은 것을 써넣어라.**

두 점 사이의 거리는 두 점을 잇는 무수히 많은 선 중에서 길이가 가장 [ ] 선의 길이이다.
즉, 선분 AB의 길이가 3 cm일 때,
두 점 A, B 사이의 거리는 [ ] cm이다.

〈정답과 해설 p. 16〉

05 선분의 중점

(1) 선분의 중점

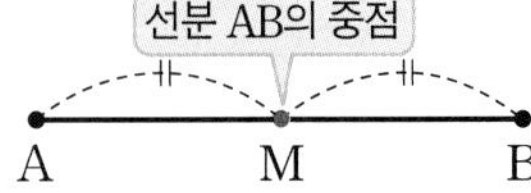

선분 AB 위의 한 점 M에 대하여 $\overline{AM}=\overline{BM}$일 때, 점 M을 선분 AB의 중점이라 한다.

➡ $\overline{AM}=\overline{BM}=\frac{1}{2}\overline{AB}$, $\overline{AB}=2\overline{AM}=2\overline{BM}$

(2) 선분의 삼등분점

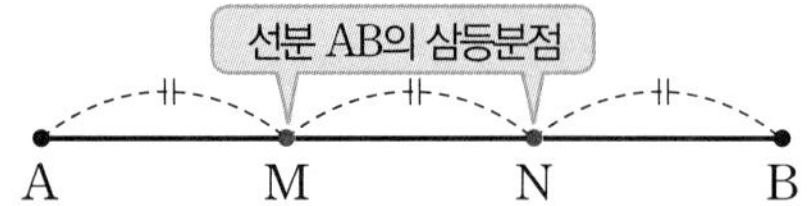

선분 AB 위의 서로 다른 두 점 M, N에 대하여 $\overline{AM}=\overline{MN}=\overline{BN}$일 때, 두 점 M, N을 선분 AB의 삼등분점이라 한다.

➡ $\overline{AM}=\overline{MN}=\overline{BN}=\frac{1}{3}\overline{AB}$

$\overline{AB}=3\overline{AM}=3\overline{MN}=3\overline{BN}$

유형 12 선분의 중점

[01-03] 그림에서 점 M이 선분 AB의 중점일 때, □ 안에 알맞은 수를 써넣어라.

01

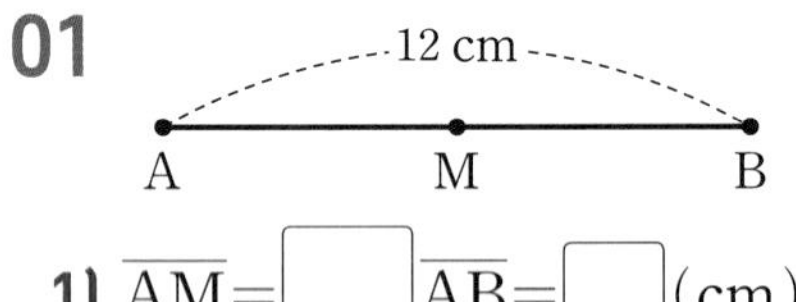

1) $\overline{AM}=$ □ $\overline{AB}=$ □ (cm)

2) $\overline{BM}=$ □ $\overline{AB}=$ □ (cm)

3) $\overline{AB}=$ □ $\overline{AM}=$ □ $\overline{BM}$

02

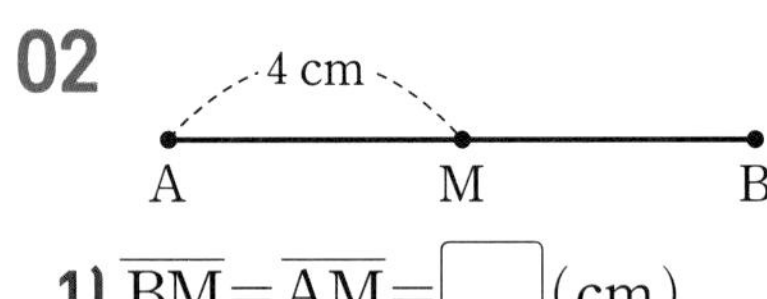

1) $\overline{BM}=\overline{AM}=$ □ (cm)

2) $\overline{AB}=$ □ $\overline{AM}=$ □ (cm)

03

A, M, B (7 cm)

1) $\overline{AM}=\overline{BM}=$ □ (cm)

2) $\overline{AB}=$ □ $\overline{BM}=$ □ (cm)

유형 13 선분의 삼등분점

[04-06] 그림에서 두 점 B, C가 선분 AD의 삼등분점일 때, □ 안에 알맞은 수를 써넣어라.

04

A, B, C, D (15 cm)

1) $\overline{AB}=\overline{BC}=\overline{CD}=$ □ $\overline{AD}=$ □ (cm)

2) $\overline{AD}=$ □ $\overline{AB}=$ □ $\overline{BC}=$ □ $\overline{CD}$

05

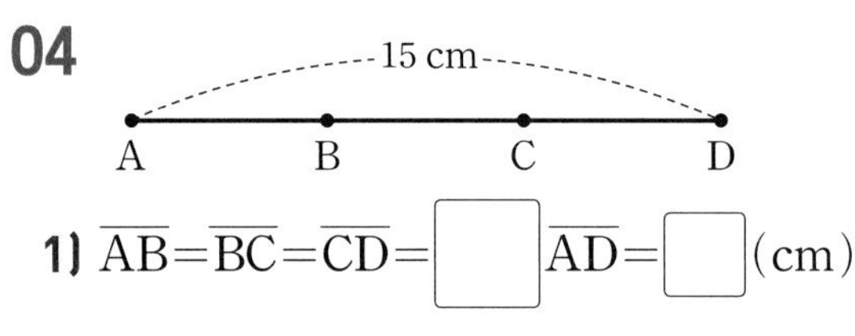

1) $\overline{AB}=\overline{CD}=\overline{BC}=$ □ (cm)

2) $\overline{AD}=$ □ $\overline{BC}=$ □ (cm)

06

A, B, C, D (12 cm)

1) $\overline{AB}=\overline{BC}=$ □ $\overline{AC}=$ □ (cm)

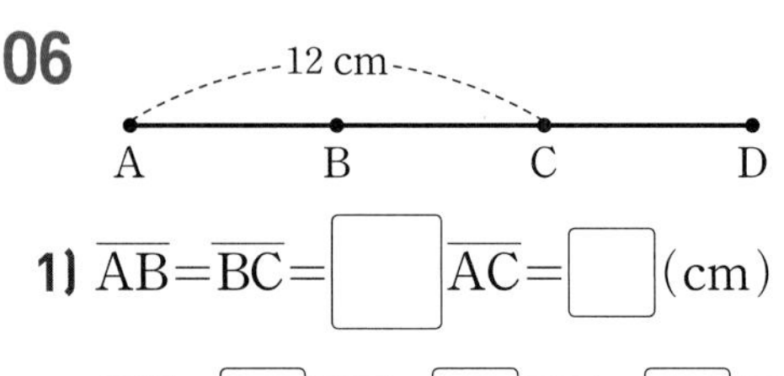

2) $\overline{AD}=$ □ $\overline{AB}=$ □ $\overline{BC}=$ □ $\overline{CD}$

= □ (cm)

유형 14 선분의 중점으로 두 점 사이의 거리 구하기

[07-12] 그림에서 두 점 M, N이 각각 선분 AB, 선분 AM의 중점일 때, □ 안에 알맞은 수를 써넣어라.

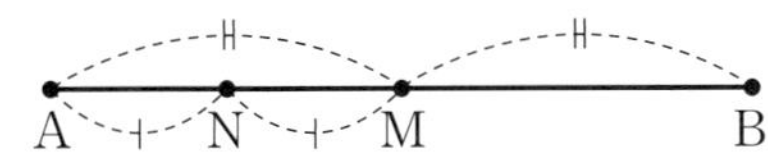

07 $\overline{AB}=\square\,\overline{AM}$

해 점 M은 선분 AB의 중점이므로 선분 AB의 길이는 선분 AM의 길이의 □배이다.

08 $\overline{AB}=\square\,\overline{NM}$

해 점 N은 선분 AM의 중점이므로 선분 AM의 길이는 선분 NM의 길이의 □배이다.

$\therefore \overline{AB}=\square\,\overline{AM}=2\times\square\,\overline{NM}=\square\,\overline{NM}$

09 $\overline{AN}=\square\,\overline{AB}$

10 $\overline{NM}=\square\,\overline{MB}$

11 $\overline{AM}=\square\,\overline{NM}$

12 $\overline{NB}=\square\,\overline{AB}$

해 $\overline{NM}=\square\,\overline{AB}$, $\overline{BM}=\square\,\overline{AB}$이므로

$\overline{NB}=\overline{NM}+\overline{BM}=\square\,\overline{AB}+\square\,\overline{AB}$

$=\square\,\overline{AB}$

[13-16] 다음 물음에 답하여라.

13 그림에서 두 점 M, N이 각각 선분 AB, 선분 MB의 중점일 때, 선분 MN의 길이를 구하여라.

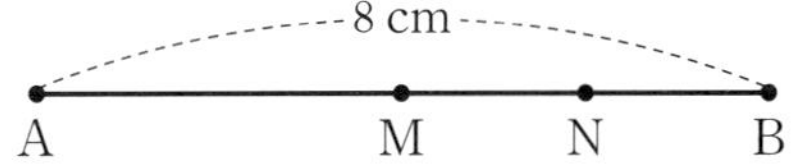

14 그림에서 두 점 M, N이 각각 선분 AB, 선분 BC의 중점일 때, 선분 MN의 길이를 구하여라.

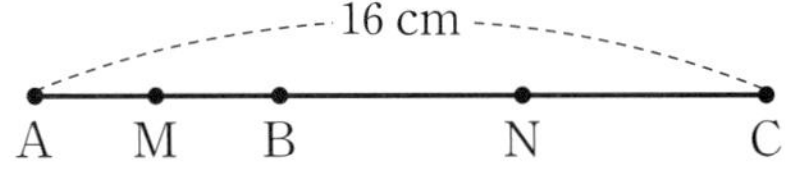

15 그림에서 점 M은 선분 AC의 중점이고 두 점 M, N은 선분 BC의 삼등분점일 때, 선분 AB의 길이를 구하여라.

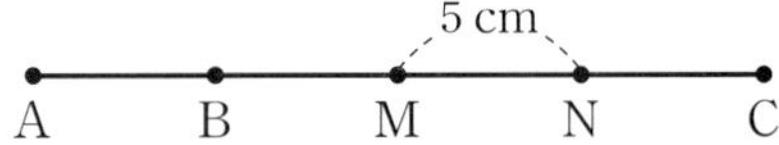

16 그림에서 두 점 B, C는 선분 AD의 삼등분점이고 점 M은 선분 CD의 중점일 때, 선분 CM의 길이를 구하여라.

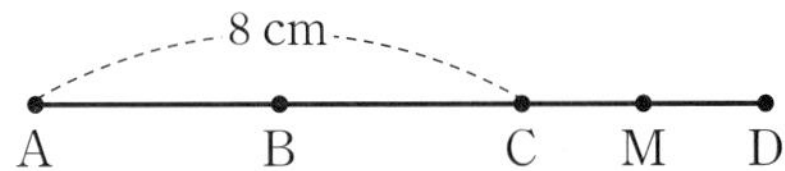

개념 체크

17 다음 빈칸에 알맞은 것을 써넣어라.

1) 선분 AB 위의 한 점 M에 대하여 $\overline{AM}=\overline{BM}$일 때, 점 M을 선분 AB의 [ ]이라 한다.

2) 선분 AB 위의 서로 다른 두 점 M, N에 대하여 $\overline{AM}=\overline{MN}=\overline{BN}$일 때, 두 점 M, N을 선분 AB의 [ ]이라 한다.

〈정답과 해설 p. 16~17〉

06 각

(1) **각 AOB** : 오른쪽 그림과 같이 한 점 O에서 시작하는 두 반직선 OA, OB로 이루어진 도형을 각 AOB라 한다.

➡ 기호로 ∠AOB, ∠BOA, ∠O, ∠a와 같이 나타낸다.

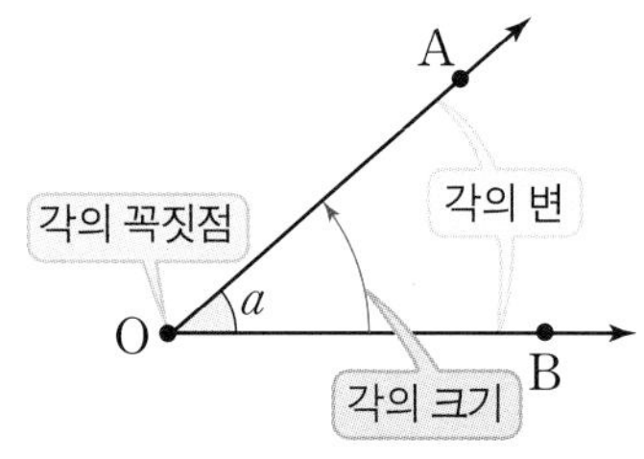

(2) **각 AOB의 크기** : 꼭짓점 O를 중심으로 $\overrightarrow{OB}$가 $\overrightarrow{OA}$까지 회전한 양

참고

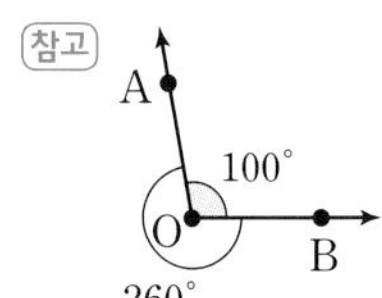

∠AOB는 도형으로서 각을 나타내기도 하고 그 각의 크기를 나타내기도 한다. 이때, ∠AOB는 보통 크기가 작은 쪽의 각을 의미하므로 왼쪽의 그림에서 ∠AOB=100°이다.

(3) **각의 분류**

① **평각(180°)** : 각의 두 변이 꼭짓점을 중심으로 서로 반대쪽에 있고, 한 직선을 이룰 때의 각

② **직각(90°)** : 평각의 크기의 $\frac{1}{2}$배인 각

③ **예각** : 크기가 0°보다 크고 90°보다 작은 각

④ **둔각** : 크기가 90°보다 크고 180°보다 작은 각

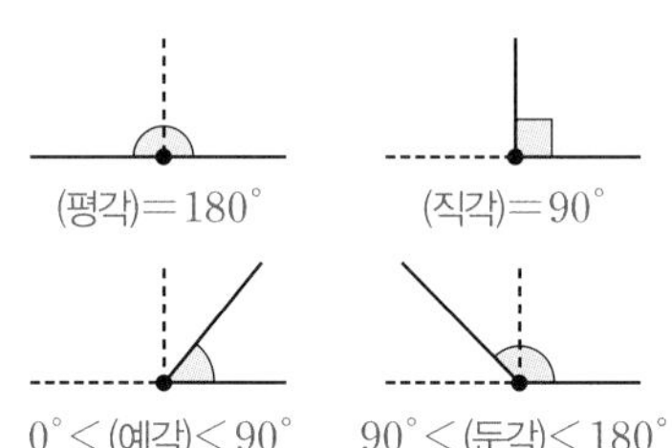

유형 15 각

[01-06] 다음 중 옳은 것은 ○표, 옳지 않은 것은 ×표를 ( ) 안에 써넣어라.

01 ∠AOB는 ∠ABO로 나타낼 수 있다. ( )

02 기호 ∠AOB는 도형으로서 각을 나타내기도 하고 그 각의 크기를 나타내기도 한다. ( )

03 직각의 크기는 180°이다. ( )

04 예각은 0°보다 크고 90°보다 작은 각이다. ( )

05 평각은 직각의 크기의 2배인 각이다. ( )

06 둔각은 90°보다 크거나 같고, 180°보다 작거나 같은 각이다. ( )

[07-09] 그림에서 ∠a, ∠b, ∠c를 각각 A, B, C, D를 사용하여 나타낼 때, □ 안에 알맞은 각을 써넣어라.

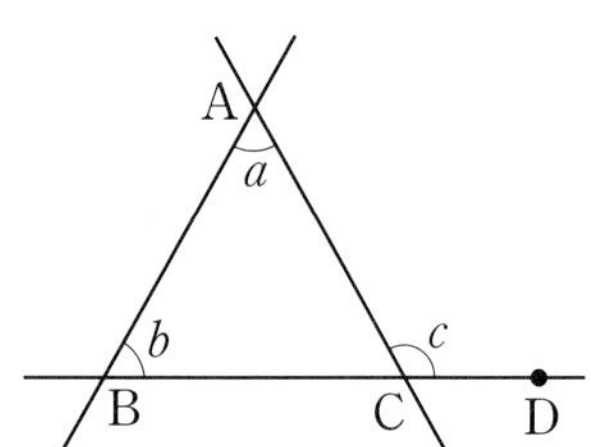

07 ∠a=∠A=□=□

08 ∠b=∠B=∠ABC=□=□=∠DBA

09 ∠c=□=□

유형 16 각의 분류

[10-13] 그림을 보고 다음에 주어진 각을 평각, 직각, 예각, 둔각으로 분류하여라.

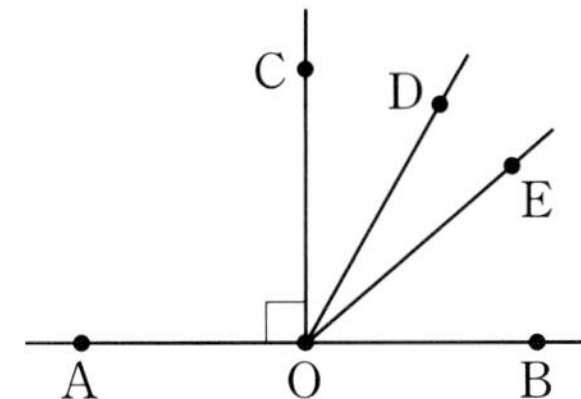

10 ∠AOB

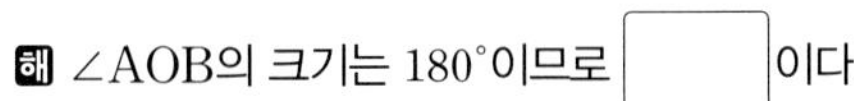

11 ∠AOC

12 ∠COD

13 ∠AOE

[14-17] 그림을 보고 다음에 주어진 각을 평각, 직각, 예각, 둔각으로 분류하여라.

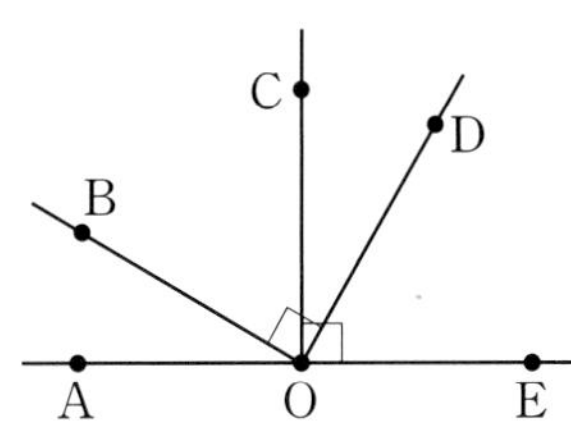

14 ∠AOD

15 ∠BOD

16 ∠BOE

17 ∠DOE

[18-21] 그림을 보고 다음 각을 모두 찾아 기호로 나타내어라.

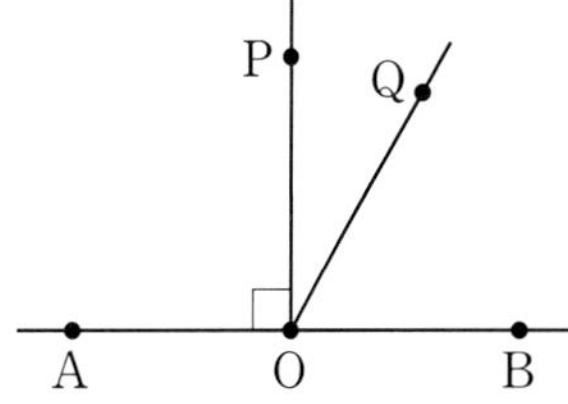

18 평각

19 직각

20 예각

21 둔각

[22-25] 다음 각을 〈보기〉에서 모두 골라 기호를 써라.

〈보기〉

ㄱ. 20°	ㄴ. 100°	ㄷ. 180°
ㄹ. 90°	ㅁ. 60°	ㅂ. 140°
ㅅ. 45°	ㅇ. 96°	ㅈ. 18°

22 평각

23 직각

24 예각

25 둔각

〈 정답과 해설 p. 17~18 〉

유형 17 직각을 이용하여 각의 크기 구하기

[26-30] 그림에서 $\angle x$의 크기를 구하여라.

26

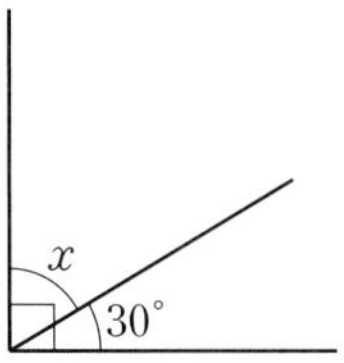

x
30°

해 직각은 90°이므로 $\angle x+30^\circ=$[ ]$^\circ$에서

$\angle x=$[ ]$^\circ$

27

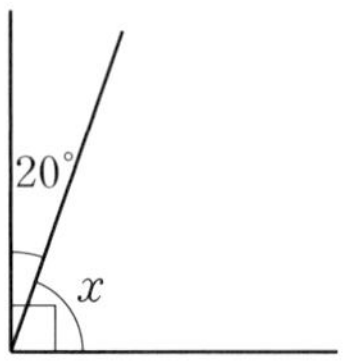

20°
x

28

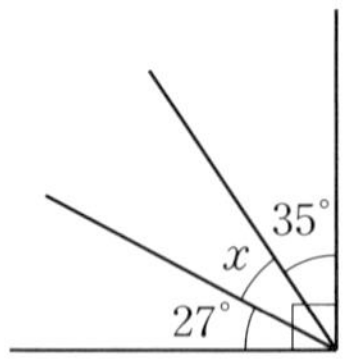

35°
x
27°

29

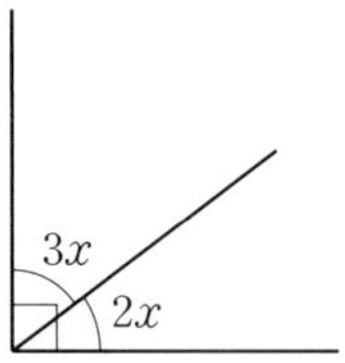

$3x$
$2x$

해 직각은 90°이므로 $2\angle x+3\angle x=$[ ]$^\circ$에서

$5\angle x=$[ ]$^\circ$ $\therefore\ \angle x=$[ ]$^\circ$

30

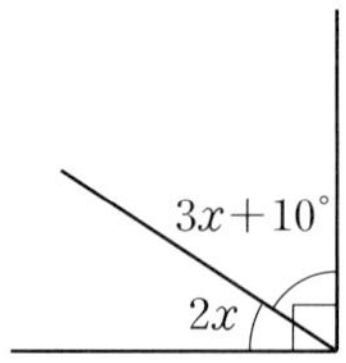

$3x+10^\circ$
$2x$

유형 18 평각을 이용하여 각의 크기 구하기

[31-34] 그림에서 $\angle x$의 크기를 구하여라.

31

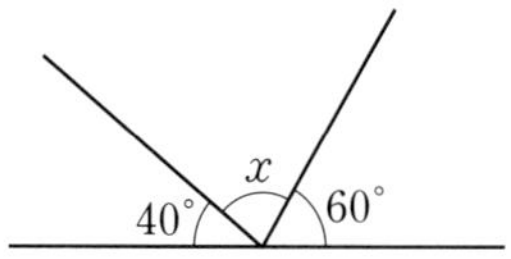

x
40°
60°

해 평각은 180°이므로 $40^\circ+\angle x+60^\circ=$[ ]$^\circ$에서

$\angle x+$[ ]$^\circ=$[ ]$^\circ$ $\therefore\ \angle x=$[ ]$^\circ$

32

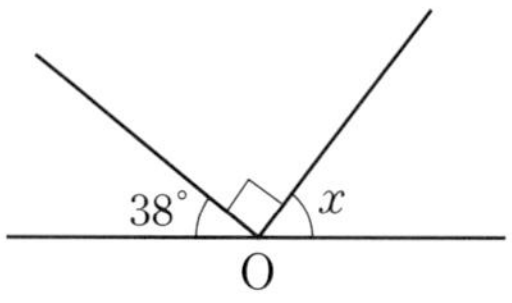

38°
x
O

33

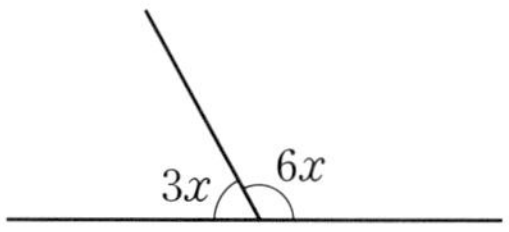

$3x$
$6x$

34

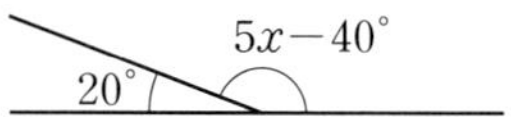

$5x-40^\circ$
20°

개념 체크

35 다음 빈칸에 알맞은 것을 써넣어라.

(평각)$=$[ ], (직각)$=$[ ]이고

[ ]$<$(예각)$<$[ ],

$90^\circ<$([ ])$<180^\circ$이다.

〈 정답과 해설 p. 18~19 〉

07 맞꼭지각

(1) **교각** : 두 직선이 한 점에서 만날 때 생기는 네 개의 각

➡ $\angle a$, $\angle b$, $\angle c$, $\angle d$

(2) **맞꼭지각** : 교각 중에서 서로 마주 보는 각

➡ $\angle a$와 $\angle c$, $\angle b$와 $\angle d$

(3) **맞꼭지각의 성질** : 맞꼭지각의 크기는 서로 같다.

➡ $\angle a=\angle c$, $\angle b=\angle d$

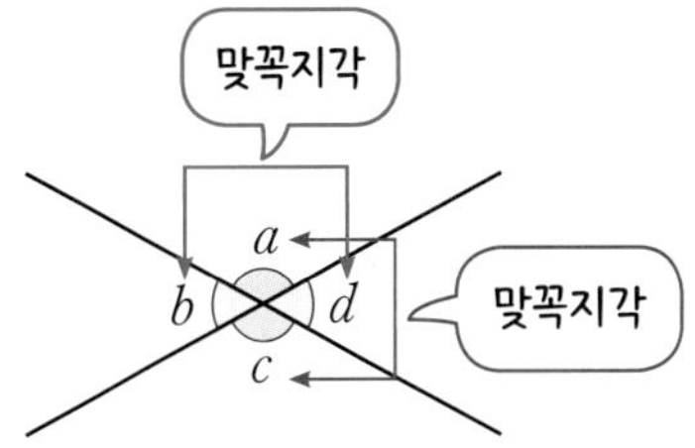

➡ $\angle a=\angle c$, $\angle b=\angle d$

참고 평각은 180°이므로 $\angle a+\angle b=180^\circ$이고 $\angle b+\angle c=180^\circ$이다.

$\therefore \angle a=\angle c$

즉, 맞꼭지각의 크기는 서로 같다.

주의 평각은 서로 다른 두 직선이 한 점에서 만나 이루어지는 각이 아니므로 평각은 맞꼭지각이 될 수 없다.

유형 19 맞꼭지각

[01-06] 그림에서 주어진 각의 맞꼭지각을 구하여라.

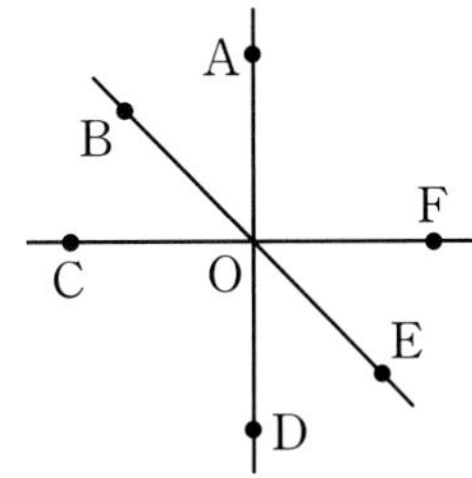

01 $\angle$AOB

해 $\angle$AOB는 두 직선 AD, BE가 만나서 생기는 각이므로 $\angle$AOB의 맞꼭지각은 $\angle$☐이다.

02 $\angle$AOE

03 $\angle$BOC

04 $\angle$BOF

05 $\angle$COD

06 $\angle$DOF

유형 20 맞꼭지각을 이용하여 각의 크기 구하기 (1)

[07-10] 그림에서 맞꼭지각을 이용하여 다음 각의 크기를 구하여라.

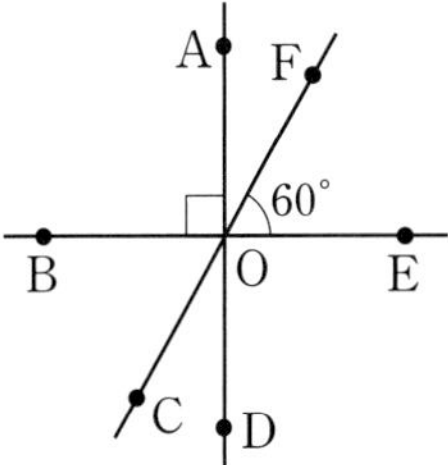

07 $\angle$BOC

해 $\angle$BOC는 두 직선 BE, CF가 만나서 생기는 각이므로

$\angle$BOC의 맞꼭지각은 $\angle$☐

$\therefore \angle$BOC$=\angle$☐$=$☐$^\circ$

08 $\angle$DOE

09 $\angle$COD

해 $\angle$COD는 두 직선 CF, AD가 만나서 생기는 각이므로

$\angle$COD의 맞꼭지각은 $\angle$☐

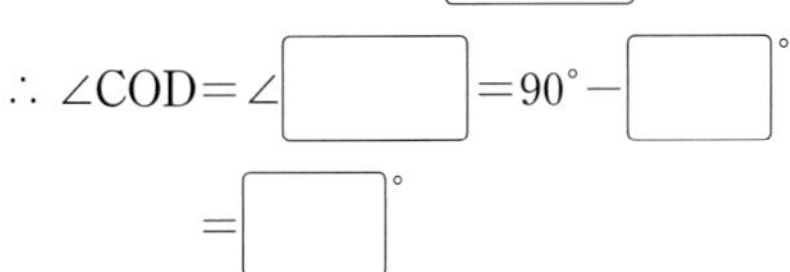

$\therefore \angle$COD$=\angle$☐$=90^\circ-$☐$^\circ$

$=$☐$^\circ$

10 $\angle$COE

〈정답과 해설 p. 19〉

유형 21 맞꼭지각을 이용하여 각의 크기 구하기 (2)

[11-15] 그림에서 $\angle x$의 크기를 구하여라.

11

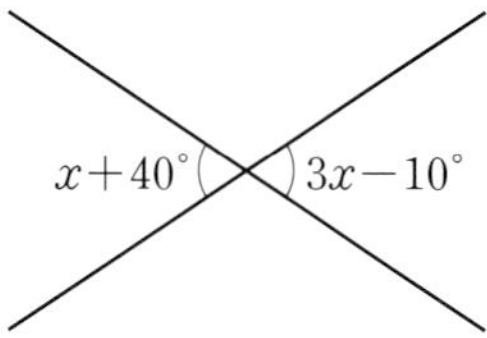

해 $\angle x+40^\circ=3\angle x-10^\circ$에서

$2\angle x=\square^\circ$ $\quad\therefore\ \angle x=\square^\circ$

12

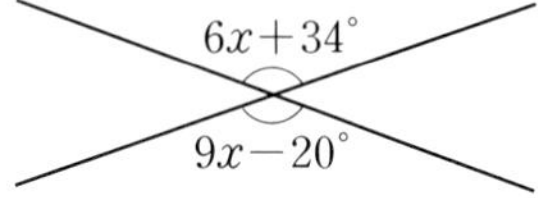

13

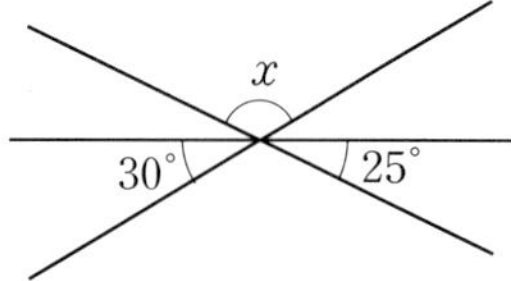

해 $\angle x+30^\circ+25^\circ=\square^\circ$에서

$\angle x+55^\circ=\square^\circ$

$\therefore\ \angle x=\square^\circ$

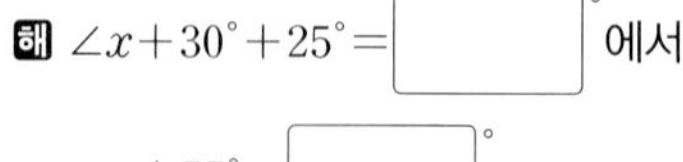

14

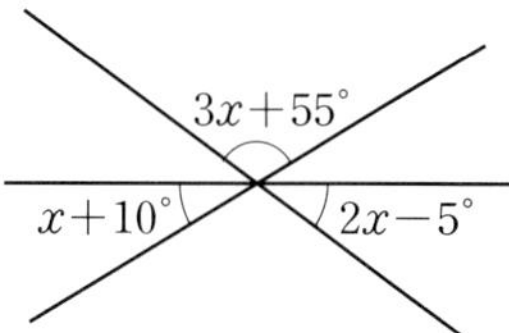

15

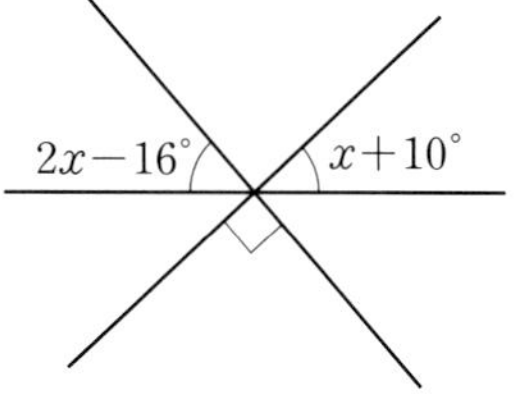

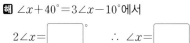

[16-19] 그림에서 $\angle x$, $\angle y$의 크기를 구하여라.

16

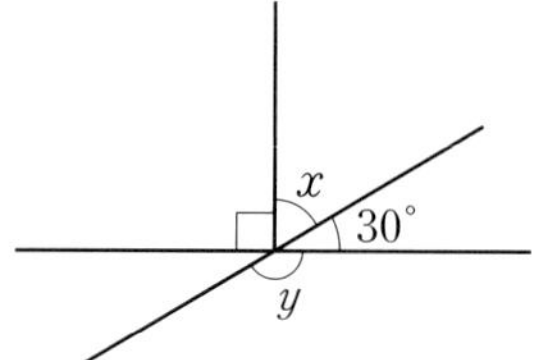

해 $\angle x=90^\circ-30^\circ=\square^\circ$

$\angle y=90^\circ+\square^\circ=\square^\circ$

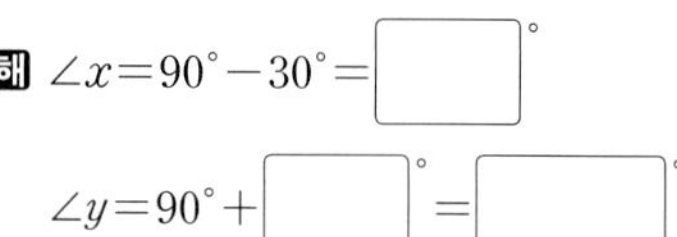

17

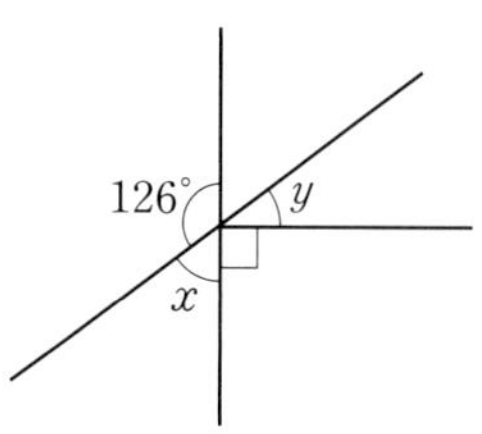

18

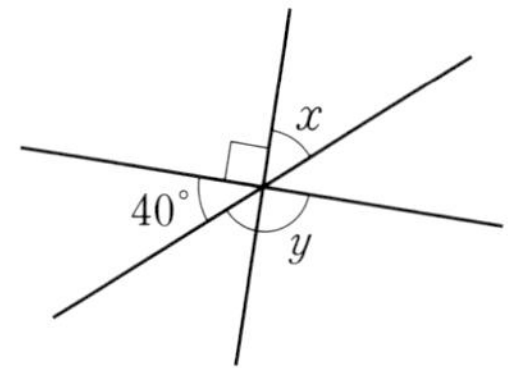

19

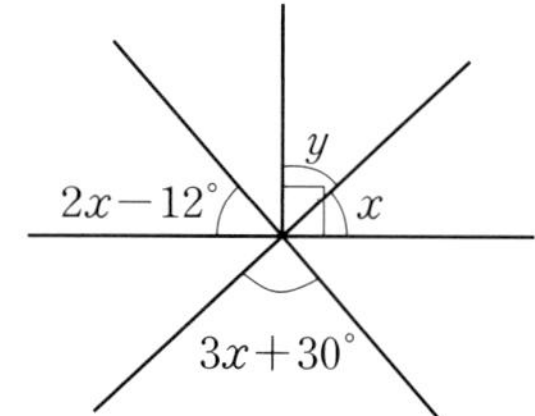

개념 체크

20 다음 빈칸에 알맞은 것을 써넣어라.

두 직선이 한 점에서 만날 때 생기는 네 개의 교각 중에서 서로 마주 보는 두 각을 [ ]이라 한다. 이때, 맞꼭지각의 크기는 서로 [ ].

〈 정답과 해설 p. 19~20 〉

08 수직과 수선

(1) **직교** : 두 직선 AB와 CD의 교각이 직각일 때, 이 두 직선은 서로 직교한다고 하고 기호로 $\overleftrightarrow{AB}\perp\overleftrightarrow{CD}$와 같이 나타낸다.

(2) **수직과 수선** : 직교하는 두 직선을 서로 수직이라 하고, 한 직선을 다른 직선의 수선이라 한다.

(3) **수직이등분선** : 두 직선 AB와 CD가 서로 수직이고, 두 직선의 교점을 M이라 할 때, 점 M이 선분 AB의 중점이면 직선 CD를 선분 AB의 수직이등분선이라 한다.
➡ $\overleftrightarrow{AB}\perp\overleftrightarrow{CD}$, $\overline{AM}=\overline{BM}$

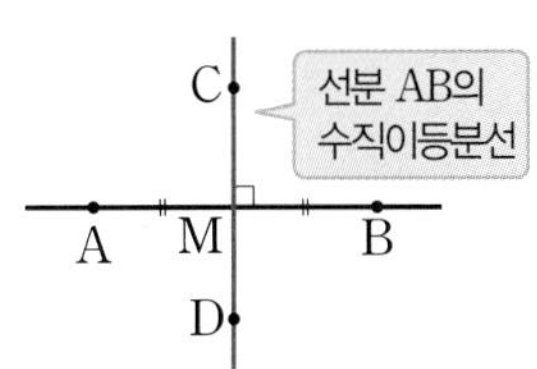

(4) **수선의 발** : 직선 AB 위에 있지 않은 점 P에서 직선 AB에 수선을 그어 생기는 교점 H를 수선의 발이라 한다.

(5) **점과 직선 사이의 거리** : 직선 AB 위에 있지 않은 점 P에서 직선 AB에 내린 수선의 발 H까지의 거리, 즉 점 P와 직선 AB 사이의 거리는 선분 PH의 길이이다.

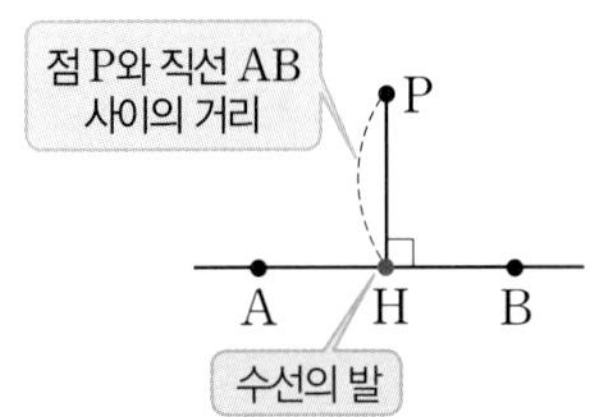

참고 점 P에서 직선 AB에 그을 수 있는 여러 선분 중에서 가장 짧은 선분이 $\overline{PH}$이다.

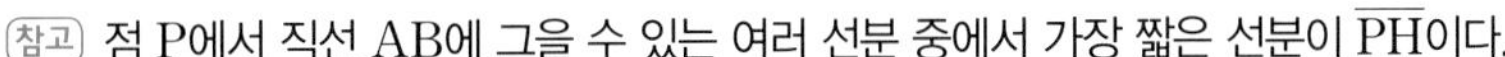

유형 22 수직, 직교

[01-05] 다음 □ 안에 알맞은 기호를 써넣어라.

01 직선 l과 직선 m의 교각이 직각이다.
$\Longleftrightarrow l$ □ m

02 두 직선 AB와 CD는 서로 수직이다.
$\Longleftrightarrow \overleftrightarrow{AB}$ □ $\overleftrightarrow{CD}$

03 두 직선 p와 q는 서로 직교한다.
$\Longleftrightarrow p$ □ q

04 직선 EF의 수선은 직선 GH이다.
$\Longleftrightarrow \overleftrightarrow{EF}$ □ $\overleftrightarrow{GH}$

05 선분 AB의 수직이등분선을 l, 선분 AB와 직선 l이 만나는 점을 M이라 하면
$\overline{AB}$ □ l, $\overline{AM}$ □ $\overline{BM}$

유형 23 수선

[06-08] 다음 물음에 답하여라.

06 그림에서 $\overline{BC}$의 수선을 구하여라.

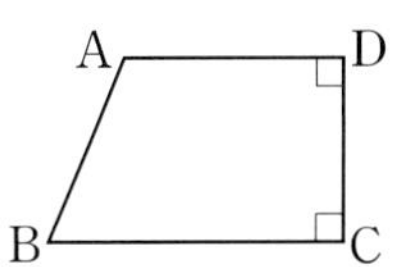

해 두 직선이 서로 수직일 때, 한 직선을 다른 직선의 □이라 한다. 즉, $\overline{BC}$의 수선은 □이다.

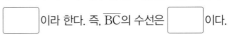

07 그림에서 $\overline{AB}$의 수선을 모두 구하여라.

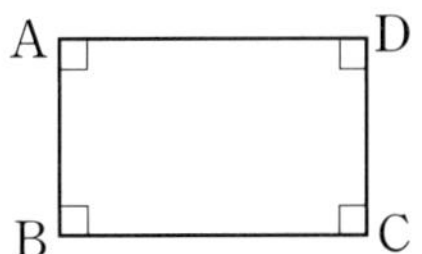

08 그림에서 $\overline{BC}$의 수선을 구하여라.

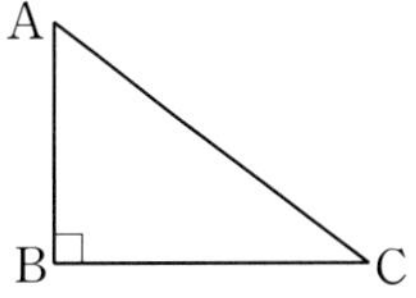

〈정답과 해설 p. 20〉

유형 24 수선의 발

[09-13] 다음 물음에 답하여라.

09 그림의 점 A에서 $\overline{BC}$에 내린 수선의 발을 구하여라.

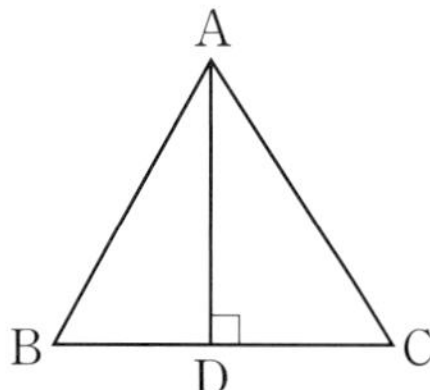

10 그림의 점 D에서 $\overline{AB}$에 내린 수선의 발을 구하여라.

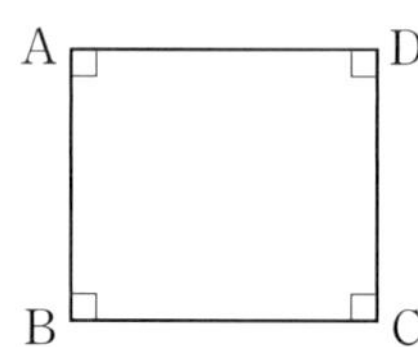

11 그림의 점 C에서 $\overline{AB}$에 내린 수선의 발을 구하여라.

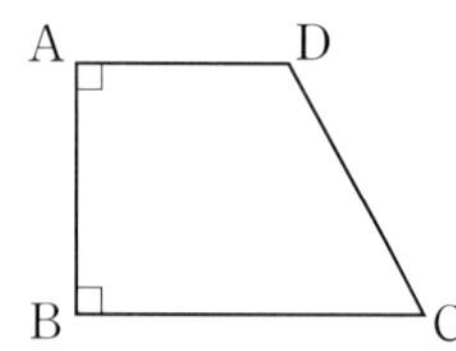

12 그림의 점 B에서 $\overline{AC}$에 내린 수선의 발을 구하여라.

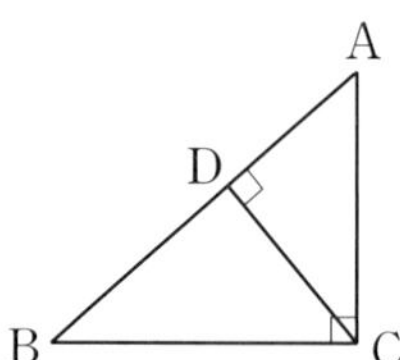

13 그림의 점 A에서 $\overline{BC}$에 내린 수선의 발과 점 B에서 $\overline{DE}$에 내린 수선의 발을 차례로 구하여라.

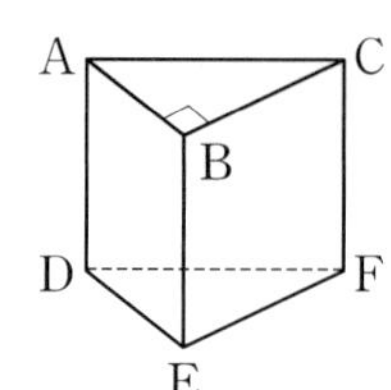

유형 25 점과 직선 사이의 거리

[14-17] 다음 물음에 답하여라.

14 그림에서 점 A와 $\overline{DC}$ 사이의 거리를 구하여라.

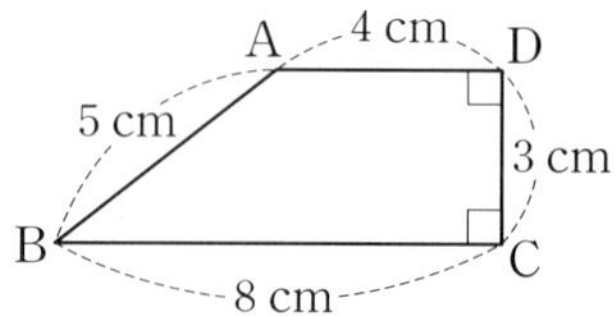

15 그림에서 점 B와 $\overline{CD}$ 사이의 거리를 구하여라.

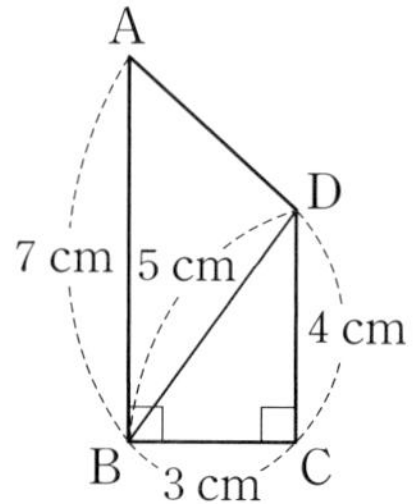

16 그림에서 점 A와 $\overline{BC}$ 사이의 거리를 구하여라.

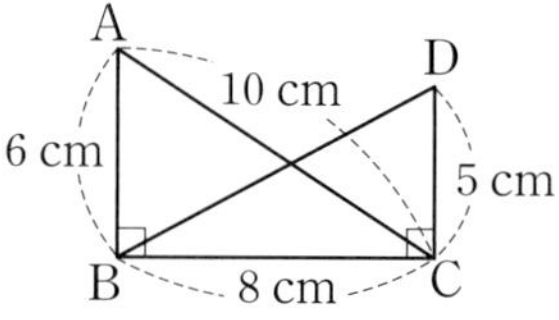

17 그림에서 점 C와 $\overline{GH}$ 사이의 거리를 구하여라.

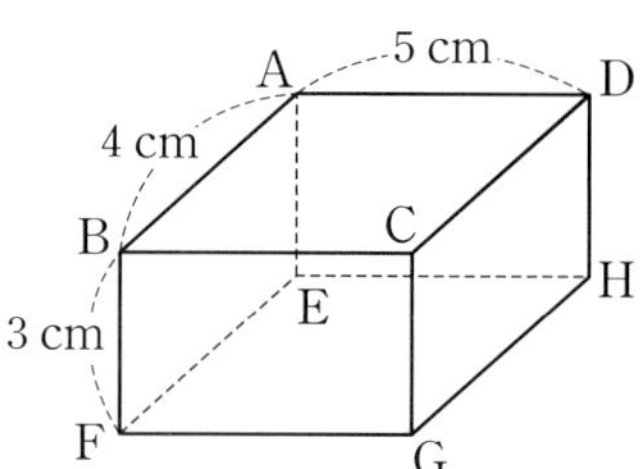

개념 체크

18 다음 빈칸에 알맞은 것을 써넣어라.

그림에서

1) $\overleftrightarrow{AB}$ [ ] $\overleftrightarrow{CD}$

2) 점 B에서 직선 CD에 내린 수선의 발은 점 [ ]이다.

3) 점 C와 직선 AB 사이의 거리는 선분 [ ]의 길이이다.

C
A H B
D

〈 정답과 해설 p. 20 〉

01

그림과 같은 입체도형에 대하여 교점의 개수를 a, 교선의 개수를 b라 할 때, $2a-b$의 값을 구하여라.

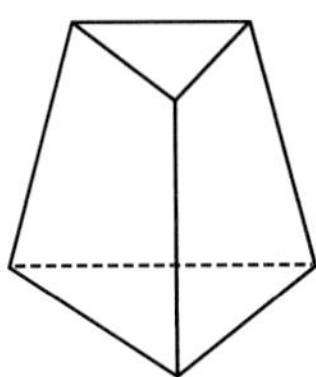

02

그림과 같은 입체도형에 대한 〈보기〉의 설명 중에서 옳은 것을 모두 고른 것은?

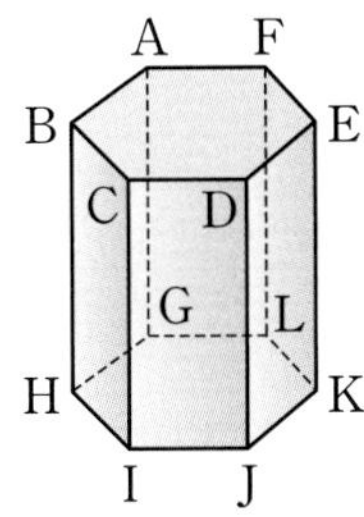

〈보기〉

ㄱ. 교점은 모두 8개이다.
ㄴ. 교선은 모두 18개이다.
ㄷ. 모서리 BC와 모서리 CI의 교점은 점 C이다.
ㄹ. 면 DEKJ와 면 EFLK가 만나서 생기는 교선은 모서리 EK이다.

① ㄱ, ㄷ ② ㄴ, ㄷ ③ ㄴ, ㄹ
④ ㄱ, ㄷ, ㄹ ⑤ ㄴ, ㄷ, ㄹ

03

〈보기〉의 설명 중에서 옳은 것을 모두 고른 것은?

〈보기〉

ㄱ. 도형의 기본 요소는 점, 선, 면이다.
ㄴ. 점이 움직인 자리는 면이 된다.
ㄷ. 서로 다른 두 점을 지나는 직선은 무수히 많다.
ㄹ. 면과 면이 만나서 생기는 직선 또는 곡선을 교선이라 한다.

① ㄱ, ㄴ ② ㄱ, ㄷ ③ ㄱ, ㄹ
④ ㄱ, ㄷ, ㄹ ⑤ ㄴ, ㄷ, ㄹ

04

〈보기〉 중에서 기호를 올바르게 사용하여 나타낸 것을 모두 고른 것은?

〈보기〉

ㄱ. 점 M은 선분 AB의 중점이다.
➡ $\overline{AM}=\overline{BM}=\frac{1}{2}\overline{AB}$
ㄴ. 각 AOB와 각 COD의 크기는 같다.
➡ $\angle AOB=\angle COD$
ㄷ. 선분 AB의 길이는 3이다.
➡ $\overleftrightarrow{AB}=3$

① ㄱ ② ㄴ ③ ㄱ, ㄴ
④ ㄱ, ㄷ ⑤ ㄱ, ㄴ, ㄷ

05

그림과 같이 직선 l 위에 네 점 A, B, C, D가 있을 때, 다음 중 옳은 것은?

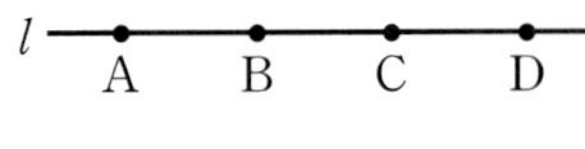

① $\overrightarrow{AB}=\overrightarrow{BA}$ ② $\overrightarrow{AB}=\overrightarrow{AD}$
③ $\overrightarrow{BC}=\overrightarrow{CD}$ ④ $\overrightarrow{BA}=\overrightarrow{CD}$
⑤ $\overleftrightarrow{AB}=\overline{AB}$

06 계산 조심

그림에서 두 점 M, N은 각각 $\overline{AB}$, $\overline{BC}$의 중점이다. $\overline{MN}=8\text{ cm}$일 때, $\overline{AC}$의 길이를 구하여라.

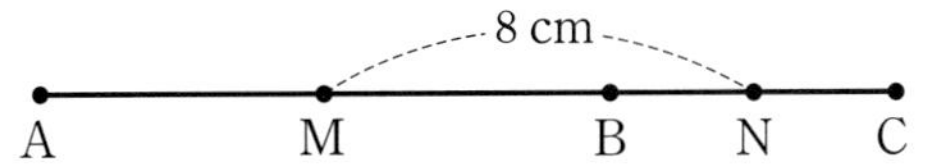

〈 정답과 해설 p. 20~21 〉

07

그림과 같이 한 원 위에 있는 네 점 중 두 점을 지나는 서로 다른 직선의 개수를 a, 서로 다른 반직선의 개수를 b라 할 때, $a+b$의 값은?

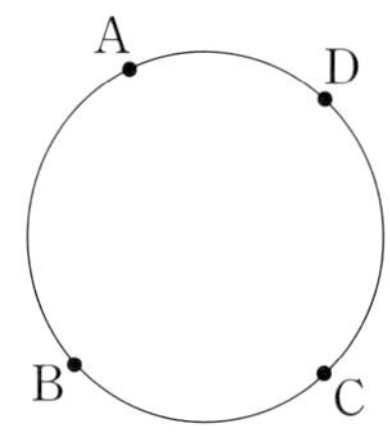

① 14 ② 16 ③ 18
④ 20 ⑤ 22

08 생각 더하기

그림과 같이 네 점 A, B, C, D가 왼쪽부터 차례대로 직선 l 위에 있다. 네 점 A, B, C, D가 다음 조건을 만족시킬 때, $\overline{BC}$의 길이는?

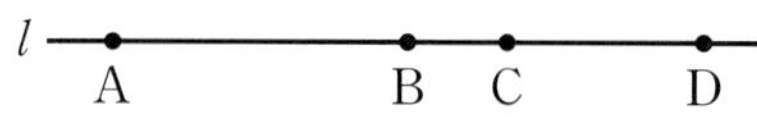

(가) 점 B는 $\overline{AD}$의 중점이다.
(나) $\overline{AC}$의 길이는 $\overline{AD}$의 길이의 $\frac{2}{3}$배이다.
(다) $\overline{BD}$의 길이는 12 cm이다.

① 1 cm ② 2 cm ③ 3 cm
④ 4 cm ⑤ 5 cm

09

그림에서 두 점 A, C 사이의 거리를 a cm, 두 점 C, D 사이의 거리를 b cm라 할 때, $a+b$의 값을 구하여라.

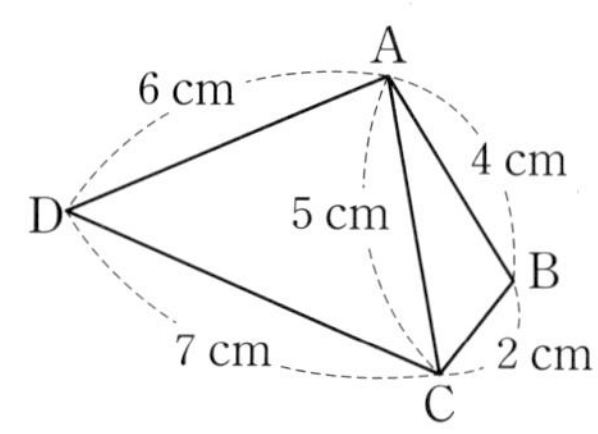

10

그림에서 점 M은 $\overline{AB}$의 중점이고, 점 N은 $\overline{MB}$의 중점이다. $\overline{MN}=4$ cm일 때, $\overline{AB}$의 길이는?

① 10 cm ② 12 cm ③ 14 cm
④ 16 cm ⑤ 18 cm

11

그림에서 두 점 M, N은 $\overline{AB}$의 삼등분점이다. $\overline{AN}=10$ cm일 때, $\overline{AB}$의 길이는?

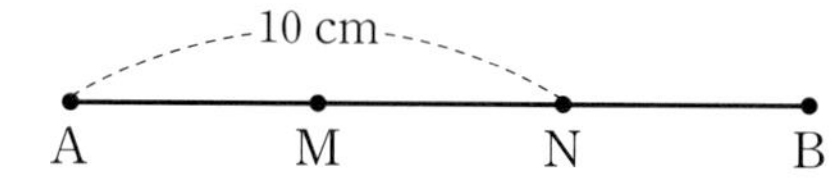

① 13 cm ② 14 cm ③ 15 cm
④ 16 cm ⑤ 16 cm

12

그림에서 $\angle x : \angle y : \angle z = 3 : 5 : 2$일 때, $\angle z$의 크기를 구하여라.

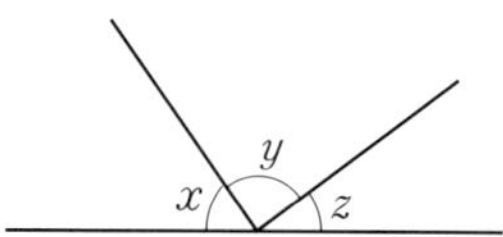

13

그림에서 $\overline{AD} \perp \overline{BE}$일 때, 다음 중 옳지 않은 것은?

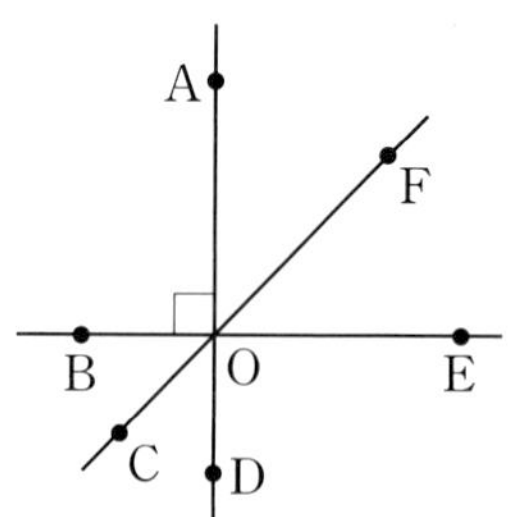

① $\angle$BOC : 예각
② $\angle$BOD : 직각
③ $\angle$COE : 예각
④ $\angle$COF : 평각
⑤ $\angle$DOF : 둔각

14

그림에서

$\angle x + \angle y$의 크기는?

① 115° ② 120°

③ 125° ④ 130°

⑤ 135°

15

그림에서 $\angle x + \angle y$의 크기는?

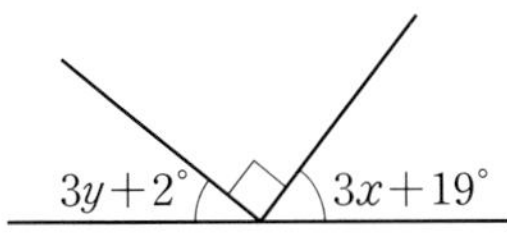

① 20° ② 21° ③ 22°

④ 23° ⑤ 24°

16 조건 확인!

그림에서 $\angle AOB = \angle BOD$, $3\angle BOC = \angle COD$일 때, $\angle BOC$의 크기는?

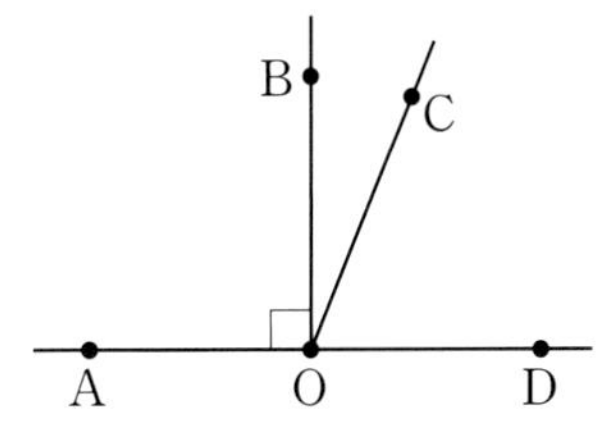

① 21° ② 21.5° ③ 22°

④ 22.5° ⑤ 23°

17

그림에서 $\angle x$의 크기는?

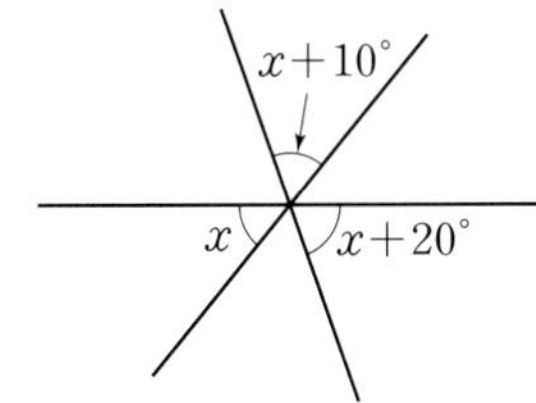

① 40° ② 45° ③ 50°

④ 55° ⑤ 60°

18

그림은 한 눈금의 길이가 1인 모눈종이에 직선 l과 세 점 A, B, C를 나타낸 것이다. 세 점 A, B, C와 직선 l 사이의 거리를 각각 a, b, c라 할 때, $a+b+c$의 값은?

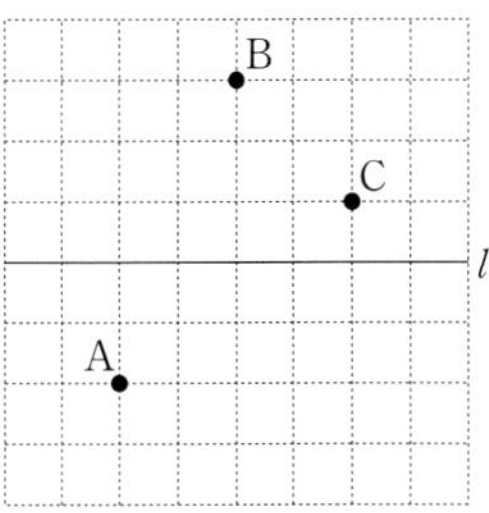

① 6 ② 7 ③ 8

④ 9 ⑤ 10

19

그림과 같은 사다리꼴 ABCD에서 점 B와 변 CD 사이의 거리를 a cm, 점 D와 변 BC 사이의 거리를 b cm라 할 때, $a+b$의 값을 구하여라.

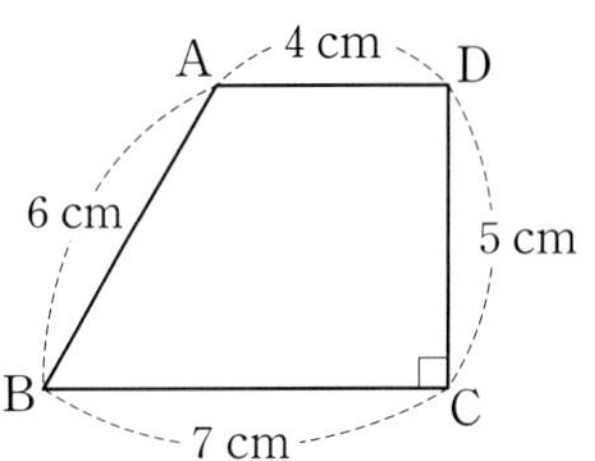

20

다음 중 그림에 대한 설명으로 옳지 않은 것은?

① $\overline{AB} \perp \overline{BC}$

② 점 B에서 $\overline{CD}$에 내린 수선의 발은 점 C이다.

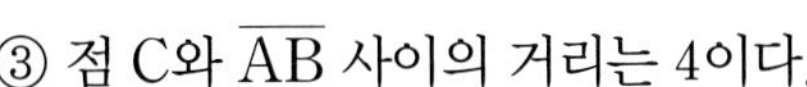

③ 점 C와 $\overline{AB}$ 사이의 거리는 4이다.

④ 점 D와 $\overline{BC}$ 사이의 거리는 2이다.

⑤ $\overline{AC}$의 수선은 $\overline{CD}$이다.

〈 정답과 해설 p. 21 〉

09 점과 직선, 점과 평면의 위치 관계

(1) 점과 직선의 위치 관계

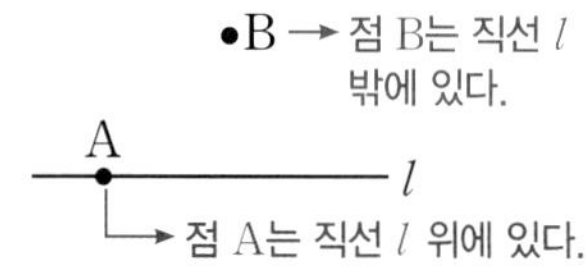

① 점 A는 직선 l 위에 있다.
(직선 l이 점 A를 지난다.)

② 점 B는 직선 l 위에 있지 않다.
(직선 l이 점 B를 지나지 않는다.)

(2) 점과 평면의 위치 관계

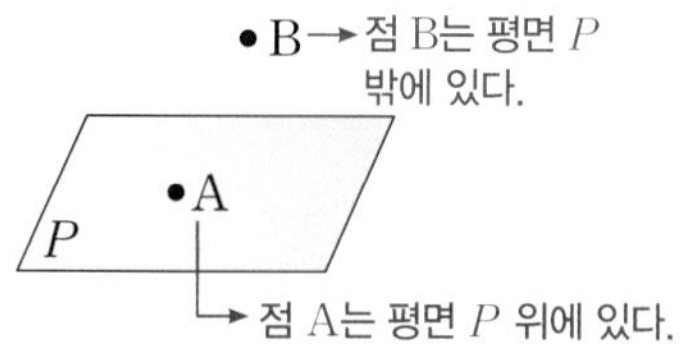

① 점 A는 평면 P 위에 있다.
(평면 P가 점 A를 포함한다.)

② 점 B는 평면 P 위에 있지 않다.
(평면 P가 점 B를 포함하지 않는다.)

참고 점이 직선 또는 평면 위에 있다는 것은 점이 직선 또는 평면에 포함된다는 것이다.

유형 26 점과 직선의 위치 관계

[01-02] 그림에 대하여 옳은 것에 ○표를 하여라.

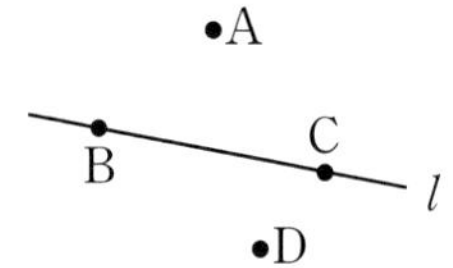

01 점 A는 직선 l 위에 (있다 , 있지 않다).

02 점 C는 직선 l 위에 (있다 , 있지 않다).

[03-08] 그림에서 다음을 구하여라.

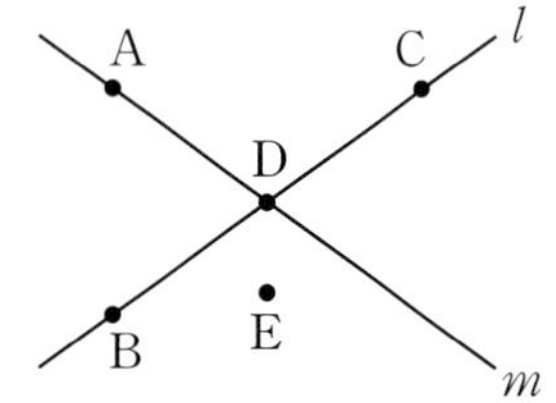

03 직선 l 위에 있는 점

04 직선 m 위에 있는 점

05 직선 l 위에 있지 않은 점

06 직선 m 위에 있지 않은 점

07 두 직선 l, m 위에 동시에 있는 점

08 두 직선 l, m 중 어느 직선 위에도 있지 않은 점

유형 27 점과 평면의 위치 관계

[09-10] 그림에 대하여 옳은 것에 ○표를 하여라.

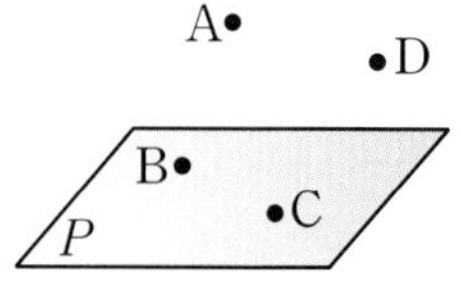

09 점 A는 평면 P 위에 (있다 , 있지 않다).

10 점 C는 평면 P 위에 (있다 , 있지 않다).

[11-12] 그림과 같은 직육면체에서 다음을 구하여라.

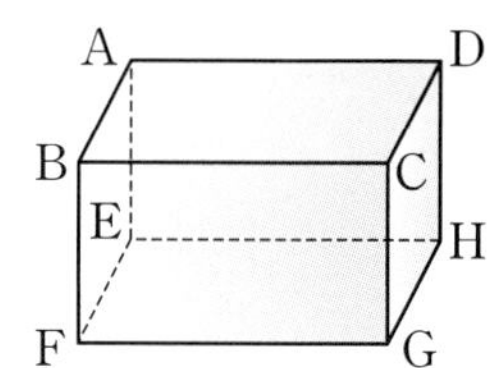

11 면 ABCD 위에 있는 꼭짓점

12 면 CGHD 위에 있지 않은 꼭짓점

개념 체크

13 다음 빈칸에 알맞은 것을 써넣어라.

직선 l이 점 A를 지나고 점 B를 지나지 않으면
점 [　　　]는 직선 l 위에 있고,
점 [　　　]는 직선 l 위에 있지 않다.
평면 P가 점 C를 포함하고, 점 D를 포함하지 않으면 점 [　　　]는 평면 P 위에 있고,
점 [　　　]는 평면 P 위에 있지 않다.

〈정답과 해설 p. 22〉

10 평면에서 두 직선의 위치 관계

(1) **두 직선의 평행** : 한 평면 위의 두 직선 l, m이 서로 만나지 않을 때, 두 직선 l, m은 서로 평행하다고 하고, 기호로 $l /\!/ m$과 같이 나타낸다.

참고 평행한 두 직선을 평행선이라 한다.

(2) **평면에서 두 직선의 위치 관계**

① 한 점에서 만난다. ② 일치한다. ③ 만나지 않는다.(평행하다.)

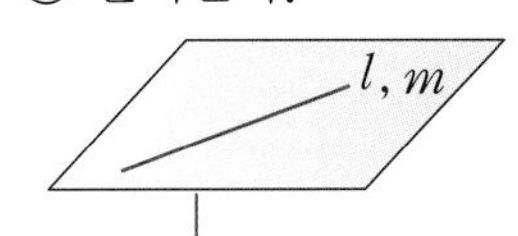

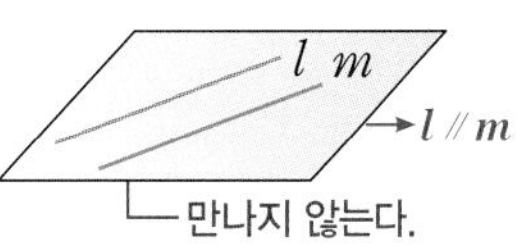

참고 두 직선이 한 점에서 만나는 경우 교점이 1개, 만나지 않는 경우 교점이 0개, 일치하는 경우 교점이 무수히 많다.

유형 28 평면에서 두 직선의 위치 관계

[01-04] 그림과 같은 정육각형에 대하여 다음 설명이 옳으면 ○표, 옳지 않으면 ×표를 ( ) 안에 써넣어라.

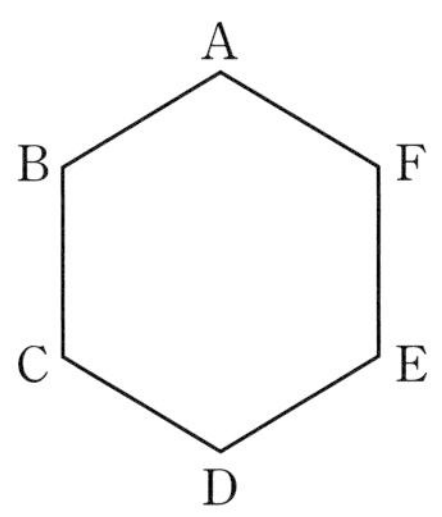

01 직선 AB와 직선 CD는 한 점에서 만난다. ( )

02 직선 BC와 직선 EF는 만나지 않는다. ( )

03 직선 CD와 직선 DE는 일치한다. ( )

04 직선 DE와 직선 AF는 평행하다. ( )

[05-08] 그림과 같은 사다리꼴에 대하여 다음 설명이 옳으면 ○표, 옳지 않으면 ×표를 ( ) 안에 써넣어라.

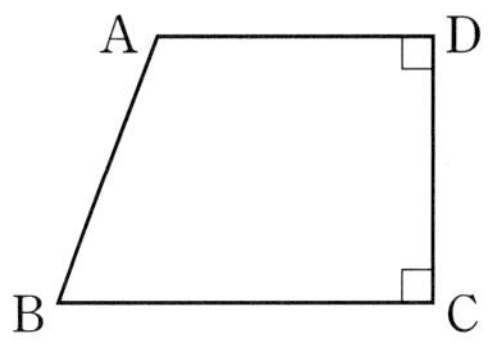

05 $\overline{AB} /\!/ \overline{CD}$ ( )

06 $\overline{AD} /\!/ \overline{BC}$ ( )

07 $\overline{AB} \perp \overline{BC}$ ( )

08 $\overline{AD} \perp \overline{CD}$ ( )

개념 체크

09 다음 빈칸에 알맞은 것을 써넣어라.

평면에서 두 직선의 위치 관계는 한 점에서 만나거나 일치하거나 [ ]하다. 이때, 두 직선이 평행하면 두 직선의 교점은 [ ]개이고, 두 직선이 [ ]하면 교점이 무수히 많다.

〈정답과 해설 p. 22〉

11 공간에서 두 직선의 위치 관계

(1) **꼬인 위치** : 공간에서 두 직선이 서로 만나지도 않고 평행하지도 않을 때, 두 직선은 꼬인 위치에 있다고 한다.
이때, 꼬인 위치에 있는 두 직선은 한 평면 위에 있지 않다.

(2) **공간에서 두 직선의 위치 관계**

① 한 점에서 만난다. ② 일치한다. ③ 평행하다. ④ 꼬인 위치에 있다.

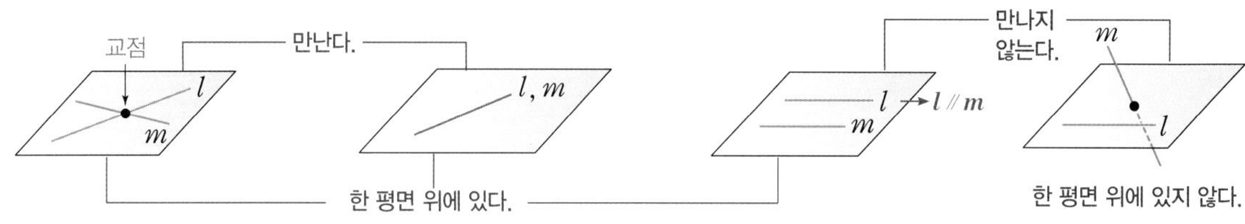

유형 29 공간에서 한 점에서 만나는 두 직선

[01-06] 그림과 같은 삼각기둥에서 다음 모서리와 한 점에서 만나는 모서리를 모두 구하여라.

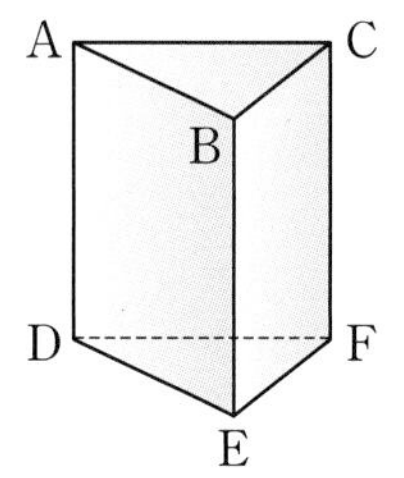

01 모서리 AB

02 모서리 DF

03 모서리 BE

04 모서리 CF

05 모서리 AC

06 모서리 EF

유형 30 공간에서 평행한 두 직선

[07-10] 그림은 밑면이 정육각형인 육각기둥이다. 이 육각기둥에서 다음 모서리와 평행한 모서리를 모두 구하여라.

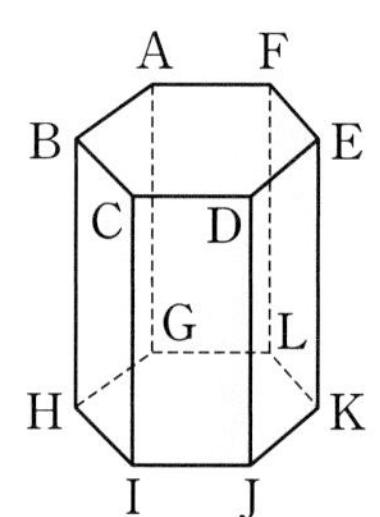

07 모서리 AF

08 모서리 HI

09 모서리 DE

10 모서리 DJ

유형 31 공간에서 꼬인 위치에 있는 두 직선

[11-16] 그림과 같이 직육면체의 일부를 잘라내고 남은 입체도형에서 다음 모서리와 꼬인 위치에 있는 모서리를 모두 구하여라.

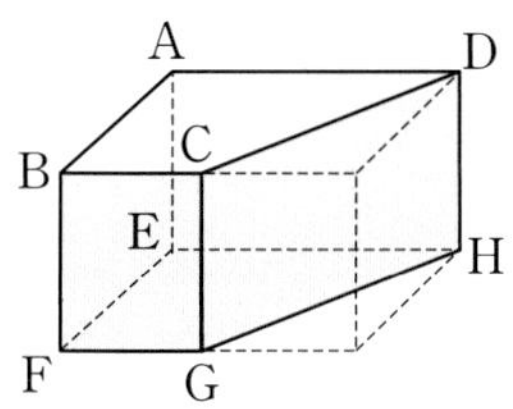

11 모서리 AB

12 모서리 BC

13 모서리 CG

14 모서리 DH

15 모서리 GH

16 모서리 AE

유형 32 공간에서 직선의 위치 관계

[17-19] 그림과 같이 밑면이 직사각형인 사각뿔에서 다음을 모두 구하여라.

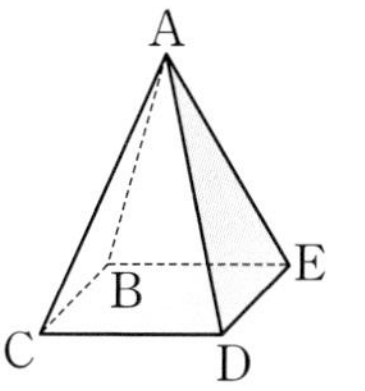

17 모서리 AC와 한 점에서 만나는 모서리

18 모서리 DE와 평행한 모서리

19 모서리 AE와 꼬인 위치에 있는 모서리

[20-22] 다음 중 옳은 것은 ○표, 옳지 않은 것은 ×표를 하여라. (단, l, m, n은 공간에서의 서로 다른 세 직선이다.)

20 $l /\!/ m$, $m /\!/ n$이면 $l /\!/ n$이다. (　　　)

해 그림과 같이 직육면체 위에 $l /\!/ m$, $m /\!/ n$이 되도록 세 직선 l, m, n을 그리면 l [　] n이다.

l
m
n

21 $l \perp m$, $m \perp n$이면 $l /\!/ n$이다. (　　　)

22 $l /\!/ m$, $l \perp n$이면 $m /\!/ n$이다. (　　　)

개념 체크

23 다음 빈칸에 알맞은 것을 써넣어라.

공간에서 두 직선이 만나지도 않고 평행하지도 않으면 두 직선은 [　　　] 위치에 있다고 한다.
즉, 공간에서 두 직선의 위치 관계는 한 점에서 만나거나 일치하거나 [　　　]하거나 [　　　] 위치에 있다.

〈정답과 해설 p. 22~23〉

12 공간에서 직선과 평면의 위치 관계

(1) 공간에서 직선과 평면의 위치 관계

① 직선이 평면에 포함된다. ② 한 점에서 만난다. ③ 평행하다.(만나지 않는다.)

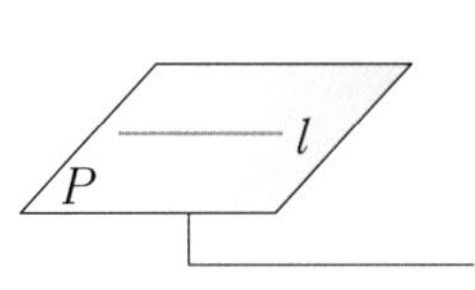

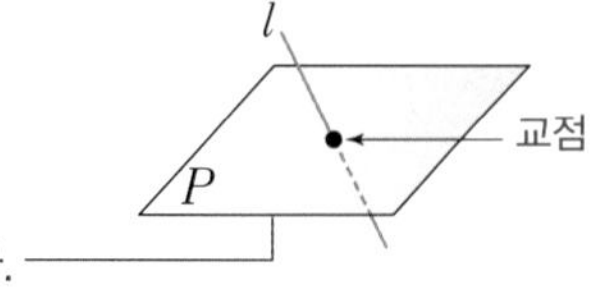

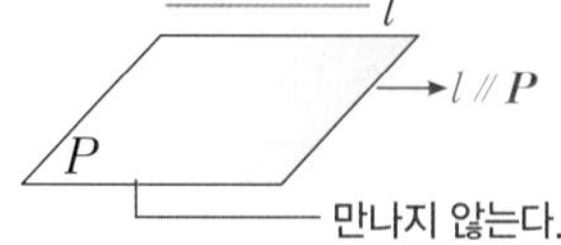

(2) 직선과 평면의 수직

직선 l이 평면 P와 한 점 H에서 만나고 점 H를 지나는 평면 P 위의 모든 직선과 수직일 때, 직선 l과 평면 P는 서로 직교한다 또는 서로 수직이다라고 한다. ➡ 기호로 $l \perp P$

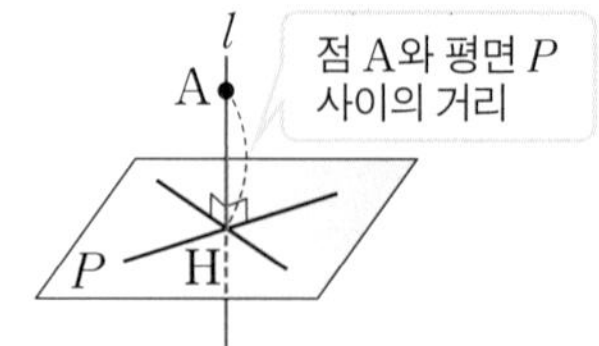

참고 오른쪽 그림에서 점 A와 평면 P 사이의 거리는 $\overline{AH}$의 길이이다.

유형 33 공간에서 직선이 평면에 포함되는 경우

[01-04] 그림과 같은 직육면체를 보고, 다음 모서리를 포함하는 면을 모두 구하여라.

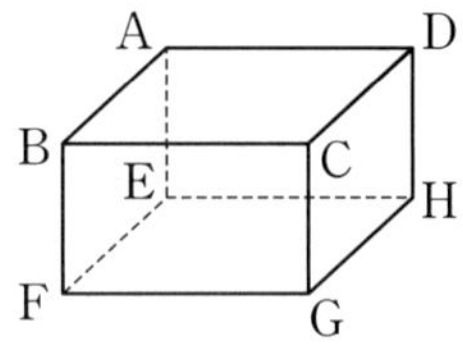

01 모서리 AB

02 모서리 BC

03 모서리 CG

04 모서리 DH

유형 34 공간에서 직선과 평면이 한 점에서 만나는 경우

[05-08] 그림과 같이 직육면체의 일부를 잘라내고 남은 입체도형에서 다음을 모두 구하여라.

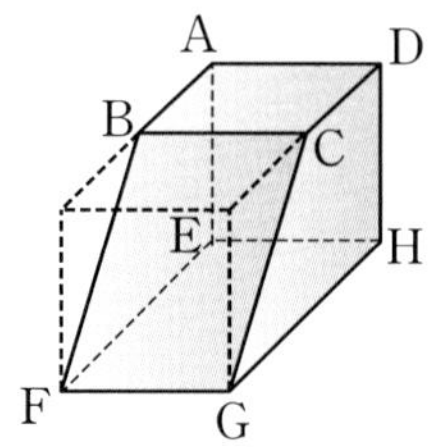

05 모서리 BC와 한 점에서 만나는 평면

06 모서리 CG와 한 점에서 만나는 평면

07 면 ABCD와 한 점에서 만나는 모서리

08 면 BFGC와 한 점에서 만나는 모서리

유형 35 공간에서 직선과 평면이 평행한 경우

[09-14] 그림과 같은 직육면체에서 다음을 모두 구하여라.

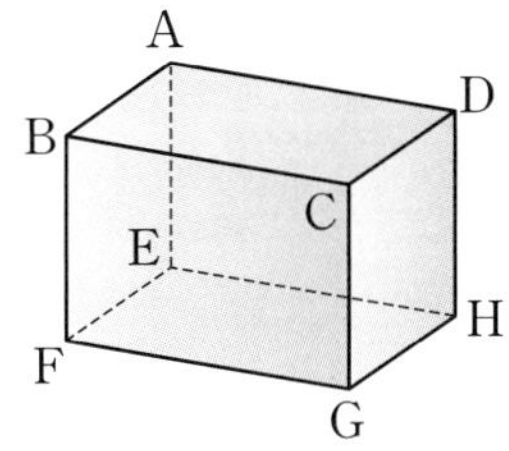

09 모서리 AB와 평행한 면

10 모서리 DH와 평행한 면

11 모서리 FG와 평행한 면

12 면 AEHD와 평행한 모서리

13 면 EFGH와 평행한 모서리

14 면 CGHD와 평행한 모서리

유형 36 공간에서 직선과 평면이 수직인 경우

[15-18] 그림과 같이 정육면체를 세 꼭짓점 B, C, F를 지나는 평면으로 잘라내고 남은 입체도형에서 다음을 모두 구하여라.

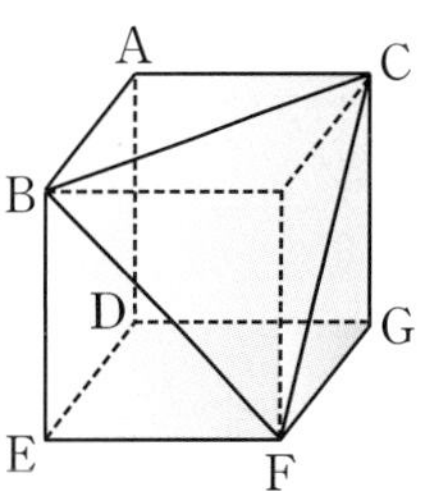

15 모서리 AD와 수직인 면

16 모서리 EF와 수직인 면

17 면 ABED와 수직인 모서리

18 면 BEF와 수직인 모서리

개념 체크

19 다음 빈칸에 알맞은 것을 써넣어라.

공간에서 직선과 평면의 위치 관계는 직선이 평면에 [　　　]되거나 한 점에서 만나거나 [　　　]하다.
한편, 직선 l이 평면 P와 한 점 H에서 만나고 점 H를 지나는 평면 [　　　] 위의 모든 직선과 수직일 때, 직선 l과 평면 P는 서로 [　　　]이라 하며 기호로 [　　　]로 나타낸다.

〈정답과 해설 p. 23〉

13 공간에서 두 평면의 위치 관계

(1) 공간에서 두 평면의 위치 관계

① 한 직선에서 만난다. ② 일치한다. 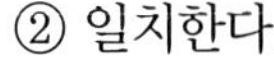 ③ 평행하다. (만나지 않는다.)

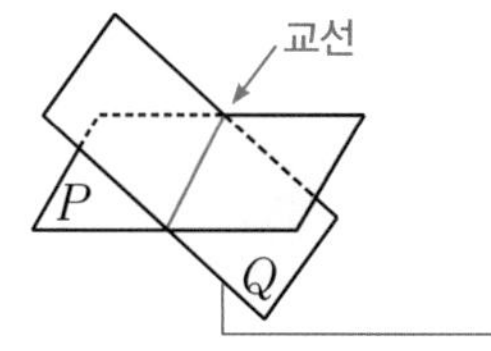

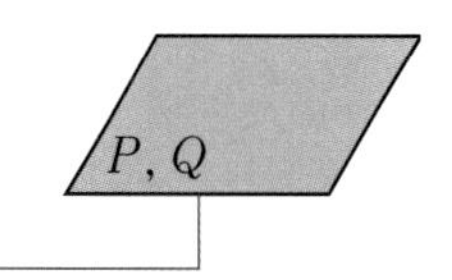

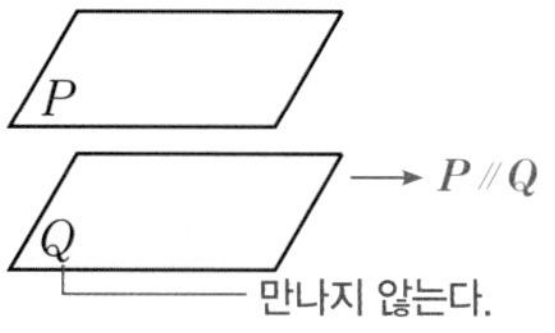

(2) 두 평면의 수직

평면 P가 평면 Q에 수직인 직선 l을 포함할 때,

평면 P와 평면 Q는 서로 직교한다 또는 수직이다라고 한다.

➡ 기호로 $P \perp Q$

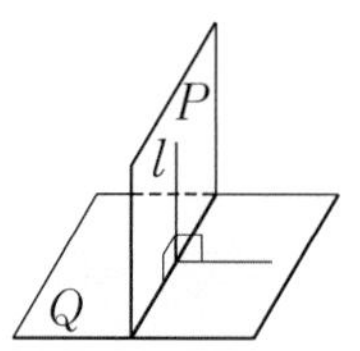

유형 37 공간에서 두 평면의 위치 관계

[01-05] 그림과 같은 직육면체에서 다음을 모두 구하여라.

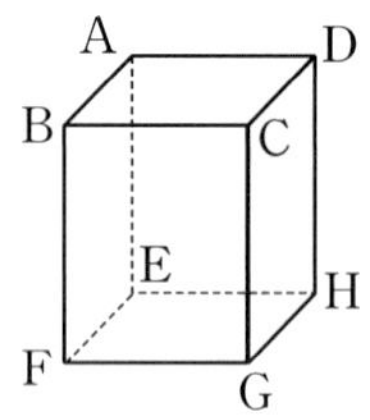

01 면 ABCD와 만나는 면

02 면 ABFE와 평행한 면

03 면 BFGC와 수직인 면

04 면 AEHD와 만나지 않는 면

05 면 EFGH와 면 CGHD의 교선

[06-10] 그림과 같은 삼각기둥에서 다음을 모두 구하여라.

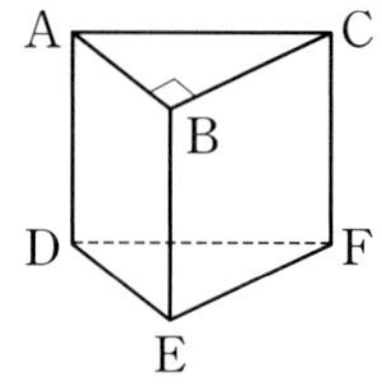

06 면 ADEB와 만나는 면

07 면 BEFC와 수직인 면

08 면 ABC와 평행한 면

09 면 DEF와 수직인 면

10 면 ADEB와 면 BEFC의 교선

유형 38 공간에서의 여러 가지 위치 관계

[11-17] 그림과 같이 밑면이 사다리꼴인 사각기둥에서 다음을 모두 구하여라.

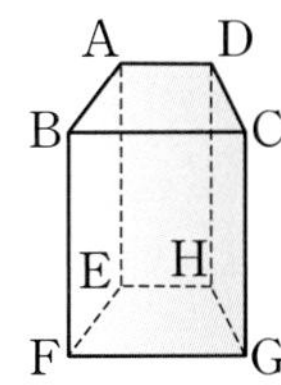

11 모서리 AB와 평행한 모서리

12 모서리 DH와 꼬인 위치에 있는 모서리

13 모서리 BC와 평행한 면

14 모서리 CG를 포함하는 면

15 모서리 BF와 수직인 면

16 면 ABCD와 한 모서리에서 만나는 면

17 면 BFGC와 평행한 면

[18-22] 그림은 직육면체에서 삼각기둥을 잘라 만든 입체도형이다. 다음 중 옳은 것은 ○표, 옳지 않은 것은 ×표를 (　　) 안에 써넣어라.

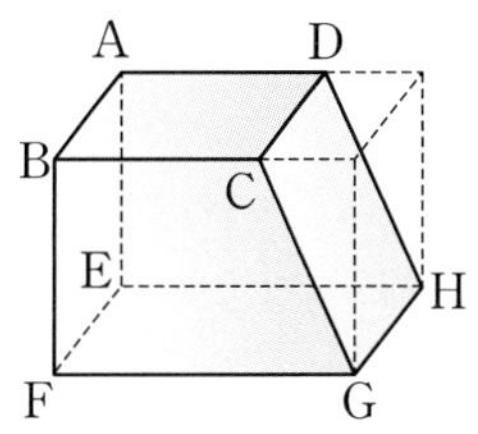

18 모서리 AB와 평행한 면은 1개이다. (　　)

19 면 ABCD와 수직인 모서리는 2개이다. (　　)

20 모서리 EF와 꼬인 위치에 있는 모서리는 4개이다. (　　)

21 면 ABFE와 평행한 면은 CGHD이다. (　　)

22 면 ABCD와 면 BFGC의 교선은 $\overline{BC}$이다. (　　)

개념 체크

23 **다음 빈칸에 알맞은 것을 써넣어라.**

공간에서 두 평면의 위치 관계는 한 [　　　]에서 만나거나 일치하거나 [　　　]하다. 한편, 평면 P가 평면 Q에 수직인 직선 l을 포함할 때, 두 평면 P, Q는 서로 [　　　]이라 하며 기호로 [　　　]로 나타낸다.

〈정답과 해설 p. 23~24〉

01

다음 중 옳은 것을 모두 고르면? (정답 2개)

① 꼬인 위치에 있는 두 직선은 한 평면 위에 있지 않다.
② 한 평면에서 두 직선의 위치 관계는 한 점에서 만나거나 평행하거나 일치한다.
③ 공간에서 한 평면에 평행한 서로 다른 두 직선은 평행하다.
④ 공간에서 한 평면에 수직인 서로 다른 두 직선은 수직이다.
⑤ 공간에서 두 직선이 만나지 않으면 두 직선은 평행하다.

02

그림과 같이 밑면이 정육각형인 육각기둥에서 면 BHIC와 평행한 모서리의 개수를 구하여라.

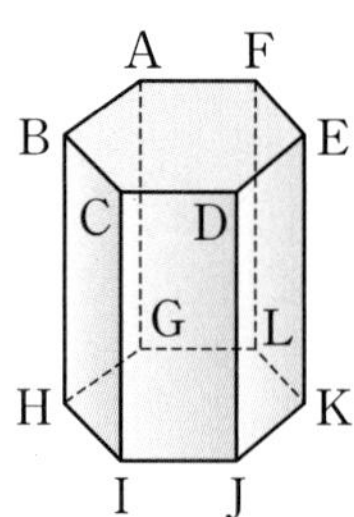

03 생각 더하기

그림과 같은 정팔각형에서 각 변을 연장한 직선에 대하여 〈보기〉 중에서 옳은 것만을 있는 대로 고른 것은?

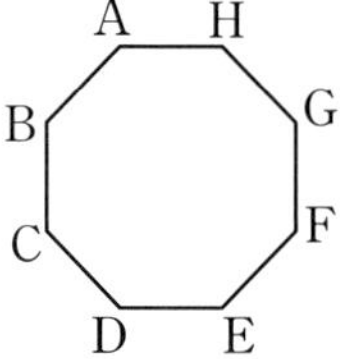

〈보기〉

ㄱ. 직선 AH와 한 점에서 만나는 직선의 개수는 6이다.
ㄴ. 직선 BC와 만나지 않는 직선의 개수는 1이다.
ㄷ. 직선 DE와 직선 EF는 점 E에서 만난다.

① ㄱ ② ㄴ ③ ㄱ, ㄴ
④ ㄴ, ㄷ ⑤ ㄱ, ㄴ, ㄷ

04

그림과 같은 오각기둥에 대하여 옳은 것만을 있는 대로 고른 것은?

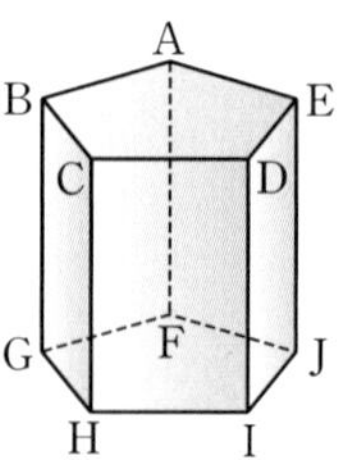

〈보기〉

ㄱ. 직선 AB와 평행한 서로 다른 모서리의 개수는 1이다.
ㄴ. 직선 AB와 꼬인 위치에 있는 서로 다른 모서리의 개수는 7이다.
ㄷ. 직선 AB와 한 점에서 만나는 서로 다른 모서리의 개수는 4이다.

① ㄱ ② ㄴ ③ ㄱ, ㄴ
④ ㄴ, ㄷ ⑤ ㄱ, ㄴ, ㄷ

05

그림과 같은 삼각기둥에 대한 설명으로 옳지 않은 것은?

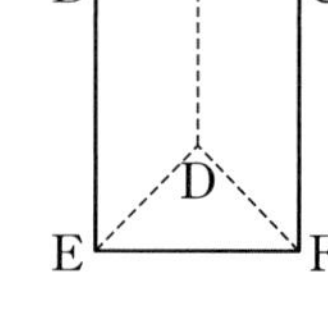

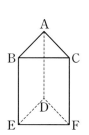

① 면 ABC와 모서리 DE는 평행하다.
② 모서리 BE는 면 DEF와 한 점에서 만난다.
③ 모서리 CF는 면 BEFC에 포함된다.
④ 면 ABC와 평행한 모서리는 2개이다.
⑤ 면 DEF와 수직인 모서리들은 서로 평행하다.

06 생각 더하기

공간에서 서로 다른 세 직선 l, m, n과 서로 다른 두 평면 P, Q에 대하여 〈보기〉에서 옳은 것만을 있는 대로 고른 것은?

〈보기〉

ㄱ. $l \perp m$, $l \perp n$이면 $m /\!/ n$이다.
ㄴ. $P \perp l$이고 $P /\!/ Q$이면 $Q \perp l$이다.
ㄷ. $P /\!/ l$이고 $P /\!/ m$이면 $l /\!/ m$이다.

① ㄱ ② ㄴ ③ ㄷ
④ ㄱ, ㄴ ⑤ ㄱ, ㄷ

07

그림에 대한 설명으로 〈보기〉에서 옳은 것만을 있는 대로 고른 것은?

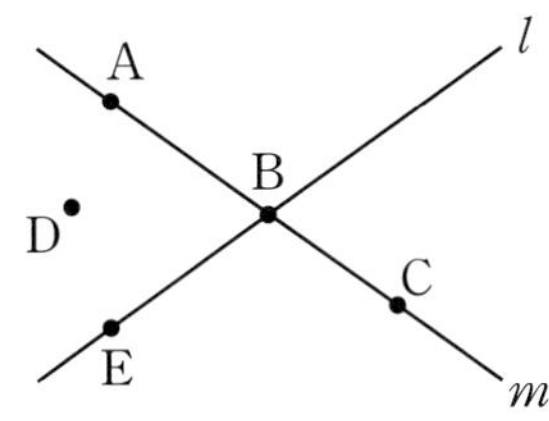

〈보기〉

ㄱ. 점 D는 직선 l 위의 점이다.
ㄴ. 세 점 A, B, C는 직선 m 위의 점이다.
ㄷ. 점 B는 두 직선 l, m 위의 점이다.

① ㄱ ② ㄴ ③ ㄷ
④ ㄱ, ㄴ ⑤ ㄴ, ㄷ

08 조건 확인!

그림은 직육면체에서 삼각기둥을 잘라 만든 입체도형이다. 직선 AB와 한 점에서 만나는 서로 다른 직선의 개수를 a, 직선 CD와 꼬인 위치에 있는 직선의 개수를 b, 면 CGHD와 평행한 직선의 개수를 c라 할 때, $a+b+c$의 값을 구하여라.

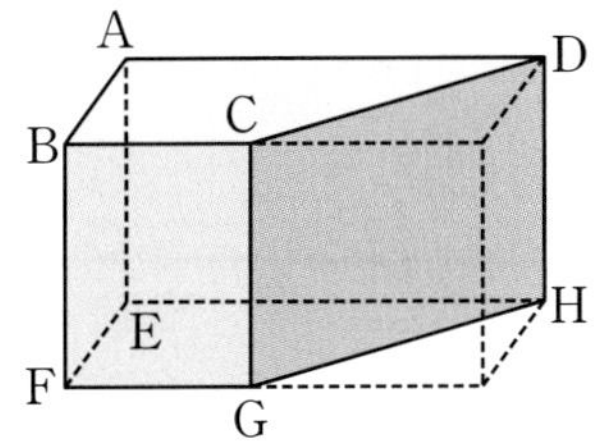

09

다음 설명 중에서 옳은 것은?

① 한 평면 위에서 두 직선이 만나면 한 점에서만 만난다.
② 만나지 않는 두 직선은 한 평면 위에 있다.
③ 공간에서 두 직선이 만나지 않으면 평행하다.
④ 꼬인 위치에 있는 두 직선은 한 평면 위에 있지 않다.
⑤ 서로 다른 두 직선을 포함하는 평면은 항상 존재한다.

10

그림과 같은 직육면체에 대하여 〈보기〉에서 옳은 것만을 있는 대로 고른 것은?

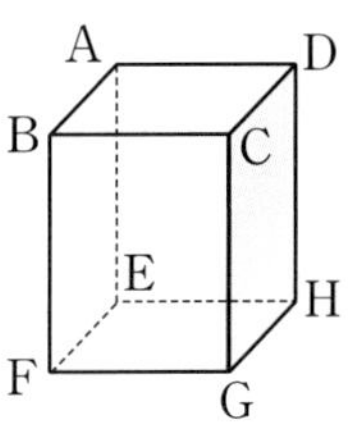

〈보기〉

ㄱ. 모서리 AB를 교선으로 하는 두 면은 ABCD, ABFE이다.
ㄴ. 각 면과 한 모서리에서 만나는 면의 개수는 4이다.
ㄷ. 각 면과 평행한 면의 개수는 1이다.

① ㄱ ② ㄴ ③ ㄱ, ㄴ
④ ㄴ, ㄷ ⑤ ㄱ, ㄴ, ㄷ

〈 정답과 해설 p. 24~25 〉

11

그림과 같은 마름모 ABCD에서 각 변과 대각선을 연장한 직선에 대하여 직선 AB 위에 있는 꼭짓점의 개수를 a, 직선 BD 위에 있지 않는 꼭짓점의 개수를 b, 직선 CD와 만나는 서로 다른 직선의 개수를 c라 할 때, $a+b+c$의 값은?

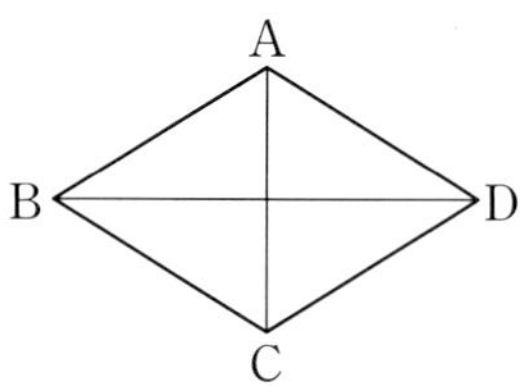

① 5 ② 6 ③ 7
④ 8 ⑤ 9

[12-13] 그림과 같이 밑면이 정육각형인 육각기둥에서 다음 물음에 답하여라.

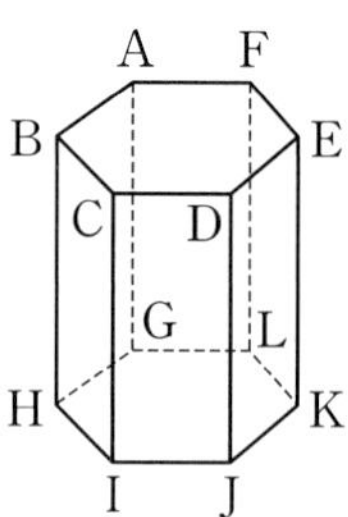

12

면 ABHG와 평행한 모서리의 개수는?

① 6 ② 7 ③ 8
④ 9 ⑤ 10

13

모서리 DE와 평행하면서 모서리 EF와 꼬인 위치에 있는 모서리의 개수는?

① 1 ② 2 ③ 3
④ 4 ⑤ 5

14 조건 확인!

공간에서 서로 다른 세 직선 l, m, n과 서로 다른 세 평면 P, Q, R에 대한 〈보기〉의 설명 중에서 옳은 것만을 있는 대로 고른 것은?

〈보기〉

ㄱ. $l /\!/ m$, $l \perp n$이면 $m \perp n$이다.
ㄴ. $l /\!/ m$, $m /\!/ n$이면 $l /\!/ n$이다.
ㄷ. $P /\!/ Q$, $Q \perp R$이면 $P \perp R$이다.
ㄹ. $P /\!/ Q$, $Q /\!/ R$이면 $P /\!/ R$이다.

① ㄴ, ㄷ ② ㄱ, ㄴ, ㄷ ③ ㄱ, ㄴ, ㄹ
④ ㄱ, ㄷ, ㄹ ⑤ ㄴ, ㄷ, ㄹ

[15-16] 그림은 정육면체를 세 모서리 BC, CG, CD의 중점 P, Q, R를 지나는 평면 PQR로 잘라내고 남은 입체도형이다. 다음 물음에 답하여라.

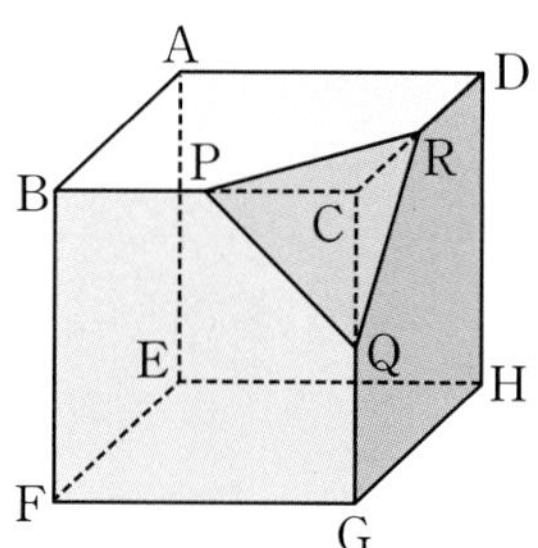

15

모서리 PQ와 꼬인 위치에 있는 모서리의 개수는?

① 6 ② 7 ③ 8
④ 9 ⑤ 10

16

면 AEHD와 평행한 모서리의 개수를 a,
면 ABFE와 수직인 모서리의 개수를 b라 할 때,
$a+b$의 값은?

① 6 ② 7 ③ 8
④ 9 ⑤ 10

〈 정답과 해설 p. 25 〉

14 동위각

한 평면 위의 서로 다른 두 직선 l, m이 다른 한 직선 n과 만나서 생기는 8개의 각 중에서 서로 같은 위치에 있는 각을 동위각이라 한다.
즉, 그림에서 동위각은 $\angle a$와 $\angle e$, $\angle b$와 $\angle f$, $\angle c$와 $\angle g$, $\angle d$와 $\angle h$이다.

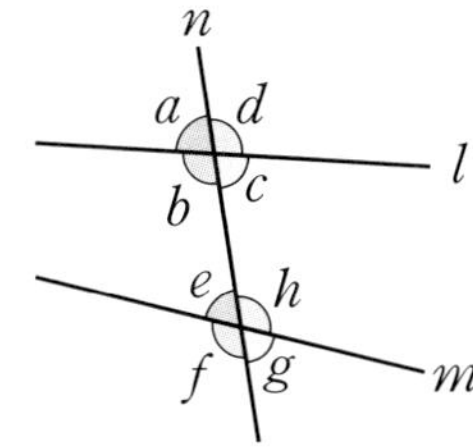

✪ 동위각은 F 모양을 찾는다.

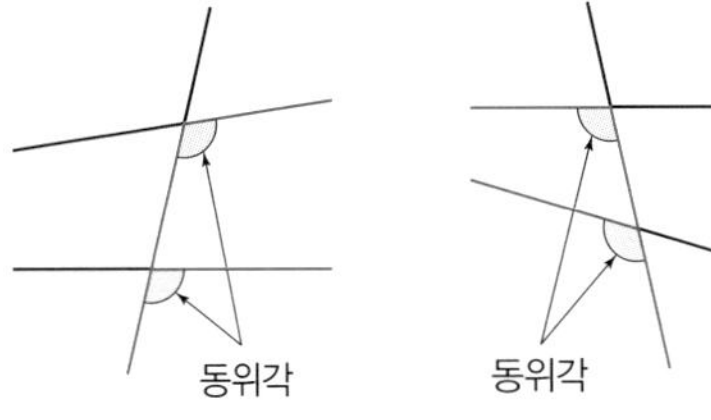

DAY 06

유형 39 동위각 찾기

[01-04] 그림과 같이 세 직선이 만날 때 다음 각의 동위각을 구하여라.

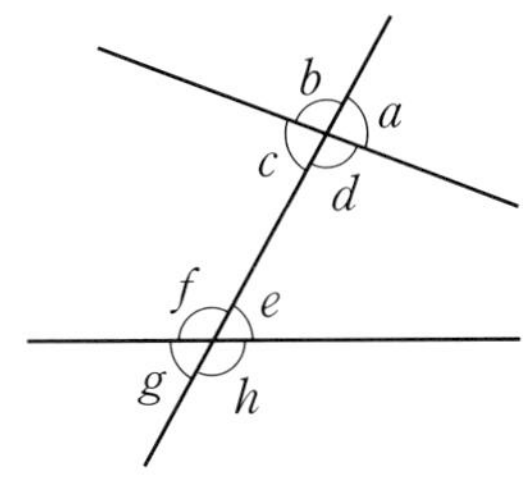

01 $\angle b$ **02** $\angle d$

03 $\angle g$ **04** $\angle e$

[05-08] 그림과 같이 세 직선이 만날 때 다음 각의 동위각을 구하여라.

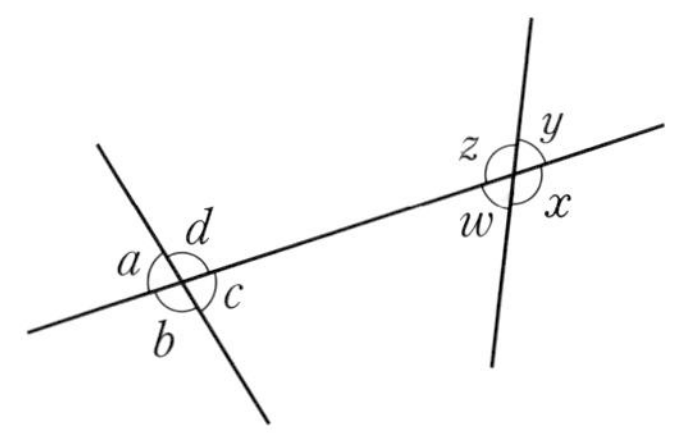

05 $\angle a$ **06** $\angle c$

07 $\angle w$ **08** $\angle y$

유형 40 동위각의 크기 구하기

[09-11] 그림을 보고 다음을 구하여라.

09

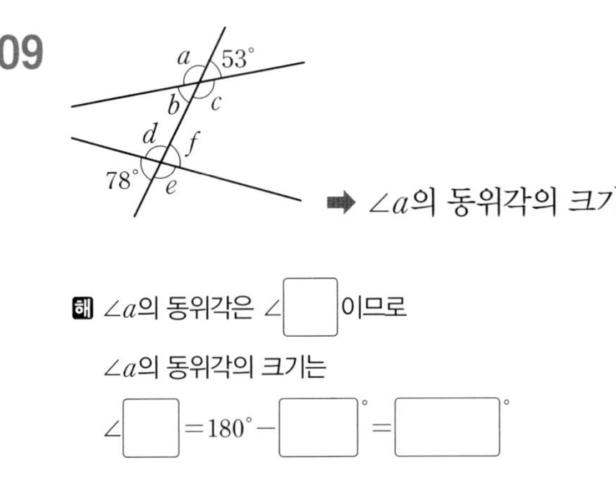

➡ $\angle a$의 동위각의 크기

해 $\angle a$의 동위각은 $\angle$☐이므로
$\angle a$의 동위각의 크기는
$\angle$☐$=180^\circ-$☐$^\circ=$☐$^\circ$

10

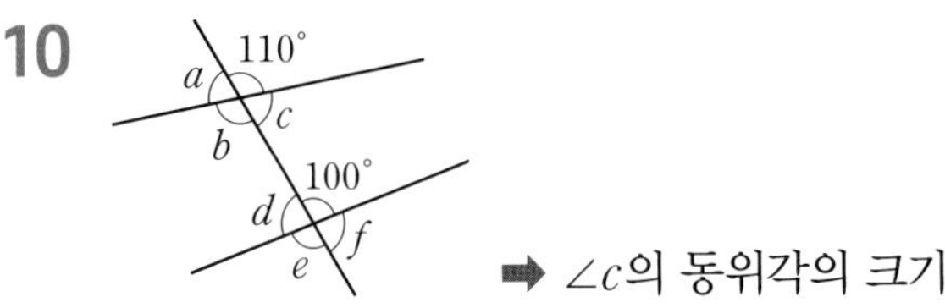

➡ $\angle c$의 동위각의 크기

11

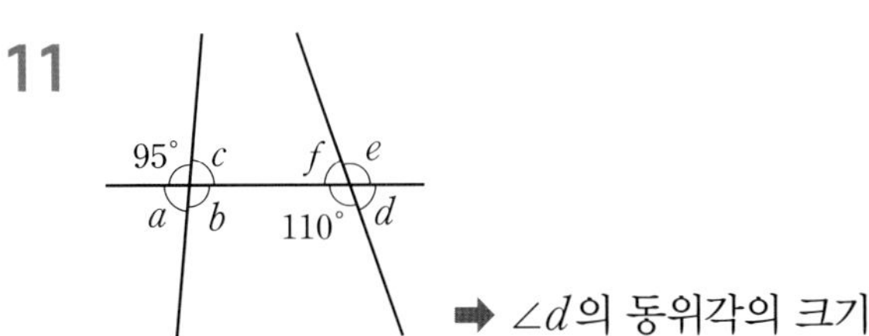

➡ $\angle d$의 동위각의 크기

개념 체크

12 다음 빈칸에 알맞은 것을 써넣어라.

한 평면 위의 서로 다른 두 직선이 다른 한 직선과 만나서 생기는 각 중 서로 같은 위치에 있는 두 각을 [ ]이라 한다.

〈정답과 해설 p. 26〉

15 엇각

한 평면 위의 서로 다른 두 직선 l, m이 다른 한 직선 n과 만나서 생기는 8개의 각 중에서 서로 엇갈린 위치에 있는 각을 엇각이라 한다.
즉, 그림에서 엇각은 $\angle b$와 $\angle h$, $\angle c$와 $\angle e$이다.

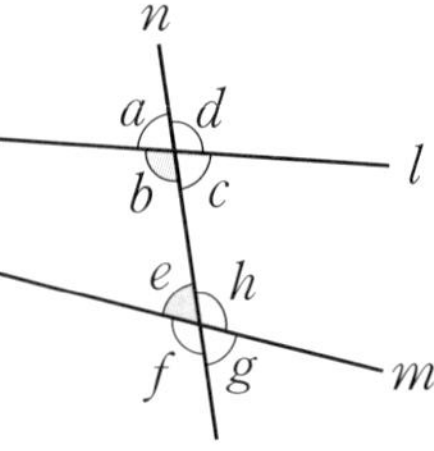

✪ 엇각은 Z을 찾는다.

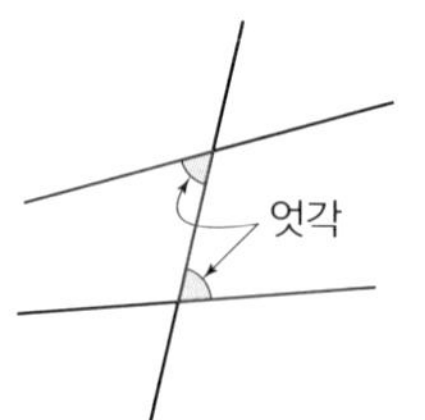

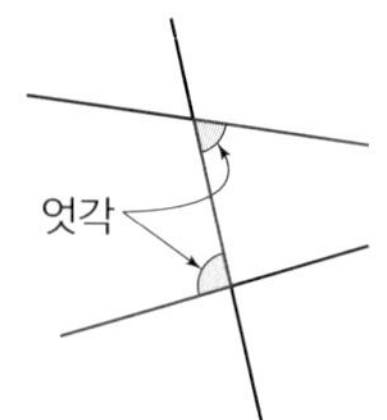

유형 41 엇각 찾기

[01-02] 그림과 같이 세 직선이 만날 때 다음 각의 엇각을 구하여라.

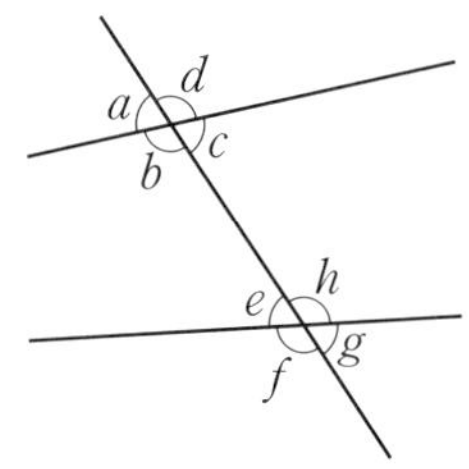

01 $\angle b$

02 $\angle e$

[03-06] 그림에 대한 설명으로 옳은 것은 ○표, 옳지 않은 것은 ×표를 (   ) 안에 써넣어라.

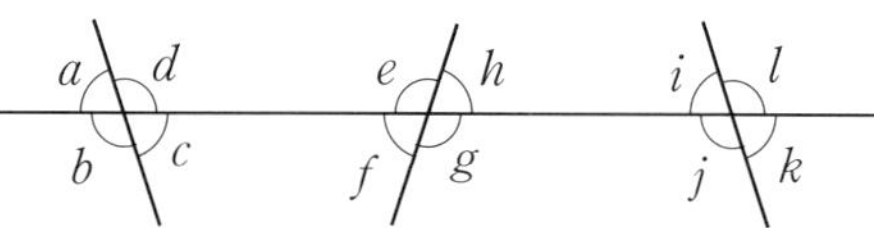

03 $\angle d$의 엇각은 $\angle f$, $\angle j$이다. (   )

04 $\angle c$의 엇각은 $\angle h$, $\angle l$이다. (   )

05 $\angle a$의 엇각은 $\angle g$, $\angle k$이다. (   )

06 $\angle g$의 동위각은 $\angle c$, $\angle k$이고 엇각은 $\angle i$이다. (   )

유형 42 엇각의 크기 구하기

[07-09] 그림을 보고 다음을 구하여라.

07

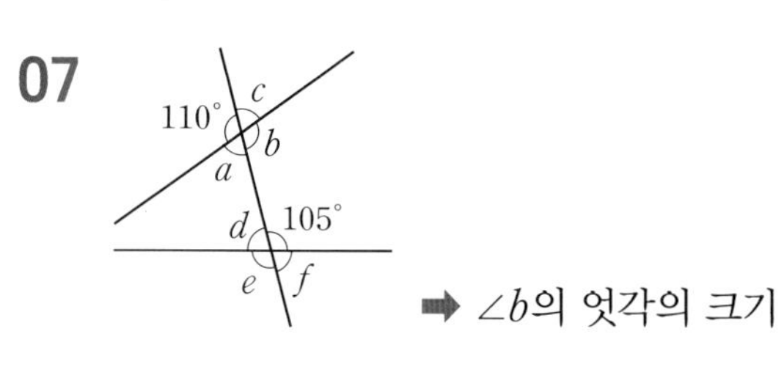

➡ $\angle b$의 엇각의 크기

해 $\angle b$의 엇각은 $\angle$☐이므로
$\angle b$의 엇각의 크기는
$\angle$☐$=180°-$☐$°=$☐$°$

08

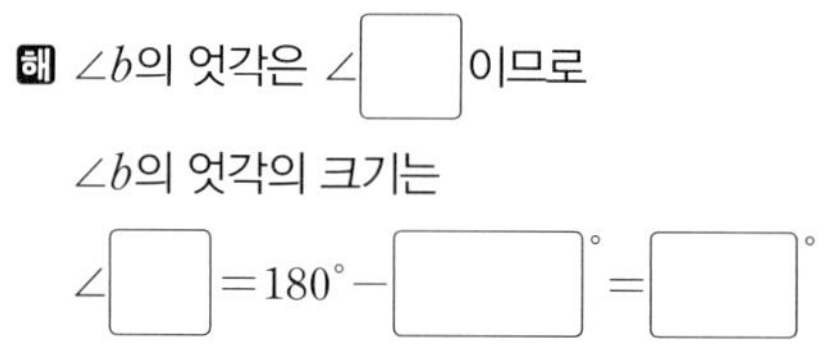

➡ $\angle d$의 엇각의 크기

09

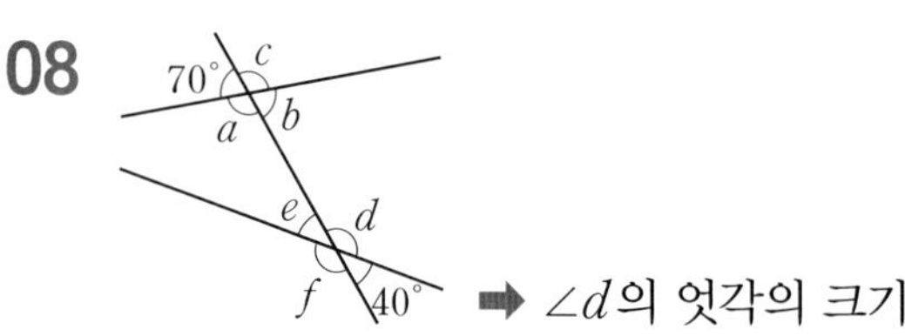

➡ $\angle c$의 엇각의 크기

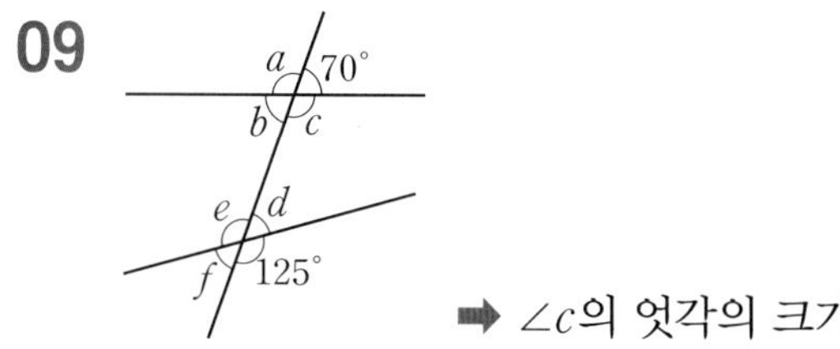

개념 체크

10 다음 빈칸에 알맞은 것을 써넣어라.

한 평면 위의 서로 다른 두 직선이 다른 한 직선과 만나서 생기는 각 중 서로 엇갈린 위치에 있는 두 각을 [   ]이라 한다.

〈정답과 해설 p. 26〉

16 평행선의 성질

(1) 평행선과 동위각

서로 다른 두 직선 l, m이 다른 한 직선 n과 만날 때,

① 두 직선 l, m이 평행하면 동위각의 크기는 서로 같다.

② 동위각의 크기가 서로 같으면 두 직선 l, m은 평행하다.

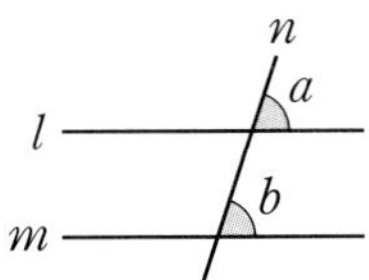

① $l /\!/ m$이면 $\angle a = \angle b$

② $\angle a = \angle b$이면 $l /\!/ m$

(2) 평행선과 엇각

서로 다른 두 직선 l, m이 다른 한 직선 n과 만날 때,

① 두 직선 l, m이 평행하면 엇각의 크기는 서로 같다.

② 엇각의 크기가 서로 같으면 두 직선 l, m은 평행하다.

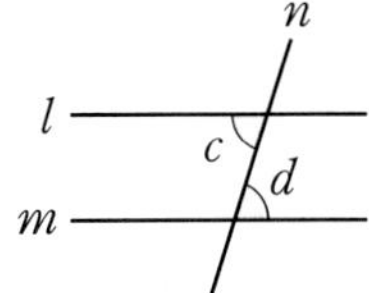

① $l /\!/ m$이면 $\angle c = \angle d$

② $\angle c = \angle d$이면 $l /\!/ m$

주의 맞꼭지각의 크기는 항상 같지만, 동위각의 크기와 엇각의 크기는 두 직선이 평행한 때만 같다.

유형 43 평행선과 동위각

[01-04] 그림에서 $l /\!/ m$일 때, $\angle x$의 크기를 구하여라.

01

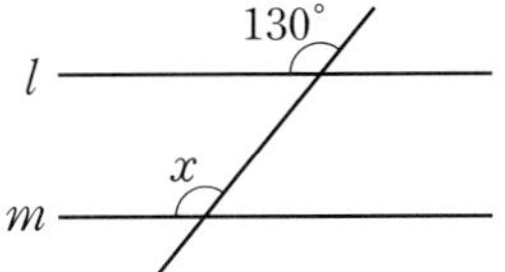

해 $l /\!/ m$이므로 [ ]의 크기는 같다.

$\therefore \angle x =$ [ ]°

02

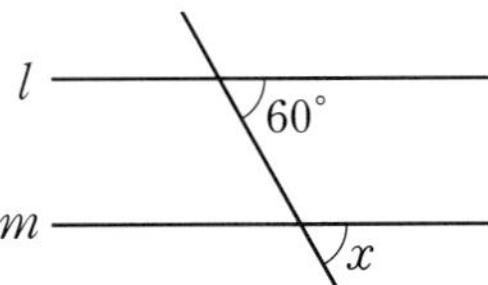

03

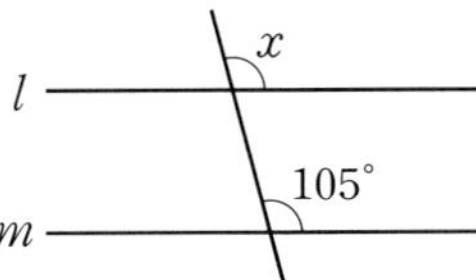

04

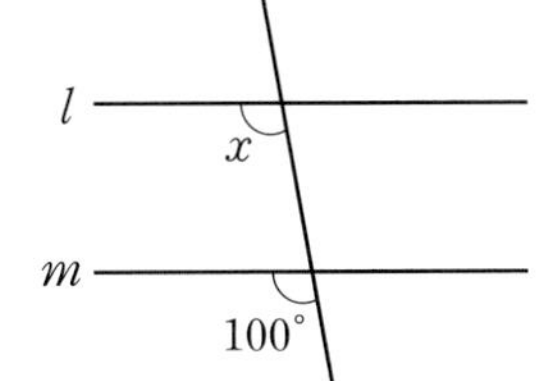

유형 44 평행선과 엇각

[05-08] 그림에서 $l /\!/ m$일 때, $\angle x$의 크기를 구하여라.

05

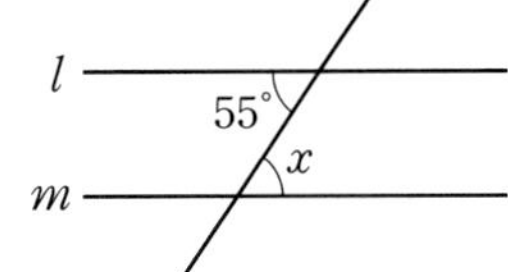

해 $l /\!/ m$이므로 [ ]의 크기는 같다.

$\therefore \angle x =$ [ ]°

06

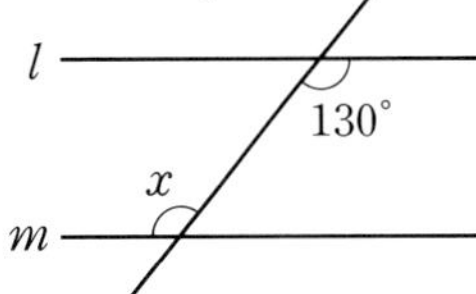

07

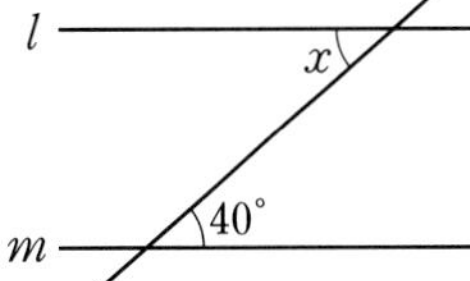

08

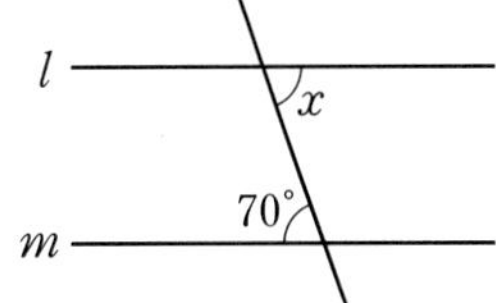

〈정답과 해설 p. 26〉

유형 45 평행선에서 동위각의 크기와 엇각의 크기

[09-20] 주어진 그림에서 $l /\!/ m$일 때, $\angle x$, $\angle y$의 크기를 각각 구하여라.

09

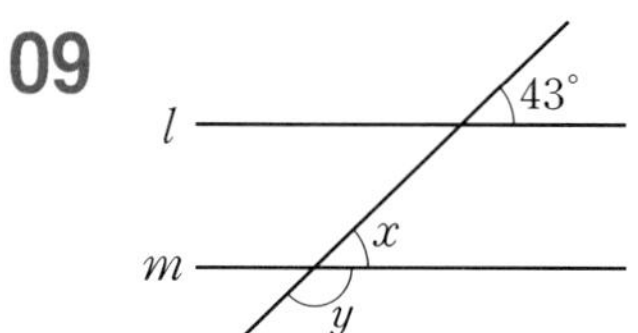

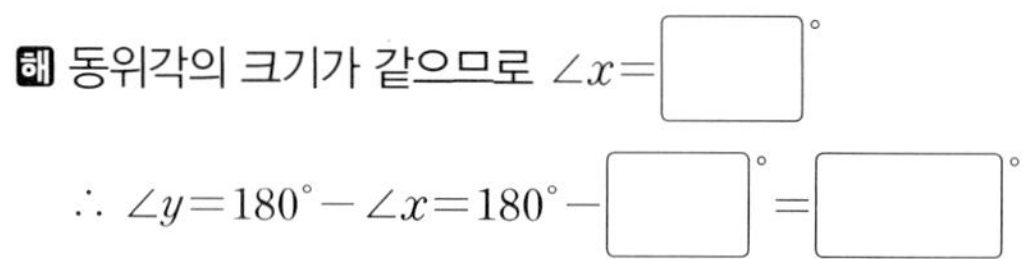

해 동위각의 크기가 같으므로 ∠x=□°
∴ ∠y=180°−∠x=180°−□°=□°

10

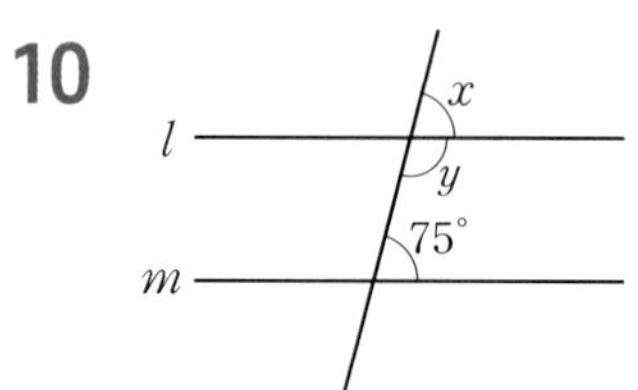

11

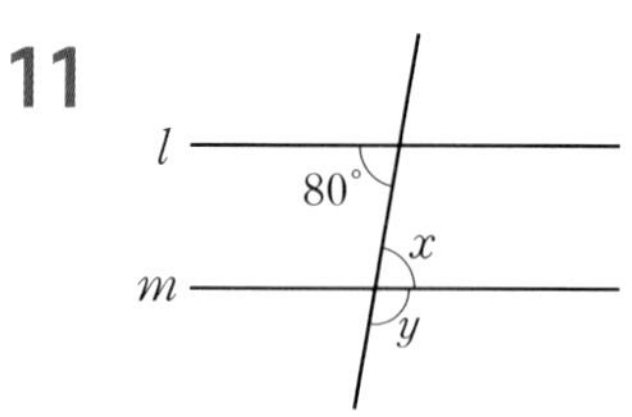

12

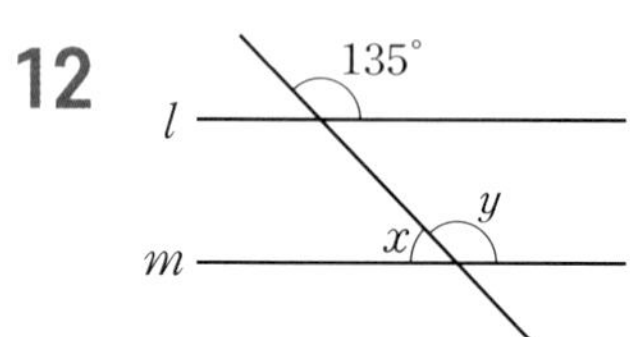

13

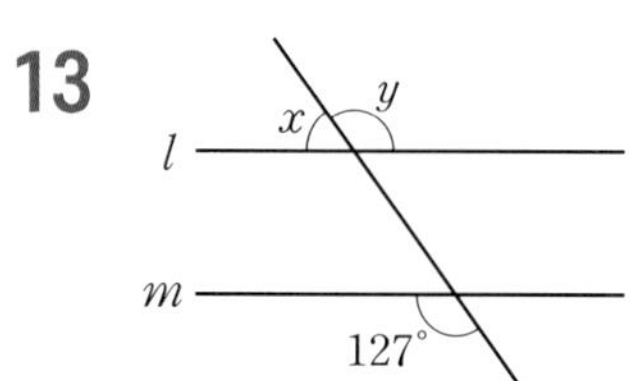

14

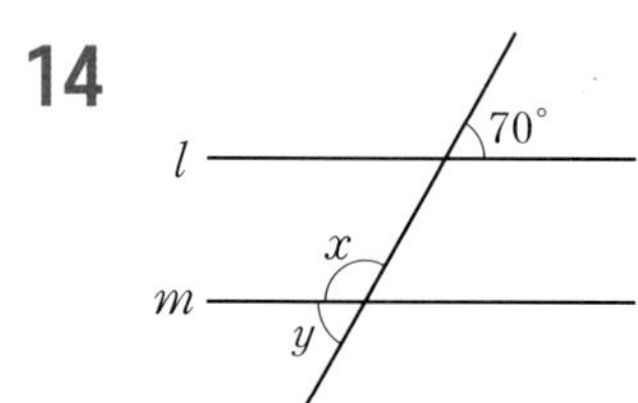

15

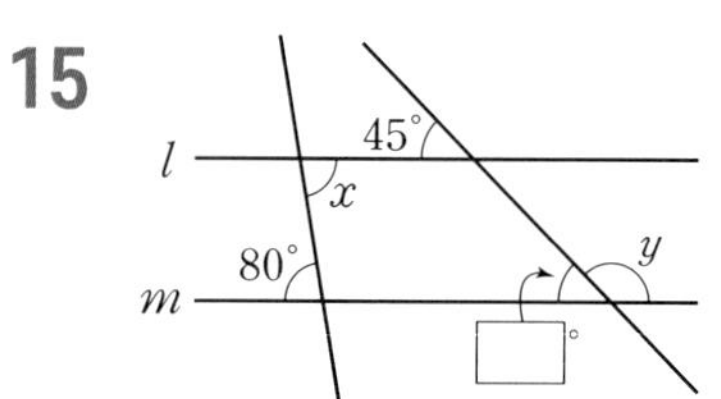

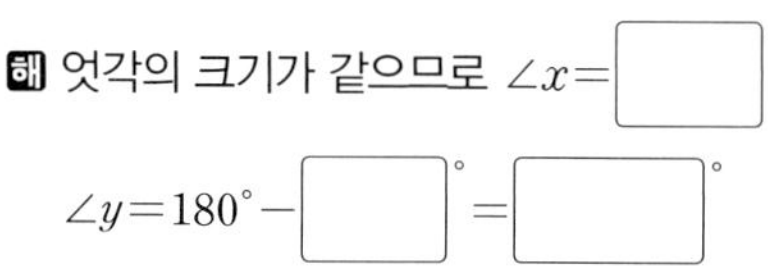

16

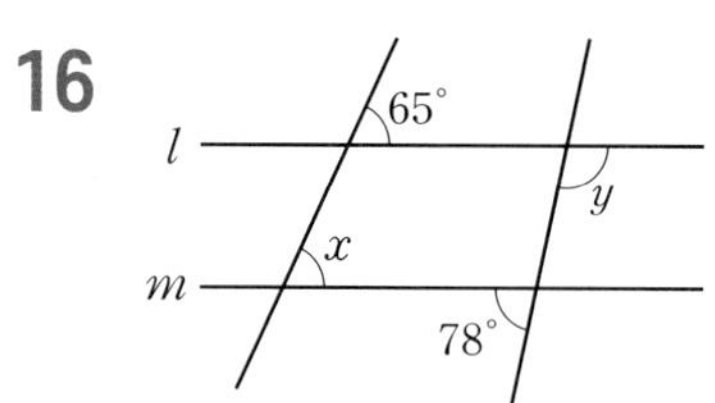

17

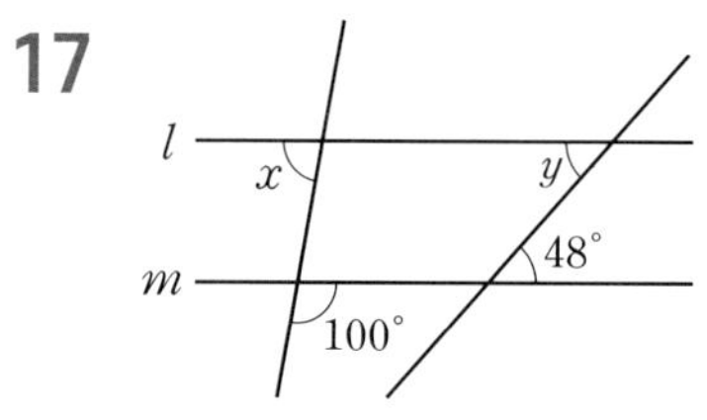

18

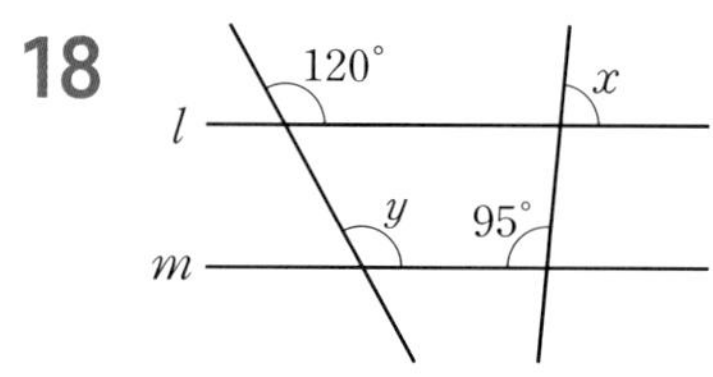

19

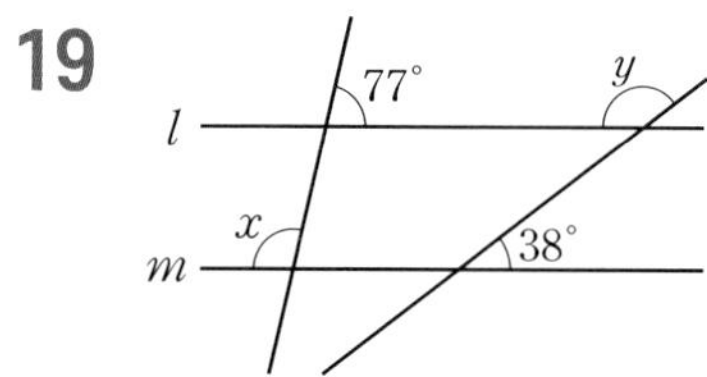

20

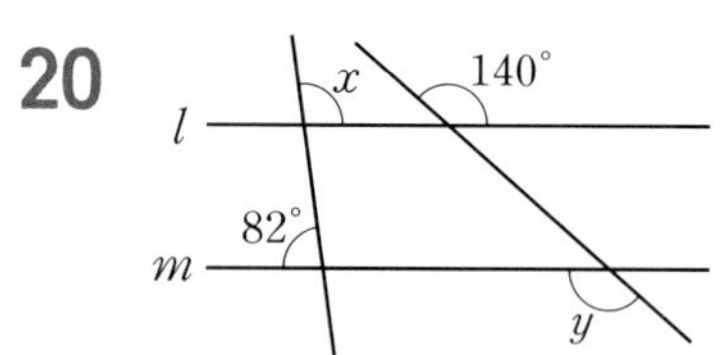

[21-26] 주어진 그림에서 $l \,/\!/\, m$일 때, $\angle x$의 크기를 구하여라.

21

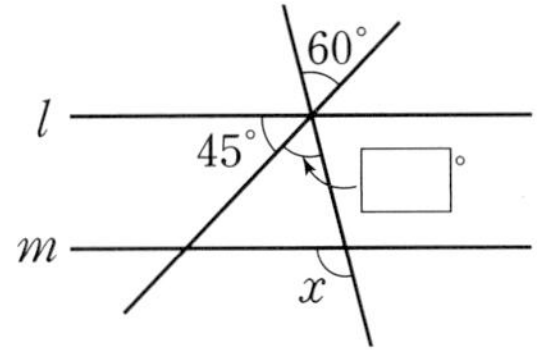

해 동위각의 크기는 같으므로

$\angle x = 45^\circ + 60^\circ = $ ☐°

22

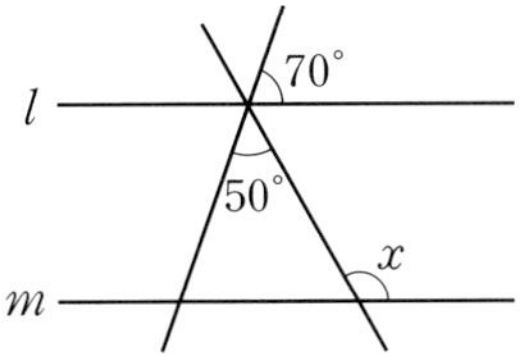

23

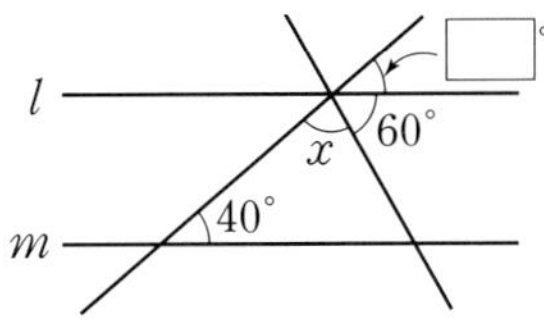

해 $\angle x + 60^\circ + 40^\circ = $ ☐°

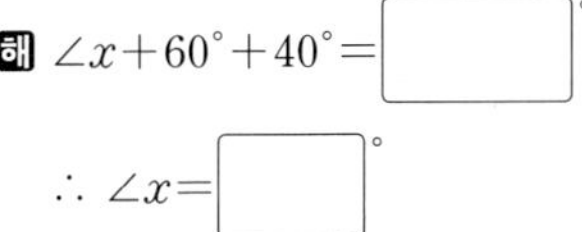

$\therefore \angle x = $ ☐°

24

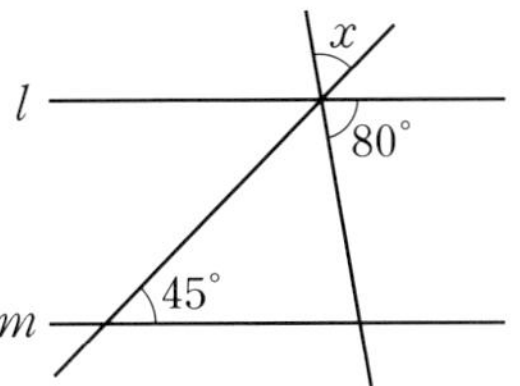

25

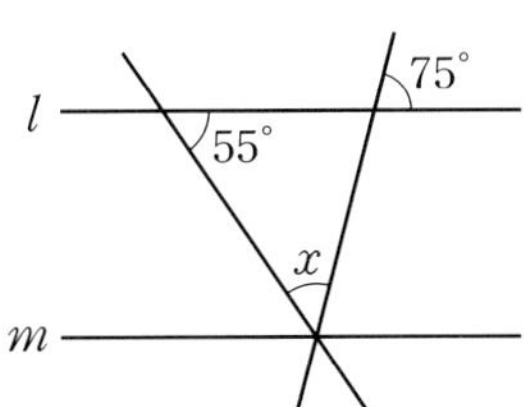

26

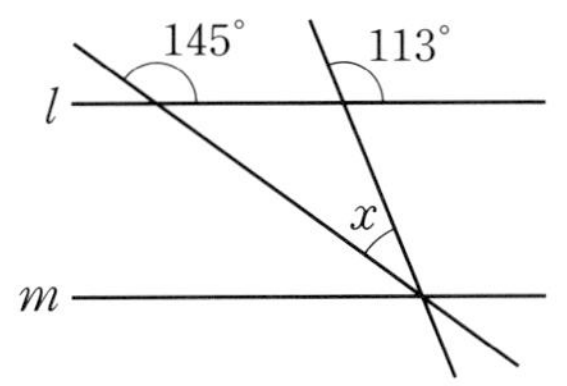

[27-31] 주어진 그림에서 $l \,/\!/\, m$일 때, $\angle x$의 크기를 구하여라.

27

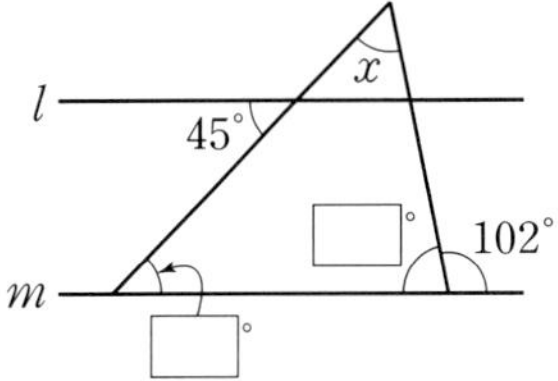

해 삼각형의 세 내각의 크기의 합은 ☐° 이므로

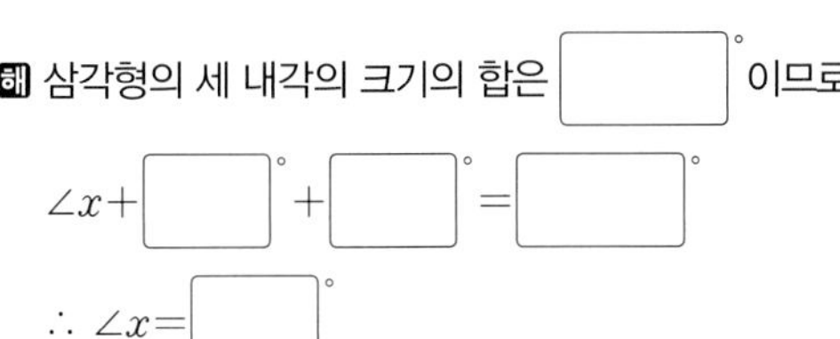

$\angle x + $ ☐° $+$ ☐° $=$ ☐°

$\therefore \angle x = $ ☐°

28

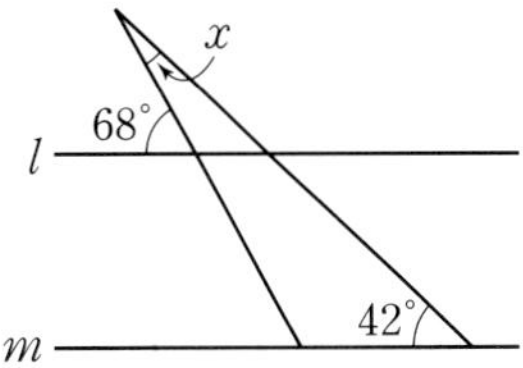

29

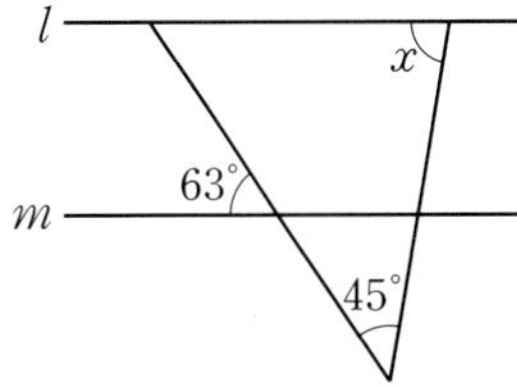

30

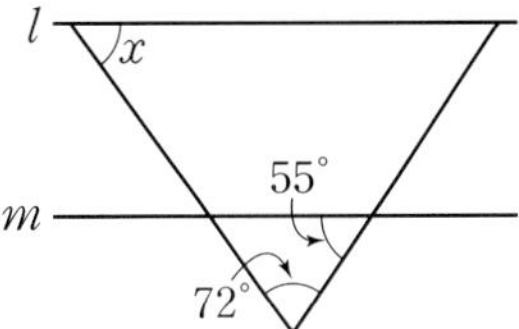

31

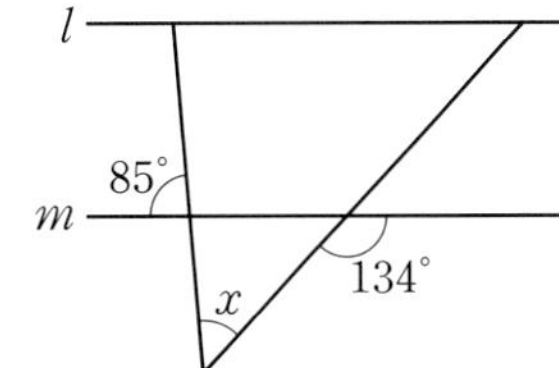

개념 체크

32 다음 빈칸에 알맞은 것을 써넣어라.

평행한 두 직선이 다른 한 직선과 만날 때,

동위각 크기와 [   ]의 크기는 각각 [   ].

〈정답과 해설 p. 26~28〉

17 평행선과 꺾인 선

서로 다른 두 직선 l, m이 평행할 때, 이 두 직선 사이에 꺾인 선이 있는 경우의 각의 크기는 다음의 순서로 구한다.

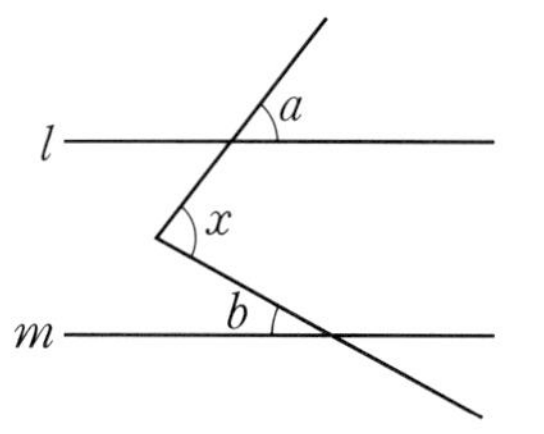

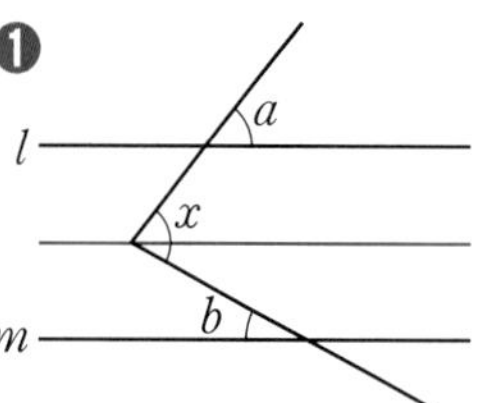

❶ 꺾인 점을 지나면서 두 직선 l, m에 평행한 직선을 긋는다.

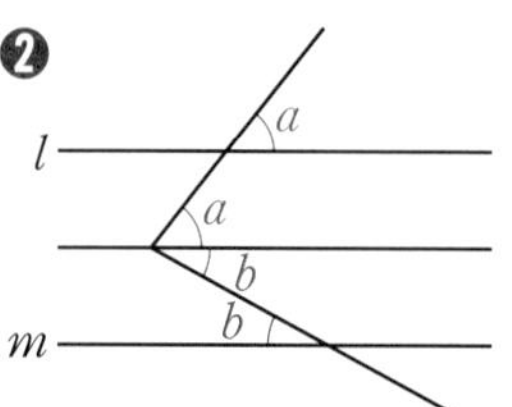

❷ 평행선에서 동위각과 엇각의 크기는 각각 같음을 이용하면 $\angle x = \angle a + \angle b$

유형 46 평행선과 꺾인 선

[01-08] 그림에서 $l /\!/ m$일 때, $\angle x$의 크기를 구하여라.

01

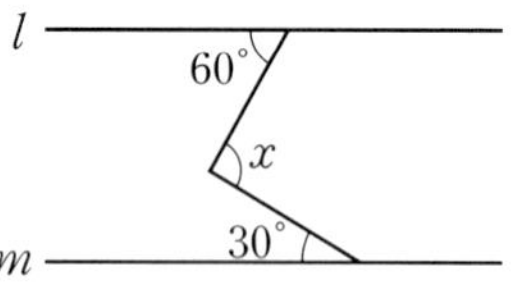

해 꺾인 점을 지나고 두 직선 l, m에 평행한 직선 n을 그으면

$\angle x = \square° + 30°$

$= \square°$

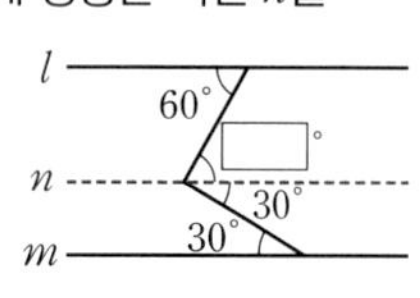

02

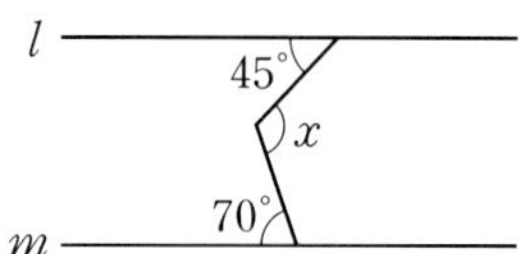

03

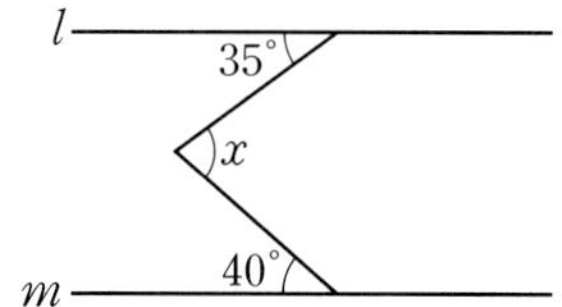

04

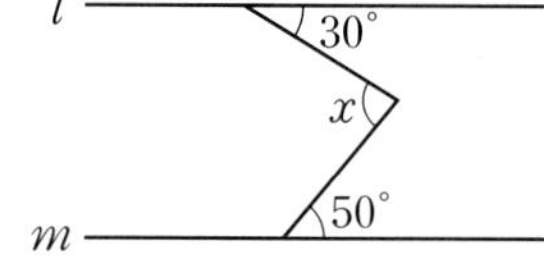

05

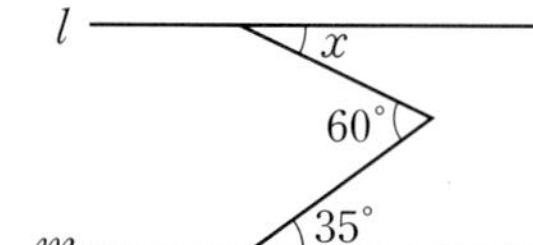

06

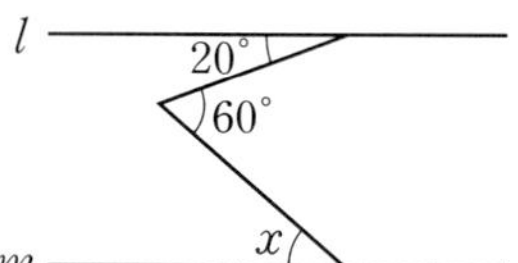

07

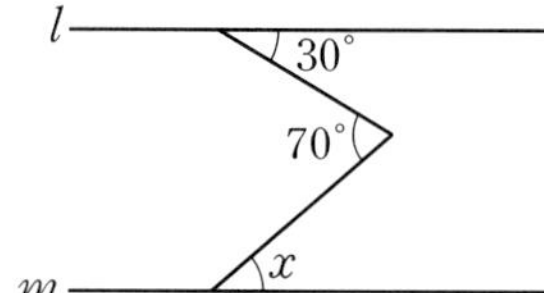

08

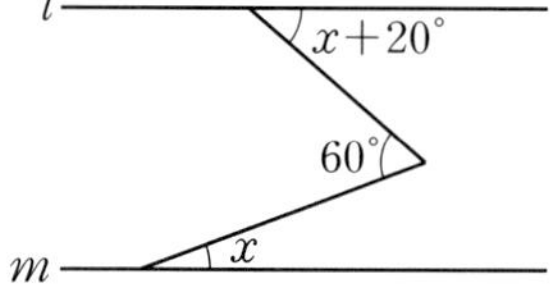

[09-13] 그림에서 $l /\!/ m$일 때, $\angle x$의 크기를 구하여라.

09

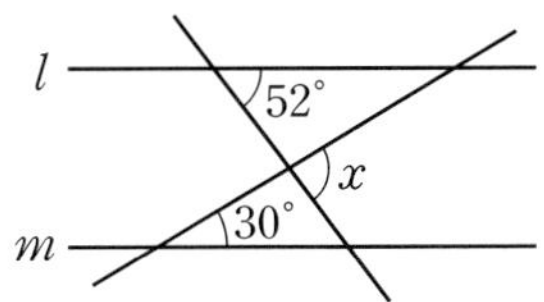

해 두 직선 l, m과 평행한 직선 n을 그으면

$\angle x = 30° + \square°$

$= \square°$

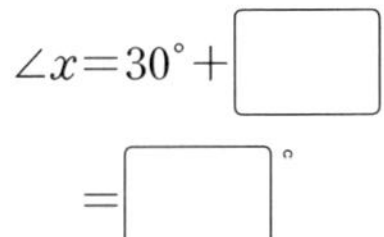

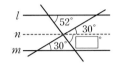

10

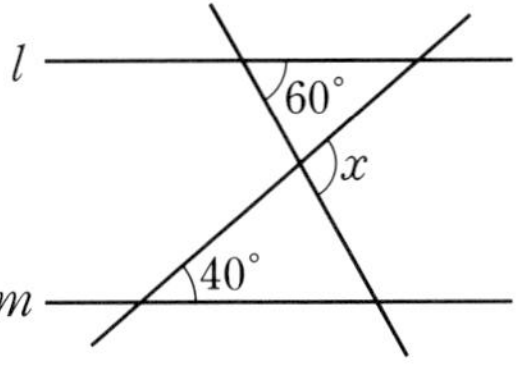

11

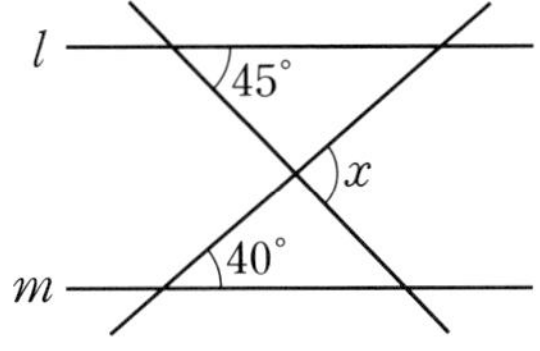

12

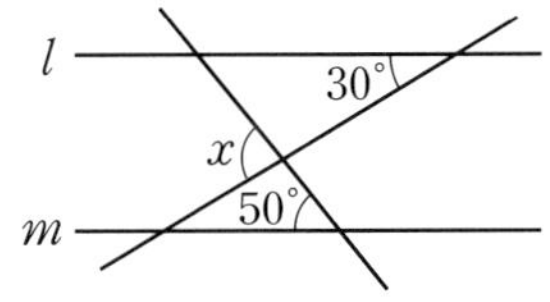

13

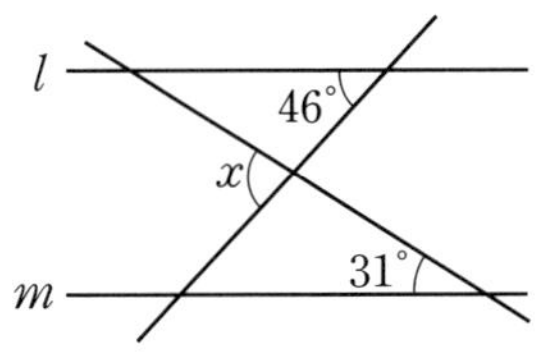

[14-16] 그림에서 $l /\!/ m$일 때, $\angle x$의 크기를 구하여라.

14

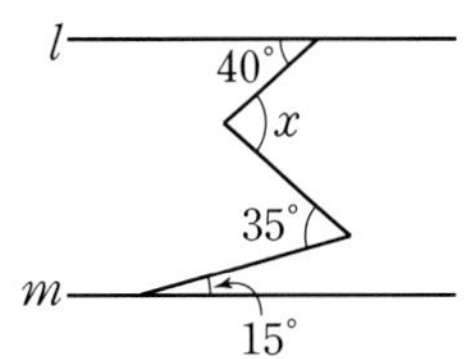

해 꺾인 점을 지나고 두 직선 l, m에 평행한 두 직선 n, k를 각각 그으면

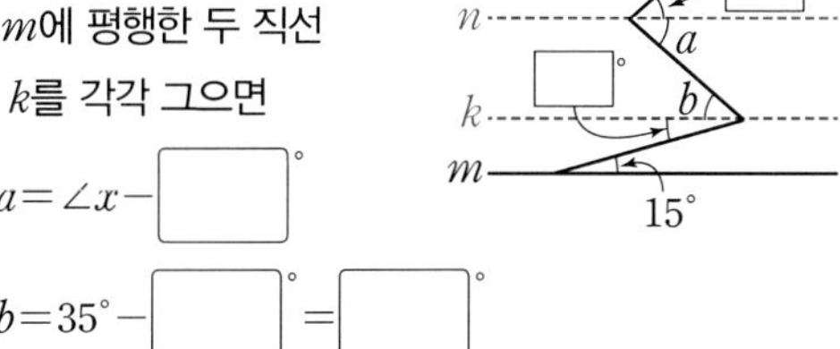

$\angle a = \angle x - \square°$

$\angle b = 35° - \square° = \square°$

$\angle a = \angle b$이므로 $\angle x - \square° = \square°$

$\therefore \angle x = \square°$

15

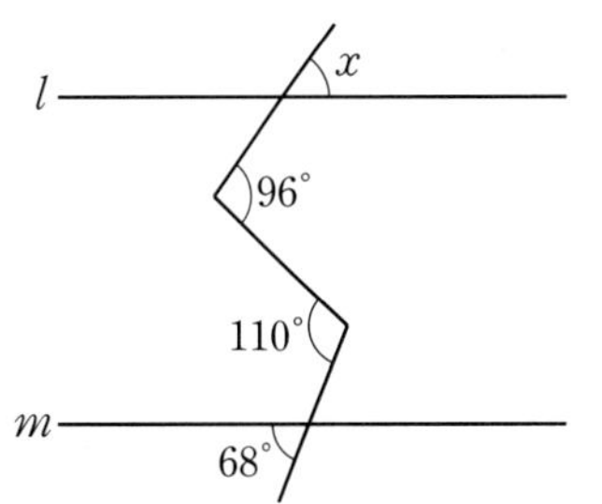

16

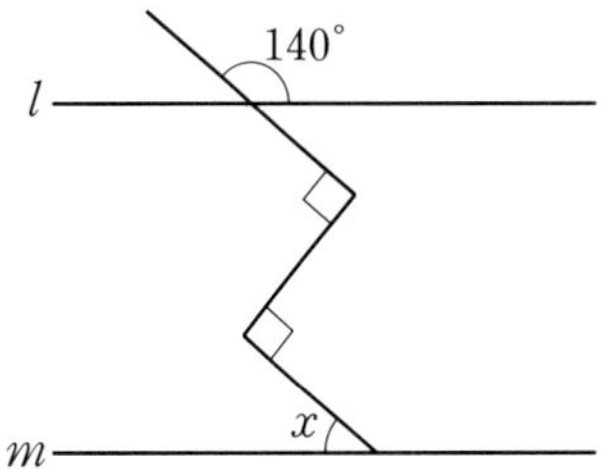

개념 체크

17 다음 빈칸에 알맞은 것을 써넣어라.

서로 다른 두 직선 l, m이 평행할 때, 이 두 직선 사이에 꺾인 선이 있는 경우의 각의 크기는 다음의 순서로 구한다.

❶ 꺾인 점을 지나면서 두 직선 l, m에 [　　　]한 직선을 긋는다.

❷ 평행선에서 [　　　] 의 크기와 [　　　]의 크기는 각각 같음을 이용하여 각의 크기를 구한다.

〈 정답과 해설 p. 28~29 〉

18 평행선과 종이접기

직사각형 모양의 종이를 접었을 때, 다음을 이용하여 각의 크기를 구한다.

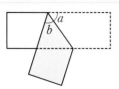

(1) 접은 각의 크기가 같다.	(2) 엇각의 크기가 같다.
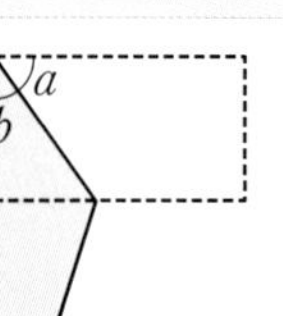	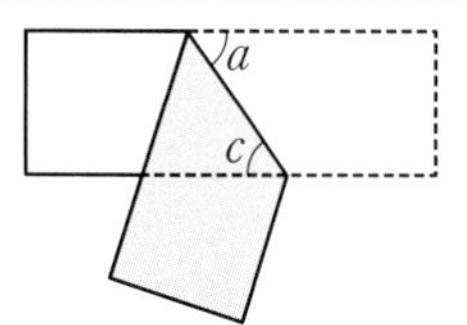
즉, 그림에서 $\angle a=\angle b$	즉, 그림에서 $\angle a=\angle c$

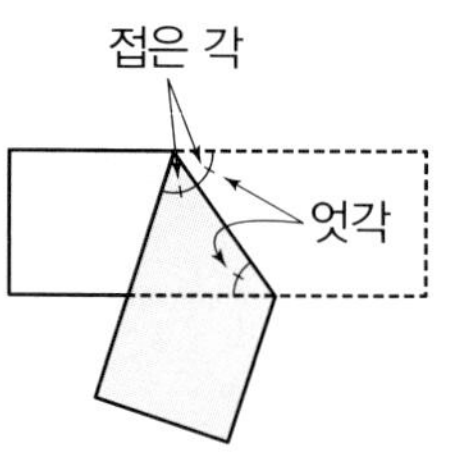

➡ 접은 각과 엇각의 크기는 각각 서로 같다.

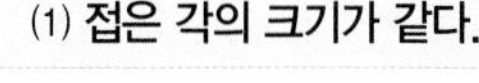

유형 47 평행선과 종이접기

[01-06] 그림과 같이 직사각형 모양의 종이를 접었을 때, $\angle x$의 크기를 구하여라.

01

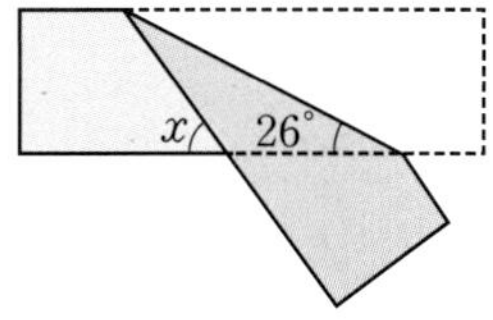

해 엇각의 크기는 같고, 접은 각의 크기도 같으므로

$\angle x=$ ☐$^\circ$ $+$ ☐$^\circ$

$=$ ☐$^\circ$

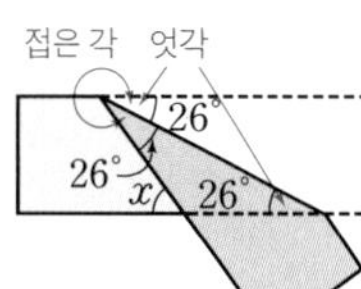

02

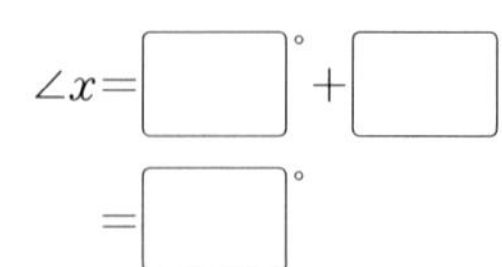

03

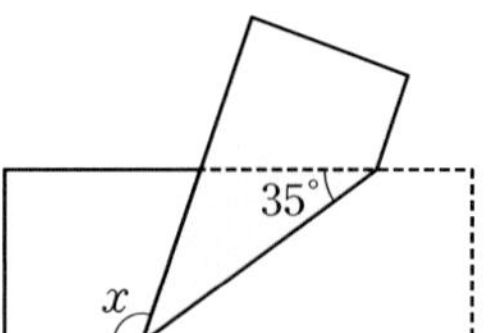

04

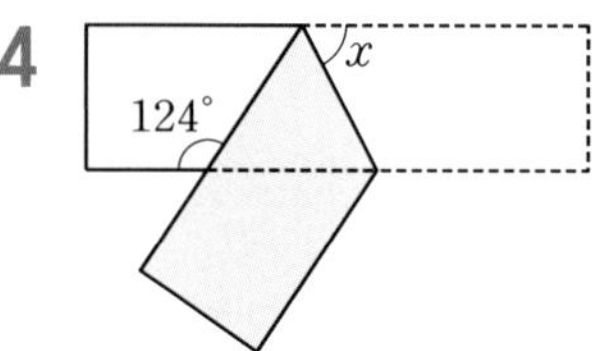

05

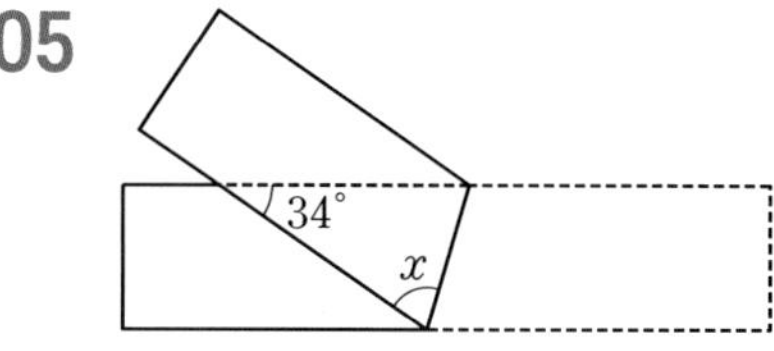

06

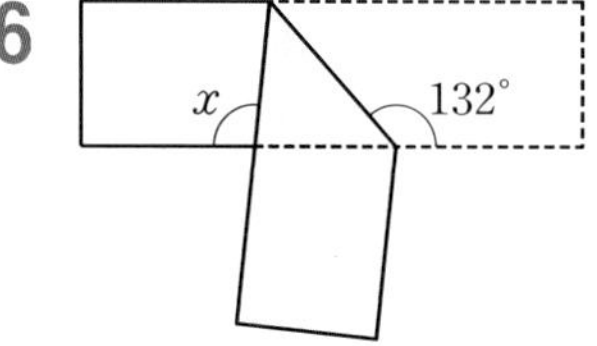

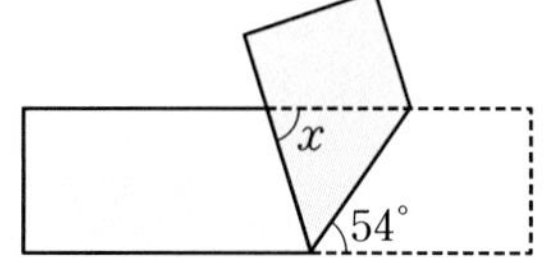

개념 체크

07 **다음 빈칸에 알맞은 것을 써넣어라.**

직사각형 모양의 종이를 접었을 때, 각의 크기는 [　　　]의 크기와 [　　　]의 크기가 각각 같음을 이용하여 구한다.

〈정답과 해설 p. 29~30〉

19 평행선이 되기 위한 조건

서로 다른 두 직선 l, m이 한 직선 n과 만날 때,

(1) 동위각의 크기가 같으면 두 직선은 평행하다.

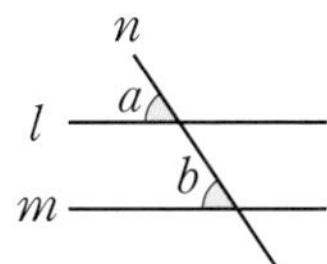

즉, 그림에서 $\angle a = \angle b$이면 $l /\!/ m$이다.

(2) 엇각의 크기가 같으면 두 직선은 평행하다.

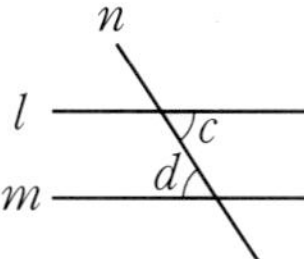

즉, 그림에서 $\angle c = \angle d$이면 $l /\!/ m$이다.

DAY 07

유형 48 동위각으로 평행선 알아보기

[01-04] 그림에서 두 직선 l, m이 서로 평행하면 ○표, 평행하지 않으면 ×표를 (　　) 안에 써넣어라.

01 (　　)

해 동위각의 크기가 같으므로 두 직선 l, m은 ☐하다.

02

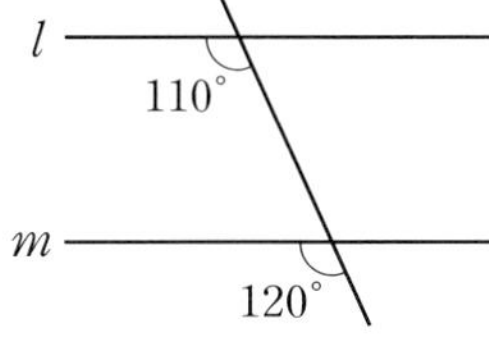

(　　)

03

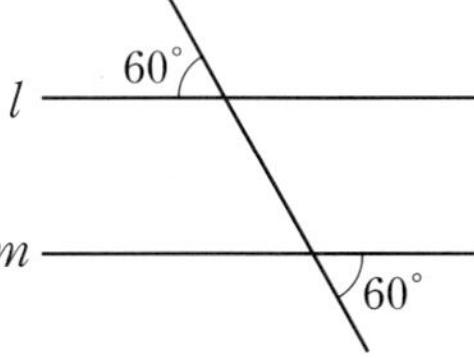

(　　)

04

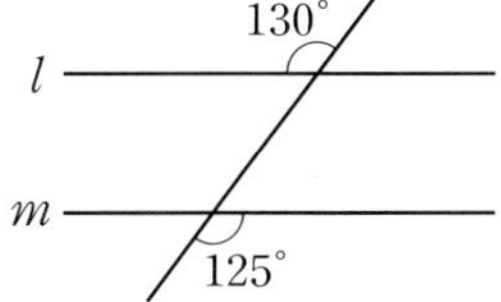

(　　)

유형 49 엇각으로 평행선 알아보기

[05-08] 그림에서 두 직선 l, m이 서로 평행하면 ○표, 평행하지 않으면 ×표를 (　　) 안에 써넣어라.

05 (　　)

해 엇각의 크기가 같으므로 두 직선 l, m은 ☐하다.

06

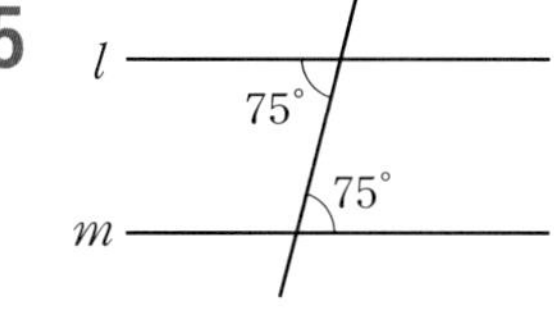

(　　)

07

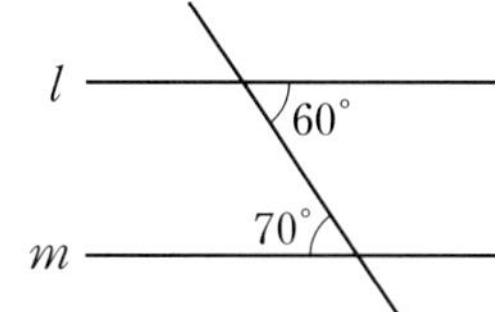

(　　)

08

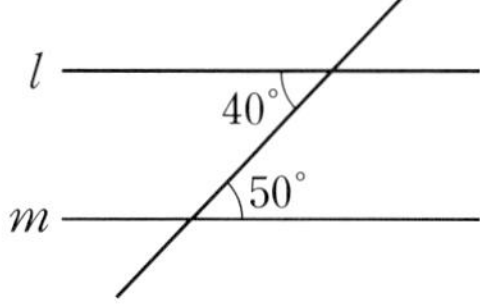

(　　)

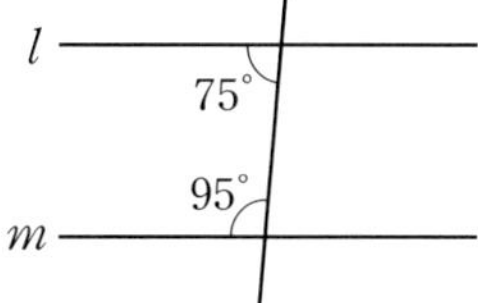

〈정답과 해설 p. 30〉

유형 50 평행한 두 직선 찾기

[09-13] 그림의 서로 다른 세 직선 l, m, n 중에서 평행한 두 직선을 찾아라.

09

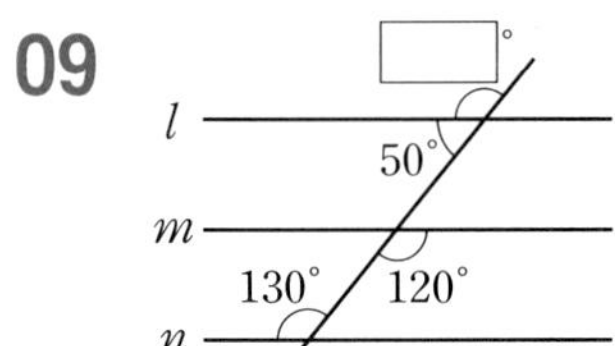

해 두 직선 l과 n은 동위각의 크기가 [ ]°로 같으므로 [ ] // [ ]이다.

10

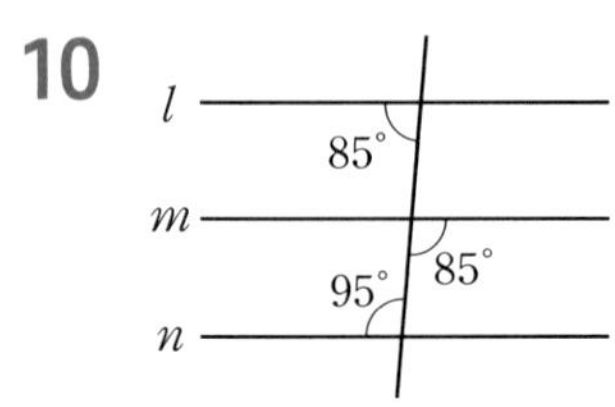

11

12

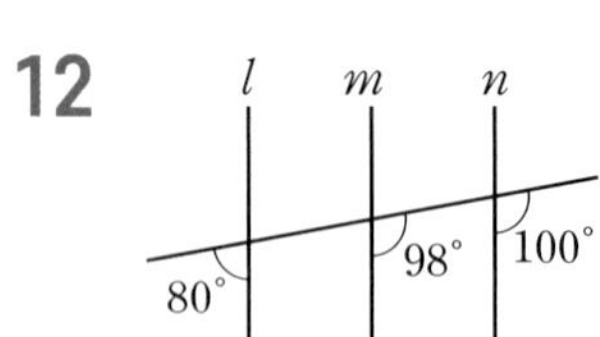

13

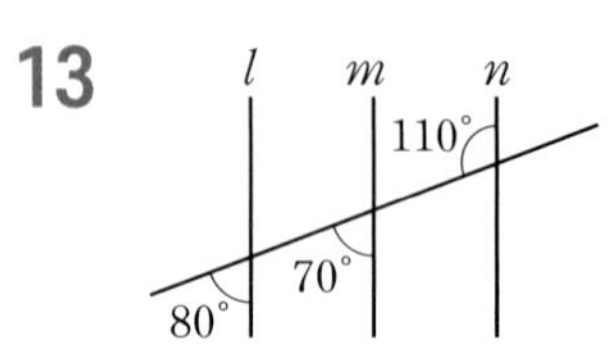

유형 51 평행선의 성질을 이용하여 각의 크기 구하기

[14-16] 그림에서 $\angle x$의 크기를 구하여라.

14

해 엇각의 크기가 75°로 같으므로 p // [ ]

$\therefore \angle x=$ [ ]°(동위각)

15

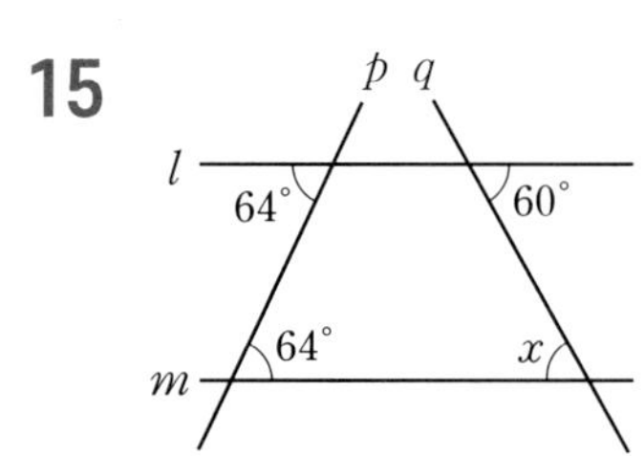

해 엇각의 크기가 64°로 같으므로 l // [ ]

$\therefore \angle x=$ [ ]°(엇각)

16

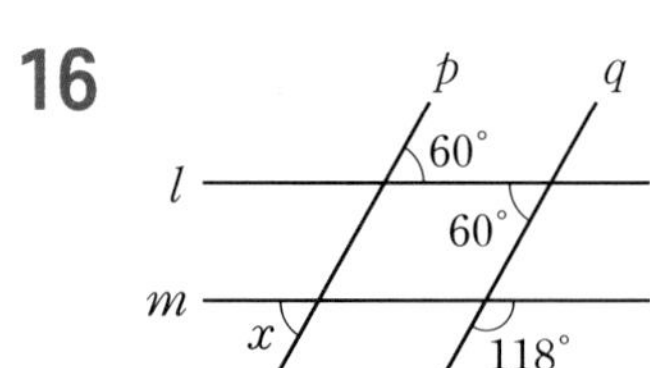

개념 체크

17 다음 빈칸에 알맞은 것을 써넣어라.

서로 다른 두 직선이 다른 한 직선과 만날 때, [ ]의 크기가 같거나 엇각의 크기가 같으면 두 직선은 서로 [ ]하다.

〈 정답과 해설 p. 30~31 〉

01

그림과 같이 세 직선이 만날 때, $\angle a$의 동위각의 크기와 $\angle b$의 동위각의 크기의 합을 구하여라.

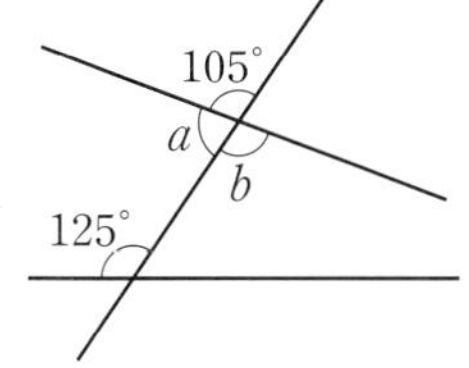

02

그림에 대한 설명으로 옳지 않은 것은?

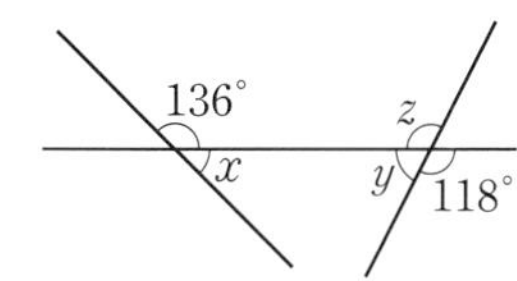

① $\angle x$의 엇각의 크기는 118°이다.
② $\angle x$의 동위각의 크기는 118°이다.
③ $\angle y$의 동위각의 크기는 118°이다.
④ $\angle y$의 엇각의 크기는 136°이다.
⑤ $\angle z$의 동위각의 크기는 44°이다.

03

그림과 같이 세 직선이 만날 때, 다음 중에서 옳은 것을 모두 고르면? (정답 2개)

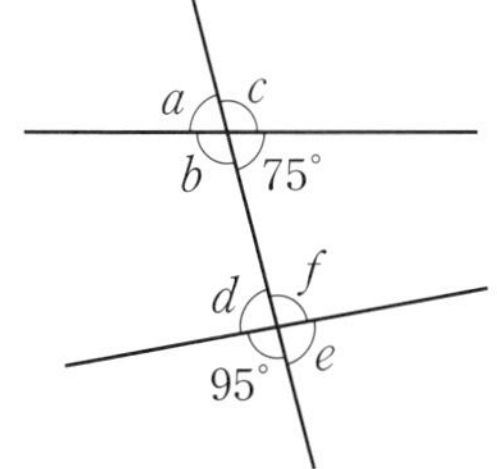

① $\angle a$의 동위각의 크기는 95°이다.
② $\angle b$와 $\angle d$는 엇각이다.
③ $\angle c$와 $\angle f$는 동위각이다.
④ $\angle f$의 엇각의 크기는 105°이다.
⑤ $\angle e$의 동위각의 크기는 95°이다.

04

그림에서 $\angle a$의 모든 엇각의 크기의 합을 $x°$, $\angle b$의 모든 동위각의 크기의 합을 $y°$라 할 때, $x+y$의 값은?

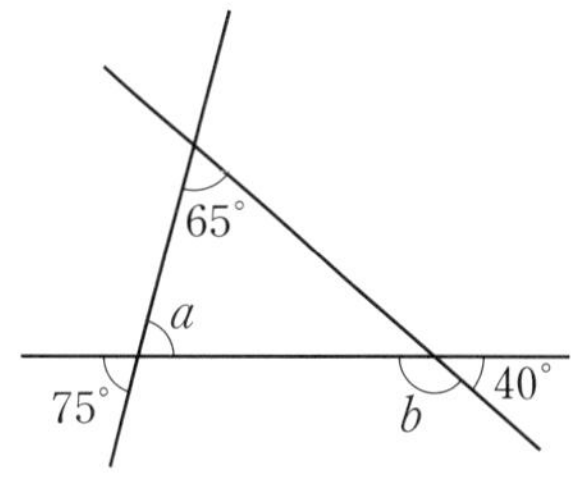

① 335 ② 350 ③ 365
④ 380 ⑤ 395

05

그림에서 $l /\!/ m$일 때, $\angle x-\angle y$의 크기를 구하여라.

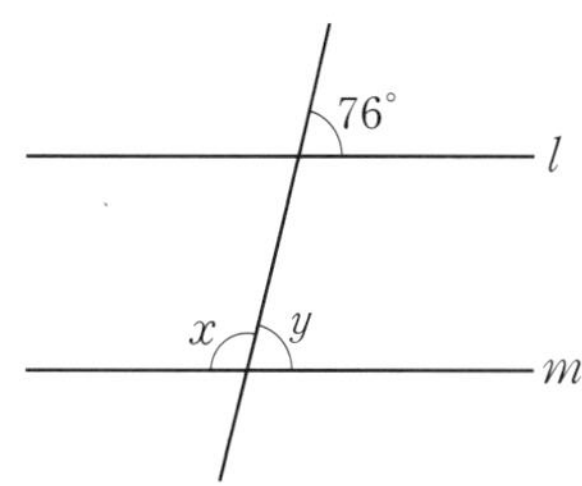

06 계산 조심

그림에서 $l /\!/ m$일 때, $\angle x-\angle y$의 크기는?

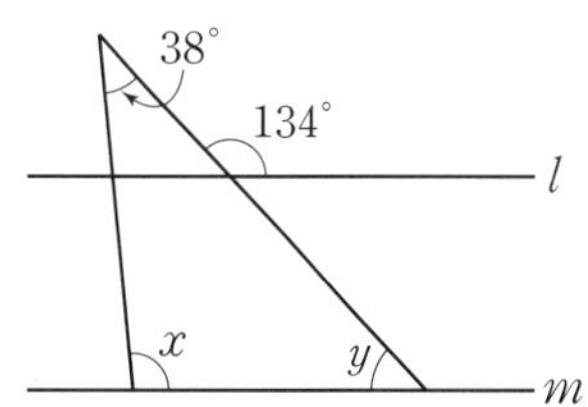

① 46° ② 50° ③ 54°
④ 58° ⑤ 62°

〈정답과 해설 p. 31〉

07

그림에서 $l /\!/ m$일 때, $\angle x$의 크기는?

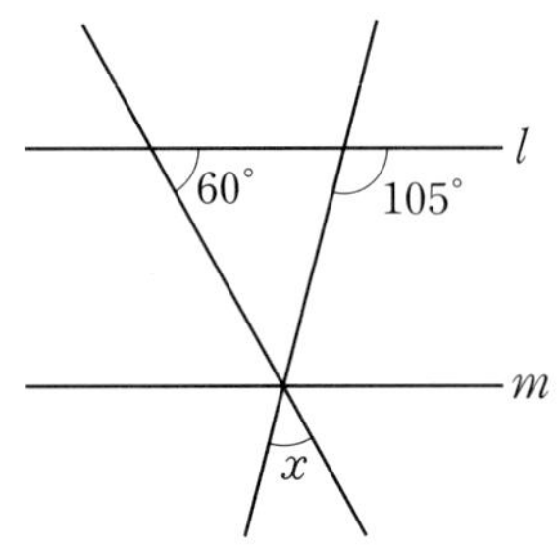

① 15° ② 25° ③ 35°
④ 45° ⑤ 55°

08

그림에서 $l /\!/ m$일 때, $\angle x+\angle y$의 크기는?

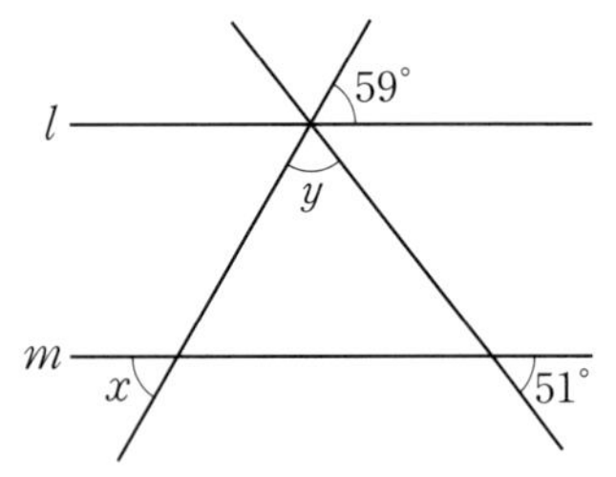

① 125° ② 127° ③ 129°
④ 131° ⑤ 133°

09

그림에서 $l /\!/ m$일 때, $\angle x$의 크기는?

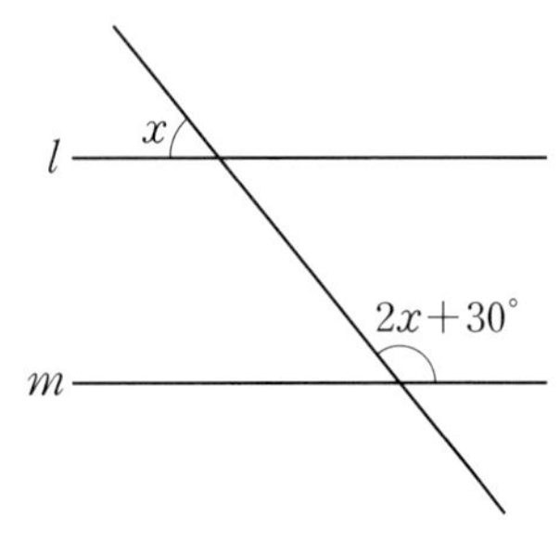

① 30° ② 35° ③ 40°
④ 45° ⑤ 50°

10

그림에서 $l /\!/ m$일 때, $\angle x$의 크기는?

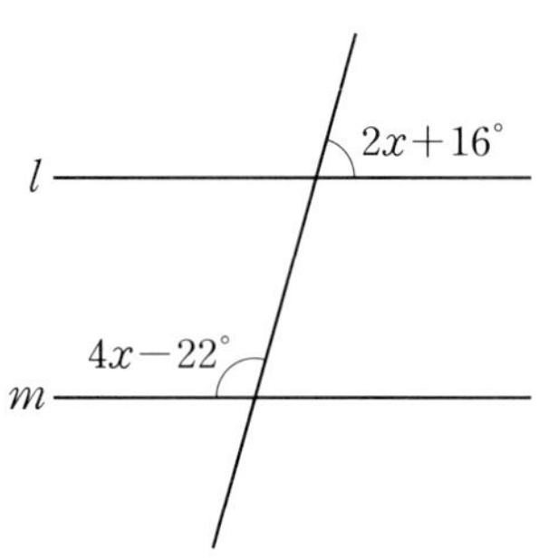

① 28° ② 29° ③ 30°
④ 31° ⑤ 32°

11

그림에서 $l /\!/ m$일 때, $\angle x$의 크기는?

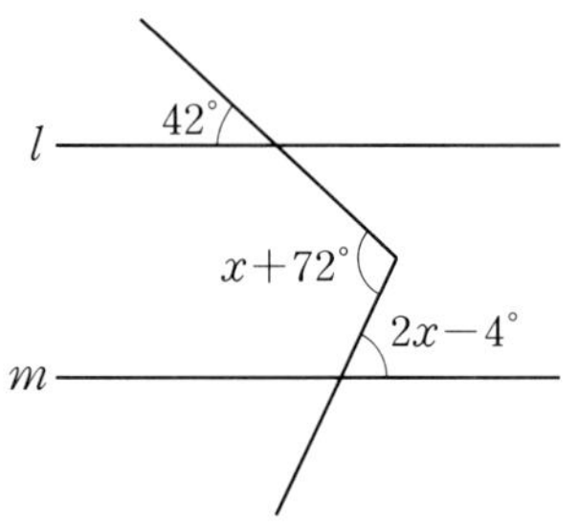

① 34° ② 35° ③ 36°
④ 37° ⑤ 38°

12 생각 더하기

그림에서 $l /\!/ m$일 때, $\angle x$의 크기는?

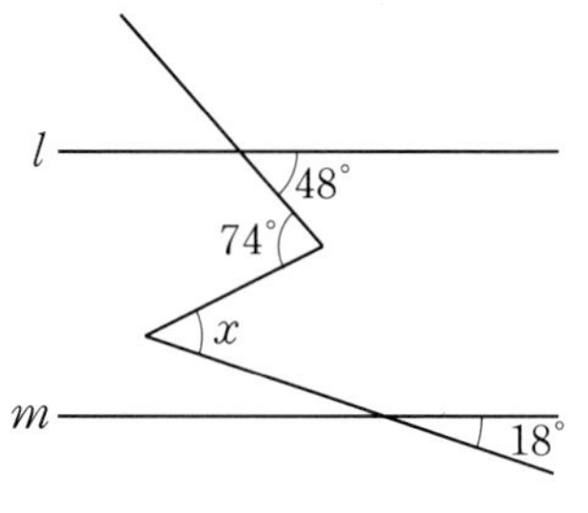

① 40° ② 41° ③ 42°
④ 43° ⑤ 44°

13

그림에서 $l /\!/ m$, $p /\!/ q$일 때, $\angle x + \angle y$의 크기는?

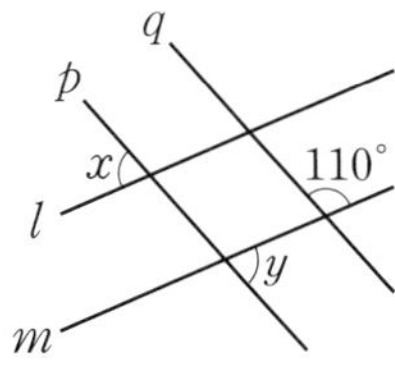

① 140°　② 160°　③ 180°　④ 200°　⑤ 220°

14 계산 조심

그림에서 $l /\!/ m$일 때, $\angle x$의 크기를 구하여라.

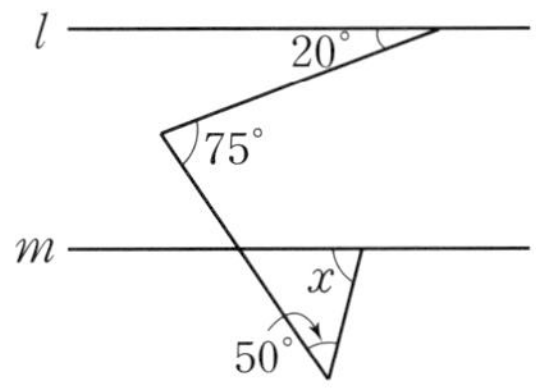

15

그림과 같이 직사각형의 모양의 종이를 접었을 때, $\angle x$의 크기는?

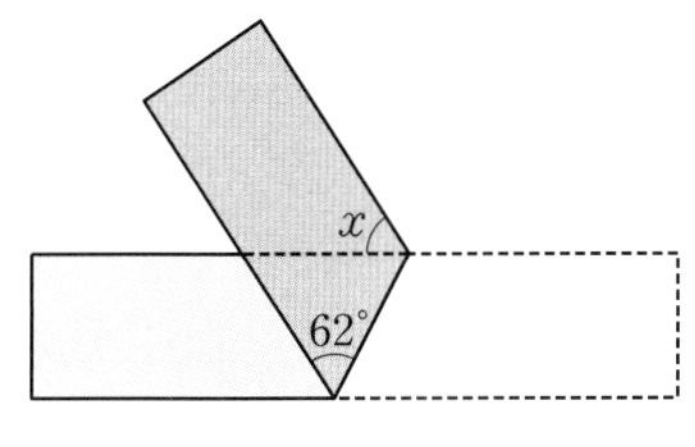

① 48°　② 50°　③ 52°　④ 54°　⑤ 56°

16

그림과 같이 직사각형의 모양의 종이를 접었을 때, $\angle x$의 크기는?

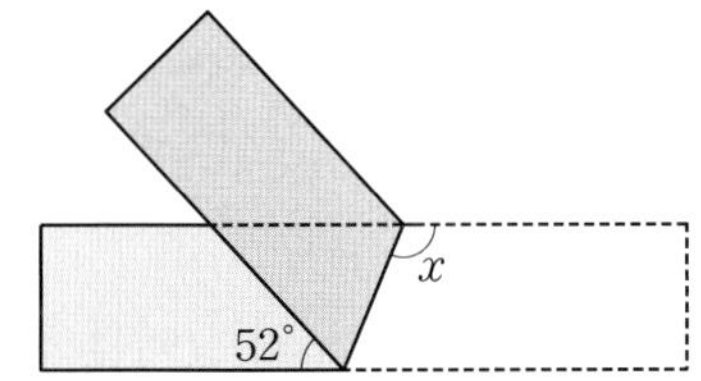

① 112°　② 114°　③ 116°　④ 118°　⑤ 120°

17 생각 더하기

그림과 같이 직사각형 모양의 종이를 점 D가 점 R에 오도록 선분 PQ를 접는 선으로 하여 접었다. $\angle$PRB$=68°$일 때, $\angle$QPR의 크기는?

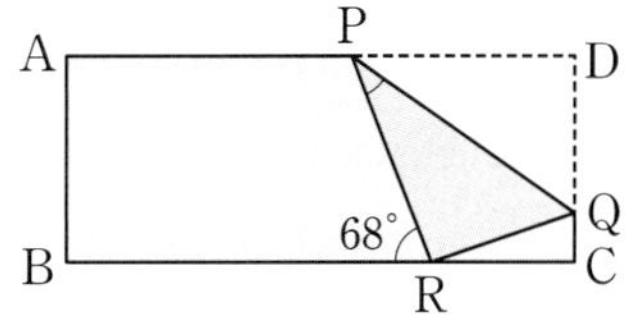

① 32°　② 34°　③ 36°　④ 38°　⑤ 40°

18

두 직선 l과 m이 서로 평행하지 않은 것은?

①
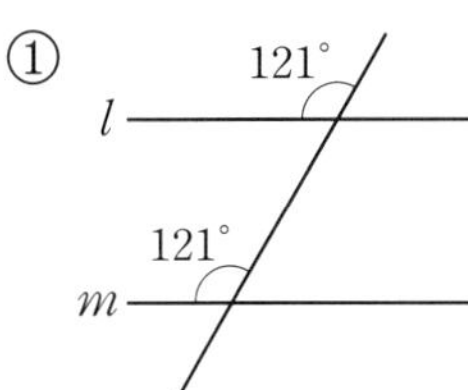

②
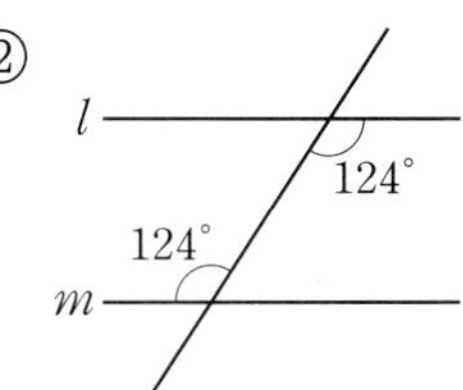

③
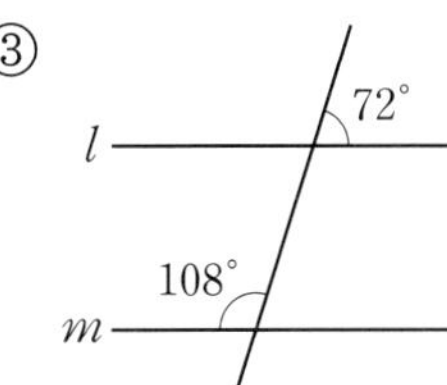

④
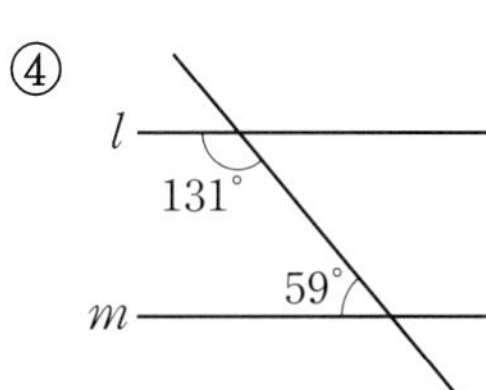

⑤
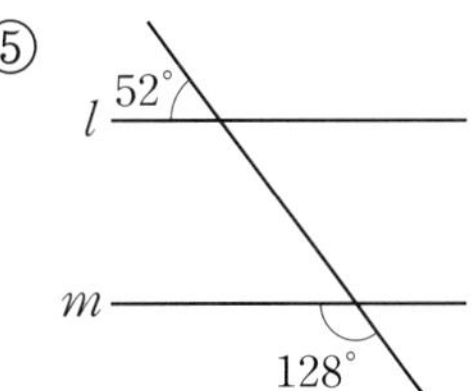

19 생각 더하기

그림에서 서로 평행한 두 직선을 찾아라.

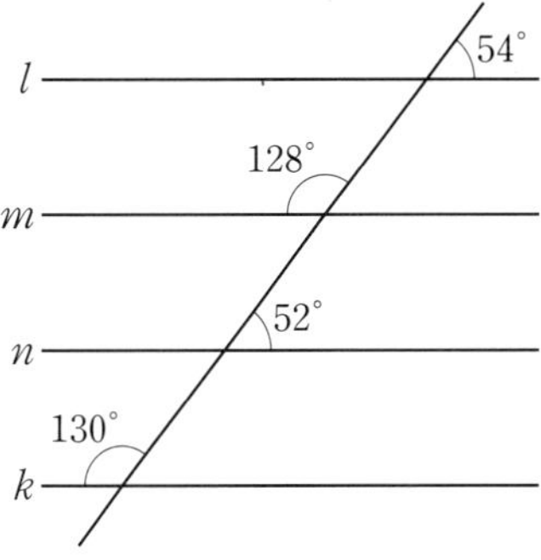

〈정답과 해설 p. 31~33〉

20 길이가 같은 선분의 작도

(1) **작도**: 눈금 없는 자와 컴퍼스만을 사용하여 도형을 그리는 것

① **눈금 없는 자**: 두 점을 연결하는 선분을 그리거나 선분을 연장할 때 사용

② **컴퍼스**: 주어진 선분의 길이를 재어 다른 직선 위에 옮기거나 원을 그릴 때 사용

(2) $\overline{AB}$와 길이가 같은 $\overline{CD}$의 작도 순서

❶ 눈금 없는 자를 사용하여 직선 l을 긋고 직선 l 위의 점 C를 잡는다.

❷ 컴퍼스를 이용하여 $\overline{AB}$의 길이를 잰다.

❸ 컴퍼스를 이용하여 점 C를 중심으로 반지름의 길이가 $\overline{AB}$인 원을 그려 직선 l과 만나는 점을 D라 하면 $\overline{AB}$와 길이가 같은 $\overline{CD}$가 작도된다.

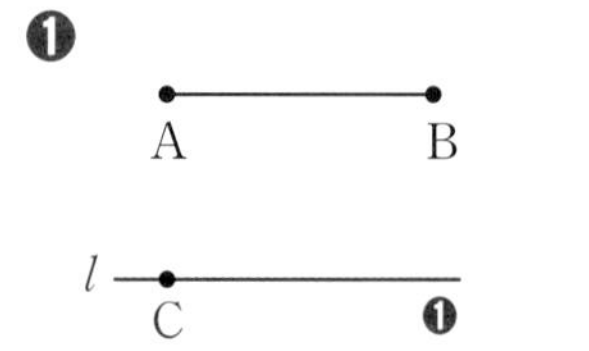

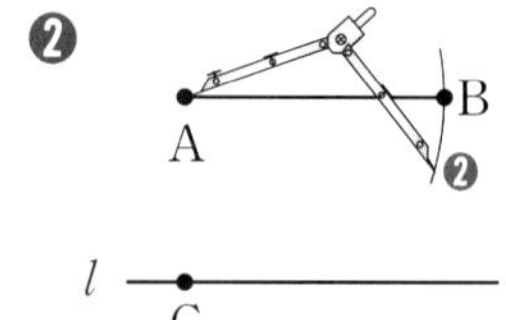

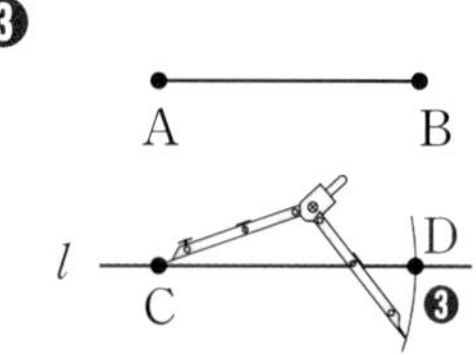

유형 52 작도

01 다음 〈보기〉 중에서 작도할 때 사용하는 도구를 모두 골라라.

〈보기〉

ㄱ. 눈금 없는 자　　ㄴ. 각도기

ㄷ. 컴퍼스　　ㄹ. 삼각자

[02-04] 다음 중 작도에 대한 설명으로 옳은 것은 ○표, 옳지 않은 것은 ×표를 (　　) 안에 써넣어라.

02 두 점을 연결하는 선분을 그릴 때에는 눈금 없는 자를 사용한다. (　　)

03 작도를 할 때에는 자와 각도기를 사용한다. (　　)

04 주어진 선분의 길이를 다른 직선 위로 옮길 때에는 컴퍼스를 이용한다. (　　)

유형 53 길이가 같은 선분의 작도

[05-06] 다음을 작도하여라.

05 선분 AB와 길이가 같은 선분 CD

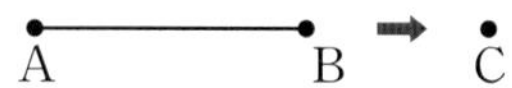

06 길이가 선분 AB의 길이의 2배인 선분 CD

A　B ➡ C

개념 체크

07 다음은 $\overline{AB}$와 길이가 같은 $\overline{CD}$를 작도하는 과정이다. 빈칸에 알맞은 것을 써넣어라.

❶ 눈금 없는 자를 사용하여 직선 l을 긋고 직선 l 위의 점 [　　]를 잡는다.

❷ [　　]를 이용하여 $\overline{AB}$의 길이를 잰다.

❸ 컴퍼스를 이용하여 점 [　　]를 중심으로 반지름의 길이가 [　　]인 원을 그려 직선 l과 만나는 점을 D라 하면 $\overline{AB}$와 길이가 같은 $\overline{CD}$가 작도된다.

〈정답과 해설 p. 33〉

21 크기가 같은 각의 작도

✪ $\angle XOY$와 크기가 같고 반직선 PQ를 한 변으로 하는 $\angle DPC$의 작도 순서

❶ 점 O를 중심으로 원을 그려 $\overrightarrow{OX}$, $\overrightarrow{OY}$와 만나는 점을 각각 A, B라 한다.

❷ 점 P를 중심으로 반지름의 길이가 $\overline{OA}$인 원을 그려 $\overrightarrow{PQ}$와 만나는 점을 C라 한다.

❸ 점 B를 중심으로 반지름의 길이가 $\overline{AB}$인 원을 그린다. ($\overline{AB}$의 길이를 잰다.)

❹ 점 C를 중심으로 반지름의 길이가 $\overline{AB}$인 원을 그려 ❷에서 그린 원과 만나는 점을 D라 한다.

❺ 두 점 P, D를 지나는 $\overrightarrow{PD}$를 그으면 $\angle XOY$의 크기와 같은 $\angle DPC$가 작도된다.

❶
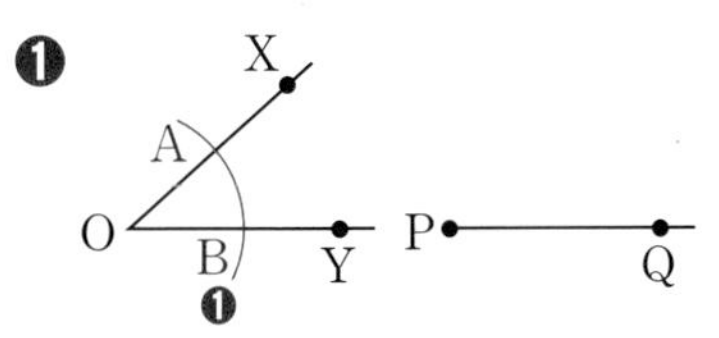

❷
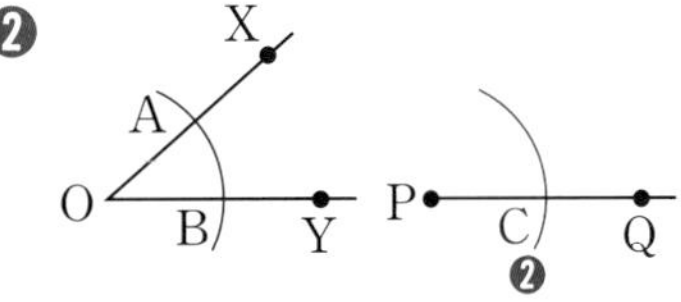

❸
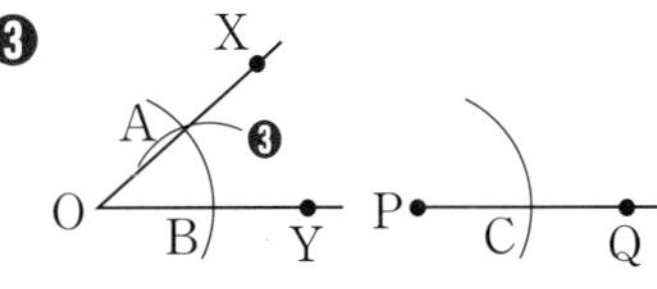

❹
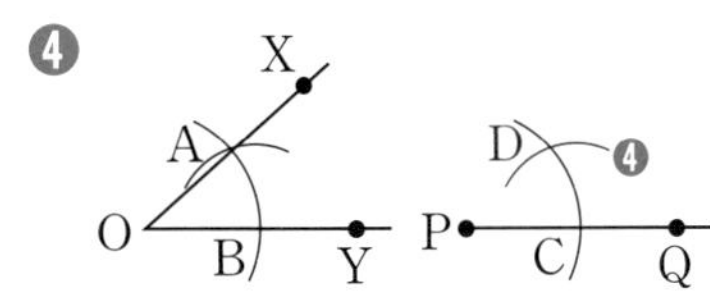

❺
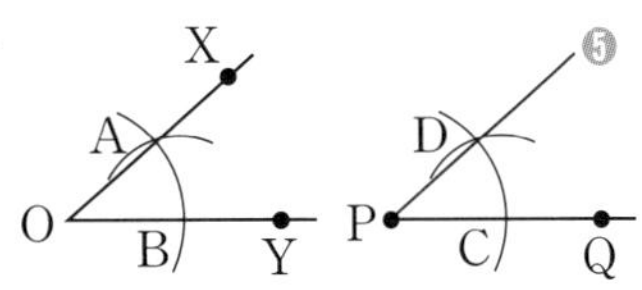

유형 54 크기가 같은 각의 작도

[01-03] 그림은 크기가 같은 각을 작도한 것이다. □ 안에 알맞은 것을 써넣어라.

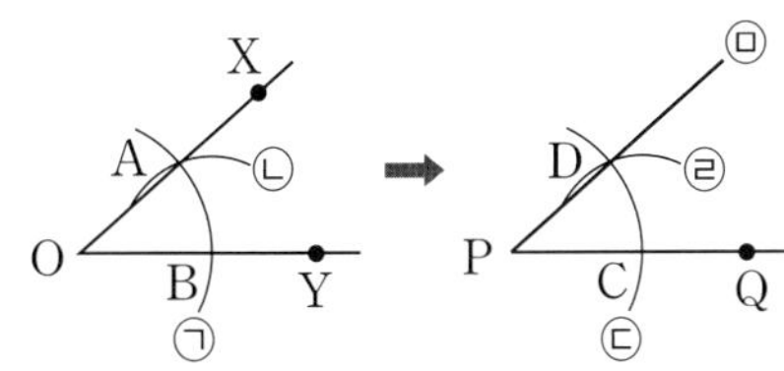

01 작도 순서는

ㄱ → □ → □ → □ → ㅁ

02 $\overline{OA}=$ □ $=\overline{PC}=$ □, $\overline{AB}=$ □

03 $\angle XOY=\angle$ □

04 주어진 그림 $\angle XOY$와 크기가 같고 반직선 PQ를 한 변으로 하는 각을 작도하여라.

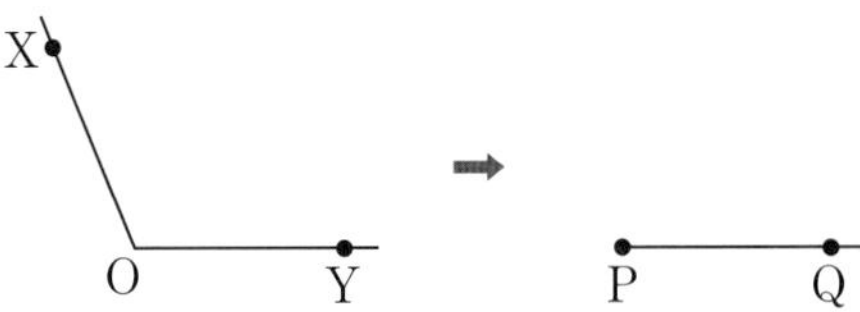

개념 체크

05 **$\angle XOY$와 크기가 같고 반직선 PQ를 한 변으로 하는 $\angle DPC$를 작도하는 과정이다. 빈칸에 알맞은 것을 써넣어라.**

❶ 점 O를 중심으로 원을 그려 $\overrightarrow{OX}$, $\overrightarrow{OY}$와 만나는 점을 각각 [ ], [ ]라 한다.

❷ 점 P를 중심으로 반지름의 길이가 $\overline{OA}$인 원을 그려 $\overrightarrow{PQ}$와 만나는 점을 [ ]라 한다.

❸ 점 B를 중심으로 반지름의 길이가 [ ]인 원을 그린다.

❹ 점 B를 중심으로 반지름의 길이가 $\overline{AB}$인 원을 그려 ❷에서 그린 원과 만나는 점을 [ ]라 한다.

❺ [ ]를 그으면 $\angle XOY$의 크기와 같은 $\angle DPC$가 작도된다.

〈정답과 해설 p. 33〉

22 평행선의 작도

✪ 직선 l 밖의 한 점 P를 지나면서 직선 l에 평행한 직선의 작도 순서

❶ 점 P를 지나고 직선 l과 한 점 Q에서 만나는 직선을 그린다.
❷ 점 Q를 중심으로 하는 원을 그려 두 직선 PQ, l과 만나는 점을 각각 A, B라 한다.
❸ 점 P를 중심으로 반지름의 길이가 $\overline{QA}$인 원을 그려 직선 PQ와 만나는 점을 C라 한다.
❹ 점 A를 중심으로 반지름의 길이가 $\overline{AB}$인 원을 그린다.($\overline{AB}$의 길이를 잰다.)
❺ 점 C를 중심으로 하고 반지름의 길이가 $\overline{AB}$인 원을 그려 ❸에서 그린 원과 만나는 점을 D라 한다.
❻ 두 점 P, D를 지나는 직선 PD를 그으면 직선 l과 평행한 직선이 작도된다.

[방법 1] '두 직선이 한 직선과 만날 때, 동위각의 크기가 같으면 두 직선은 평행하다.'는 성질을 이용

[방법 2] '두 직선이 한 직선과 만날 때, 엇각의 크기가 같으면 두 직선은 평행하다.'는 성질을 이용

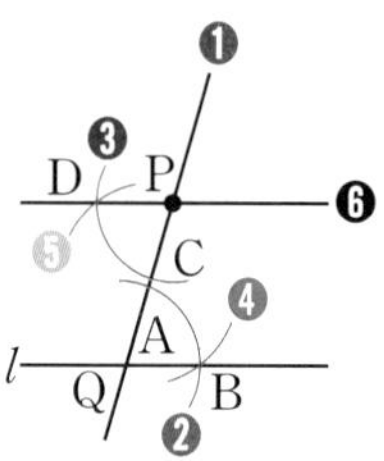

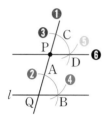

유형 55 평행선의 작도

[01-03] 그림은 직선 l 밖의 한 점 P를 지나고 직선 l과 평행한 직선 m을 동위각을 이용하여 작도한 것이다. □ 안에 알맞은 것을 써넣어라.

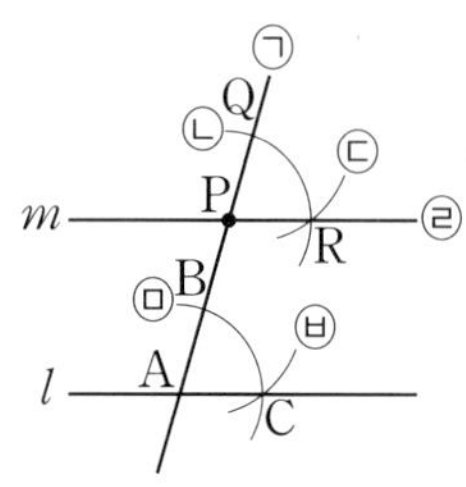

01 작도 순서는
㉠ → □ → □ → □ → □ → □

02 $\overline{AB}$= □ $=\overline{PQ}$= □ , $\overline{BC}$= □

03 ∠BAC=∠ □

04 직선 l 밖의 한 점 P를 지나고 직선 l과 평행한 직선 m을 엇각을 이용하여 작도하여라.

개념 체크

05 **다음은 직선 l 밖의 한 점 P를 지나면서 직선 l에 평행한 직선의 작도하는 과정이다. 빈칸에 알맞은 것을 써넣어라.**

❶ 점 P를 지나고 직선 l과 한 점 Q에서 만나는 [   ]을 그린다.
❷ 점 Q를 중심으로 하는 원을 그려 두 직선 PQ, l과 만나는 점을 각각 [   ], [   ]라 한다.
❸ 점 P를 중심으로 반지름의 길이가 [   ]인 원을 그려 직선 PQ와 만나는 점을 C라 한다.
❹ [   ]의 길이를 잰다.
❺ 점 C를 중심으로 하고 반지름의 길이가 [   ]인 원을 그려 ❸에서 그린 원과 만나는 점을 D라 한다.
❻ 두 점 [   ], [   ]를 지나는 직선 [   ]를 그으면 직선 l과 평행한 직선이 작도된다.

〈 정답과 해설 p. 33 〉

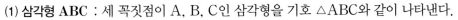

23 삼각형

(1) **삼각형 ABC** : 세 꼭짓점이 A, B, C인 삼각형을 기호 △ABC와 같이 나타낸다.

(2) **대변과 대각** : 한 각과 마주보는 변을 대변, 한 변과 마주보는 각을 대각이라 한다.

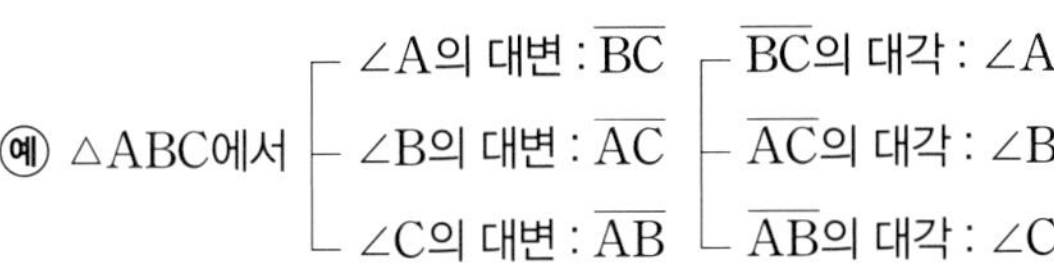

예 △ABC에서
∠A의 대변 : $\overline{BC}$
∠B의 대변 : $\overline{AC}$
∠C의 대변 : $\overline{AB}$
$\overline{BC}$의 대각 : ∠A
$\overline{AC}$의 대각 : ∠B
$\overline{AB}$의 대각 : ∠C

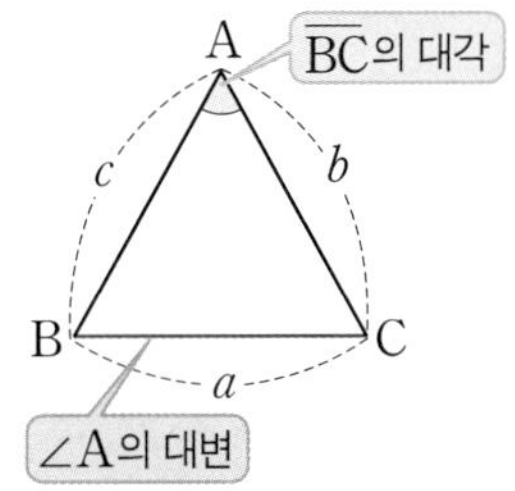

참고 일반적으로 삼각형 ABC에서 ∠A, ∠B, ∠C의 대변의 길이를 각각 a, b, c로 나타낸다.

(3) **삼각형의 세 변의 길이 사이의 관계**

삼각형의 두 변의 길이의 합은 나머지 한 변의 길이보다 크다.

즉, 세 변의 길이가 각각 a, b, c인 삼각형에서 $\boldsymbol{a+b>c}$, $\boldsymbol{b+c>a}$, $\boldsymbol{c+a>b}$

참고 **세 변의 길이가 주어졌을 때 삼각형이 될 수 있는 조건** : (가장 긴 변의 길이)<(나머지 두 변의 길이의 합)

DAY 09

유형 56 삼각형의 대변과 대각

[01-05] 그림과 같은 △ABC에 대하여 다음을 구하여라.

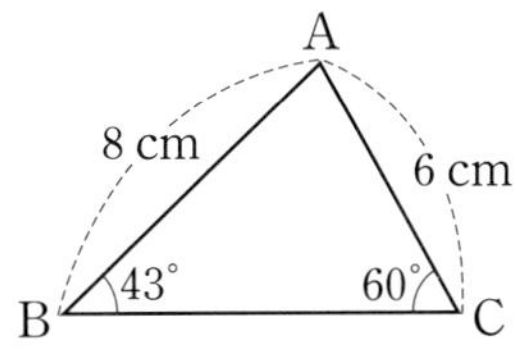

01 ∠B의 대변의 길이

해 ∠B의 대변은 ☐이고 그 길이는 ☐ cm이다.

02 ∠C의 대변의 길이

03 $\overline{AB}$의 대각의 크기

해 $\overline{AB}$의 대각은 ∠☐이고 그 크기는 ☐°이다.

04 $\overline{AC}$의 대각의 크기

05 $\overline{BC}$의 대각의 크기

유형 57 삼각형의 세 변의 길이 사이의 관계

[06-09] 다음과 같이 세 선분의 길이가 주어졌을 때, 삼각형을 만들 수 있으면 ○표, 만들 수 없으면 ×표를 (   ) 안에 써넣어라.

06 4 cm, 4 cm, 6 cm (   )

해 6 ☐ 4+4이므로 삼각형을 만들 수 ☐다.

07 6 cm, 4 cm, 12 cm (   )

해 12 ☐ 6+4이므로 삼각형을 만들 수 ☐다.

08 7 cm, 7 cm, 14 cm (   )

09 3 cm, 4 cm, 5 cm (   )

개념 체크

10 다음 빈칸에 알맞은 것을 써넣어라.

오른쪽 그림의 △ABC에서 ∠A, [   ], ∠C의 대변은 각각 [   ], $\overline{CA}$, [   ]이고, $\overline{AB}$, [   ], [   ]의 대각은 각각 [   ], ∠A, ∠B이다.

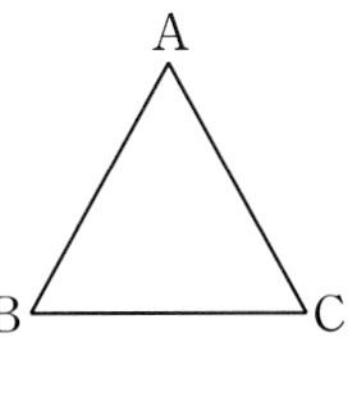

〈 정답과 해설 p. 33~34 〉

24 삼각형의 작도 - 세 변의 길이가 주어질 때

✪ 세 변의 길이가 주어진 삼각형 ABC의 작도 순서

❶ 한 직선을 그리고 그 위에 길이가 a인 $\overline{BC}$를 작도한다.

❷ 두 점 B, C를 중심으로 하고 반지름의 길이가 각각 c, b인 원을 그려 두 원이 만나는 점을 A라 한다.

❸ $\overline{AC}$, $\overline{AB}$를 그리면 삼각형 ABC가 작도된다.

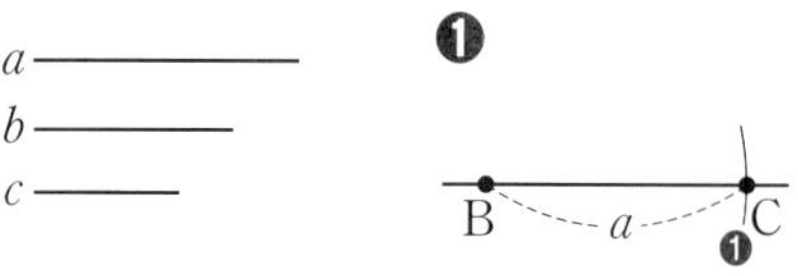

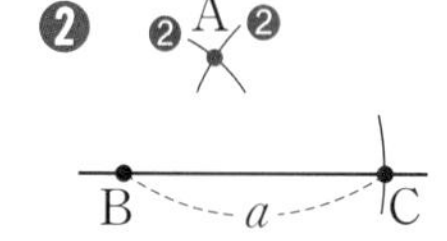

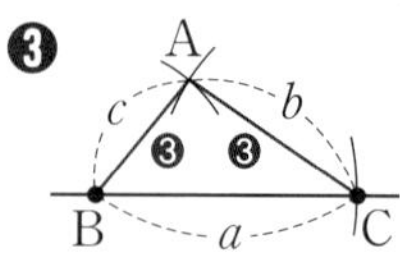

유형 58 세 변의 길이가 주어진 삼각형의 작도

01 그림은 세 변의 길이가 주어질 때, 삼각형 ABC를 작도하는 과정이다. □ 안에 알맞은 것을 써넣어 작도 순서를 완성하여라.

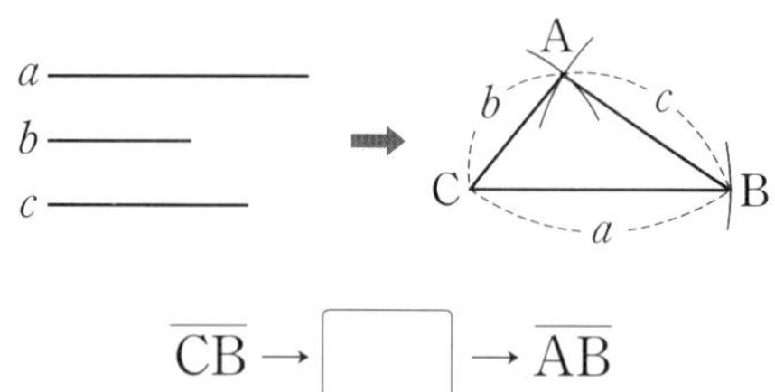

$\overline{CB}$ → □ → $\overline{AB}$

[02-03] 세 변의 길이가 각각 그림과 같은 삼각형 ABC를 작도하여라.

02 a, b, c ➡

03 a, b, c ➡

개념 체크

04 다음은 세 변의 길이가 주어질 때, 삼각형 ABC를 작도하는 과정이다. 빈칸에 알맞은 것을 써넣어라.

❶ 한 직선을 그리고 그 위에 길이가 [ ]인 $\overline{BC}$를 작도한다.

❷ 두 점 B, C를 중심으로 하고 반지름의 길이가 각각 [ ], [ ]인 원을 그려 두 원이 만나는 점을 A라 한다.

❸ $\overline{AC}$, [ ]를 그리면 삼각형 ABC가 작도된다.

〈정답과 해설 p. 34〉

25 삼각형의 작도 – 두 변의 길이와 그 끼인각의 크기가 주어질 때

✪ 두 변의 길이와 그 끼인각의 크기가 주어진 삼각형 ABC의 작도 순서

❶ ∠B와 크기가 같은 ∠XBY를 작도한다.

❷ 점 B를 중심으로 하고 반지름의 길이가 각각 a, c인 원을 그려 $\overrightarrow{BX}$, $\overrightarrow{BY}$와 만나는 점을 각각 C, A라 한다.

❸ $\overline{AC}$를 그리면 삼각형 ABC가 작도된다.

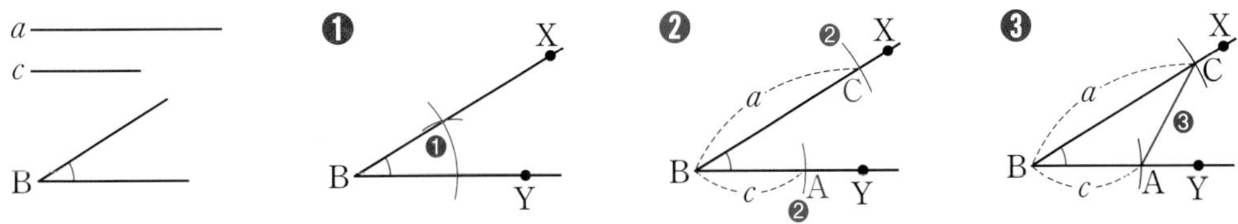

DAY 09

유형 59 두 변의 길이와 그 끼인각의 크기가 주어진 삼각형의 작도

01 그림은 두 변의 길이와 그 끼인각의 크기가 주어질 때, 삼각형 ABC를 작도하는 과정이다. □ 안에 알맞은 것을 써넣어 작도 순서를 완성하여라.

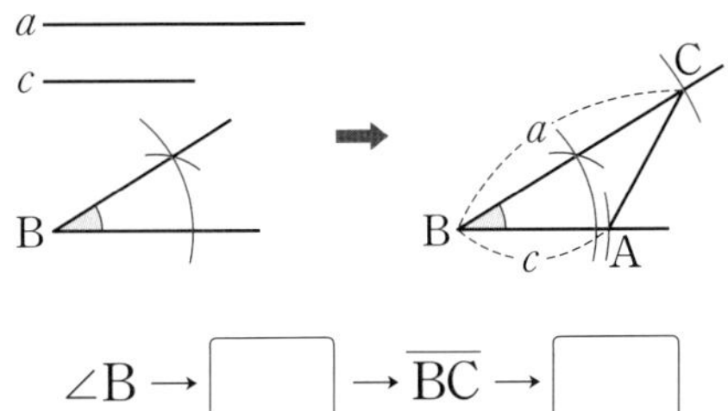

∠B → □ → $\overline{BC}$ → □

[02-03] 두 변의 길이와 그 끼인각의 크기가 각각 그림과 같은 삼각형 ABC를 작도하여라.

02

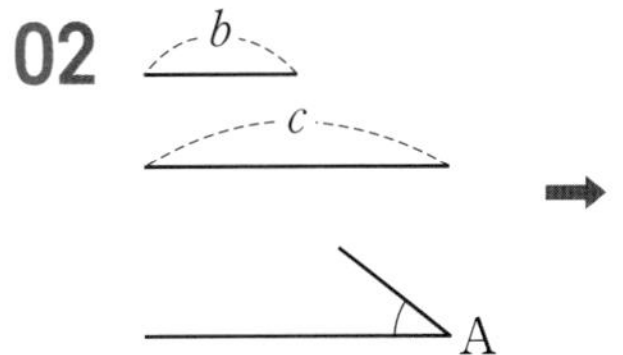

03

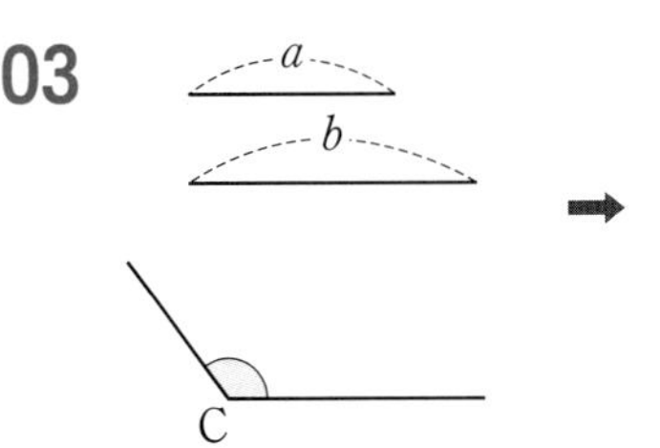

개념 체크

04 다음은 두 변의 길이와 그 끼인각의 크기가 주어질 때, 삼각형 ABC를 작도하는 과정이다. 빈칸에 알맞은 것을 써넣어라.

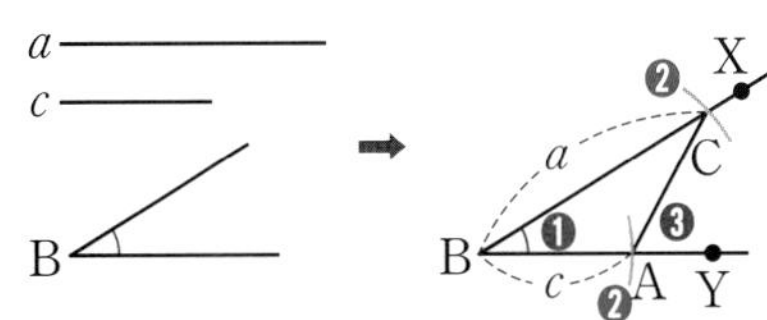

❶ [　　　]와 크기가 같은 ∠XBY를 작도한다.

❷ 점 [　　　]를 중심으로 하고 반지름의 길이가 각각 a, c인 원을 그려 $\overrightarrow{BX}$, $\overrightarrow{BY}$와 만나는 점을 각각 [　　　], [　　　]라 한다.

❸ [　　　]를 그리면 삼각형 ABC가 작도된다.

〈정답과 해설 p. 34〉

26 삼각형의 작도 – 한 변의 길이와 그 양 끝 각의 크기가 주어질 때

✪ 한 변의 길이와 그 양 끝 각의 크기가 주어진 삼각형 ABC의 작도 순서

❶ 길이가 a인 $\overline{BC}$를 작도한다.

❷ $\angle B$, $\angle C$와 크기가 같은 $\angle YBC$, $\angle XCB$를 작도한다.

❸ $\overrightarrow{BY}$, $\overrightarrow{CX}$가 만나는 점을 A라 하면 삼각형 ABC가 작도된다.

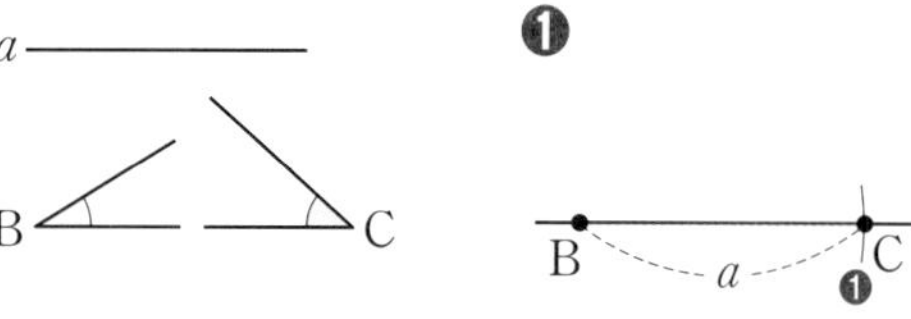

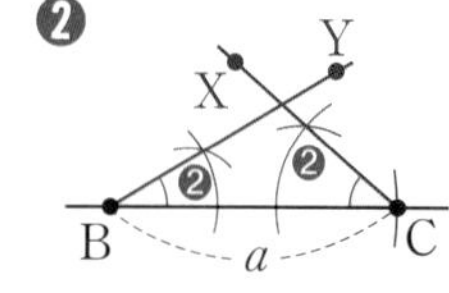

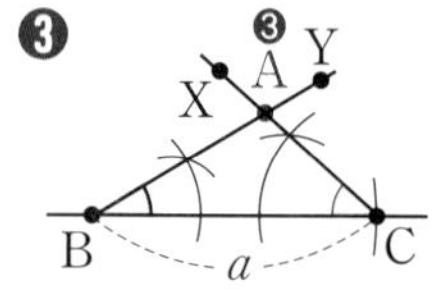

유형 60 한 변의 길이와 그 양 끝 각의 크기가 주어진 삼각형의 작도

01 그림은 한 변의 길이와 그 양 끝 각의 크기가 주어질 때, 삼각형 ABC를 작도하는 과정이다. □ 안에 알맞은 것을 써넣어 작도 순서를 완성하여라.

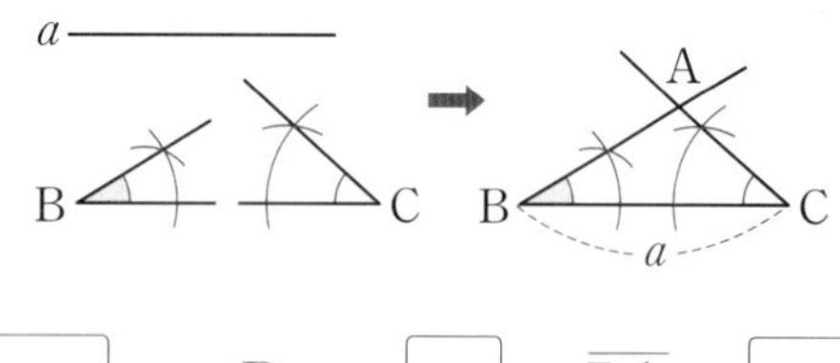

[02-03] 한 변의 길이와 그 양 끝 각의 크기가 각각 그림과 같은 삼각형 ABC를 작도하여라.

02

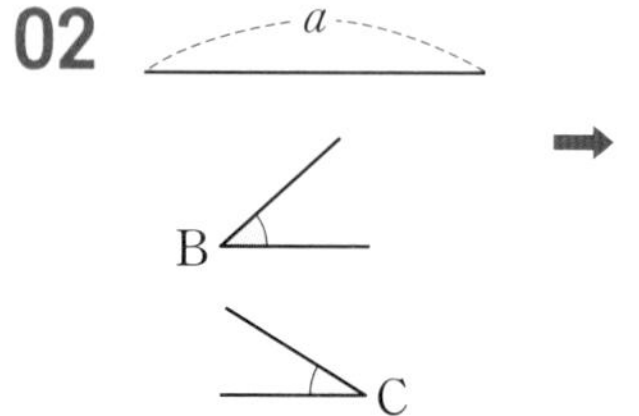

03

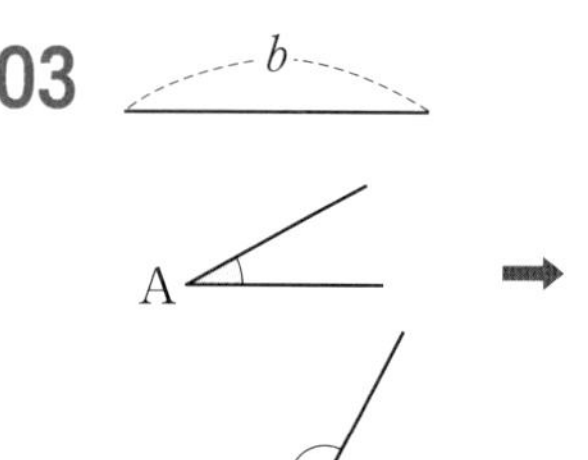

(개념 체크)

04 다음은 두 변의 길이와 그 끼인각의 크기가 주어질 때, 삼각형 ABC를 작도하는 과정이다. 빈칸에 알맞은 것을 써넣어라.

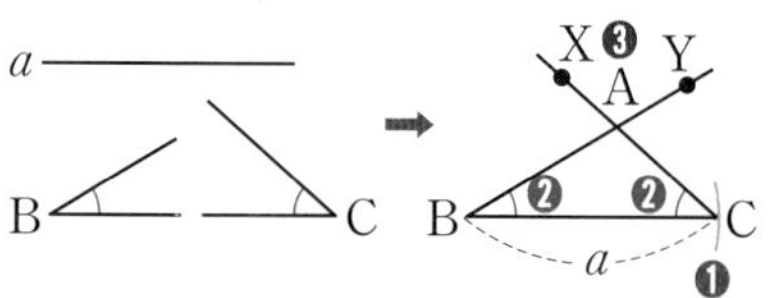

❶ 길이가 [　　　]인 $\overline{BC}$를 작도한다.

❷ [　　　], [　　　]와 크기가 같은 $\angle YBC$, $\angle XCB$를 작도한다.

❸ $\overrightarrow{BY}$, $\overrightarrow{CX}$가 만나는 점을 [　　　]라 하면 삼각형 ABC가 작도된다.

〈 정답과 해설 p. 34 〉

27 삼각형이 하나로 정해질 조건

✪ 다음과 같은 경우에 삼각형의 모양과 크기가 하나로 정해진다.

하나로 정해지는 경우	세 변의 길이가 주어질 때	두 변의 길이와 그 끼인각의 크기가 주어질 때	한 변의 길이와 그 양 끝 각의 크기가 주어질 때
하나로 정해지지 않는 경우	가장 긴 변의 길이가 나머지 두 변의 길이의 합보다 크거나 같을 때 그림과 같이 삼각형이 그려지지 않는다. 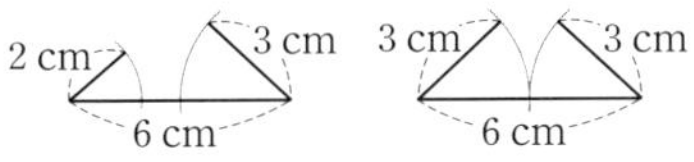 2 cm, 3 cm, 6 cm / 3 cm, 3 cm, 6 cm	두 변의 길이와 그 끼인각이 아닌 다른 한 각의 크기가 주어질 때 그림과 같이 삼각형이 그려지지 않거나 2개 그려진다. 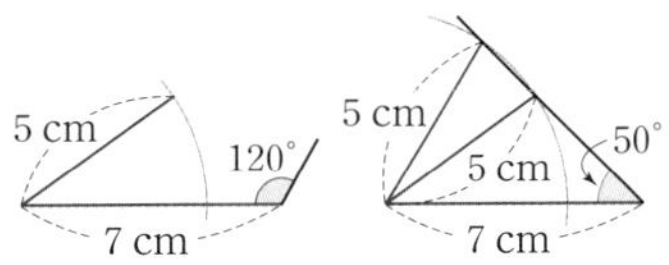 5 cm, 120°, 7 cm / 5 cm, 5 cm, 50°, 7 cm	세 각의 크기가 주어질 때 그림과 같이 모양은 같고 크기가 다른 무수히 많은 삼각형이 그려진다. 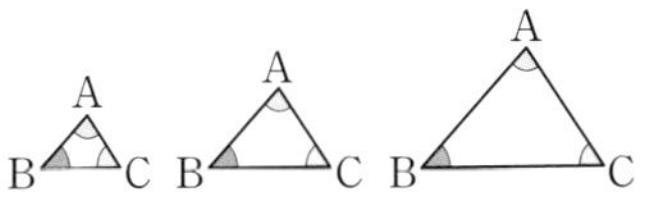 A, B, C / A, B, C / A, B, C

참고 한 변의 길이와 그 양 끝 각이 아닌 두 각의 크기가 주어진 경우는 삼각형의 세 각의 크기의 합이 180°임을 이용하여 나머지 한 각의 크기를 구할 수 있으므로 한 변의 길이와 그 양 끝 각의 크기가 주어진 경우와 같다.

유형 61 삼각형이 하나로 정해질 조건

[01-05] 다음과 같이 조건이 주어질 때, △ABC가 하나로 정해지는 것은 ○표, 정해지지 않는 것은 ×표를 ( ) 안에 써넣어라.

01 $\overline{AB}=4$ cm, $\overline{BC}=10$ cm, $\overline{CA}=5$ cm ( )

02 $\angle A=50°$, $\angle B=70°$, $\angle C=60°$ ( )

03 $\overline{AB}=7$ cm, $\overline{BC}=6$ cm, $\angle A=45°$ ( )

04 $\overline{AB}=8$ cm, $\angle A=100°$, $\angle B=45°$ ( )

05 $\overline{CA}=6$ cm, $\angle C=60°$, $\angle A=120°$ ( )

유형 62 삼각형이 하나로 정해지기 위해 필요한 조건

[06-10] △ABC에서 ∠A의 크기가 주어졌을 때, 다음 중에서 △ABC가 하나로 정해지기 위해 필요한 조건인 것은 ○표, 필요한 조건이 아닌 것은 ×를 ( ) 안에 써넣어라.

06 $\overline{AB}$, $\overline{AC}$ ( )

07 $\overline{AB}$, $\overline{BC}$ ( )

08 $\overline{AB}$, $\angle B$(단, $\angle A+\angle B<180°$) ( )

09 $\overline{AC}$, $\angle B$(단, $\angle A+\angle B<180°$) ( )

10 $\angle B$, $\angle C$ ( )

개념 체크

11 다음 빈칸에 알맞은 것을 써넣어라.

△ABC에서 $\overline{AB}$의 길이와 ∠B의 크기가 주어졌을 때, [ ]의 길이가 주어지거나, [ ]의 크기 또는 [ ]의 크기가 주어지면 △ABC가 하나로 정해진다.

〈정답과 해설 p. 34~35〉

28 도형의 합동

(1) **합동** : 한 도형을 모양이나 크기를 바꾸지 않고 옮겨서 다른 도형에 완전히 포갤 수 있을 때 두 도형을 합동이라 하고, 합동인 두 도형 P, Q를 기호로 P≡Q와 같이 나타낸다.

참고 합동인 두 도형을 나타낼 때는 반드시 대응하는 꼭짓점의 순서로 쓴다.

(2) **대응** : 합동인 두 도형에서 서로 포개어지는 꼭짓점과 꼭짓점, 변과 변, 각과 각을 서로 대응한다고 한다.

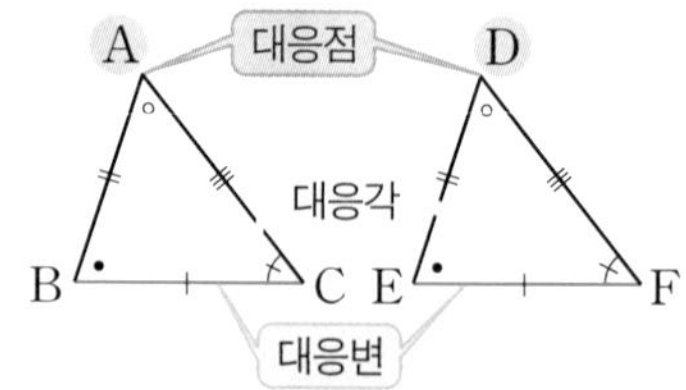

△ABC≡△DEF

(3) **합동인 도형의 성질** : 두 도형이 서로 합동이면

① 대응하는 변의 길이가 같다.

② 대응하는 각의 크기가 같다.

주의 합동인 두 도형의 넓이는 항상 같지만 두 도형의 넓이가 같다고 해서 항상 합동인 것은 아니다.

유형 63 합동인 도형 찾기

[01-03] 다음 그림에서 합동인 도형을 찾아 기호 ≡를 사용하여 나타내려고 한다. □ 안에 알맞은 것을 써넣어라.

01

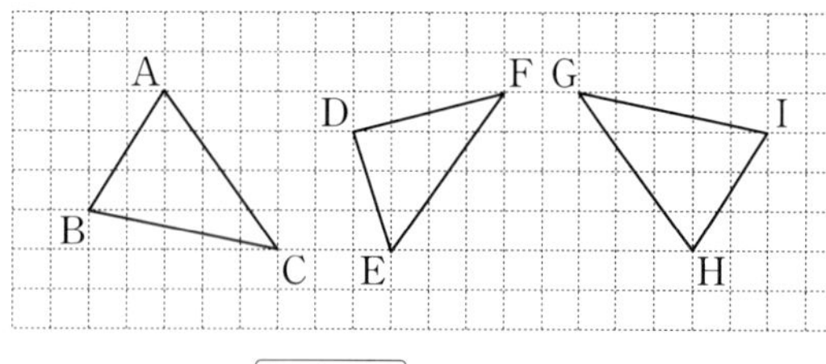

➡ △ABC≡□

02

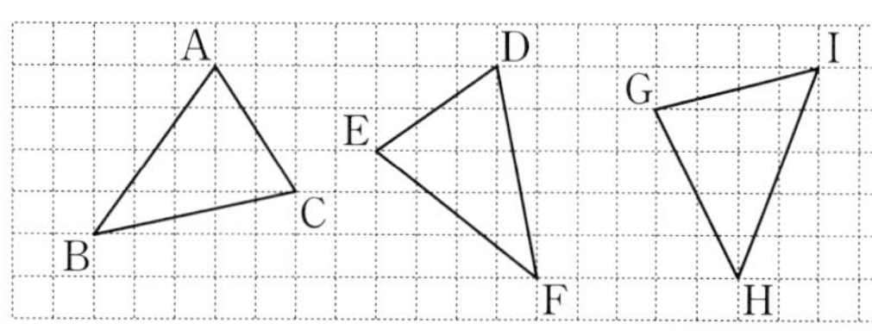

➡ △ABC≡□

03

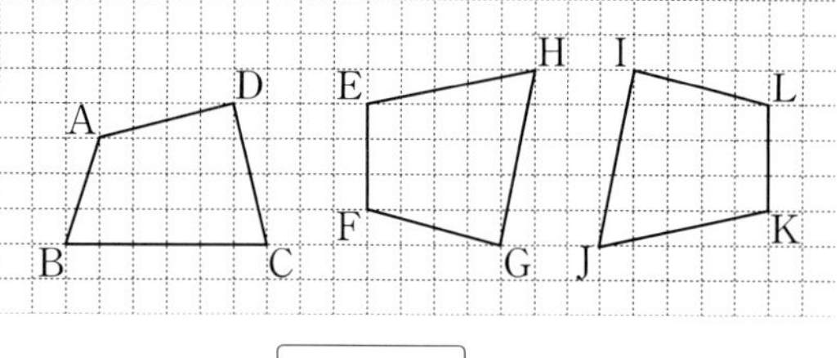

➡ □EFGH≡□

유형 64 합동인 도형의 대응

[04-09] 그림에서 사각형 ABCD와 사각형 EFGH가 서로 합동일 때, 다음을 구하여라.

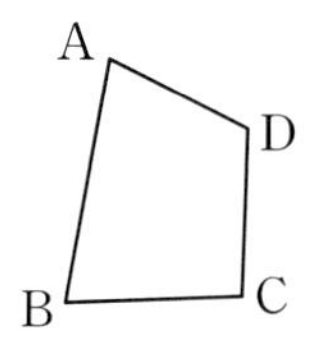

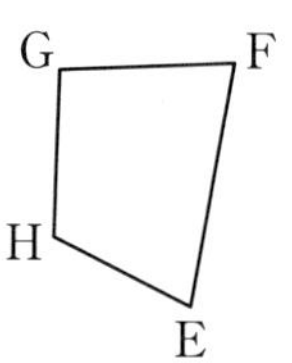

04 점 A의 대응점

05 점 D의 대응점

06 변 BC의 대응변

07 변 HE의 대응변

08 ∠C의 대응각

09 ∠E의 대응각

유형 65 합동인 삼각형의 성질

[10-13] 그림에서 $\triangle ABC \equiv \triangle DEF$일 때, 다음을 구하여라.

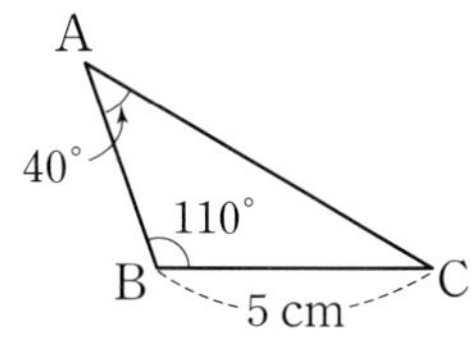

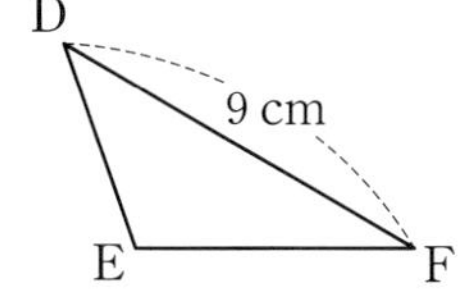

10 $\angle D$의 크기

11 $\angle E$의 크기

12 $\overline{EF}$의 길이

13 $\overline{AC}$의 길이

[14-17] 그림에서 두 삼각형 ABC와 DEF가 합동일 때, 다음을 구하여라.

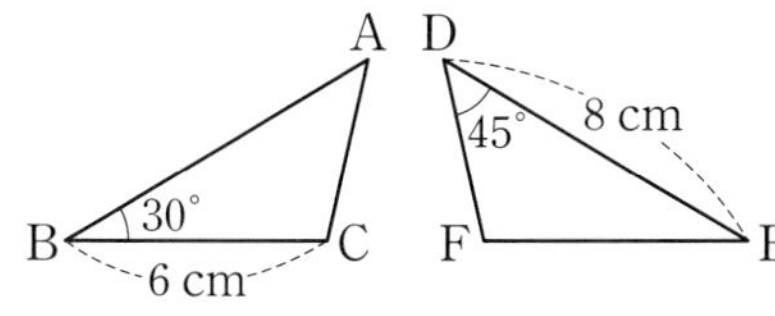

14 $\overline{AB}$의 길이

15 $\overline{EF}$의 길이

16 $\angle A$의 크기

17 $\angle F$의 크기

유형 66 합동인 사각형의 성질

[18-22] 그림에서 $\square ABCD \equiv \square EFGH$일 때, 다음을 구하여라.

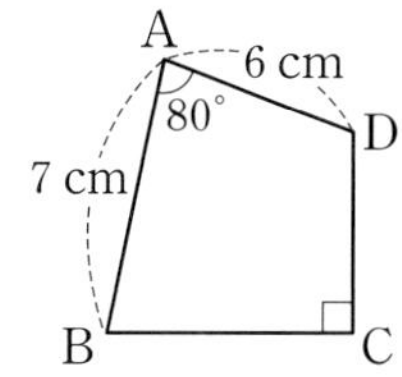

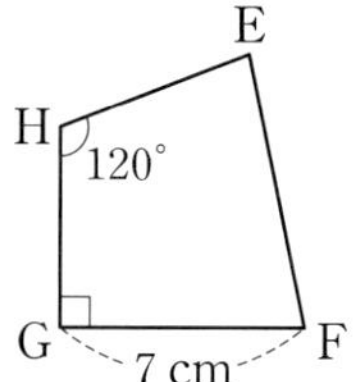

18 $\overline{HE}$의 길이

19 $\overline{BC}$의 길이

20 $\overline{EF}$의 길이

21 $\angle E$의 크기

22 $\angle D$의 크기

개념 체크

23 다음 빈칸에 알맞은 것을 써넣어라.

한 도형을 모양과 크기를 바꾸지 않고 옮겨서 다른 도형에 완전히 포갤 수 있을 때, 두 도형을 서로 [　　]이라 하고 기호 [　　]를 사용하여 나타낸다. 이때, 합동인 두 도형은 대응변의 길이와 [　　　]의 크기가 각각 서로 [　　].

DAY 10

〈정답과 해설 p. 35〉

29 삼각형의 합동 조건

✪ 다음의 각 경우에 두 삼각형 ABC와 DEF는 서로 합동이다.

SSS 합동	SAS 합동	ASA 합동
대응하는 세 변의 길이가 각각 같을 때	대응하는 두 변의 길이가 각각 같고, 그 끼인각의 크기가 같을 때	대응하는 한 변의 길이가 같고 그 양 끝 각의 크기가 각각 같을 때
$\overline{AB}=\overline{DE}$, $\overline{BC}=\overline{EF}$, $\overline{AC}=\overline{DF}$	$\overline{AB}=\overline{DE}$, $\overline{BC}=\overline{EF}$, $\angle B=\angle E$	$\overline{BC}=\overline{EF}$, $\angle B=\angle E$, $\angle C=\angle F$

유형 67 삼각형의 합동 조건 말하기

[01-03] 주어진 그림의 두 삼각형이 서로 합동일 때, □ 안에 알맞은 것을 써넣어라.

01

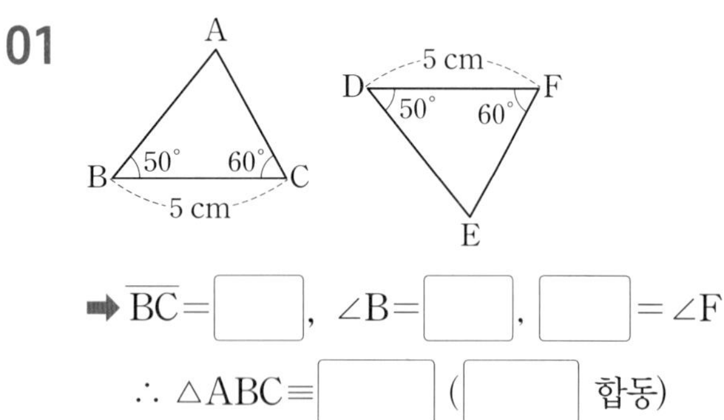

➡ $\overline{BC}=$□, $\angle B=$□, □$=\angle F$

$\therefore \triangle ABC \equiv$□ (□ 합동)

02

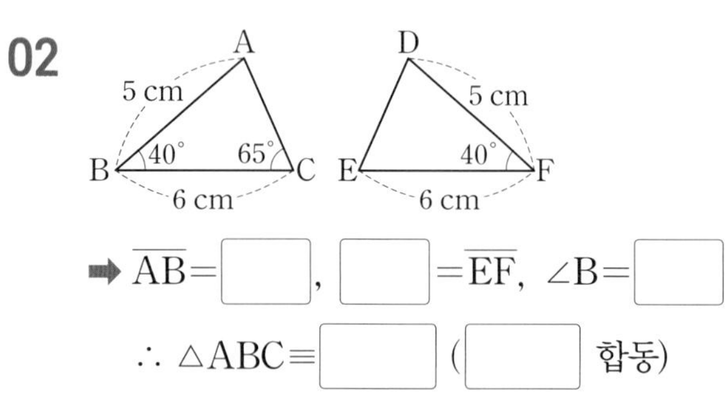

➡ $\overline{AB}=$□, □$=\overline{EF}$, $\angle B=$□

$\therefore \triangle ABC \equiv$□ (□ 합동)

03

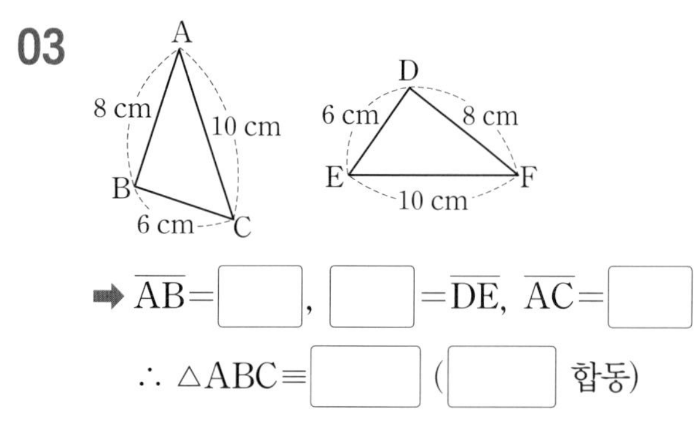

➡ $\overline{AB}=$□, □$=\overline{DE}$, $\overline{AC}=$□

$\therefore \triangle ABC \equiv$□ (□ 합동)

유형 68 합동인 삼각형 찾기

[04-06] 〈보기〉에서 합동인 삼각형을 찾아 □ 안에 알맞은 것을 써넣어라.

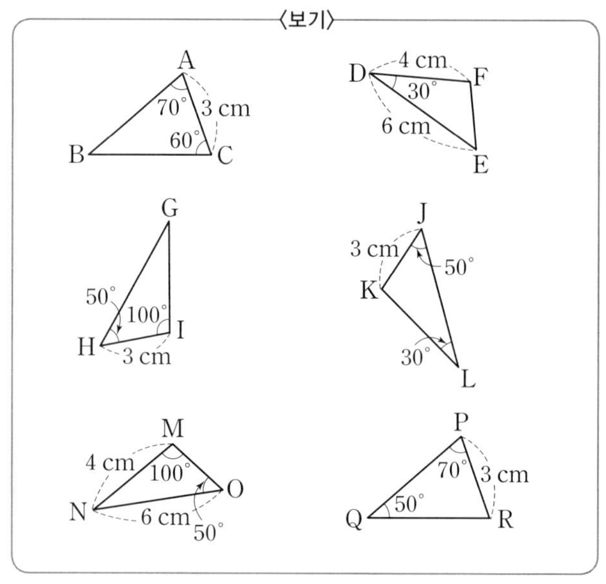

04 $\triangle ABC \equiv$□ (□ 합동)

05 $\triangle DEF \equiv$□ (□ 합동)

06 $\triangle GHI \equiv$□ (□ 합동)

유형 69 두 삼각형이 합동이기 위한 조건

[07-12] 다음과 같이 조건이 주어졌을 때, △ABC와 △DEF가 서로 합동이면 ○표, 합동이 아니면 ×표를 (　　) 안에 써넣어라.

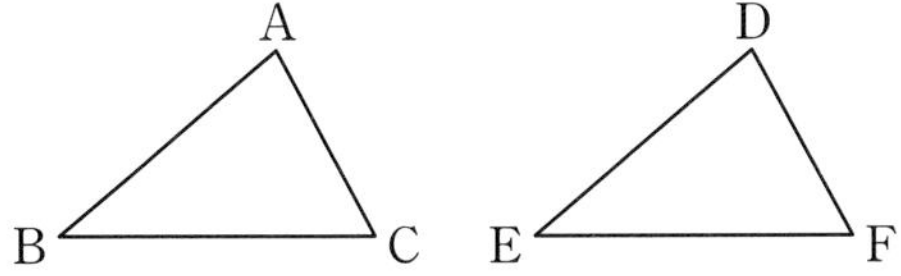

07 $\overline{AB}=\overline{DE}$, $\overline{BC}=\overline{EF}$, $\overline{AC}=\overline{DF}$ (　　　)

08 $\overline{AB}=\overline{DE}$, $\overline{AC}=\overline{DF}$, $\angle A=\angle D$ (　　　)

09 $\overline{AB}=\overline{DE}$, $\angle A=\angle D$, $\angle B=\angle E$ (　　　)

10 $\overline{BC}=\overline{EF}$, $\angle A=\angle D$, $\angle B=\angle E$ (　　　)

11 $\overline{BC}=\overline{EF}$, $\overline{AC}=\overline{DF}$, $\angle A=\angle D$ (　　　)

12 $\angle A=\angle D$, $\angle B=\angle E$, $\angle C=\angle F$ (　　　)

유형 70 삼각형의 합동 조건

[13-14] 다음의 각 경우에 한 가지 조건을 더 추가하면 △ABC≡△DEF가 된다. 주어진 합동 조건에 맞도록 추가할 한 조건을 구하여라.

13 $\overline{BC}=\overline{EF}$, $\angle C=\angle F$일 때

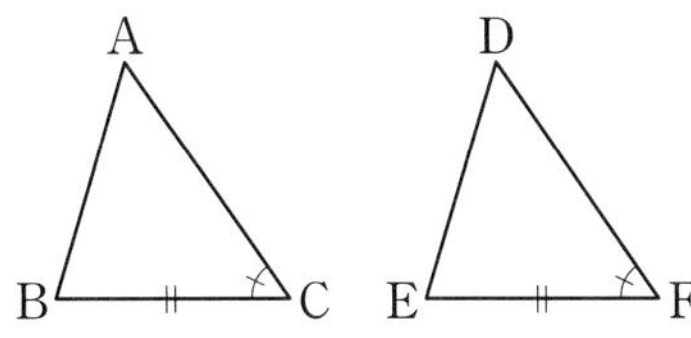

1) SAS 합동

2) ASA 합동

14 $\overline{AB}=\overline{DE}$, $\overline{AC}=\overline{DF}$일 때

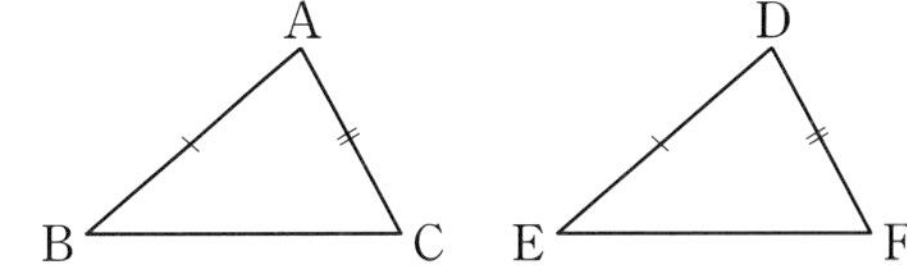

1) SSS 합동

2) SAS 합동

개념 체크

15 다음 빈칸에 알맞은 것을 써넣어라.

다음의 각 경우에 두 삼각형은 서로 합동이다.

1) SSS 합동 : 대응하는 세 [　　]의 길이가 각각 같을 때

2) [　　　] 합동 : 대응하는 두 변의 길이가 각각 같고 그 [　　　]의 크기가 같을 때

3) [　　　] 합동 : 대응하는 한 변의 길이가 같고 그 [　　　]의 크기가 각각 같을 때

DAY 10

〈 정답과 해설 p. 36 〉

학교 시험 기본 문제

단원 마무리 평가

20 길이가 같은 선분의 작도 ~ 29 삼각형의 합동 조건

01

작도에 대한 설명 중 〈보기〉에서 옳은 것만을 있는 대로 고른 것은?

〈보기〉

ㄱ. 선분을 연장할 때는 눈금 없는 자를 사용한다.
ㄴ. 주어진 선분을 다른 직선 위로 옮길 때는 컴퍼스를 사용한다.
ㄷ. 눈금 없는 자는 두 선분의 길이를 비교할 때 사용한다.
ㄹ. 눈금 없는 자와 컴퍼스, 각도기만을 사용하여 도형을 그리는 것을 작도라 한다.

① ㄱ, ㄴ　② ㄱ, ㄷ　③ ㄴ, ㄷ
④ ㄱ, ㄴ, ㄷ　⑤ ㄱ, ㄴ, ㄹ

02

그림은 $\angle XOY$와 크기가 같은 $\angle RPQ$를 작도하는 과정을 나타낸 것이다. 〈보기〉에서 옳은 것만을 있는 대로 고른 것은?

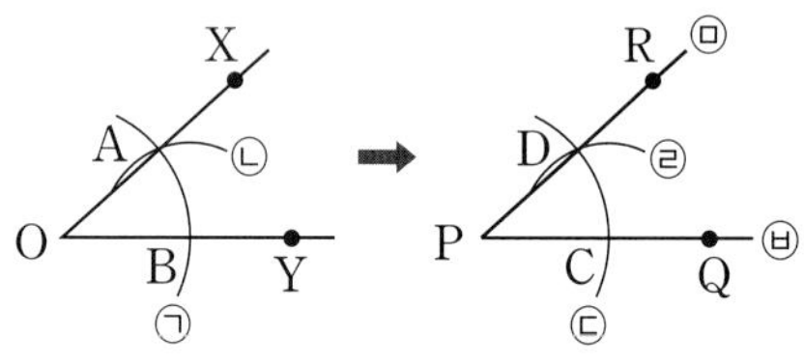

〈보기〉

ㄱ. $\overline{AB}=\overline{CD}$
ㄴ. $\overline{OA}=\overline{PD}$
ㄷ. $\overline{PC}=\overline{CD}$
ㄹ. 작도 순서는 ㉥ → ㉡ → ㉢ → ㉠ → ㉣ → ㉤ 이다.

① ㄱ, ㄴ　② ㄱ, ㄷ　③ ㄱ, ㄹ
④ ㄴ, ㄹ　⑤ ㄱ, ㄴ, ㄹ

03

그림은 직선 l 밖의 한 점 P를 지나고 직선 l에 평행한 직선을 작도한 것이다. 다음 중 옳지 않은 것은?

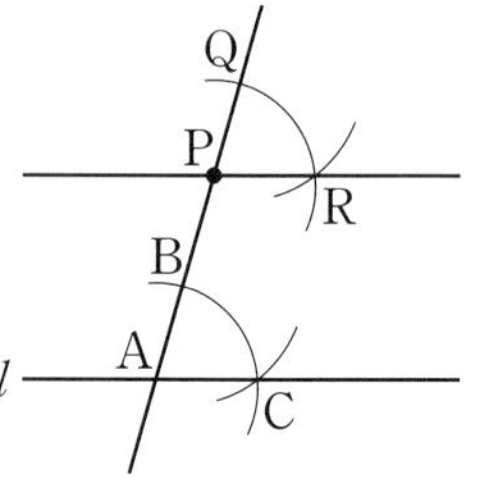

① $\overline{AB}=\overline{AC}$
② $\overline{AC}=\overline{PR}$
③ $\overline{BC}=\overline{QR}$
④ $\overline{PQ}=\overline{QR}$
⑤ $\angle BAC=\angle QPR$

04 생각 더하기

$\overline{AB}=8$ cm, $\overline{BC}=12$ cm이고, $\overline{CA}$의 길이가 다음과 같을 때, 삼각형 ABC를 작도할 수 있는 것은?

① 3 cm　② 4 cm　③ 19 cm
④ 20 cm　⑤ 21 cm

05

그림과 같이 변의 길이와 각의 크기가 각각 주어졌을 때, △ABC를 하나로 작도할 수 있으면 ○표, 하나로 작도할 수 없으면 ×표를 (　　) 안에 써넣어라.

1) A———B B———C C∠ (　　)

2) A———C A∠ ∠C (　　)

06

〈보기〉 중에서 삼각형 ABC가 하나로 결정되는 것만을 있는 대로 고른 것은?

〈보기〉

ㄱ. $\overline{AB}=5$ cm, $\overline{BC}=5$ cm, $\angle B=50^\circ$
ㄴ. $\overline{AB}=4$ cm, $\overline{BC}=6$ cm, $\overline{CA}=10$ cm
ㄷ. $\angle A=30^\circ$, $\angle B=100^\circ$, $\angle C=50^\circ$

① ㄱ ② ㄴ ③ ㄷ
④ ㄱ, ㄴ ⑤ ㄱ, ㄷ

07

$\angle A=30^\circ$인 삼각형 ABC에서 다음 조건이 추가될 때, 삼각형이 하나로 결정되지 않는 것을 모두 고르면? (정답 2개)

① $\overline{AB}=8$ cm, $\overline{AC}=3$ cm
② $\overline{AC}=6$ cm, $\overline{BC}=10$ cm
③ $\overline{AB}=6$ cm, $\angle B=60^\circ$
④ $\overline{AC}=7$ cm, $\angle B=70^\circ$
⑤ $\angle B=30^\circ$, $\angle C=120^\circ$

08

$\triangle ABC$에서 $\overline{AB}=4$ cm일 때, 다음 중 삼각형이 하나로 정해지지 않는 것은?

① $\overline{AC}=5$ cm, $\overline{BC}=7$ cm
② $\overline{AC}=3$ cm, $\angle B=60^\circ$
③ $\overline{BC}=9$ cm, $\angle B=90^\circ$
④ $\angle A=70^\circ$, $\overline{AC}=5$ cm
⑤ $\angle A=30^\circ$, $\angle B=50^\circ$

09

그림에서 $\triangle ABC\equiv\triangle DEF$일 때, 다음을 구하여라.

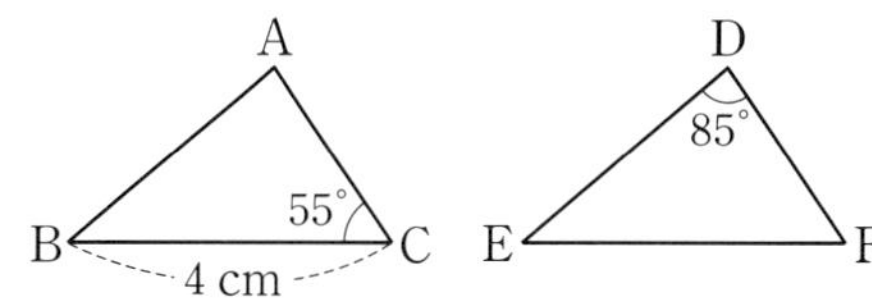

1) $\overline{EF}$의 길이
2) $\angle A$의 크기
3) $\angle E$의 크기

DAY 11

10

다음 중 옳지 않은 것은?

① 합동인 두 도형의 넓이는 서로 같다.
② 합동인 두 도형의 대응각의 크기는 서로 같다.
③ 합동인 두 도형의 모양과 크기는 서로 같다.
④ 넓이가 같은 두 사각형은 합동이다.
⑤ 넓이가 같은 두 원은 합동이다.

11

〈보기〉 중에서 두 도형이 항상 합동인 것의 개수는?

〈보기〉

ㄱ. 한 변의 길이가 같은 두 정삼각형
ㄴ. 넓이가 같은 두 직사각형
ㄷ. 지름의 길이가 같은 두 원
ㄹ. 둘레의 길이가 같은 두 정오각형
ㅁ. 넓이가 같은 두 평행사변형

① 1 ② 2 ③ 3
④ 4 ⑤ 5

〈 정답과 해설 p. 36~37 〉

12

〈보기〉 중에서 옳은 것만을 있는 대로 고른 것은?

〈보기〉

ㄱ. 합동인 두 도형은 넓이가 같다.
ㄴ. 대응하는 각의 크기가 서로 같으면 두 도형은 합동이다.
ㄷ. 합동인 두 도형은 대응하는 변의 길이가 서로 같다.
ㄹ. 넓이가 같은 두 원은 항상 합동이다.

① ㄱ, ㄴ　② ㄱ, ㄷ　③ ㄷ, ㄹ
④ ㄱ, ㄷ, ㄹ　⑤ ㄱ, ㄴ, ㄷ, ㄹ

13

오른쪽 그림의 삼각형과 합동인 것은?

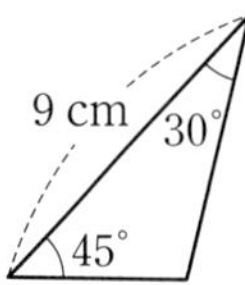

①
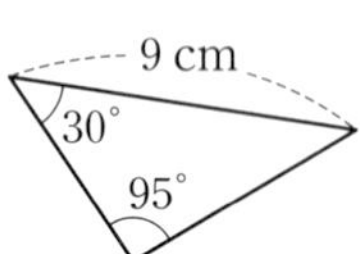

②
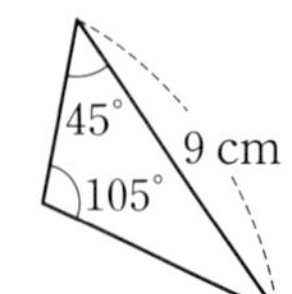

③
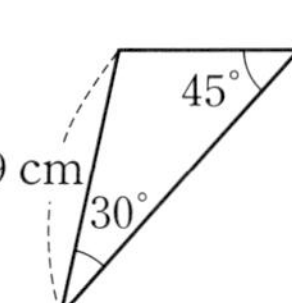

④
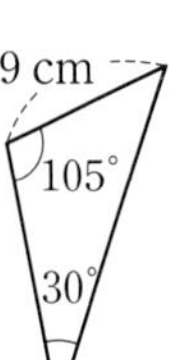

⑤
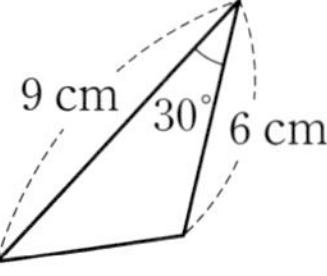

14

다음 중에서 $\triangle ABC \equiv \triangle DEF$라 할 수 <u>없는</u> 것을 모두 고르면? (정답 2개)

① $\overline{AB}=\overline{DE}$, $\overline{BC}=\overline{EF}$, $\overline{CA}=\overline{FD}$
② $\overline{AB}=\overline{DE}$, $\overline{CA}=\overline{FD}$, $\angle A=\angle D$
③ $\overline{AB}=\overline{DE}$, $\overline{BC}=\overline{EF}$, $\angle C=\angle F$
④ $\overline{BC}=\overline{EF}$, $\angle A=\angle D$, $\angle B=\angle E$
⑤ $\angle A=\angle D$, $\angle B=\angle E$, $\angle C=\angle F$

15 조건 확인!

그림에서 점 P가 변 AB와 변 CD의 중점일 때, 다음 중에서 옳지 <u>않은</u> 것은?

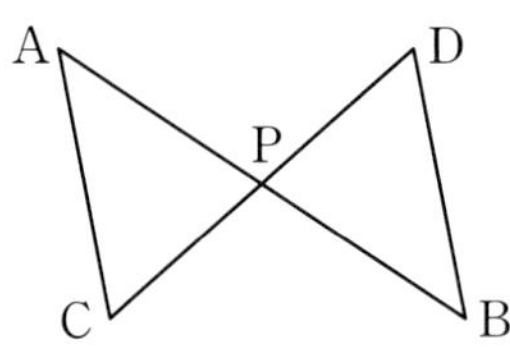

① $\overline{AP}=\overline{BP}$　② $\angle APC=\angle BPD$
③ $\overline{AC} /\!/ \overline{DB}$　④ $\angle ACP=\angle DBP$
⑤ $\overline{AC}=\overline{BD}$

16 조건 확인!

그림에서 $\overline{OA}=\overline{OC}$, $\overline{AB}=\overline{CD}$이고, $\angle B=27°$일 때, $\angle D$의 크기를 구하여라.

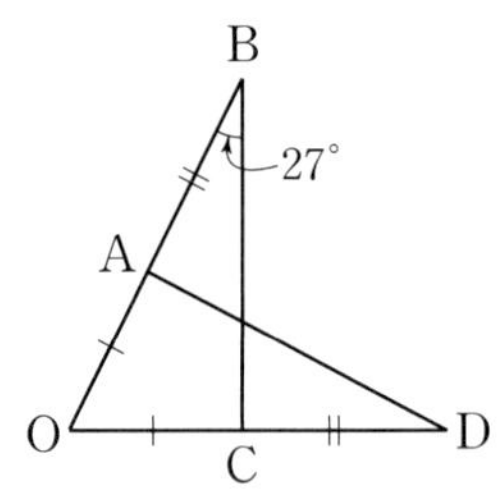

〈 정답과 해설 p. 37~38 〉

Ⅱ 평면도형

Ⅱ 평면도형

1 다각형

★ 이전에 배웠던 개념

〈다각형〉

(1) 선분으로만 둘러싸인 도형을 다각형이라 한다.

(2) 3개의 선분으로 둘러싸인 다각형을 삼각형, 4개의 선분으로 둘러싸인 다각형을 사각형, 5개의 선분으로 둘러싸인 다각형을 오각형, …이라 한다.

(3) 다각형은 변의 수, 각의 수, 꼭짓점의 수가 모두 같다.

(4) 곡선이 있거나 선분으로 둘러싸여 있지 않으면 다각형이 아니다.

다각형

(1) **다각형** : 3개 이상의 선분으로 둘러싸인 평면도형
➡ 선분의 개수가 $3, 4, \cdots, n$인 다각형을 삼각형, 사각형, …, n각형이라 한다.

변 A 꼭짓점 B E 내각 외각 C D

(2) **변** : 다각형을 이루고 있는 선분

(3) **꼭짓점** : 다각형의 변과 변이 만나는 점

(4) **내각** : 다각형의 이웃하는 두 변으로 이루어진 각 중에서 안쪽에 있는 각

(5) **외각** : 다각형의 각 꼭짓점에서 한 변과 그 변에 이웃하는 변의 연장선이 이루는 각

정다각형

(1) **정다각형** : 모든 변의 길이가 같고 모든 내각의 크기가 같은 다각형

(2) 변의 길이가 모두 같아도 내각의 크기가 다르면 다각형이 아니다. ㉠ 마름모

(3) 내각의 크기가 모두 같아도 변의 길이가 다르면 다각형이 아니다. ㉠ 직사각형

정삼각형 정사각형 정오각형

다각형의 대각선

다각형에서 서로 이웃하지 않는 두 꼭짓점을 이은 선분

(1) **n각형의 한 꼭짓점에서 그을 수 있는 대각선의 개수** : $n-3$

(2) **n각형의 대각선의 개수** : $\frac{n(n-3)}{2}$

다각형의 내각의 크기의 합과 외각의 크기의 합

(1) 삼각형의 내각의 크기의 합은 180°이다.

(2) 삼각형의 한 외각의 크기는 그와 이웃하지 않는 두 내각의 크기의 합과 같다.

(3) **n각형의 한 꼭짓점에서 대각선을 모두 그을 때 생기는 삼각형의 개수** : $n-2$

(4) **n각형의 내각의 크기의 합** : $180^\circ \times (n-2)$

(5) **n각형의 외각의 크기의 합** : 360°

(6) **정n각형의 한 내각의 크기** : $\frac{180^\circ \times (n-2)}{n}$

(7) **정n각형의 한 외각의 크기** : $\frac{360^\circ}{n}$

2 원과 부채꼴

★ 이전에 배웠던 개념

〈원주율〉

(1) 원의 둘레를 원주라 한다.
(2) 지름의 길이가 2배, 3배, 4배, …가 되면 원주도 2배, 3배, 4배, …가 된다.
(3) 원의 지름에 대한 원주의 비율을 원주율이라 한다.
➡ (원주율)=(원주)÷(지름)
(4) 원의 크기가 달라도 원주율은 일정하다.
(5) 원주율을 소수로 나타내면 3.141592…이다.

〈원의 넓이〉

(원의 넓이)
$=$(원주)$\times\frac{1}{2}\times$(반지름)
$=$(원주율)$\times$(지름)$\times\frac{1}{2}\times$(반지름)
$=$(반지름)$\times$(반지름)$\times$(원주율)

원과 부채꼴

(1) **원** : 평면 위의 한 점에서 일정한 거리에 있는 모든 점들로 이루어진 도형
(2) **호** : 원 위의 두 점을 양 끝으로 하는 원의 일부분
(3) **현** : 원 위의 두 점을 이은 선분
(4) **부채꼴** : 원에서 두 반지름과 호로 둘러싸인 도형
(5) **중심각** : 두 반지름이 이루는 각
(6) **활꼴** : 원에서 호와 현으로 둘러싸인 도형

부채꼴의 중심각의 크기

중심각의 크기와 호의 길이

한 원 또는 합동인 두 원에서

(1) 중심각의 크기가 같은 두 부채꼴의 호의 길이는 같다.
(2) 호의 길이가 같은 두 부채꼴의 중심각의 크기는 같다.
(3) 부채꼴의 호의 길이는 중심각의 크기에 정비례한다.

중심각의 크기와 넓이

한 원 또는 합동인 두 원에서

(1) 중심각의 크기가 같은 두 부채꼴의 넓이는 같다.
(2) 넓이가 같은 두 부채꼴의 중심각의 크기는 같다.
(3) 부채꼴의 넓이는 중심각의 크기에 정비례한다.

중심각의 크기와 현의 길이

한 원 또는 합동인 두 원에서

(1) 중심각의 크기가 같은 두 현의 길이는 같다.
(2) 길이가 같은 현의 중심각의 크기는 같다.
(3) 현의 길이는 중심각의 크기에 정비례하지 않는다.

원의 둘레의 길이와 넓이

반지름의 길이가 r인 원의

(1) (둘레의 길이)$=2\times$(반지름의 길이)$\times$(원주율)$=2\pi r$
(2) (넓이)$=$(반지름의 길이)$\times$(반지름의 길이)$\times$(원주율)$=\pi r^2$

부채꼴의 호의 길이와 넓이

반지름의 길이가 r, 중심각의 크기가 $x°$인 부채꼴의

(1) (호의 길이)$=2\pi r\times\frac{x}{360}$ (2) (넓이)$=\pi r^2\times\frac{x}{360}$

01 다각형

(1) **다각형** : 3개 이상의 선분으로 둘러싸인 평면도형을 다각형이라 하고, 선분의 개수가 3, 4, …, n인 다각형을 각각 삼각형, 사각형, …, n각형이라 한다.

(2) **변** : 다각형을 이루고 있는 선분

(3) **꼭짓점** : 다각형의 변과 변이 만나는 점

(4) **내각** : 다각형의 이웃하는 두 변으로 이루어진 각 중에서 안쪽에 있는 각

(5) **외각** : 다각형의 각 꼭짓점에서 한 변과 그 변에 이웃하는 변의 연장선이 이루는 각

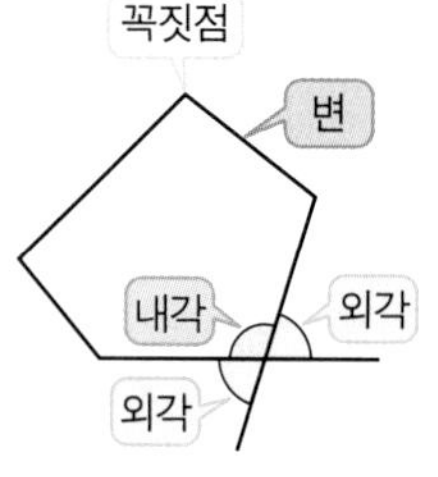

참고
- 다각형에서 한 내각에 대한 외각은 2개이지만 서로 맞꼭지각으로 그 크기가 같으므로 2개 중에서 하나만 생각한다.
- 다각형의 한 꼭짓점에서 (내각의 크기)+(외각의 크기)=180°이다.

유형 01 다각형

[01-04] 그림과 같은 도형이 다각형인 것은 ○표, 다각형이 아닌 것은 ×표를 ( ) 안에 써넣어라.

01

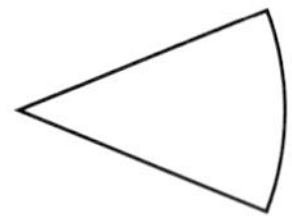

( )

02

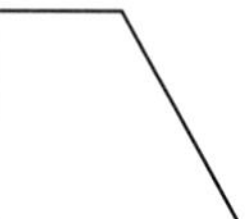

( )

03

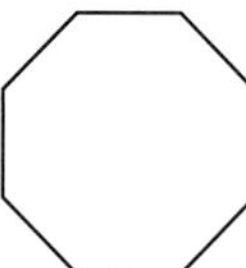

( )

04

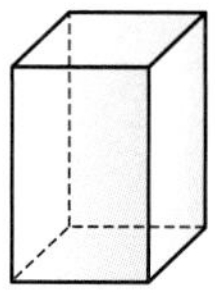

( )

유형 02 다각형의 내각과 외각

[05-08] 그림과 같은 사각형 ABCD에서 다음 용어에 해당하는 부분을 ㉠~㉤ 중에서 골라 써라.

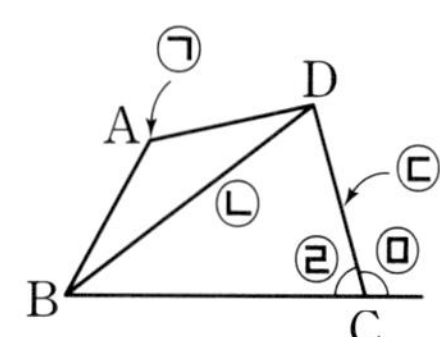

05 변

06 꼭짓점

07 내각

08 외각

09 다음 표의 빈칸을 채워라.

다각형	(삼각형 그림)	(오각형 그림)	(칠각형 그림)
변의 개수(개)	3		
꼭짓점의 개수(개)			
내각의 개수(개)			7
다각형의 이름			

[10-14] 그림과 같은 오각형 ABCDE에서 다음 각의 크기를 구하여라.

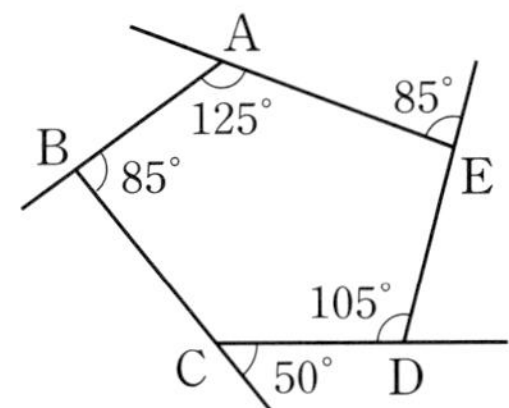

10 $\angle$A의 내각

11 $\angle$B의 내각

12 $\angle$D의 내각

13 $\angle$C의 외각

14 $\angle$E의 외각

[15-17] 그림과 같은 다각형에서 $\angle$A의 외각의 크기를 구하여라.

15

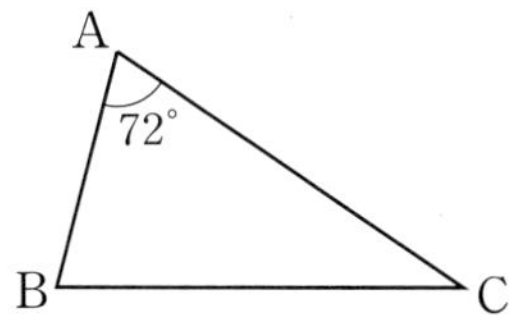

해 $\angle$A의 내각의 크기가 □° 이므로

$\angle$A의 외각의 크기는

180° − □° = □°

16

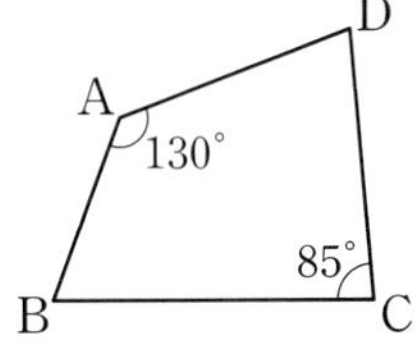

17

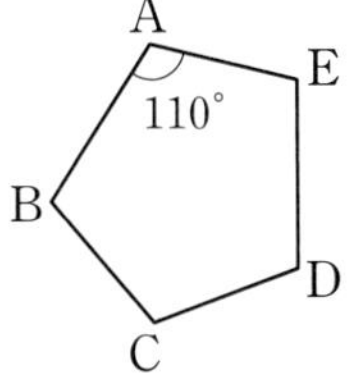

[18-20] 그림과 같은 다각형에서 $\angle$A의 내각의 크기를 구하여라.

18

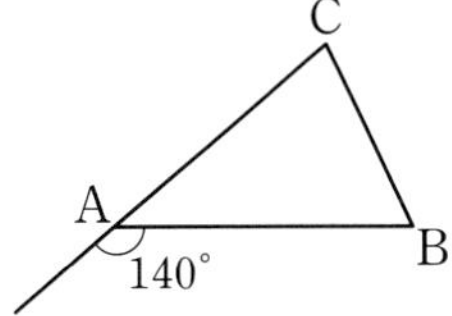

해 $\angle$A의 외각의 크기가 □° 이므로

$\angle$A의 내각의 크기는

180° − □° = □°

19

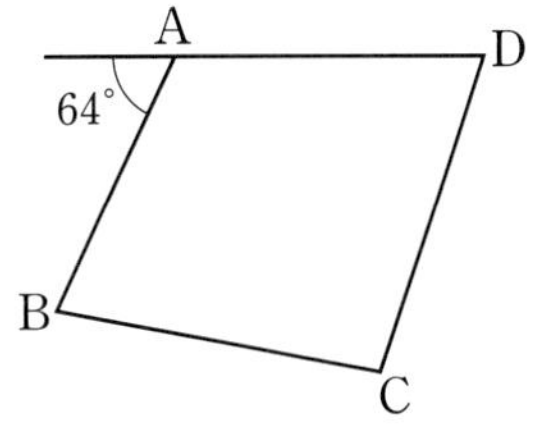

20

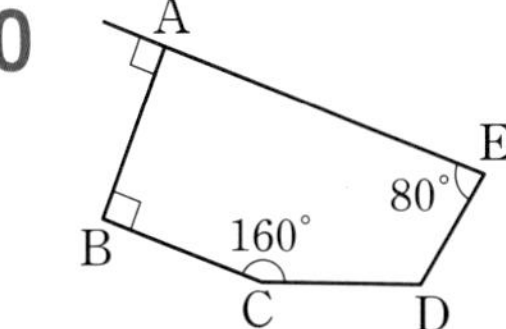

[21-22] 그림에서 $\angle x$, $\angle y$의 크기를 각각 구하여라.

21

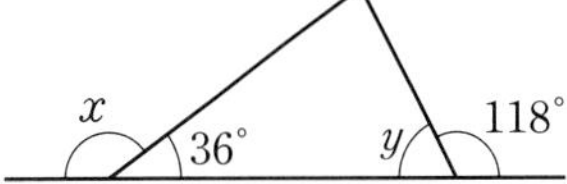

22

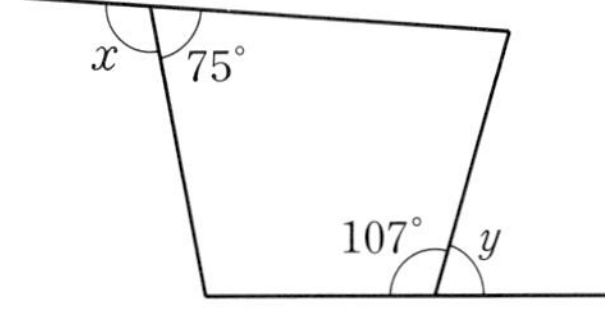

개념 체크

23 **다음 빈칸에 알맞은 것을 써넣어라.**

다각형은 [ ]개 이상의 선분으로 둘러싸인 평면도형이고, 다각형의 한 꼭짓점에서의 내각의 크기와 [ ]의 크기의 합은 [ ]이다.

DAY 12

〈정답과 해설 p. 38〉

02 정다각형

모든 변의 길이가 같고 모든 내각의 크기가 같은 다각형을 정다각형이라 한다.

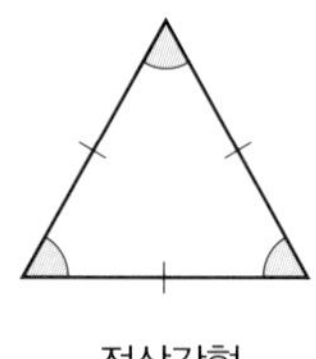
정삼각형

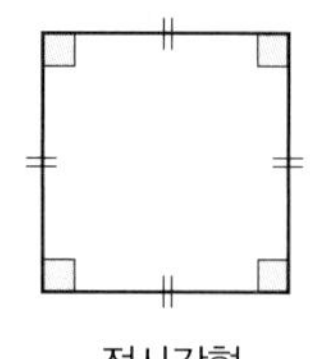
정사각형

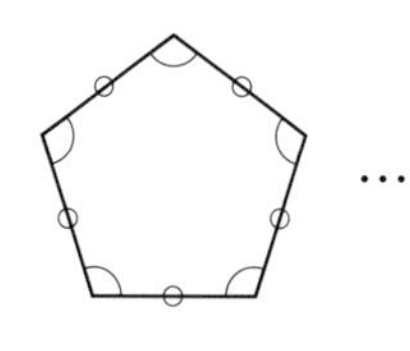
정오각형

…

정다각형
⬇
변의 길이가 모두 같고,
각의 크기가 모두 같다.

참고 변의 개수가 3, 4, 5, …, n인 정다각형을 각각 정삼각형, 정사각형, 정오각형, …, 정n각형이라 한다.

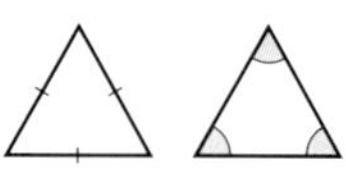

➡ 정삼각형이다.

주의 ① 모든 변의 길이만 같거나 모든 내각의 크기만 같다면 정다각형이 아니지만 삼각형은 세 변의 길이만 같거나 세 내각의 크기만 같아도 정삼각형이 된다.

② 변의 길이가 모두 같다고 해서 항상 정다각형인 것은 아니다. 예 마름모

③ 내각의 크기가 모두 같다고 해서 항상 정다각형인 것은 아니다. 예 직사각형

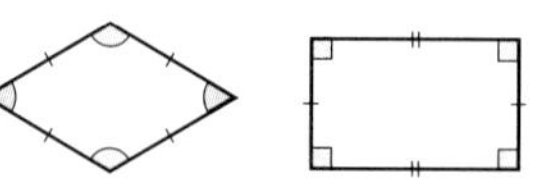

➡ 정사각형이 아니다.

유형 03 정다각형

[01-06] 다음 설명 중에서 옳은 것은 ○표, 옳지 않은 것은 ×표를 (　　) 안에 써넣어라.

01 정오각형의 변의 개수는 5이다. (　　)

02 4개의 선분으로 둘러싸인 다각형을 정사각형이라 한다. (　　)

03 세 내각의 크기가 같은 삼각형은 정삼각형이다. (　　)

04 정다각형의 모든 변의 길이는 같다. (　　)

05 마름모는 정다각형이다. (　　)

06 정다각형은 한 내각의 크기와 한 외각의 크기가 서로 같다. (　　)

[07-09] 다음 조건을 만족시키는 다각형의 이름을 말하여라.

07

(가) 8개의 선분으로 둘러싸여 있다.
(나) 모든 변의 길이가 같다.
(다) 모든 내각의 크기가 같다.

08

(가) 꼭짓점의 개수는 6이다.
(나) 모든 변의 길이가 같다.
(다) 모든 내각의 크기가 같다.

09

(가) 9개의 내각을 가지고 있다.
(나) 모든 변의 길이가 같다.
(다) 모든 내각의 크기가 같다.

개념 체크

10 다음 빈칸에 알맞은 것을 써넣어라.

모든 [　　]의 길이가 같고 모든 내각의 크기가 같은 다각형을 [　　　]이라 하고, 변의 개수가 3, 4, 5, …, n인 정다각형을 각각 정삼각형, [　　　], [　　　], …, 정n각형이라 한다.

〈정답과 해설 p. 38~39〉

03 다각형의 대각선

(1) **대각선** : 다각형에서 서로 이웃하지 않는 두 꼭짓점을 이은 선분

(2) **n각형의 대각선**

① n각형의 한 꼭짓점에서 그을 수 있는 대각선의 개수

자기 자신과 그와 이웃하는 두 꼭짓점은 대각선을 그을 수 없으므로 전체 꼭짓점의 개수에서 3을 빼서 구한다. 즉, $n-3$이다.

예 오각형의 한 꼭짓점에서 그을 수 있는 대각선의 개수

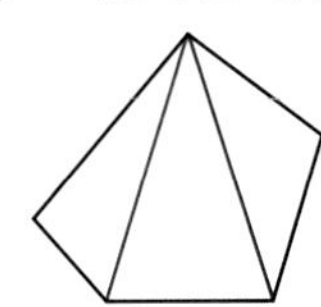

➡ 오각형의 꼭짓점의 개수는 5이므로 한 꼭짓점에서 그을 수 있는 대각선의 개수는 $5-3=2$

② n각형의 대각선의 개수

전체 꼭짓점의 개수와 한 꼭짓점에서 그을 수 있는 대각선의 개수의 곱을 2로 나누어 구한다.

즉, $\frac{n(n-3)}{2}$이다.

예 오각형의 대각선의 개수

➡ 오각형의 꼭짓점의 개수는 5이므로 오각형의 대각선의 개수는 $\frac{5\times(5-3)}{2}=5$

참고 삼각형은 세 꼭짓점이 모두 이웃하므로 대각선을 그을 수 없다.

DAY 12

유형 04 한 꼭짓점에서 그을 수 있는 대각선의 개수

[01-05] 다음 다각형의 한 꼭짓점에서 그을 수 있는 대각선의 개수를 구하여라.

01 사각형

해 사각형의 꼭짓점의 개수는 ☐이므로
사각형의 한 꼭짓점에서 그을 수 있는 대각선의 개수는
☐$-3=$☐이다.

02 육각형

03 팔각형

04 십일각형

05 십오각형

유형 05 한 꼭짓점에서 그은 대각선의 개수가 주어진 다각형의 결정

[06-09] 다음 조건을 만족시키는 다각형의 이름을 말하여라.

06 한 꼭짓점에서 2개의 대각선을 그을 수 있는 다각형

해 구하는 다각형을 n각형이라 하면
$n-$☐$=2$에서 $n=$☐
따라서 ☐각형이다.

07 한 꼭짓점에서 6개의 대각선을 그을 수 있는 다각형

08 한 꼭짓점에서 7개의 대각선을 그을 수 있는 다각형

09 한 꼭짓점에서 13개의 대각선을 그을 수 있는 다각형

〈정답과 해설 p. 39〉

유형 06 다각형의 대각선의 개수

[10-16] 다음 다각형의 대각선의 개수를 구하여라.

10 사각형

해 사각형의 꼭짓점의 개수는 □이므로

사각형의 대각선의 개수는

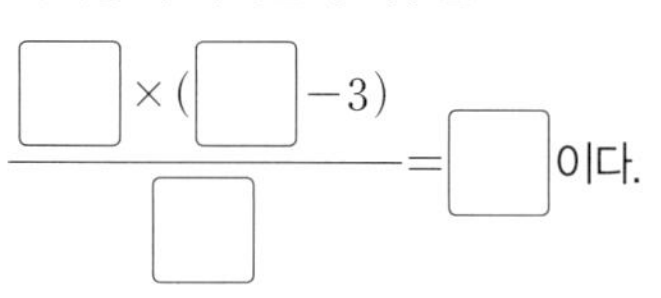

11 육각형

12 팔각형

13 십이각형

14 한 꼭짓점에서 4개의 대각선을 그을 수 있는 다각형

해 구하는 다각형을 n각형이라 하면

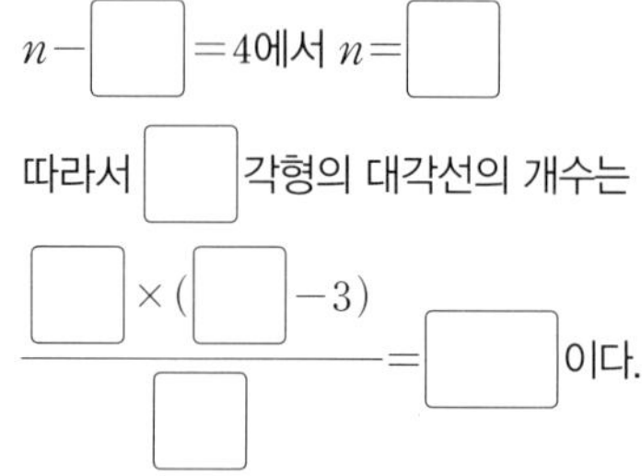

15 한 꼭짓점에서 10개의 대각선을 그을 수 있는 다각형

16 한 꼭짓점에서 12개의 대각선을 그을 수 있는 다각형

유형 07 대각선의 개수가 주어진 다각형의 결정

[17-22] 대각선의 개수가 다음과 같은 다각형을 구하여라.

17 5

해 구하는 다각형을 n각형이라 하면

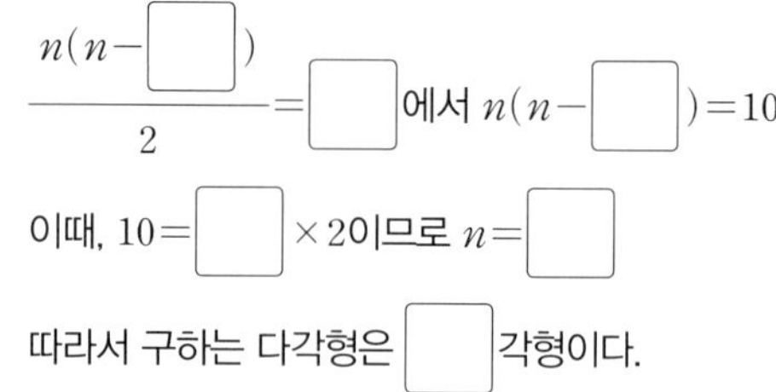

18 27

19 35

20 54

21 77

22 135

개념 체크

23 다음 빈칸에 알맞은 것을 써넣어라.

n각형의 한 꼭짓점에서 그을 수 있는 대각선의 개수는 [ ]이고, n각형의 대각선의 개수는 $\frac{[\quad]}{2}$이다.

〈 정답과 해설 p. 39~40 〉

04 삼각형의 내각의 크기의 합

(1) **삼각형의 내각** : 삼각형 ABC에서 ∠A, ∠B, ∠C를 삼각형 ABC의 세 내각이라 한다.

(2) 삼각형의 세 내각의 크기의 합은 $180°$이다.

(3) **삼각형의 세 내각의 크기의 합이 180°임을 확인하는 방법**

[방법 1] **오려 붙이기**

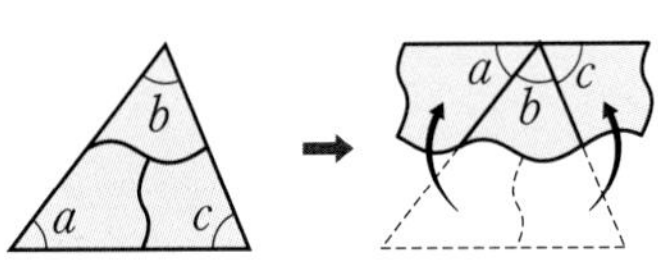

$\therefore \angle a+\angle b+\angle c=180°$

[방법 2] **이어 붙이기**

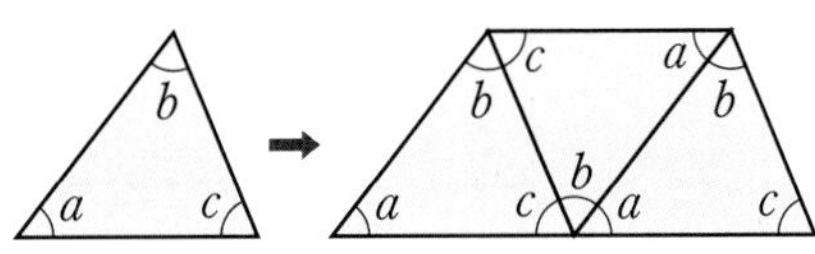

$\therefore \angle a+\angle b+\angle c=180°$

[방법 3] **접어서 모으기**

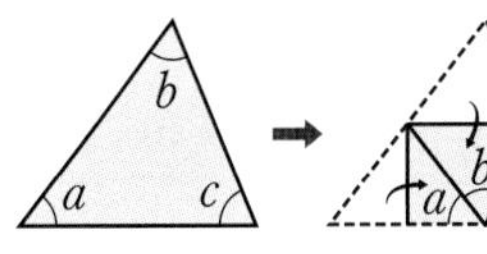

$\therefore \angle a+\angle b+\angle c=180°$

DAY 12

유형 08 삼각형의 세 내각의 크기의 합을 이용하여 각의 크기 구하기(1)

[01-06] 그림에서 $\angle x$의 크기를 구하여라.

01

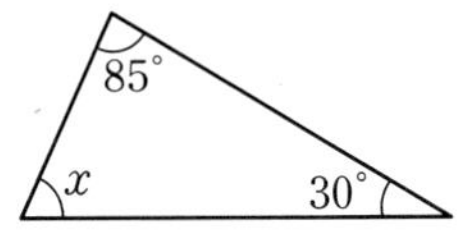

해 삼각형의 세 내각의 크기의 합은 $\square°$이므로

$\angle x+30°+85°=\square°$

$\therefore \angle x=\square°$

02

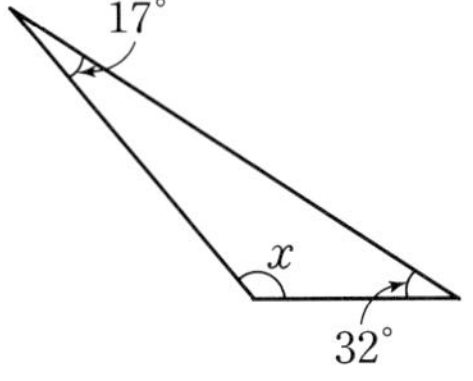

03

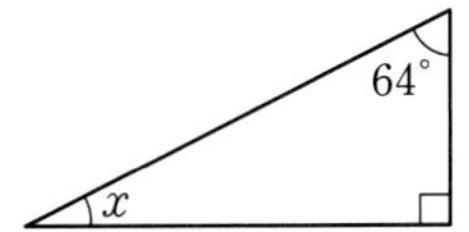

04

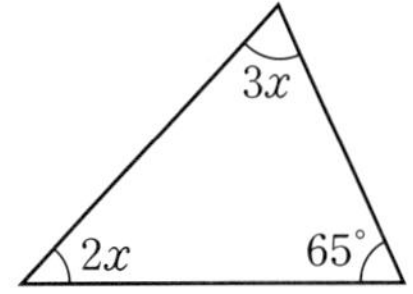

해 삼각형의 세 내각의 크기의 합은 $\square°$이므로

$3\angle x+2\angle x+65°=\square°$

$5\angle x=\square°$ $\quad\therefore \angle x=\square°$

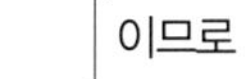

05

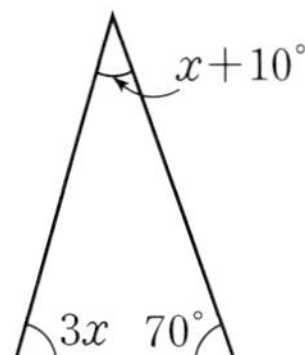

06

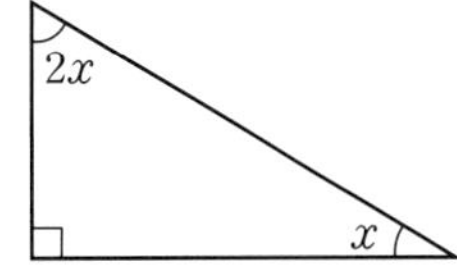

〈 정답과 해설 p. 40~41 〉

유형 09 삼각형의 세 내각의 크기의 합을 이용하여 각의 크기 구하기(2)

[07-08] 그림에서 $\angle x$의 크기를 구하여라.

07

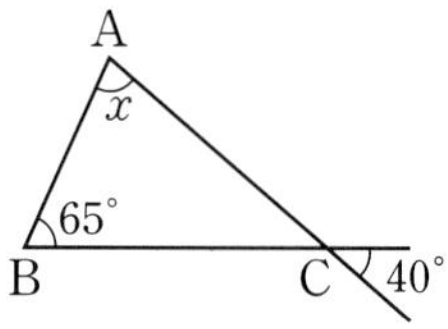

해 $\angle ACB=$ □° 이고 삼각형의 세 내각의 크기의 합은 □° 이므로

$\angle x+65^\circ+$ □° $=$ □°

$\therefore \angle x=$ □°

08

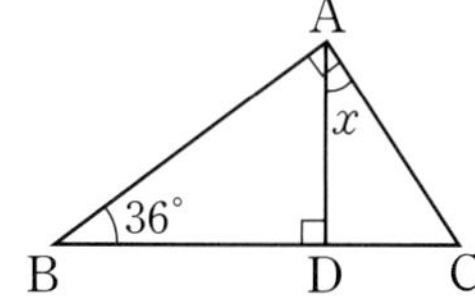

[09-10] 그림에서 $\overline{AD}$는 $\angle BAC$의 크기를 이등분할 때, $\angle x$의 크기를 구하여라.

09

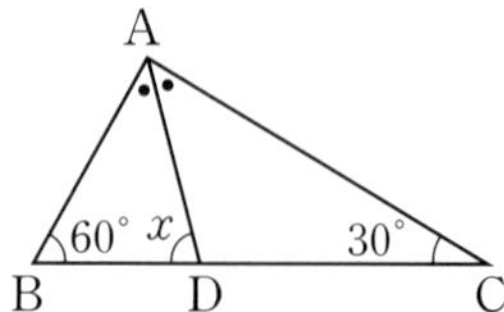

해 삼각형의 세 내각의 크기의 합은 □° 이므로

$\triangle ABC$에서 $\angle BAC+60^\circ+30^\circ=$ □°

$\therefore \angle BAC=$ □°

즉, $\angle BAD=\frac{1}{2}\angle BAC=\frac{1}{2}\times$ □° $=$ □°

이므로 $\triangle ABD$에서

$\angle x+60^\circ+$ □° $=$ □°

$\therefore \angle x=$ □°

10

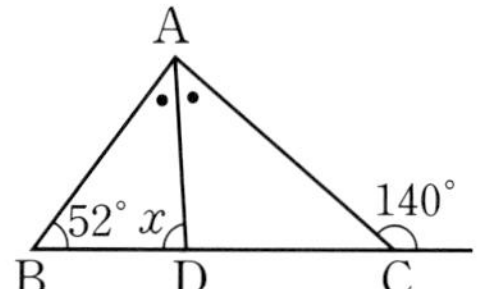

유형 10 삼각형의 세 내각의 크기의 비가 주어진 경우의 각의 크기 구하기

[11-15] 삼각형의 세 내각의 크기의 비가 다음과 같을 때, 가장 큰 내각의 크기를 구하여라.

11 $1:2:3$

해 세 내각의 크기를 $\angle x$, $2\angle x$, $3\angle x$라 하면

$\angle x+2\angle x+3\angle x=$ □°, $6\angle x=$ □°

$\therefore \angle x=$ □°

따라서 가장 큰 내각의 크기는

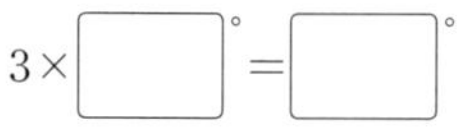

$3\times$ □° $=$ □°

12 $2:3:4$

13 $3:4:5$

14 $5:4:9$

15 $5:6:7$

개념 체크

16 다음 빈칸에 알맞은 것을 써넣어라.

삼각형의 세 내각의 크기의 합은 [ ]이므로 삼각형의 세 내각의 크기의 비가 2 : 3 : 5이면 세 내각의 크기를 각각 [ ], $3\angle x$, [ ]라 놓은 후 [ ]$+3\angle x+$[ ]$=$[ ] 임을 이용하여 $\angle x$의 크기를 구한다.

〈 정답과 해설 p. 41 〉

05 삼각형의 내각과 외각 사이의 관계

(1) **삼각형의 외각** : 삼각형 ABC에서 변 BC의 연장선 위에 점 D를 잡을 때, ∠ACD를 ∠C의 외각이라 한다.

(2) **삼각형의 내각과 외각 사이의 관계** : 삼각형에서 한 외각의 크기는 그와 이웃하지 않는 두 내각의 크기의 합과 같다.
즉, 삼각형 ABC에서 ∠ACD=∠A+∠B이다.

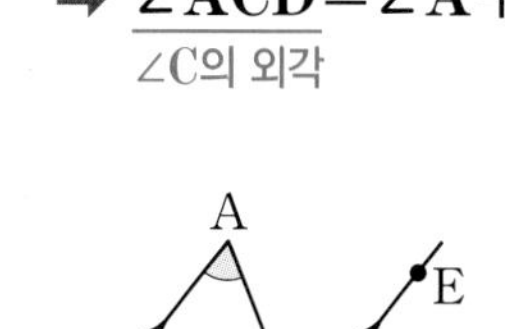

➡ **∠ACD=∠A+∠B**
∠C의 외각

(3) **삼각형의 내각과 외각 사이의 관계의 원리**
그림과 같이 꼭짓점 C를 지나고 $\overline{AB}$와 평행한 $\overrightarrow{CE}$를 그으면
∠A=∠ACE(엇각), ∠B=∠ECD(동위각)이므로
∠ACD=∠ACE+∠ECD=∠A+∠B

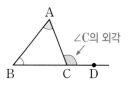

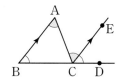

유형 11 삼각형의 내각과 외각 사이의 관계

[01-08] 그림에서 $\angle x$의 크기를 구하여라.

01

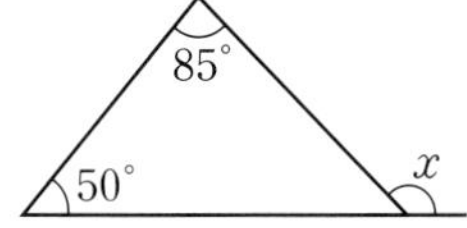

해 삼각형의 한 외각의 크기는 그와 이웃하지 않는 두 내각의 크기의 합과 같으므로
$\angle x=50°+$ ☐ $°=$ ☐ $°$

02

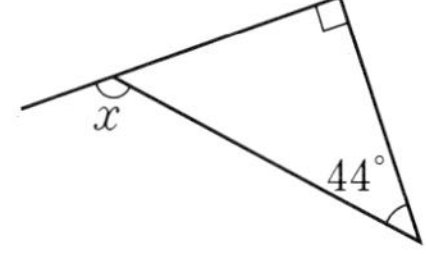

03

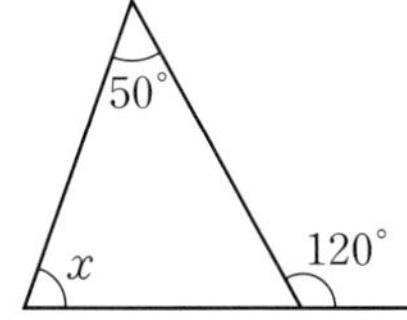

04

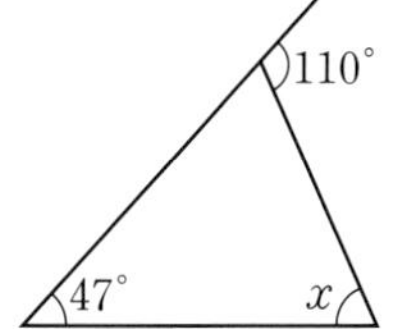

05

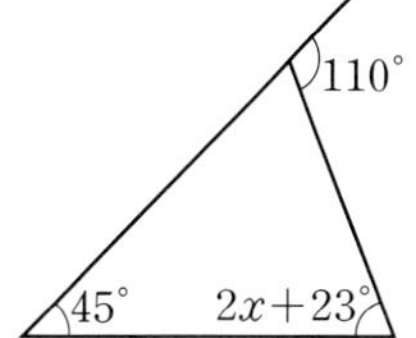

06

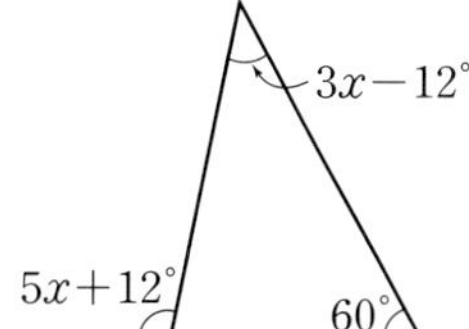

07

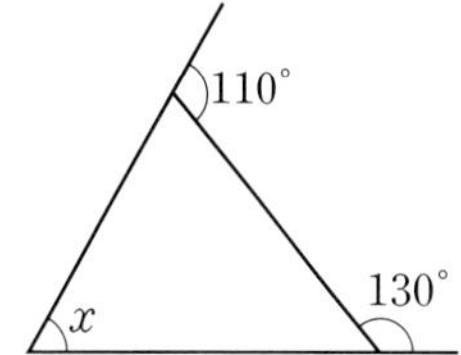

해 오른쪽 그림에서

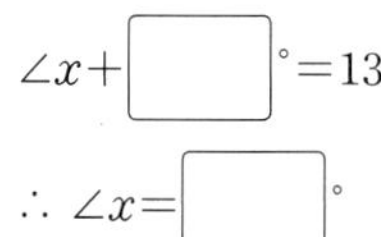

$\angle x+$ ☐ $°=130°$
$\therefore \angle x=$ ☐ $°$

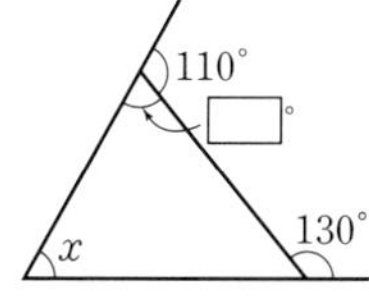

08

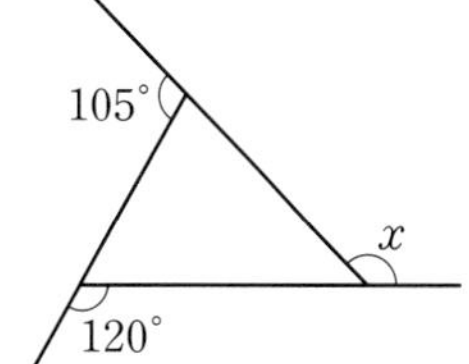

〈 정답과 해설 p. 41~42 〉

[09-12] 그림에서 $\angle x$, $\angle y$의 크기를 각각 구하여라.

09

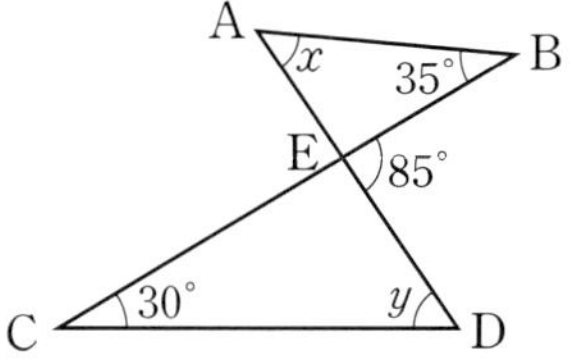

해 △EAB에서 삼각형의 내각과 외각 사이의 관계에 의하여 $\angle x+$ ☐$^\circ=85^\circ$

$\therefore\ \angle x=$ ☐$^\circ$

△ECD에서 삼각형의 내각과 외각 사이의 관계에 의하여 $\angle y+$ ☐$^\circ=85^\circ$

$\therefore\ \angle y=$ ☐$^\circ$

10

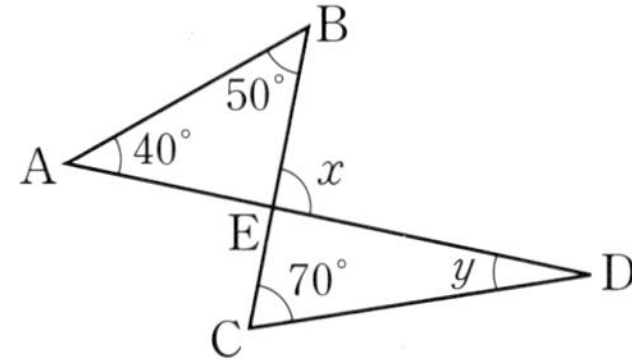

11

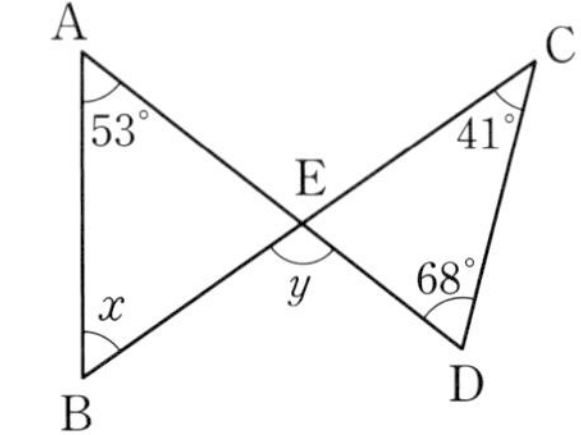

12

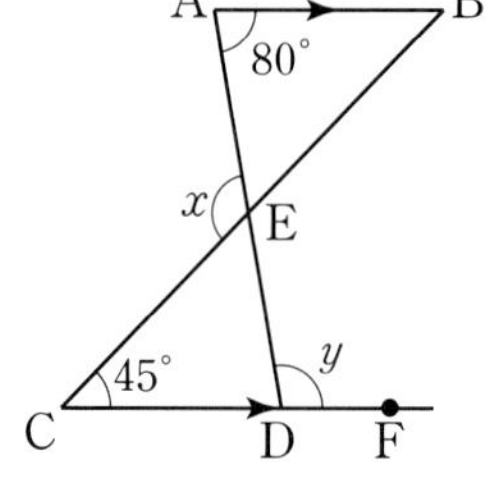

유형 12 이등변삼각형의 내각과 외각 사이의 관계

[13-16] 그림에서 $\angle x$의 크기를 구하여라.

13

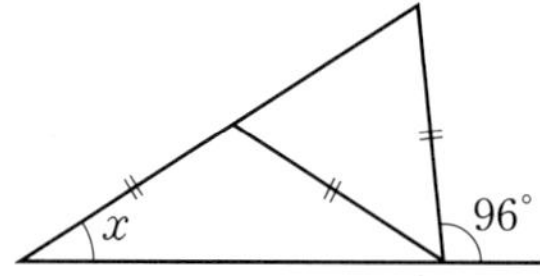

해 △DBC에서

$\overline{DB}=\overline{DC}$이므로

$\angle DCB=\angle$ ☐ $=\angle x$

△DBC에서 삼각형의 외각의 성질에 의하여

$\angle CDA=\angle x+\angle x=2\angle x$

△CDA에서 $\overline{CD}=$ ☐이므로

$\angle CAD=\angle$ ☐ $=2\angle x$

△ABC에서 삼각형의 외각의 성질에 의하여

$\angle x+2\angle x=$ ☐$^\circ$ $\therefore\ \angle x=$ ☐$^\circ$

14

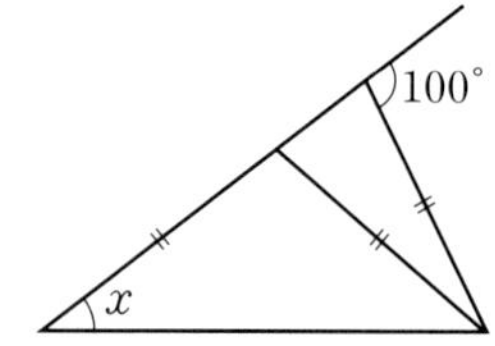

15

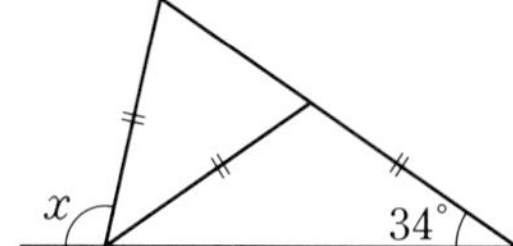

16

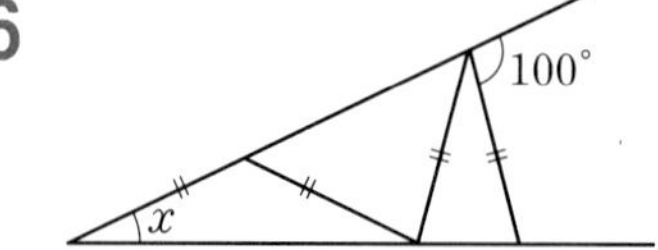

유형 13 내각을 이등분한 삼각형에서 각의 크기 구하기

[17-20] 그림에서 $\angle x$의 크기를 구하여라.

17

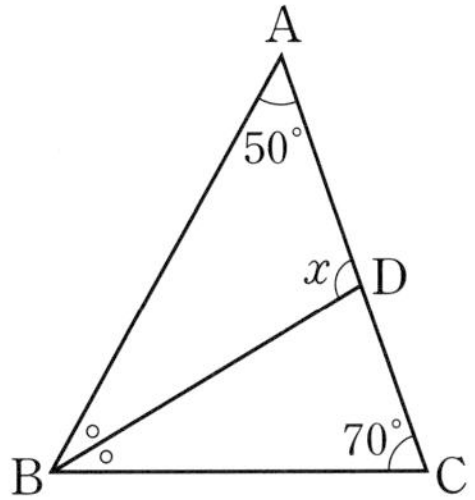

해 △ABC에서

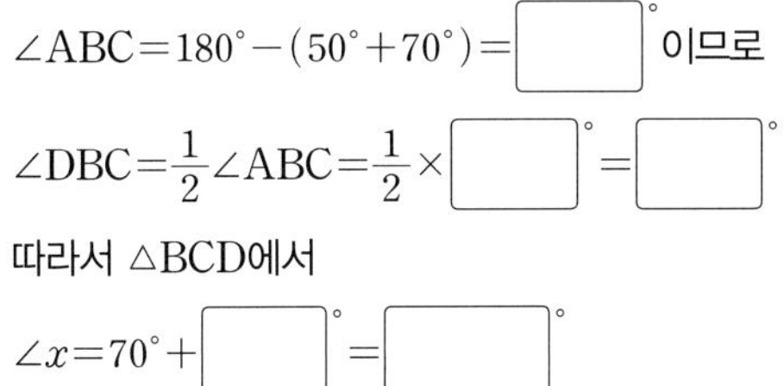

$\angle ABC = 180^\circ - (50^\circ + 70^\circ) = \square^\circ$이므로

$\angle DBC = \frac{1}{2}\angle ABC = \frac{1}{2} \times \square^\circ = \square^\circ$

따라서 △BCD에서

$\angle x = 70^\circ + \square^\circ = \square^\circ$

18

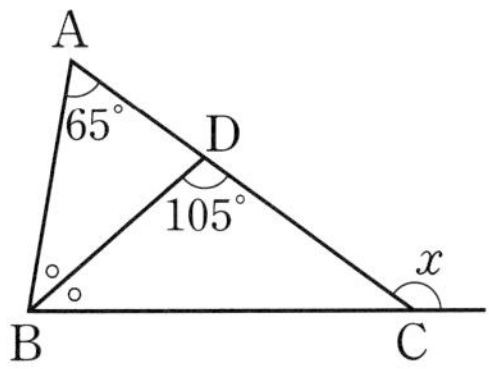

19

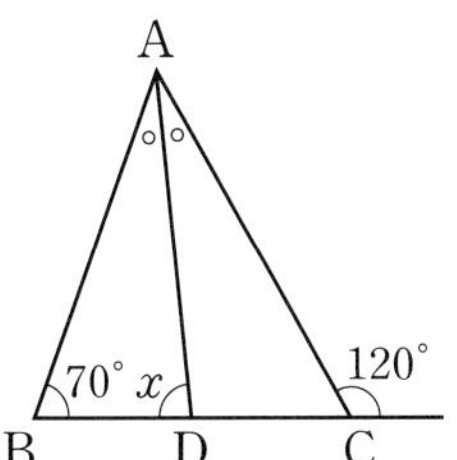

20

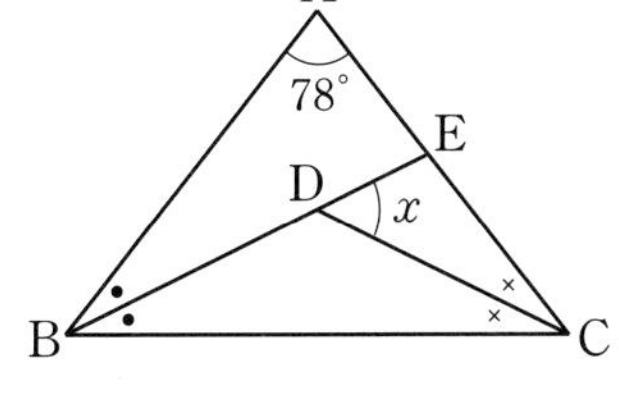

유형 14 외각을 이등분한 삼각형에서 각의 크기 구하기

[21-24] 그림에서 $\angle x$의 크기를 구하여라.

21

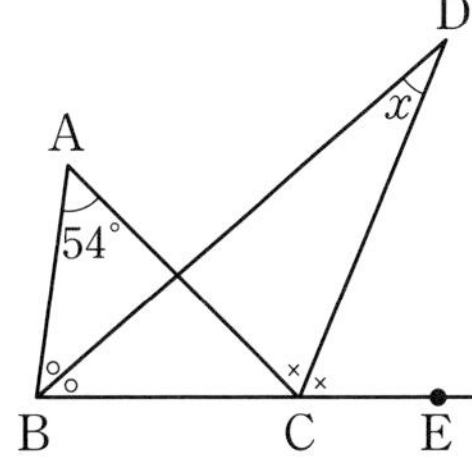

해 △ABC에서 $2\angle DCE = 2\angle DBC + 54^\circ$이므로

$\angle DCE - \angle DBC = \square^\circ$ … ㉠

이때, △DBC에서 $\angle DCE = \angle DBC + \angle x$이므로

$\angle x = \angle DCE - \angle DBC = \square^\circ$ (∵ ㉠)

22

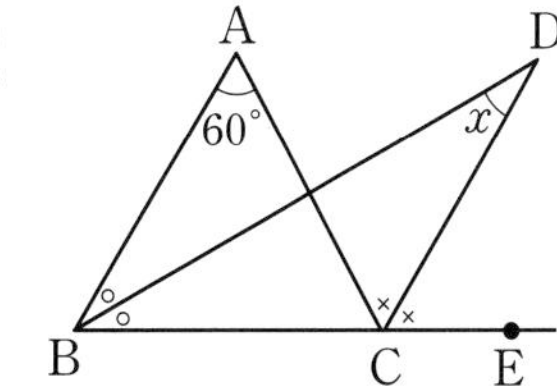

23

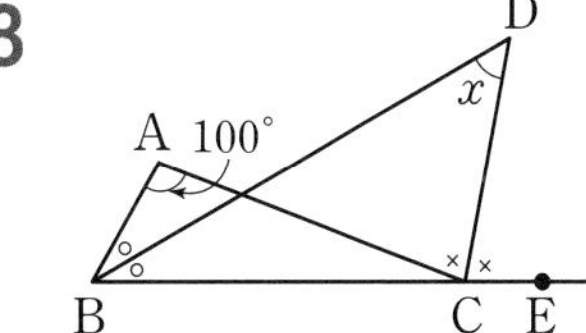

24

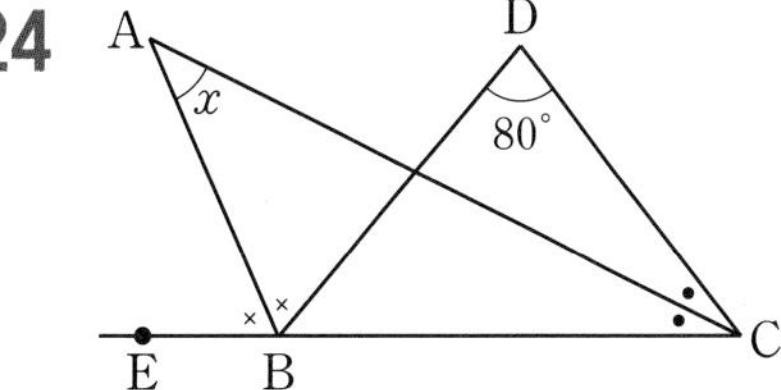

DAY 13

〈정답과 해설 p. 42~43〉

유형 15 오목다각형에서 각의 크기 구하기

[25-28] 그림에서 $\angle x$의 크기를 구하여라.

25

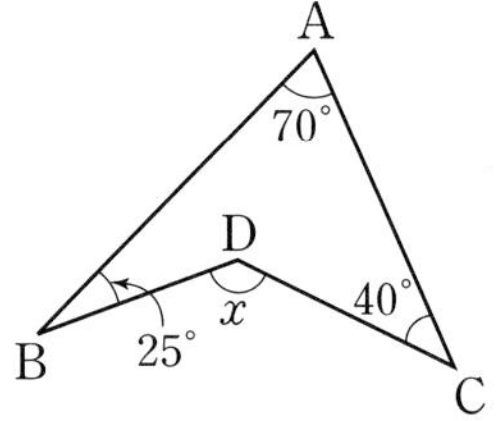

해 오른쪽 그림과 같이 $\overline{AD}$의 연장선 위에 점 E를 잡으면

$\angle BDE = 25^\circ + \angle BAD$

$\angle CDE = \square^\circ + \angle CAD$

$\therefore \angle x = \angle BDE + \angle CDE$

$= 25^\circ + \square^\circ + (\angle BAD + \angle CAD)$

$= 25^\circ + 40^\circ + \square^\circ = \square^\circ$

26

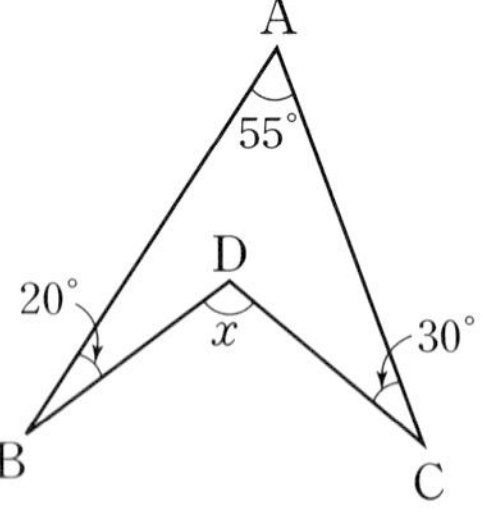

27

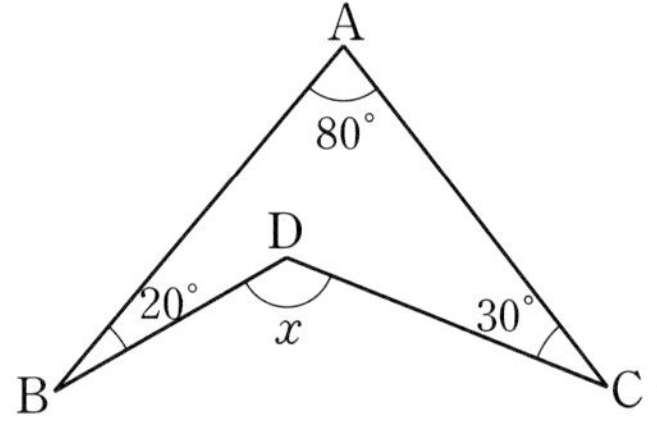

28

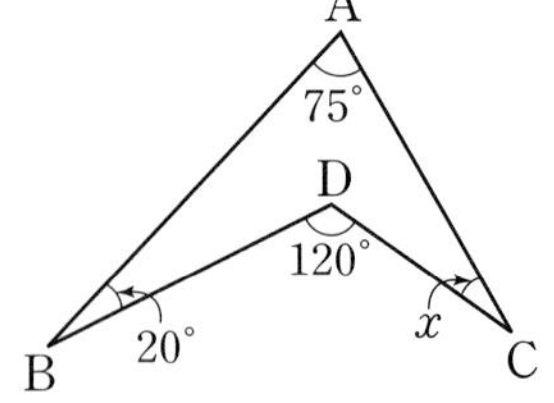

유형 16 별 모양의 도형에서 각의 크기 구하기

[29-31] 주어진 그림에서 다음을 구하여라.

29

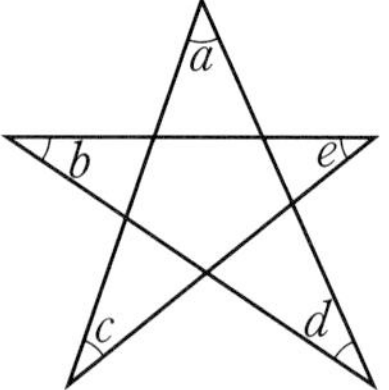

➡ $\angle a + \angle b + \angle c + \angle d + \angle e$의 크기

해 그림의 △ACG에서

$\angle DGF = \angle a + \angle\square$

△BEF에서

$\angle DFG = \angle b + \angle\square$

따라서 △DFG에서

$\angle a + \angle b + \angle c + \angle d + \angle e = \square^\circ$

30

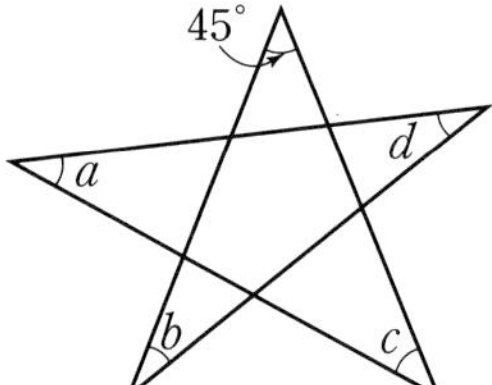

➡ $\angle a + \angle b + \angle c + \angle d$의 크기

31

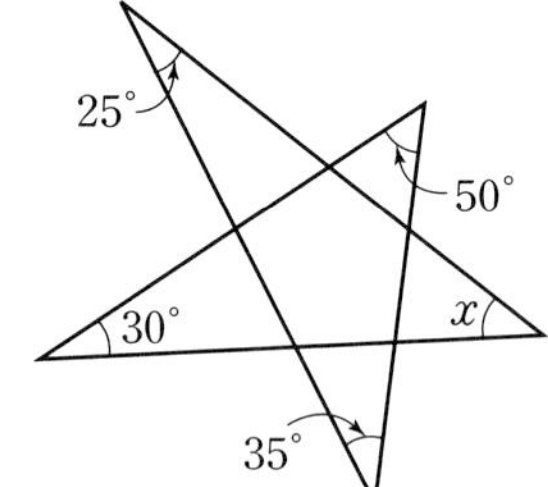

➡ $\angle x$의 크기

개념 체크

32 다음 빈칸에 알맞은 것을 써넣어라.

삼각형의 한 외각의 크기는 그와 이웃하지 않는 두 [ ]의 크기의 [ ]과 같다.

〈 정답과 해설 p. 44 〉

06 다각형의 내각의 크기의 합

(1) n각형의 한 꼭짓점에서 대각선을 모두 그을 때 생기는 삼각형의 개수는 $n-2$이다.

(2) n각형의 내각의 크기의 합 : $180° \times (n-2)$ ← 삼각형이 $(n-2)$개

다각형	삼각형	사각형	오각형	…	n각형
한 꼭짓점에서 대각선을 모두 그어 만들 수 있는 삼각형의 개수	1개	2개	3개	…	$(n-2)$개 ↑ (삼각형의 개수) =(변의 개수)-2
내각의 크기의 합	$180° \times 1 = 180°$	$180° \times 2 = 360°$	$180° \times 3 = 540°$	…	$180° \times (n-2)$ ↑ $180° \times$(삼각형의 개수)

DAY 13

유형 17 대각선을 그어 만들어지는 삼각형의 개수

[01-06] 다음 다각형의 한 꼭짓점에서 대각선을 모두 그었을 때, 그 대각선에 의하여 만들어지는 삼각형의 개수를 구하여라.

01 사각형

해 $4-\square=\square$

02 육각형

03 구각형

04 십삼각형

05 십칠각형

06 이십각형

유형 18 다각형의 내각의 크기의 합

[07-12] 다음 다각형의 내각의 크기의 합을 구하여라.

07 사각형

해 $180° \times (\square - 2) = \square°$

08 육각형

09 구각형

10 십삼각형

11 십칠각형

12 이십각형

〈정답과 해설 p. 44~45〉

유형 19 대각선으로 만들어지는 삼각형의 개수에 따른 내각의 크기의 합

[13-19] 한 꼭짓점에서 대각선을 모두 그어 만든 삼각형의 개수가 다음과 같은 다각형의 내각의 크기의 합을 구하여라.

13 3

해 삼각형의 세 내각의 크기의 합은 $\square^\circ$이므로 한 꼭짓점에서 대각선을 모두 그어 만든 삼각형의 개수가 3인 다각형의 내각의 크기의 합은

$\square^\circ \times 3 = \square^\circ$

14 5

15 7

16 8

17 11

18 12

19 19

유형 20 내각의 크기의 합이 주어진 다각형의 결정

[20-26] 내각의 크기의 합이 다음과 같은 다각형을 구하여라.

20 1080°

해 구하는 다각형을 n각형이라 하면

$180^\circ \times (n-\square) = 1080^\circ$

$n-\square = 6 \quad \therefore n = \square$

따라서 구하는 다각형은 $\square$각형이다.

21 720°

22 1620°

23 2700°

24 1980°

25 1440°

26 2340°

유형 21 내각의 크기의 합을 이용하여 각의 크기 구하기

[27-34] 그림에서 $\angle x$의 크기를 구하여라.

27

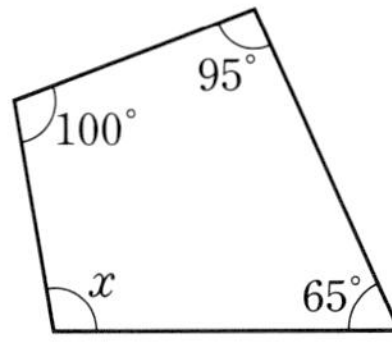

해 사각형의 내각의 크기의 합은

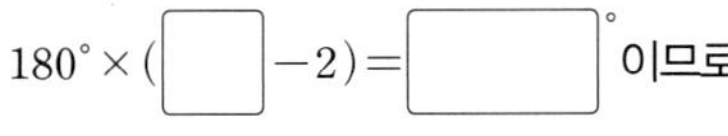

$180^\circ \times (\square - 2) = \square^\circ$ 이므로

$95^\circ + 100^\circ + \angle x + 65^\circ = \square^\circ$

$\therefore \angle x = \square^\circ$

28

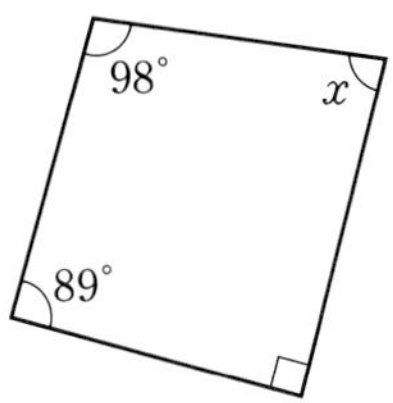

29

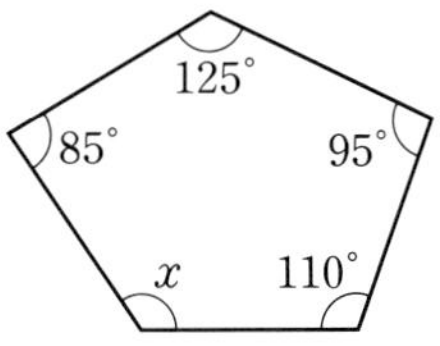

30

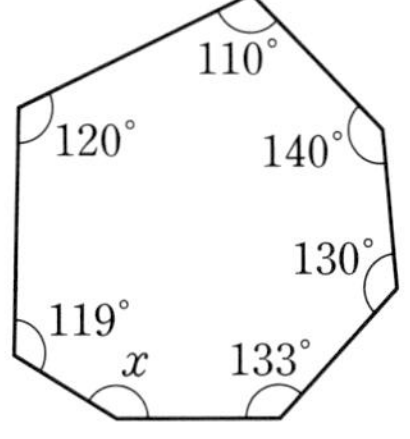

31

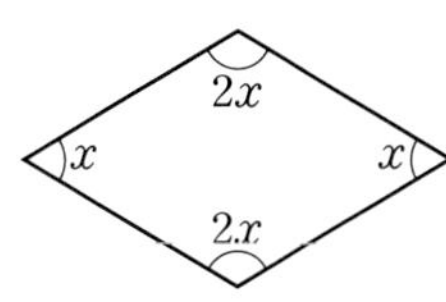

32

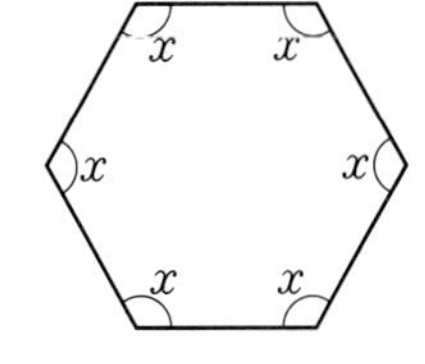

33

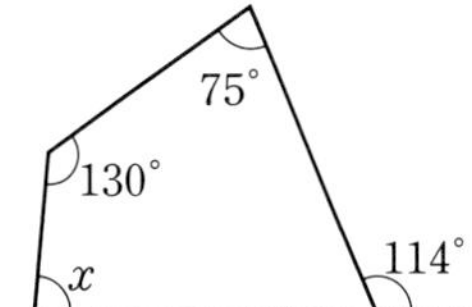

해 $75^\circ + 130^\circ + \angle x + (180^\circ - \square^\circ)$

$= \square^\circ$

$\therefore \angle x = \square^\circ$

34

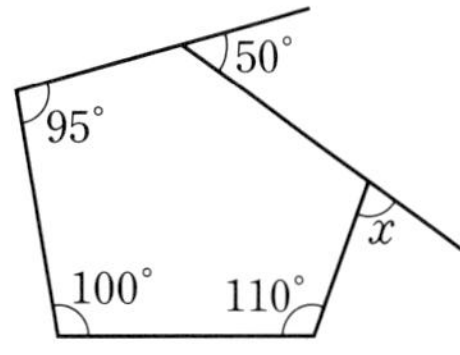

DAY 13

〈 정답과 해설 p. 45~46 〉

유형 22 오목다각형에서 각의 크기 구하기

[35-38] 그림에서 $\angle x$의 크기를 구하여라.

35

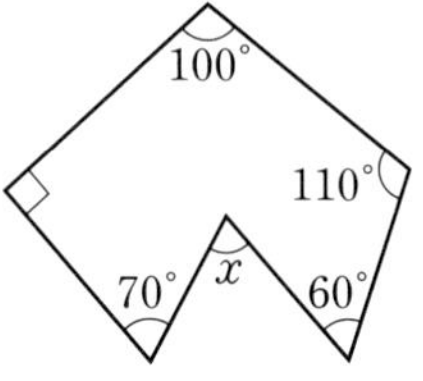

해 그림과 같이 보조선을 그으면

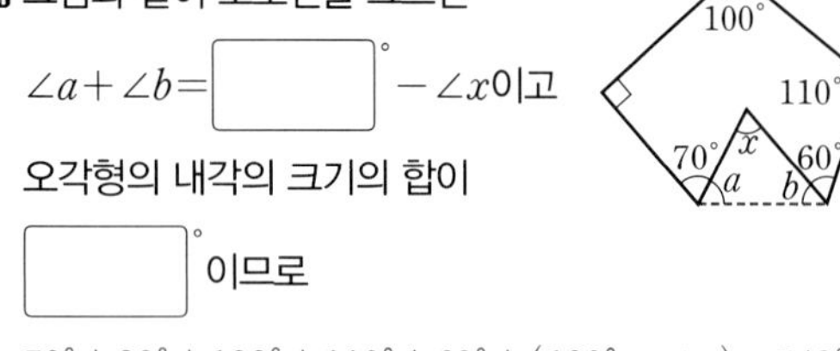

$\angle a+\angle b=$ [ ]$^\circ-\angle x$이고

오각형의 내각의 크기의 합이

[ ]$^\circ$ 이므로

$70^\circ+90^\circ+100^\circ+110^\circ+60^\circ+(180^\circ-\angle x)=540^\circ$

$\therefore \angle x=$ [ ]$^\circ$

36

110° 100° 47° x 36°

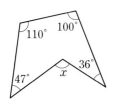

37

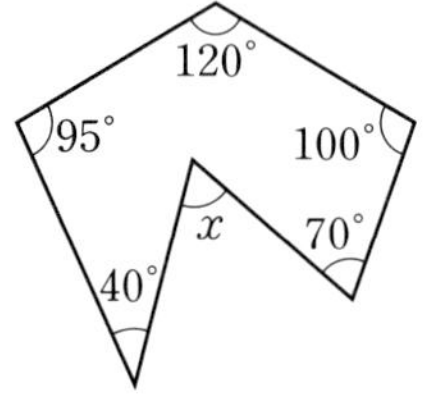

38

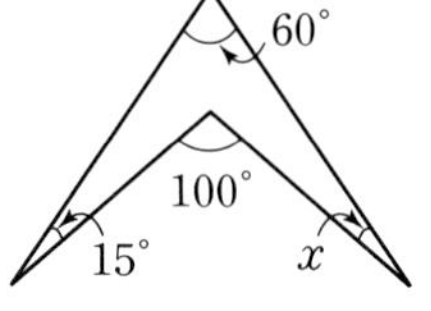

유형 23 다각형에서 각의 크기 구하기

[39-41] 주어진 그림에서 다음을 구하여라.

39

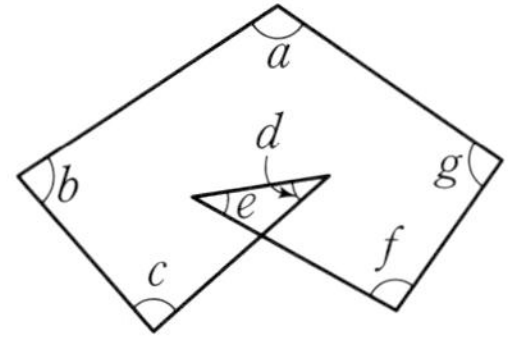

➡ $\angle a+\angle b+\angle c+\angle d+\angle e+\angle f+\angle g$의 크기

해 그림과 같이 보조선을 그으면

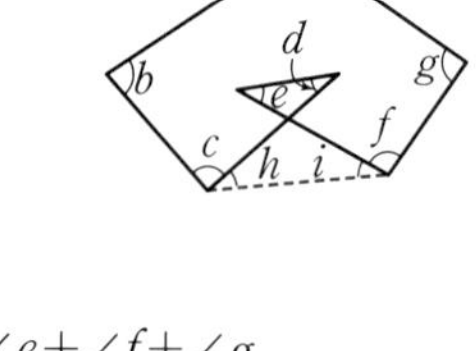

$\angle h+\angle i=\angle d+\angle e$이므로

$\angle a+\angle b+\angle c+\angle h+\angle i$

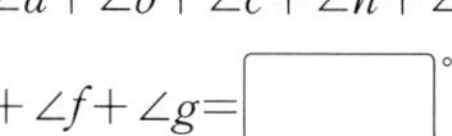

$+\angle f+\angle g=$ [ ]$^\circ$

$\therefore \angle a+\angle b+\angle c+\angle d+\angle e+\angle f+\angle g$

$=$ [ ]$^\circ$

40

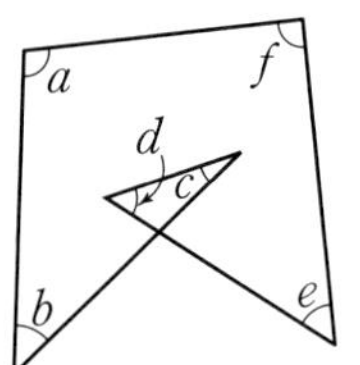

➡ $\angle a+\angle b+\angle c+\angle d+\angle e+\angle f$의 크기

41

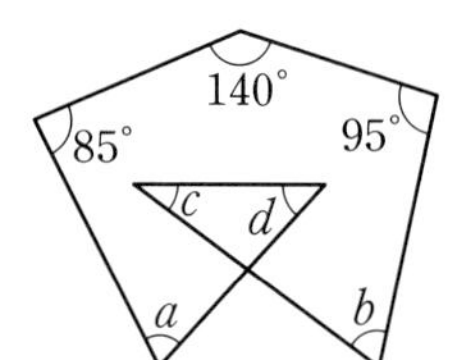

➡ $\angle a+\angle b+\angle c+\angle d$의 크기

개념 체크

42 다음 빈칸에 알맞은 것을 써넣어라.

n각형의 한 꼭짓점에서 대각선을 모두 그을 때 생기는 삼각형의 개수는 [ ]이므로 n각형의 내각의 크기의 합은 [ ]$\times(n-$[ ]$)$이다.

〈 정답과 해설 p. 46~47 〉

07 다각형의 외각의 크기의 합

(1) 다각형의 외각의 크기의 합은 항상 360°이다.

n각형의 외각의 크기의 합은 n의 값에 상관없이 360°이다.

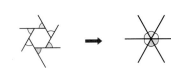

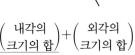

(2) **다각형의 외각의 크기의 합이 360°가 되는 원리**

n각형의 한 꼭짓점에서 (내각의 크기)+(외각의 크기)$=180^\circ$이므로

(내각의 크기의 합)+(외각의 크기의 합)$=180^\circ\times n$이다.

$\therefore$ (외각의 크기의 합)$=180^\circ\times n-$(내각의 크기의 합)

$=180^\circ\times n-180^\circ\times(n-2)=360^\circ$

✪ 육각형의 외각의 크기의 합

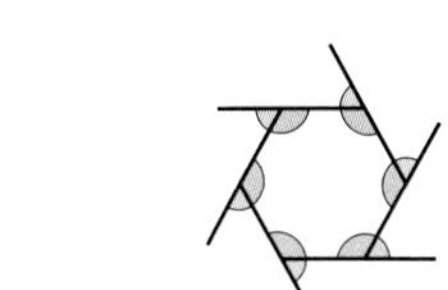

(내각의 크기의 합)+(외각의 크기의 합)

$=180^\circ\times6=1080^\circ$이므로

(외각의 크기의 합)$=1080^\circ-$(내각의 크기의 합)

$=1080^\circ-180^\circ\times(6-2)$

$=1080^\circ-720^\circ=360^\circ$

DAY 14

유형 24 다각형의 외각의 크기의 합

[01-03] 그림에서 $\angle x$의 크기를 구하여라.

01

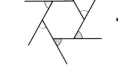

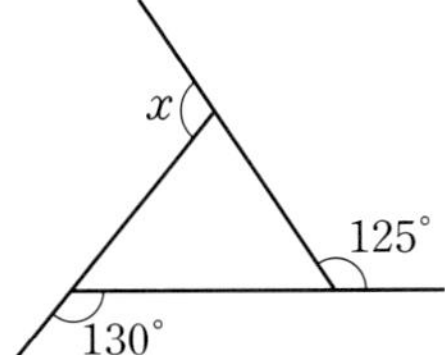

해 다각형의 외각의 크기의 합은 $\square^\circ$이므로

$\angle x+130^\circ+125^\circ=\square^\circ$

$\therefore \angle x=\square^\circ$

02

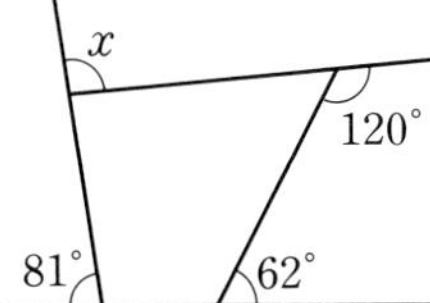

03

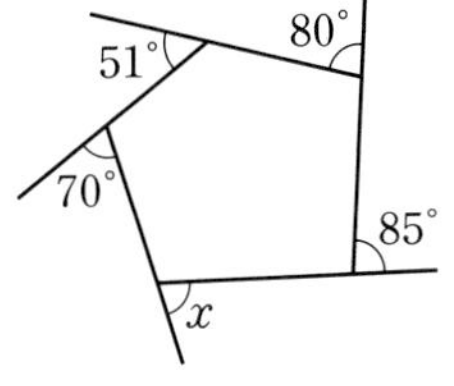

[04-07] 그림에서 $\angle x$의 크기를 구하여라.

04

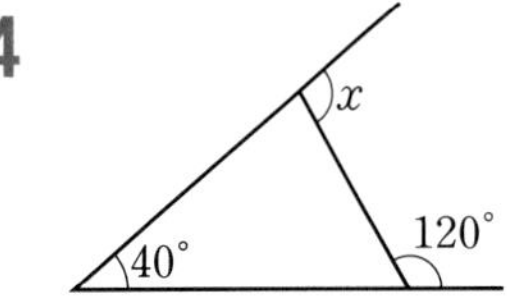

해 $(180^\circ-40^\circ)+\angle x+120^\circ=\square^\circ$

$\therefore \angle x=\square^\circ$

05

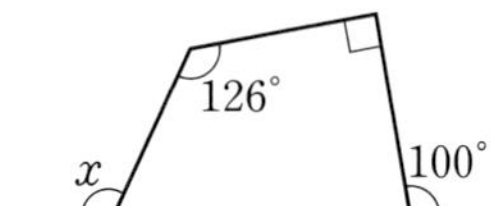

06

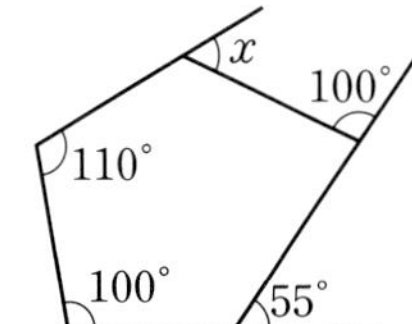

07

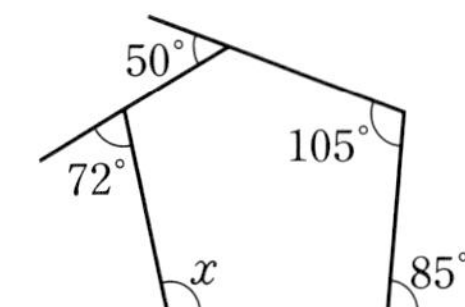

개념 체크

08 다음 빈칸에 알맞은 것을 써넣어라.

다각형의 외각의 크기의 합은 항상 [   ]이다.

〈정답과 해설 p. 47〉

08 정다각형의 한 내각과 한 외각의 크기

(1) 정다각형의 한 내각의 크기

정다각형은 모든 내각의 크기가 각각 같으므로 한 내각의 크기는 내각의 크기의 합을 꼭짓점의 개수로 나누어 구한다.

$$(\text{정 } n \text{ 각형의 한 내각의 크기})=\frac{180^\circ\times(n-2)}{n}$$

내각의 크기의 합 / 꼭짓점의 개수

(2) 정다각형의 한 외각의 크기

정다각형은 모든 외각의 크기가 각각 같으므로 한 외각의 크기는 외각의 크기의 합을 꼭짓점의 개수로 나누어 구한다. 외각의 크기의 합은 항상 360°

$$(\text{정 } n \text{ 각형의 한 외각의 크기})=\frac{360^\circ}{n}$$

외각의 크기의 합 / 꼭짓점의 개수

유형 25 정다각형의 한 내각의 크기

[01-05] 다음 정다각형의 한 내각의 크기를 구하여라.

01 정오각형

해 $\frac{\square^\circ\times(5-\square)}{5}=\frac{\square^\circ}{5}=\square^\circ$

02 정팔각형

03 정구각형

04 정십이각형

05 정십팔각형

유형 26 한 내각의 크기가 주어진 정다각형의 결정

[06-10] 한 내각의 크기가 다음과 같은 정다각형을 구하여라.

06 60°

해 구하는 정다각형을 정n각형이라 하면

$\frac{180^\circ\times(n-2)}{n}=60^\circ$에서

$180^\circ\times n-360^\circ=60^\circ\times n$

$120^\circ\times n=\square^\circ$ $\quad\therefore n=\square$

따라서 구하는 정다각형은 정$\square$각형이다.

07 90°

08 120°

09 144°

10 162°

유형 27 정다각형의 한 외각의 크기

[11-16] 다음 정다각형의 한 외각의 크기를 구하여라.

11 정오각형

해 정다각형의 외각의 크기의 합은 항상 $\square^\circ$ 이므로
정오각형의 한 외각의 크기는

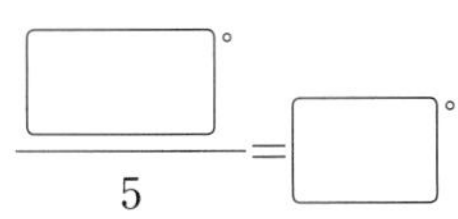

12 정팔각형

13 정구각형

14 정십이각형

15 정십팔각형

16 정이십각형

유형 28 한 외각의 크기가 주어진 정다각형의 결정

[17-22] 한 외각의 크기가 다음과 같은 정다각형을 구하여라.

17 90°

해 구하는 정다각형을 정n각형이라 하면

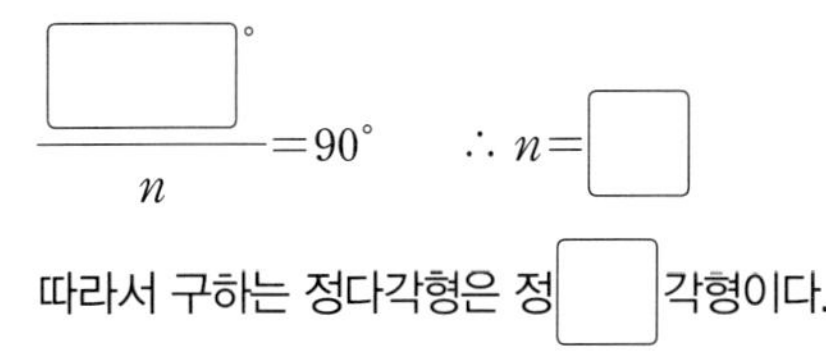

따라서 구하는 정다각형은 정$\square$각형이다.

18 120°

19 60°

20 36°

21 24°

22 20°

DAY 14

〈 정답과 해설 p. 47~48 〉

유형 29 정다각형의 한 내각의 크기와 한 외각의 크기

[23-27] 정다각형의 한 내각의 크기가 다음과 같을 때, 한 외각의 크기와 그 정다각형의 이름을 차례로 구하여라.

23 $60°$

해 한 꼭짓점에서 내각의 크기와 외각의 크기의 합은 $\square°$ 이므로

(한 외각의 크기)$=\square°-60°=\square°$

구하는 정다각형을 정 n각형이라 하면

$\frac{360°}{n}=\square°$ $\quad\therefore n=\square$

따라서 구하는 정다각형은 정 $\square$ 각형이다.

24 $108°$

25 $120°$

26 $135°$

27 $144°$

[28-33] 한 내각의 크기와 한 외각의 크기의 비가 다음과 같은 정다각형을 구하여라.

28 $1:1$

해 한 꼭짓점에서 내각의 크기와 외각의 크기의 합은 $\square°$ 이므로

(한 외각의 크기)$=180°\times\frac{1}{1+1}=\square°$

구하는 정다각형을 정 n각형이라 하면

$\frac{360°}{n}=\square°$ $\quad\therefore n=\square$

따라서 구하는 정다각형은 정 $\square$ 각형이다.

29 $1:2$

30 $2:1$

31 $3:1$

32 $3:2$

33 $4:1$

[34-38] **정다각형의 내각의 크기의 합이 다음과 같을 때, 그 정다각형의 한 내각의 크기와 한 외각의 크기를 차례로 구하여라.**

34 180°

해 내각의 크기의 합이 180°인 정다각형을 정n각형이라 하면

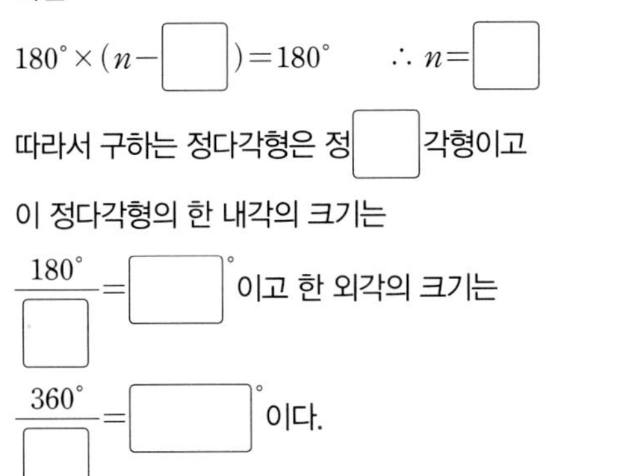

35 540°

36 1080°

37 1260°

38 1440°

유형 30 정다각형의 각의 크기와 대각선의 개수

[39-41] **다음을 구하여라.**

39 한 꼭짓점에서 그을 수 있는 대각선의 개수가 6인 정다각형의 한 내각의 크기

해 한 꼭짓점에서 그을 수 있는 대각선의 개수가 6인 정다각형은 정$\square$각형이므로 이 정다각형의 한 내각의 크기는

$$\frac{180^\circ \times (\square-2)}{\square}=\square^\circ$$

40 대각선의 개수가 35인 정다각형의 한 외각의 크기

41 한 내각의 크기와 한 외각의 크기의 비가 $5:1$인 정다각형의 대각선의 개수

개념 체크

42 **다음 빈칸에 알맞은 것을 써넣어라.**

정n각형의 한 내각의 크기는 $\frac{180^\circ \times ([\quad\quad])}{n}$이고, 한 외각의 크기는 $\frac{[\quad\quad]}{n}$이다.

〈 정답과 해설 p. 48~50 〉

01

다음 중 다각형이 아닌 것을 모두 고르면? (정답 2개)

① 원 ② 삼각형
③ 사다리꼴 ④ 사각기둥
⑤ 평행사변형

02

〈보기〉의 설명 중에서 옳은 것만을 있는 대로 고른 것은?

〈보기〉

ㄱ. 변의 개수가 가장 적은 다각형은 삼각형이다.
ㄴ. 한 다각형에서 변의 개수와 꼭짓점의 개수는 항상 같다.
ㄷ. 다각형의 한 내각에 대한 외각은 1개이다.

① ㄱ ② ㄴ ③ ㄷ
④ ㄱ, ㄴ ⑤ ㄱ, ㄴ, ㄷ

03

그림에서 $\angle x+\angle y$의 크기는?

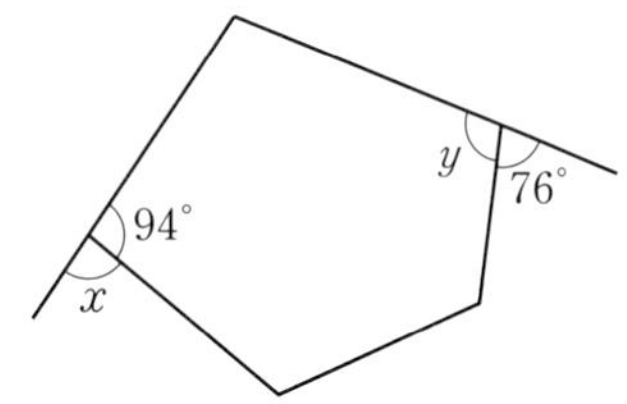

① $188°$ ② $190°$ ③ $192°$
④ $194°$ ⑤ $196°$

04

다음 세 조건을 모두 만족시키는 다각형의 이름을 말하여라.

(가) 꼭짓점의 개수가 5이다.
(나) 모든 변의 길이가 같다.
(다) 모든 내각의 크기가 같다.

05

대각선의 개수가 35인 다각형은?

① 육각형 ② 칠각형 ③ 팔각형
④ 구각형 ⑤ 십각형

06

대각선의 개수가 27인 다각형의 꼭짓점의 개수를 구하여라.

07 계산 조심

그림에서 $\angle x+\angle y$의 크기는?

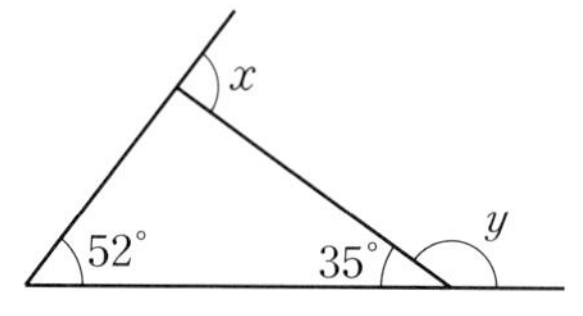

① $232°$ ② $234°$ ③ $236°$
④ $238°$ ⑤ $240°$

08

그림에서 $\angle x$의 크기를 구하여라.

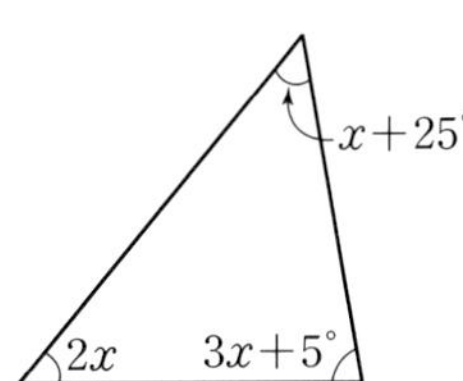

09 조건 확인!

삼각형의 세 내각의 크기의 비가 3 : 2 : 4일 때, 가장 작은 내각의 크기는?

① 30° ② 40° ③ 50°
④ 60° ⑤ 70°

10

삼각형 ABC에서 $\angle$B의 크기는 $\angle$A의 크기의 2배이고 $\angle C=48°$일 때, $\angle$A의 크기는?

① 44° ② 45° ③ 46°
④ 47° ⑤ 48°

11

그림에서 $\angle x$의 크기는?

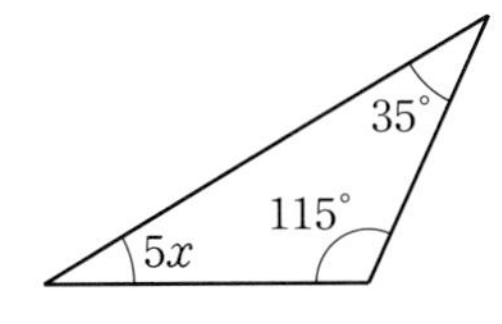

① 6° ② 7° ③ 8°
④ 9° ⑤ 10°

12 조건 확인!

그림에서 $\angle x$의 크기는?

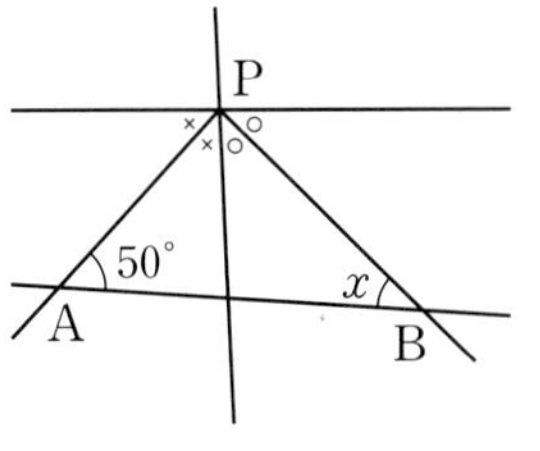

① 30°
② 35°
③ 40°
④ 45°
⑤ 50°

13 생각 더하기

그림과 같은 △ABC에서 $\angle$B와 $\angle$C의 이등분선의 교점을 I라 하자. $\angle A=74°$일 때, $\angle x$의 크기는?

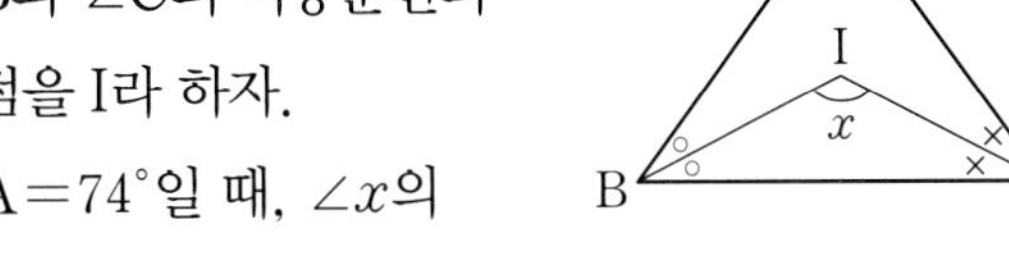

① 106° ② 113° ③ 120°
④ 127° ⑤ 134°

14

그림에서 $\angle x$의 크기는?

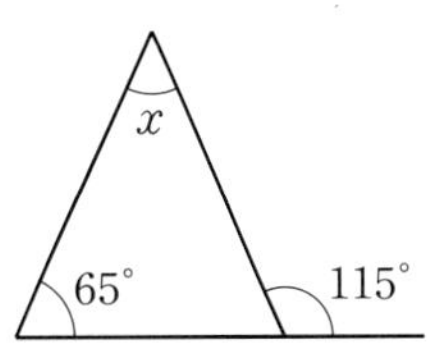

① 40° ② 45° ③ 50°
④ 55° ⑤ 60°

DAY 15

〈 정답과 해설 p. 50~51 〉

15

그림에서 $\angle x$의 크기를 구하여라.

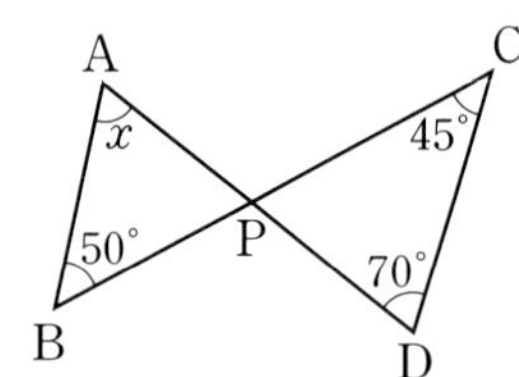

16 생각 더하기

그림과 같은 △ABC에서 두 선분 BD와 CD는 각각 ∠ABC, ∠ACE의 이등분선일 때, $\angle x$의 크기는?

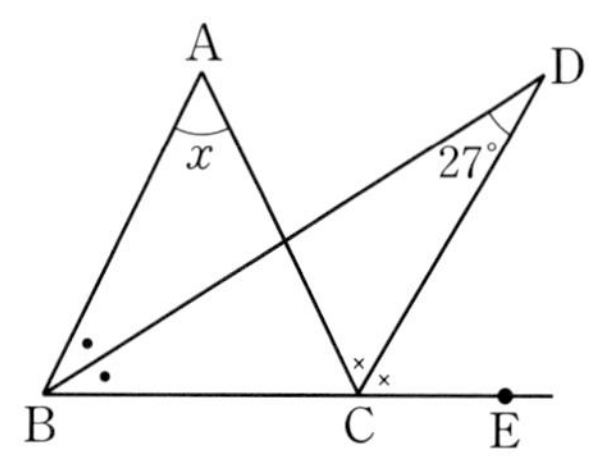

① 54° ② 55° ③ 56°
④ 57° ⑤ 58°

17

그림과 같은 △ABC에서 ∠B의 외각의 크기가 132°일 때, $\angle x$의 크기는?

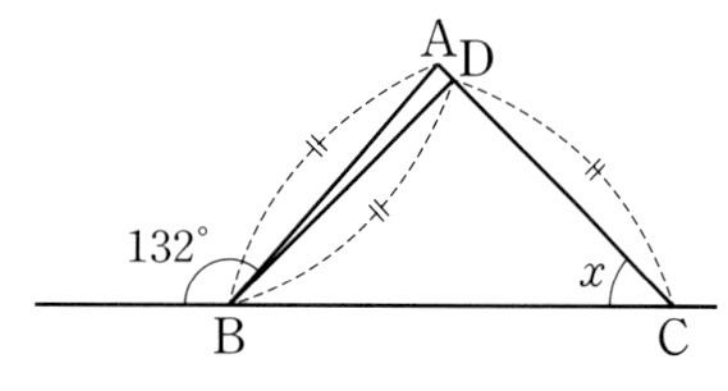

① 43° ② 44° ③ 45°
④ 46° ⑤ 47°

18

십이각형의 모든 내각의 크기의 합은?

① 1440° ② 1620° ③ 1800°
④ 1980° ⑤ 2160°

19

그림에서 $\angle x$의 크기는?

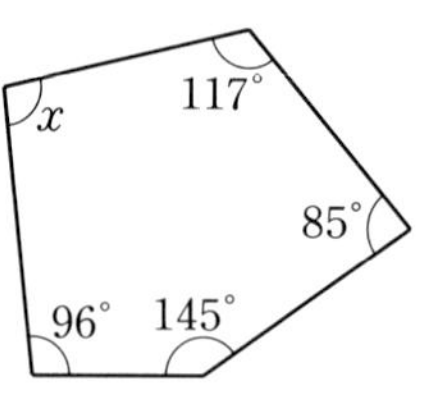

① 95° ② 96° ③ 97°
④ 98° ⑤ 99°

20 생각 더하기

그림에서 $\angle x$의 크기를 구하여라.

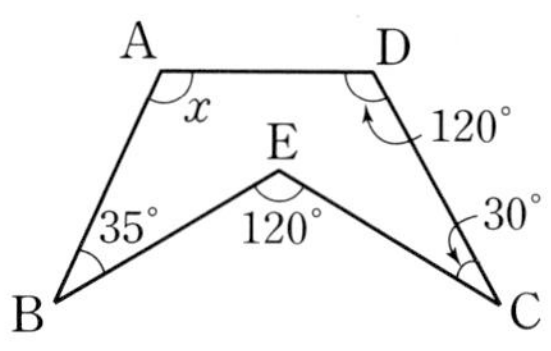

21

그림에서 $\angle x$의 크기는?

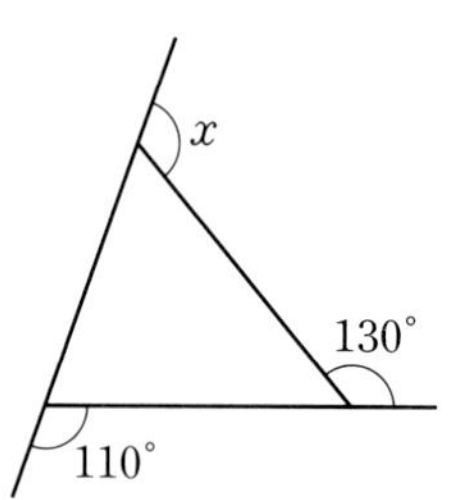

① 110° ② 115° ③ 120°
④ 125° ⑤ 130°

22 계산 조심 ☑

그림에서 $\angle x$의 크기는?

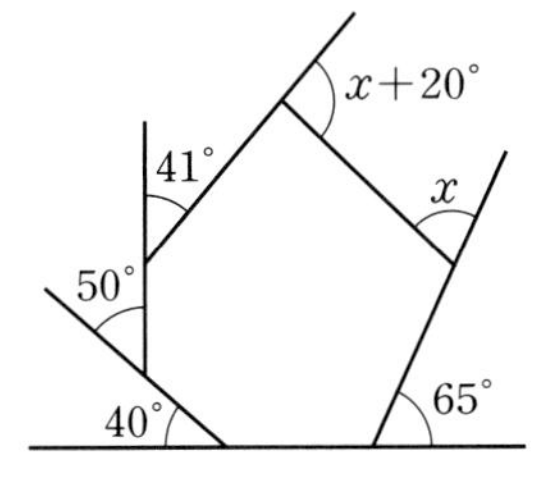

① 72° ② 73° ③ 74°
④ 75° ⑤ 76°

23

외각의 크기의 비가 2 : 5 : 4 : 1 : 3인 오각형에서 가장 큰 내각의 크기는?

① 124° ② 132° ③ 140°
④ 148° ⑤ 156°

24

한 내각의 크기가 120°인 정다각형의 모든 내각의 크기의 합을 구하여라.

25

한 내각의 크기가 한 외각의 크기의 3배인 정다각형의 대각선의 개수는?

① 5 ② 9 ③ 20
④ 35 ⑤ 54

26

한 외각의 크기가 18°인 정다각형을 구하여라.

27

한 외각의 크기가 72°인 정다각형의 대각선의 개수는?

① 2 ② 5 ③ 9
④ 14 ⑤ 20

DAY 15

28 조건 확인!

한 내각의 크기와 한 외각의 크기의 비가 8 : 1인 정다각형은?

① 정십각형 ② 정십이각형 ③ 정십사각형
④ 정십육각형 ⑤ 정십팔각형

29

다음 중에서 정팔각형에 대한 설명으로 옳지 않은 것을 모두 고르면? (정답 2개)

① 변의 개수는 8이다.
② 모든 외각의 크기가 같다.
③ 대각선의 개수는 40이다.
④ 모든 내각의 크기의 합은 1080°이다.
⑤ 한 내각의 크기와 한 외각의 크기가 서로 같다.

〈 정답과 해설 p. 51~52 〉

09 원과 부채꼴

(1) **원** : 평면 위의 한 점 O에서 일정한 거리에 있는 모든 점들로 이루어진 도형
(한 점 O: 원의 중심, 일정한 거리: 원의 반지름)

(2) **호 AB** : 원 위의 두 점 A, B를 양 끝으로 하는 원의 일부분으로
기호로 $\overset{\frown}{AB}$와 같이 나타낸다.

(3) **현 CD** : 원 위의 두 점 C, D를 이은 선분

(4) **할선** : 원 위의 두 점을 이은 직선

(5) **부채꼴 AOB** : 원 O에서 두 반지름 OA, OB와 호 AB로 이루어진 도형

(6) **중심각** : 부채꼴 AOB에서 두 반지름 OA, OB가 이루는 각인 ∠AOB를
부채꼴 AOB의 중심각 또는 호 AB의 중심각이라 한다.

(7) **활꼴** : 원 O에서 호 CD와 현 CD로 이루어진 도형

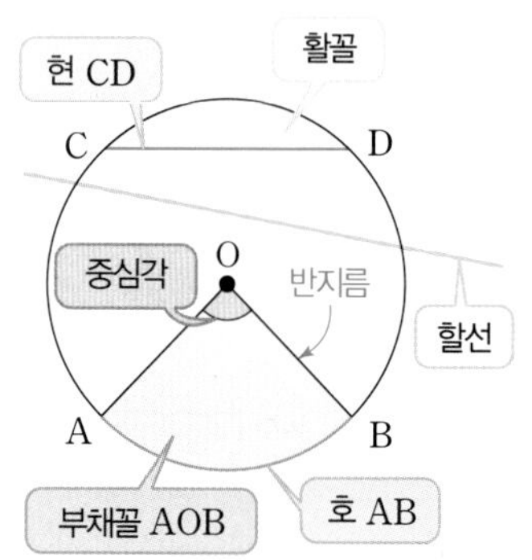

참고 ① 호 AB는 보통 길이가 짧은 쪽의 호를 나타낸다.
② 원의 중심을 지나는 현은 그 원의 지름이고, 원에서 지름은 길이가 가장 긴 현이다.
③ 반원은 활꼴인 동시에 부채꼴이다.

유형 31 원과 부채꼴

[01-05] 다음을 원 O 위에 나타내어라.

01 호 AB

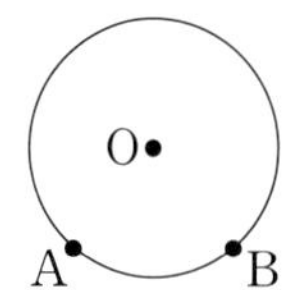

02 현 AB

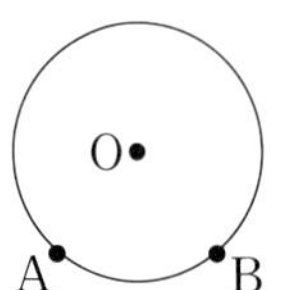

03 부채꼴 AOB

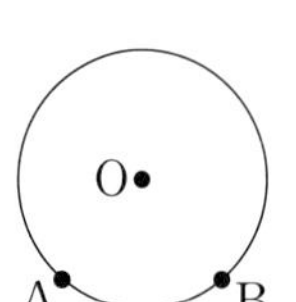

04 부채꼴 AOB의 중심각

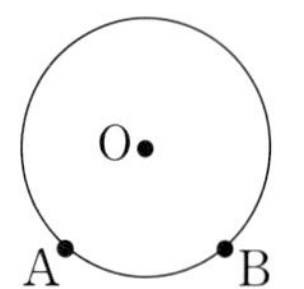

05 호 AB와 현 AB로
이루어진 활꼴

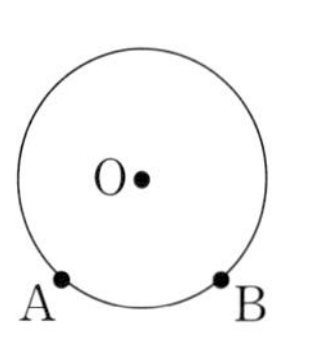

[06-09] 그림의 원 O에 대하여 다음을 모두 구하여라.

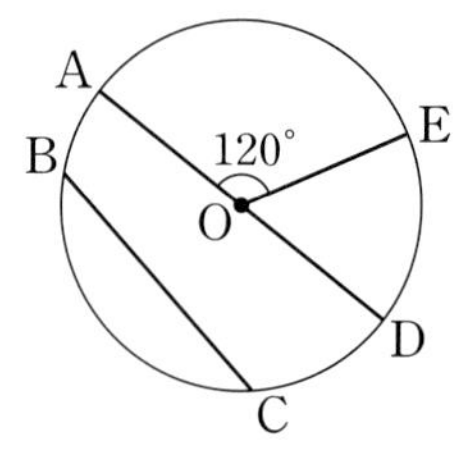

06 원 O의 지름

07 현

08 $\overset{\frown}{DE}$에 대한 중심각

09 $\overset{\frown}{AE}$에 대한 중심각의 크기

개념 체크

10 다음 빈칸에 알맞은 것을 써넣어라.

그림의 원 O에서
A : [　　　　], B : 반지름
C : [　　　　], D : [　　　　]
E : [　　　　], F : [　　　　]

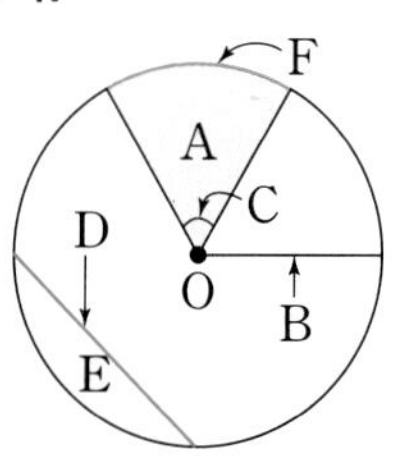

〈정답과 해설 p. 53〉

10 부채꼴의 중심각의 크기와 호의 길이

한 원 또는 합동인 두 원에서

(1) 중심각의 크기가 같은 두 부채꼴의 호의 길이는 같다.

(2) 호의 길이가 같은 두 부채꼴의 중심각의 크기는 같다.

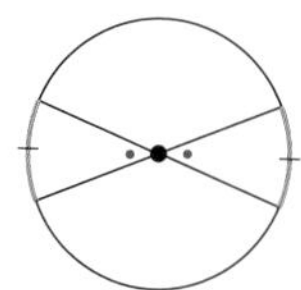

(3) 부채꼴의 호의 길이는 중심각의 크기에 정비례한다.

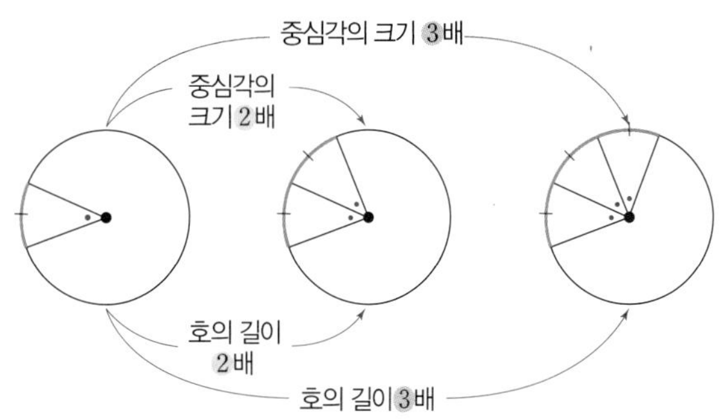

유형 32 부채꼴의 중심각의 크기와 호의 길이

[01-06] 그림과 같은 원 O에서 x의 값을 구하여라.

01

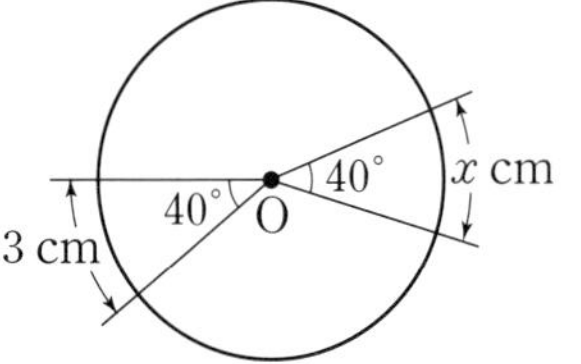

해 중심각의 크기가 같으면 호의 길이는 ☐.

$\therefore x=$ ☐

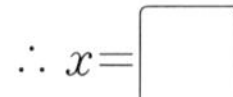

02

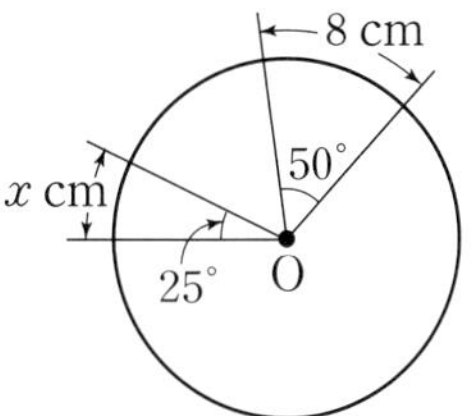

해 호의 길이는 중심각의 크기에 ☐ 하므로

$25:50=x:$ ☐ $\therefore x=$ ☐

03

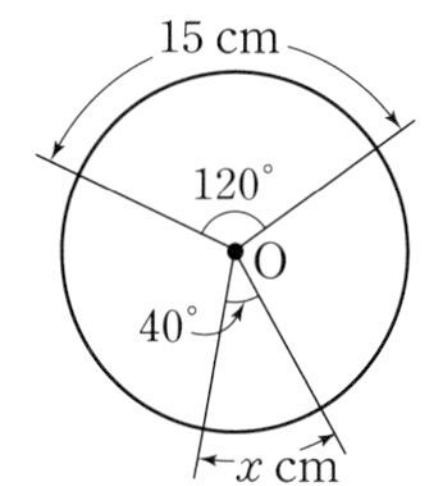

04

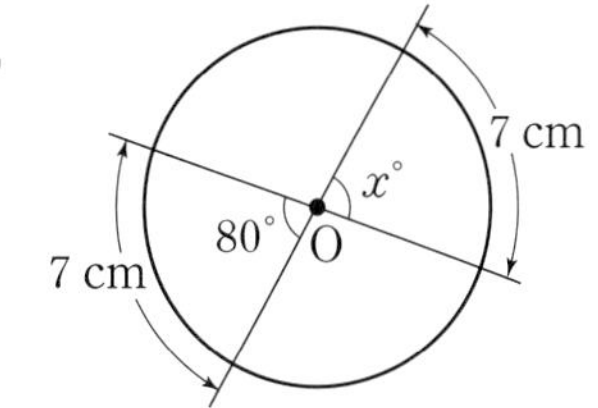

해 호의 길이가 같으면 중심각의 크기는 ☐.

$\therefore x=$ ☐

05

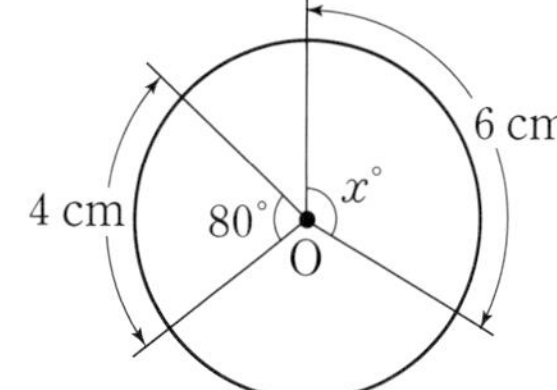

해 호의 길이는 중심각의 크기에 ☐ 하므로

$80:x=$ ☐ $:6$ $\therefore x=$ ☐

06

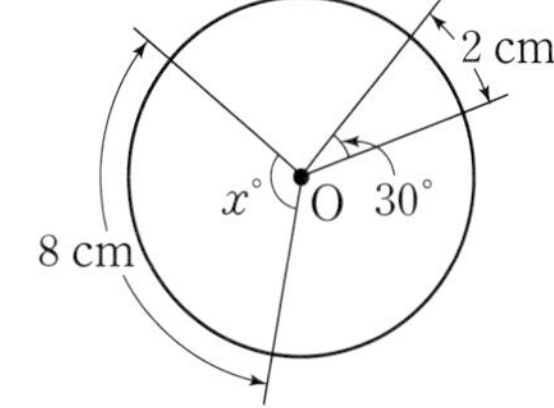

〈 정답과 해설 p. 53 〉

[07-10] 그림과 같은 원 O에서 x, y의 값을 각각 구하여라.

07

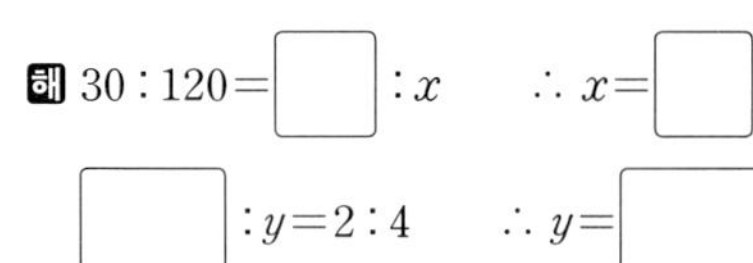

해 $30 : 120 = \square : x$ $\quad \therefore x = \square$

$\square : y = 2 : 4$ $\quad \therefore y = \square$

08

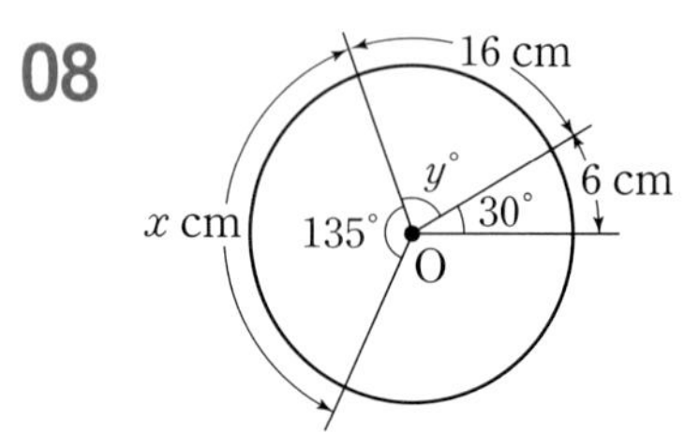

09

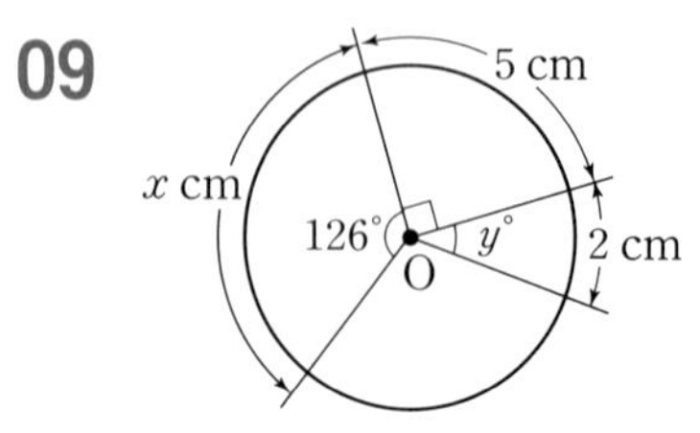

10

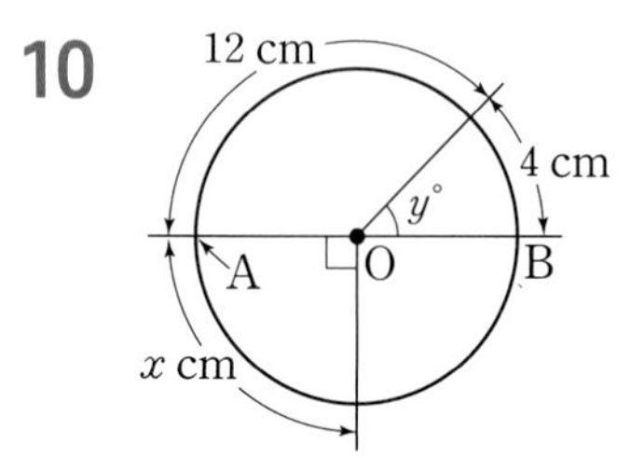

(단, $\overline{AB}$는 원 O의 지름이다.)

유형 33 반원에서 중심각의 크기와 호의 길이

[11-13] 그림과 같은 반원 O에서 x의 값을 구하여라.

11

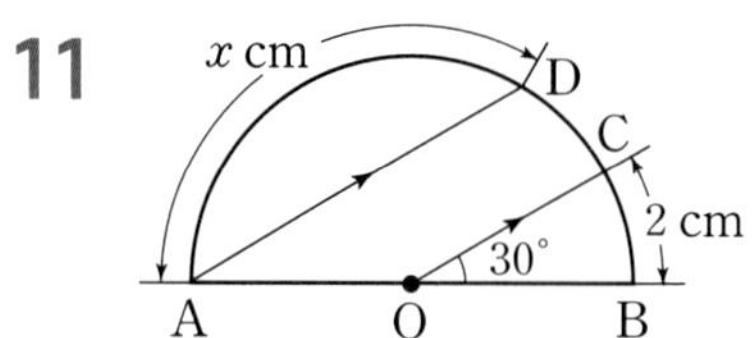

해 그림에서 $\overline{AD} /\!/ \overline{OC}$이므로

$\angle DAO = \angle COB$

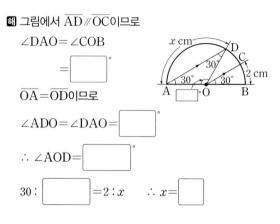

$= \square°$

$\overline{OA} = \overline{OD}$이므로

$\angle ADO = \angle DAO = \square°$

$\therefore \angle AOD = \square°$

$30 : \square = 2 : x$ $\quad \therefore x = \square$

12

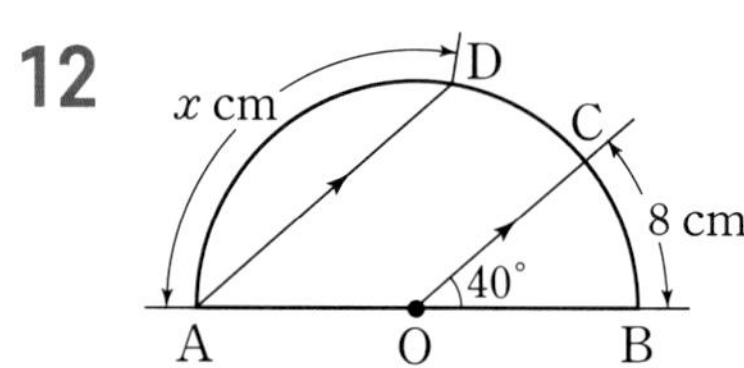

13

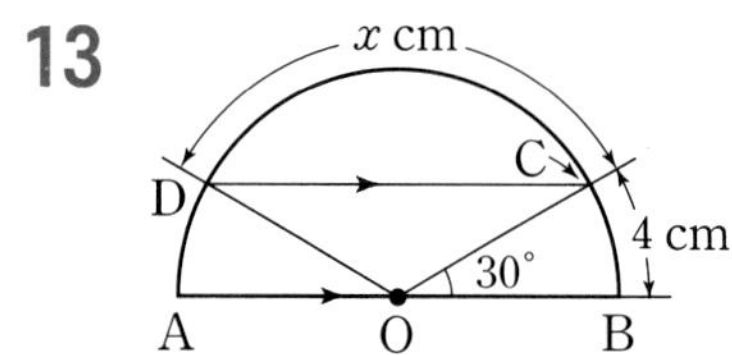

개념 체크

14 다음 빈칸에 알맞은 것을 써넣어라.

한 [ ] 또는 합동인 두 원에서

1) 중심각의 크기가 같은 두 부채꼴의 호의 길이는 [ ].

2) 호의 길이가 같은 두 부채꼴의 중심각의 크기는 [ ].

3) 부채꼴의 호의 길이는 중심각의 크기에 [ ] 한다.

〈 정답과 해설 p. 53~54 〉

11 부채꼴의 중심각의 크기와 넓이

한 원 또는 합동인 두 원에서

(1) 중심각의 크기가 같은 두 부채꼴의 넓이는 같다.

(2) 넓이가 같은 두 부채꼴의 중심각의 크기는 같다.

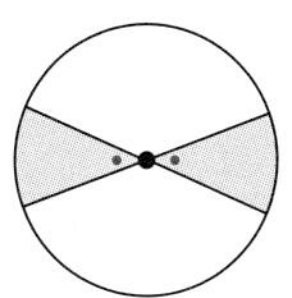

(3) 부채꼴의 넓이는 중심각의 크기에 정비례한다.

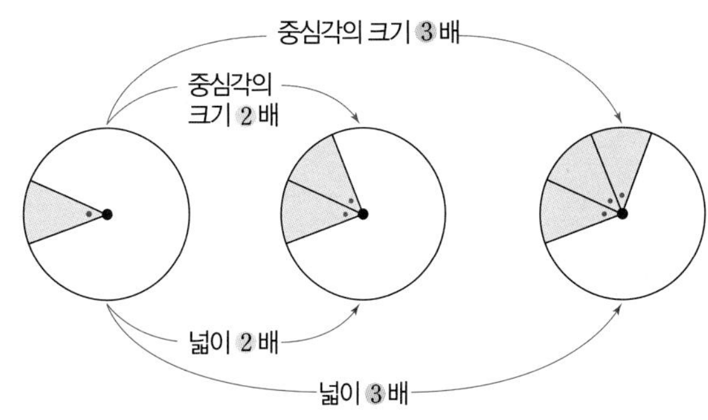

유형 34 부채꼴의 중심각의 크기와 넓이

[01-06] 그림에서 x의 값을 구하여라.

01

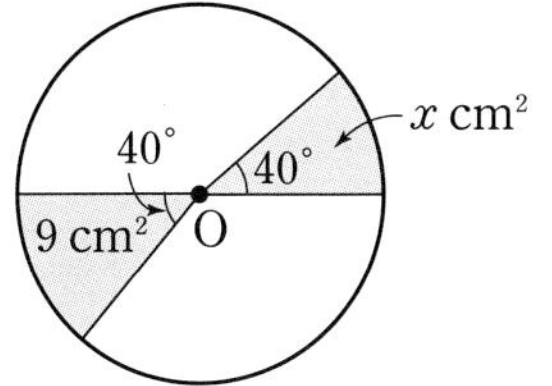

해 중심각의 크기가 같으면 부채꼴의 넓이는 ☐.

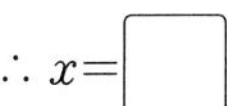

$\therefore x=$ ☐

02

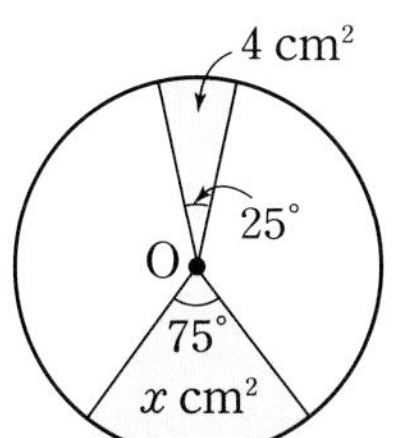

해 부채꼴의 넓이는 중심각의 크기에 ☐ 하므로

$25:75=$ ☐ $:x$ $\quad\therefore x=$ ☐

03

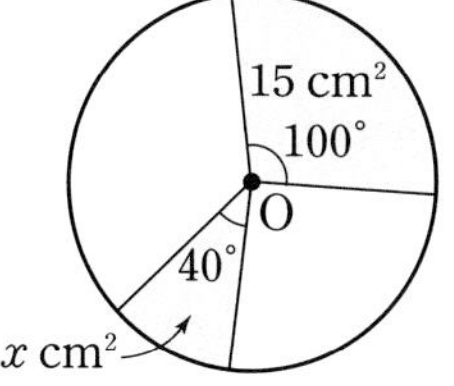

04

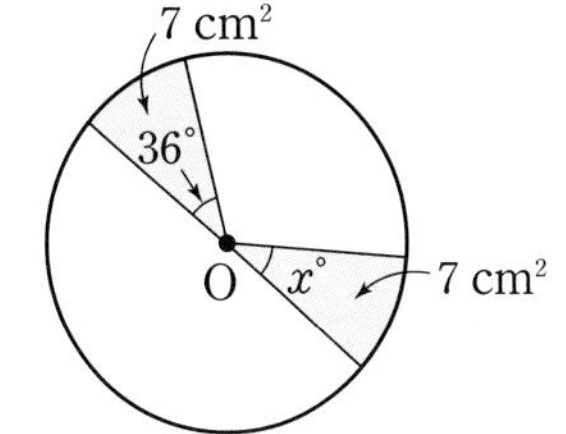

05

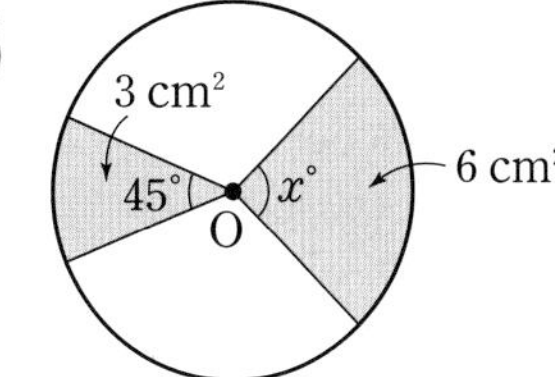

06

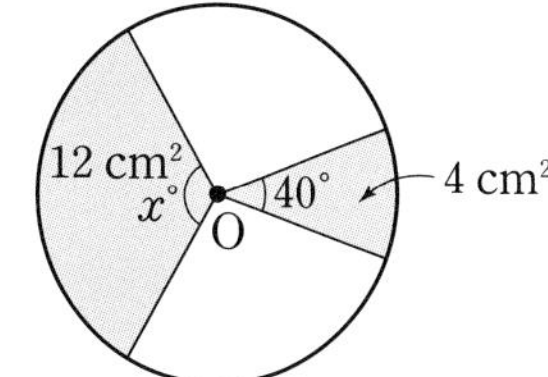

개념 체크

07 다음 빈칸에 알맞은 것을 써넣어라.

한 원 또는 [ ]인 두 원에서

1) 중심각의 크기가 같은 두 부채꼴의 넓이는 [ ].

2) 넓이가 같은 두 부채꼴의 중심각의 크기는 [ ].

3) 부채꼴의 넓이는 중심각의 크기에 [ ] 한다.

〈정답과 해설 p. 54〉

12 부채꼴의 중심각의 크기와 현의 길이

한 원 또는 합동인 두 원에서

(1) 중심각의 크기가 같은 두 현의 길이는 같다.

(2) 길이가 같은 두 현의 중심각의 크기는 같다.

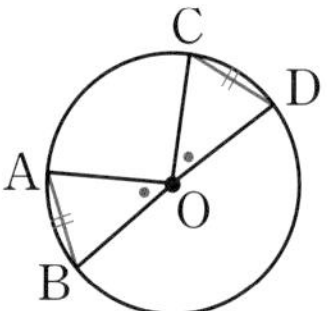

(3) 현의 길이는 중심각의 크기에 정비례하지 않는다.

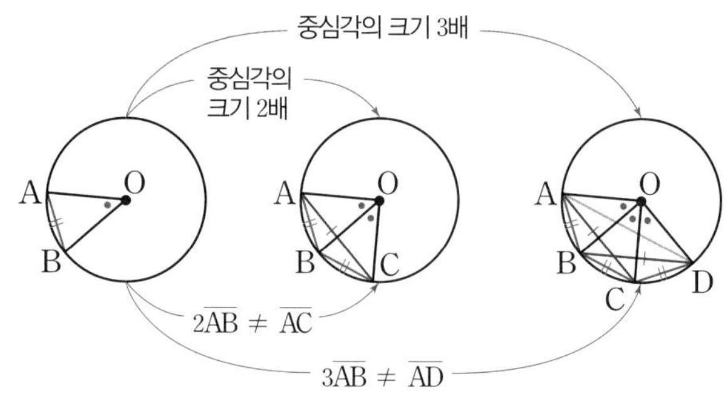

유형 35 부채꼴의 중심각의 크기와 현의 길이

[01-03] 그림과 같은 원 O에서 x의 값을 구하여라.

01

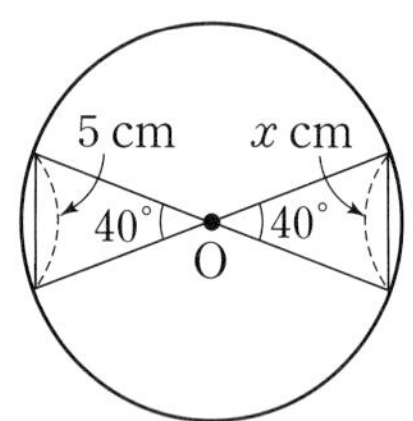

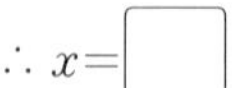

해 중심각의 크기가 같으면 현의 길이는 [ ].

$\therefore x=$[ ]

02

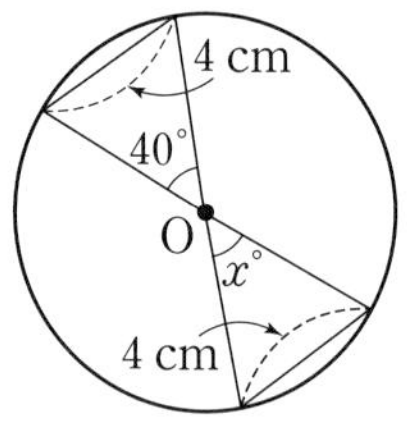

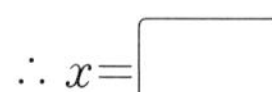

해 현의 길이가 같으면 중심각의 크기는 [ ].

$\therefore x=$[ ]

03

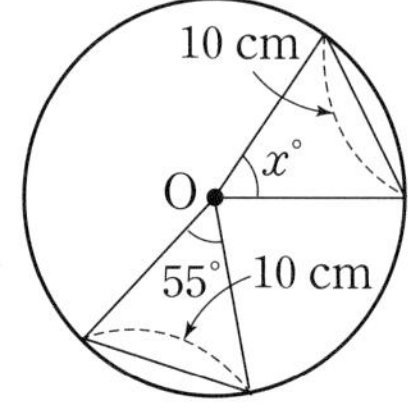

유형 36 중심각의 크기와 호의 길이, 부채꼴의 넓이, 현의 길이 사이의 관계

[04-07] 한 원 또는 합동인 두 원에서 다음 설명 중에서 옳은 것은 ○표, 옳지 않은 것은 ×표를 ( ) 안에 써넣어라.

04 호의 길이는 중심각의 크기에 정비례한다. ( )

05 현의 길이는 중심각의 크기에 정비례한다. ( )

06 부채꼴의 넓이는 중심각의 크기에 정비례한다. ( )

07 크기가 같은 중심각에 대한 호의 길이는 같지만 현의 길이는 다르다. ( )

개념 체크

08 다음 빈칸에 알맞은 것을 써넣어라.

한 원 또는 합동인 두 원에서

1) 중심각의 크기가 같은 두 현의 길이는 [ ].

2) [ ]의 길이, 부채꼴의 넓이는 [ ]의 크기에 정비례하지만 현의 길이는 중심각의 크기에 [ ]하지 않는다.

〈정답과 해설 p. 54〉

13 원의 둘레의 길이와 넓이

(1) **원주율** : 원의 지름의 길이에 대한 원의 둘레의 길이의 비율을 원주율이라 한다. 이때, 원주율은 기호로 π와 같이 나타내고 '파이'라고 읽는다.

$$(\text{원주율})=\frac{(\text{원의 둘레의 길이})}{(\text{원의 지름의 길이})}=\pi$$

실제 값 : 3.141592⋯

참고 원주율(π)은 원의 크기에 관계없이 항상 일정하고, 실제 값은 3.141592⋯로 소수점 아래가 불규칙하게 한없이 계속되는 소수이다.

(2) **원의 둘레의 길이와 넓이**

반지름의 길이가 r인 원의 둘레의 길이를 l, 넓이를 S라 하면

① (원의 둘레의 길이)$=l=2\times$(반지름의 길이)$\times$(원주율)$=\underline{2\pi r}$

② (원의 넓이)$=S=$(반지름의 길이)$\times$(반지름의 길이)$\times$(원주율)$=\underline{\pi r^2}$

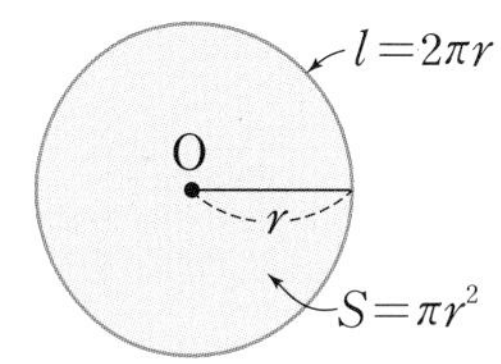

유형 37 **원의 둘레의 길이**

[01-06] 그림과 같은 원의 둘레의 길이를 구하여라.

01

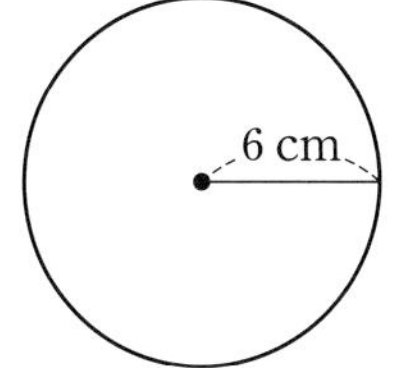

해 (둘레의 길이)$=2\pi\times$ ☐ $=$ ☐ (cm)

02

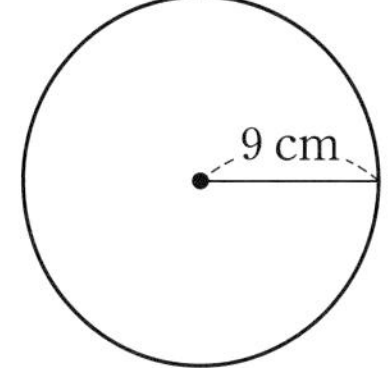

03

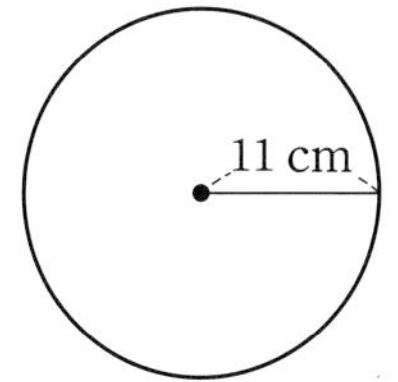

04

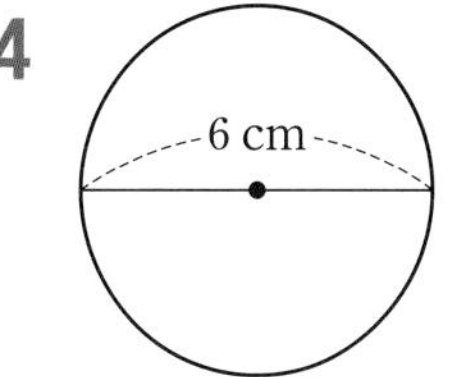

해 반지름의 길이가 ☐ cm이므로

(둘레의 길이)$=2\pi\times$ ☐ $=$ ☐ (cm)

05

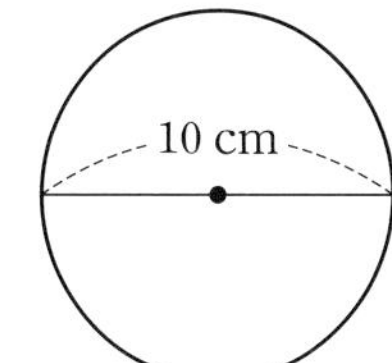

06

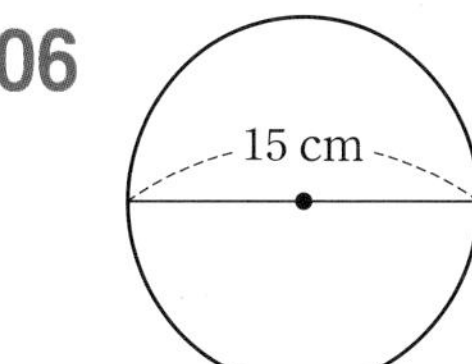

〈 정답과 해설 p. 55 〉

[07-13] 둘레의 길이가 다음과 같은 원의 반지름의 길이를 구하여라.

07 π cm

해 원의 반지름의 길이를 r cm라 하면

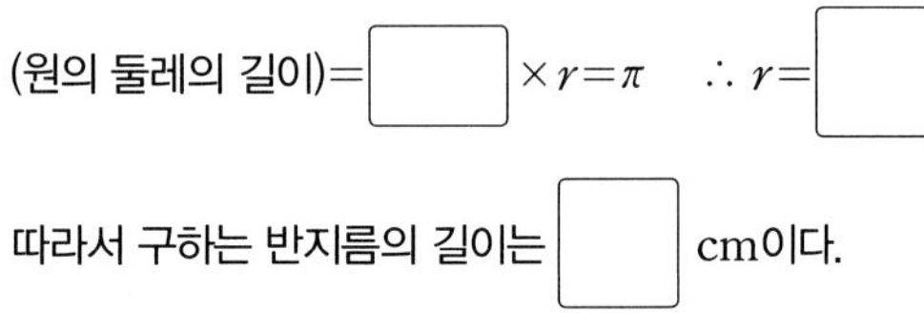

(원의 둘레의 길이)=□$\times r=\pi$ $\therefore r=$□
따라서 구하는 반지름의 길이는 □ cm이다.

08 4π cm

09 5π cm

10 12π cm

11 26π cm

12 30π cm

13 40π cm

유형 38 원의 넓이

[14-17] 그림과 같은 원의 넓이를 구하여라.

14

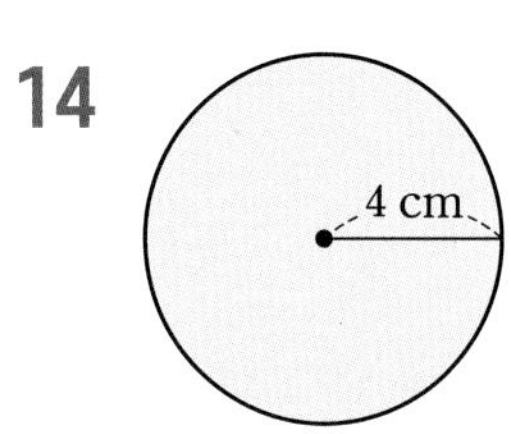

해 (원의 넓이)$=\pi\times$□$^2=$□(cm^2)

15

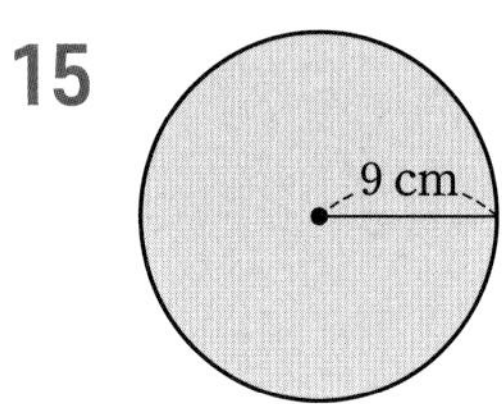

16

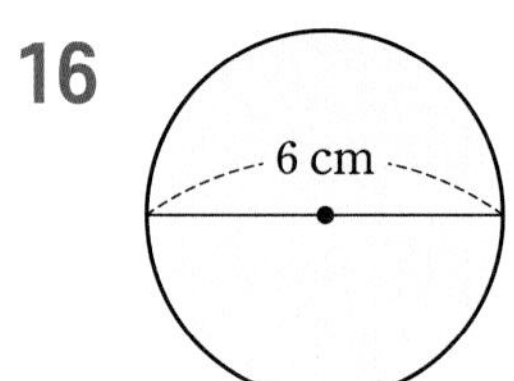

17

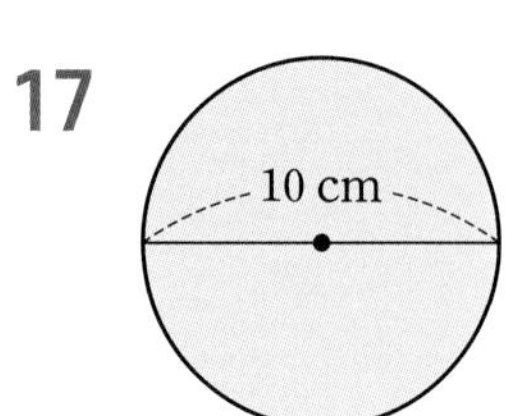

유형 39 원의 둘레의 길이와 넓이

[18-24] 둘레의 길이가 다음 같은 원의 넓이를 구하여라.

18 2π cm

해 원의 반지름의 길이를 r cm라 하면

(둘레의 길이)$=2\pi r=2\pi$ $\quad\therefore r=\square$

$\therefore$ (원의 넓이)$=\pi\times\square^2=\square$(cm^2)

19 6π cm

20 14π cm

21 24π cm

22 16π cm

23 32π cm

24 50π cm

[25-29] 넓이가 다음과 같은 원의 둘레의 길이를 구하여라.

25 4π cm^2

해 원의 반지름의 길이를 r cm라 하면

$\pi r^2=4\pi$ $\quad\therefore r=\square$

$\therefore$ (원의 둘레의 길이)$=2\pi\times\square=\square$(cm)

26 16π cm^2

27 25π cm^2

28 64π cm^2

29 256π cm^2

개념 체크

30 다음 빈칸에 알맞은 것을 써넣어라.

원의 지름의 길이에 대한 원의 둘레의 길이의 비율을 [ ]이라 하고, 기호로 [ ]와 같이 나타낸다. 이때, 반지름의 길이가 r인 원의 둘레의 길이는 [ ], 넓이는 [ ]이다.

〈 정답과 해설 p. 55~56 〉

14 부채꼴의 호의 길이와 넓이

(1) 부채꼴의 호의 길이와 넓이

반지름의 길이가 r, 중심각의 크기가 $x°$인 부채꼴의 호의 길이를 l, 넓이를 S라 하면 부채꼴의 호의 길이와 넓이는 중심각의 크기에 정비례한다. 즉,

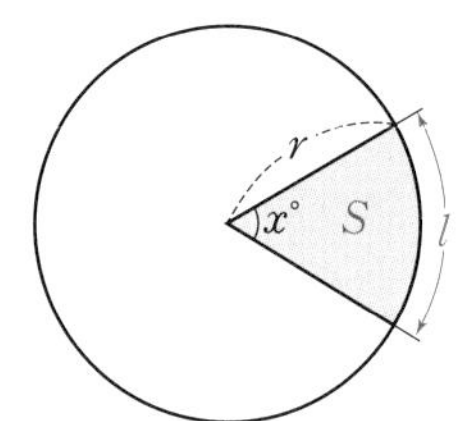

① $2\pi r : l = 360° : x°$이므로 **(호의 길이)$= \boldsymbol{l = 2\pi r \times \frac{x}{360}}$**

② $\pi r^2 : S = 360° : x°$이므로 **(부채꼴의 넓이)$= \boldsymbol{S = \pi r^2 \times \frac{x}{360}}$**

(2) 부채꼴의 호의 길이와 넓이 사이의 관계

$$\boldsymbol{S} = \pi r^2 \times \frac{x}{360} = \frac{1}{2} \times r \times \left(2\pi r \times \frac{x}{360}\right) = \boldsymbol{\frac{1}{2} rl}$$

즉, 부채꼴의 반지름의 길이(r), 부채꼴의 호의 길이(l), 부채꼴의 넓이(S) 중 두 값을 알면 $S = \frac{1}{2}rl$을 이용하여 나머지 하나의 값을 구할 수 있다.

> **l은 원의 둘레의 길이의 $\frac{x}{360}$**
> ➡ $l = 2\pi r \times \frac{x}{360}$
> **S는 원의 넓이의 $\frac{x}{360}$**
> ➡ $S = \pi r^2 \times \frac{x}{360} = \frac{1}{2}rl$

유형 40 부채꼴의 호의 길이

[01-04] 반지름의 길이와 중심각의 크기가 다음과 같은 부채꼴의 호의 길이를 구하여라.

01 반지름의 길이가 2 cm, 중심각의 크기가 90°

해 (호의 길이)$= 2\pi \times \square \times \frac{\square}{360} = \square$ (cm)

02 반지름의 길이가 6 cm, 중심각의 크기가 150°

03 반지름의 길이가 9 cm, 중심각의 크기가 80°

04 반지름의 길이가 14 cm, 중심각의 크기가 270°

[05-07] 그림과 같은 부채꼴의 호의 길이를 구하여라.

05

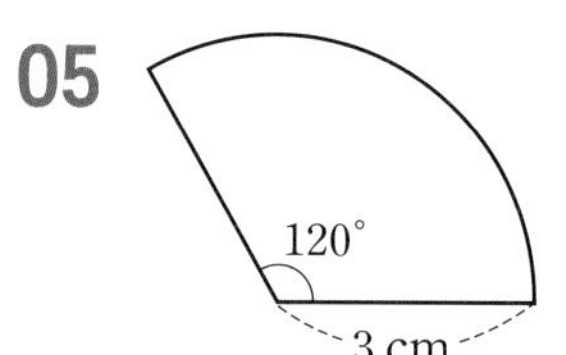

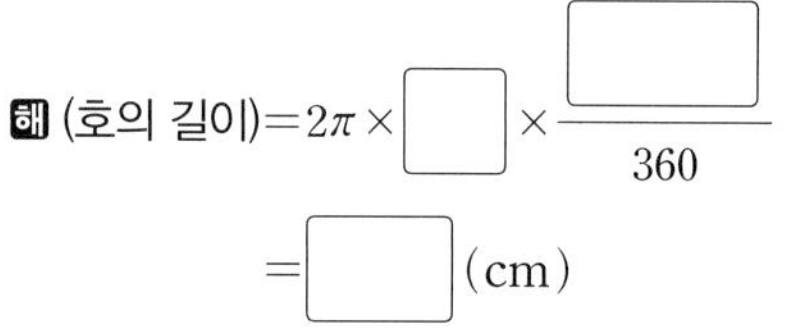

해 (호의 길이)$= 2\pi \times \square \times \frac{\square}{360}$

$= \square$ (cm)

06

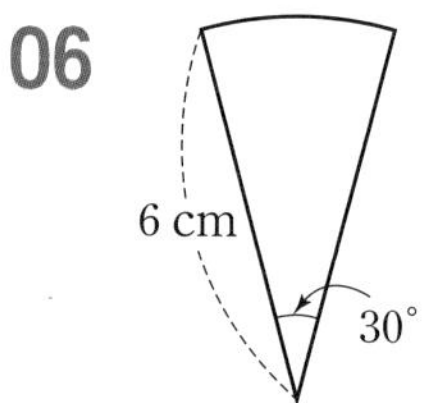

07

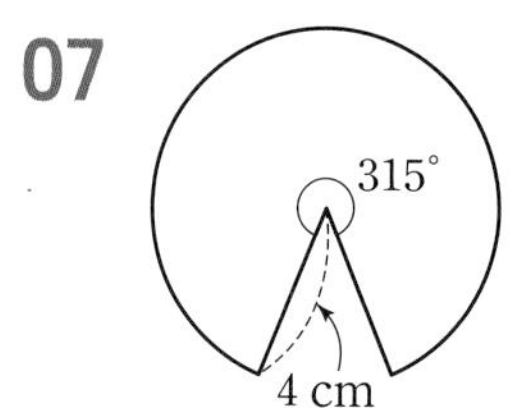

유형 41 호의 길이를 알 때 부채꼴의 중심각의 크기 구하기

[08-13] 반지름의 길이와 호의 길이가 다음과 같은 부채꼴의 중심각의 크기를 구하여라.

08 반지름의 길이가 6 cm, 호의 길이가 $2\pi\text{ cm}$

해 부채꼴의 중심각의 크기를 $x°$라 하면

$2\pi\times\square\times\frac{x}{360}=2\pi \qquad \therefore x=\square$

따라서 부채꼴의 중심각의 크기는 $\square°$이다.

09 반지름의 길이가 9 cm, 호의 길이가 $5\pi\text{ cm}$

10 반지름의 길이가 8 cm, 호의 길이가 $4\pi\text{ cm}$

11 반지름의 길이가 4 cm, 호의 길이가 $3\pi\text{ cm}$

12 반지름의 길이가 12 cm, 호의 길이가 $8\pi\text{ cm}$

13 반지름의 길이가 9 cm, 호의 길이가 $4\pi\text{ cm}$

유형 42 호의 길이를 알 때 부채꼴의 반지름의 길이 구하기

[14-17] 그림과 같은 부채꼴의 반지름의 길이를 구하여라.

14

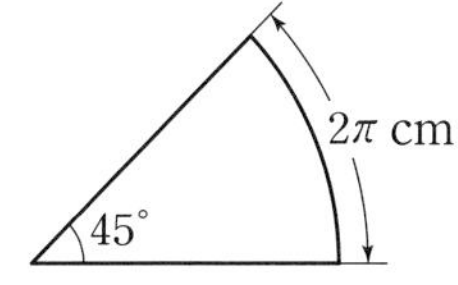

해 부채꼴의 반지름의 길이를 $r\text{ cm}$라 하면

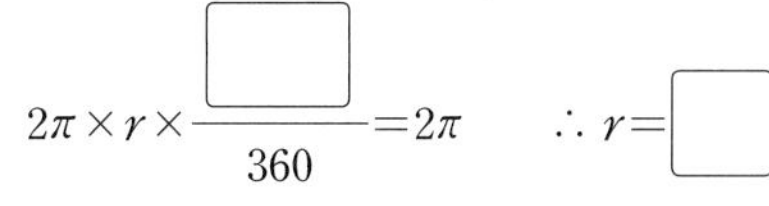

$2\pi\times r\times\frac{\square}{360}=2\pi \qquad \therefore r=\square$

따라서 부채꼴의 반지름의 길이는 $\square\text{ cm}$이다.

15

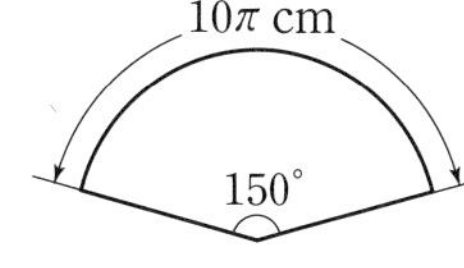

16

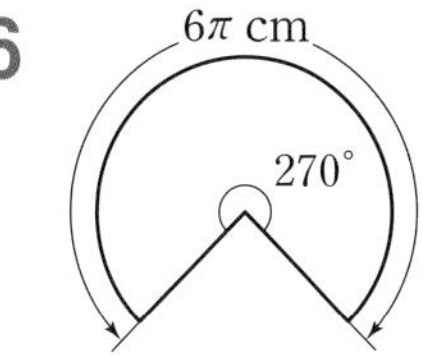

17

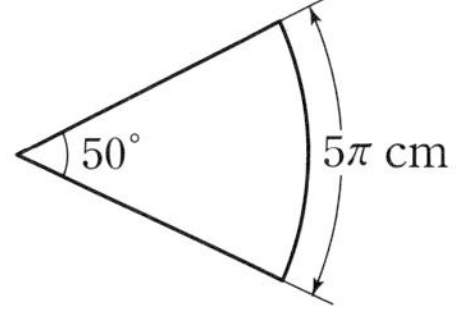

DAY 17

〈정답과 해설 p. 56~57〉

유형 43 **부채꼴의 넓이**

[18-23] 반지름의 길이와 중심각의 크기가 다음과 같은 부채꼴의 넓이를 구하여라.

18 반지름의 길이가 4 cm, 중심각의 크기가 45°

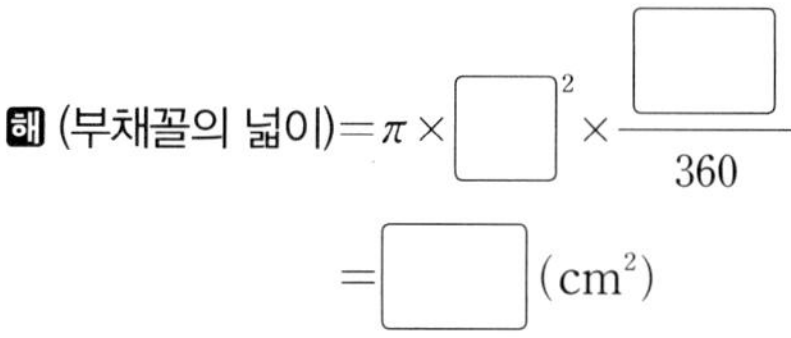

19 반지름의 길이가 6 cm, 중심각의 크기가 60°

20 반지름의 길이가 3 cm, 중심각의 크기가 160°

21 반지름의 길이가 2 cm, 중심각의 크기가 270°

22 반지름의 길이가 12 cm, 중심각의 크기가 240°

23 반지름의 길이가 9 cm, 중심각의 크기가 40°

[24-27] 그림과 같은 부채꼴의 넓이를 구하여라.

24

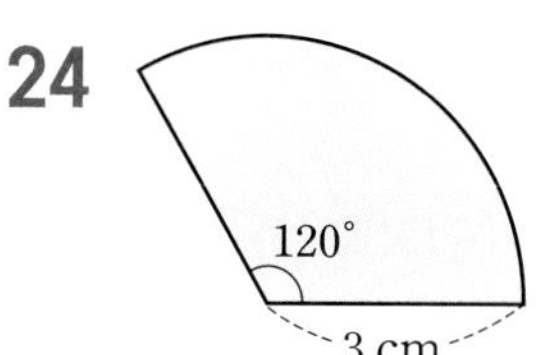

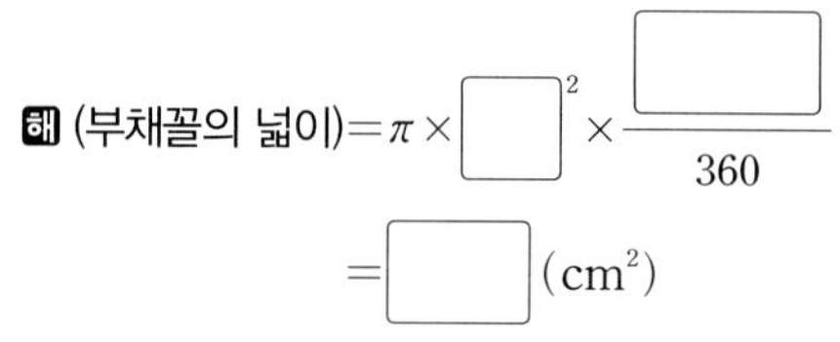

25

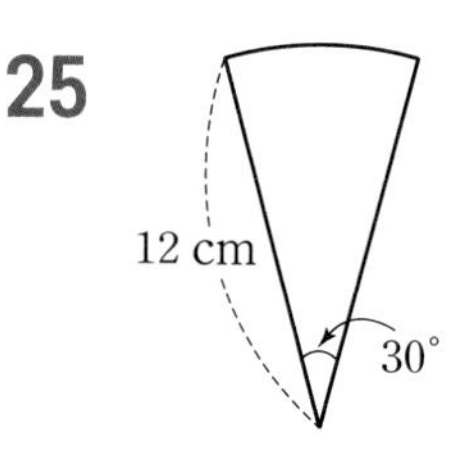

26

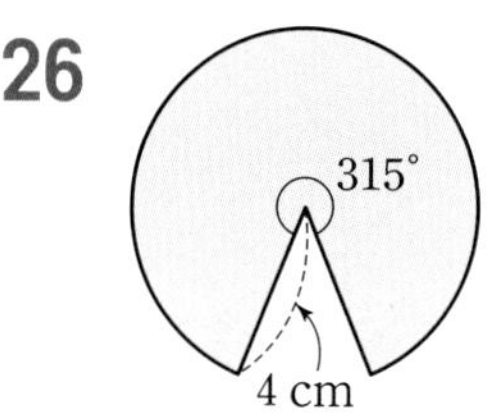

27

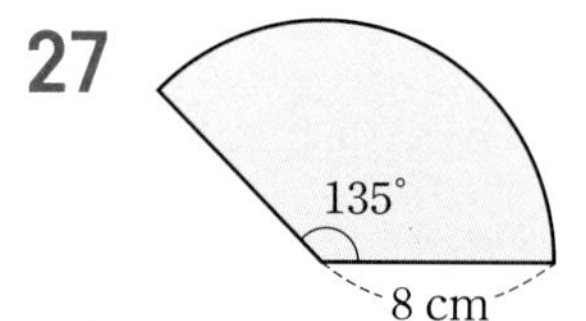

유형 44 넓이를 알 때 부채꼴의 중심각의 크기 구하기

[28-33] 반지름의 길이와 넓이가 다음과 같은 부채꼴의 중심각의 크기를 구하여라.

28 반지름의 길이가 6 cm, 넓이가 $3\pi\ \text{cm}^2$

해 부채꼴의 중심각의 크기를 $x°$라 하면

$\pi \times \square^2 \times \frac{x}{360} = 3\pi \qquad \therefore x = \square$

따라서 부채꼴의 중심각의 크기는 $\square°$이다.

29 반지름의 길이가 3 cm, 넓이가 $2\pi\ \text{cm}^2$

30 반지름의 길이가 4 cm, 넓이가 $4\pi\ \text{cm}^2$

31 반지름의 길이가 12 cm, 넓이가 $18\pi\ \text{cm}^2$

32 반지름의 길이가 6 cm, 넓이가 $21\pi\ \text{cm}^2$

33 반지름의 길이가 8 cm, 넓이가 $16\pi\ \text{cm}^2$

유형 45 넓이를 알 때 부채꼴의 반지름의 길이 구하기

[34-37] 그림과 같은 부채꼴의 반지름의 길이를 구하여라.

34

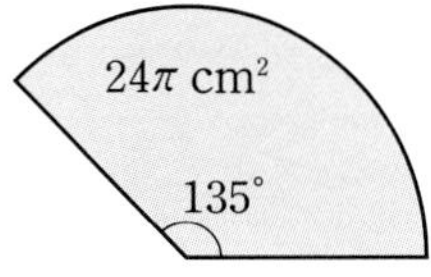

해 부채꼴의 반지름의 길이를 r cm라 하면

$\pi \times r^2 \times \frac{135}{360} = \square$, $r^2 = \square$

$\therefore r = \square$

따라서 부채꼴의 반지름의 길이는 $\square$ cm이다.

35

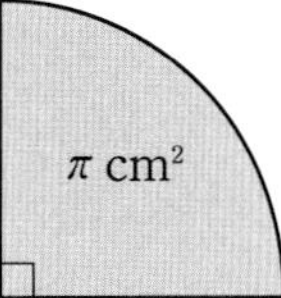

36

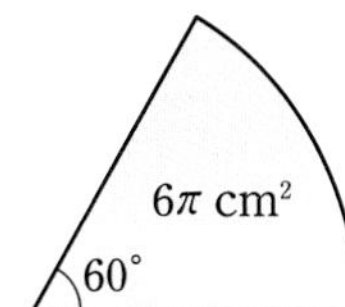

37

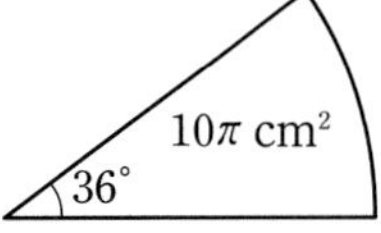

DAY 17

〈 정답과 해설 p. 57~58 〉

유형 46 부채꼴의 호의 길이와 넓이 사이의 관계

[38-39] 반지름의 길이와 호의 길이가 다음과 같은 부채꼴의 넓이를 구하여라.

38 반지름의 길이가 6 cm, 호의 길이가 10 cm

해 (부채꼴의 넓이)

$=\frac{1}{2}\times 6\times\square=\square\,(\text{cm}^2)$

39 반지름의 길이가 5 cm, 호의 길이가 8π cm

[40-42] 그림과 같은 부채꼴의 넓이를 구하여라.

40

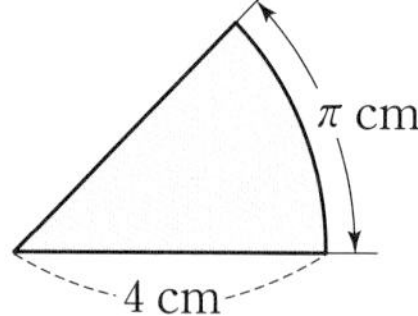

해 (부채꼴의 넓이)$=\frac{1}{2}\times\square\times\pi=\square\,(\text{cm}^2)$

41

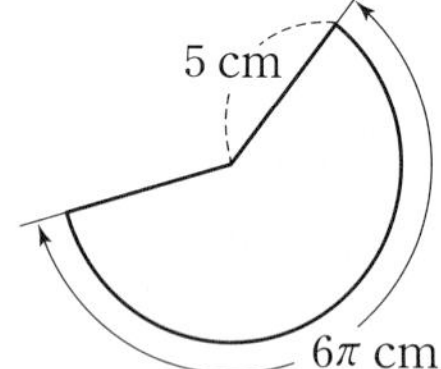

42

10π cm
12 cm

유형 47 부채꼴의 호의 길이와 넓이를 알 때 반지름의 길이 구하기

[43-47] 호의 길이와 넓이가 다음과 같은 부채꼴의 반지름의 길이를 구하여라.

43 호의 길이가 3π cm, 넓이가 15π cm^2

해 부채꼴의 반지름의 길이를 r cm라 하면

$\frac{1}{2}\times r\times\square=15\pi \qquad \therefore r=\square$

따라서 부채꼴의 반지름의 길이는 $\square$ cm이다.

44 호의 길이가 2π cm, 넓이가 5π cm^2

45 호의 길이가 5π cm, 넓이가 10π cm^2

46 호의 길이가 3π cm, 넓이가 21π cm^2

47 호의 길이가 6π cm, 넓이가 36π cm^2

개념 체크

48 다음 빈칸에 알맞은 것을 써넣어라.

반지름의 길이가 r이고 중심각의 크기가 $x°$인 부채꼴의 호의 길이를 l, 넓이를 S라 하면

$l=[\qquad]\times\frac{[\qquad]}{360}$

$S=[\qquad]\times\frac{x}{360}=[\qquad]\times r\times l$

〈정답과 해설 p. 58〉

15 색칠한 부분의 둘레의 길이와 넓이

(1) 색칠한 부분의 둘레의 길이 구하기

오른쪽 그림의 색칠한 부분의 둘레의 길이는 다음과 같다.

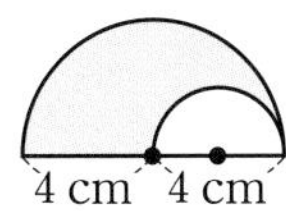

(색칠한 부분의 둘레의 길이)

= [4 cm, 4 cm] + [4 cm, 4 cm] + [4 cm, 4 cm]

(큰 호의 길이) + (작은 호의 길이) + (선분의 길이)

$=\frac{1}{2}\times 2\pi\times 4+\frac{1}{2}\times 2\pi\times 2+4=6\pi+4(\text{cm})$

(2) 색칠한 부분의 넓이 구하기

오른쪽 그림의 색칠한 부분의 넓이는 다음과 같다.

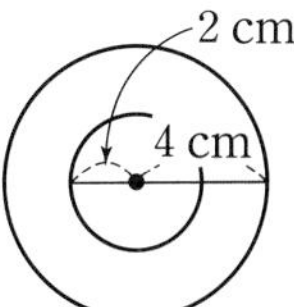

(색칠한 부분의 넓이)

= [4 cm] − [2 cm]

(큰 원의 넓이) − (작은 원의 넓이)

$=\pi\times 4^2-\pi\times 2^2=12\pi(\text{cm}^2)$

유형 48 색칠한 부분의 둘레의 길이

[01-06] 그림과 같은 도형에서 색칠한 부분의 둘레의 길이를 구하여라.

01

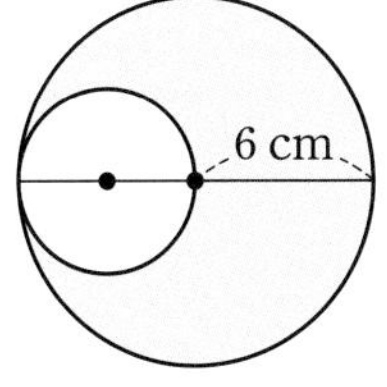

해 (색칠한 부분의 둘레의 길이)

$=2\pi\times 6+2\pi\times\square$

$=12\pi+\square=\square(\text{cm})$

02

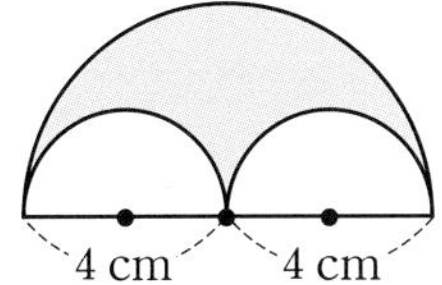

03

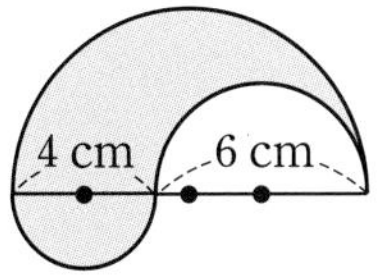

04

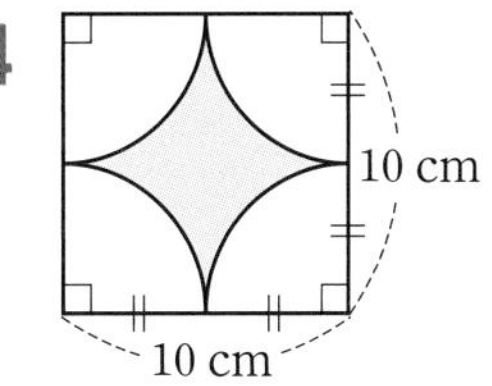

해 (색칠한 부분의 둘레의 길이)

$=4\times\left(2\pi\times\square\times\frac{90}{360}\right)=\square(\text{cm})$

05

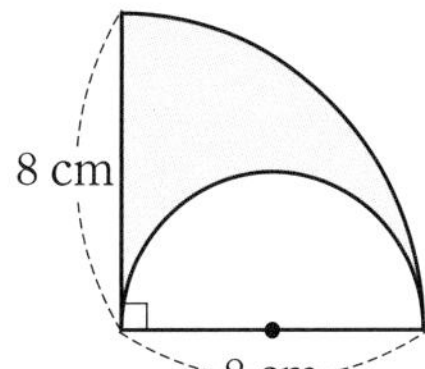

06

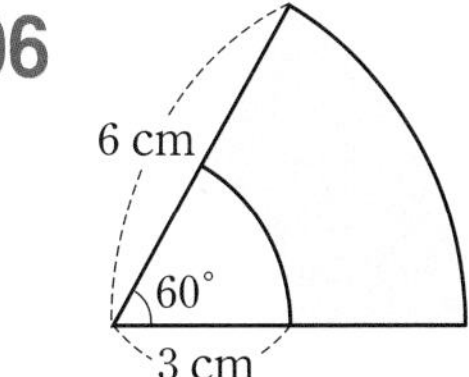

〈정답과 해설 p. 59〉

DAY 17

유형 49 색칠한 부분의 넓이

[07-13] 그림과 같은 도형에서 색칠한 부분의 넓이를 구하여라.

07

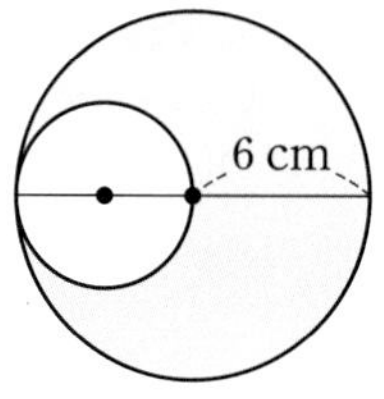

해 (색칠한 부분의 넓이)

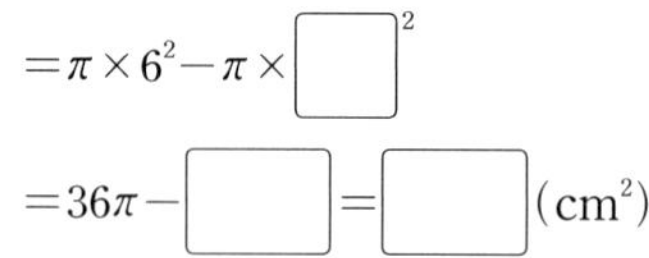

$=\pi \times 6^2 - \pi \times \square^2$

$=36\pi - \square = \square \ (\text{cm}^2)$

08

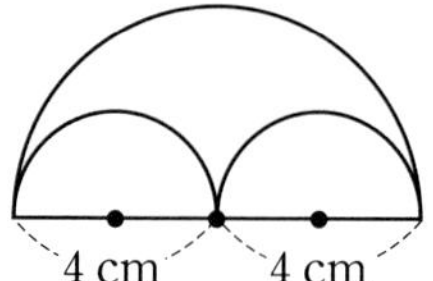

해 (색칠한 부분의 넓이)

$=\frac{1}{2} \times \pi \times 4^2 - 2 \times \left(\frac{1}{2} \times \pi \times \square^2\right)$

$=8\pi - \square = \square \ (\text{cm}^2)$

09

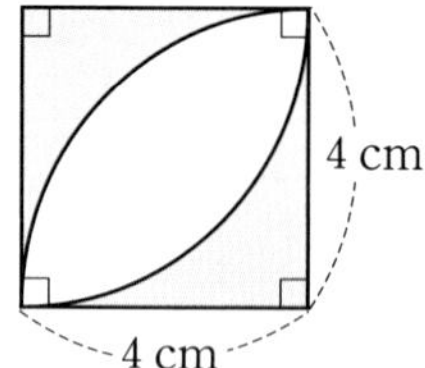

해 (색칠한 부분의 넓이)

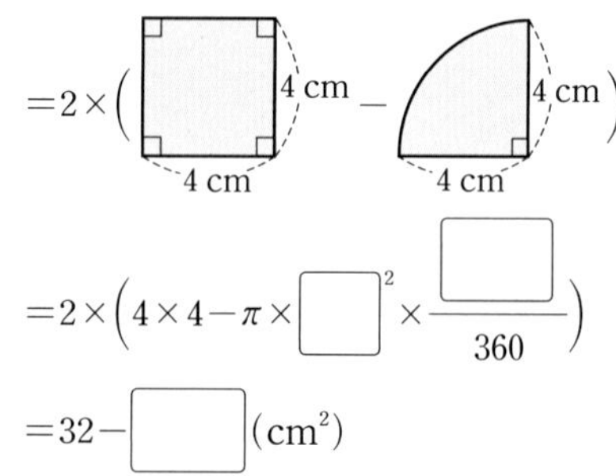

$=2 \times \left(4 \times 4 - \pi \times \square^2 \times \frac{\square}{360}\right)$

$=32 - \square \ (\text{cm}^2)$

10

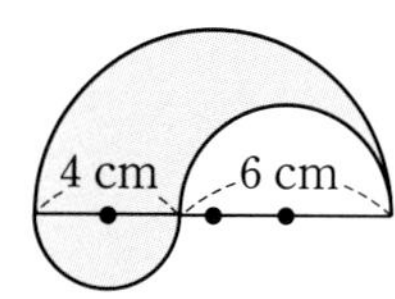

11

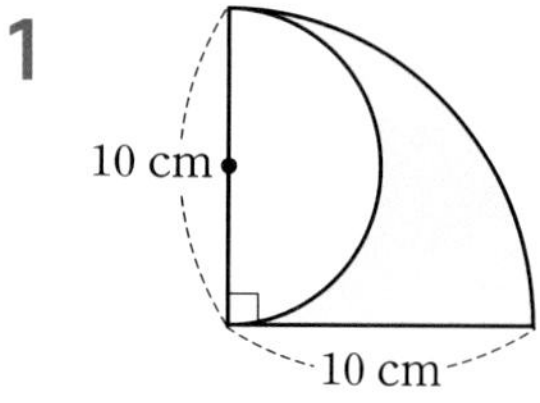

12

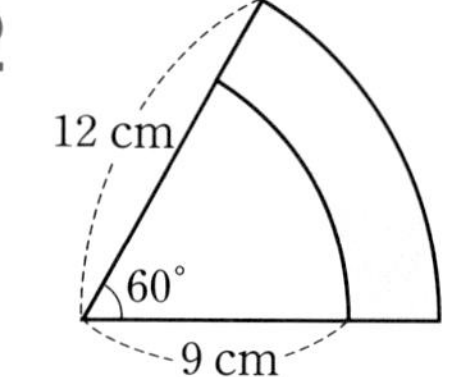

13

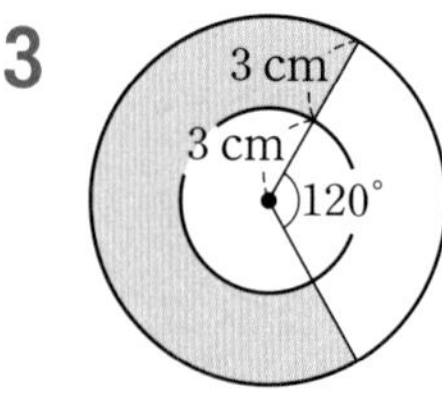

〈정답과 해설 p. 59〉

01

다음 설명 중에서 옳지 않은 것은?

① 평면 위의 한 점으로부터 일정한 거리에 있는 점들로 이루어진 도형을 원이라 한다.

② 원 위의 두 점을 연결한 선분을 현이라 하며, 가장 긴 현은 그 원의 지름이다.

③ 원 위의 두 점을 양 끝으로 하는 원의 일부분을 호라 한다.

④ 원에서 두 반지름과 현으로 이루어진 도형을 부채꼴이라 한다.

⑤ 부채꼴에서 두 반지름이 이루는 각을 중심각이라 한다.

02

그림과 같이 $\overline{AC}$를 지름으로 하는 반원에서 $\widehat{AB} : \widehat{BC} = 3 : 5$일 때, $\angle x$의 크기는?

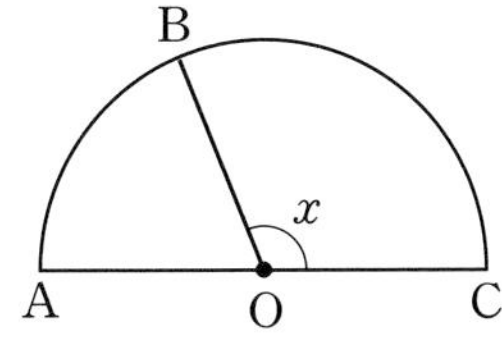

① 110° ② 112.5° ③ 115°
④ 117.5° ⑤ 120°

03 계산 조심

그림과 같은 원에서 $\widehat{AB} : \widehat{BC} : \widehat{CA} = 1 : 5 : 4$일 때, $\angle x$의 크기를 구하여라.

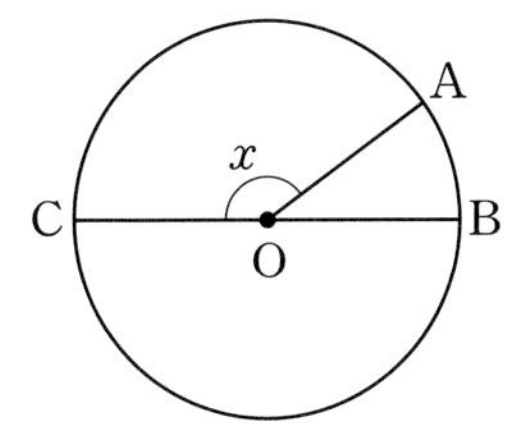

04

그림과 같은 반원에서 $\overline{AD} /\!/ \overline{OC}$이고 $\angle BOC = 15^\circ$, $\widehat{BC} = 5\text{ cm}$일 때, x의 값을 구하여라.

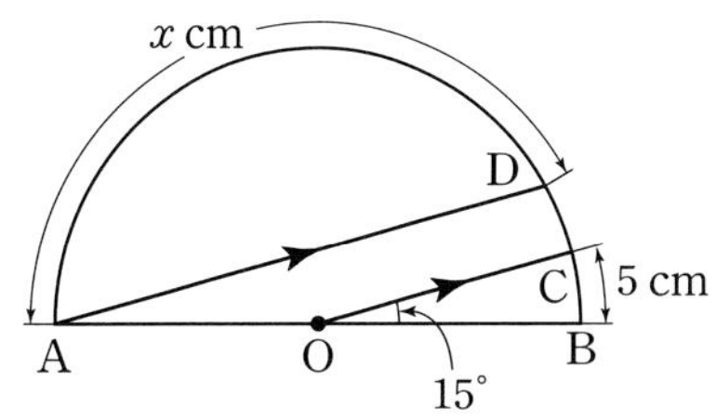

05

그림과 같은 반원에서 $\overline{AB} /\!/ \overline{DC}$이고 $\angle BOC = 36^\circ$, $\widehat{BC} = 4\text{ cm}$일 때, x의 값을 구하여라.

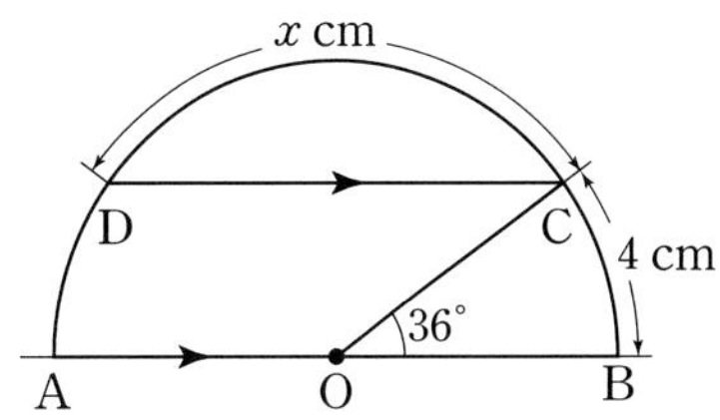

06 생각 더하기

그림과 같이 직선 OP가 원과 만나는 점을 각각 A, B라 하고 직선 PD가 원과 만나는 점 중 점 D가 아닌 점을 C라 하자. $\overline{PC} = \overline{OC}$이고 $\angle OPD = 15^\circ$일 때, 호 BD의 길이는 호 AC의 길이의 몇 배인가?

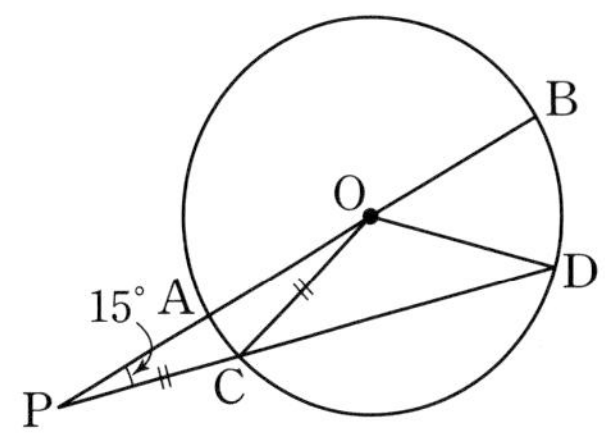

① 2 ② $\frac{5}{2}$ ③ 3
④ $\frac{7}{2}$ ⑤ 4

DAY 18

〈정답과 해설 p. 59~60〉

07

그림에서 x의 값은?

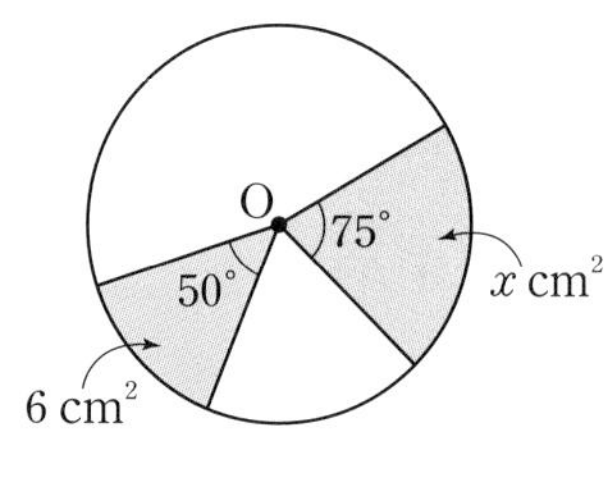

① 7 ② 8 ③ 9
④ 10 ⑤ 11

08

그림과 같은 원 O에서 중심각의 크기가 120°인 부채꼴 AOB의 넓이가 $18\pi\text{ cm}^2$일 때, 원 O의 넓이는?

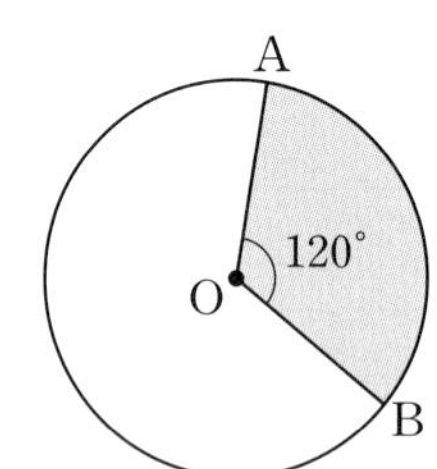

① $50\pi\text{ cm}^2$ ② $52\pi\text{ cm}^2$ ③ $54\pi\text{ cm}^2$
④ $56\pi\text{ cm}^2$ ⑤ $58\pi\text{ cm}^2$

09

그림과 같은 원 O에서 $\overset{\frown}{AB}=10\text{ cm}$, $\overset{\frown}{CD}=4\text{ cm}$이고, 부채꼴 AOB의 넓이가 30 cm^2일 때, 부채꼴 COD의 넓이를 구하여라.

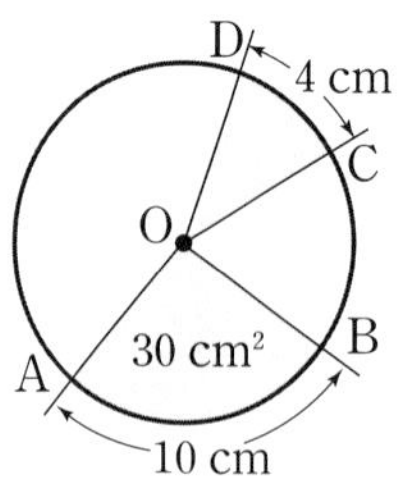

10

그림과 같은 원 O에서 $\angle x$의 크기는?

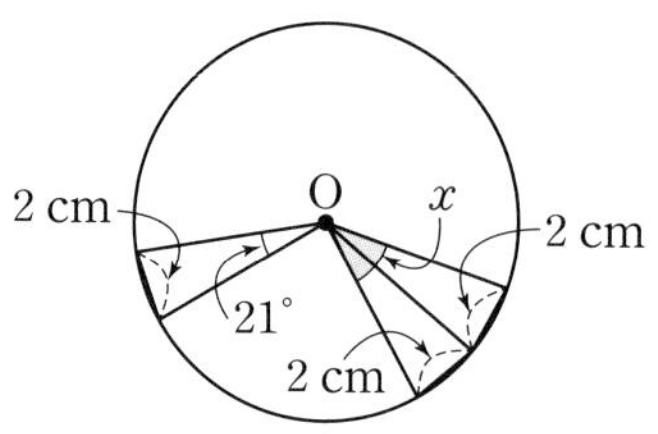

① 39° ② 42° ③ 45°
④ 48° ⑤ 51°

11

그림과 같은 원 O에서 $\angle COD=3\angle AOB$일 때, 〈보기〉 중에서 옳은 것만을 있는 대로 고른 것은?

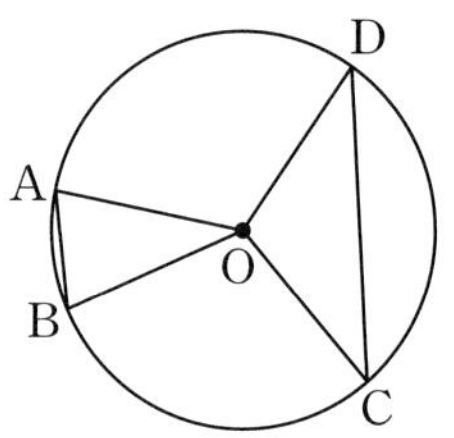

〈보기〉

ㄱ. $3\overline{AB}=\overline{CD}$
ㄴ. $3\overset{\frown}{AB}=\overset{\frown}{CD}$
ㄷ. (부채꼴 COD의 넓이)
$=3\times$(부채꼴 AOB의 넓이)

① ㄱ ② ㄴ ③ ㄷ
④ ㄴ, ㄷ ⑤ ㄱ, ㄴ, ㄷ

12

둘레의 길이가 $18\pi\text{ cm}$인 원의 넓이는?

① $36\pi\text{ cm}^2$ ② $49\pi\text{ cm}^2$ ③ $64\pi\text{ cm}^2$
④ $81\pi\text{ cm}^2$ ⑤ $100\pi\text{ cm}^2$

13

넓이가 256π cm²인 원의 둘레의 길이는?

① 26π cm ② 28π cm ③ 30π cm
④ 32π cm ⑤ 34π cm

14

반지름의 길이가 8 cm이고 중심각의 크기가 60°인 부채꼴의 넓이는?

① $\frac{32}{3}\pi$ cm² ② 11π cm² ③ $\frac{34}{3}\pi$ cm²
④ $\frac{35}{3}\pi$ cm² ⑤ 12π cm²

15 계산 조심

그림과 같은 부채꼴의 둘레의 길이를 구하시오.

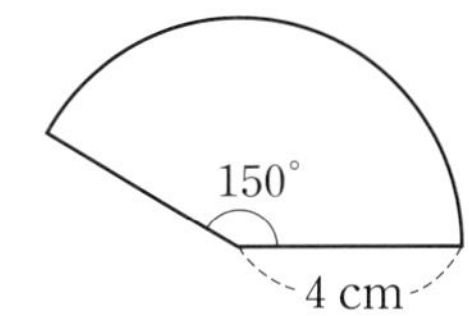

16

그림과 같이 반지름의 길이가 15 cm이고 넓이가 50π cm²인 부채꼴의 호의 길이는?

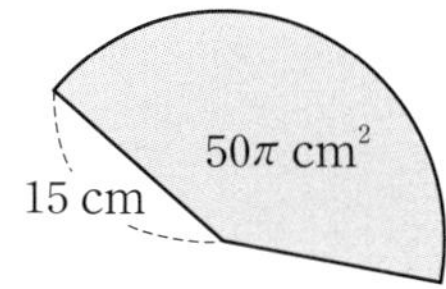

① $\frac{20}{3}\pi$ cm ② $\frac{22}{3}\pi$ cm ③ 8π cm
④ $\frac{26}{3}\pi$ cm ⑤ $\frac{28}{3}\pi$ cm²

17

그림과 같이 반지름의 길이가 4 cm이고 호의 길이가 3π cm인 부채꼴의 중심각의 크기를 $a°$, 넓이를 $S\pi$ cm²라 할 때, $\frac{2a}{S}$의 값을 구하여라.

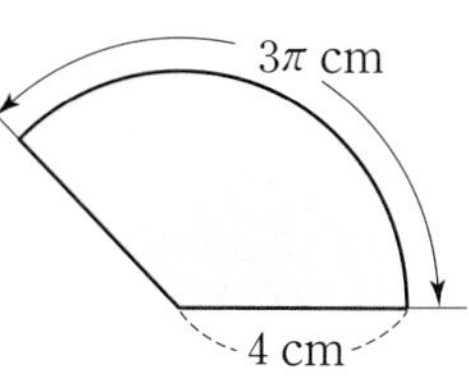

18

그림에서 색칠한 부분의 넓이는?

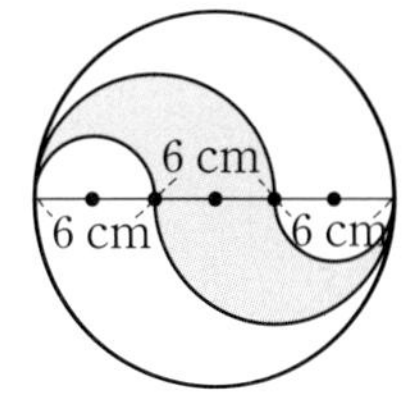

① 24π cm² ② 27π cm²
③ 30π cm² ④ 33π cm²
⑤ 36π cm²

DAY 18

19

그림에서 색칠한 부분의 둘레의 길이를 구하여라.

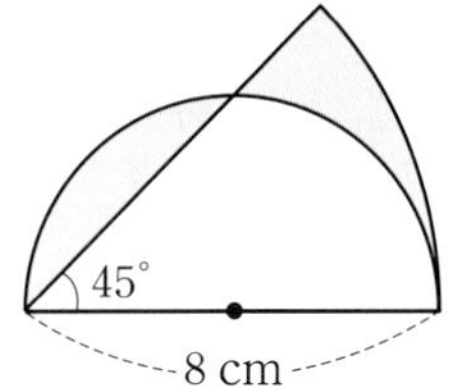

20 생각 더하기

그림에서 색칠한 부분의 넓이를 구하여라.

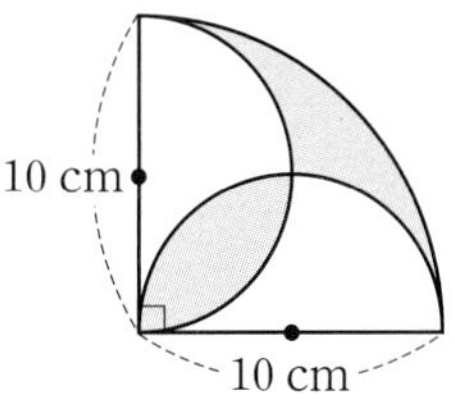

〈 정답과 해설 p. 60~61 〉

아르키메데스의 원주율

원주율은 원의 지름에 대한 원의 둘레의 비를 말하여 기호로 π로 나타낸다.
아르키메데스 이전에도 원의 지름과 원의 둘레의 비가 일정하다는 사실을 알았고
원주율의 근삿값으로 3을 주로 사용하였다.

아르키메데스는 원주율을 정확하게 계산하기 위해 정다각형을 이용하였다.
원리는 원을 그리고 원 안쪽과 바깥쪽에 각각 원에 꼭 들어맞는 정다각형을 그린 후
정다각형의 둘레를 각각 계산하였다.

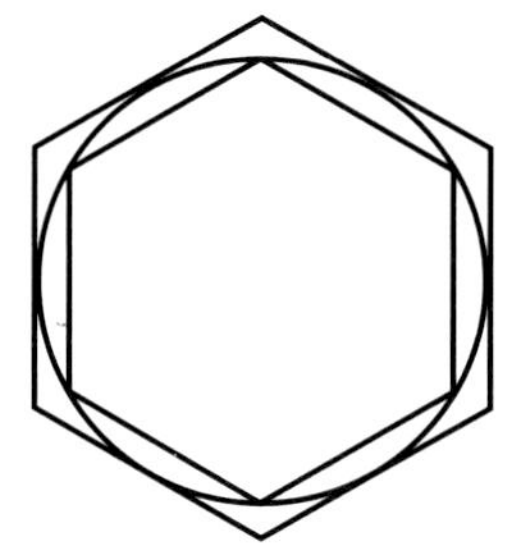

예를 들어 그림과 같이 원의 안쪽과 바깥쪽에 각각 원에 맞닿는
정육각형을 그려보자.
원의 반지름의 길이를 r라 하면 안쪽 정육각형의 둘레의 길이는 $6r$,
바깥쪽 정육각형의 둘레의 길이는 약 $6.928r$가 된다.
즉, $6r < 2\pi r < 6.928r \cdots$에서 $3 < \pi < 3.464 \cdots$이다.

이와 같이 정n각형에서 n의 값을 크게 할수록 원주율은
실제의 값과 가까워진다.
실제로 아르키메데스는 정96각형을 그려서 $3.1408 \cdots < \pi < 3.1429 \cdots$를 계산하였다.

현재는 대부분 원주율의 근사값으로 3.14를 사용하고 있으며,
이 정도의 정확도로도 공학 등에서 사용할 때 큰 무리가 없다.

III

입체도형

1 다면체와 회전체

2 입체도형의 겉넓이와 부피

Ⅲ 입체도형

1 다면체와 회전체

★ 이전에 배웠던 개념

〈각기둥과 각뿔〉

(1) **각기둥**

① 각기둥의 모든 면은 다각형이다.

② 각기둥에서 서로 평행한 두 면은 합동이다.

③ 각기둥의 두 밑면은 나머지 면들과 모두 수직으로 만난다.

④ 각기둥의 옆면은 모두 직사각형이다.

➡ 모든 면이 다각형이면서 서로 평행한 두 면이 합동인 입체도형은 각기둥이다.

(2) **각뿔**

① 각뿔의 밑면은 1개이고 다각형이다.

② 각뿔의 옆면은 모두 삼각형이다.

➡ 밑에 놓인 면이 다각형이면서 옆면이 삼각형인 입체도형은 각뿔이다.

〈원기둥, 원뿔, 구〉

(1) **원기둥** : 두 밑면이 서로 평행하고 합동인 원으로 이루어진 입체도형

(2) **원뿔** : 평평한 면이 원이고 옆을 둘러싼 면이 굽은 면인 뿔 모양의 입체도형

(3) **구** : 공 모양의 입체도형

다면체

다각형인 면으로만 둘러싸인 입체도형으로 면의 개수에 따라 사면체, 오면체, 육면체, …라 한다.

(1) **다면체의 면** : 다면체를 둘러싸고 있는 다각형

(2) **다면체의 모서리** : 다면체를 이루고 있는 다각형의 변

(3) **다면체의 꼭짓점** : 다면체를 이루고 있는 다각형의 꼭짓점

각뿔대

각뿔을 밑면에 평행한 평면으로 잘라서 생기는 두 다면체 중 각뿔이 아닌 쪽의 다면체

(1) **각뿔대의 종류** : 밑면의 모양에 따라 삼각뿔대, 사각뿔대, …라 한다.

(2) **각뿔대의 밑면** : 각뿔대에서 평행한 두 면

(3) **각뿔대의 옆면** : 각뿔대에서 밑면이 아닌 면

(4) **각뿔대의 높이** : 각뿔대에서 두 밑면 사이의 거리

(5) 각뿔대의 꼭짓점, 모서리, 면의 개수는 차례로 $2n$, $3n$, $n+2$이다.

정다면체

(1) 다음 두 조건을 모두 만족시키는 다면체를 정다면체라 한다.

① 모든 면이 합동인 정다각형이다.

② 각 꼭짓점에 모인 면의 개수가 같다.

➡ 위의 두 조건 중 어느 한 가지만을 만족시키는 다면체는 정다면체가 아니다.

(2) **정다면체의 종류** : 정사면체, 정육면체, 정팔면체, 정십이면체, 정이십면체

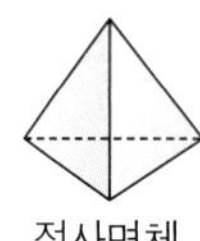

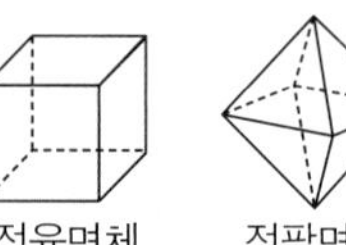

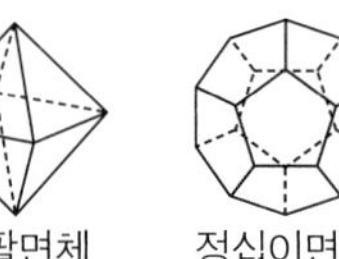

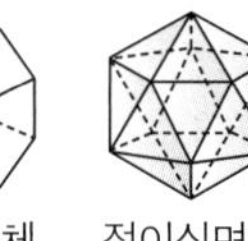

정사면체 정육면체 정팔면체 정십이면체 정이십면체

회전체

평면도형을 한 직선을 축으로 하여 1회전 시킬 때 생기는 입체도형

(1) **회전축** : 회전시킬 때 축이 되는 직선

(2) **모선** : 원기둥, 원뿔에서와 같이 회전시킬 때 옆면을 만드는 선분

(3) **원뿔대** : 원뿔을 밑면에 평행한 평면으로 잘라서 생기는 두 입체도형 중 원뿔이 아닌 쪽의 입체도형

(4) **회전체의 종류** : 원기둥, 원뿔, 원뿔대, 구 등

회전체의 성질

(1) 회전체를 회전축에 수직인 평면으로 자를 때 생기는 단면은 항상 원이다.

(2) 회전체를 회전축을 포함하는 평면으로 자를 때 생기는 단면은 회전축에 대한 선대칭도형이고, 모두 합동이다.

2 입체도형의 겉넓이와 부피

★ 이전에 배웠던 개념

〈직육면체의 부피와 겉넓이〉

(1) 직육면체의 부피

(직육면체의 부피)
=(가로의 길이)×(세로의 길이)×(높이)
=(밑면의 넓이)×(높이)

(2) 정육면체의 부피

(정육면체의 부피)
=(한 모서리의 길이)×(한 모서리의 길이)×(한 모서리의 길이)

(3) 직육면체의 겉넓이

(직육면체의 겉넓이)
=(여섯 면의 넓이의 합)
=(한 꼭짓점에서 만나는 세 면의 넓이의 합)×2
=(한 밑면의 넓이)×2+(옆면의 넓이)

(4) 정육면체의 겉넓이

(정육면체의 겉넓이)
=(여섯 면의 넓이의 합)
=(한 모서리의 길이)×(한 모서리의 길이)×6

각기둥의 겉넓이와 부피

그림과 같은 각기둥의
(겉넓이)=(밑넓이)×2+(옆넓이)
(부피)=(밑넓이)×(높이)

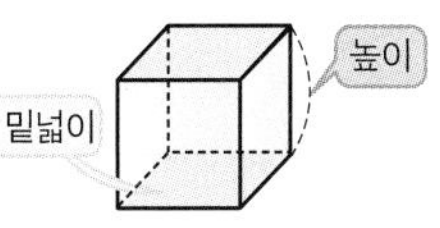

원기둥의 겉넓이와 부피

그림과 같은 원기둥의
(겉넓이)$=2\pi r^2+2\pi rh$
(부피)$=\pi r^2 h$

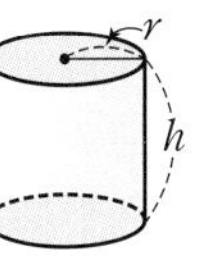

각뿔의 겉넓이와 부피

그림과 같은 각뿔의
(겉넓이)=(밑넓이)+(옆넓이)
(부피)$=\frac{1}{3}\times$(밑넓이)×(높이)

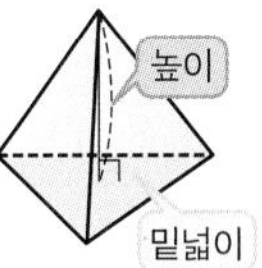

원뿔의 겉넓이와 부피

그림과 같은 각뿔의
(겉넓이)$=\pi r^2+\pi rl$
(부피)$=\frac{1}{3}\pi r^2 h$

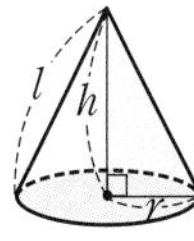

뿔대의 겉넓이와 부피

(뿔대의 겉넓이)=(두 밑넓이의 합)+(옆넓이)
(뿔대의 부피)=(큰 뿔의 부피)−(작은 뿔의 부피)

구의 겉넓이와 부피

그림과 같은 구의
(겉넓이)$=4\pi r^2$
(부피)$=\frac{4}{3}\pi r^3$

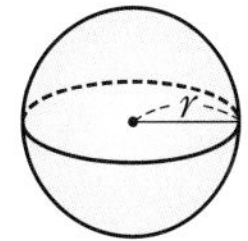

01 다면체

(1) **다면체**: 다각형인 면으로만 둘러싸인 입체도형을 다면체라 하고, 면의 개수에 따라 사면체, 오면체, 육면체, …라 한다.
(2) **다면체의 면**: 다면체를 둘러싸고 있는 다각형
(3) **다면체의 모서리**: 다면체를 이루고 있는 다각형의 변
(4) **다면체의 꼭짓점**: 다면체를 이루고 있는 다각형의 꼭짓점

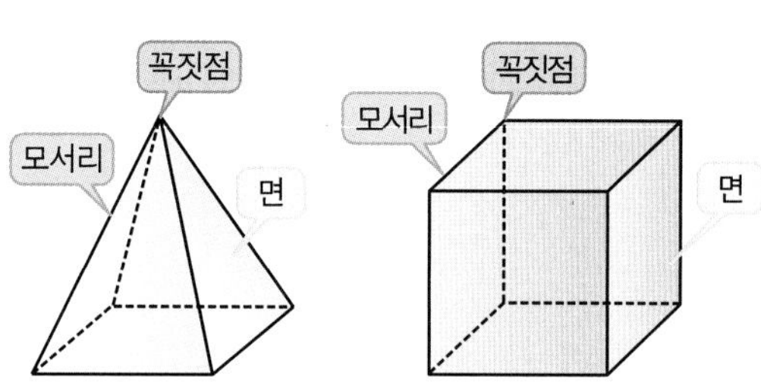

유형 01 다면체

[01-04] 다음 중에서 다면체인 것은 ○표, 다면체가 아닌 것은 ×표를 (　　) 안에 써넣어라.

01

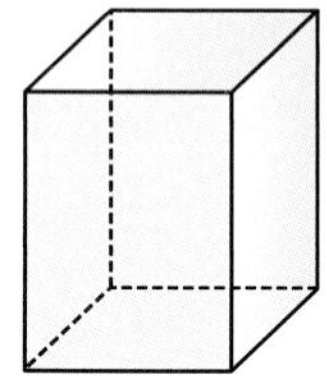

(　　)

해 다면체는 [　　]인 면으로만 둘러싸인 입체도형이다.

02

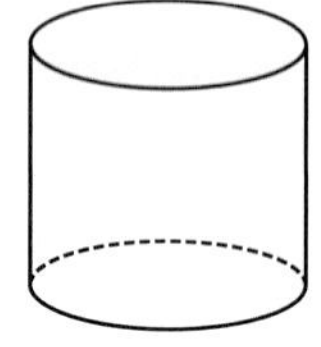

(　　)

03

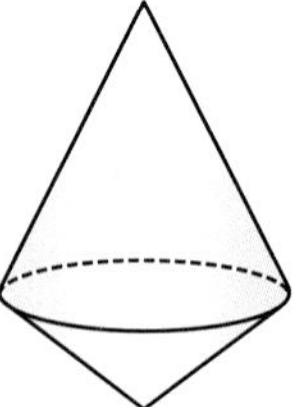

(　　)

04

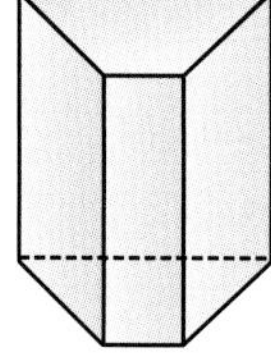

(　　)

유형 02 다면체의 꼭짓점의 개수

[05-08] 그림과 같은 다면체의 꼭짓점의 개수를 구하여라.

05

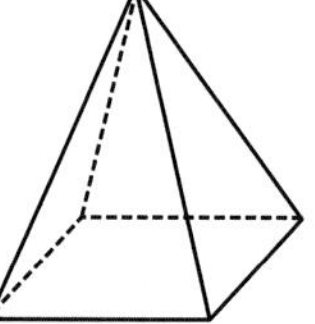

06

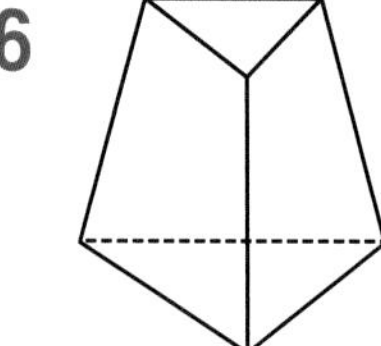

07

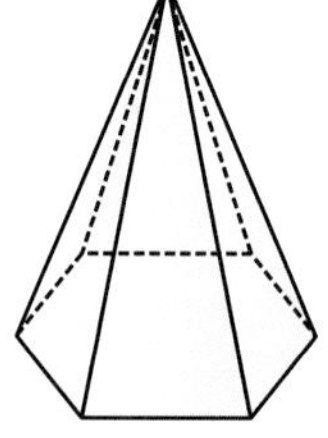

08

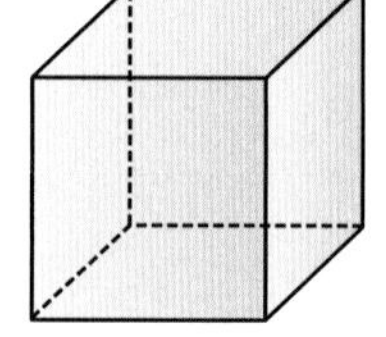

유형 03 다면체의 모서리의 개수

[09-12] 그림과 같은 다면체의 모서리의 개수를 구하여라.

09 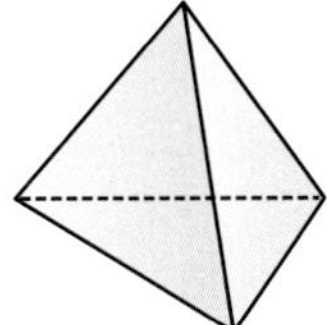

10 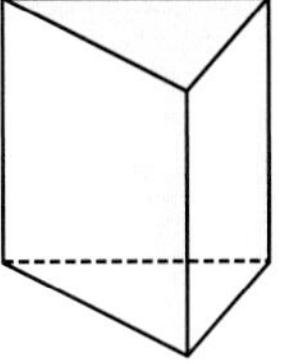

11 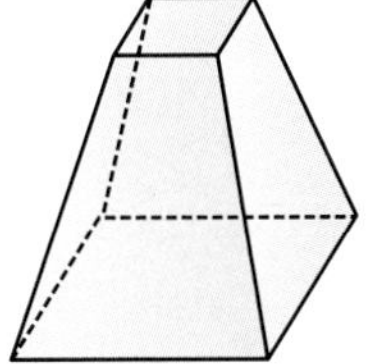

12 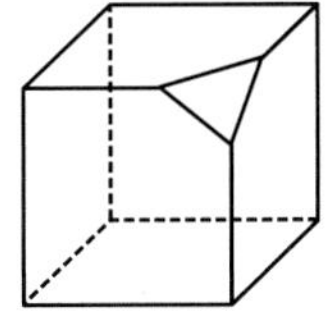

유형 04 다면체의 면의 개수와 다면체의 이름

[13-16] 그림과 같은 다면체의 면의 개수를 구하고 몇 면체인지 말하여라.

13 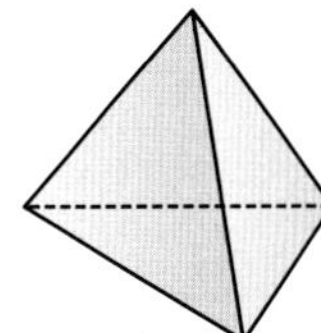

14 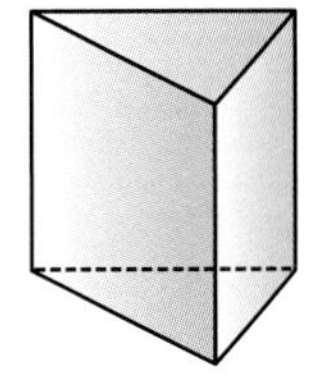

15 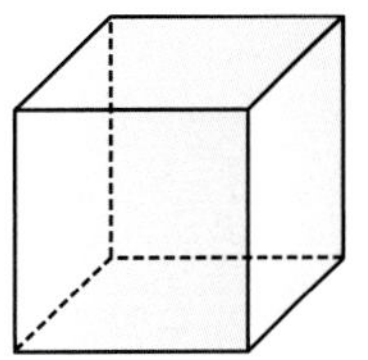

16 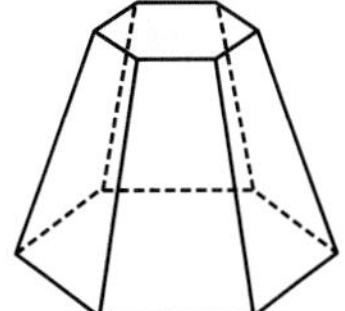

개념 체크

17 다음 빈칸에 알맞은 것을 써넣어라.

다각형인 면으로만 둘러싸인 입체도형을 [　　　]라 하고, 면의 개수가 4, 5, 6, …인 다면체를 차례로 사면체, [　　　], [　　　], …라 한다.

DAY 19

〈 정답과 해설 p. 61 〉

02 다면체의 종류 — 각뿔대

(1) **다면체의 종류 :** 각기둥, 각뿔, 각뿔대 등

(2) **각뿔대 :** 각뿔을 밑면에 평행한 평면으로 잘라서 생기는 두 다면체 중 각뿔이 아닌 쪽의 다면체

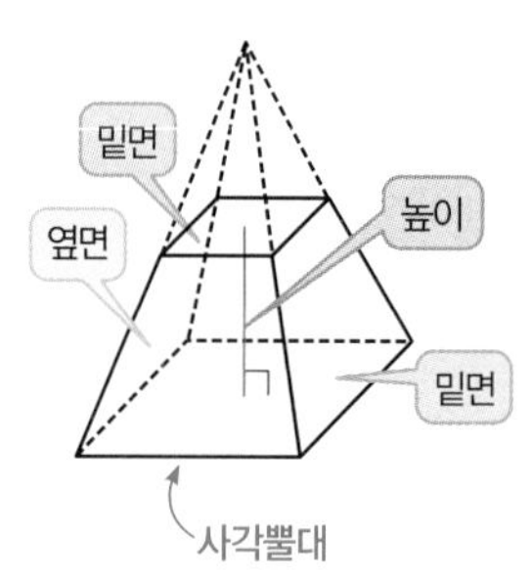

① **각뿔대의 종류 :** 밑면의 모양에 따라 삼각뿔대, 사각뿔때, 오각뿔대, …라 한다.

② **각뿔대의 밑면 :** 각뿔대에서 평행한 두 면

③ **각뿔대의 옆면 :** 각뿔대에서 밑면이 아닌 면

④ **각뿔대의 높이 :** 각뿔대에서 두 밑면 사이의 거리

(3) 각기둥, 각뿔, 각뿔대의 비교

	n각기둥	n각뿔	n각뿔대
옆면의 모양	직사각형	삼각형	사다리꼴
면의 개수	$n+2$	$n+1$	$n+2$
모서리의 개수	$3n$	$2n$	$3n$
꼭짓점의 개수	$2n$	$n+1$	$2n$

예 사각기둥, 사각뿔, 사각뿔대의 비교

	사각기둥	사각뿔	사각뿔대
옆면의 모양	직사각형	삼각형	사다리꼴
면의 개수	$6(=4+2)$	$5(=4+1)$	$6(=4+2)$
모서리의 개수	$12(=3\times4)$	$8(=2\times4)$	$12(=3\times4)$
꼭짓점의 개수	$8(=2\times4)$	$5(=4+1)$	$8(=2\times4)$

유형 05 각뿔대의 이름

[01-03] 그림과 같은 각뿔대의 밑면의 모양과 각뿔대의 이름을 차례로 말하여라.

01

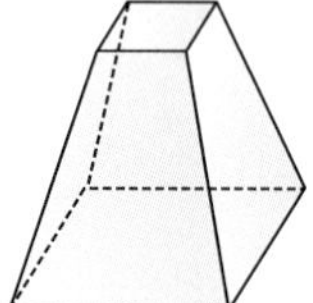

02

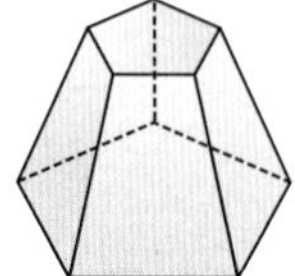

03

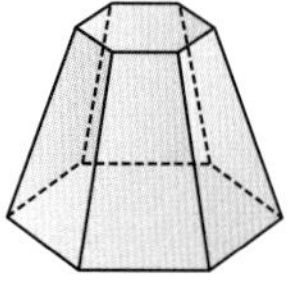

유형 06 각뿔대의 꼭짓점, 모서리, 면의 개수

[04-06] 그림과 같은 각뿔대의 꼭짓점의 개수, 모서리의 개수, 면의 개수를 차례로 구하여라.

04

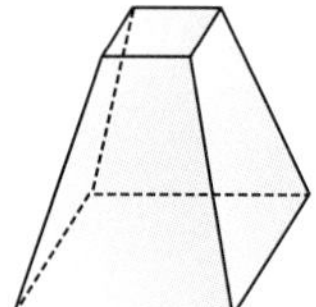

05

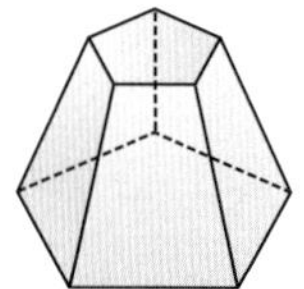

06

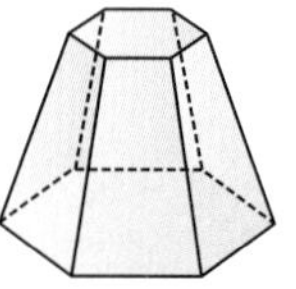

유형 07 각뿔대의 옆면

[07-10] 그림과 같은 각뿔대의 옆면의 모양을 말하여라.

07

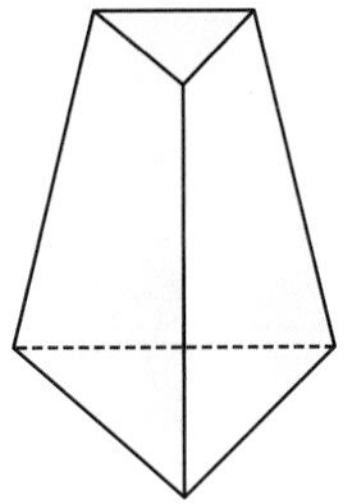

08

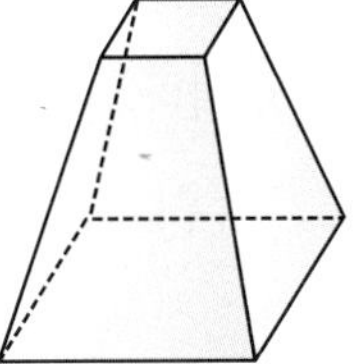

09

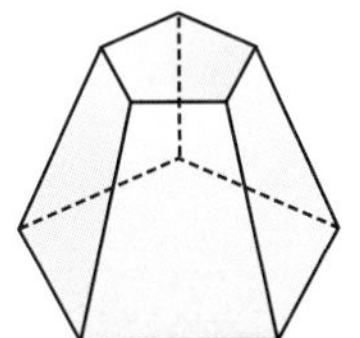

10

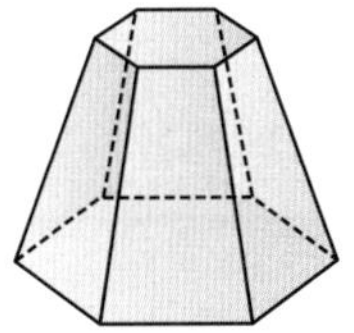

유형 08 다면체의 꼭짓점, 모서리, 면의 개수

[11-14] 다음 표를 완성하여라.

11

다면체			
밑면의 모양에 따른 이름		사각뿔	
꼭짓점의 개수	8		
모서리의 개수			12
면의 개수		5	

12

	꼭짓점의 개수	모서리의 개수	면의 개수
삼각기둥	6	9	5
오각기둥			
육각기둥			
팔각기둥			

13

	꼭짓점의 개수	모서리의 개수	면의 개수
삼각뿔	4	6	4
오각뿔			
육각뿔			
팔각뿔			

14

	꼭짓점의 개수	모서리의 개수	면의 개수
삼각뿔대	6	9	5
오각뿔대			
육각뿔대			
팔각뿔대			

〈정답과 해설 p. 62〉

유형 09 각기둥, 각뿔, 각뿔대

[15-21] 〈보기〉의 다면체 중에서 다음을 만족시키는 것을 모두 골라라.

〈보기〉

ㄱ. 사각기둥	ㄴ. 오각뿔	ㄷ. 오각뿔대
ㄹ. 육각뿔	ㅁ. 사각뿔대	ㅂ. 육각기둥
ㅅ. 육각뿔대	ㅇ. 칠각뿔	ㅈ. 팔각기둥

15 밑면의 개수가 2인 다면체

16 밑면의 모양이 육각형이 다면체

17 옆면의 모양이 삼각형인 다면체

18 옆면의 모양이 직사각형이 아닌 사다리꼴인 다면체

19 면의 개수가 7인 다면체

20 꼭짓점의 개수가 8인 다면체

21 모서리의 개수가 12인 다면체

[22-25] 다음 조건을 모두 만족시키는 입체도형을 구하여라.

22

(가) 두 밑면이 평행하지만 합동은 아니다.
(나) 옆면의 모양이 사다리꼴이다.
(다) 면의 개수는 8이다.

해 두 조건 (가), (나)에 의하여 구하는 입체도형은 [ ]이다.
즉, 구하는 입체도형을 n[ ]라 하면
조건 (다)에 의하여 $n+$[ ]$=8$에서 $n=$[ ]
따라서 구하는 입체도형은 [ ]이다.

23

(가) 두 밑면이 평행하고 합동이다.
(나) 옆면의 모양이 직사각형이다.
(다) 십면체이다.

24

(가) 밑면이 1개이다.
(나) 옆면의 모양이 삼각형이다.
(다) 모서리의 개수는 14이다.

25

(가) 두 밑면이 평행하지만 합동은 아니다.
(나) 옆면의 모양이 사다리꼴이다.
(다) 꼭짓점의 개수는 18이다.

개념 체크

26 **다음 빈칸에 알맞은 것을 써넣어라.**

각뿔을 밑면에 평행한 평면으로 잘라서 생기는 두 다면체 중 각뿔이 아닌 쪽의 다면체를 [ ]라 한다. 이때, 각뿔대의 밑면은 다각형이고 그 개수는 [ ]이며 옆면의 모양은 모두 [ ]이다.

〈정답과 해설 p. 62~63〉

03 정다면체

(1) **정다면체** : 다음 두 조건을 모두 만족시키는 다면체를 정다면체라 한다.

① 모든 면이 합동인 정다각형이다.

② 각 꼭짓점에 모인 면의 개수가 같다.

주의 위의 두 조건 중 어느 한 가지만을 만족시키는 다면체는 정다면체가 아니다.

(2) **정다면체의 종류** : 정사면체, 정육면체, 정팔면체, 정십이면체, 정이십면체의 5가지뿐이다.

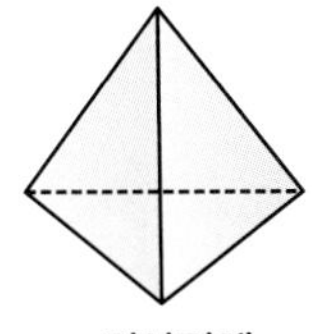
정사면체

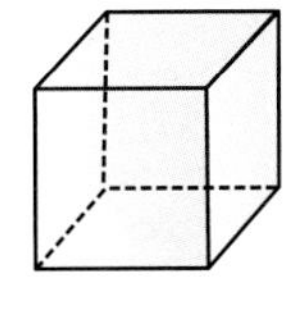
정육면체

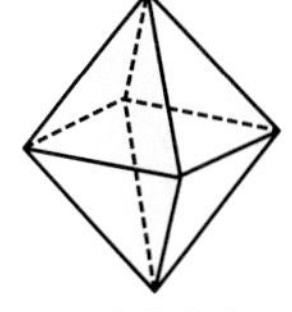
정팔면체

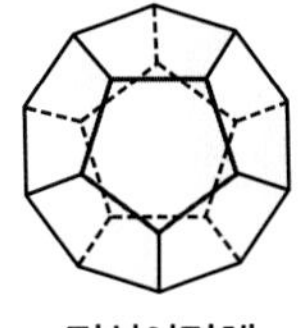
정십이면체

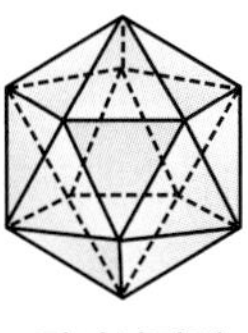
정이십면체

참고 (1) 정다면체는 입체도형이므로

① 한 꼭짓점에서 3개 이상의 면이 만나야 한다.

② 한 꼭짓점에 모인 각의 크기의 합이 360°보다 작아야 한다.

따라서 정다면체의 면이 될 수 있는 다각형은 정삼각형, 정사각형, 정오각형뿐이므로 이에 따라 만들 수 있는 정다면체는 위의 5가지뿐이다.

(2) 정다면체의 면이 될 수 있는 다각형은 정삼각형, 정사각형, 정오각형이 있다.

① 정삼각형으로 만들 수 있는 정다면체 : 정사면체, 정팔면체, 정이십면체

② 정사각형으로 만들 수 있는 정다면체 : 정육면체

③ 정오각형으로 만들 수 있는 정다면체 : 정십이면체

유형 10 정다면체의 이해

01 다음 표를 완성하여라.

	정사면체	정육면체	정팔면체	정십이면체	정이십면체
겨냥도					
면의 모양	정삼각형				
한 꼭짓점에 모인 면의 개수(개)					
	3				
꼭짓점의 개수(개)				20	12
모서리의 개수(개)				30	30
면의 개수(개)				12	20

〈정답과 해설 p. 63〉

[02-09] 다음 중에서 정다면체에 대한 설명으로 옳은 것은 ○표, 옳지 않은 것은 ×표를 (   ) 안에 써넣어라.

02 모든 면이 합동인 정다각형인 다면체는 정다면체이다. (   )

03 정다면체는 각 꼭짓점에서 모인 면의 개수가 모두 같다. (   )

04 정다면체의 종류는 5가지뿐이다. (   )

05 면의 모양이 정육각형인 정다면체가 있다. (   )

06 정팔면체의 모서리의 개수는 30이다. (   )

07 정십이면체의 꼭짓점의 개수는 20이다. (   )

08 정다면체의 한 꼭짓점에 모일 수 있는 면의 개수는 최대 6이다. (   )

09 한 꼭짓점에 모인 각의 크기의 합은 360°보다 작아야 한다. (   )

유형 11 정다면체의 분류

[10-15] 다음 조건을 만족시키는 정다면체를 모두 구하여라.

10 면의 모양이 정삼각형인 정다면체

11 면의 모양이 정사각형인 정다면체

12 면의 모양이 정오각형인 정다면체

13 한 꼭짓점에 모인 면의 개수가 3인 정다면체

14 한 꼭짓점에 모인 면의 개수가 4인 정다면체

15 한 꼭짓점에 모인 면의 개수가 5인 정다면체

개념 체크

16 다음 빈칸에 알맞은 것을 써넣어라.

모든 면이 합동인 정다각형이고 각 꼭짓점에 모인 면의 개수가 모두 같은 다면체를 [   ]라 한다. 이때, 정다면체는 [   ], 정육면체, [   ], 정십이면체, [   ]의 [   ] 가지뿐이다.

〈정답과 해설 p. 63〉

04 정다면체의 전개도

	정사면체	정육면체	정팔면체	정십이면체	정이십면체
겨냥도		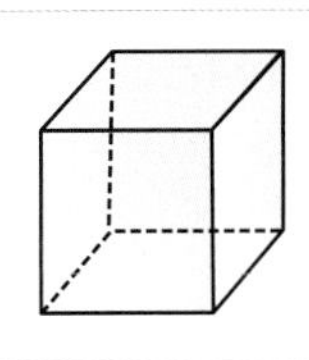	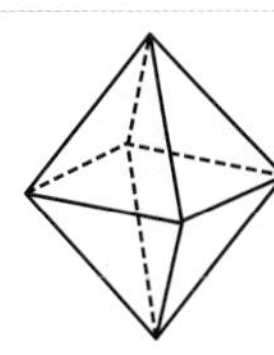	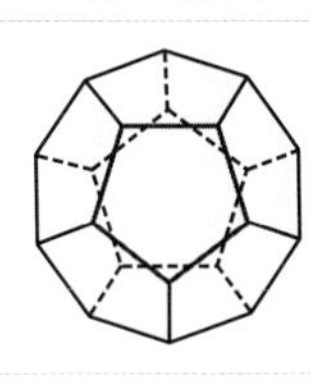	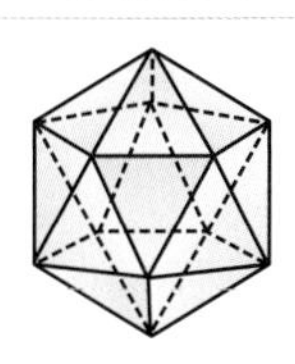
전개도	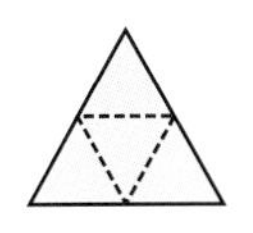	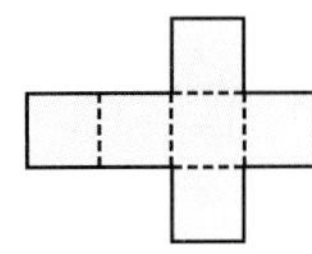	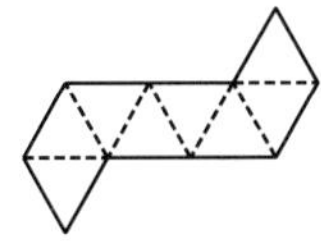	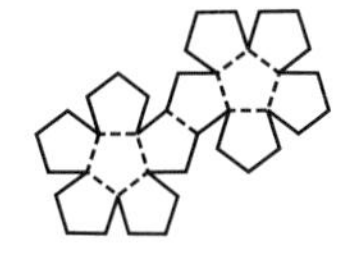	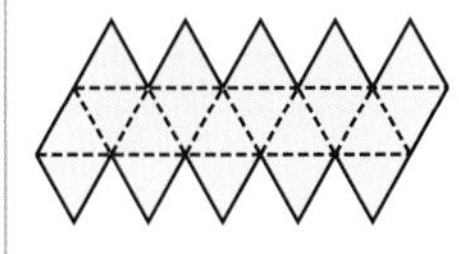

참고 정다면체의 전개도는 어느 면을 기준으로 잘라 펼치느냐에 따라 여러 가지 모양이 나오는데 위의 그림과 같은 전개도가 가장 일반적이다.

유형 12 정다면체의 전개도

01 다음 정다면체와 그 전개도를 찾아 연결하여라.

1) 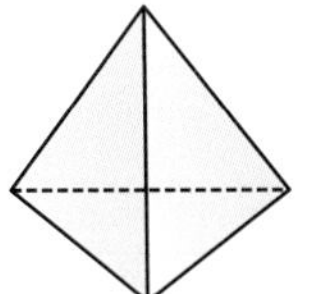 • • 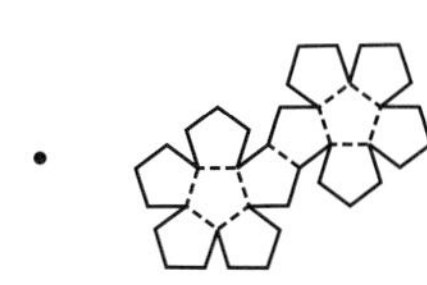

2) 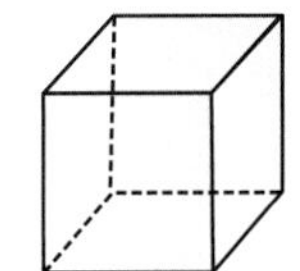 • • 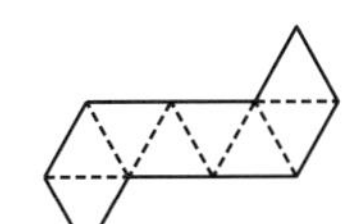

3) 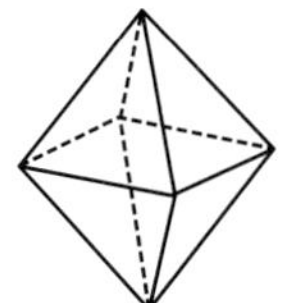 • • 

4) 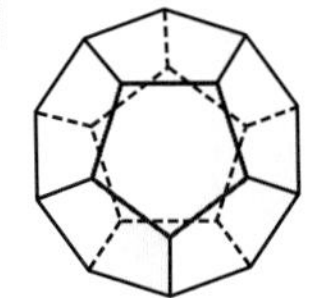 • • 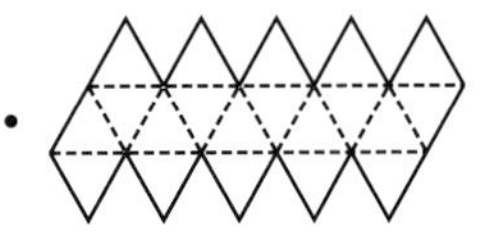

5) 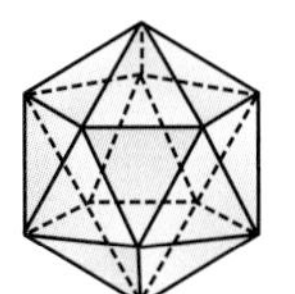 • • 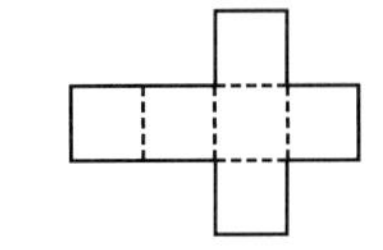

유형 13 정사면체의 전개도의 이해

02 그림과 같은 전개도로 만들어지는 정다면체에 대하여 다음을 모두 구하여라.

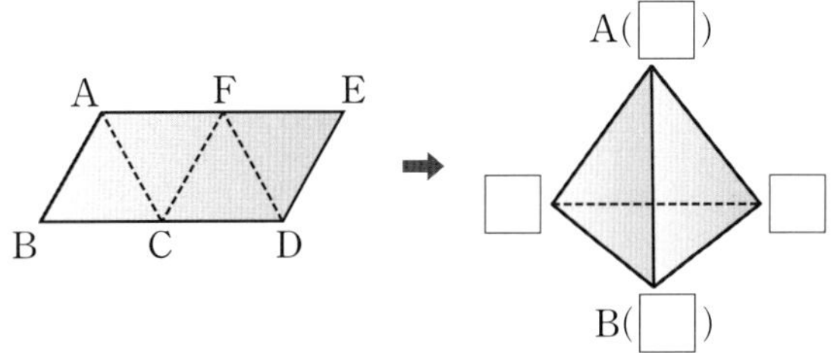

1) 정다면체의 이름

2) 꼭짓점 A와 겹치는 꼭짓점

3) 꼭짓점 B와 겹치는 꼭짓점

4) 모서리 AB와 겹치지는 않고, 만나는 모서리

5) 모서리 AB와 꼬인 위치에 있는 모서리

DAY 19

〈정답과 해설 p. 63~64〉

유형 14 정육면체의 전개도의 이해

[03-06] 다음 중에서 정육면체의 전개도가 될 수 있는 것은 ○표, 될 수 없는 것은 ×표를 (   ) 안에 써넣어라.

03

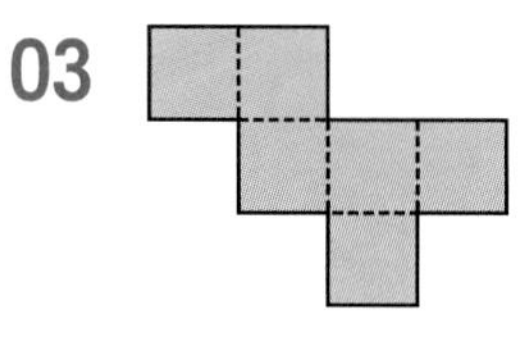

(   )

04

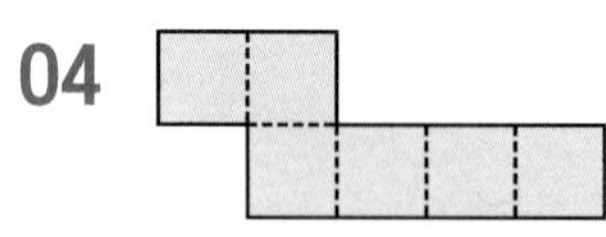

(   )

05

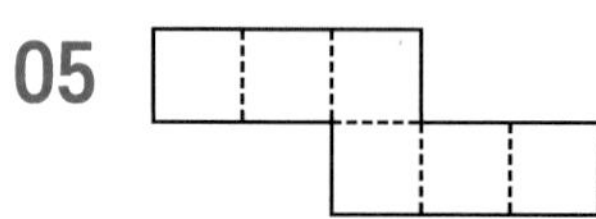

(   )

06

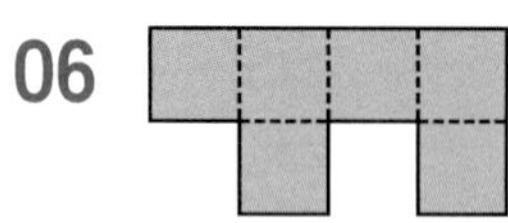

(   )

07 그림과 같은 전개도로 만들어지는 정다면체에 대하여 다음을 모두 구하여라.

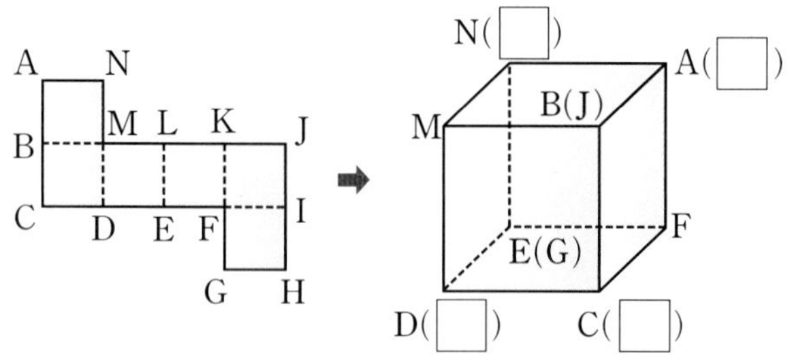

1) 꼭짓점 D와 겹치는 꼭짓점

2) 모서리 CD와 겹치는 모서리

3) 면 BCDM과 평행한 면

유형 15 정팔면체의 전개도의 이해

08 그림과 같은 전개도로 만들어지는 정다면체에 대하여 다음을 모두 구하여라.

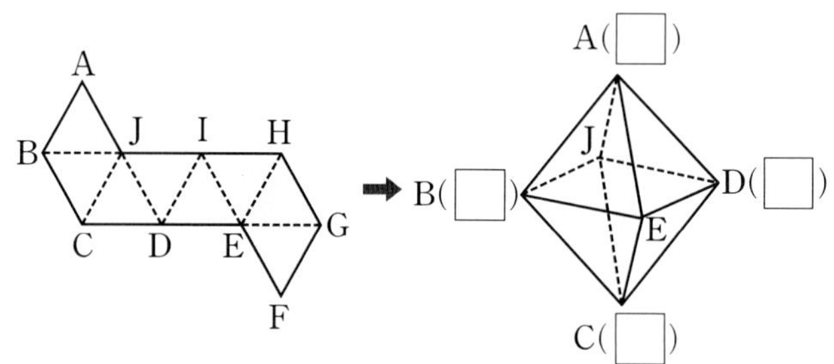

1) 꼭짓점 A와 겹치는 꼭짓점

2) 꼭짓점 C와 겹치는 꼭짓점

3) 모서리 CD와 겹치는 모서리

4) 모서리 HI와 평행한 모서리

5) 모서리 AB와 꼬인 위치에 있는 모서리

개념 체크

09 〈보기〉 정다면체의 전개도를 보고 빈칸에 알맞은 것을 써넣어라.

〈보기〉

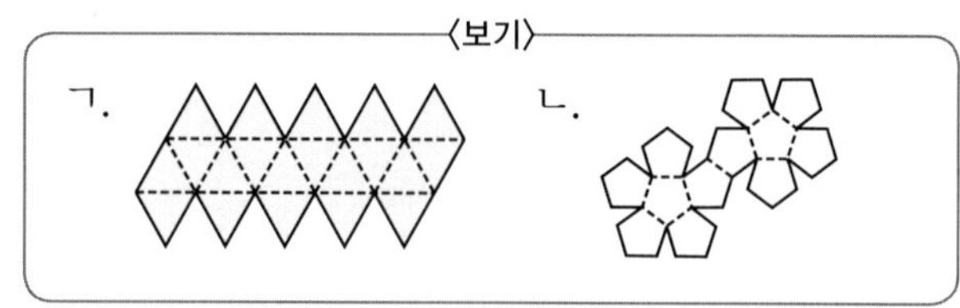

1) 전개도 ㄱ으로 만들 수 있는 정다면체의 이름은 [   ]이다.

2) 전개도 ㄴ으로 만들 수 있는 정다면체의 이름은 [   ]이다.

〈 정답과 해설 p. 64 〉

05 회전체

(1) **회전체** : 평면도형을 한 직선을 축으로 하여 1회전 시킬 때 생기는 입체도형

(2) **회전축** : 회전시킬 때 축이 되는 직선

(3) **모선** : 원기둥, 원뿔에서와 같이 회전시킬 때 옆면을 만드는 선분

참고 구의 옆면을 만드는 것은 곡선이므로 구에서는 모선을 생각하지 않는다.

(4) **원뿔대** : 원뿔을 밑면에 평행한 평면으로 잘라서 생기는 두 입체도형 중 원뿔이 아닌 쪽의 입체도형

(5) **회전체의 종류** : 원기둥, 원뿔, 원뿔대, 구 등

	원기둥	원뿔	원뿔대	구
겨냥도				
회전시키는 평면도형	직사각형	직각삼각형	두 각이 직각인 사다리꼴	반원

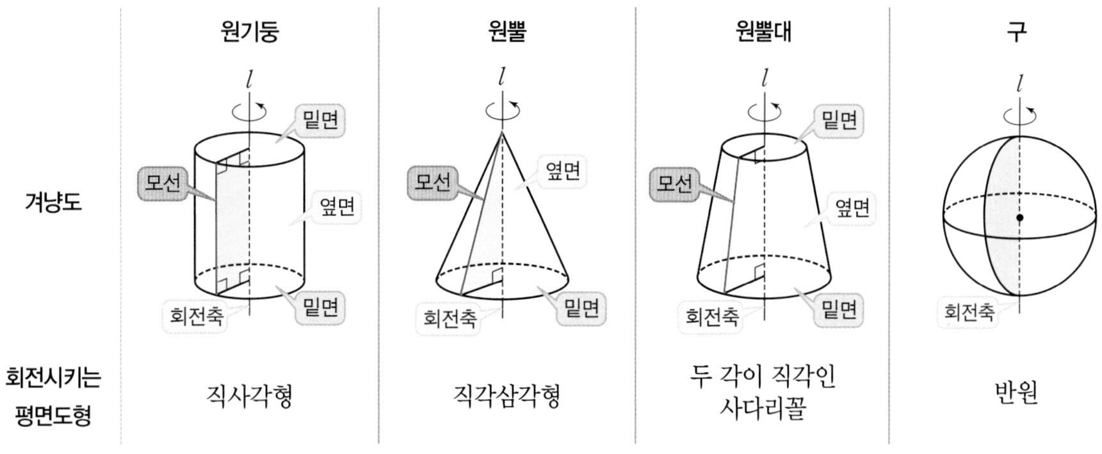

유형 16 **회전체**

[01-06] 다음 입체도형 중에서 회전체인 것은 ○표, 회전체가 아닌 것은 ×표를 (　　) 안에 써넣어라.

01

(　　)

02

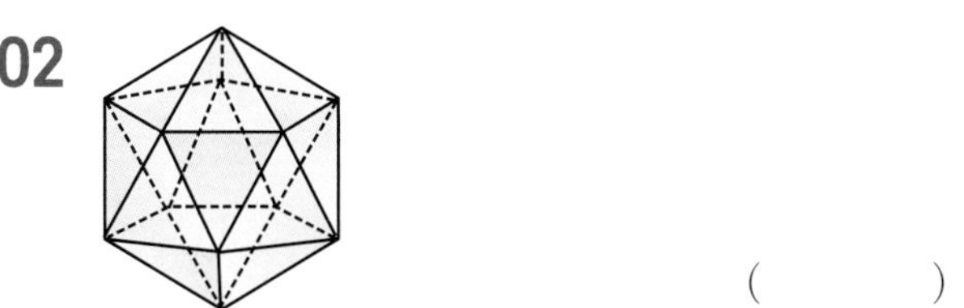

(　　)

03

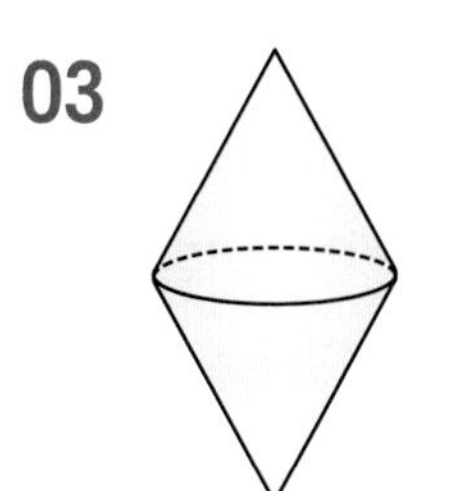

(　　)

04

(　　)

05

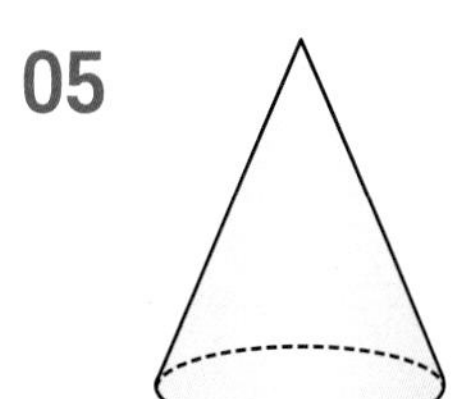

(　　)

06

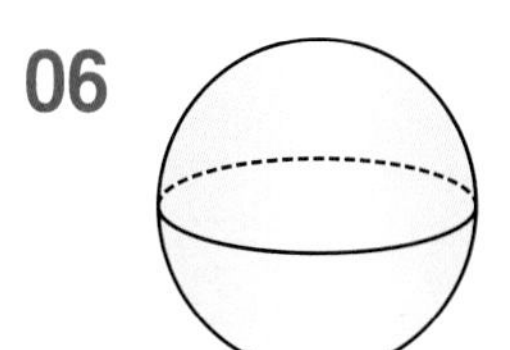

(　　)

〈 정답과 해설 p. 64 〉

유형 17 **회전체의 겨냥도**

07 그림과 같은 평면도형과 그 평면도형을 직선 l을 회전축으로 하여 1회전 시킬 때 생기는 입체도형의 겨냥도를 서로 연결하여라.

1) 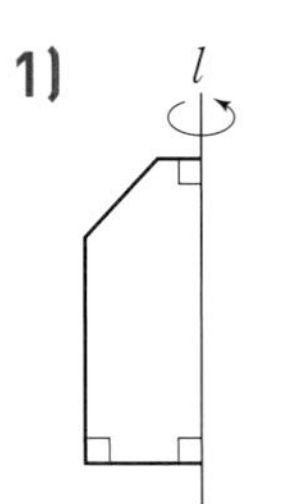 • • 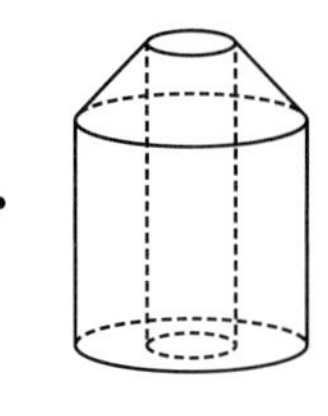

2) 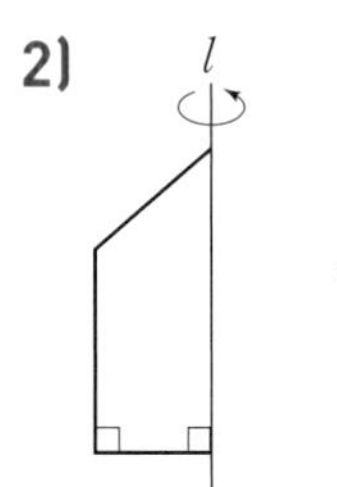 • • 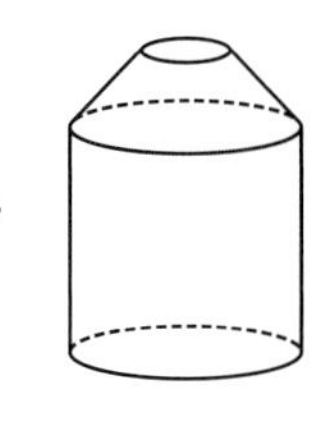

3) 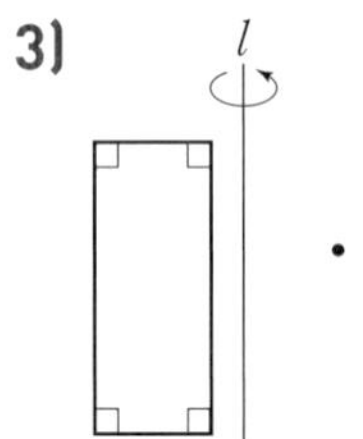 • • 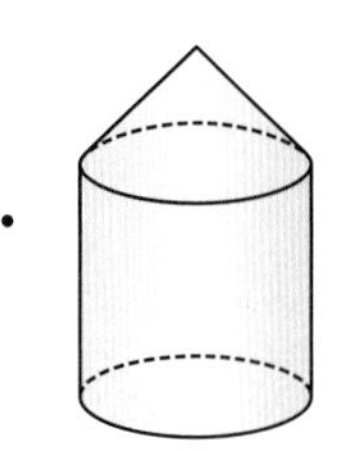

4) 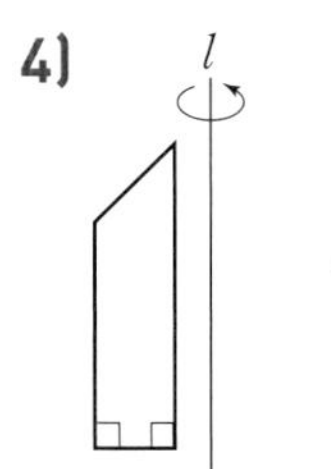 • • 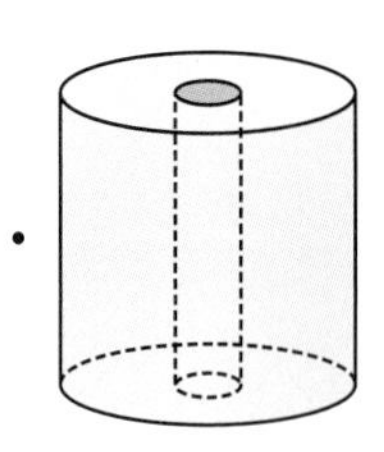

5) 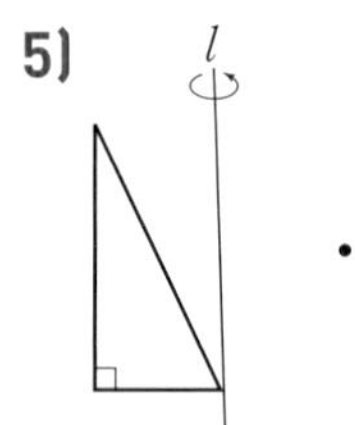 • • 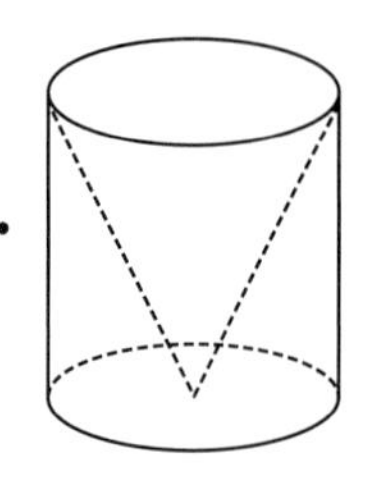

[08-12] 그림과 같은 평면도형을 직선 l을 회전축으로 하여 1회전 시킬 때 생기는 입체도형의 겨냥도를 그려라.

08

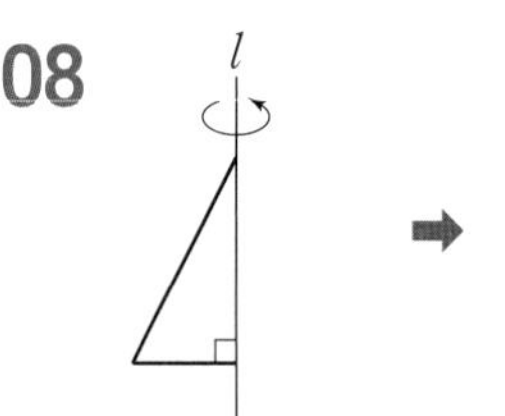

09

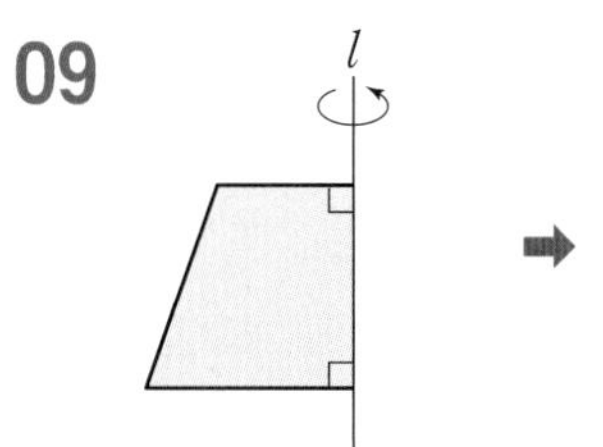

10

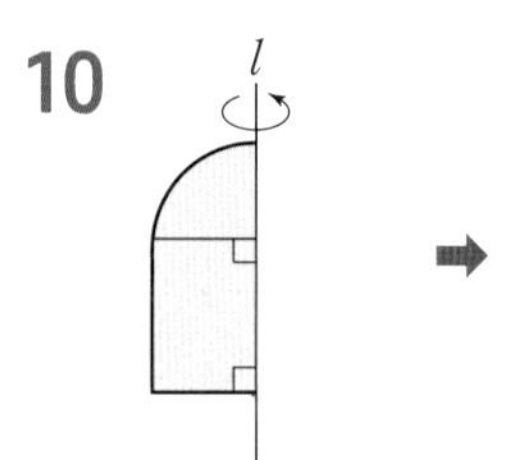

11

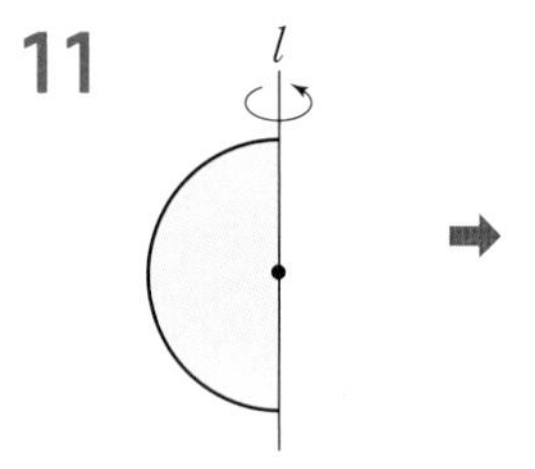

12

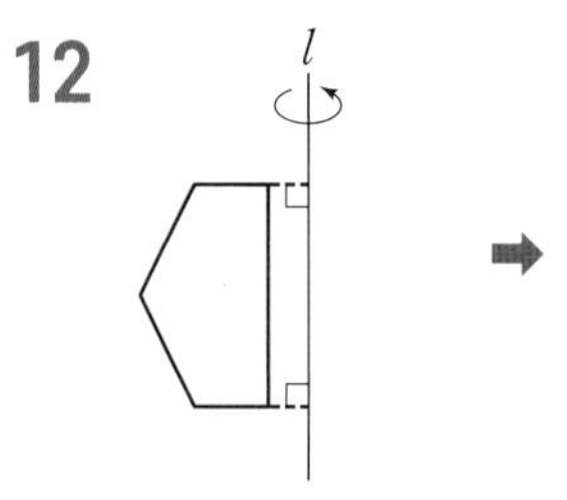

개념 체크

13 다음 빈칸에 알맞은 것을 써넣어라.

평면도형을 한 직선을 축으로 하여 1회전 시킬 때 생기는 입체도형을 [　　　]라 하고, 회전체인 원뿔을 밑면에 평행한 평면으로 잘라서 생기는 두 입체도형 중 원뿔이 아닌 쪽의 입체도형을 [　　　]라 한다.

〈 정답과 해설 p. 64 〉

06 회전체의 성질

(1) 회전체를 회전축에 수직인 평면으로 자를 때 생기는 단면은 항상 원이다.

(2) 회전체를 회전축을 포함하는 평면으로 자를 때 생기는 단면은 회전축에 대한 선대칭도형이고, 모두 합동이다.

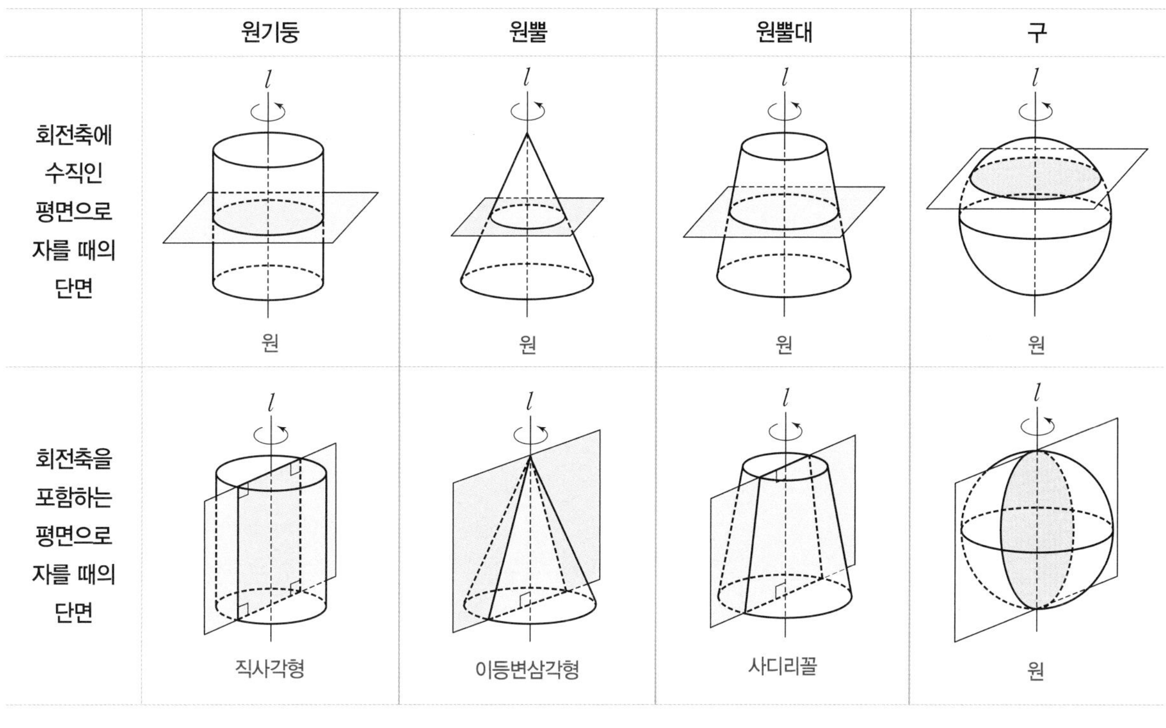

	원기둥	원뿔	원뿔대	구
회전축에 수직인 평면으로 자를 때의 단면	원	원	원	원
회전축을 포함하는 평면으로 자를 때의 단면	직사각형	이등변삼각형	사다리꼴	원

DAY 20

유형 18 회전축에 수직인 평면으로 자를 때 생기는 단면

[01-05] 그림과 같은 회전체를 회전축에 수직인 평면으로 자를 때 생기는 단면의 모양을 그려라.

01 ➡

02

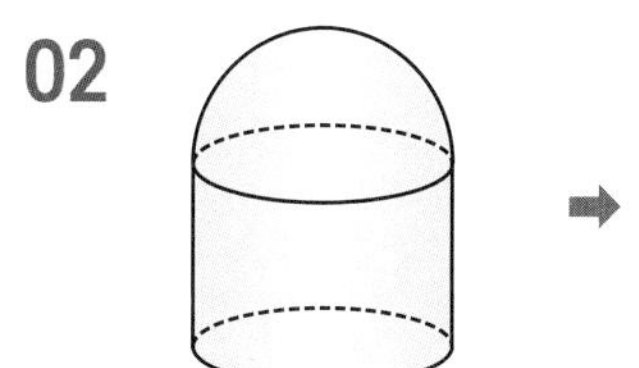

➡

03 ➡

04

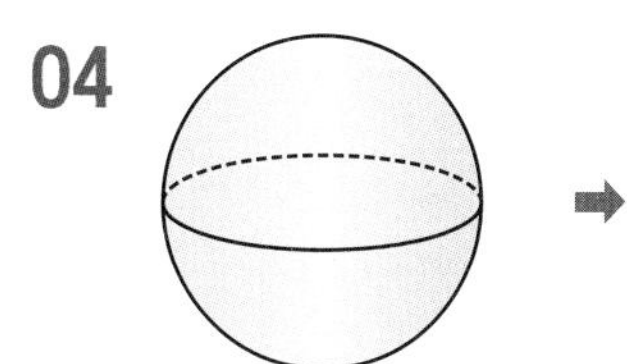

➡

05 ➡

〈정답과 해설 p. 64~65〉

유형 19 회전축을 포함하는 평면으로 자를 때 생기는 단면

[06-10] 그림과 같은 회전체를 회전축을 포함하는 평면으로 자를 때 생기는 단면의 모양을 그려라.

06

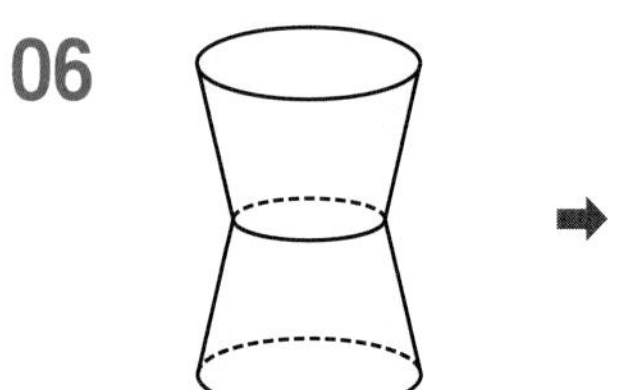 ➡

07

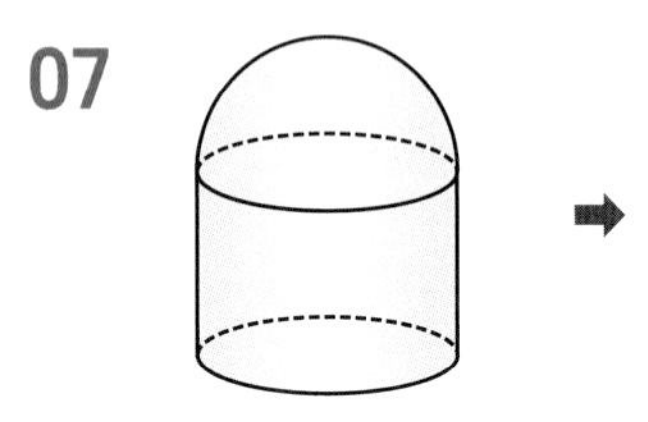 ➡

08

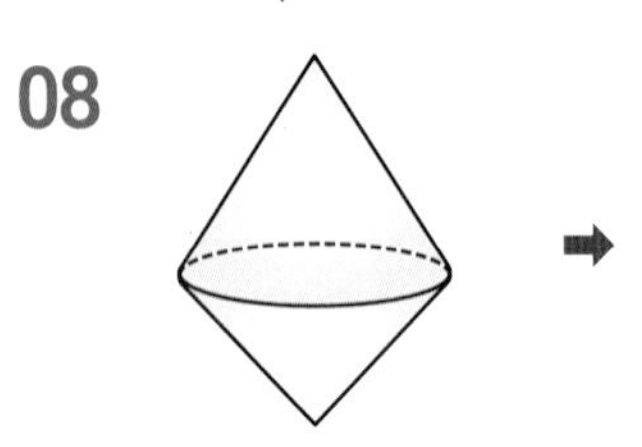 ➡

09

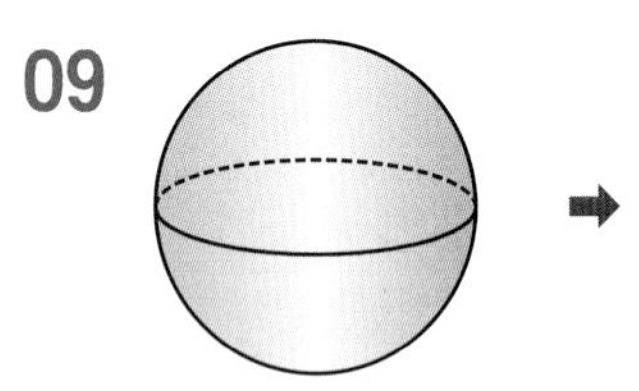 ➡

10

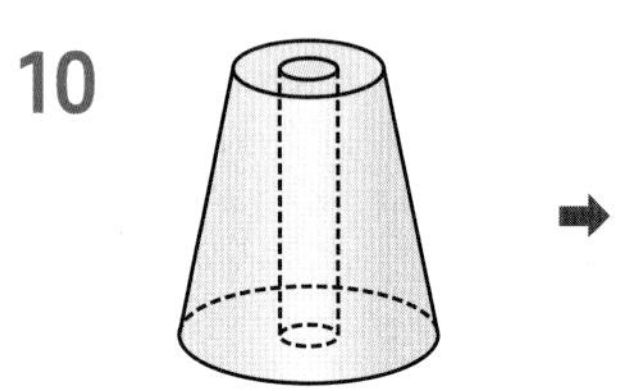 ➡

11 다음 회전체와 그 회전체를 회전축을 포함하는 평면으로 자를 때 생기는 단면의 모양을 연결하여라.

1) 구 •		• ㄱ. 직사각형
2) 원뿔 •		• ㄴ. 원
3) 반구 •		• ㄷ. 사다리꼴
4) 원기둥 •		• ㄹ. 이등변삼각형
5) 원뿔대 •		• ㅁ. 반원

[12-15] 다음 중에서 회전체에 대한 설명으로 옳은 것은 ○표, 옳지 않은 것은 ×표를 (   ) 안에 써넣어라.

12 회전체를 회전축에 수직인 평면으로 자를 때 생기는 단면은 모두 원이다. (   )

13 회전체를 회전축을 포함하는 평면으로 자를 때 생기는 단면은 모두 합동이다. (   )

14 원뿔대를 회전축을 포함하는 평면으로 자를 때 생기는 단면은 직사각형이다. (   )

15 구는 어느 방향으로 잘라도 그 단면은 항상 원이다. (   )

유형 20 회전체의 단면

[16-19] 그림과 같은 원기둥을 평면 ①~④로 각각 잘랐을 때 생기는 단면의 모양을 그려라.

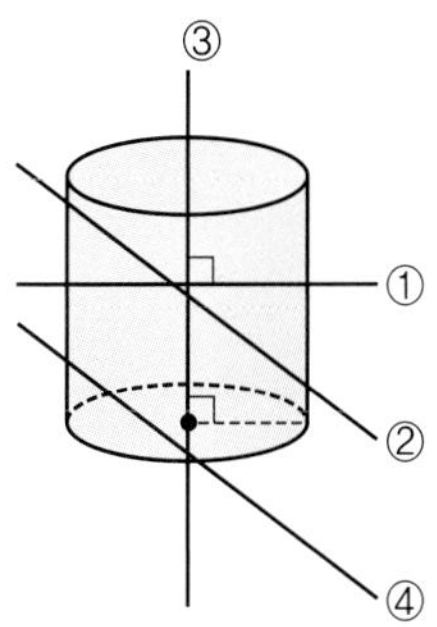

16 평면 ①

17 평면 ②

18 평면 ③

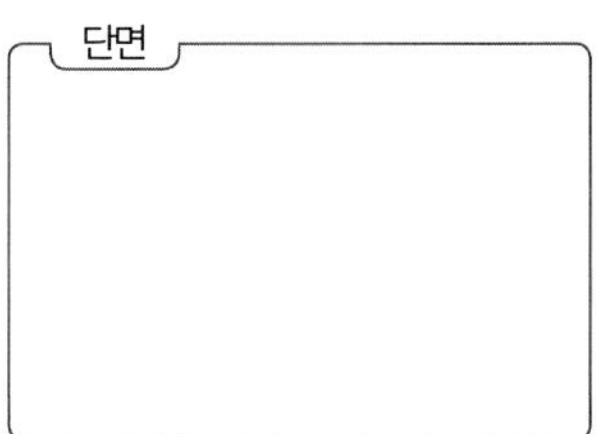

19 평면 ④

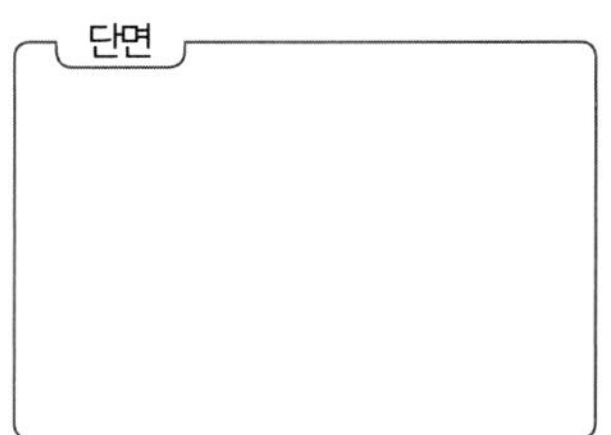

유형 21 회전체의 단면의 넓이

[20-22] 그림과 같은 회전체를 회전축을 포함하는 평면으로 잘랐을 때의 단면을 그리고 그 넓이를 구하여라.

20

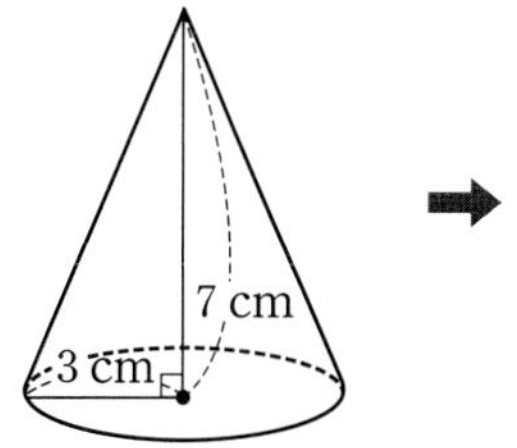

21

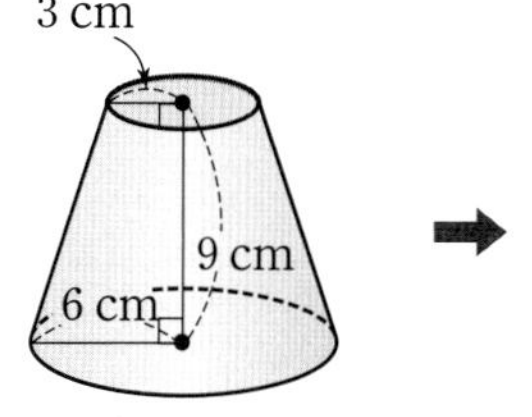

22

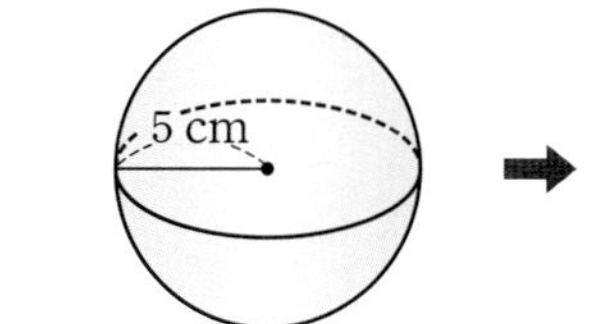

개념 체크

23 **다음 빈칸에 알맞은 것을 써넣어라.**

회전체를 회전축에 수직인 평면으로 자른 단면은 항상 [ ]이고, 회전체를 회전축을 포함하는 평면으로 자른 단면은 다음과 같다.
원기둥 : [ ] / 원뿔 : [ ]
원뿔대 : [ ] / 구 : [ ]

〈 정답과 해설 p. 65 〉

07 회전체의 전개도

	원기둥	원뿔	원뿔대	구
겨냥도	모선, h, r	모선, l, r	모선, r, l, r'	
전개도	r, 모선, $2\pi r$, h	모선, l, $2\pi r$, r	모선, r, l, $2\pi r$, $2\pi r'$, r'	전개도를 그릴 수 없다.

유형 22 회전체의 전개도

01 다음 회전체와 그 회전체의 전개도를 연결하여라.

1) 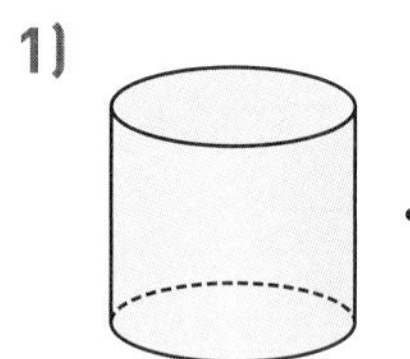 •   • 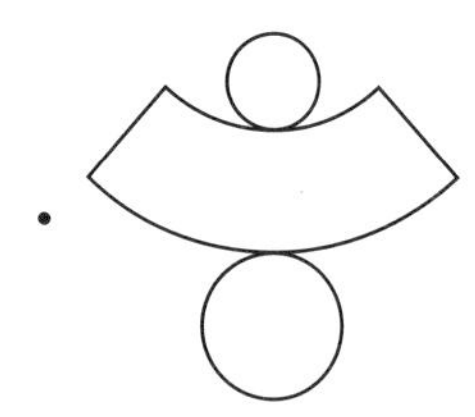

2) 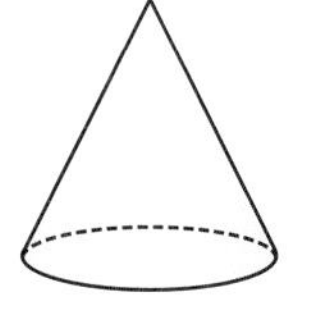 •   • 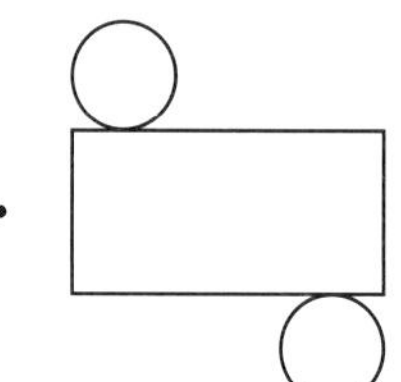

3) 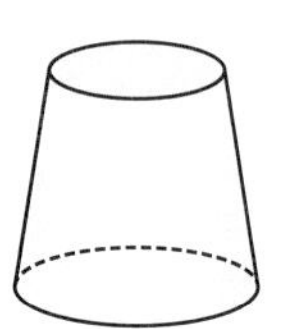 •   • 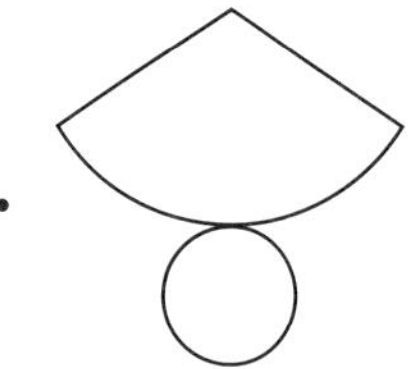

유형 23 원기둥의 전개도

[02-04] 다음 원기둥과 그 전개도를 보고 a, b의 값을 각각 구하여라.

02

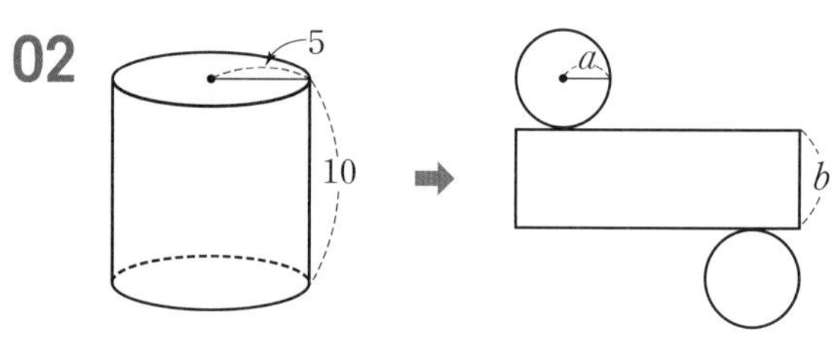

03

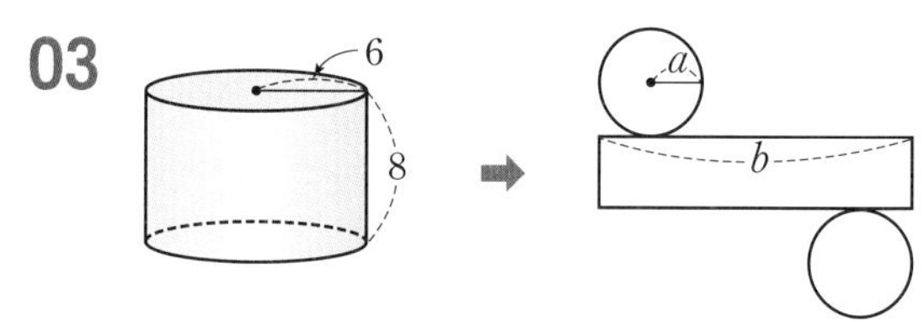

04

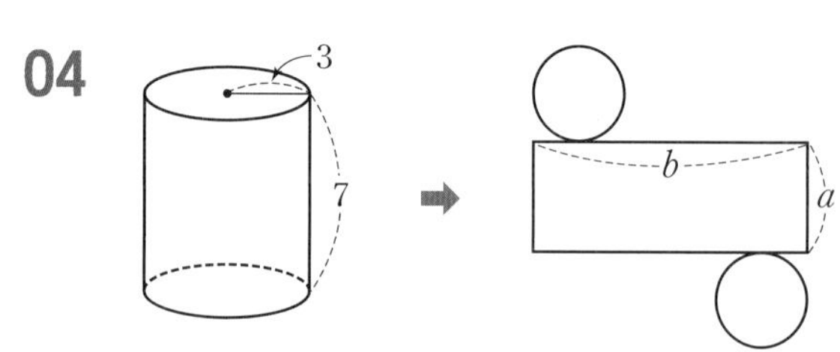

유형 24 원뿔의 전개도와 원뿔대의 전개도

[05-08] 다음의 원뿔 또는 원뿔대와 그 전개도를 보고 a, b의 값을 각각 구하여라.

05

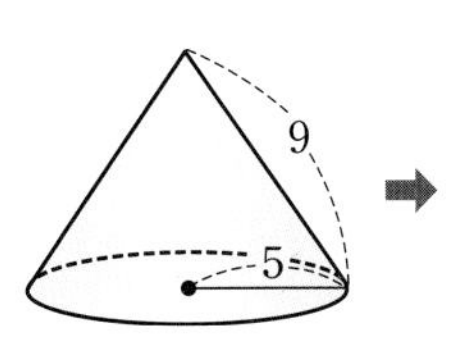

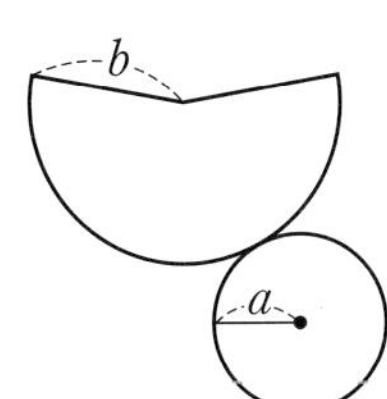

06

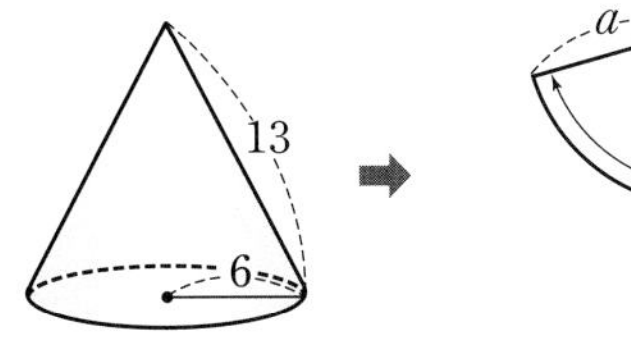

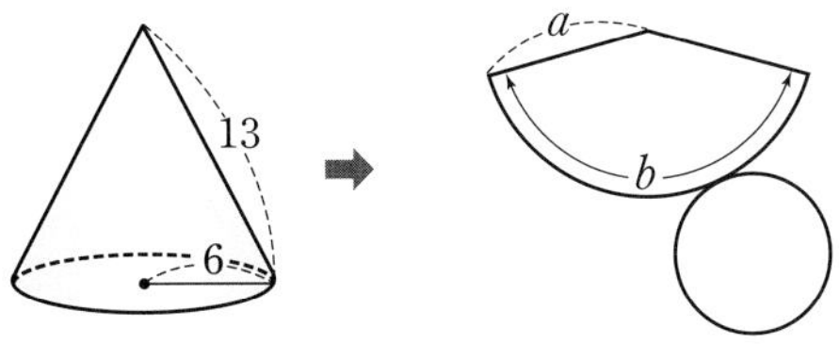

07

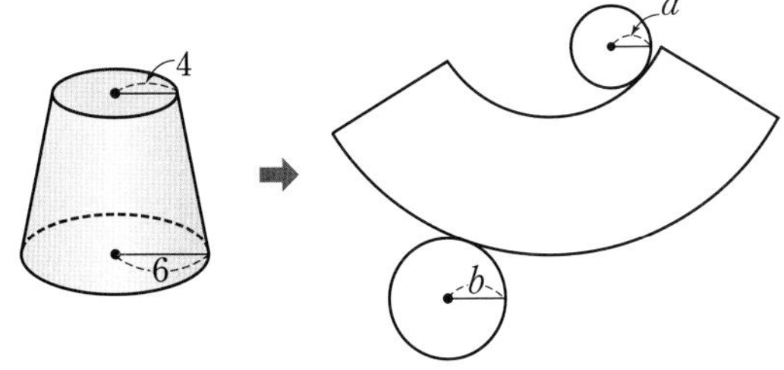

08

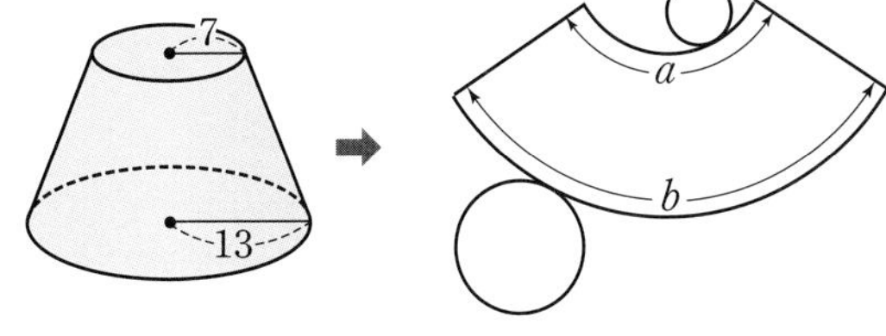

유형 25 회전체에서 최단 경로

[09-11] 그림과 같은 회전체 위의 점 P에서 점 Q까지 실로 연결하려고 한다. 실의 길이가 가장 짧게 되는 경로를 전개도 위에 나타내어라.

09

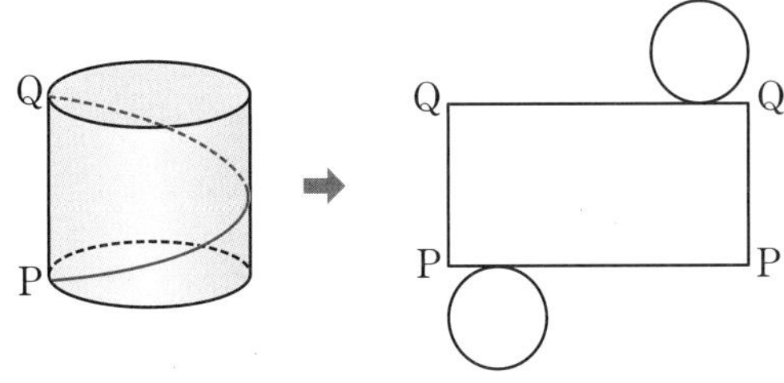

10

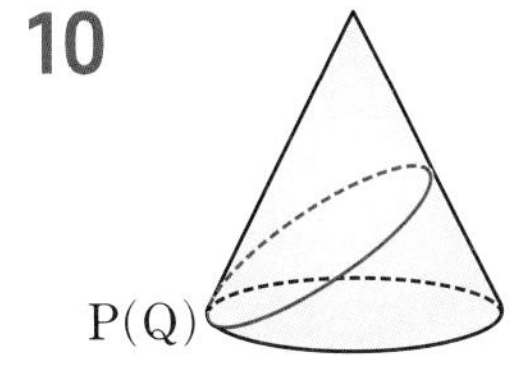

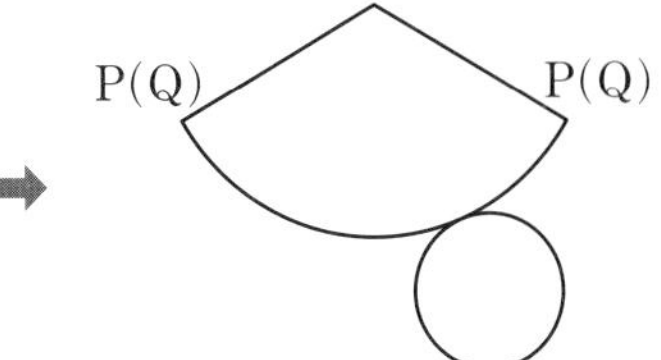

11

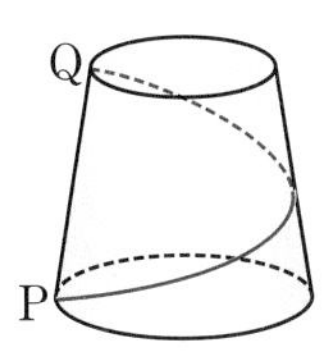

Q Q P P

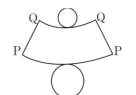

개념 체크

12 다음 빈칸에 알맞은 것을 써넣어라.

1) [그림 1]은 [ ]의 전개도이고,
(밑면인 원의 [ ]의 길이)
=(옆면인 [ ]의 가로의 길이)

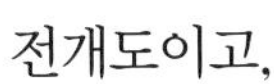

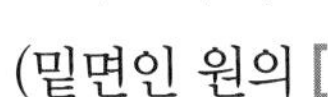

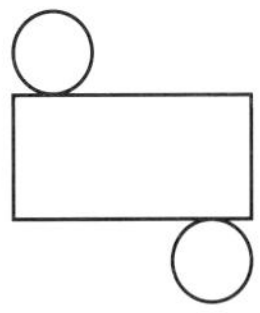

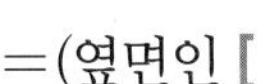

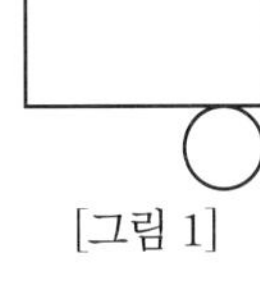
[그림 1]

2) [그림 2]는 [ ]의 전개도이고,
(밑면인 원의 둘레의 길이)
=(옆면인 [ ]의 [ ]의 길이)

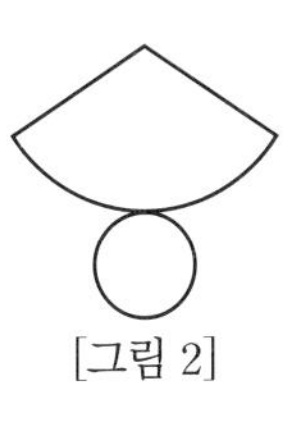
[그림 2]

3) [그림 3]은 [ ]의 전개도이다.

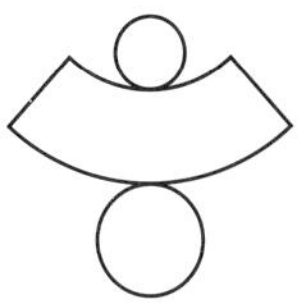

[그림 3]

〈정답과 해설 p. 65~66〉

학교 시험 기본 문제 **단원 마무리 평가**

01

다음 <보기> 중 육면체인 것을 모두 골라라.

<보기>

ㄱ. 사각기둥　ㄴ. 오각뿔　ㄷ. 삼각뿔대
ㄹ. 육각뿔　ㅁ. 삼각기둥　ㅂ. 사각뿔대

02

다음 입체도형 중에서 다면체인 것은?

① 원기둥　② 원뿔　③ 삼각뿔
④ 구　⑤ 원뿔대

03

그림은 정육면체의 일부를 잘라내고 남은 입체도형을 나타낸 것이다. 이 입체도형의 면의 개수를 a, 모서리의 개수를 b, 꼭짓점의 개수를 c라 할 때, $a-b+c$의 값은?

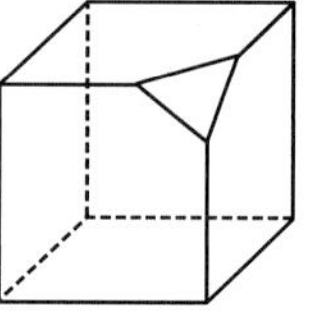

① 1　② 2　③ 3
④ 4　⑤ 5

04

꼭짓점의 개수가 20인 각기둥의 면의 개수를 a, 모서리의 개수를 b라 할 때, $a+b$의 값은?

① 38　② 40　③ 42
④ 44　⑤ 46

05 조건 확인!

다음 조건을 모두 만족시키는 입체도형은?

(가) 두 밑면이 서로 평행하지만 합동은 아니다.
(나) 옆면이 사다리꼴이다.
(다) 꼭짓점의 개수가 12이다.

① 오각뿔대　② 오각기둥　③ 육각뿔
④ 육각기둥　⑤ 육각뿔대

06

오각기둥의 면의 개수를 a, 팔각뿔의 모서리의 개수를 b, 육각뿔대의 꼭짓점의 개수를 c라 할 때, $a+b+c$의 값을 구하여라.

07

다음 중 정다면체에 대한 설명으로 옳지 않은 것은?

① 정다면체는 5가지뿐이다.
② 정팔면체의 면의 모양은 정오각형이다.
③ 정다면체는 각 꼭짓점에 모인 면의 개수가 같다.
④ 정다면체의 면은 모두 합동인 정다각형이다.
⑤ 각 면의 모양이 정사각형인 정다면체는 정육면체이다.

08 조건 확인!

다음 조건을 모두 만족시키는 입체도형은?

(가) 각 꼭짓점에 모인 면의 개수가 같다.
(나) 각 면의 모양이 모두 합동인 정다각형이다.
(다) 한 꼭짓점에 모인 면의 개수는 5이다.

① 십각기둥　② 정팔면체　③ 정십이면체
④ 십이각기둥　⑤ 정이십면체

09

다음 중에서 정다면체의 각 면의 모양과 꼭짓점의 개수가 옳지 않은 것은?

이름	면의 모양	꼭짓점의 개수
① 정사면체	정삼각형	4
② 정육면체	정사각형	8
③ 정팔면체	정삼각형	6
④ 정십이면체	정오각형	20
⑤ 정이십면체	정삼각형	30

10

그림과 같은 전개도로 정육면체를 만들었을 때, 다음 중 $\overline{BC}$와 꼬인 위치에 있는 모서리는?

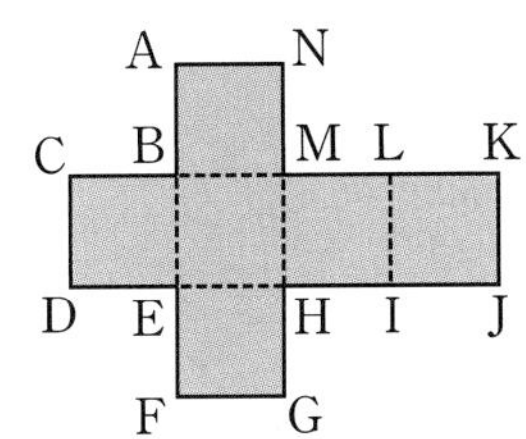

① $\overline{EF}$　② $\overline{GH}$　③ $\overline{KL}$
④ $\overline{MN}$　⑤ $\overline{LI}$

11 생각 더하기

그림의 전개도로 만들어지는 정다면체에 대하여 〈보기〉 중에서 옳은 것만을 있는 대로 고른 것은?

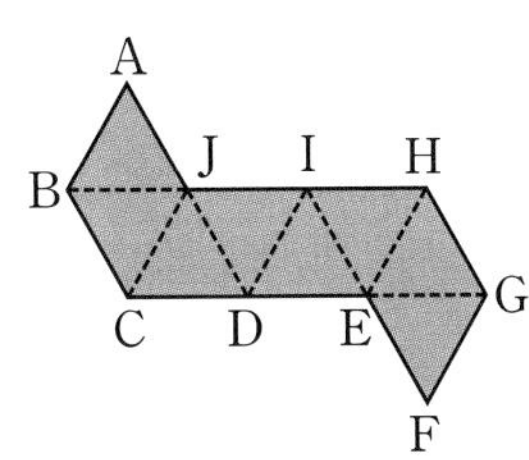

〈보기〉
ㄱ. 정다면체의 이름은 정팔면체이다.
ㄴ. 모서리 GF와 겹치는 모서리는 CD이다.
ㄷ. 모서리 AE와 모서리는 JC는 평행하다.

① ㄱ　② ㄴ　③ ㄱ, ㄴ
④ ㄱ, ㄷ　⑤ ㄱ, ㄴ, ㄷ

12

다음 중 회전체에 대한 설명으로 옳은 것을 모두 고르면? (정답 2개)

① 모든 회전체의 회전축은 1개뿐이다.
② 회전체를 회전축에 수직인 평면으로 자를 때 생기는 단면은 원이다.
③ 원뿔을 회전축을 포함하는 평면으로 자를 때 생기는 단면은 정삼각형이다.
④ 회전체를 회전축을 포함하는 평면으로 자를 때 생기는 단면은 모두 선대칭도형이지만 합동은 아니다.
⑤ 구를 회전축에 수직인 평면으로 자를 때와 회전축을 포함하는 평면으로 자를 때의 단면은 모두 원이다.

13

다음 입체도형 중에서 회전체인 것의 개수는?

원뿔대, 정육면체, 원뿔, 원기둥, 구, 육각기둥

① 1　② 2　③ 3
④ 4　⑤ 5

14

오른쪽 그림과 같은 평면도형을 직선 l을 회전축으로 하여 1회전 시킬 때 생기는 입체도형은?

① 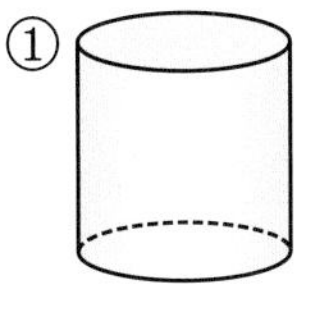　② 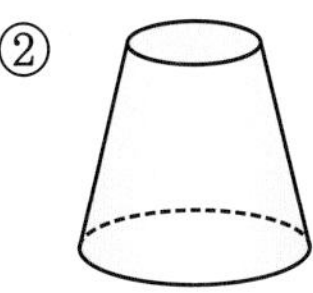　③ 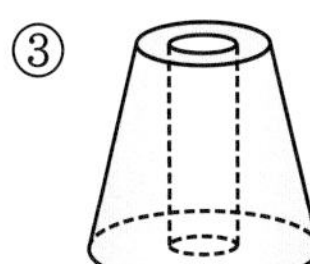

④ 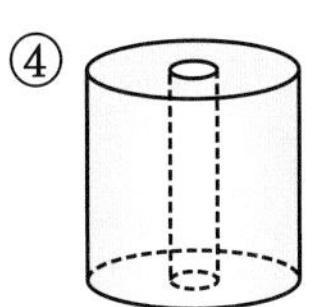　⑤ 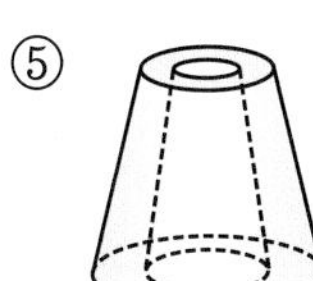

〈 정답과 해설 p. 66~67 〉

15

그림의 평면도형을 직선 l을 회전축으로 하여 1회전 시킬 때 생기는 입체도형을 축을 포함한 평면으로 자른 단면과 축과 수직인 평면으로 자른 단면의 모양을 차례대로 나열한 것은?

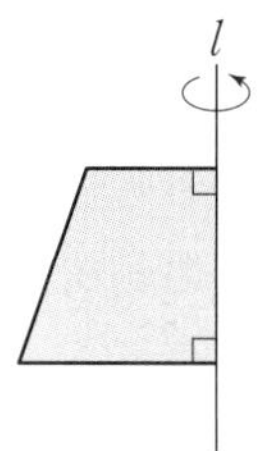

① 삼각형, 원 ② 사다리꼴, 원
③ 평행사변형, 원 ④ 사다리꼴, 반원
⑤ 평행사변형, 반원

16 조건 확인!

그림과 같은 평면도형을 직선 l을 회전축으로 하여 1회전 시킬 때 생기는 입체도형을 회전축에 수직인 평면으로 자를 때, 생기는 단면의 넓이는?

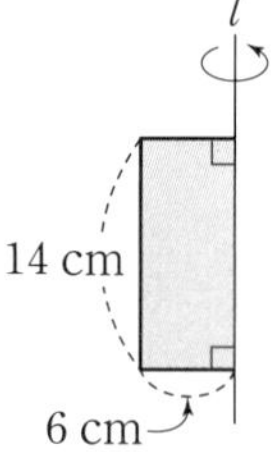

① $12\pi\ cm^2$ ② $28\pi\ cm^2$ ③ $36\pi\ cm^2$
④ $72\pi\ cm^2$ ⑤ $196\pi\ cm^2$

17

회전체에 대한 <보기>의 설명 중에서 옳은 것만을 있는 대로 고른 것은?

<보기>

ㄱ. 원기둥, 원뿔, 원뿔대는 회전체이다.
ㄴ. 구의 단면의 모양은 항상 합동인 원이다.
ㄷ. 회전체를 회전축을 포함하는 평면으로 자를 때, 단면은 모두 합동이다.

① ㄱ ② ㄴ ③ ㄱ, ㄴ
④ ㄱ, ㄷ ⑤ ㄱ, ㄴ, ㄷ

18

그림과 같은 전개도로 만들어지는 원기둥에서 밑면인 원의 반지름의 길이를 구하여라.

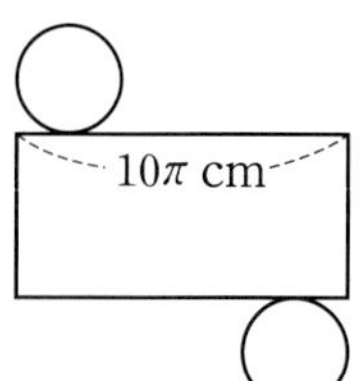

19

그림과 같은 평면도형을 직선 l을 회전축으로 하여 1회전 시킬 때 생기는 회전체의 두 밑면의 넓이의 합은?

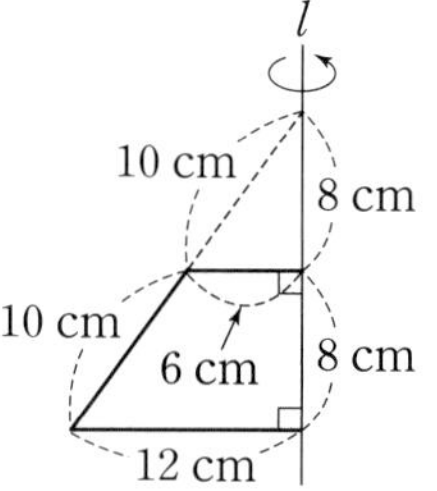

① $120\pi\ cm^2$ ② $150\pi\ cm^2$ ③ $180\pi\ cm^2$
④ $210\pi\ cm^2$ ⑤ $240\pi\ cm^2$

20 계산 조심

그림과 같은 입체도형의 전개도에서 옆면의 둘레의 길이를 구하여라.

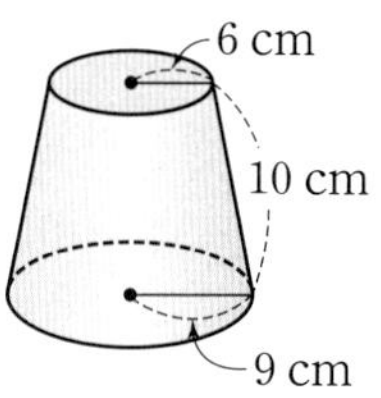

〈 정답과 해설 p. 67 〉

08 각기둥의 겉넓이

(1) 각기둥의 겉넓이

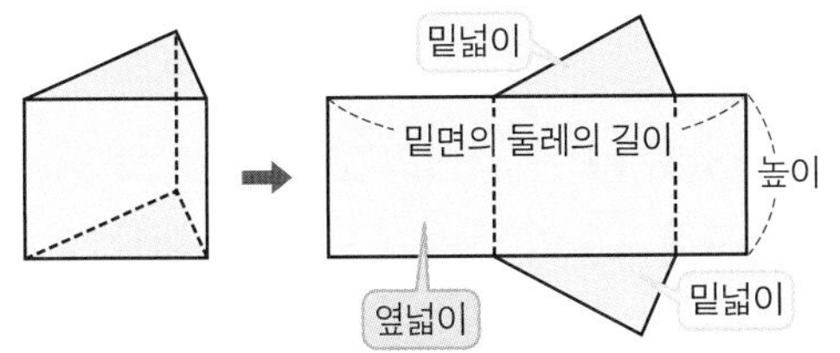

(각기둥의 겉넓이)
=(밑넓이)×2+(옆넓이)
=(밑넓이)×2+(밑면의 둘레의 길이)×(높이)

참고 기둥의 두 밑면은 서로 합동이고, 옆면은 항상 직사각형이다.

(2) 구멍이 뚫린 각기둥의 겉넓이

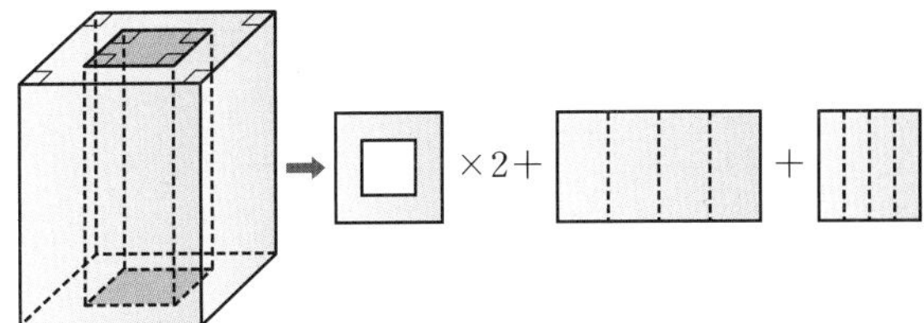

(구멍이 뚫린 각기둥의 겉넓이)
=(밑넓이)×2+(옆넓이)
={(바깥쪽 각기둥의 밑넓이)−(안쪽 각기둥의 밑넓이)}×2
+{(바깥쪽 각기둥의 옆넓이)}+{(안쪽 각기둥의 옆넓이)}

유형 26 전개도로 주어진 삼각기둥의 겉넓이

[01-03] 그림과 같은 삼각기둥의 전개도를 보고, 다음을 구하여라.

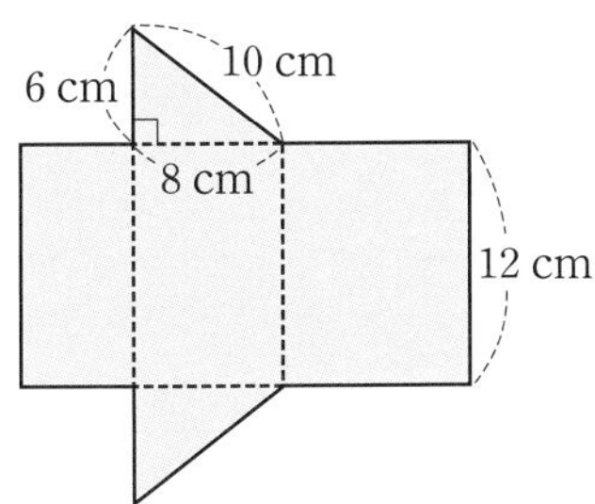

01 삼각기둥의 밑넓이

해 (밑넓이)$=\frac{1}{2}\times$ ☐ $\times 6=$ ☐ (cm^2)

02 삼각기둥의 옆넓이

해 (옆넓이)= ☐ $\times 12=$ ☐ (cm^2)

03 삼각기둥의 겉넓이

해 (겉넓이)=(밑넓이)× ☐ +(옆넓이)
= ☐ × ☐ + ☐
= ☐ (cm^2)

유형 27 전개도로 주어진 사각기둥의 겉넓이

[04-06] 그림과 같은 사각기둥의 전개도를 보고, 다음을 구하여라.

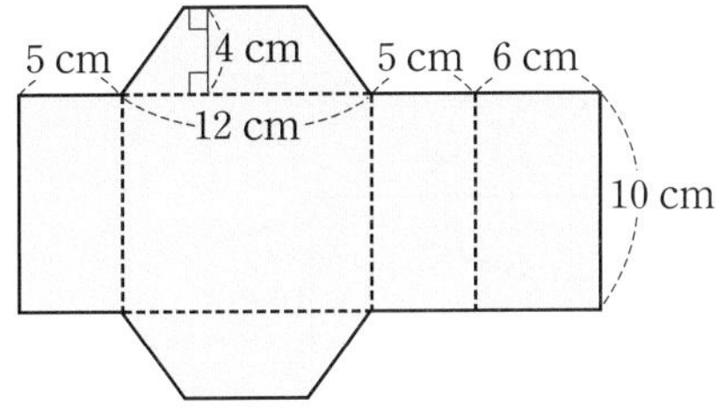

04 사각기둥의 밑넓이

해 (밑넓이)$=\frac{1}{2}\times($ ☐ $+12)\times 4=$ ☐ (cm^2)

05 사각기둥의 옆넓이

해 (옆넓이)= ☐ × ☐ = ☐ (cm^2)

06 사각기둥의 겉넓이

해 (겉넓이)=(밑넓이)× ☐ +(옆넓이)
= ☐ × ☐ + ☐
= ☐ (cm^2)

〈 정답과 해설 p. 67~68 〉

유형 28 각기둥의 겉넓이

[07-10] 그림과 같은 각기둥의 겉넓이를 구하여라.

07

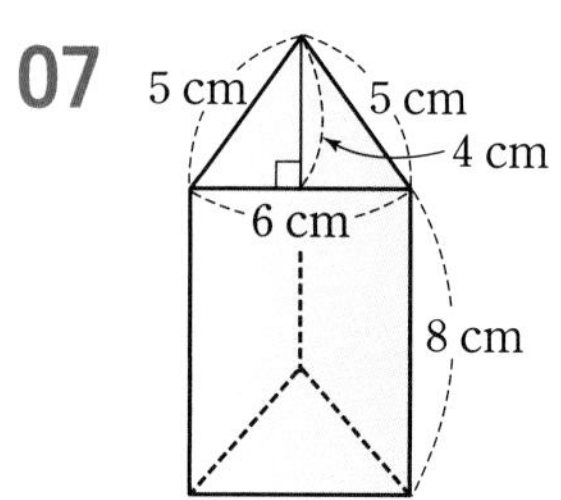

08

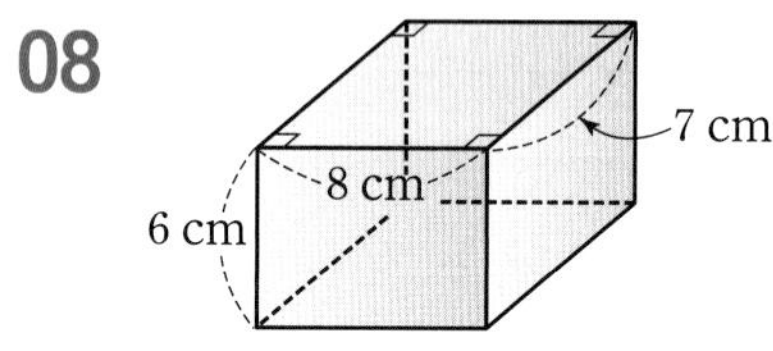

09

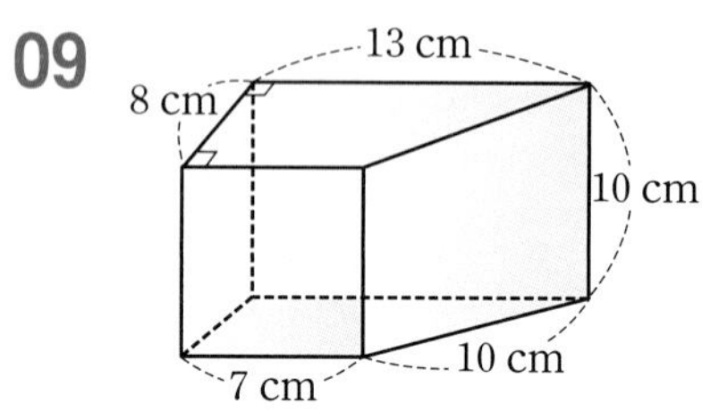

10

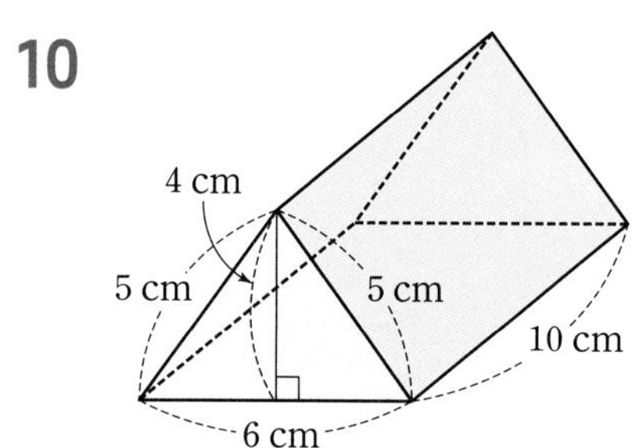

유형 29 겉넓이가 주어진 각기둥의 모서리의 길이

[11-13] 그림과 같은 각기둥에 대하여 다음을 구하여라.

11 사각기둥의 겉넓이가 148 cm^{2}일 때,
사각기둥의 밑면의 가로의 길이

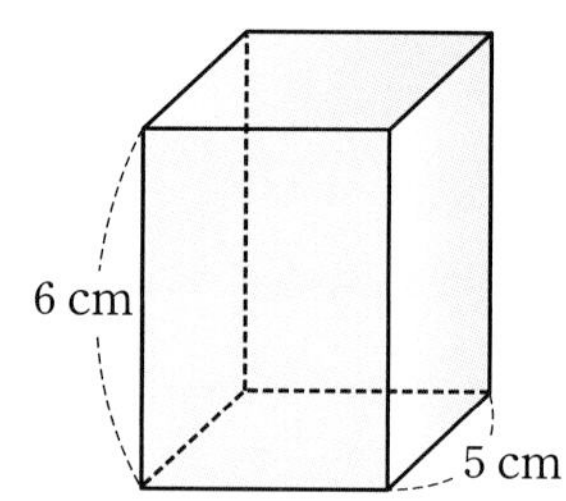

해 사각기둥의 밑면의 가로의 길이를 x cm라 하면

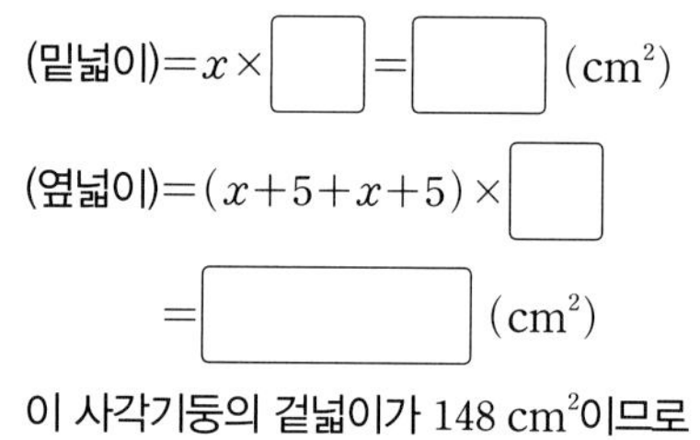

(밑넓이)$=x\times$□$=$□(cm^2)

(옆넓이)$=(x+5+x+5)\times$□

$=$□(cm^2)

이 사각기둥의 겉넓이가 148 cm^{2}이므로

(밑넓이)$\times2+$(옆넓이)$=148$에서

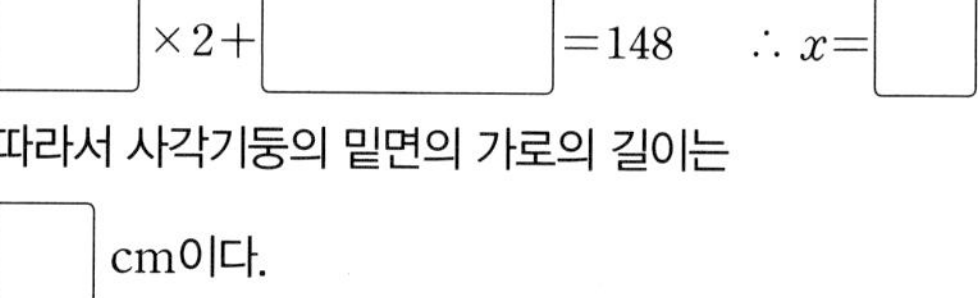

□$\times2+$□$=148$ $\therefore x=$□

따라서 사각기둥의 밑면의 가로의 길이는

□cm이다.

12 삼각기둥의 겉넓이가 660 cm^{2}일 때,
삼각기둥의 높이

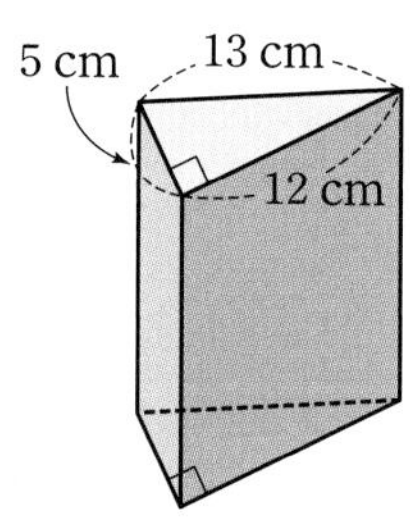

13 모든 모서리의 길이가 같은 사각기둥의
겉넓이가 216 cm^{2}일 때,
사각기둥의 한 모서리의 길이

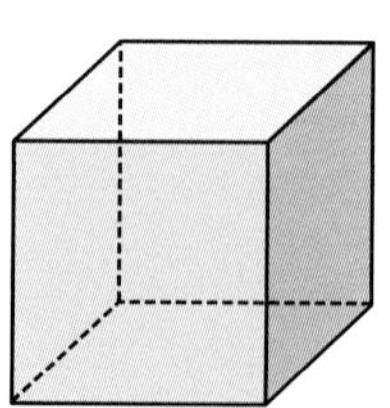

유형 30 구멍이 뚫린 각기둥의 겉넓이

[14-17] 그림과 같이 구멍이 뚫린 각기둥에 대하여 다음을 구하여라.

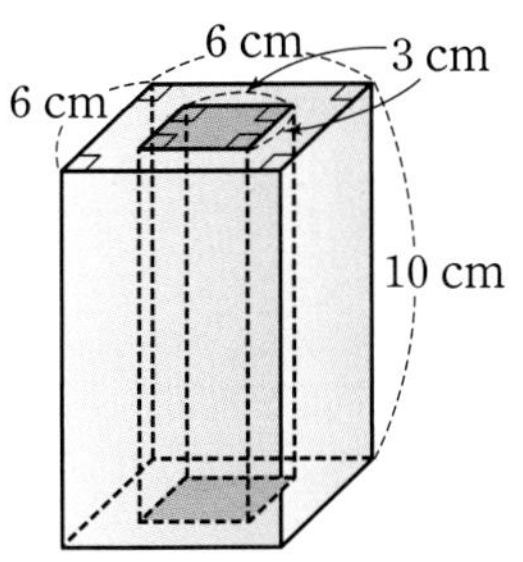

14 밑넓이

해 (밑넓이)$=6\times6-$□$\times$□$=$□ (cm^2)

15 바깥쪽 각기둥의 옆넓이

해 (바깥쪽 각기둥의 옆넓이)

$=(6+6+6+6)\times$□$=$□ (cm^2)

16 안쪽 각기둥의 옆넓이

해 (안쪽 각기둥의 옆넓이)

$=(3+3+3+3)\times$□$=$□ (cm^2)

17 겉넓이

해 (겉넓이)=(밑넓이)×2+(바깥쪽 각기둥의 옆넓이)
+(안쪽 각기둥의 옆넓이)

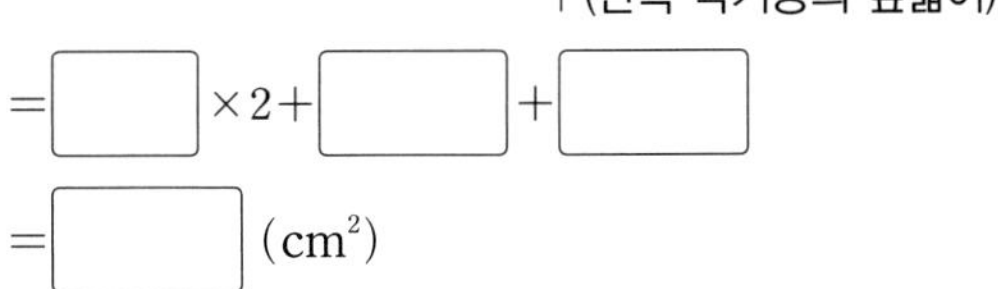

$=$□$\times2+$□$+$□

$=$□ (cm^2)

[18-20] 그림과 같이 구멍이 뚫린 각기둥의 겉넓이를 구하여라.

18

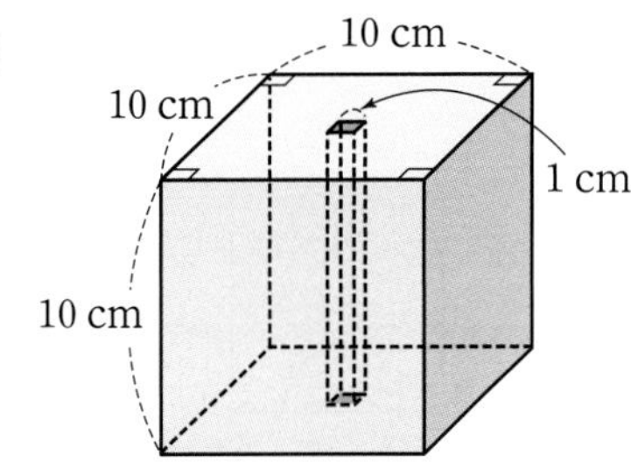

19

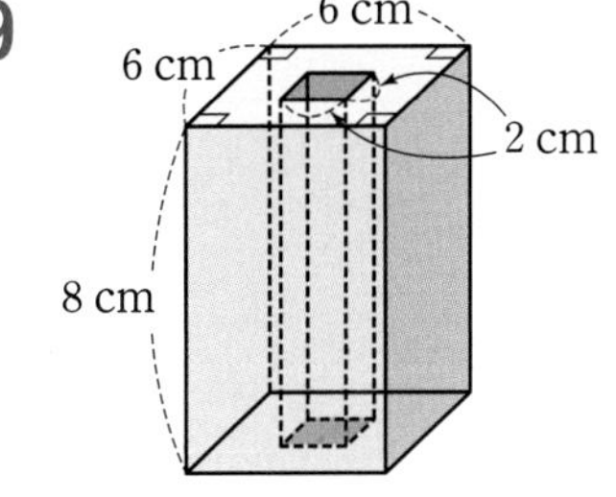

20

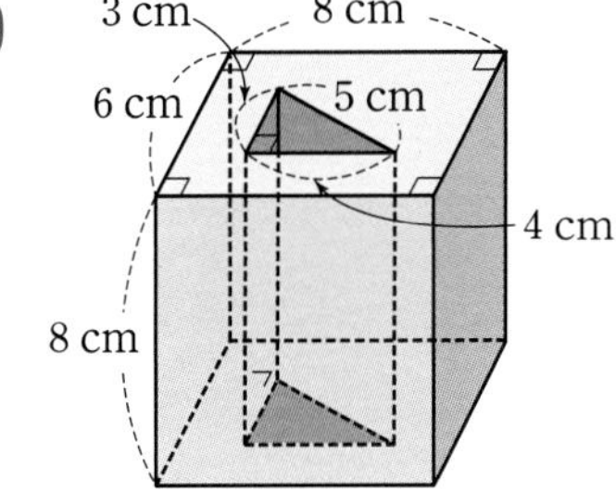

개념 체크

21 다음 빈칸에 알맞은 것을 써넣어라.

(각기둥의 겉넓이)
=(밑넓이)×[ ]+([ ])
=(밑넓이)×[ ]
+(밑면의 [ ]의 길이)×(각기둥의 [ ])

〈 정답과 해설 p. 68~69 〉

09 각기둥의 부피

(1) 각기둥의 부피

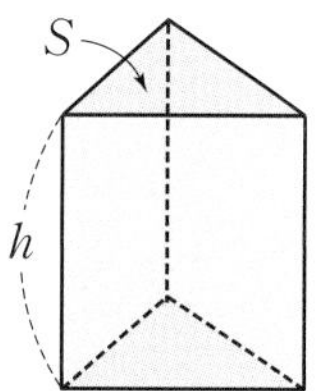

(각기둥의 부피)=(밑넓이)×(높이)=Sh

(2) 구멍이 뚫린 각기둥의 부피

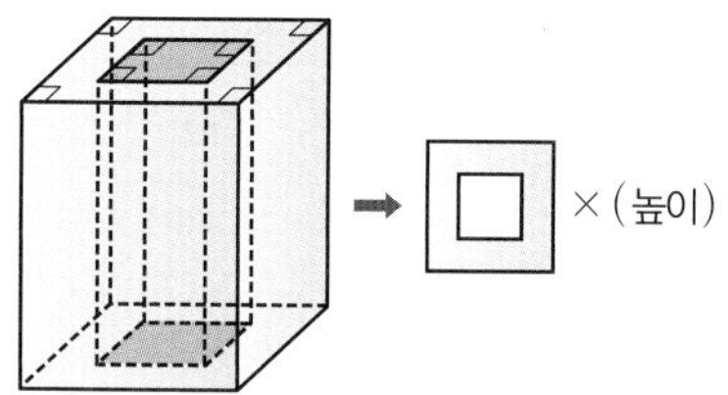

(구멍이 뚫린 각기둥의 부피)

=(바깥쪽 각기둥의 부피)−(안쪽 각기둥의 부피)

$=\left\{\begin{pmatrix}\text{바깥쪽}\\\text{각기둥의}\\\text{밑넓이}\end{pmatrix}-\begin{pmatrix}\text{안쪽}\\\text{각기둥의}\\\text{밑넓이}\end{pmatrix}\right\}\times(\text{높이})$

=(밑넓이)×(높이)

유형 31 각기둥의 부피

[01-05] 그림과 같은 각기둥의 부피를 구하여라.

01

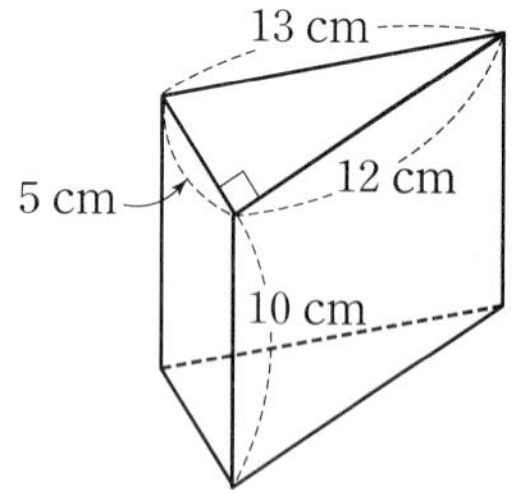

해 (밑넓이)$=\frac{1}{2}\times$ ☐ × ☐ = ☐ (cm²)이고

높이는 ☐ cm이므로

(부피)=(밑넓이)×(높이)= ☐ × ☐

= ☐ (cm³)

02

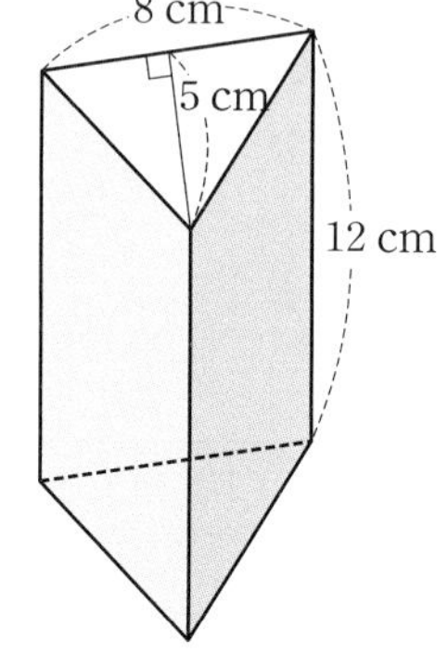

03

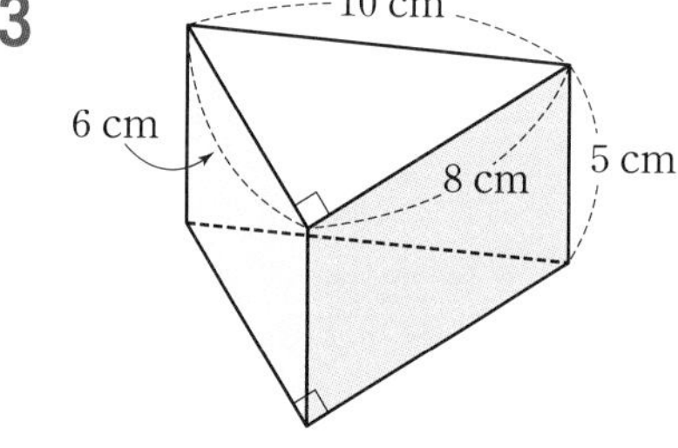

04

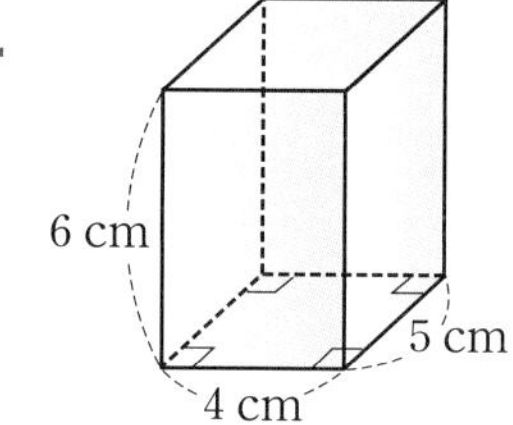

05

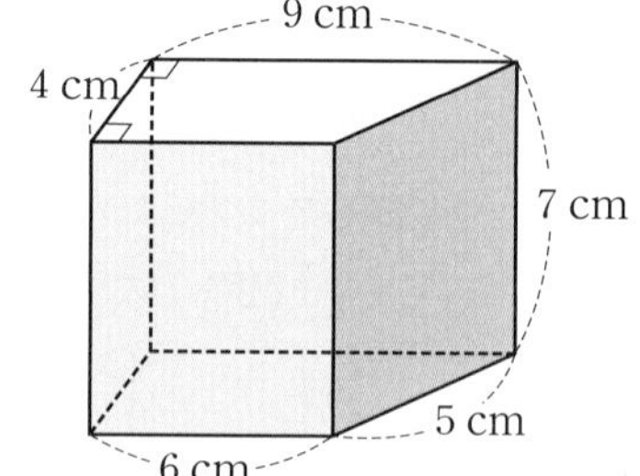

유형 32 구멍이 뚫린 각기둥의 부피

[06-08] 그림과 같이 구멍이 뚫린 각기둥의 부피를 구하여라.

06

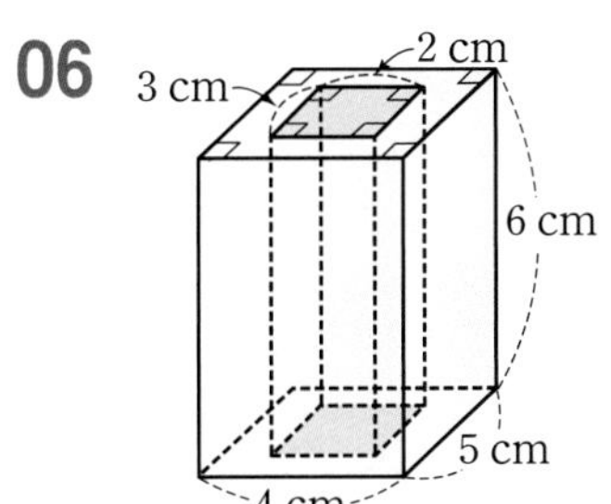

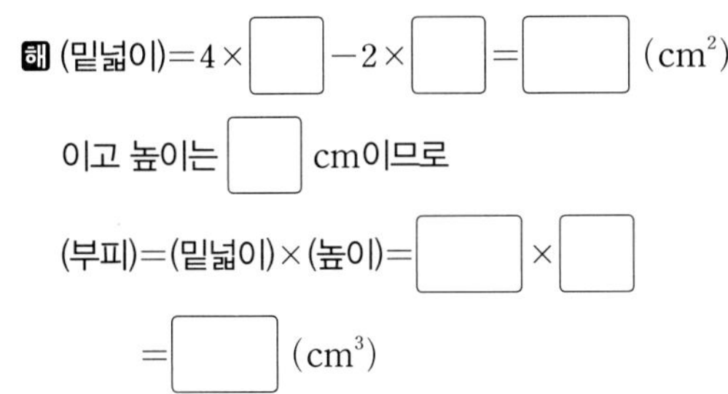

해 (밑넓이)$=4\times$□$-2\times$□$=$□(cm^2)

이고 높이는 □cm이므로

(부피)$=$(밑넓이)$\times$(높이)$=$□$\times$□

$=$□(cm^3)

07

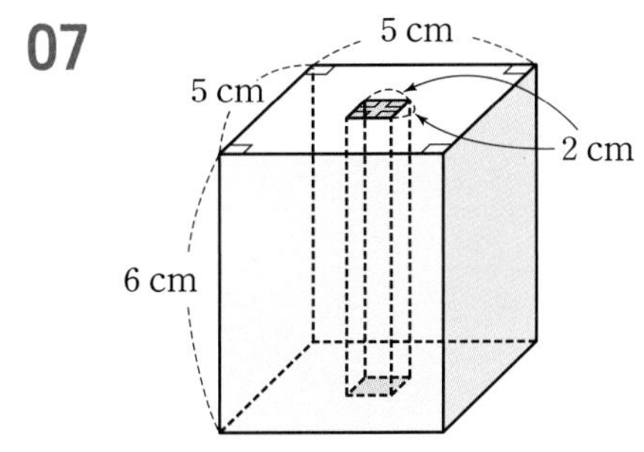

08

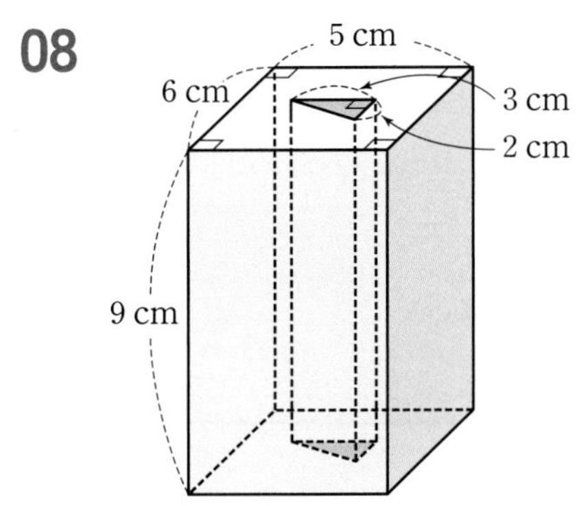

유형 33 부피를 이용하여 각기둥의 높이, 밑넓이 구하기

[09-12] 다음 물음에 답하여라.

09 부피가 $180\ \mathrm{cm}^3$, 밑넓이가 $18\ \mathrm{cm}^2$인 삼각기둥의 높이를 구하여라.

해 (부피)$=$(밑넓이)$\times$(높이)이므로

□$=18\times$(높이)

$\therefore$ (높이)$=$□(cm)

10 부피가 $72\ \mathrm{cm}^3$, 밑넓이가 $18\ \mathrm{cm}^2$인 오각기둥의 높이를 구하여라.

11 부피가 $285\ \mathrm{cm}^3$, 높이가 $15\ \mathrm{cm}$인 사각기둥의 밑넓이를 구하여라.

해 (부피)$=$(밑넓이)$\times$(높이)이므로

□$=$(밑넓이)$\times$□

$\therefore$ (밑넓이)$=$□(cm^2)

12 부피가 $448\ \mathrm{cm}^3$, 높이가 $16\ \mathrm{cm}$인 육각기둥의 밑넓이를 구하여라.

개념 체크

13 다음 빈칸에 알맞은 것을 써넣어라.

밑넓이가 S, 높이가 h인 각기둥의 부피를 V라 하면

$V=$(밑넓이)$\times$([　　])

$=$[　　]

〈정답과 해설 p. 69〉

10 원기둥의 겉넓이

(1) 원기둥의 겉넓이

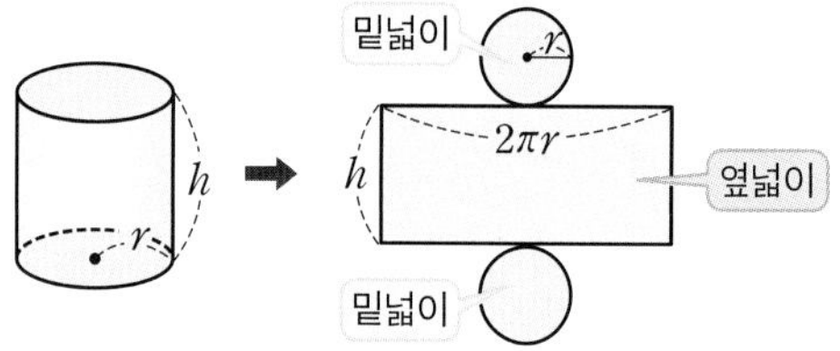

(원기둥의 겉넓이)

$=$(밑넓이)$\times 2+$(옆넓이)

$=\pi r^2\times 2+2\pi r\times h=2\pi r^2+2\pi rh$

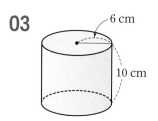

(2) 구멍이 뚫린 원기둥의 겉넓이

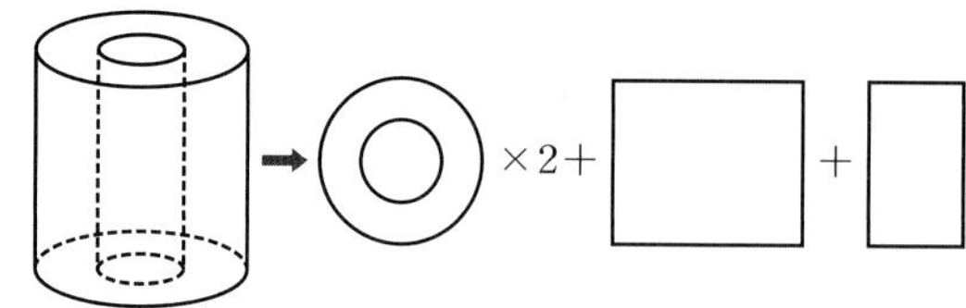

(구멍이 뚫린 원기둥의 겉넓이)

$=$(밑넓이)$\times 2+$(옆넓이)

$=\{$(바깥쪽 원기둥의 밑넓이)$-$(안쪽 원기둥의 밑넓이)$\}\times 2$

$+$(바깥쪽 원기둥의 옆넓이)$+$(안쪽 원기둥의 옆넓이)

유형 34 원기둥의 겉넓이

[01-02] 그림과 같은 전개도로 만든 원기둥의 겉넓이를 구하여라.

01

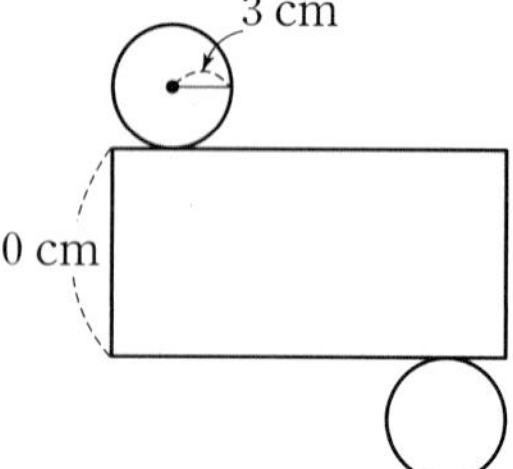

해 (밑넓이)$=\pi\times\square^2=\square\pi\ (\text{cm}^2)$

(옆넓이)$=(2\pi\times\square)\times\square=\square\pi\ (\text{cm}^2)$

∴ (겉넓이)$=$(밑넓이)$\times 2+$(옆넓이)

$=\square\pi\times 2+\square\pi$

$=\square\pi\ (\text{cm}^2)$

02

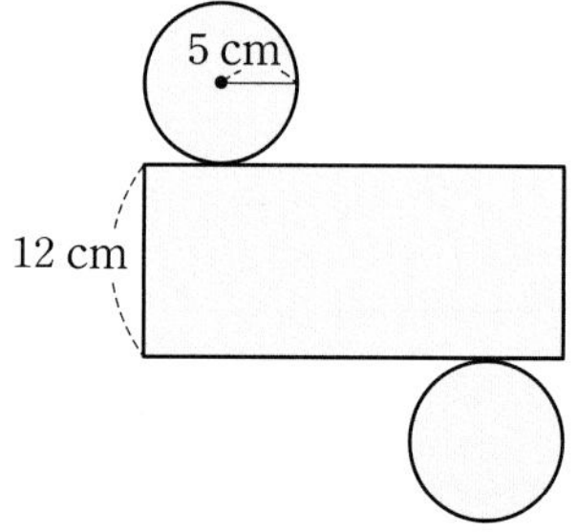

[03-05] 그림과 같은 원기둥의 겉넓이를 구하여라.

03

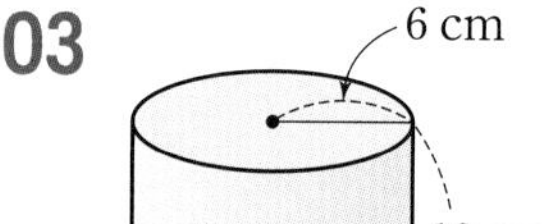

04

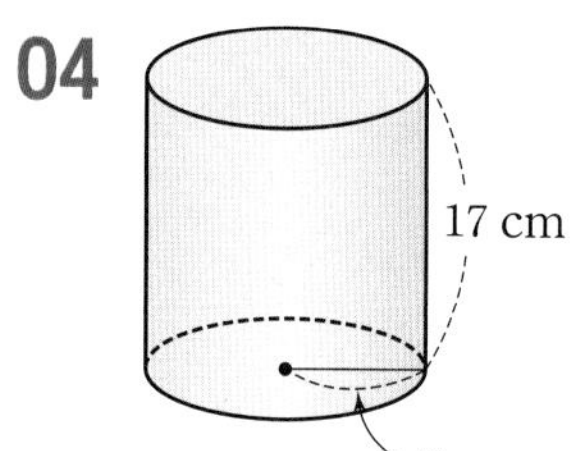

05

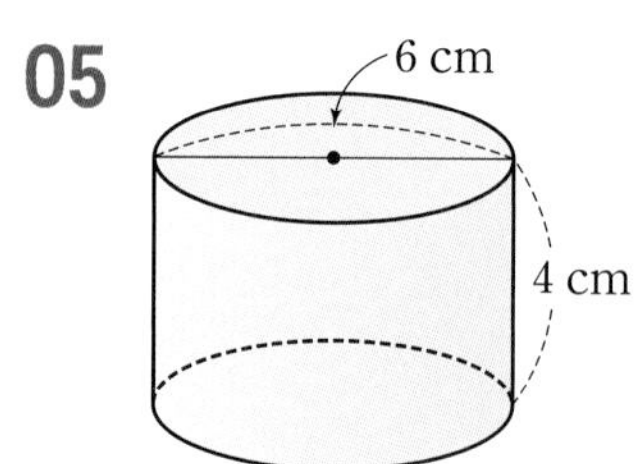

유형 35 겉넓이의 조건을 만족시키는 원기둥

[06-10] 다음을 구하여라.

06 원기둥의 겉넓이가 63 cm^2, 옆넓이가 27 cm^2일 때, 원기둥의 한 밑면의 넓이

해 겉넓이가 63 cm^2, 옆넓이가 27 cm^2인 원기둥의 한 밑면의 넓이를 $x\text{ cm}^2$라 하면

$x\times\square+27=63$ $\therefore x=\square$

따라서 원기둥의 한 밑면의 넓이는 $\square$ cm^2이다.

07 원기둥의 겉넓이가 $88\pi\text{ cm}^2$, 옆넓이가 $56\pi\text{ cm}^2$일 때, 원기둥의 한 밑면의 넓이

08 원기둥의 겉넓이가 $170\pi\text{ cm}^2$, 밑면의 반지름의 길이가 5 cm일 때, 원기둥의 높이

해 겉넓이가 $170\pi\text{ cm}^2$, 밑면의 반지름의 길이가 5 cm인 원기둥의 높이를 $h\text{ cm}$라 하면

(밑넓이)$=\pi\times\square^2=\square(\text{cm}^2)$

(옆넓이)$=(2\pi\times\square)\times h=\square(\text{cm}^2)$

즉, (겉넓이)=(밑넓이)×2+(옆넓이)에서

$170\pi=\square\times2+\square$ $\therefore h=\square$

따라서 원기둥의 높이는 $\square$ cm이다.

09 원기둥의 겉넓이가 $468\pi\text{ cm}^2$, 밑면의 반지름의 길이가 9 cm일 때, 원기둥의 높이

10 원기둥의 겉넓이가 $168\pi\text{ cm}^2$, 밑면의 지름의 길이가 12 cm일 때, 원기둥의 높이

유형 36 구멍이 뚫린 원기둥의 겉넓이

[11-14] 그림과 같이 구멍이 뚫린 원기둥에 대하여 다음을 구하여라.

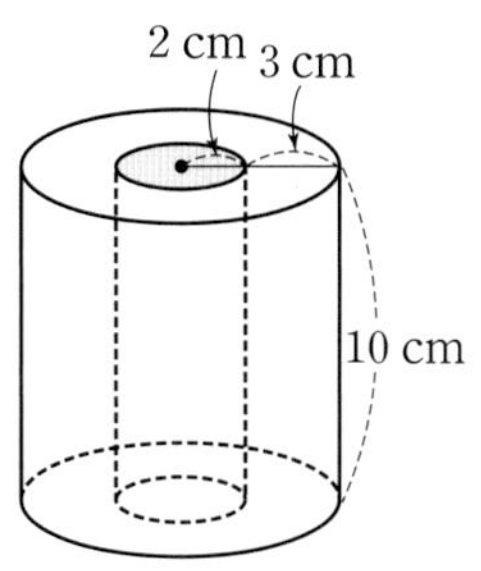

11 밑넓이

해 (밑넓이)

$=\pi\times\square^2-\pi\times\square^2=\square\pi(\text{cm}^2)$

12 바깥쪽 원기둥의 옆넓이

해 (바깥쪽 원기둥의 옆넓이)

$=(2\pi\times\square)\times\square=\square\pi(\text{cm}^2)$

13 안쪽 원기둥의 옆넓이

해 (안쪽 원기둥의 옆넓이)

$=(2\pi\times\square)\times\square=\square\pi(\text{cm}^2)$

14 겉넓이

해 (겉넓이)$=\square\pi\times2+\square\pi+\square\pi$

$=\square\pi(\text{cm}^2)$

〈정답과 해설 p. 70~71〉

[15-18] 그림과 같이 구멍이 뚫린 원기둥의 겉넓이를 구하여라.

15

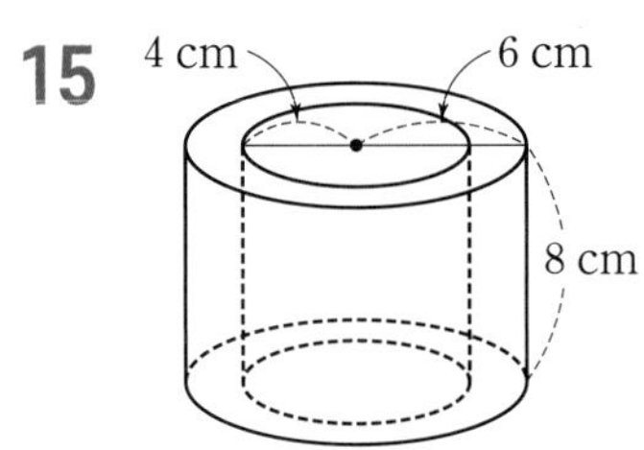

16

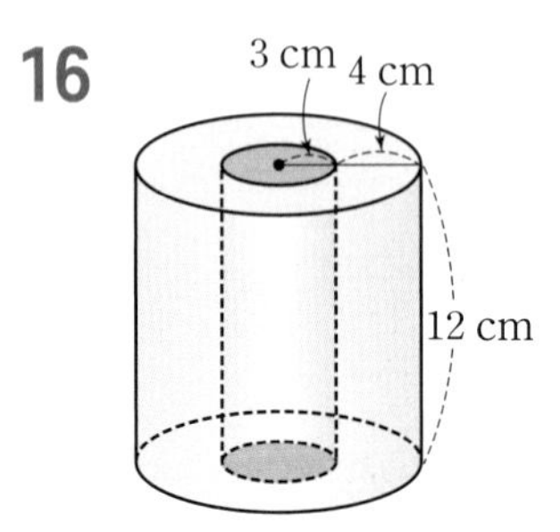

17

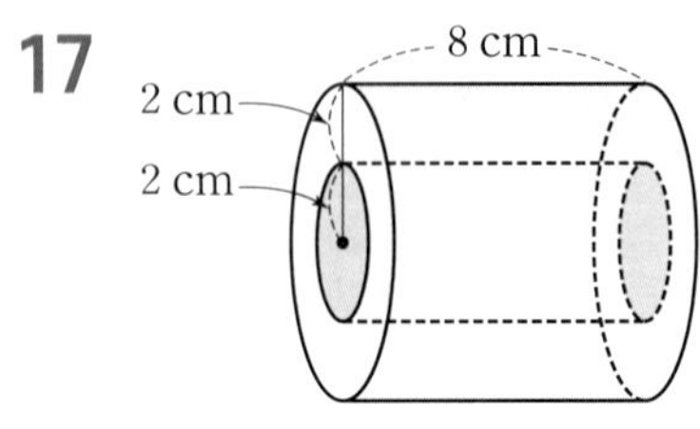

18

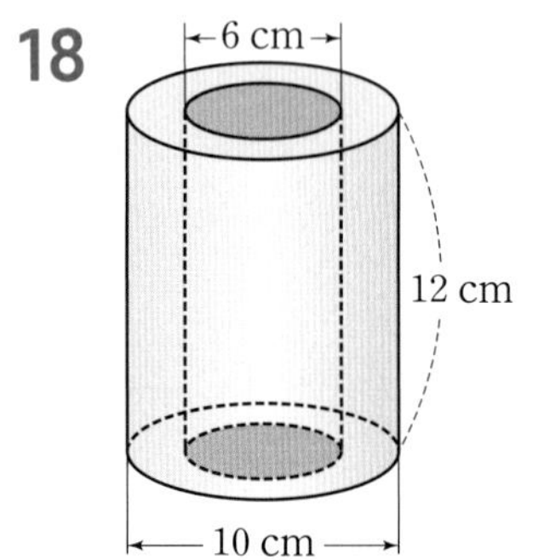

유형 37 회전체의 겉넓이

[19-21] 그림과 같은 직사각형을 직선 l을 회전축으로 하여 1회전 시킬 때 생기는 입체도형의 겉넓이를 구하여라.

19

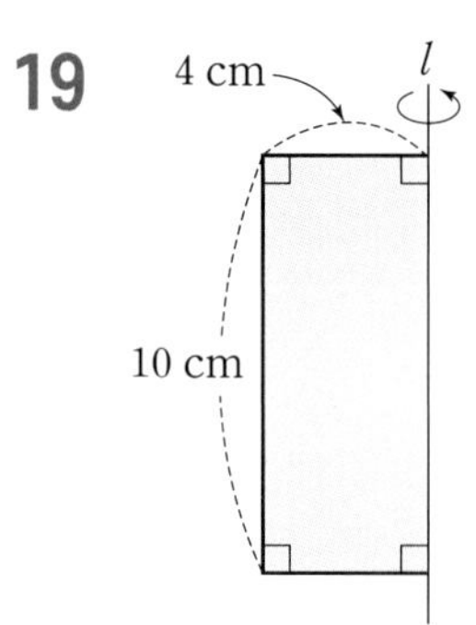

20

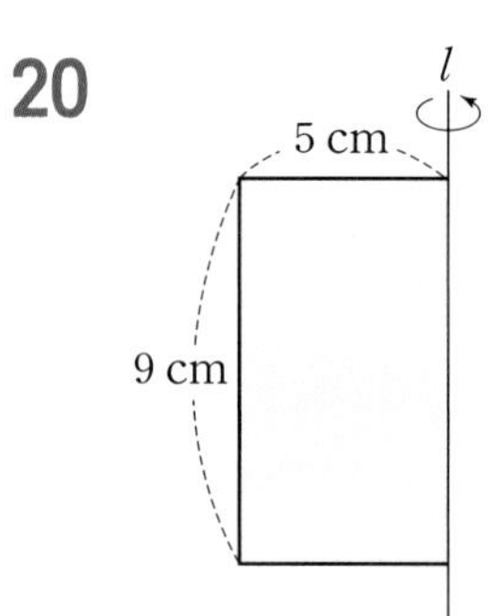

21

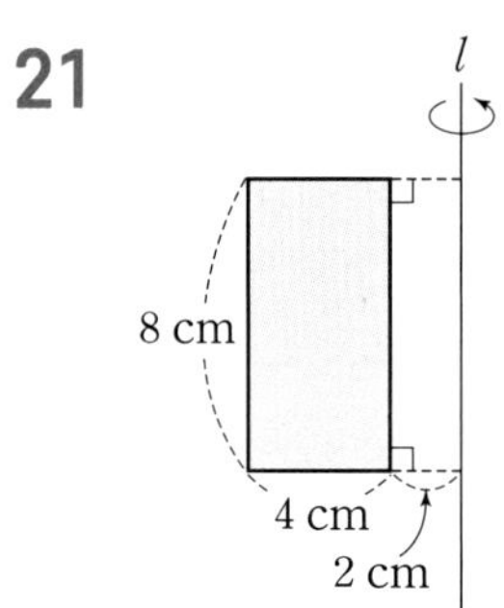

개념 체크

22 다음 빈칸에 알맞은 것을 써넣어라.

밑면인 원의 반지름의 길이가 r이고 높이가 h인 원기둥의 겉넓이를 S라 하면

$S=($[　　　]$)\times 2+$(옆넓이)

$=2\pi r^2+$[　　　]

〈 정답과 해설 p. 71 〉

11 원기둥의 부피

(1) 원기둥의 부피

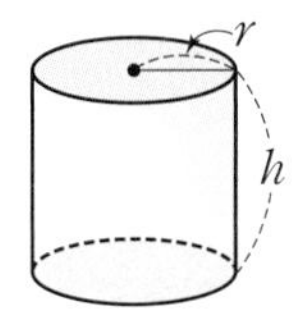

(원기둥의 부피)=(밑넓이)×(높이)

$=\pi r^2 \times h = \pi r^2 h$

(2) 구멍이 뚫린 원기둥의 부피

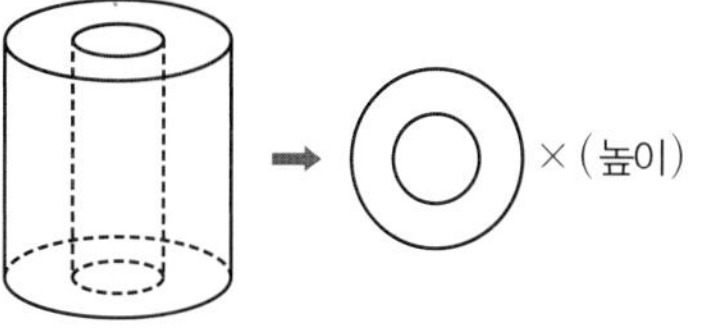

(구멍이 뚫린 원기둥의 부피)

=(바깥쪽 원기둥의 부피)−(안쪽 원기둥의 부피)

={(바깥쪽 원기둥의 밑넓이)−(안쪽 원기둥의 밑넓이)}×(높이)

=(밑넓이)×(높이)

유형 38 원기둥의 부피

[01-03] 그림과 같은 원기둥의 부피를 구하여라.

01

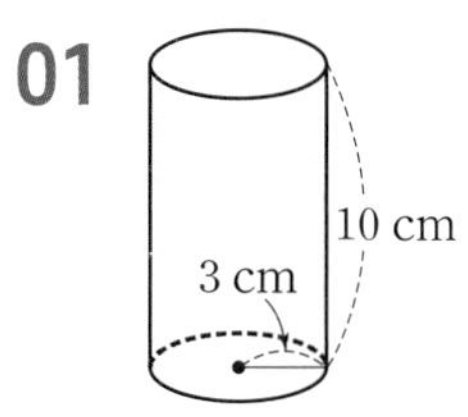

해 (밑넓이)$=\pi\times$ □^{2} = □ π (cm^2)

∴ (부피)=(밑넓이)×(높이)= □ $\pi\times$ □

= □ π (cm^3)

02

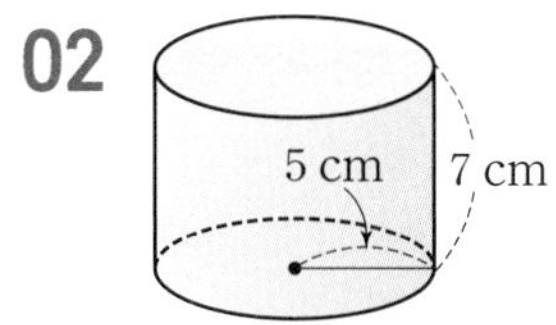

03

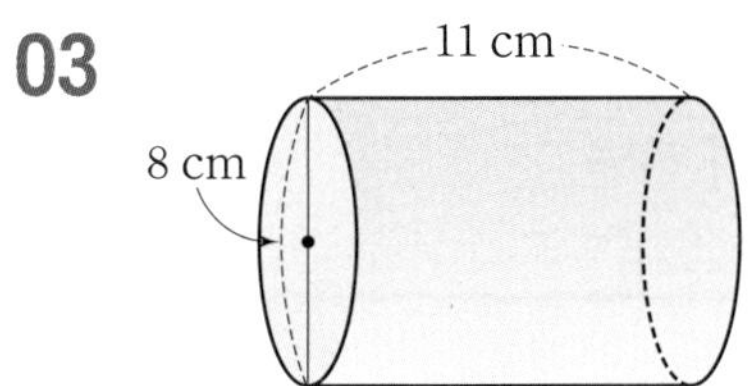

유형 39 부피의 조건을 만족시키는 원기둥

[04-06] 그림과 같은 원기둥에 대하여 다음을 구하여라.

04 부피가 128π cm^3, 밑면의 반지름의 길이가 4 cm일 때, 원기둥의 높이

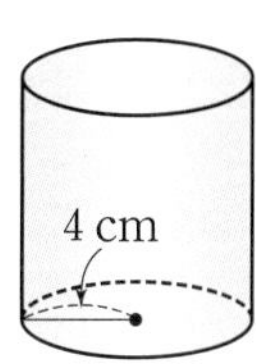

05 원기둥의 부피가 486π cm^3, 높이가 6 cm일 때, 원기둥의 밑면의 반지름의 길이

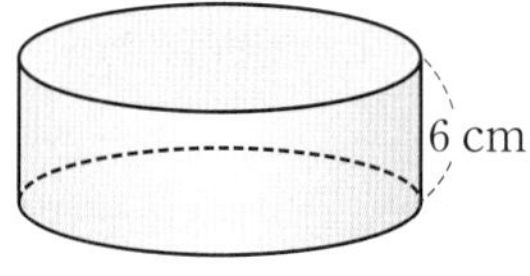

06 원기둥의 부피가 350π cm^3, 높이가 14 cm일 때, 원기둥의 밑면의 지름의 길이

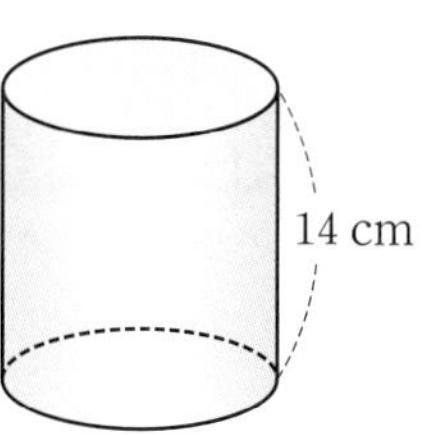

〈 정답과 해설 p. 71 〉

유형 40 구멍이 뚫린 원기둥의 부피

[07-10] 그림과 같이 구멍이 뚫린 원기둥의 부피를 구하여라.

07

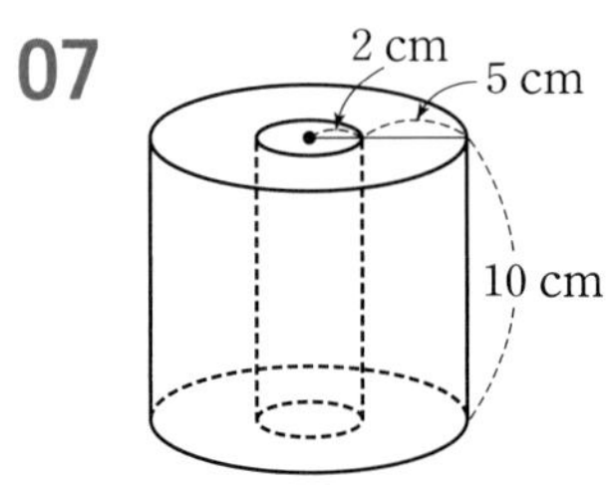

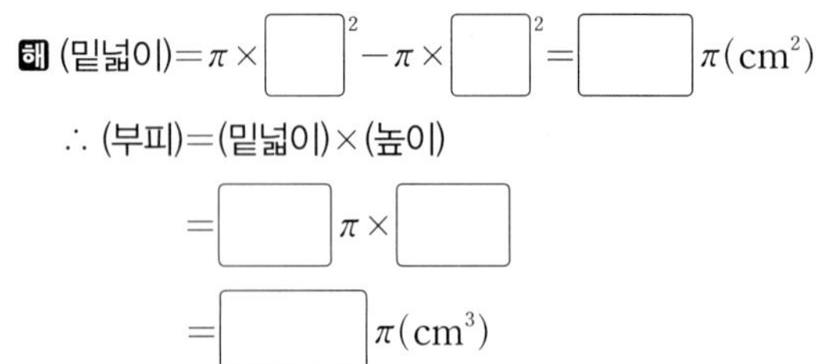

08

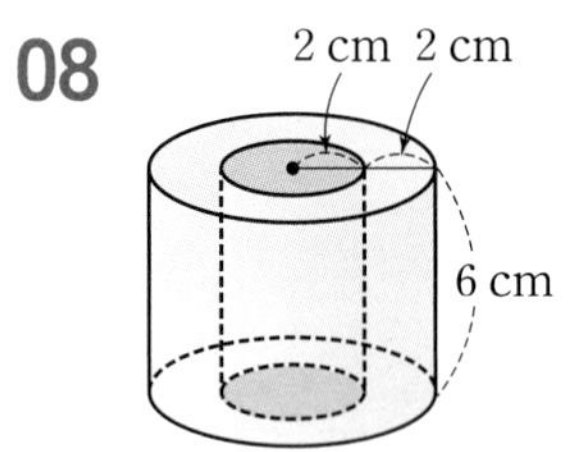

09

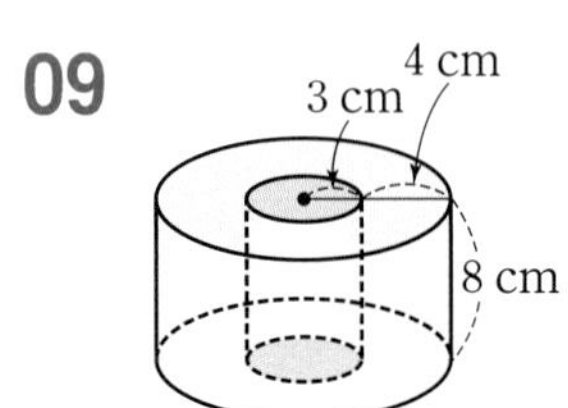

10

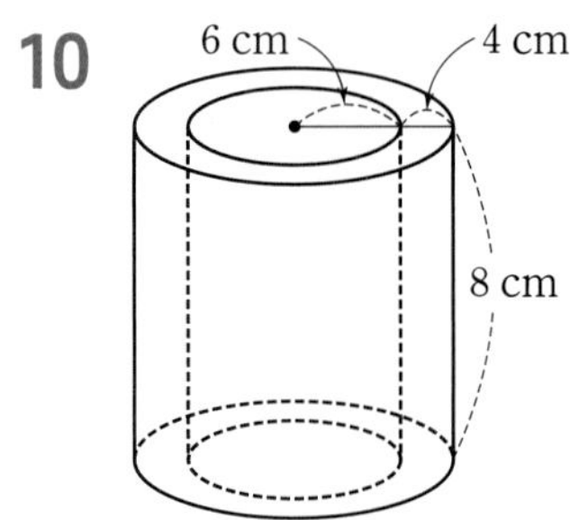

유형 41 회전체의 부피

[11-13] 그림과 같은 도형을 직선 l을 회전축으로 하여 1회전 시킬 때 생기는 입체도형의 부피를 구하여라.

11

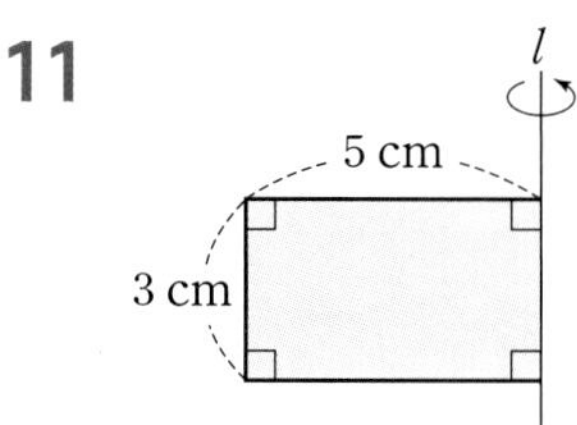

12

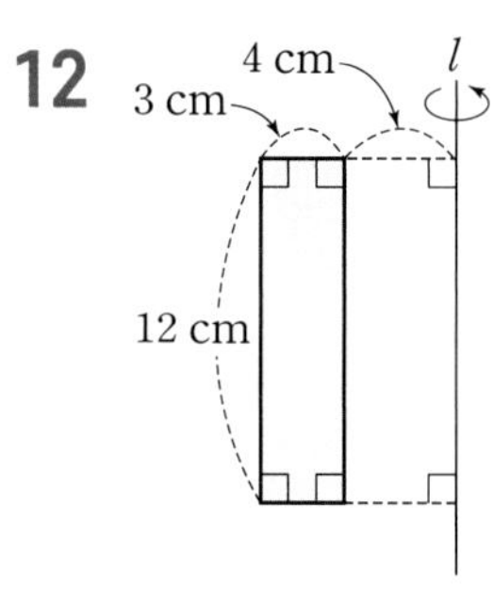

13

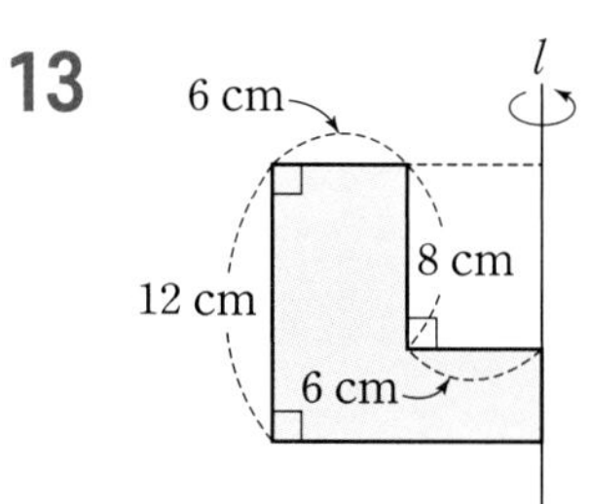

개념 체크

14 다음 빈칸에 알맞은 것을 써넣어라.

밑면인 원의 반지름의 길이가 r이고 높이가 h인 원기둥의 부피를 V라 하면

$V=$(밑넓이)$\times$([   ])

$=$[   ]$\times h=$[   ]

〈 정답과 해설 p. 72 〉

12 밑면이 부채꼴인 기둥의 겉넓이

✪ 높이가 h인 기둥의 밑면이 반지름의 길이가 r이고
중심각의 크기가 $x°$인 부채꼴일 때, 이 기둥의 겉넓이를 S라 하면

$$S=(\text{밑넓이})\times 2+(\text{옆넓이})=\left(\pi r^2\times\frac{x}{360}\right)\times 2+\left(2\pi r\times\frac{x}{360}+r+r\right)\times h$$

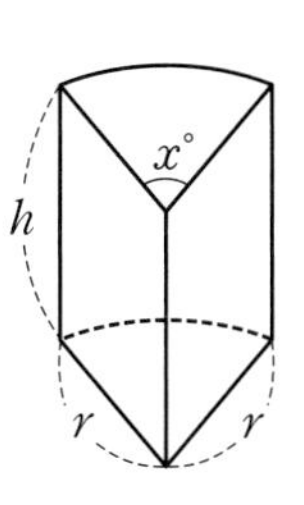

➡

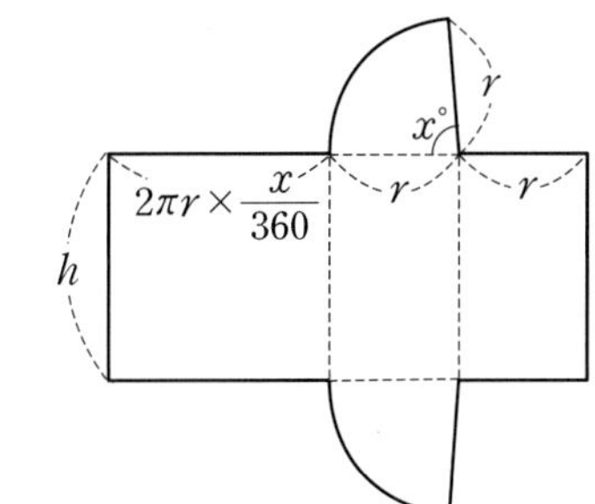

유형 42 밑면이 부채꼴인 기둥의 겉넓이

[01-03] 그림과 같이 밑면이 반원인 기둥에 대하여 다음 물음에 답하여라.

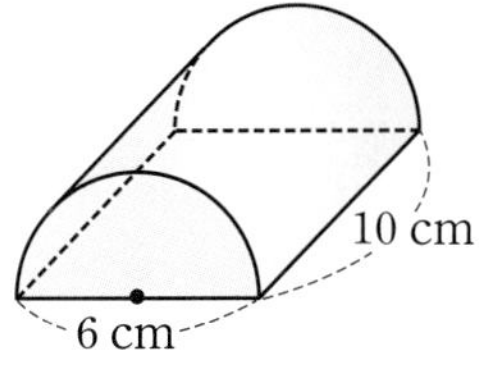

01 기둥의 밑넓이를 구하여라.

해 (밑넓이)$=\pi\times\square^2\times\frac{180}{360}=\square\,\pi(\text{cm}^2)$

02 기둥의 옆넓이를 구하여라.

해 전개도에서 옆면인 직사각형의 가로의 길이는

$2\pi\times\square\times\frac{180}{360}+\square=\square\,\pi+\square(\text{cm})$

이고 세로의 길이는 $\square$(cm)이므로

(옆넓이)$=(\square\,\pi+\square)\times\square$

$=\square\,\pi+\square(\text{cm}^2)$

03 기둥의 겉넓이를 구하여라.

해 (겉넓이)$=\square\,\pi\times 2+\square\,\pi+\square$

$=\square\,\pi+\square(\text{cm}^2)$

[04-05] 그림과 같이 밑면이 부채꼴인 기둥의 겉넓이를 구하여라.

04

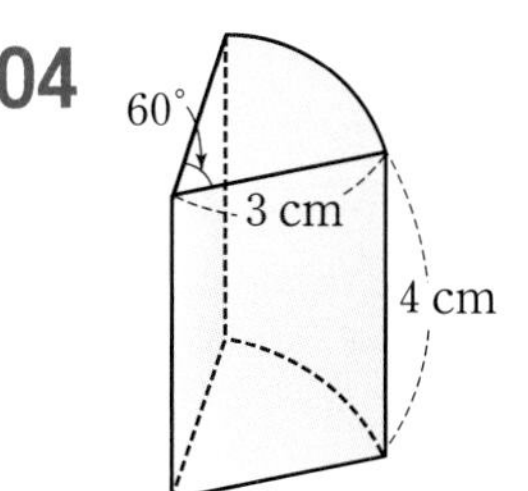

05

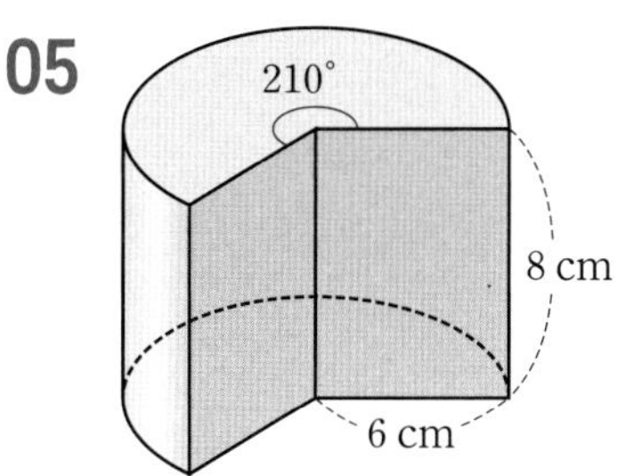

개념 체크

06 다음 빈칸에 알맞은 것을 써넣어라.

높이가 h인 기둥의 밑면이 반지름의 길이가 r이고 중심각의 크기가 $x°$인 부채꼴일 때, 이 기둥의 겉넓이를 S라 하면

$S=([\quad\quad])\times 2+(\text{옆넓이})$

$=\left(\pi r^2\times[\quad\quad]\right)\times 2+\left(2\pi r\times\frac{x}{360}+r+r\right)\times[\quad]$

〈 정답과 해설 p. 72 〉

13 밑면이 부채꼴인 기둥의 부피

✪ 높이가 h인 기둥의 밑면이 반지름의 길이가 r이고 중심각의 크기가 $x°$인 부채꼴일 때, 이 기둥의 부피를 V라 하면

$V=$(밑넓이)$\times$(높이)

$=\left(\pi r^2 \times \frac{x}{360}\right) \times h$

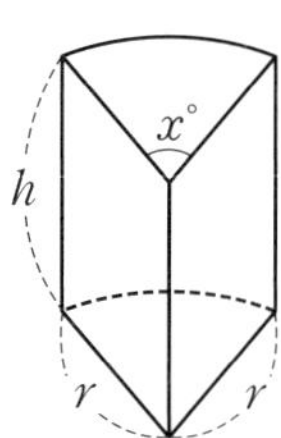

유형 43 밑면이 부채꼴인 기둥의 부피

[01-06] 그림과 같이 밑면이 부채꼴인 기둥의 부피를 구하여라.

01

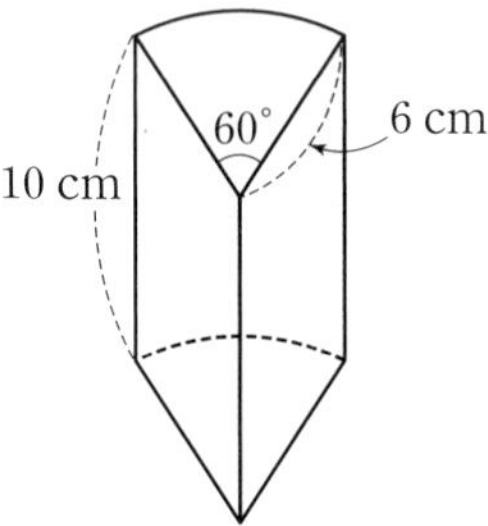

해 (밑넓이)$=\pi\times$ ☐$^2\times\frac{☐}{360}=$ ☐ $\pi(\text{cm}^2)$

∴ (부피)=(밑넓이)×(높이)

= ☐ $\pi\times$ ☐

= ☐ $\pi(\text{cm}^3)$

02

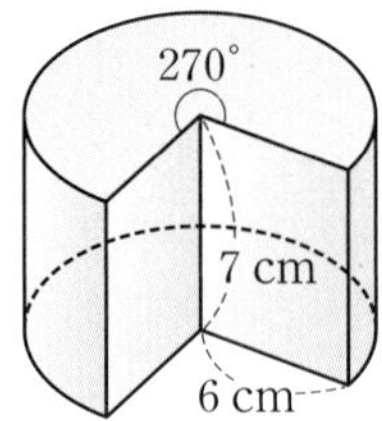

03

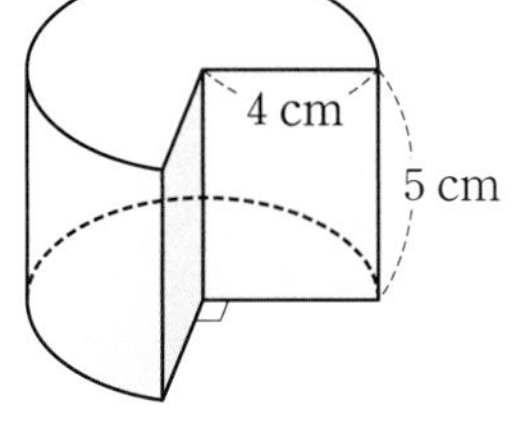

04

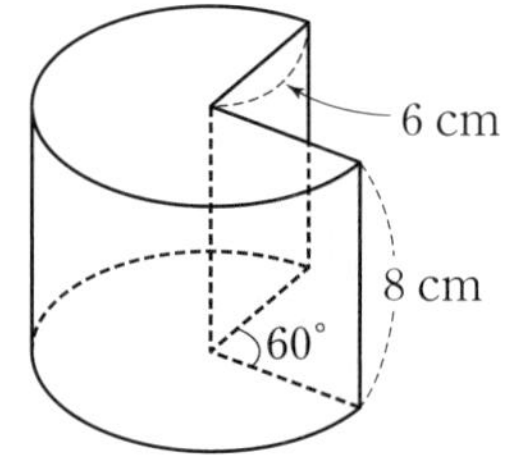

05

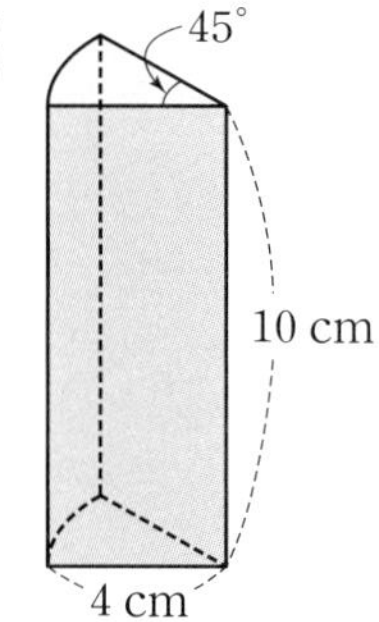

06

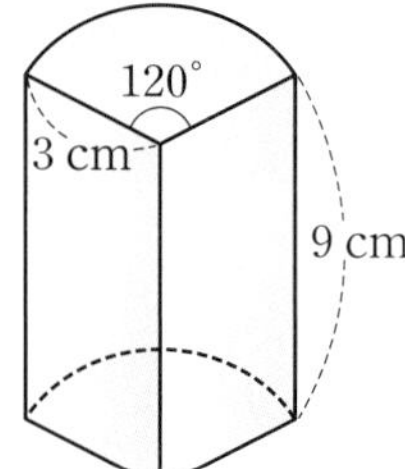

개념 체크

07 다음 빈칸에 알맞은 것을 써넣어라.

높이가 h인 기둥의 밑면이 반지름의 길이가 r이고 중심각의 크기가 $x°$인 부채꼴일 때, 이 기둥의 부피를 V라 하면

$V=$([　　　])×(높이)$=\left(\pi r^2\times[\quad]\right)\times h$

〈정답과 해설 p. 73〉

14 뿔의 겉넓이

(1) 각뿔의 겉넓이

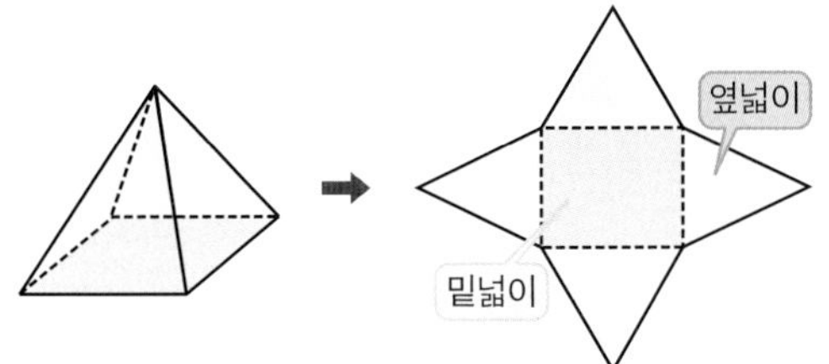

(각뿔의 겉넓이)=(밑넓이)+(옆넓이)

(n각뿔의 옆넓이)=(n개의 삼각형의 넓이의 합)

참고 각뿔의 밑면은 1개이고, 옆면은 모두 삼각형이다.

(2) 원뿔의 겉넓이

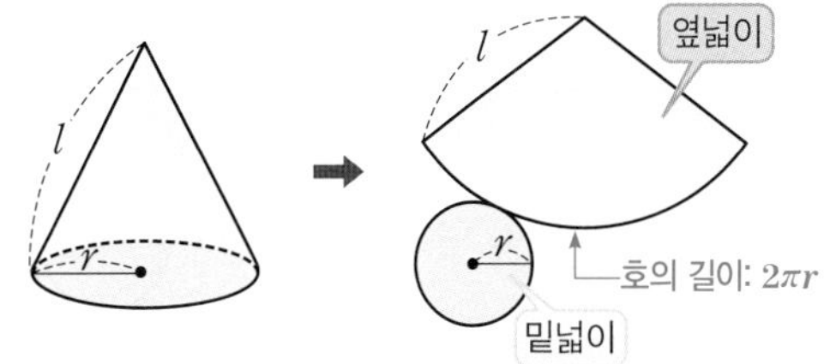

(원뿔의 겉넓이)=(밑넓이)+(옆넓이)

전개도에서 부채꼴의 넓이

$=\pi r^2+\frac{1}{2}\times l\times 2\pi r$

$\frac{1}{2}\times$(반지름의 길이)$\times$(호의 길이)

$=\pi r^2+\pi rl$

유형 44 각뿔의 겉넓이

01 그림과 같은 정사각뿔에 대하여 다음 물음에 답하여라.

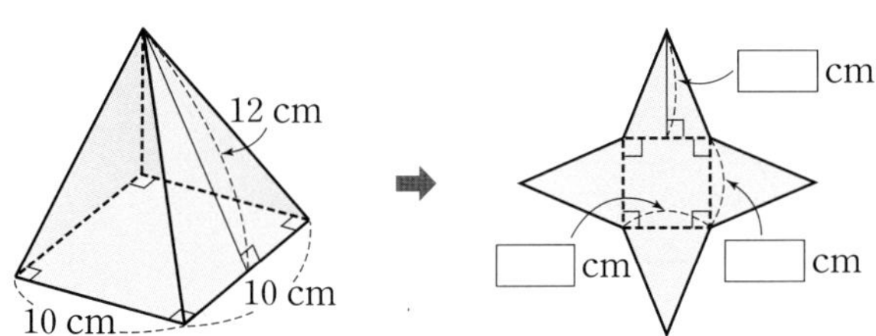

1) 정사각뿔의 밑넓이를 구하여라.

해 정사각뿔의 밑면이 정사각형이므로

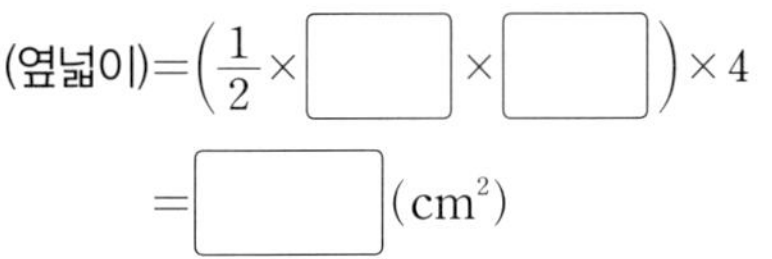

2) 정사각뿔의 옆넓이를 구하여라.

해 정사각뿔의 옆면은 모두 합동인 삼각형이므로

(옆넓이)$=\left(\frac{1}{2}\times\square\times\square\right)\times 4$

$=\square$ (cm²)

3) 정사각뿔의 겉넓이를 구하여라.

해 (겉넓이)=(밑넓이)+(옆넓이)

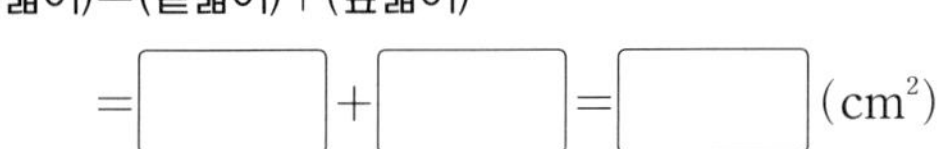

[02-04] 그림과 같은 정사각뿔의 겉넓이를 구하여라.

02

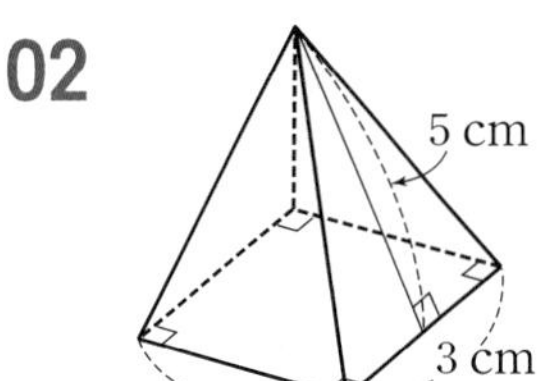

03

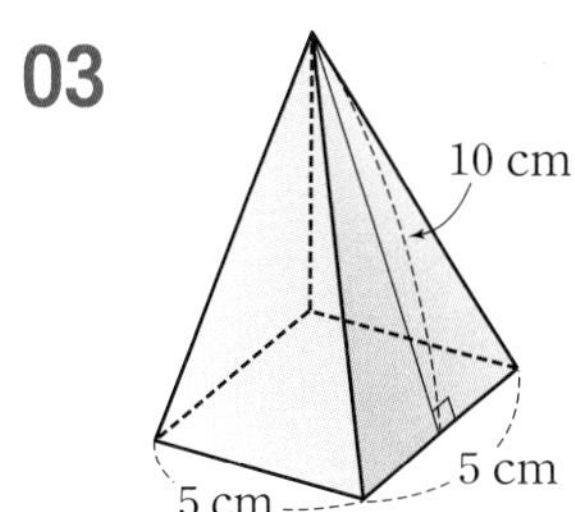

04

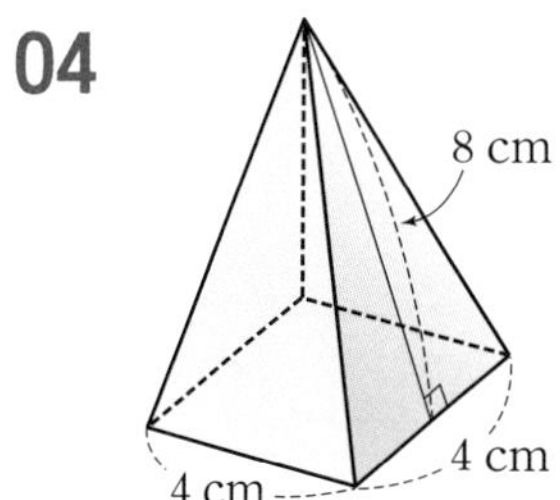

〈정답과 해설 p. 73〉

유형 45 원뿔의 겉넓이

05 그림과 같은 원뿔에 대하여 다음 물음에 답하여라.

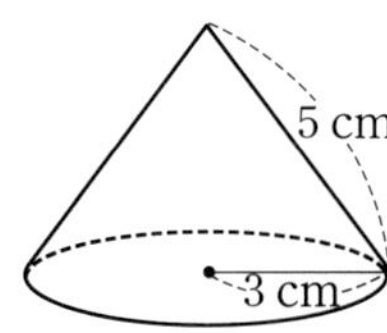

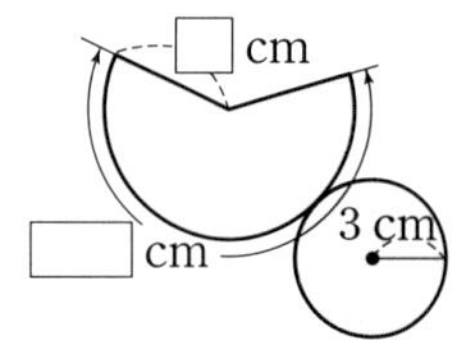

1) 원뿔의 전개도에서 옆면인 부채꼴의 호의 길이를 구하여라.

해 옆면인 부채꼴의 호의 길이는 밑면인 원의 둘레의 길이와 같으므로

(부채꼴의 호의 길이)$=2\pi\times\square$

$=\square\pi(\text{cm})$

2) 원뿔의 밑넓이를 구하여라.

해 (밑넓이)$=\pi\times\square^2=\square\pi(\text{cm}^2)$

3) 원뿔의 옆넓이를 구하여라.

해 (옆넓이)$=\frac{1}{2}\times\square\times\square\pi=\square\pi(\text{cm}^2)$

4) 원뿔의 겉넓이를 구하여라.

해 (겉넓이)=(밑넓이)+(옆넓이)

$=\square\pi+\square\pi=\square\pi(\text{cm}^2)$

[06-09] 그림과 같은 원뿔의 겉넓이를 구하여라.

06

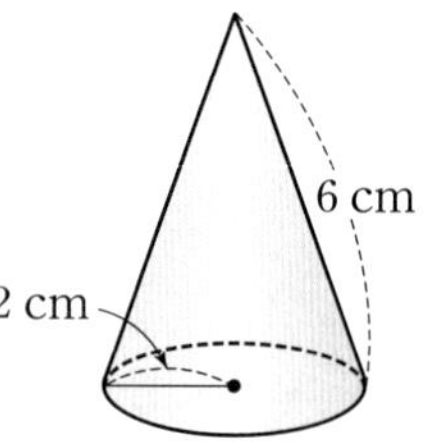

07

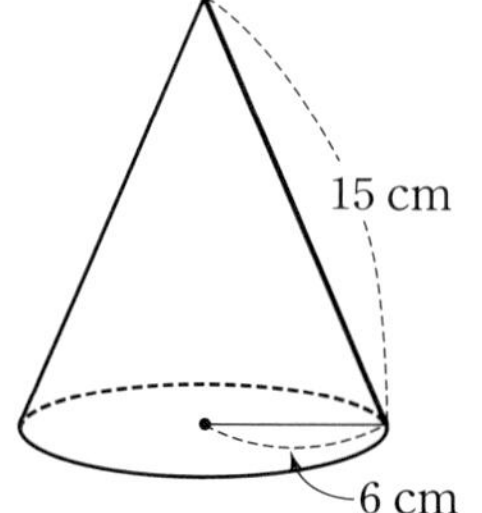

08

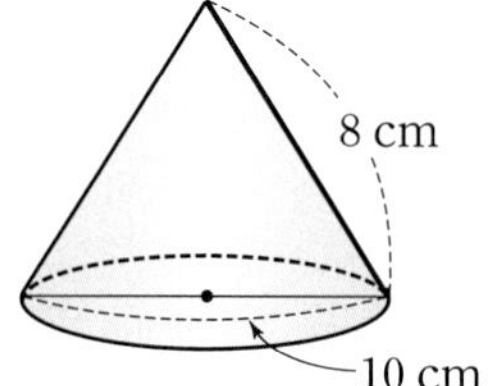

09

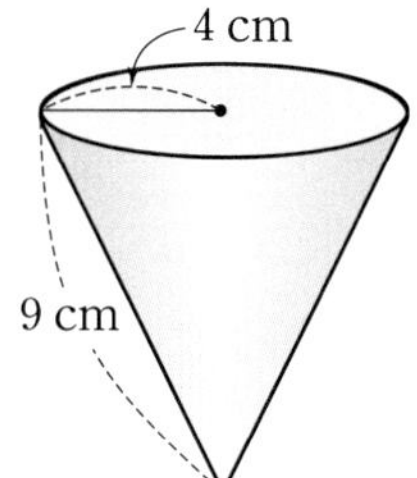

개념 체크

10 다음 빈칸에 알맞은 것을 써넣어라.

뿔의 밑면의 개수는 [ ]이므로

(뿔의 겉넓이)=([ ])+(옆넓이)

〈 정답과 해설 p. 73~74 〉

15 뿔의 부피

(1) 각뿔의 부피

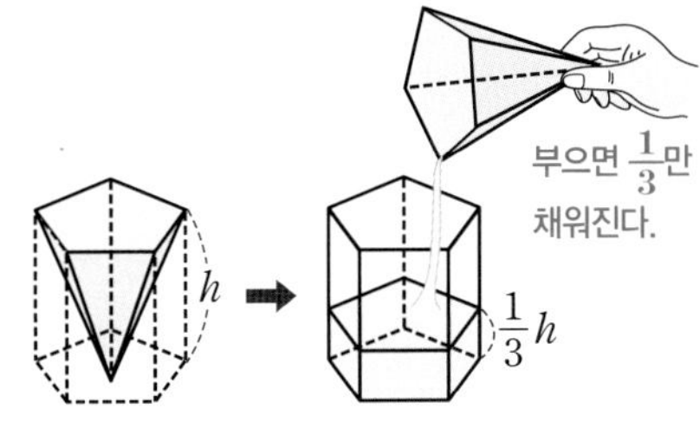

$$(\text{각뿔의 부피})=\frac{1}{3}\times(\text{각기둥의 부피})$$
$$=\frac{1}{3}\times(\text{밑넓이})\times(\text{높이})$$

(2) 원뿔의 부피

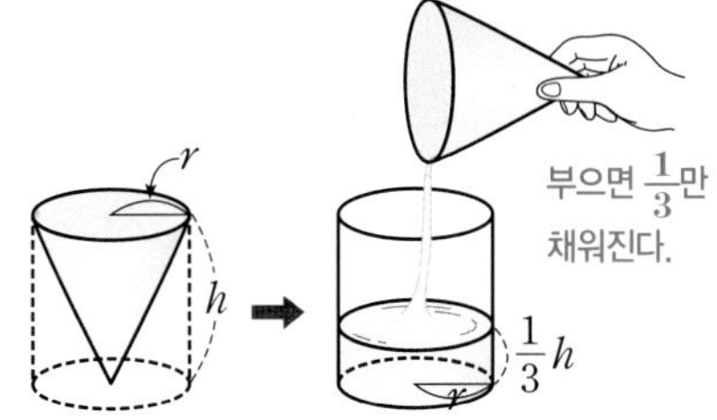

$$(\text{원뿔의 부피})=\frac{1}{3}\times(\text{원기둥의 부피})$$
$$=\frac{1}{3}\times(\text{밑넓이})\times(\text{높이})$$
$$=\frac{1}{3}\times\pi r^2\times h=\frac{1}{3}\pi r^2 h$$

뿔의 부피 ➡ 밑면이 합동이고 높이가 같은 기둥의 부피의 $\frac{1}{3}$

DAY 24

유형 46 각뿔의 부피

[01-05] 그림과 같은 각뿔의 부피를 구하여라.

01

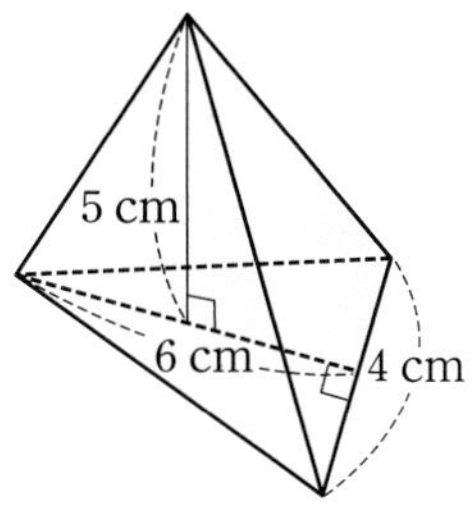

해 (밑넓이)$=\frac{1}{2}\times$ ☐ $\times$ ☐ $=$ ☐ (cm^2)이고

높이는 ☐ cm이므로

(부피)$=\frac{1}{3}\times$(밑넓이)$\times$(높이)

$=\frac{1}{3}\times$ ☐ $\times$ ☐ $=$ ☐ (cm^3)

02

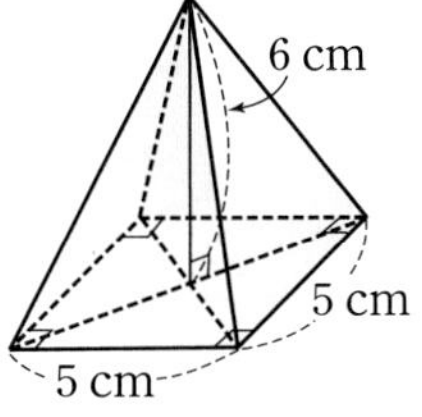

03

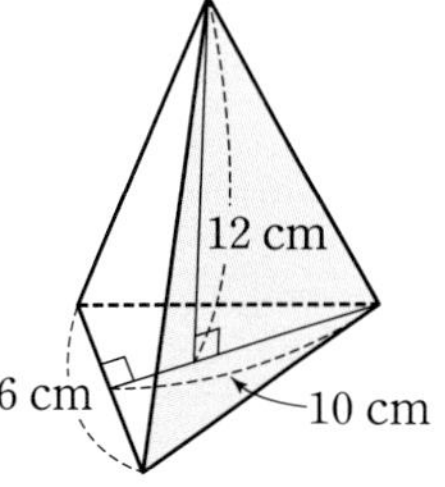

04

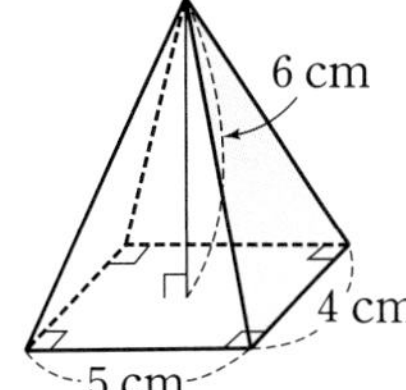

05

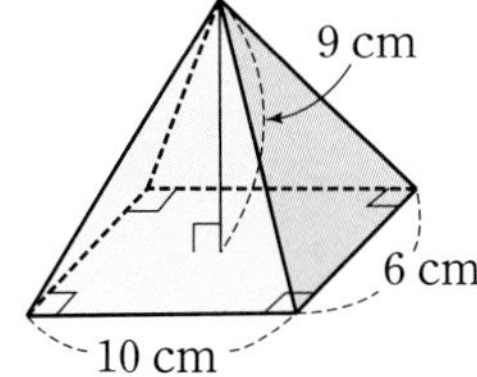

〈정답과 해설 p. 74〉

유형 47 원뿔의 부피

[06-09] 그림과 같은 원뿔의 부피를 구하여라.

06

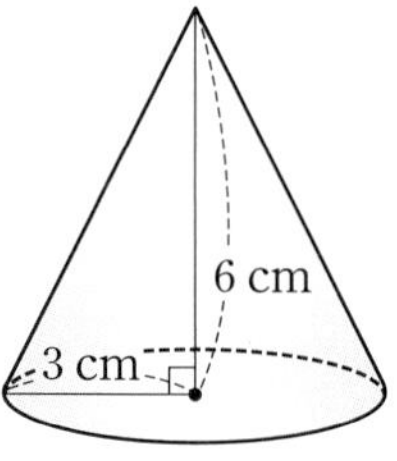

해 (밑넓이)$=\pi\times\square^2=\square\pi$ (cm^2)이고

높이는 $\square$ cm이므로

(부피)$=\frac{1}{3}\times$(밑넓이)$\times$(높이)

$=\frac{1}{3}\times\square\pi\times\square=\square\pi$ (cm^3)

07

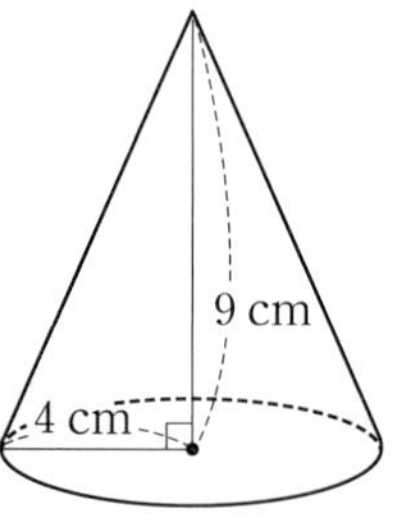

08

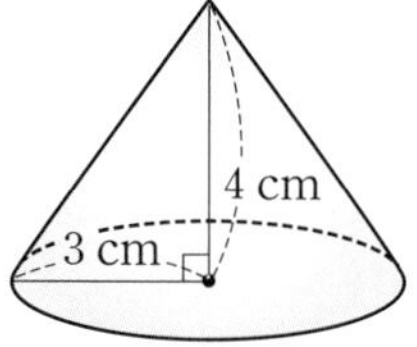

09

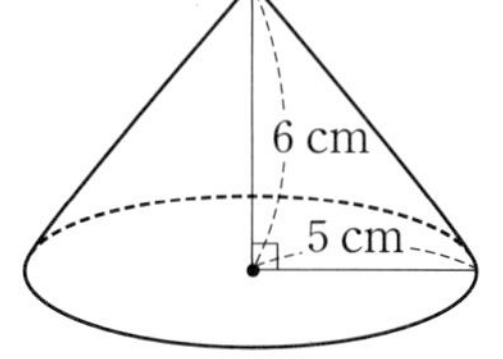

유형 48 부피의 조건을 만족시키는 뿔

[10-14] 다음을 구하여라.

10 부피가 240 cm^3, 높이가 9 cm인 오각뿔의 밑면의 넓이

11 부피가 384 cm^3, 높이가 8 cm인 정사각뿔의 밑면의 한 변의 길이

12 부피가 300π cm^3, 높이가 4 cm인 원뿔의 밑면의 반지름의 길이

13 부피가 96π cm^3, 밑면의 반지름의 길이가 6 cm인 원뿔의 높이

14 부피가 144π cm^3이고 높이와 밑면의 지름의 길이가 같은 원뿔의 반지름의 길이

개념 체크

15 다음 빈칸에 알맞은 것을 써넣어라.

뿔의 부피는 밑넓이와 높이가 각각 같은 기둥의 부피의 [　　]이므로 밑넓이가 S, 높이가 h인 뿔의 부피를 V라 하면

$V=$[　　]$\times$(밑넓이)$\times$(높이)$=$[　　]

〈 정답과 해설 p. 74~75 〉

16 뿔대의 겉넓이

(1) 각뿔대의 겉넓이

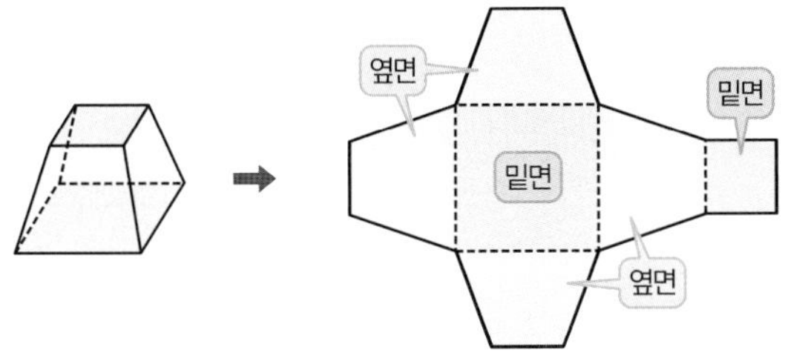

(각뿔대의 겉넓이)
=(두 밑넓이의 합)+(옆넓이)
(n각뿔대의 옆넓이)=(n개의 사다리꼴의 넓이의 합)

(2) 원뿔대의 겉넓이

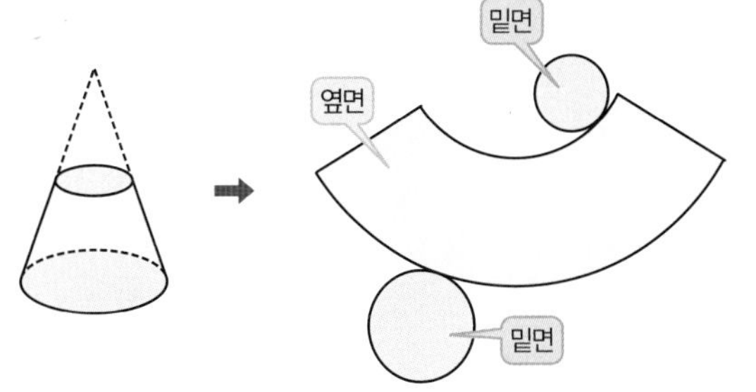

(원뿔대의 겉넓이)
=(두 밑넓이의 합)+(옆넓이)
전개도에서 (큰 부채꼴의 넓이)−(작은 부채꼴의 넓이)

(뿔대의 겉넓이)=(두 밑넓이의 합)+(옆넓이)

유형 49 각뿔대의 겉넓이

01 그림과 같은 각뿔대에 대하여 다음 물음에 답하여라.

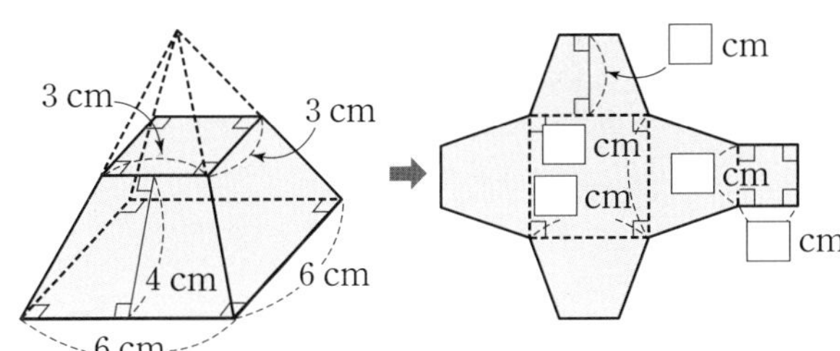

1) 사각뿔대의 두 밑면의 넓이의 합을 구하여라.

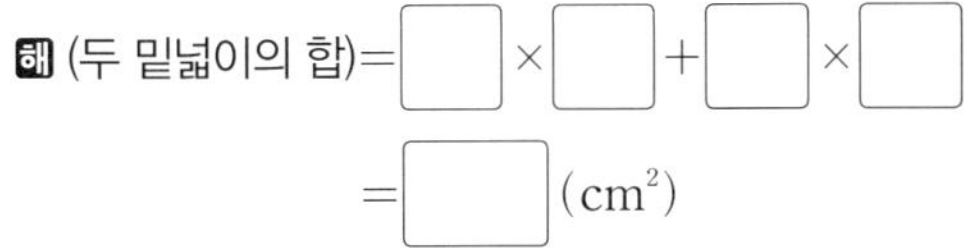

해 (두 밑넓이의 합)=□×□+□×□
=□(cm²)

2) 사각뿔대의 옆넓이를 구하여라.

해 (옆넓이)=$\left\{\frac{1}{2}\times(\square+\square)\times\square\right\}\times 4$
=□(cm²)

3) 사각뿔대의 겉넓이를 구하여라.

해 (겉넓이)=(두 밑넓이의 합)+(옆넓이)
=□+□=□(cm²)

[02-04] 그림과 같은 각뿔대의 겉넓이를 구하여라.

02

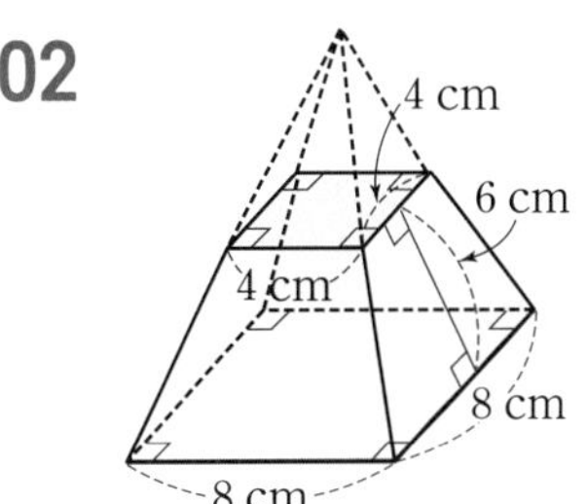

03

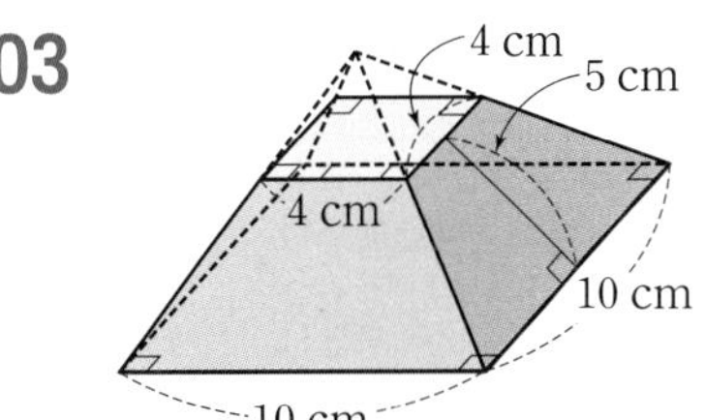

04

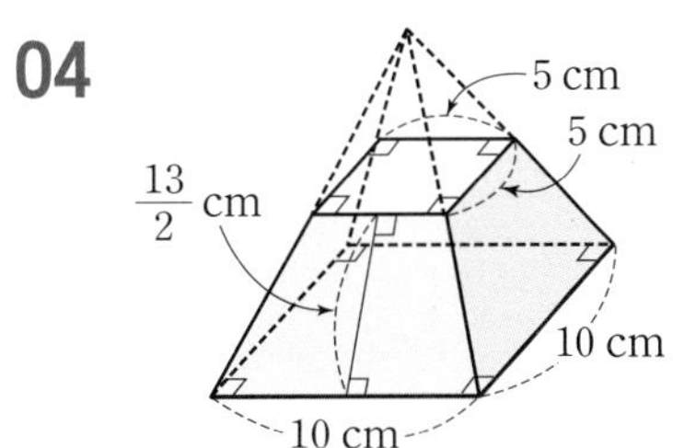

〈정답과 해설 p. 75〉

유형 50 원뿔대의 겉넓이

05 그림과 같은 원뿔대에 대하여 다음 물음에 답하여라.

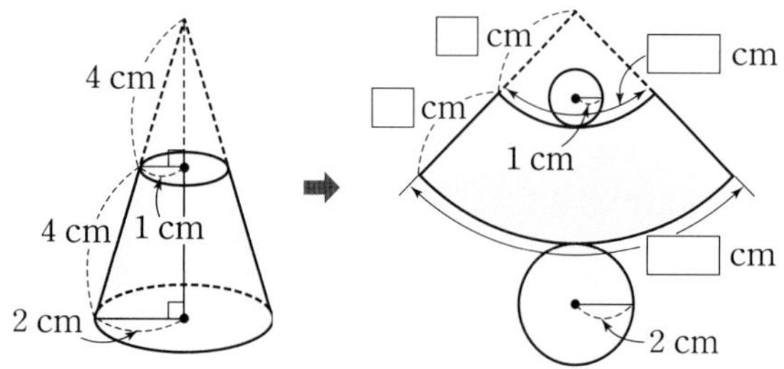

1) 원뿔대의 두 밑면의 넓이의 합을 구하여라.

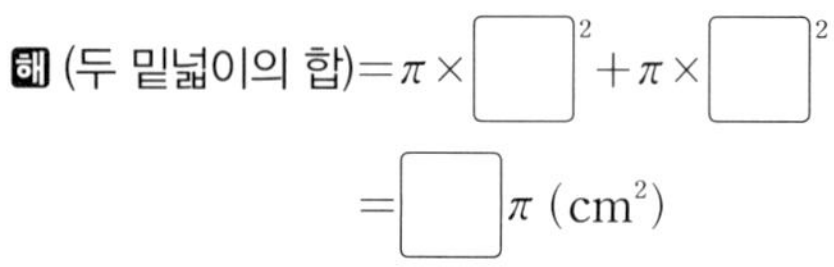

해 (두 밑넓이의 합)$=\pi\times\square^2+\pi\times\square^2$

$=\square\pi\ (\mathrm{cm}^2)$

2) 원뿔대의 전개도에서 큰 부채꼴의 호의 길이와 작은 부채꼴의 호의 길이를 각각 구하여라.

해 (큰 부채꼴의 호의 길이)

$=2\pi\times\square=\square\pi\ (\mathrm{cm})$

(작은 부채꼴의 호의 길이)

$=2\pi\times\square=\square\pi\ (\mathrm{cm})$

3) 원뿔대의 옆넓이를 구하여라.

해 옆넓이는 큰 부채꼴의 넓이에서 작은 부채꼴의 넓이를 빼면 되므로

(옆넓이)$=\frac{1}{2}\times\square\times\square\pi-\frac{1}{2}\times\square\times\square\pi$

$=\square\pi\ (\mathrm{cm}^2)$

4) 원뿔대의 겉넓이를 구하여라.

해 (겉넓이)=(두 밑넓이의 합)+(옆넓이)

$=\square\pi+\square\pi=\square\pi\ (\mathrm{cm}^2)$

[06-09] 그림과 같은 원뿔대의 겉넓이를 구하여라.

06

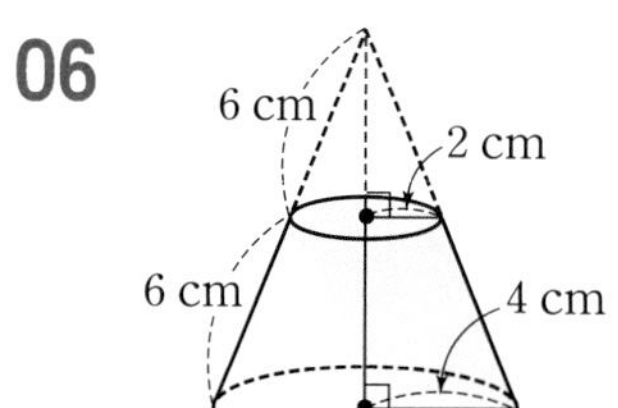

07

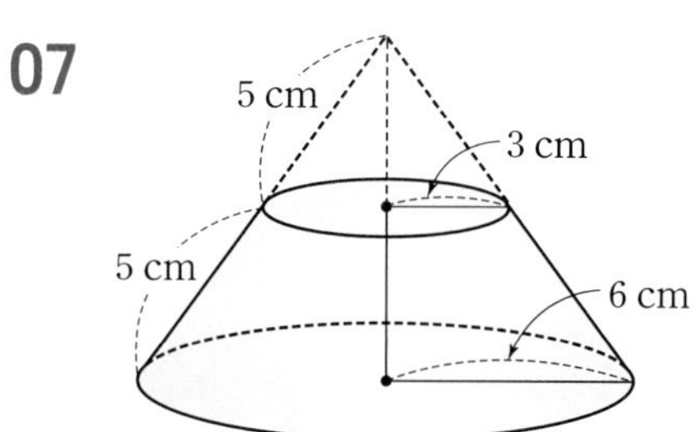

08

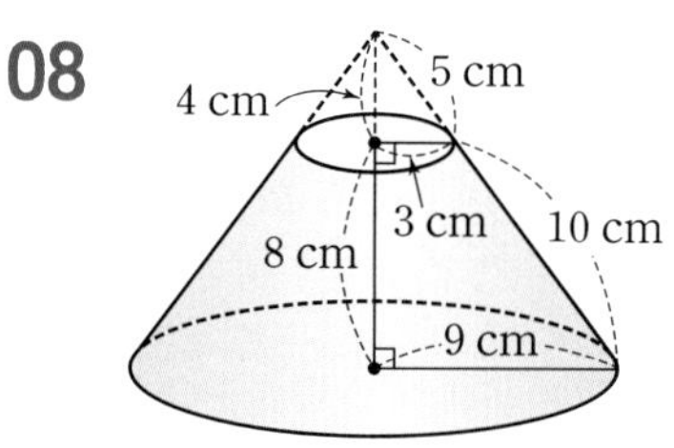

09

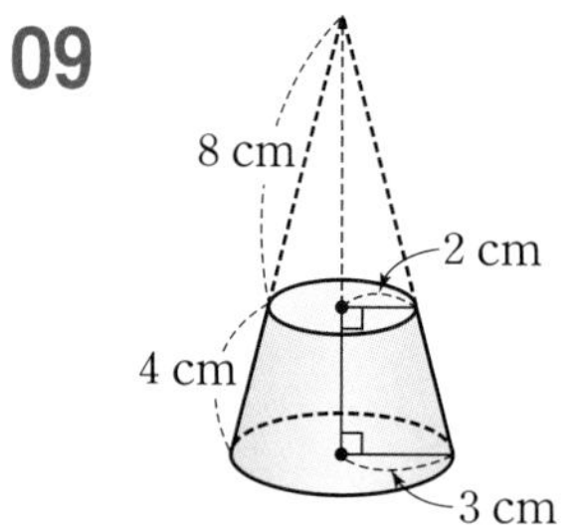

개념 체크

10 다음 빈칸에 알맞은 것을 써넣어라.

(뿔대의 겉넓이)=([   ])+(밑넓이)

〈 정답과 해설 p. 75~76 〉

17 뿔대의 부피

(1) 각뿔대의 부피

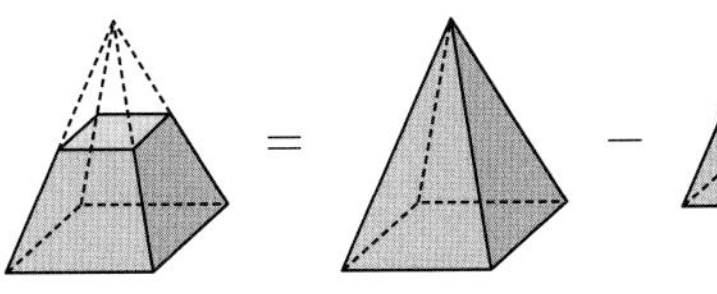

(각뿔대의 부피)
=(큰 각뿔의 부피)−(작은 각뿔의 부피)

참고 (각뿔의 부피)$=\frac{1}{3}\times$(밑넓이)$\times$(높이)

(2) 원뿔대의 부피

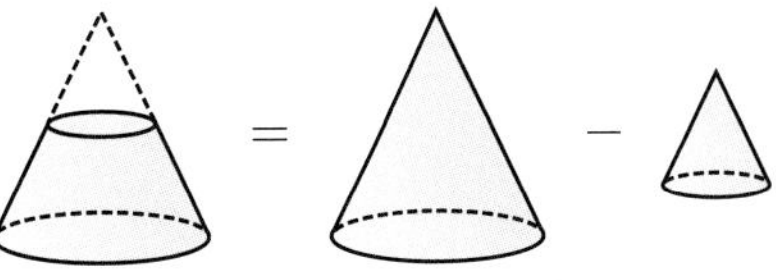

(원뿔대의 부피)
=(큰 원뿔의 부피)−(작은 원뿔의 부피)

참고 (원뿔의 부피)$=\frac{1}{3}\times$(밑넓이)$\times$(높이)

(뿔대의 부피)=(큰 뿔의 부피)−(작은 뿔의 부피)

유형 51 각뿔대의 부피

[01-03] 그림과 같이 두 밑면이 정사각형인 사각뿔대에 대하여 다음 물음에 답하여라.

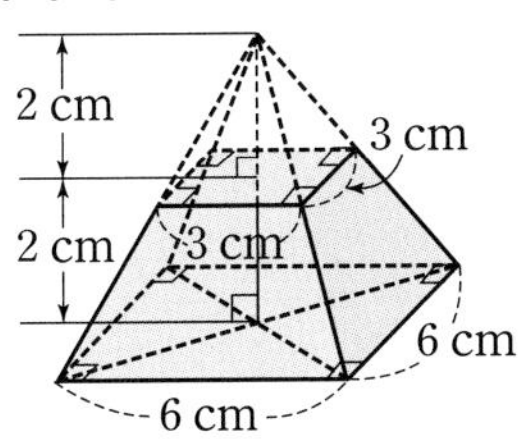

01 큰 사각뿔의 부피를 구하여라.

해 (큰 사각뿔의 부피)

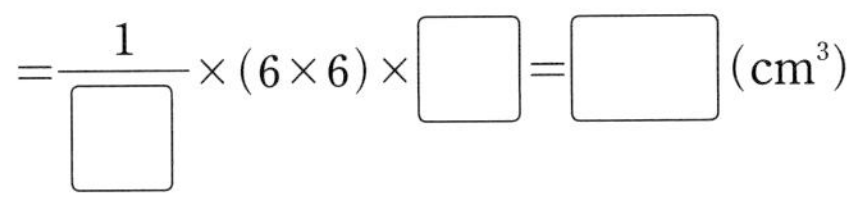

02 작은 사각뿔의 부피를 구하여라.

해 (작은 사각뿔의 부피)

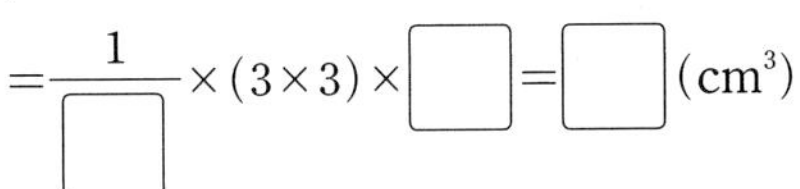

03 사각뿔대의 부피를 구하여라.

해 (사각뿔대의 부피)
=(큰 사각뿔의 부피)−(작은 사각뿔의 부피)

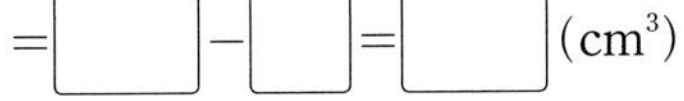

[04-06] 그림과 같은 각뿔대의 부피를 구하여라.

04

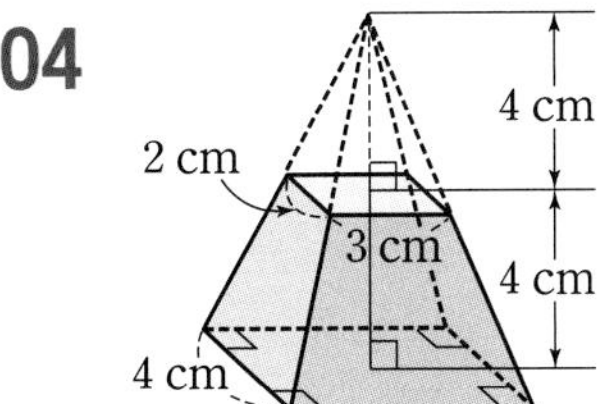

05

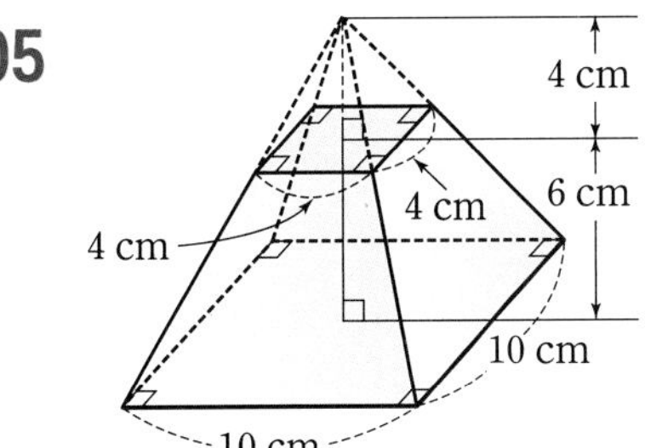

06

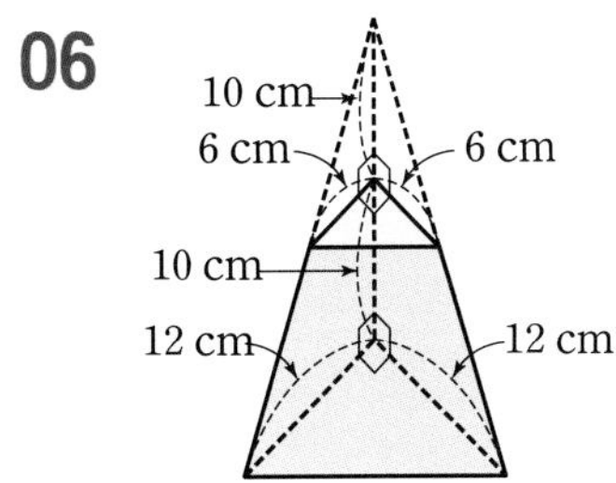

〈정답과 해설 p. 76〉

유형 52 원뿔대의 부피

[07-09] 그림과 같은 원뿔대에 대하여 다음 물음에 답하여라.

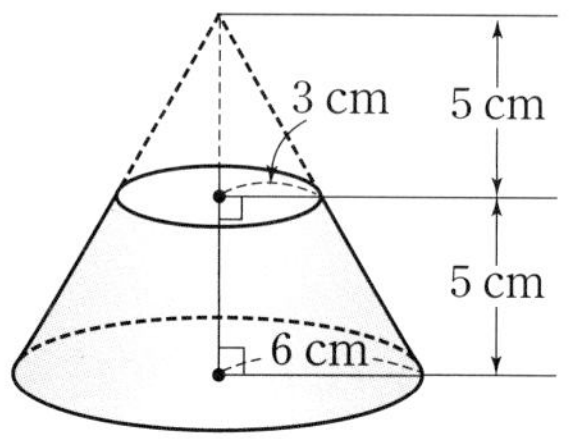

07 큰 원뿔의 부피를 구하여라.

해 (큰 원뿔의 부피)

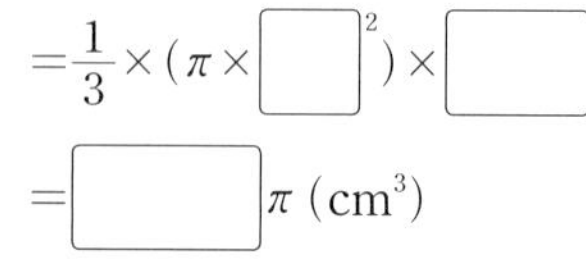

$=\frac{1}{3}\times(\pi\times\square^2)\times\square$

$=\square\pi\ (\text{cm}^3)$

08 작은 원뿔의 부피를 구하여라.

해 (작은 원뿔의 부피)

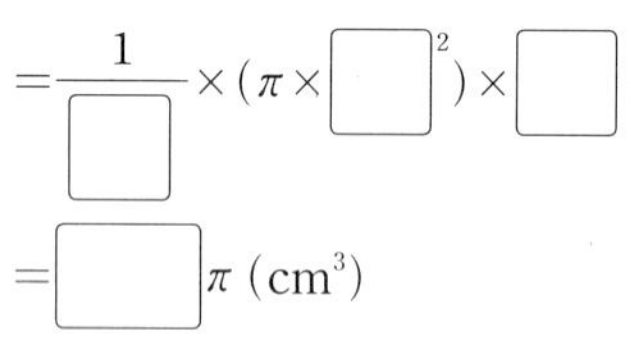

$=\frac{1}{\square}\times(\pi\times\square^2)\times\square$

$=\square\pi\ (\text{cm}^3)$

09 원뿔대의 부피를 구하여라.

해 (원뿔대의 부피)

=(큰 원뿔의 부피)−(작은 원뿔의 부피)

$=\square\pi-\square\pi=\square\pi\ (\text{cm}^3)$

[10-14] 그림과 같은 원뿔대의 부피를 구하여라.

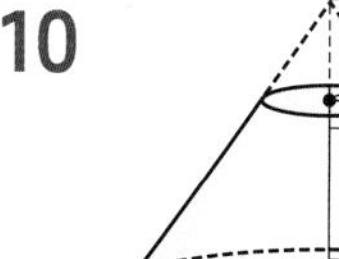

10

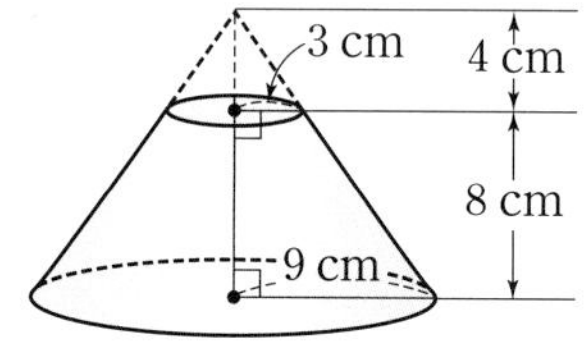

11

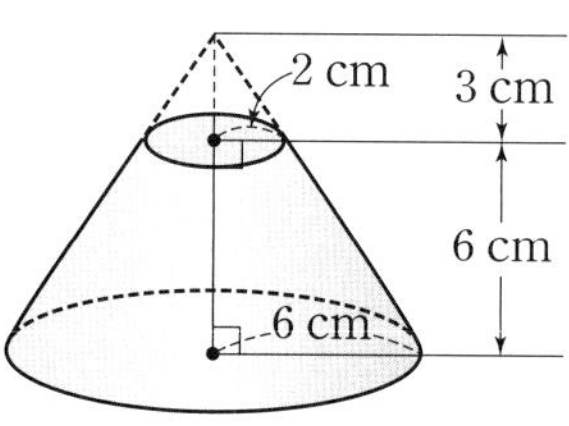

12

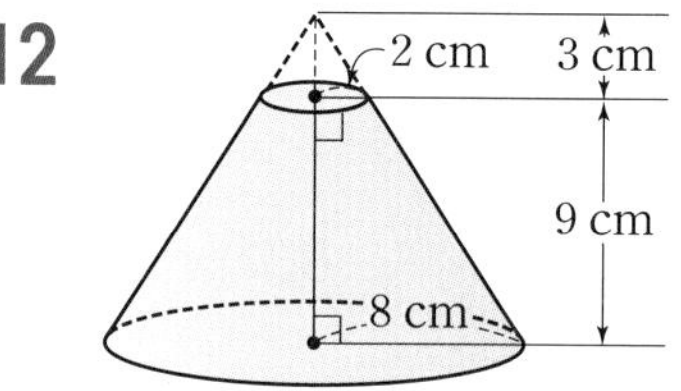

13

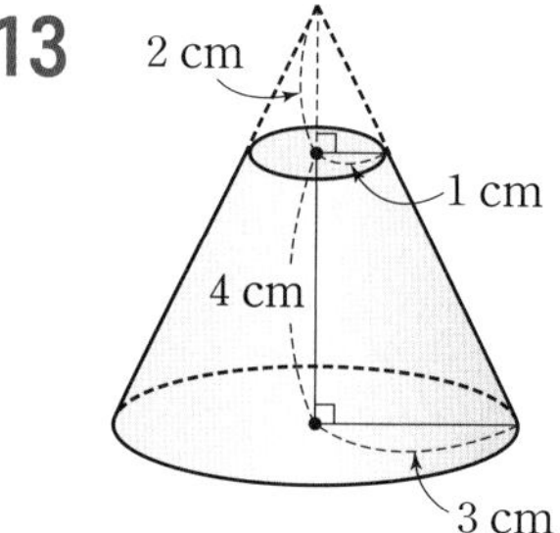

14

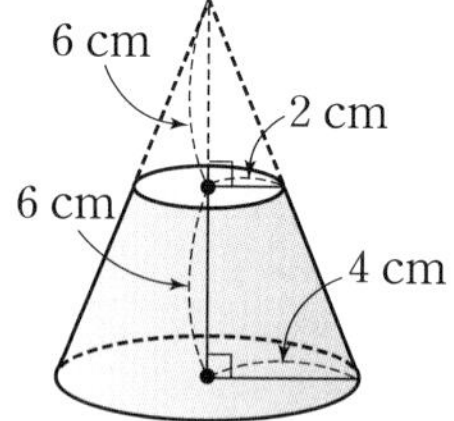

개념 체크

15 다음 빈칸에 알맞은 것을 써넣어라.

(뿔대의 부피)=([ ])−(작은 뿔의 부피)

〈정답과 해설 p. 76~77〉

18 구의 겉넓이

(1) 구의 겉넓이

반지름의 길이가 r인 구의 겉넓이를 S라 하면

$S=$(반지름의 길이가 $2r$인 원의 넓이)

$=\pi\times(2r)^2=4\pi r^2$

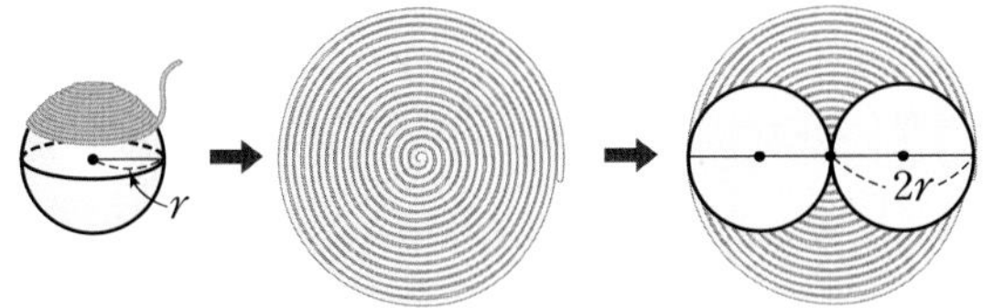

구의 겉면을 감은 끈으로 평면 위에 원을 만들면 원의 반지름의 길이는 구의 반지름의 길이의 2배가 된다.

(2) 잘린 구의 겉넓이

그림과 같은 반구의 겉넓이는 다음과 같다.

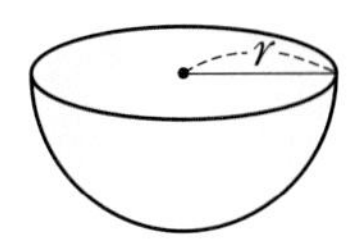

(반구의 겉넓이)

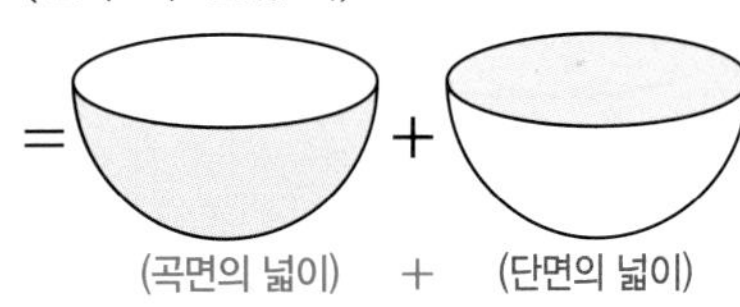

$=$ (곡면의 넓이) $+$ (단면의 넓이)

$=\frac{1}{2}\times4\pi r^2+\pi r^2=3\pi r^2$

참고 잘린 구의 겉넓이를 구할 때는 곡면인 부분과 단면인 부분으로 나누어 생각한다.

DAY 25

유형 53 구의 겉넓이

[01-07] 그림과 같은 구의 겉넓이를 구하여라.

01

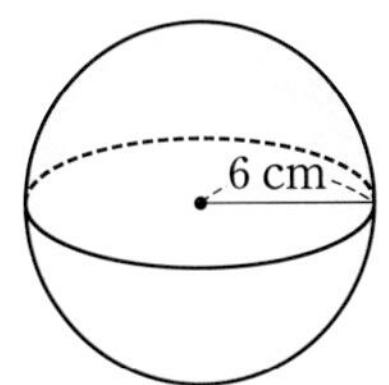

해 구의 반지름의 길이가 ☐ cm이므로

(겉넓이)$=4\pi\times$☐$^2=$☐$\pi(\text{cm}^2)$

02

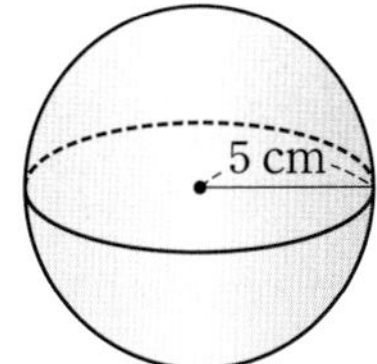

03

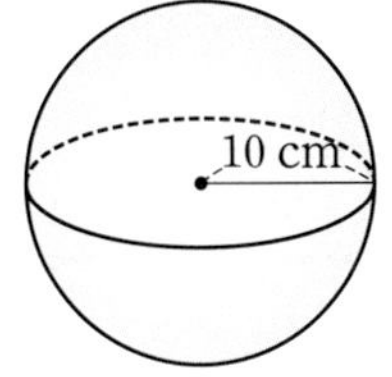

04

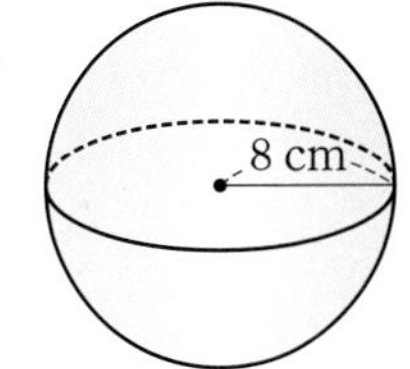

05

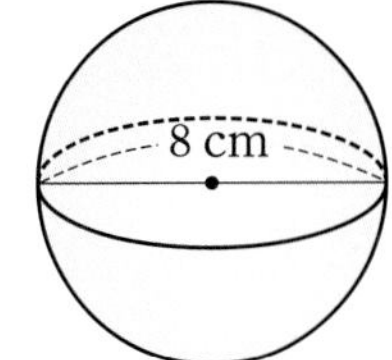

06

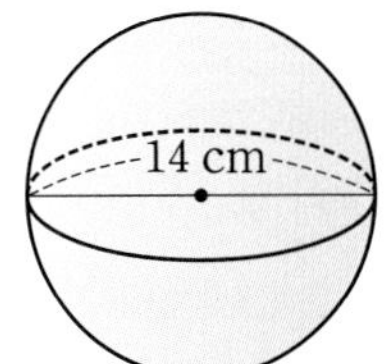

07

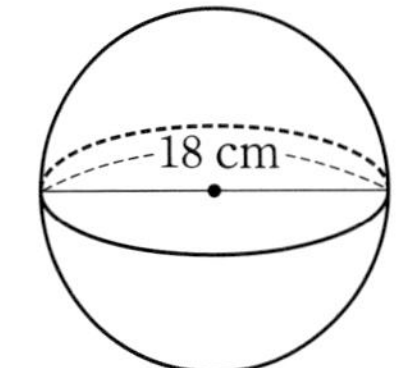

〈정답과 해설 p. 77〉

유형 54 잘린 구의 겉넓이

[08-10] 그림과 같은 반구에 대하여 다음 물음에 답하여라.

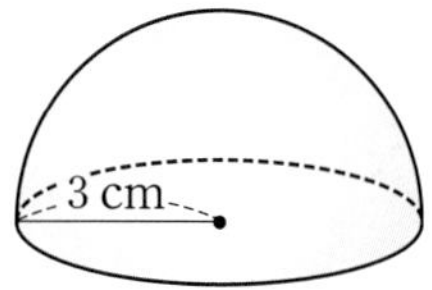

08 반지름의 길이가 3 cm인 구의 겉넓이를 구하여라.

해 $\square\pi\times\square^2=\square\pi(\mathrm{cm}^2)$

09 반지름의 길이가 3 cm인 원의 넓이를 구하여라.

해 $\pi\times\square^2=\square\pi(\mathrm{cm}^2)$

10 이 반구의 겉넓이를 구하여라.

해 (겉넓이)$=\frac{1}{2}\times$(구의 겉넓이)$+$(단면인 원의 넓이)

$=\frac{1}{2}\times\square\pi+\square\pi$

$=\square\pi(\mathrm{cm}^2)$

[11-12] 그림과 같은 반구의 겉넓이를 구하여라.

11

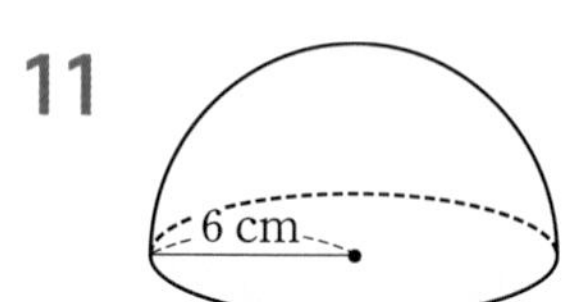

12

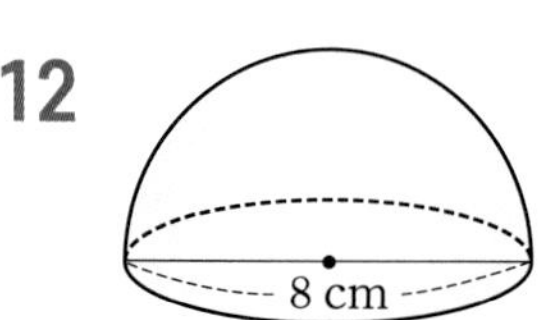

[13-15] 그림과 같이 구의 $\frac{1}{8}$을 잘라내고 남은 입체도형에 대하여 다음 물음에 답하여라.

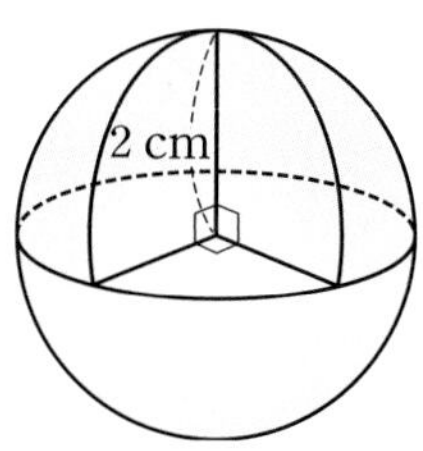

13 반지름의 길이가 2 cm인 구의 겉넓이를 구하여라.

14 반지름의 길이가 2 cm이고 중심각의 크기가 90°인 부채꼴의 넓이를 구하여라.

15 이 입체도형의 겉넓이를 구하여라.

해 이 입체도형은 반지름의 길이가 2 cm인 구의 $\frac{1}{8}$을 잘라내고 남은 것이므로

(겉넓이)$=\frac{7}{8}\times\square\pi+\square\times3$

$=\square\pi(\mathrm{cm}^2)$

16 그림은 구를 4등분한 것 중 하나이다. 이 입체도형의 겉넓이를 구하여라.

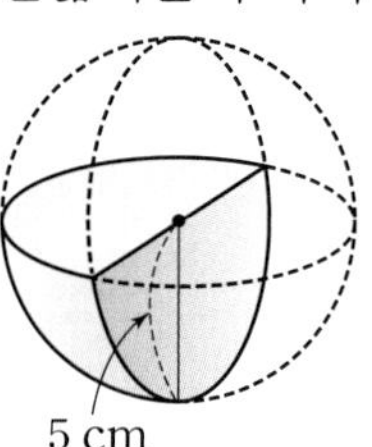

개념 체크

17 다음 빈칸에 알맞은 것을 써넣어라.

반지름의 길이가 r인 구의 겉넓이는 반지름의 길이가 [ ]인 원의 넓이와 같으므로

(구의 겉넓이)$=\pi\times$([ ])^2

$=$[ ]

〈 정답과 해설 p. 77~78 〉

19 구의 부피

DAY 25

(1) 구의 부피

반지름의 길이가 r인 구의 부피를 V라 하면

$V=\frac{2}{3}\times$(원기둥의 부피)$=\frac{2}{3}\times$(밑넓이)$\times$(높이)

$V=\frac{2}{3}\times\pi r^2\times 2r=\frac{4}{3}\pi r^3$

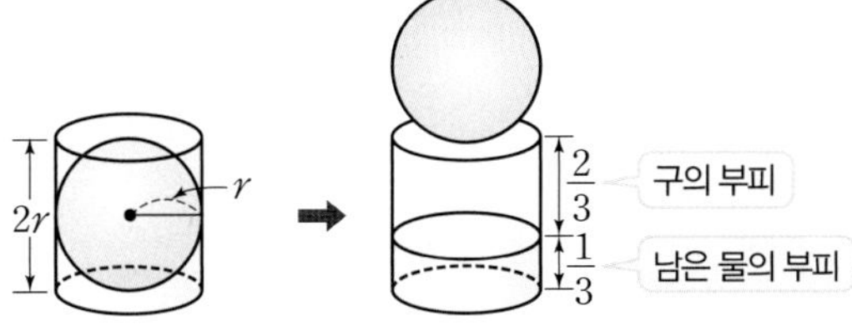

구가 꼭 맞게 들어가는 원기둥 모양의 그릇에 물을 가득 채우고 구를 물 속에 완전히 잠기도록 넣었다가 빼면 남아 있는 물의 높이는 원기둥의 높이의 $\frac{1}{3}$이다. 즉, 구의 부피는 원기둥의 부피의 $\frac{2}{3}$이다.

(2) 잘린 구의 부피

그림과 같은 반구는 구의 $\frac{1}{2}$이므로

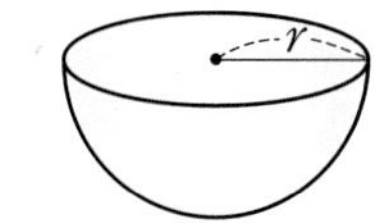

(반구의 부피)

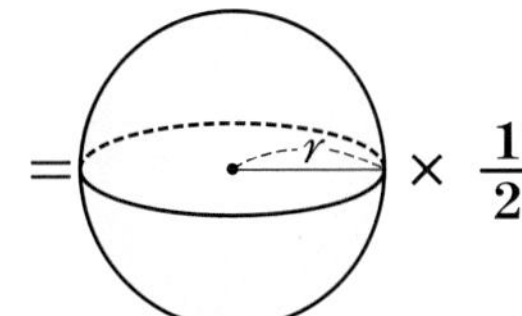

$=$ (구의 부피) $\times\frac{1}{2}$ (구에서 남은 부분의 비율)

$=\frac{4}{3}\pi r^3\times\frac{1}{2}=\frac{2}{3}\pi r^3$

참고 잘린 구의 부피를 구할 때는 구의 부피에 남은 부분의 비율을 곱한다.

유형 55 구의 부피

[01-03] 그림과 같은 구의 부피를 구하여라.

01

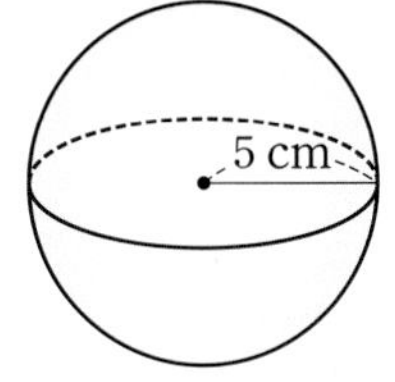

해 (부피)$=\frac{4}{3}\pi\times\square^3=\square\pi(\text{cm}^3)$

02

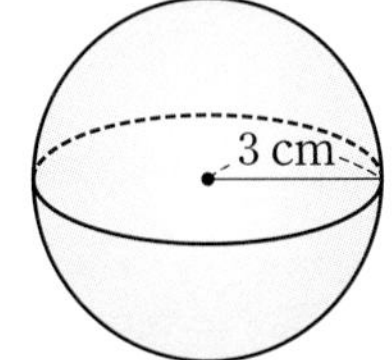

03

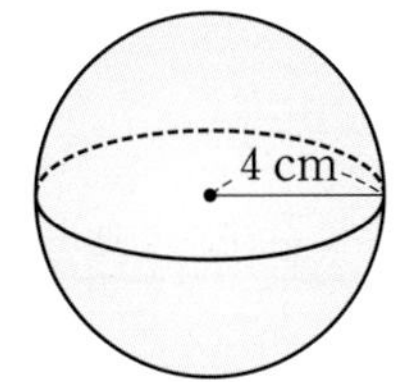

유형 56 잘린 구의 부피

[04-06] 그림과 같은 입체도형의 부피를 구하여라.

04

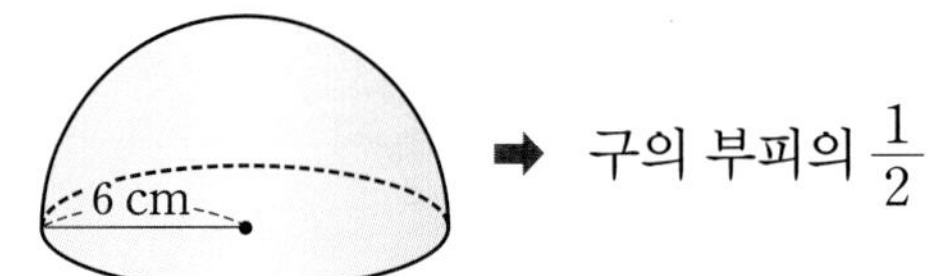

05

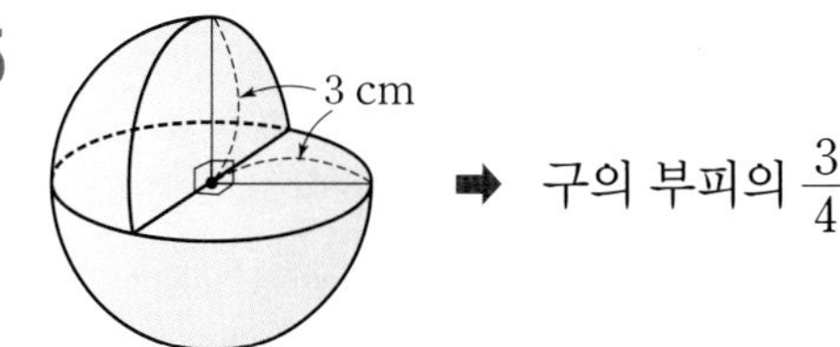

06

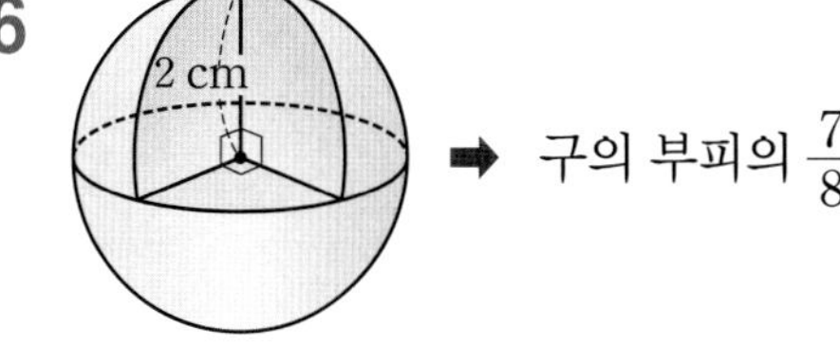

〈정답과 해설 p. 78〉

유형 57 변형된 구의 부피

[07-09] 그림과 같은 입체도형의 부피를 구하여라.

07

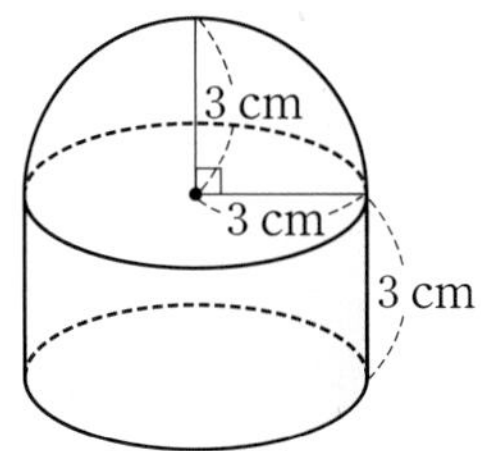

해 주어진 입체도형의 부피는 반지름의 길이가 $\square$ cm인 반구의 부피와 밑면인 원의 반지름의 길이가 $\square$ cm이고, 높이가 $\square$ cm인 원기둥의 부피의 합과 같으므로

(부피)$=\frac{1}{2}\times\left(\frac{4}{3}\pi\times\square^3\right)+(\pi\times\square^2)\times\square$

$=\square\,\pi(\text{cm}^3)$

08

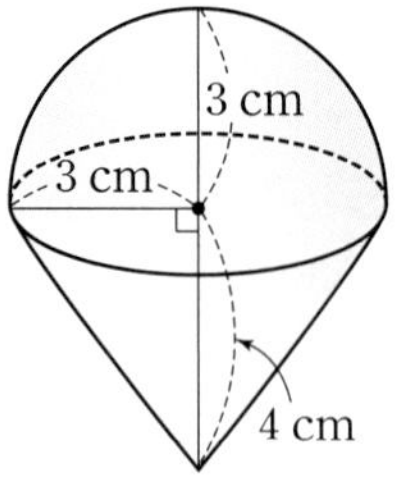

해 (부피)

=(반구의 부피)+(원뿔의 부피)

$=\frac{1}{\square}\times\left(\frac{4}{3}\pi\times\square^3\right)+\frac{1}{\square}\times(\pi\times3^2)\times\square$

$=\square\,\pi(\text{cm}^3)$

09

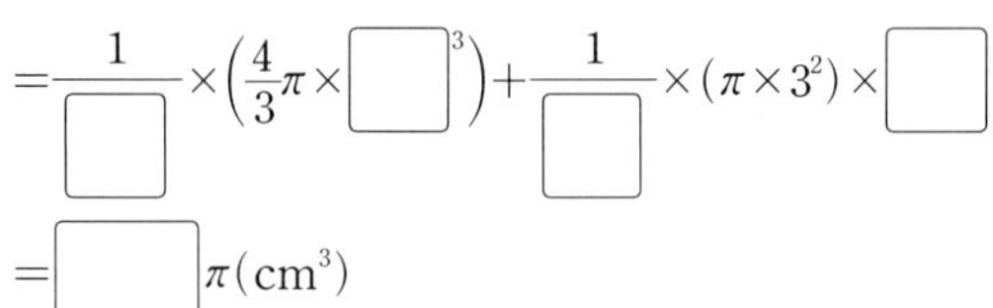

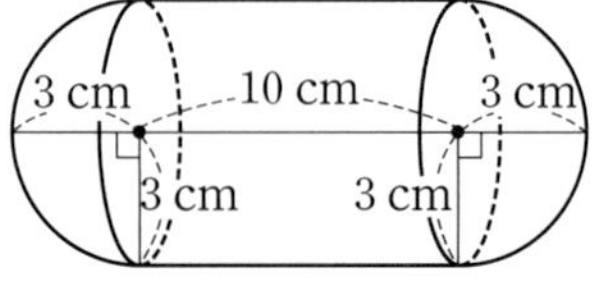

유형 58 원뿔, 구, 원기둥의 부피 비교

[10-13] 그림과 같이 원기둥 안에 구와 원뿔이 꼭맞게 들어 있다. 다음 물음에 답하라.

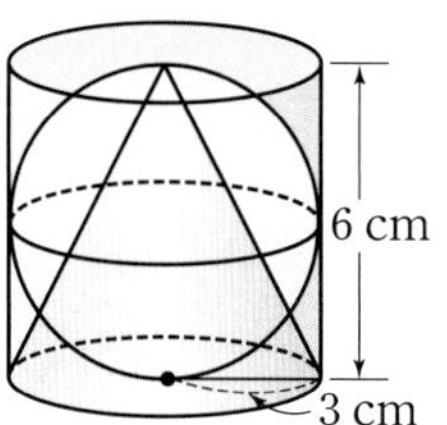

10 원뿔의 부피를 구하여라.

11 구의 부피를 구하여라.

12 원기둥의 부피를 구하여라.

13 (원뿔의 부피) : (구의 부피) : (원기둥의 부피)를 가장 간단한 자연수의 비로 나타내어라.

개념 체크

14 다음 빈칸에 알맞은 것을 써넣어라.

반지름의 길이가 r인 구의 부피를 V라 하면

$V=$[   ]

〈 정답과 해설 p. 78~79 〉

01

그림과 같은 전개도로 만든 입체도형의 겉넓이를 구하여라.

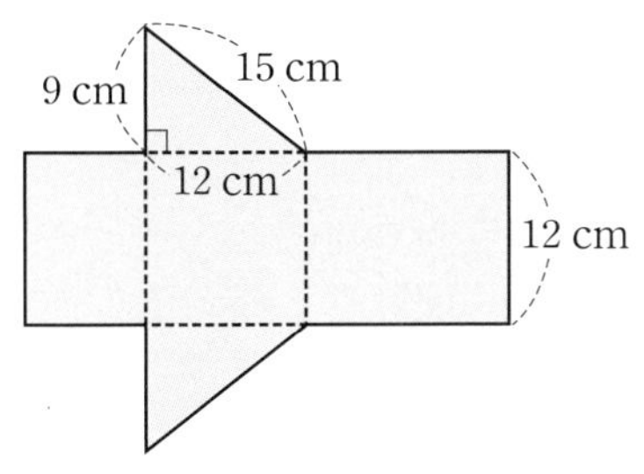

02 생각 더하기

그림은 큰 직육면체에서 작은 직육면체를 잘라내고 남은 입체도형이다.
이 입체도형의 겉넓이는?

① 112 cm^2 ② 114 cm^2
③ 116 cm^2 ④ 118 cm^2
⑤ 120 cm^2

03

그림과 같은 사각기둥의 부피를 구하여라.

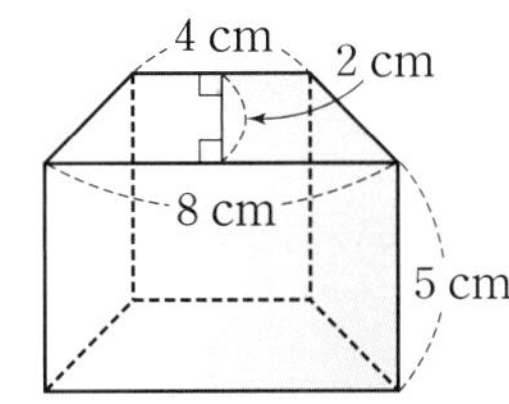

04

부피가 60 cm^3이고 높이가 3 cm인 삼각기둥의 밑넓이는?

① 16 cm^2 ② 17 cm^2 ③ 18 cm^2
④ 19 cm^2 ⑤ 20 cm^2

05

그림과 같은 원기둥의 겉넓이가 $a\pi\text{ cm}^2$, 부피가 $b\pi\text{ cm}^3$일 때, $a+b$의 값은?

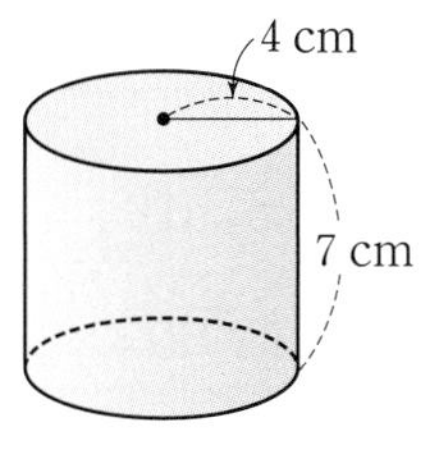

① 180 ② 190 ③ 200
④ 210 ⑤ 220

06 계산 조심

그림과 같이 밑면이 부채꼴인 기둥의 겉넓이는?

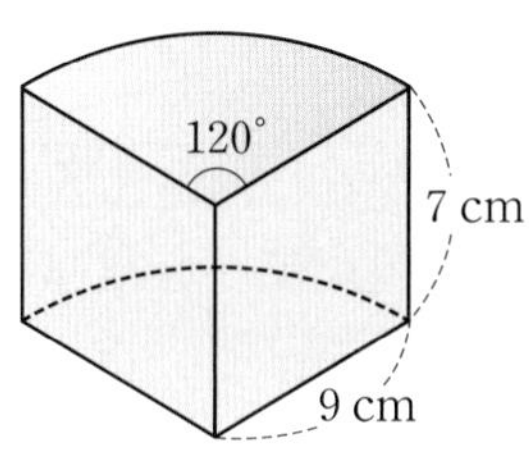

① $(84\pi+102)\text{ cm}^2$
② $(84\pi+126)\text{ cm}^2$
③ $(96\pi+102)\text{ cm}^2$
④ $(96\pi+126)\text{ cm}^2$
⑤ $(96\pi+150)\text{ cm}^2$

07

그림과 같이 구멍이 뚫린 입체도형의 부피를 구하여라.

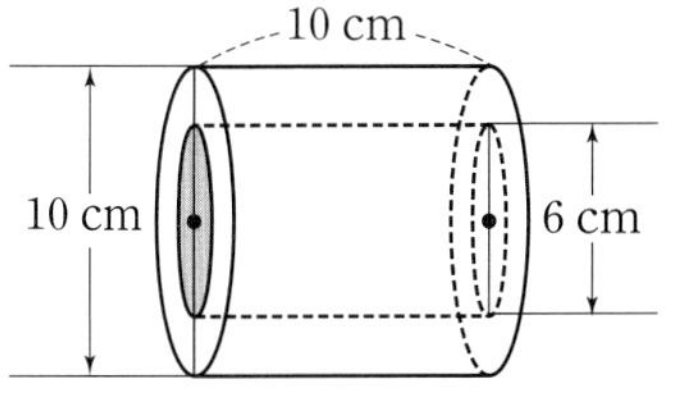

〈정답과 해설 p. 79〉

08

그림과 같이 밑면이 부채꼴인 각기둥의 부피는?

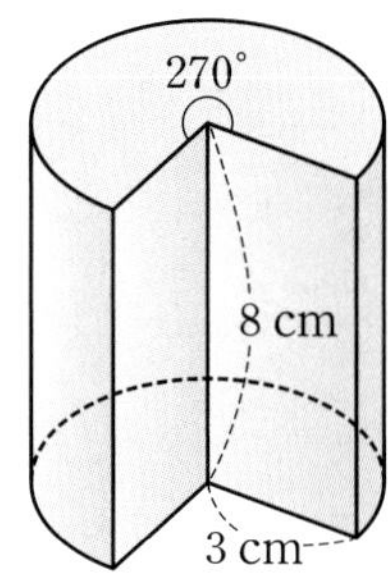

① $54\pi\ cm^3$ ② $56\pi\ cm^3$ ③ $58\pi\ cm^3$
④ $60\pi\ cm^3$ ⑤ $62\pi\ cm^3$

09

그림과 같은 정사각뿔의 겉넓이는?

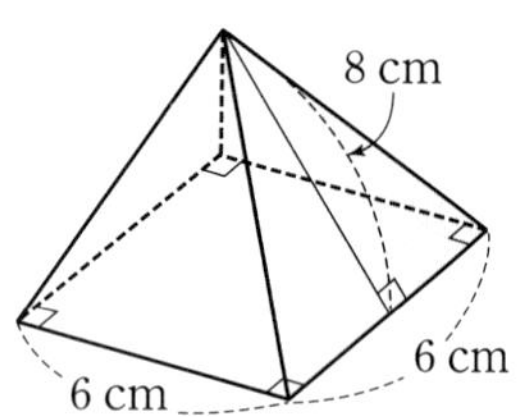

① $130\ cm^2$ ② $132\ cm^2$ ③ $134\ cm^2$
④ 136 cm ⑤ $138\ cm^2$

10

그림과 같은 전개도로 만든 원뿔의 겉넓이는?

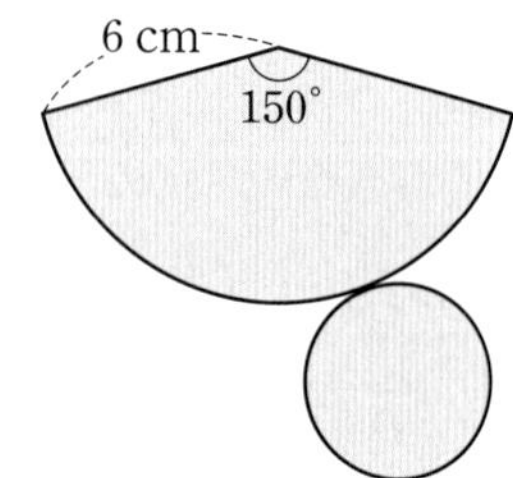

① $\frac{85}{4}\pi\ cm^2$ ② $\frac{45}{2}\pi\ cm^2$ ③ $\frac{95}{4}\pi\ cm^2$
④ $25\pi\ cm^2$ ⑤ $\frac{105}{4}\pi\ cm^2$

11

그림과 같은 정사각뿔의 부피가 $50\ cm^3$일 때, 이 정사각뿔의 높이는?

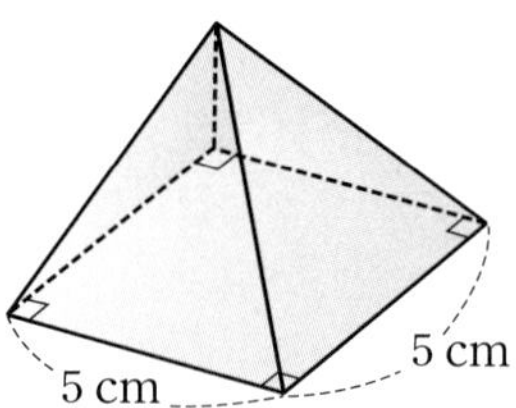

① 5 cm ② 6 cm ③ 7 cm
④ 8 cm ⑤ 9 cm

12 생각 더하기

그림과 같은 원뿔의 옆넓이가 $65\pi\ cm^2$일 때, 이 원뿔의 부피를 구하여라.

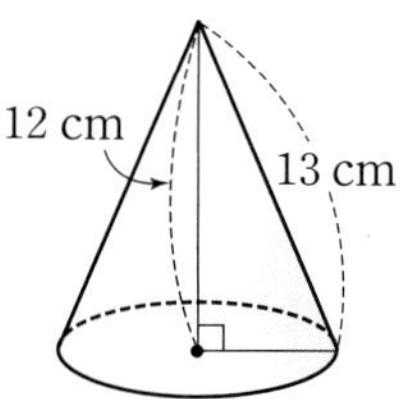

13

그림과 같은 원뿔과 원기둥의 부피가 서로 같을 때, 원기둥의 높이는?

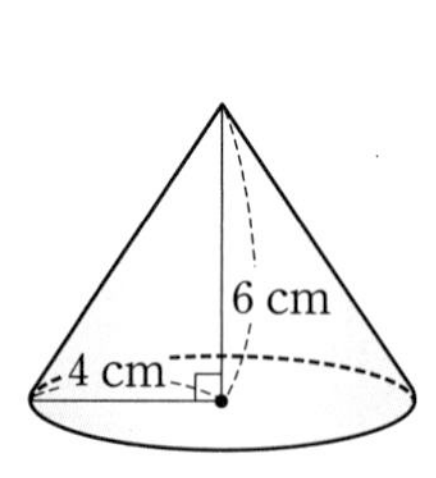

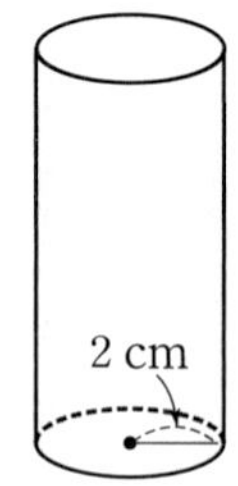

① 6 cm ② 7 cm ③ 8 cm
④ 9 cm ⑤ 10 cm

14 생각 더하기

그림과 같이 직육면체 모양의 그릇에 물이 담겨있다. 물의 부피는? (단, 그릇의 두께는 생각하지 않는다.)

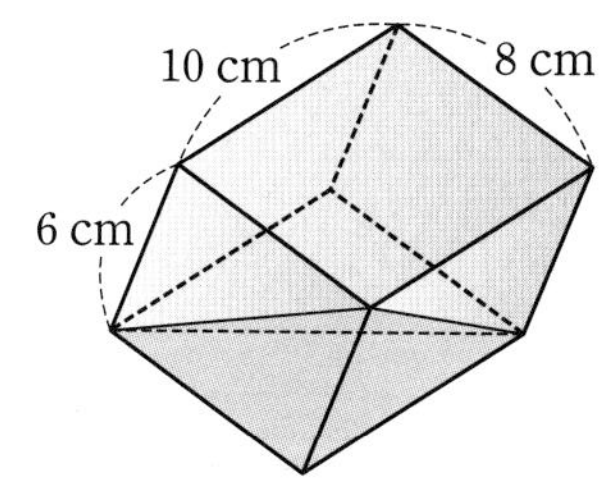

① 60 cm^3 ② 70 cm^3 ③ 80 cm^3
④ 90 cm^3 ⑤ 100 cm^3

15 계산 조심

그림과 같은 원뿔대의 겉넓이는?

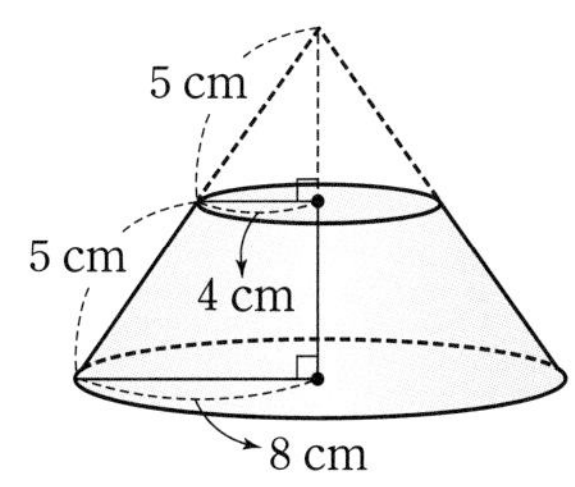

① 132π cm^2 ② 136π cm^2 ③ 140π cm^2
④ 144π cm^2 ⑤ 148π cm^2

16

그림과 같은 사각뿔대의 부피는?

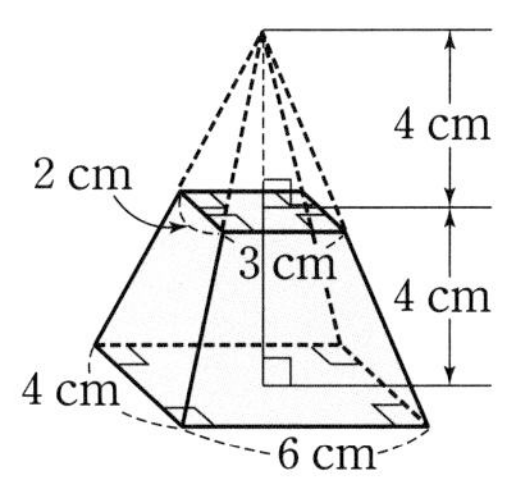

① 44 cm^3
② 48 cm^3
③ 52 cm^3
④ 56 cm^3
⑤ 60 cm^3

17

반지름의 길이가 4 cm인 구의 겉넓이는 반지름의 길이가 2 cm인 구의 겉넓이의 몇 배인가?

① 2배 ② 4배 ③ 6배
④ 8배 ⑤ 10배

DAY 26

18

그림과 같은 반구의 겉넓이는?

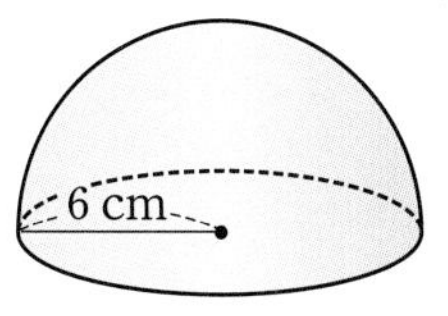

① 36π cm^2 ② 54π cm^2 ③ 72π cm^2
④ 96π cm^2 ⑤ 108π cm^2

19

반지름의 길이가 3 cm인 구의 겉넓이를 $a\pi$ cm^2, 부피를 $b\pi$ cm^3라 할 때, $a+b$의 값은?

① 72 ② 74 ③ 76
④ 78 ⑤ 80

20 조건 확인!

그림과 같은 평면도형을 직선 l을 회전축으로 하여 1회전 시킬 때 생기는 입체도형의 부피는?

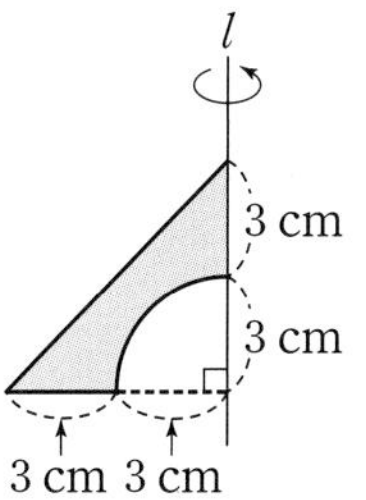

① 52π cm^3 ② 54π cm^3
③ 56π cm^3 ④ 58π cm^3
⑤ 60π cm^3

〈 정답과 해설 p. 79~80 〉

보온병은 왜 원기둥 모양인가?

휘발유 통이나 보온병 등은 액체를 담는 용기이다.
액체를 담는 용기들이 대부분 원기둥 모양인 수학적 이유가 있을까?

용기를 만들 때는 언제나 재료를 적게 들이고도 많은 양의 액체를 담을 수 있어야 한다. 다시 말하면 같은 재료로 제일 많이 담을 수 있는 용기를 만들어야 한다.

원의 넓이와 일부 정다각형의 넓이 그리고 둘레의 길이를 직접 구하여 비교하여 보자.

 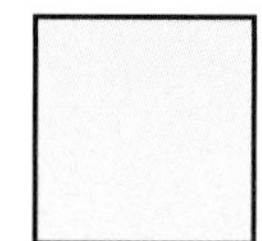 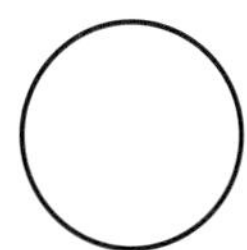

넓이가 100 cm^2인 정삼각형, 정사각형, 원의 둘레의 길이는 각각 약 45.6 cm, 40 cm, 약 35.4 cm이므로 둘레의 길이가 가장 짧은 것은 원이다.

따라서 같은 양의 액체를 담을 수 있고 높이가 같은 용기들 가운데서 원기둥 모양의 용기가 그 옆면에 드는 재료가 가장 적다. 그래서 휘발유 통이나 보온병 등 액체를 담는 용기는 대부분이 원기둥 모양으로 되어 있다.

그런데 원기둥 모양보다 재료가 더 적게 드는 모양은 없겠는가? 있다.
수학적 원리에서 보면 같은 재료로 만든 용기들 가운데 구 모양의 용기의 부피가 원기둥 모양의 용기보다 더 크다. 즉, 구 모양의 용기를 만들면 재료가 더욱 절약된다.
그러나 구 모양의 용기는 잘 구르기 때문에 불안정하며 덮개도 만들기 어렵다.
따라서 구 모양의 용기는 실용적이지 못하다.

Ⅳ

통계

1 대푯값

2 자료의 정리와 해석(1)

3 자료의 정리와 해석(2)

IV 통계

★ 이전에 배웠던 개념

〈평균과 가능성〉

(1) **평균** : 자료의 값을 모두 더해 자료의 수로 나눈 값

➡ (평균)

$=$(자료 전체의 합)$\div$(자료의 개수)

$=\dfrac{(\text{자료 전체의 합})}{(\text{자료의 개수})}$

(2) **평균 구하기**

① [방법 1] 각 자료의 값을 고르게 하여 평균 구하기

② [방법 2] 자료의 값을 모두 더해 자료의 개수로 나누어 평균 구하기

1 대푯값

대푯값 — 평균

(1) **대푯값** : 자료 전체의 중심 경향이나 특징을 대표적으로 나타내는 값

(2) **평균** : 변량의 총합을 변량의 개수로 나눈 값

➡ (평균)$=\dfrac{(\text{변량의 총합})}{(\text{변량의 개수})}$

(3) 평균은 대푯값으로 가장 많이 사용된다.

대푯값 — 중앙값

(1) **중앙값** : 자료의 각 변량을 작은 값부터 크기순으로 나열하였을 때, 한 가운데에 있는 값

(2) 주어진 변량 중 매우 크거나 매우 작은 값이 있는 경우에는 평균보다 중앙값이 대푯값으로 더 적절하다.

변량의 개수가 홀수일 때의 중앙값

홀수 n에 대하여 n개의 변량을 작은 값부터 크기순으로 나열하였을 때, $\dfrac{n+1}{2}$번째 변량이 중앙값이다.

변량의 개수가 짝수일 때의 중앙값

짝수 n에 대하여 n개의 변량을 작은 값부터 크기순으로 나열하였을 때, $\dfrac{n}{2}$번째 변량과 $\left(\dfrac{n}{2}+1\right)$번째 변량의 평균이 중앙값이다.

대푯값 — 최빈값

(1) **최빈값** : 자료의 변량 중에서 가장 많이 나타나는 값

(2) 자료의 변량 중에서 가장 많이 나타나는 값이 한 개 이상 있으면 그 값이 모두 최빈값이다. 즉, 최빈값은 2개 이상일 수도 있다.

(3) 최빈값은 자료가 수치로 주어지지 않은 경우에도 사용할 수 있다.

2 자료의 정리와 해석(1)

줄기와 잎 그림

(1) **줄기와 잎 그림** : 줄기와 잎을 이용하여 변량을 나타낸 그림

(2) **줄기와 잎 그림 그리는 순서**

(i) 변량을 줄기와 잎으로 구분한다.

(ii) 세로선을 긋고 세로선 왼쪽에 줄기를 작은 값부터 차례로 세로로 쓴다.

(iii) 세로선의 오른쪽에 각 줄기에 해당되는 잎을 작은 값부터 차례로 가로로 쓴다.

도수분포표

(1) **도수분포표** : 주어진 변량을 몇 개의 계급으로 나누고, 각 계급에 속하는 도수를 조사하여 나타낸 표

(2) **도수분포표 만드는 순서**

(i) 가장 큰 변량과 가장 작은 변량을 찾는다.

(ii) 계급의 개수와 계급의 크기를 정하여 계급을 나눈다.

(iii) 각 계급에 속하는 변량의 개수를 세어 계급의 도수를 적는다.

히스토그램

(1) **히스토그램** : 도수분포표의 각 계급의 양 끝값을 가로축에, 도수를 세로축에 표시하여 직사각형으로 나타낸 그래프

(2) **도수분포표를 이용하여 히스토그램 그리는 순서**

(i) 가로축에는 각 계급의 양 끝값을, 세로축에는 도수를 차례로 나타낸다.

(ii) 각 계급의 크기를 가로로, 도수를 세로로 하는 직사각형을 그린다.

도수분포다각형

(1) **도수분포다각형** : 히스토그램에서 각 직사각형의 윗변의 중앙의 점을 차례로 선분으로 연결한 후 양 끝에 도수가 0인 계급을 하나씩 추가하여 그 중앙의 점도 선분으로 연결한 그래프

(2) **히스토그램을 이용하여 도수분포다각형 그리는 순서**

(i) 히스토그램에서 각 직사각형의 윗변의 중앙과 양 끝에 도수가 0인 계급이 하나씩 있다고 생각하고 점을 찍는다.

(ii) 찍은 점들을 선분으로 연결한다.

3 자료의 정리와 해석(2)

상대도수의 분포표

(1) **상대도수** : 전체 도수에 대한 각 계급의 도수의 비율

➡ $(\text{어떤 계급의 상대도수})=\dfrac{(\text{그 계급의 도수})}{(\text{도수의 총합})}$

(2) **상대도수의 분포표** : 각 계급의 상대도수를 나타낸 표

상대도수의 분포를 나타낸 그래프

(1) **상대도수의 분포를 나타낸 그래프** : 상대도수의 분포표를 히스토그램이나 도수분포다각형으로 나타낸 그래프

➡ 상대도수의 분포를 나타낸 그래프는 도수분포다각형 모양의 그래프를 많이 이용한다.

(2) **상대도수의 분포를 나타낸 그래프 그리는 순서**

(i) 가로축에는 각 계급의 양 끝값을, 세로축에는 상대도수를 차례로 나타낸다.

(ii) 각 계급의 상대도수를 히스토그램이나 도수분포다각형과 같은 모양으로 그린다.

도수의 총합이 다른 두 자료의 비교

도수의 총합이 다른 두 자료를 비교할 때

(1) 각 계급의 도수를 비교하는 것보다 상대도수를 비교하는 것이 더 적절하다.

(2) 상대도수의 분포를 나타낸 그래프를 이용하면 편리하다.

01 대푯값 — 평균

(1) **변량** : 점수, 키, 몸무게 등의 변량을 수량으로 나타낸 것

예 세 과목의 점수 : 86점, 97점, 90점(자료) ➡ 86, 97, 90(변량)

(2) **대푯값** : 자료 전체의 중심 경향이나 특징을 대표적으로 나타내는 값으로 평균, 중앙값, 최빈값 등이 있다.

(3) **평균** : 변량의 총합을 변량의 개수로 나눈 값

➡ $(\text{평균})=\dfrac{(\text{변량의 총합})}{(\text{변량의 개수})}$

예 세 과목의 점수가 86점, 97점, 90점일 때, $(\text{세 과목의 평균})=\dfrac{86+97+90}{3}=91(\text{점})$

참고 평균은 대푯값으로 가장 많이 사용된다.

✪ 자료 4, 8, 6, 10의 평균 구하기

➡ $(\text{평균})=\dfrac{4+8+6+10}{4}=\dfrac{28}{4}=7$ (분자: 변량의 총합, 분모: 변량의 개수)

유형 01 평균 구하기

[01-07] 다음 자료의 평균을 구하여라.

01

1, 2, 3

해 변량이 1, 2, 3으로 3개이므로

$(\text{평균})=\dfrac{(\text{변량의 총합})}{(\text{변량의 개수})}$

$=\dfrac{1+\square+3}{3}=\dfrac{\square}{3}=\square$

02

20, 60, 40, 100

해 변량이 20, 60, 40, 100으로 4개이므로

$(\text{평균})=\dfrac{(\text{변량의 총합})}{(\text{변량의 개수})}$

$=\dfrac{20+60+\square+100}{\square}=\square$

03

4, 8, 8, 8, 12, 14

04

10, 20, 30, 40, 50, 60, 70

05

8, 2, 4, 7, 7, 6, 1

06

3, 4, 6, 7, 4, 8, 6, 10

07

2, 3, 5, 4, 10, 7, 9, 3, 2, 5

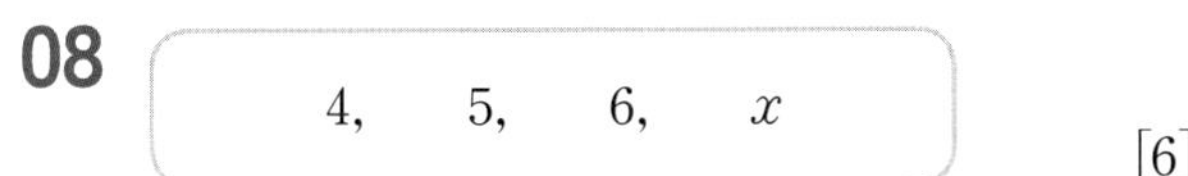

유형 02 평균이 주어졌을 때 변량 구하기

[08-17] 다음 자료의 평균이 [ ] 안의 수와 같을 때, x의 값을 구하여라.

08 4, 5, 6, x [6]

해 변량이 4개이고, 평균이 6이므로

$(\text{평균})=\dfrac{(\text{변량의 총합})}{(\text{변량의 개수})}$에서

$\square=\dfrac{4+5+6+x}{4}$

$15+x=\square$　　$\therefore x=\square$

09 30, 90, x, 60 [65]

해 변량이 $\square$개이고, 평균이 65이므로

$(\text{평균})=\dfrac{(\text{변량의 총합})}{(\text{변량의 개수})}$에서

$65=\dfrac{30+90+x+60}{\square}$

$180+x=\square$　　$\therefore x=\square$

10 7, 3, x, 4, 5 [5]

11 61, x, 57, 56 [57]

12 76, 80, 82, 88, x [80]

13 86, 90, 92, x, 97 [90]

14 16, 22, 19, 25, x [20]

15 x, 3, 9, 7, 8, 6 [7]

16 18, 19, 21, x, 24, 21 [21]

17 8, x, 5, 3, 4, 3, 2, 3 [4]

DAY 27

< 정답과 해설 p. 80~81 >

유형 03 부분의 평균이 주어졌을 때 전체 평균 구하기

[18-21] 두 변량 a, b의 평균이 2일 때, 다음 자료의 평균을 구하여라.

18

$2, \quad a, \quad b$

해 a, b의 평균이 2이므로

$\dfrac{a+b}{\square}=2 \qquad \therefore a+b=\square$

따라서 2, a, b의 평균은

$\dfrac{2+a+b}{3}=\dfrac{2+\square}{3}=\dfrac{\square}{3}=\square$

19

$a, \quad 5, \quad b, \quad 7$

20

$3a+2, \quad 3b+2$

해 $a+b=4$이므로

$(\text{평균})=\dfrac{(3a+2)+(3b+2)}{2}$

$=\dfrac{3(a+b)+\square}{2}=\dfrac{3\times\square+\square}{2}$

$=\dfrac{\square}{2}=\square$

21

$2a+3b, \quad 5a+4, \quad 2b+3, \quad a+3b+13$

[22-25] 세 변량 x, y, z의 평균이 4일 때, 다음 자료의 평균을 구하여라.

22

$2, \quad x, \quad y, \quad z, \quad 6$

해 x, y, z의 평균이 4이므로

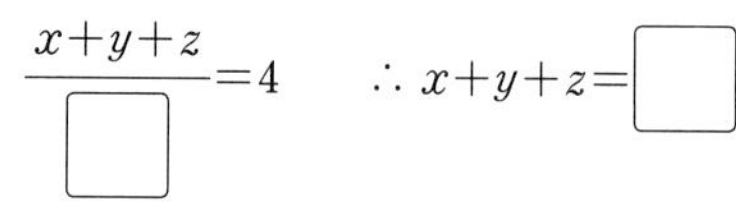

$\dfrac{x+y+z}{\square}=4 \qquad \therefore x+y+z=\square$

따라서 2, x, y, z, 6의 평균은

$\dfrac{2+x+y+z+6}{5}=\dfrac{8+\square}{5}=\dfrac{\square}{5}=\square$

23

$x, \quad y, \quad z, \quad 8, \quad 4, \quad 12$

24

$2x+5, \quad 2y+7, \quad 2z+3$

25

$x+1, \quad x+2y+5, \quad 2x+y+2z,$
$2x+3y+4z+7, \quad 8, \quad 9$

개념 체크

26 다음 빈칸에 알맞은 것을 써넣어라.

전체 변량의 총합을 변량의 개수로 나눈 값을 [　　　]이라 한다.

즉, ([　　　])$=\dfrac{(\text{변량의 총합})}{(\text{변량의 개수})}$

〈 정답과 해설 p. 82 〉

02 대푯값 — 중앙값

(1) **중앙값**: 자료의 각 변량을 작은 값부터 크기순으로 나열하였을 때, 한가운데에 있는 값

(2) **변량의 개수에 따른 중앙값 구하기**

① 변량의 개수가 홀수이면 한가운데에 있는 값이 중앙값이다.

즉, 홀수 n에 대하여 n개의 변량을 작은 값부터 크기순으로 나열하였을 때, $\frac{n+1}{2}$번째 변량이 중앙값이다.

예 5개의 변량 5, 2, 1, 4, 6의 중앙값 구하기

(i) 변량을 작은 값부터 크기순으로 나열하면 1, 2, 4, 5, 6이다.

(ii) $\frac{5+1}{2}=3$이므로 세 번째에 있는 4가 중앙값이다.

② 변량의 개수가 짝수이면 한가운데에 있는 두 값의 평균이 중앙값이다.

즉, 짝수 n에 대하여 n개의 변량을 작은 값부터 크기순으로 나열하였을 때, $\frac{n}{2}$번째와 $\left(\frac{n}{2}+1\right)$번째 변량의 평균이 중앙값이다.

예 6개의 변량 1, 5, 3, 3, 6, 8의 중앙값 구하기

(i) 변량을 작은 값부터 크기순으로 나열하면 1, 3, 3, 5, 6, 8이다.

(ii) $\frac{6}{2}=3$, $\frac{6}{2}+1=4$이므로 세 번째와 네 번째에 있는 3, 5의 평균 $\frac{3+5}{2}=4$가 중앙값이다.

참고 자료의 변량 중에서 매우 크거나 매우 작은 값, 즉 극단적인 값이 있으면 평균보다 중앙값이 그 자료의 중심 경향을 더 잘 나타낸다.

유형 04 자료의 개수가 홀수일 때 중앙값 구하기

[01-07] 다음 자료의 중앙값을 구하여라.

01

5, 3, 6, 4, 1

해 변량을 작은 값부터 크기순으로 나열하면 1, 3, ☐, 5, 6이므로 중앙값은 ☐이다.

02

90, 20, 60, 40, 100

해 변량을 작은 값부터 크기순으로 나열하면 20, ☐, ☐, ☐, 100이므로 중앙값은 ☐이다.

03

8, 4, 14, 12, 8

04

2, 4, 1, 6, 6, 2, 7

05

1, 5, 3, 4, 3, 4, 6

06

60, 70, 55, 60, 55, 40, 35

07

8, 3, 4, 6, 7, 4, 7, 6, 5

〈정답과 해설 p. 82~83〉

유형 05 자료의 개수가 짝수일 때 중앙값 구하기

[08-13] 다음 자료의 중앙값을 구하여라.

08

1, 5, 4, 6, 2, 1

해 변량을 작은 값부터 크기순으로 나열하면 1, 1, 2, 4, 5, 6이므로 중앙값은 2, 4의 평균인 $\frac{2+4}{2}=\square$이다.

09

90, 20, 60, 40

해 변량을 작은 값부터 크기순으로 나열하면 20, 40, $\square$, 90이므로 중앙값은 40, $\square$의 평균인

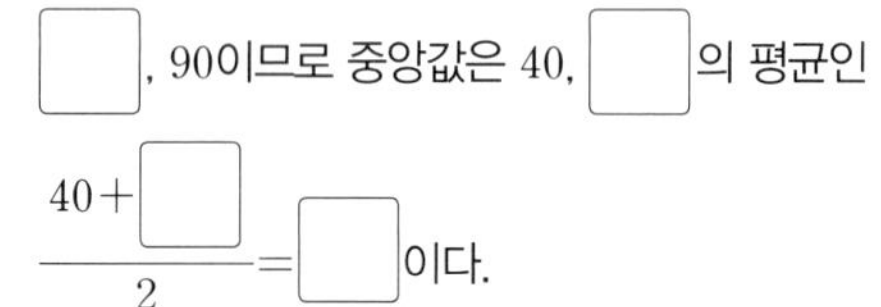

$\frac{40+\square}{2}=\square$이다.

10

8000, 3000, 6000, 5000

11

8, 3, 2, 6, 4, 9

12

14, 17, 16, 20, 18, 18

13

11, 7, 3, 1, 12, 9

유형 06 중앙값이 주어졌을 때 변량 구하기

[14-17] 다음은 자료의 변량을 작은 값부터 크기순으로 나열한 것이다. 이 자료의 중앙값이 [ ] 안의 수와 같을 때, x의 값을 구하여라.

14

4, 5, x, 8

[6]

해 변량의 개수가 짝수이므로 두 값 5, x의 평균이 중앙값 6이 되어야 한다.

즉, $6=\frac{5+x}{\square}$에서 $x=\square$

15

7, x, 10, 20

[9]

16

14, 16, 17, x, 20, 29

[18]

17

3, 7, 8, x, 13, 14

[9]

개념 체크

18 다음 빈칸에 알맞은 것을 써넣어라.

자료의 각 변량을 작은 값부터 크기순으로 나열하였을 때, 한가운데에 있는 값을 [ ]이라 한다.

① 변량의 개수가 [ ]이면 한가운데에 있는 값이 중앙값이다.

② 변량의 개수가 [ ]이면 한가운데에 있는 두 값의 평균이 중앙값이다.

〈 정답과 해설 p. 83 〉

03 대푯값 — 최빈값

(1) **최빈값**: 자료의 변량 중에서 가장 많이 나타나는 값

㉠ 자료가 1, 2, 2, 2, 3, 3, 4일 때, 2가 가장 많이 나타나므로 이 자료의 최빈값은 2이다.

(2) **최빈값의 개수**

자료의 변량 중에서 가장 많이 나타나는 값이 한 개 이상 있으면 그 값이 모두 최빈값이다.
즉, 최빈값은 2개 이상일 수도 있다.

㉠ 자료가 1, 3, 3, 4, 5, 5일 때, 3, 5가 가장 많이 나타나므로 이 자료의 최빈값은 3, 5이다.

2, 3, 2, 4, 2, 4, 2

➡ 2가 4개, 3이 1개, 4가 2개
➡ 최빈값 : 가장 많이 나타난 2

참고 최빈값은 자료가 수치로 주어지지 않은 경우에도 사용할 수 있다.
㉠ 자료가 축구, 야구, 농구, 배구, 탁구, 야구일 때, 야구가 가장 많이 나타나므로 이 자료의 최빈값은 야구이다.

DAY 27

유형 07 최빈값 구하기 — 최빈값이 1개

[01-04] 다음 자료의 최빈값을 구하여라.

01 5, 3, 6, 4, 1, 3

해 변량 중에서 ☐이 2개로 가장 많이 나타나므로 최빈값은 ☐이다.

02 22, 16, 18, 20, 22, 25

03 3, 2, 3, 2, 3

04 14, 17, 16, 20, 17, 18, 17, 16

유형 08 최빈값 구하기 — 최빈값이 2개 이상

[05-08] 다음 자료의 최빈값을 구하여라.

05 8, 4, 14, 12, 8, 4

해 변량 중에서 ☐와 ☐이 모두 2개씩 가장 많이 나타나므로 최빈값은 ☐와 ☐이다.

06 2, 4, 1, 6, 6, 2, 7

07 3, 4, 6, 7, 4, 7, 6

08 24, 18, 20, 22, 24, 27, 20

〈정답과 해설 p. 83~84〉

유형 09 표를 보고 최빈값 구하기

[09-12] 다음 물음에 답하여라.

09 다음은 어느 동아리 회원 20명이 좋아하는 운동을 조사하여 나타낸 표이다.
이 자료의 최빈값을 구하여라.

운동	야구	축구	농구	배구
회원 수(명)	7	5	3	5

10 다음은 여학생 15명의 윗몸일으키기 횟수를 측정하여 나타낸 표이다.
이 자료의 최빈값을 구하여라.

횟수(회)	21	22	26	28	30
학생 수(명)	2	4	3	5	1

11 다음은 어느 반 학생 20명의 주말 동안의 독서 시간을 조사하여 나타낸 표이다.
이 자료의 최빈값을 구하여라.

독서 시간(시간)	1	2	3	4	5
학생 수(명)	5	7	3	3	2

12 다음은 성준이의 일주일 동안의 운동 시간을 조사하여 나타낸 것이다. 이 자료의 최빈값을 구하여라.

요일	월	화	수	목	금	토	일
운동 시간(시간)	2	5	3	1	3	4	2

유형 10 평균, 중앙값, 최빈값

[13-15] 다음 자료의 평균, 중앙값, 최빈값을 각각 구하여라.

13

15, 16, 17, 15, 12

평균 : ______
중앙값 : ______
최빈값 : ______

14

20, 19, 20, 18, 13

평균 : ______
중앙값 : ______
최빈값 : ______

15

86, 87, 82, 87, 78, 84

평균 : ______
중앙값 : ______
최빈값 : ______

개념 체크

16 다음 빈칸에 알맞은 것을 써넣어라.

자료의 변량 중에서 가장 많이 나타나는 값을 [ ]이라 한다.
자료의 변량 중에서 가장 많이 나타나는 값이 한 개 이상 있으면 그 값이 모두 [ ]이다.

〈정답과 해설 p. 84〉

01

다음 설명 중에서 옳지 않은 것을 모두 고르면? (정답 2개)

① 자료 전체의 특징을 대표하는 값을 대푯값이라 한다.
② 자료를 작은 값부터 크기순으로 나열하였을 때, 한가운데에 있는 값을 중앙값이라 한다.
③ 최빈값은 항상 한 개이다.
④ 자료의 값이 매우 크거나 매우 작은 값이 있는 경우에 대푯값으로 평균이 적절하다.
⑤ 평균은 자료 전체의 특징을 나타내는 값으로 가장 많이 이용된다.

02

다음 자료의 평균을 구하여라.

77, 86, 71, 80, 76

03

다음 자료의 평균이 5일 때, x의 값은?

6, 4, x, 1, 9, 2

① 4 ② 5 ③ 6
④ 7 ⑤ 8

04

두 변량 x, y의 평균이 4일 때, 다음 자료의 평균은?

x, $y+2$, $x+2y$, $x+6$, 8

① 6 ② 7 ③ 8
④ 9 ⑤ 10

05 조건 확인!

남학생 6명의 키의 평균이 169 cm, 여학생 4명의 키의 평균이 164 cm일 때, 이들 10명의 키의 평균은?

① 166 cm ② 167 cm ③ 168 cm
④ 169 cm ⑤ 170 cm

06 계산 조심

표는 주영이네 반 학생 10명의 지난 일주일 동안 독서 시간을 조사하여 나타낸 것이다. 독서 시간의 평균은?

독서 시간(시간)	4	5	6	7	합계
학생 수(명)	2	3	4	1	10

① 5시간 ② 5.2시간 ③ 5.4시간
④ 5.6시간 ⑤ 5.8시간

〈 정답과 해설 p. 84~85 〉

07 생각 더하기

어느 학생의 1회부터 3회까지의 수학 점수가 순서대로 84점, 96점, 88점이라 한다. 1회부터 4회까지의 수학 점수의 평균이 90점이 되려면 4회에는 몇 점을 받아야 하는가?

① 90점 ② 92점 ③ 94점
④ 96점 ⑤ 98점

08

다음 자료의 중앙값은?

6, 4, 1, 9, 11, 8

① 6 ② 7 ③ 8
④ 9 ⑤ 10

09

다음 자료 중에서 중앙값이 가장 큰 것은?

① 1, 2, 3, 3, 8
② 7, 3, 5, 3, 6, 9
③ 5, 5, 5, 5, 5
④ 3, 3, 4, 5, 6
⑤ 1, 14, 9, 8, 10, 4

10

다음은 자료의 변량을 작은 값부터 크기순으로 나열한 것이다. 이 자료의 중앙값이 15일 때, x의 값은?

3, 7, 9, 13, x, 21, 28, 42

① 14 ② 15 ③ 16
④ 17 ⑤ 18

11 생각 더하기

다음 자료의 중앙값이 x일 때, x의 값으로 가능한 모든 자연수의 합을 구하여라.

x, 11, 9, 16, 7

12

다음은 자료의 변량을 작은 값부터 크기순으로 나열한 것이다. 평균과 중앙값이 모두 9일 때, $x+y$의 값은?

4, 5, x, 10, 13, y

① 2 ② 3 ③ 4
④ 5 ⑤ 6

13

다음은 두 자료 A, B의 변량을 각각 작은 값부터 크기순으로 나열한 것이다. 자료 A의 중앙값이 14이고, 두 자료 A, B를 섞은 전체 자료의 중앙값이 15일 때, $x+y$의 값을 구하여라.

(단, x, y는 서로 다른 자연수이다.)

[자료 A] 3, 11, x, y, 17
[자료 B] 9, $y-1$, 17, 19

14 조건 확인!

다음 조건을 모두 만족시키는 두 자연수 x, y에 대하여 $x+y$의 값을 구하여라. (단, $x<y$)

(가) 자료 x, y, 4, 6, 12의 중앙값은 7이다.
(나) 자료 x, y, 7, 12의 중앙값은 8이다.

15

다음 자료의 최빈값을 구하여라.

1, 4, 10, 8, 8, 4, 3, 10, 8, 2

16

표는 채윤이네 반 학생 28명의 혈액형을 조사하여 나타낸 것이다. 이 자료의 최빈값은?

혈액형	A형	B형	O형	AB형
학생 수(명)	9	6	8	5

① 9 ② 8 ③ A형
④ B형 ⑤ O형

17

표는 학생 수가 같은 두 동아리 A, B의 학생들의 하루 동안 인터넷 접속 횟수를 조사하여 나타낸 자료이다. 동아리 A의 최빈값을 a회, 동아리 B의 최빈값을 b회라 할 때, $a+b$의 값은?

접속 횟수(회)	동아리 A	동아리 B
1	1	3
2	3	5
3	2	4
4	x	1
5	4	6
6	3	3
합계		22

① 7 ② 8 ③ 9
④ 10 ⑤ 11

18

다음 자료의 최빈값이 15뿐일 때, 이 자료의 평균은 x이다. $x+y$의 값은?

12, 15, 19, 12, 15, 8, y, 8

① 30 ② 29 ③ 28
④ 27 ⑤ 26

19 계산 조심

다음 자료의 평균이 12이고, 최빈값이 10일 때, $y-x$의 값은? (단, $x<y$)

8, 14, 11, 18, 10, x, y

① 1 ② 2 ③ 3
④ 4 ⑤ 5

20

다음 자료의 최빈값이 9일 때, 중앙값은?

3, 9, 6, 5, 8, x

① 3 ② 4 ③ 5
④ 6 ⑤ 7

21 생각 더하기

변량을 작은 값부터 크기순으로 나열하면 3, 4, 5, x, y이다. 이 자료의 평균, 중앙값, 최빈값이 모두 같을 때, x, y에 대하여 $y-x$의 값은?

① 1 ② 2 ③ 3
④ 4 ⑤ 5

〈정답과 해설 p. 85~86〉

04 줄기와 잎 그림

(1) **줄기와 잎 그림** : 줄기와 잎을 이용하여 변량을 나타낸 그림

(2) 줄기와 잎 그림에서 세로선의 왼쪽에 있는 수를 줄기, 오른쪽에 있는 수를 잎이라 한다.

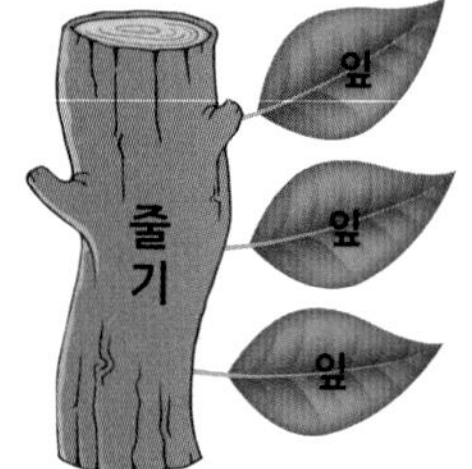

(3) **줄기와 잎 그림 그리는 순서**

❶ 변량을 줄기와 잎으로 구분한다.

❷ 세로선을 긋고 세로선 왼쪽에 줄기를 작은 값부터 차례로 세로로 쓴다.

❸ 세로선의 오른쪽에 각 줄기에 해당되는 잎을 작은 값부터 차례로 가로로 쓴다.

❶ 시험 점수 (단위 : 점)

27	42	53	40
42	39	35	48

❶ 각 변량의 십의 자리의 수를 줄기로, 일의 자리의 수를 잎으로 구분한다.

❷

줄기	잎
2	
3	
4	
5	

❷ 세로선의 왼쪽에 각 변량의 십의 자리의 수인 줄기를 작은 값부터 세로로 쓴다. 이때, 줄기는 중복되는 수를 한 번만 쓴다.

❸ 시험 점수 (2|7은 27점) ← '줄기|잎'을 설명한다.

줄기	잎
2	7
3	5 9
4	0 2 2 8
5	3

❸ 세로선의 오른쪽에 각 변량의 일의 자리의 수인 잎을 각 줄기에 맞추어 작은 값부터 가로로 쓴다. 이때, 잎은 중복되는 수를 모두 쓴다.

참고 줄기와 잎 그림에서 전체 도수는 잎의 개수와 같다.

유형 11 줄기와 잎 그림 완성하기

[01-02] 다음 각 자료에 대하여 줄기와 잎 그림을 완성하여라.

01 정아네 반 학생들의 1분 동안의 줄넘기 횟수

(단위 : 회)

43	60	55	60	35	40	44	39
41	54	31	35	55	38	64	36

줄넘기 횟수 (3|1은 31회)

줄기	잎
3	1 5
4	0
5	
6	

02 성민이네 반 학생들의 국어 점수

(단위 : 점)

57	71	69	88	52	75	84	95
85	72	76	64	53	82	79	77

국어 점수 (5|2는 52점)

줄기	잎
5	2

유형 12 줄기와 잎 그림의 이해(1)

03 다음은 수현이네 반 여학생들의 수학 점수를 조사하여 나타낸 줄기와 잎 그림이다. 다음 물음에 답하여라.

수학 점수 (6|0은 60점)

줄기	잎
6	0 1 2 8 8 9
7	0 0 4 4 4 7 8
8	1 4 5 6 8
9	2 8

1) 수현이네 반 여학생은 모두 몇 명인지 구하여라.

2) 수학 점수가 75점 이상 86점 이하인 여학생은 모두 몇 명인지 구하여라.

04 다음은 민호네 반 남학생들의 통학 시간을 조사하여 나타낸 줄기와 잎 그림이다. 다음 물음에 답하여라.

통학 시간 (1|0은 10분)

줄기	잎
1	0 1 2 2 5 6 7 8
2	2 2 3 4 5 7 9
3	1 3 7
4	2

1) 민호네 반 남학생은 모두 몇 명인지 구하여라.

2) 통학 시간이 25분 이상 36분 이하인 남학생은 모두 몇 명인지 구하여라.

05 다음은 영진이네 반 남학생들의 턱걸이 횟수를 조사하여 나타낸 줄기와 잎 그림이다. 다음 물음에 답하여라.

턱걸이 횟수 (0|1은 1회)

줄기	잎
0	1 2 3 3 5 7 8
1	2 3 4 4 9
2	0 1 2

1) 영진이네 반 남학생은 모두 몇 명인지 구하여라.

2) 턱걸이 횟수가 10회 이상 15회 이하인 남학생은 모두 몇 명인지 구하여라.

06 다음은 지수네 반 학생들의 1년 동안 읽은 독서량을 조사하여 나타낸 줄기와 잎 그림이다. 다음 물음에 답하여라.

독서량 (0|2는 2권)

줄기	잎
0	2 3 3 4 5 7 7 8 9
1	1 1 2 2 3 4 4 7 8
2	0 1 2 3 4 5 9
3	1 5 6 6 8

1) 지수네 반 학생은 모두 몇 명인지 구하여라.

2) 독서량이 7권 이하인 학생은 모두 몇 명인지 구하여라.

〈정답과 해설 p. 86~87〉

유형 13 줄기와 잎 그림의 이해(2)

07 다음은 어떤 인터넷 사이트에 가입된 회원들의 나이를 조사하여 나타낸 줄기와 잎 그림이다. 다음 물음에 답하여라.

회원의 나이 (1|5는 15살)

줄기	잎
1	5 6 6 7 8
2	0 0 2 5 9 9
3	1 1 3 3 4 5 7 8
4	4 5 6

1) 잎이 가장 많은 줄기를 구하여라.

2) 줄기가 2인 잎을 모두 구하여라.

08 다음은 민규네 반 학생들의 몸무게를 조사하여 나타낸 줄기와 잎 그림이다. 다음 물음에 답하여라.

몸무게 (3|0은 30 kg)

줄기	잎
3	0 1 2 4 6 7 9
4	1 1 3 3 5 8 8 9
5	0 1 2 3 5

1) 잎이 가장 적은 줄기를 구하여라.

2) 줄기가 3인 잎을 모두 구하여라.

09 다음은 도현이네 반 학생들의 제기차기 횟수를 조사하여 나타낸 줄기와 잎 그림이다. 다음 물음에 답하여라.

제기차기 횟수 (1|1은 11회)

줄기	잎
1	1 2 4 5 8
2	4 6 6 7 7 8 8
3	4 5 7 9

1) 잎이 가장 많은 줄기를 구하여라.

2) 줄기가 1인 잎을 모두 구하여라.

10 다음은 주희네 반 학생들이 집에 가지고 있는 책의 수를 조사하여 나타낸 줄기와 잎 그림이다. 다음 물음에 답하여라.

책의 수 (2|2는 22권)

줄기	잎
2	2 3 4 4 7
3	0 1 2 3 3 4 8 9
4	2 3 4 7 8 9
5	2 3 5 8
6	0 0 7 9
7	1 2 8

1) 잎이 가장 적은 줄기를 구하여라.

2) 줄기가 6인 잎을 모두 구하여라.

유형 14 줄기와 잎 그림에서 차 구하기

11 다음은 어느 반 학생들의 음악 점수를 조사하여 나타낸 줄기와 잎 그림이다. 음악 점수가 가장 높은 학생과 가장 낮은 학생의 음악 점수의 차를 구하여라.

음악 점수 (6|1은 61점)

줄기	잎
6	1 1 2 3 5
7	0 1 1 2 3 4 4 8
8	3 4 5 7 8
9	0 0 2

12 다음은 민영이네 반 학생들의 통학 시간을 조사하여 나타낸 줄기와 잎 그림이다. 통학 시간이 가장 긴 학생과 가장 짧은 학생의 통학 시간의 차를 구하여라.

통학 시간 (1|0은 10분)

줄기	잎
1	0 1 2 2 3 4 7
2	0 0 1 5 5 7 8 9
3	1 1 2 2 6 6
4	0 5

13 다음은 수지네 반 학생들의 방학 동안의 봉사 활동 시간을 조사하여 나타낸 줄기와 잎 그림이다. 봉사 활동 시간이 가장 긴 학생과 가장 짧은 학생의 봉사 활동 시간의 차를 구하여라.

봉사 활동 시간 (1|1은 11시간)

줄기	잎
1	1 2 3 4 5 8
2	0 1 2 2 3 3 4 8
3	0 0 1 1 3 7
4	1 2 2 7

14 다음은 나연이의 친척들의 나이를 조사하여 나타낸 줄기와 잎 그림이다. 나이가 가장 많은 사람과 가장 적은 사람의 나이의 차를 구하여라.

친척의 나이 (0|1은 1살)

줄기	잎
0	1 2 3 3 4 9
1	0 1 1 1 5 6 7
2	5 6 6 8 9
3	2 3 5 8
4	1 1 3
5	2 5
6	9

15 다음은 어느 중학교 도서반 학생들의 1년 동안의 독서량을 조사하여 나타낸 줄기와 잎 그림이다. 독서량이 가장 많은 학생과 가장 적은 학생의 독서량의 차를 구하여라.

독서량 (0|3은 3권)

줄기	잎
0	3 4 4 5 6 7 8 8
1	0 1 1 2 3 4 8
2	2 2 4 5 5 7
3	1 3 6 7 8

개념 체크

16 다음 빈칸에 알맞은 것을 써넣어라.

자료의 값을 줄기와 잎으로 구별하고 이를 이용하여 변량을 나타낸 그림을 [   ]이라 한다. 이때, 줄기와 잎 그림에서 세로선의 왼쪽에 있는 수를 [   ], 오른쪽에 있는 수를 [   ]이라 한다.

〈 정답과 해설 p. 87 〉

05 도수분포표

(1) **계급**: 변량을 일정한 간격으로 나눈 구간

① **계급의 크기**: 변량을 나눈 구간의 너비, 즉 계급의 양 끝값의 차

② **계급의 개수**: 변량을 나눈 구간의 수

(2) **도수**: 각 계급에 속하는 자료의 개수

(3) **도수분포표**: 주어진 변량을 몇 개의 계급으로 나누고, 각 계급에 속하는 도수를 조사하여 나타낸 표

(4) **도수분포표 만드는 순서**

❶ 가장 큰 변량과 가장 작은 변량을 찾는다.

❷ 계급의 개수와 계급의 크기를 정하여 계급을 나눈다.

❸ 각 계급에 속하는 변량의 개수를 세어 계급의 도수를 적는다.

❶ 시험 점수 (단위 : 점)

27	42	53	40
42	39	35	48

❶ 가장 큰 변량은 53, 가장 작은 변량은 27이다.

❷

던지기 기록(m)	도수(명)
20이상~30미만	
30 ~40	
40 ~50	
50 ~60	
합계	

계급

❷ 계급의 개수는 4이고 계급의 크기는 $30-20=10$(점)으로 모두 같아야 한다.

❸ 〈도수분포표〉

던지기 기록(m)	도수(명)	
20이상~30미만	/	1
30 ~40	//	2
40 ~50	////	4
50 ~60	/	1
합계	8	

도수

❸ 20 이상 30 미만인 계급의 도수: 1
30 이상 40 미만인 계급의 도수: 2
40 이상 50 미만인 계급의 도수: 4
50 이상 60 미만인 계급의 도수: 1

참고 ① 도수분포표는 개수가 많은 자료의 분포 상태를 쉽게 알 수 있지만 각 계급에 속하는 자료의 정확한 값은 알 수 없다.
② 계급의 개수가 너무 많거나 너무 적으면 자료의 분포 상태를 파악하기 어려우므로 계급의 개수는 보통 5~15개로 한다.

유형 15 도수분포표 완성하기

01 다음의 주어진 용어와 그 뜻을 알맞게 연결하여라.

1) 도수 •

2) 계급의 개수 •

3) 계급 •

4) 계급의 크기 •

• ㄱ. 변량을 나눈 구간의 너비

• ㄴ. 각 계급에 속하는 자료의 개수

• ㄷ. 변량을 일정한 간격으로 나눈 구간

• ㄹ. 변량을 나눈 구간의 수

[02-05] 주어진 각 자료에 대하여 도수분포표를 완성하여라.

02 다현이네 모둠 학생들의 몸무게

(단위 : kg)

43	56	52
57	42	58
40	51	48
59		

몸무게(kg)	도수(명)	
40이상~45미만	///	3
45 ~50	/	1
50 ~55		
55 ~60		
합계	10	

03 예준이네 반 학생들의 과학 점수

(단위 : 점)

98	87	52
73	86	82
65	42	77
93	54	61

과학 점수(점)	도수(명)	
40이상~50미만	/	1
50 ~60		
60 ~70		
70 ~80		
80 ~90		
90 ~100		
합계	12	

04 준수네 반 학생들의 한 달 동안의 독서량

(단위 : 권)

0	5	7	10
16	2	8	9
11	5	18	12
13	6	1	9

독서량(권)	도수(명)	
0이상~ 5미만	///	
5 ~10		
10 ~15		
15 ~20		
합계	16	

05 영신이네 반 학생들의 통학 시간

(단위 : 분)

35	22	24
31	36	28
39	32	25
14	10	18
36	22	25
30		

통학 시간(분)	도수(명)
10이상~15미만	
15 ~20	
20 ~25	
25 ~30	
30 ~35	
35 ~40	
합계	

유형 16 도수분포표에서의 계급

[06-08] 다음 도수분포표에서 색칠한 부분의 계급을 말하여라.

06

수학 성적(점)	도수(명)
40이상~ 50미만	4
50 ~ 60	14
60 ~ 70	15
70 ~ 80	9
80 ~ 90	5
90 ~100	3
합계	50

07

TV 시청 시간(시간)	도수(명)
0이상~1미만	4
1 ~2	9
2 ~3	15
3 ~4	2
4 ~5	7
5 ~6	3
합계	40

08

한글 타수(타)	도수(명)
210이상~230미만	4
230 ~250	6
250 ~270	4
270 ~290	14
290 ~310	16
310 ~330	6
합계	50

DAY 29

〈 정답과 해설 p. 87 〉

유형 17 도수분포표에서의 계급의 크기

[09-14] 다음 도수분포표에서 계급의 크기를 구하여라.

09

최저 기온(℃)	도수(일)
13이상~14미만	3
14 ~15	4
15 ~16	5
16 ~17	6
17 ~18	2
합계	20

해 계급의 크기는 각 계급의 양 끝값의 차이므로

14−☐=☐(℃)

10

제기차기 횟수(회)	도수(일)
0이상~ 4미만	8
4 ~ 8	9
8 ~12	7
12 ~16	6
16 ~20	4
합계	34

해 (계급의 크기)=4−☐=☐(회)

11

몸무게(kg)	도수(명)
40이상~45미만	1
45 ~50	2
50 ~55	9
55 ~60	12
60 ~65	8
65 ~70	4
합계	36

12

키(cm)	도수(명)
140이상~145미만	5
145 ~150	8
150 ~155	11
155 ~160	8
160 ~165	5
165 ~170	3
합계	40

13

수학 점수(점)	도수(명)
50이상~ 60미만	2
60 ~ 70	8
70 ~ 80	6
80 ~ 90	4
90 ~100	5
합계	25

14

운동 시간(시간)	도수(명)
0이상~ 2미만	2
2 ~ 4	8
4 ~ 6	6
6 ~ 8	5
8 ~10	4
10 ~12	5
합계	30

유형 18 **도수분포표에서의 도수의 총합**

[15-20] 다음 도수분포표를 완성하여라.

15

수행평가 점수(점)	도수(명)
0이상~10미만	3
10 ~20	8
20 ~30	10
30 ~40	2
40 ~50	2
합계	

해 (도수의 총합)$=3+8+10+2+2=$ ☐ (명)

16

턱걸이 기록(회)	도수(명)
0이상~ 4미만	6
4 ~ 8	7
8 ~12	4
12 ~16	2
16 ~20	1
합계	

해 (도수의 총합)$=6+7+$ ☐ $+2+1=$ ☐ (명)

17

휴대전화 통화 시간(분)	도수(명)
0이상~10미만	8
10 ~20	2
20 ~30	9
30 ~40	6
40 ~50	3
50 ~60	2
합계	

18

줄넘기 횟수(회)	도수(명)
30이상~40미만	2
40 ~50	8
50 ~60	15
60 ~70	3
70 ~80	2
합계	

19

봉사 활동 시간(시간)	도수(명)
3이상~ 5미만	6
5 ~ 7	8
7 ~ 9	12
9 ~11	10
11 ~13	4
합계	

20

회원의 나이(살)	도수(명)
10이상~15미만	7
15 ~20	11
20 ~25	10
25 ~30	13
30 ~35	9
합계	

DAY 29

〈 정답과 해설 p. 88 〉

유형 19 **도수분포표에서 도수의 총합으로 도수 구하기**

[21-26] 다음 도수분포표에서 A의 값을 구하여라.

21

일교차(℃)	도수(일)
$2^{이상}$ ~ $4^{미만}$	A
4 ~ 6	7
6 ~ 8	5
8 ~ 10	4
10 ~ 12	1
합계	20

해 도수의 총합이 20일이므로

$A=\square-(7+5+4+1)=\square$

22

읽은 책의 수(권)	도수(명)
$0^{이상}$ ~ $4^{미만}$	1
4 ~ 8	A
8 ~ 12	2
12 ~ 16	10
16 ~ 20	5
합계	20

23

국어 점수(점)	도수(명)
$40^{이상}$ ~ $50^{미만}$	3
50 ~ 60	4
60 ~ 70	A
70 ~ 80	10
80 ~ 90	5
90 ~ 100	2
합계	30

24

인터넷 사용 시간(분)	도수(명)
$10^{이상}$ ~ $20^{미만}$	2
20 ~ 30	3
30 ~ 40	6
40 ~ 50	A
50 ~ 60	6
60 ~ 70	9
합계	30

25

윗몸일으키기 횟수(회)	도수(명)
$30^{이상}$ ~ $35^{미만}$	2
35 ~ 40	10
40 ~ 45	14
45 ~ 50	8
50 ~ 55	A
55 ~ 60	2
합계	40

26

키(cm)	도수(명)
$135^{이상}$ ~ $140^{미만}$	4
140 ~ 145	8
145 ~ 150	9
150 ~ 155	15
155 ~ 160	8
160 ~ 165	A
합계	50

유형 20 도수분포표에서의 백분율

[27-34] 다음은 기정이네 반 학생 20명의 일주일 동안의 운동 시간을 조사하여 나타낸 도수분포표이다. 다음 물음에 답하여라.

운동 시간(시간)	도수(명)
$2^{이상} \sim 4^{미만}$	3
$4 \sim 6$	7
$6 \sim 8$	5
$8 \sim 10$	4
$10 \sim 12$	1
합계	20

27 운동 시간이 4시간 이상 6시간 미만인 학생 수를 구하여라.

28 운동 시간이 4시간 이상 6시간 미만인 학생은 전체의 몇 %인지 구하여라.

해 전체 학생 수는 20명이고, 운동 시간이 4시간 이상 6시간 미만인 학생 수는 □명이므로

$\frac{\square}{20} \times 100 = \square(\%)$

29 운동 시간이 10시간 이상 12시간 미만인 학생 수를 구하여라.

30 운동 시간이 10시간 이상 12시간 미만인 학생은 전체의 몇 %인지 구하여라.

31 운동 시간이 8시간 이상인 학생 수를 구하여라.

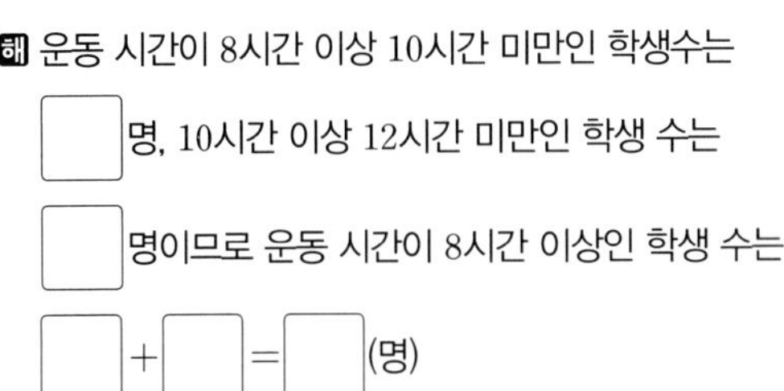

해 운동 시간이 8시간 이상 10시간 미만인 학생수는 □명, 10시간 이상 12시간 미만인 학생 수는 □명이므로 운동 시간이 8시간 이상인 학생 수는

$\square + \square = \square$(명)

32 운동 시간이 8시간 이상인 학생은 전체의 몇 %인지 구하여라.

해 전체 학생 수는 20명이고, 운동 시간이 8시간 이상인 학생 수는 □명이므로

$\frac{\square}{20} \times 100 = \square(\%)$

33 운동 시간이 6시간 미만인 학생 수를 구하여라.

34 운동 시간이 6시간 미만인 학생은 전체의 몇 %인지 구하여라.

〈 정답과 해설 p. 88~89 〉

유형 21 도수분포표 종합

[35-39] 다음은 서연이네 반 학생 30명의 수학 점수를 조사하여 나타낸 도수분포표이다.
다음 물음에 답하여라.

수학 점수(점)	도수(명)
50이상 ~ 60미만	4
60 ~ 70	6
70 ~ 80	8
80 ~ 90	A
90 ~ 100	5
합계	30

35 계급의 크기를 구하여라.

36 계급의 개수를 구하여라.

37 A의 값을 구하여라.

38 도수가 가장 큰 계급을 구하여라.

39 수학 점수가 80점 이상인 학생은 전체의 몇 %인지 구하여라.

[40-44] 다음은 인성이네 반 학생 40명의 1분 동안 실시한 줄넘기 횟수를 조사하여 나타낸 도수분포표이다.
다음 물음에 답하여라.

줄넘기 횟수(회)	도수(명)
20이상 ~ 30미만	1
30 ~ 40	9
40 ~ 50	A
50 ~ 60	8
60 ~ 70	6
합계	40

40 계급의 크기를 구하여라.

41 계급의 개수를 구하여라.

42 A의 값을 구하여라.

43 도수가 2번째로 작은 계급을 구하여라.

44 줄넘기 횟수가 50회 미만인 학생은 전체의 몇 %인지 구하여라.

개념 체크

45 다음 빈칸에 알맞은 것을 써넣어라.

변량을 일정한 간격으로 나눈 구간을 [ ]이라 하고 그 구간의 너비를 [ ]라 한다.
또, 각 계급에 속하는 자료의 개수를 [ ]라 한다.

〈 정답과 해설 p. 89 〉

06 히스토그램

(1) **히스토그램**: 도수분포표의 각 계급의 양 끝값을 가로축에, 도수를 세로축에 표시하여 직사각형으로 나타낸 그래프

(2) **도수분포표를 이용하여 히스토그램 그리는 순서**

❶ 가로축에는 각 계급의 양 끝값을, 세로축에는 도수를 차례로 나타낸다.

❷ 각 계급의 크기를 가로로, 도수를 세로로 하는 직사각형을 차례로 그린다.

〈도수분포표〉

통학 시간(분)	도수(명)
20이상~30미만	1
30 ~40	2
40 ~50	4
50 ~60	1
합계	

❶

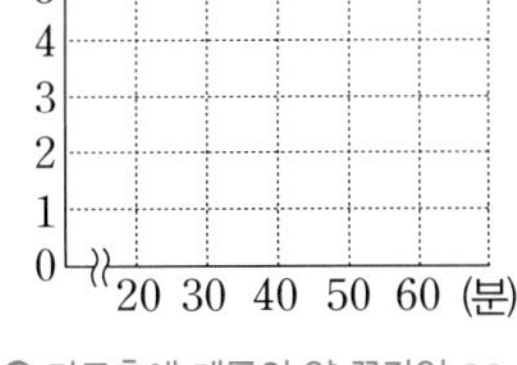

❶ 가로축에 계급의 양 끝값인 20, 30, 40, 50, 60을, 세로축에 도수를 차례로 나타낸다.

❷ 〈히스토그램〉

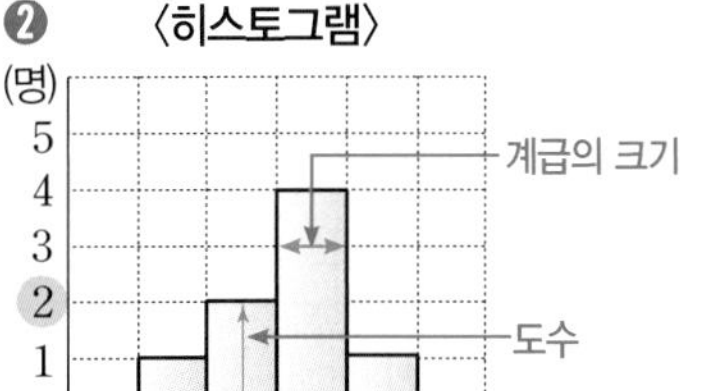

❷ 계급의 크기 10분을 가로로, 각 계급의 도수인 1, 2, 4, 1을 세로로 하는 직사각형을 차례로 그린다.

DAY 30

유형 22 **도수분포표로 히스토그램 완성하기**

[01-02] 다음 도수분포표를 보고, 히스토그램을 그려라.

01

수학 점수(점)	도수(명)
50이상~ 60미만	3
60 ~ 70	5
70 ~ 80	4
80 ~ 90	6
90 ~100	2
합계	20

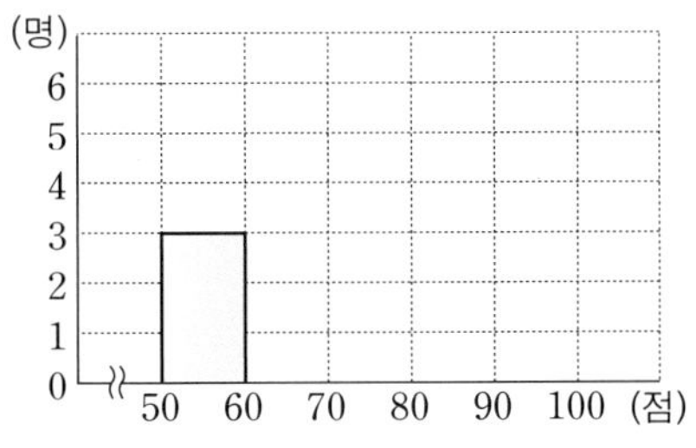

02

몸무게(kg)	도수(명)
40이상~45미만	2
45 ~50	5
50 ~55	10
55 ~60	4
60 ~65	3
65 ~70	1
합계	25

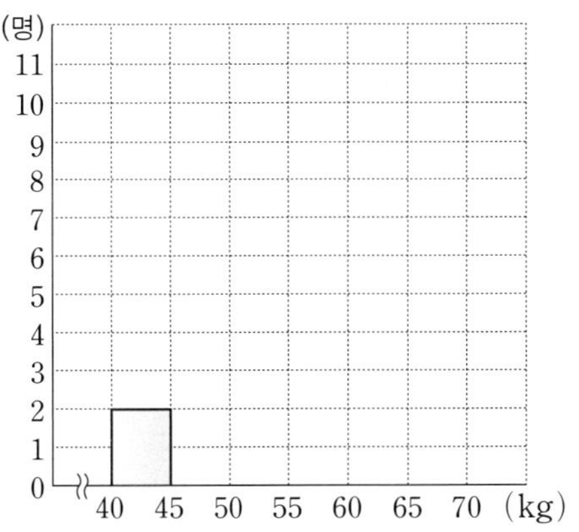

〈정답과 해설 p. 89~90〉

유형 23 **히스토그램으로 도수분포표 완성하기**

[03-06] 다음 히스토그램을 보고, 도수분포표를 완성하여라.

03

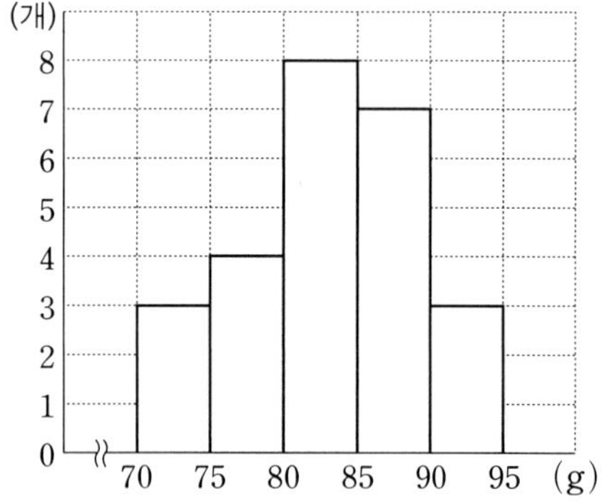

감귤의 무게(g)	도수(개)
$70^{이상}$~$75^{미만}$	3
75 ~80	
80 ~85	8
85 ~90	
90 ~95	3
합계	

04

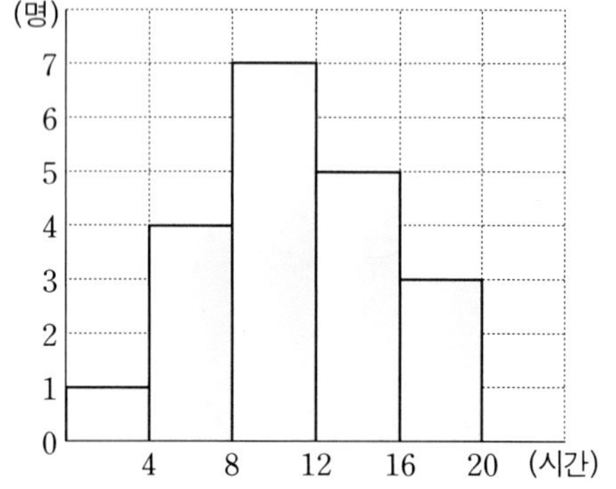

독서 시간(시간)	도수(명)
$0^{이상}$~ $4^{미만}$	1
4 ~ 8	
8 ~12	
12 ~16	
16 ~20	
합계	

05

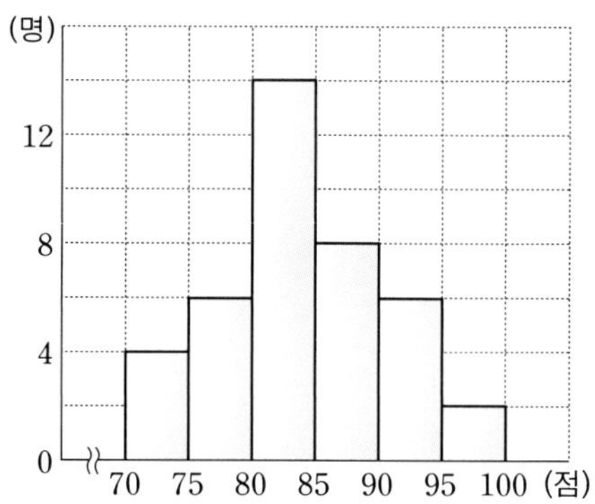

영어 점수(점)	도수(명)
$70^{이상}$~ $75^{미만}$	
75 ~ 80	
80 ~ 85	
85 ~ 90	
90 ~ 95	
95 ~100	
합계	

06

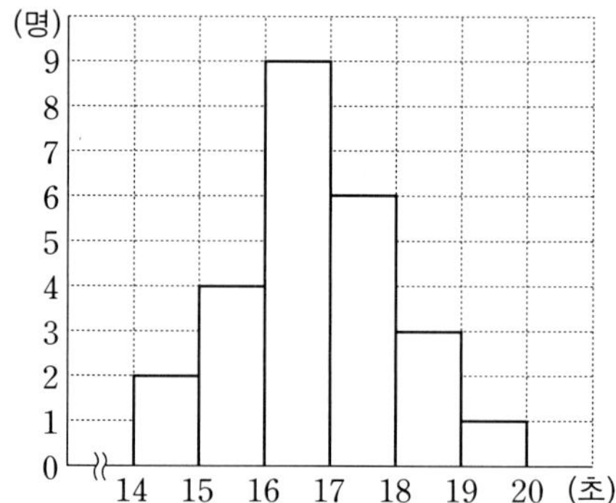

100 m 달리기 기록(초)	도수(명)
$14^{이상}$~$15^{미만}$	
15 ~16	
16 ~17	
17 ~18	
18 ~19	
19 ~20	
합계	

유형 24 히스토그램에서의 계급의 크기

[07-09] 다음 히스토그램을 보고, 계급의 크기를 구하여라.

07

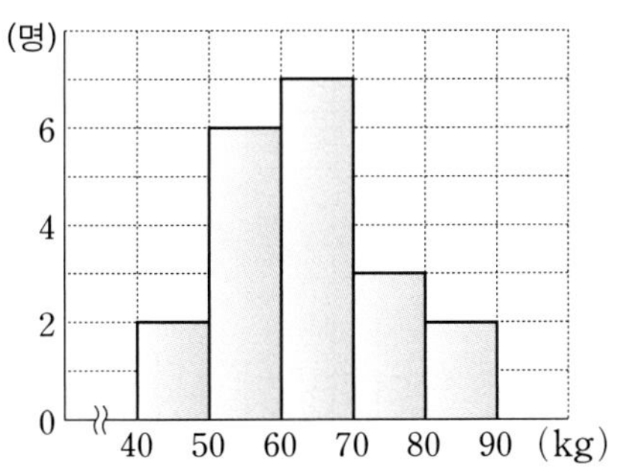

해 계급의 크기는 히스토그램의 각 직사각형의 [ ]의 길이이므로

[ ]$-40=$[ ](kg)

08

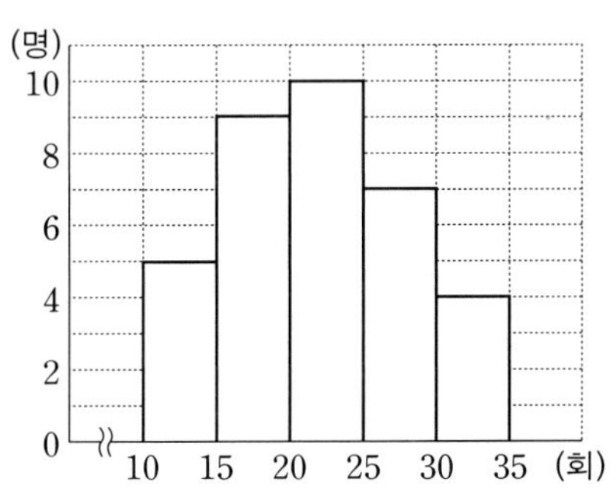

09

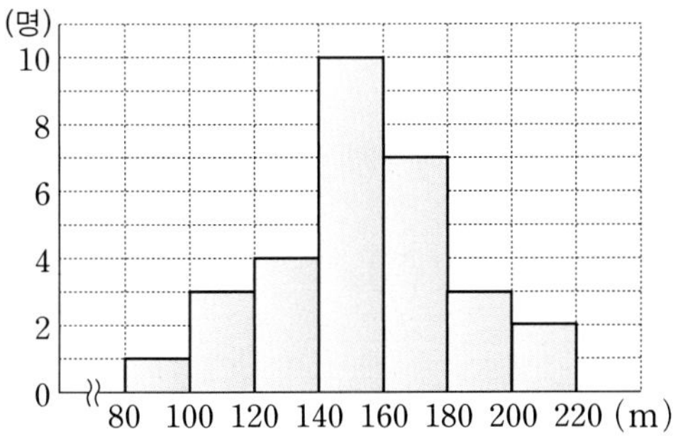

유형 25 히스토그램에서의 계급

[10-15] 그림은 병호네 반 학생들의 사회 점수를 조사하여 나타낸 히스토그램이다. 다음을 구하여라.

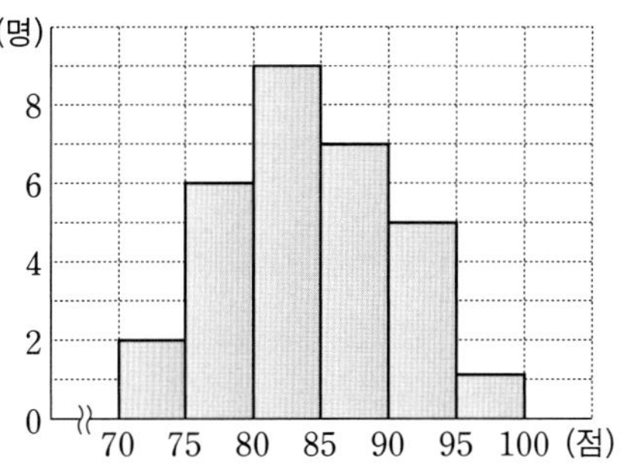

10 도수가 가장 큰 계급

11 도수가 가장 작은 계급

12 도수가 7인 계급

13 도수가 2인 계급

14 사회 점수가 5번째로 높은 학생이 속하는 계급

15 사회 점수가 10번째로 낮은 학생이 속하는 계급

DAY 30

〈 정답과 해설 p. 90 〉

유형 26 히스토그램에서의 도수의 총합

[16-18] 다음 히스토그램을 보고, 도수의 총합을 구하여라.

16

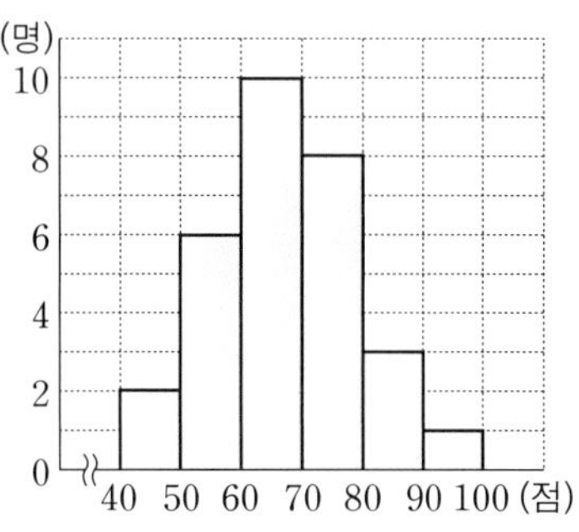

해 (도수의 총합)

17

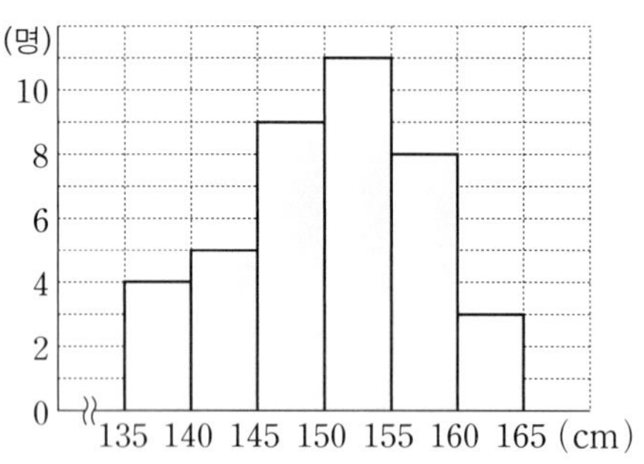

18

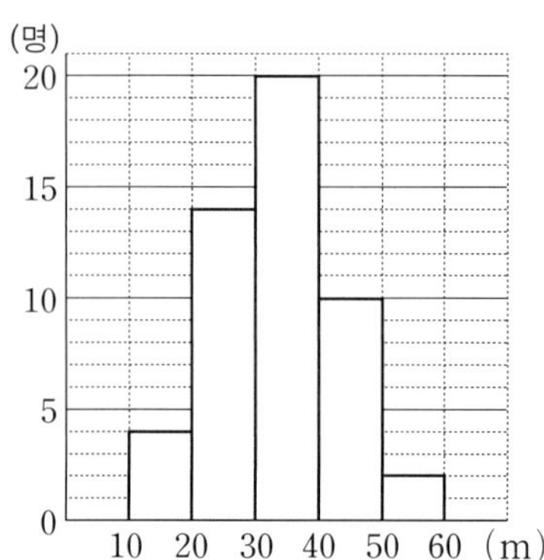

유형 27 히스토그램에서의 백분율

[19-22] 그림은 어느 반 학생 40명의 국어 점수를 조사하여 나타낸 히스토그램이다. 다음 물음에 답하여라.

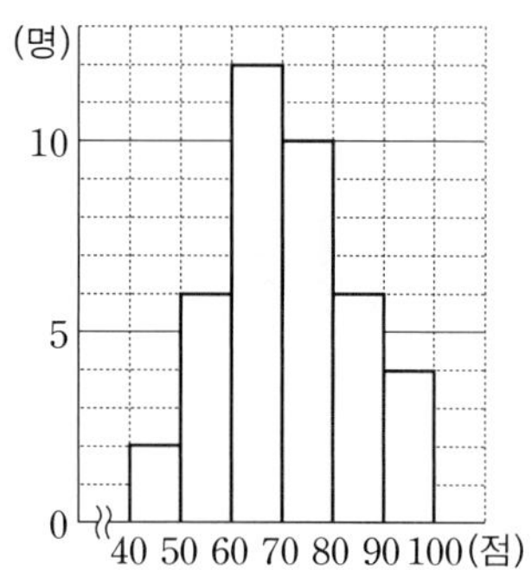

19 국어 점수가 50점 이상 60점 미만인 학생 수를 구하여라.

20 국어 점수가 50점 이상 60점 미만인 학생은 전체의 몇 %인지 구하여라.

해 전체 학생 수가 □명이므로

$\frac{\square}{40} \times 100 = \square (\%)$

21 국어 점수가 70점 이상 90점 미만인 학생 수를 구하여라.

해 국어 점수가 70점 이상 80점 미만인 학생 수는 10명, 80점 이상 90점 미만인 학생 수는 □명이므로

$10 + \square = \square$(명)

22 국어 점수가 70점 이상 90점 미만인 학생은 전체의 몇 %인지 구하여라.

해 $\frac{\square}{\square} \times 100 = \square (\%)$

[23-26] 그림은 어느 반 학생들의 한 달 독서량을 조사하여 나타낸 히스토그램이다. 다음 물음에 답하여라.

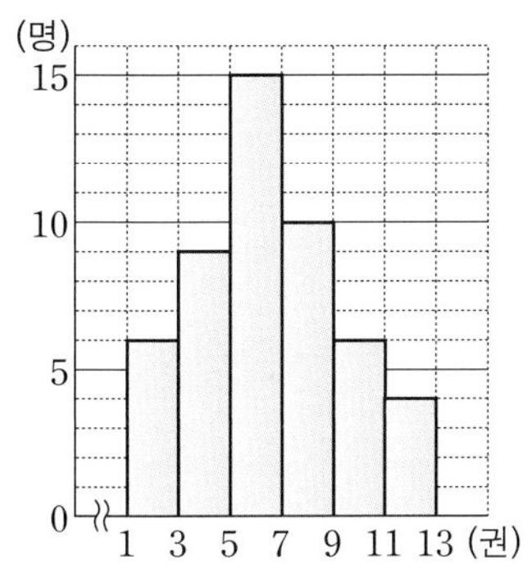

23 한 달 독서량이 9권 이상 11권 미만인 학생 수를 구하여라.

24 한 달 독서량이 9권 이상 11권 미만인 학생은 전체의 몇 %인지 구하여라.

25 한 달 독서량이 5권 미만인 학생 수를 구하여라.

26 한 달 독서량이 5권 미만인 학생은 전체의 몇 %인지 구하여라.

유형 28 히스토그램 종합

[27-30] 그림은 어느 반 학생들의 몸무게를 조사하여 나타낸 히스토그램이다. 다음 물음에 답하여라.

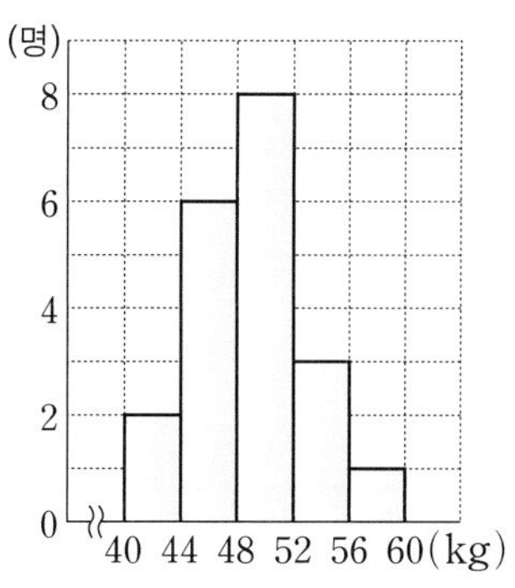

27 전체 학생 수를 구하여라.

해 전체 학생 수는

2+☐+8+☐+1=☐(명)

28 몸무게가 50 kg인 학생이 속하는 계급을 구하여라.

29 몸무게가 5번째로 가벼운 학생이 속하는 계급의 도수를 구하여라.

해 몸무게가 40 kg 이상 44 kg 미만인 학생 수는 2명, 44 kg 이상 48 kg 미만인 학생 수는 ☐명이므로 몸무게가 5번째로 가벼운 학생이 속하는 계급은 44 kg 이상 48 kg 미만이다.
따라서 이 계급의 도수는 ☐명이다.

30 몸무게가 52 kg 이상인 학생은 전체의 몇 %인지 구하여라.

개념 체크

31 **다음 빈칸에 알맞은 것을 써넣어라.**

히스토그램은 도수분포표의 각 계급의 양 끝값을 [　　]축에, [　　]를 세로축에 표시하여 [　　　]으로 나타낸 그래프이다.

DAY 30

〈 정답과 해설 p. 90~91 〉

07 히스토그램에서 직사각형의 특징

✪ 다음 히스토그램의 특징을 알아보자.

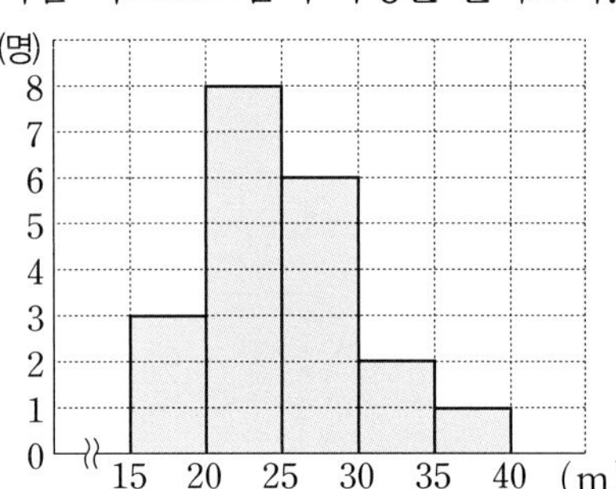

(1) 직사각형의 개수가 5이므로 계급의 개수는 5이다.
(2) 직사각형의 가로의 길이는 $20-15=5$이므로 계급의 크기는 5 m이다.
(3) 도수가 가장 큰 계급은 직사각형의 세로의 길이가 가장 긴 20 m 이상 25 m 미만이다.
(4) 도수가 3인 계급의 직사각형의 넓이는 $5\times3=15$이다.
(5) 도수의 총합은 $3+8+6+2+1=20$(명)이므로 (모든 직사각형의 넓이의 합)$=5\times20=100$이다.

(1) (직사각형의 개수)=(계급의 개수)

(2) (직사각형의 가로의 길이)=(계급의 크기)

(3) (직사각형의 세로의 길이)=(각 계급의 도수)

➡ 자료의 전체적인 분포 상태를 한눈에 쉽게 알 수 있다.

(4) (각 직사각형의 넓이)=(각 계급의 크기)×(그 계급의 도수)

➡ 각 계급의 크기는 일정하므로 각 직사각형의 넓이는 각 계급의 도수에 정비례한다.

(5) (모든 직사각형의 넓이의 합)

={(각 계급의 크기)×(그 계급의 도수)}의 총합

=(계급의 크기)×(도수의 총합)

참고 히스토그램에서 직사각형의 넓이는 단위를 정할 수 없으므로 단위를 쓰지 않는다.

유형 29 히스토그램에서의 직사각형의 특징

[01-06] 그림은 미수네 반 학생들의 일주일 동안의 운동 시간을 조사하여 나타낸 히스토그램이다. 다음 물음에 답하여라.

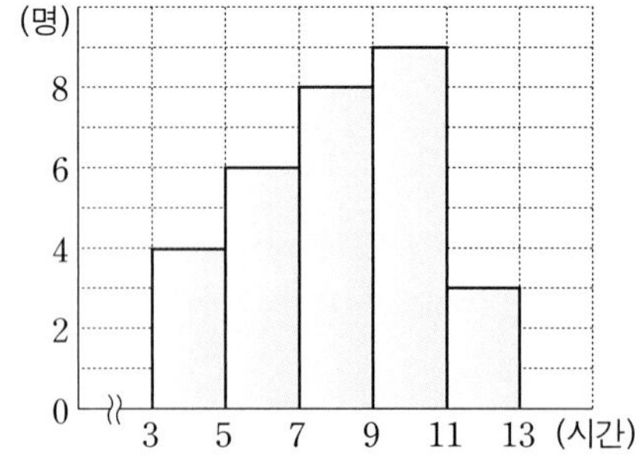

01 계급의 개수를 구하여라.

02 계급의 크기를 구하여라.

03 도수가 3인 계급을 구하여라.

04 도수가 6인 계급의 직사각형의 넓이를 구하여라.

해 도수가 6인 계급의 직사각형의 넓이는
(계급의 크기)×(그 계급의 도수)
$=\square\times6=\square$

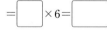

05 모든 직사각형의 넓이의 합을 구하여라.

06 도수가 가장 큰 계급의 직사각형의 넓이는 도수가 가장 작은 계급의 직사각형의 넓이의 몇 배인지 구하여라.

[07-12] 그림은 혁민이네 반 학생들의 국어 점수를 조사하여 나타낸 히스토그램이다. 다음 물음에 답하여라.

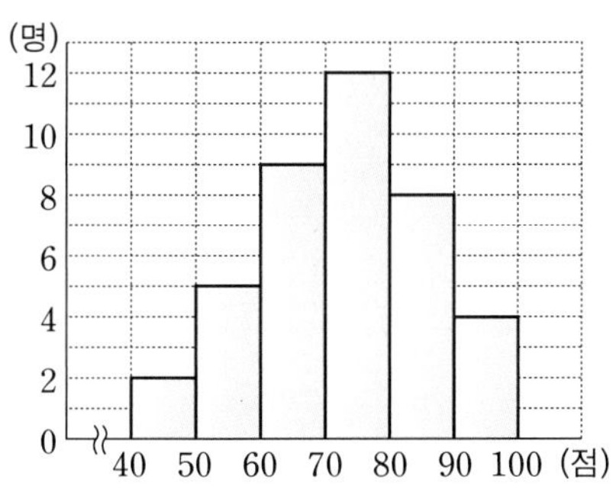

07 계급의 개수를 구하여라.

해 직사각형의 개수가 ☐ 이므로 계급의 개수는 ☐ 이다.

08 계급의 크기를 구하여라.

09 도수가 9인 계급을 구하여라.

10 도수가 5인 계급의 직사각형의 넓이를 구하여라.

11 모든 직사각형의 넓이의 합을 구하여라.

12 점수가 가장 높은 학생이 속한 계급의 직사각형의 넓이는 점수가 가장 낮은 학생이 속한 계급의 직사각형의 넓이의 몇 배인지 구하여라.

[13-17] 그림은 준희네 반 학생들이 1년 동안 읽은 책의 수를 조사하여 나타낸 히스토그램이다. 다음 물음에 답하여라.

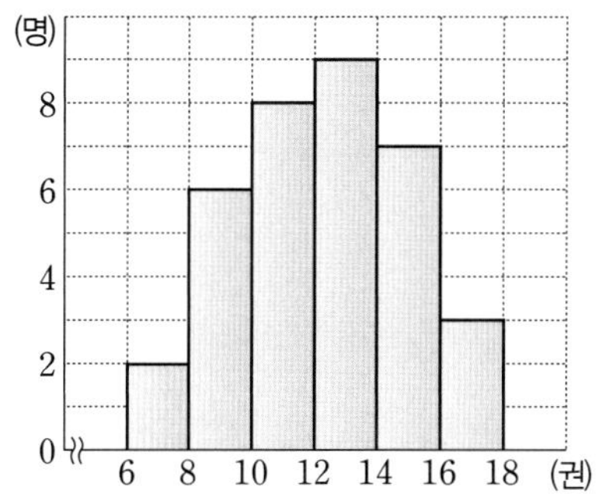

13 도수가 가장 큰 계급을 구하여라.

14 도수가 두 번째로 큰 계급의 직사각형의 넓이를 구하여라.

15 1년 동안 읽은 책의 수가 15권인 학생이 속하는 계급의 직사각형의 넓이를 구하여라.

16 모든 직사각형의 넓이의 합을 구하여라.

17 직사각형의 넓이가 6권 이상 8권 미만인 계급의 직사각형의 넓이의 3배인 계급을 구하여라.

개념 체크

18 **다음 빈칸에 알맞은 것을 써넣어라.**

히스토그램에서
(모든 직사각형의 넓이의 합)
=(계급의 [ ])×([ ]의 총합)

DAY 30

〈 정답과 해설 p. 91~92 〉

08 도수분포다각형

(1) **도수분포다각형** : 히스토그램에서 각 직사각형의 윗변의 중앙의 점을 차례로 선분으로 연결한 후 양 끝에 도수가 0인 계급을 하나씩 추가하여 그 중앙의 점도 선분으로 연결한 그래프

(2) **히스토그램을 이용하여 도수분포다각형 그리는 순서**

❶ 히스토그램에서 각 직사각형의 윗변의 중앙과 양 끝에 도수가 0인 계급이 하나씩 있다고 생각하고 점을 찍는다.

❷ 찍은 점들을 선분으로 연결한다.

〈히스토그램〉

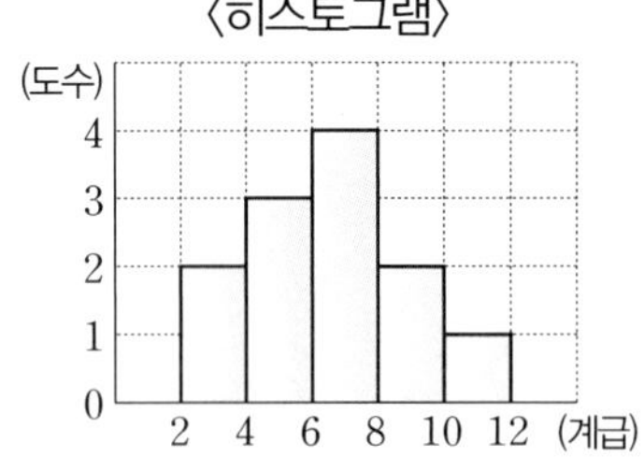

❶

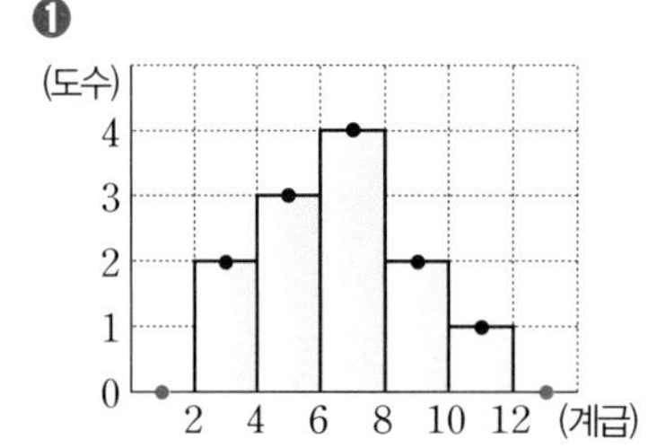

❷ 〈도수분포다각형〉

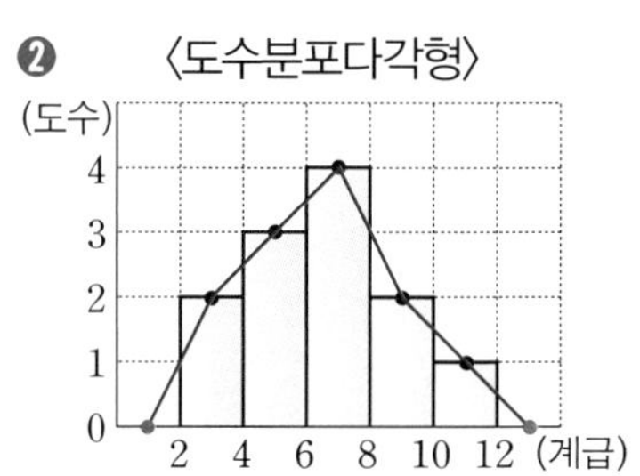

유형 30 **도수분포다각형 그리기**

[01-04] 다음 히스토그램에 도수분포다각형을 그려라.

01

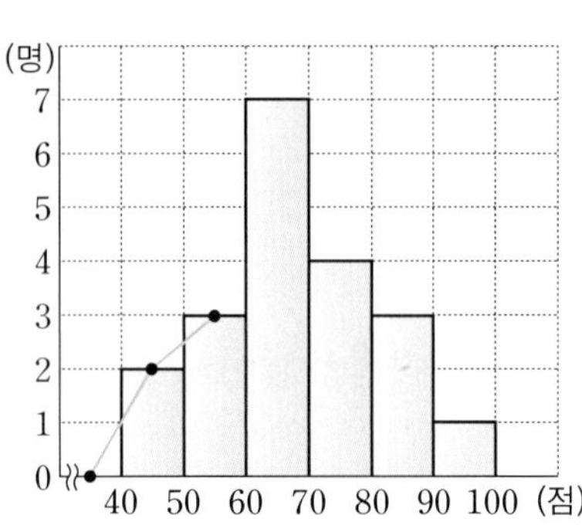

02

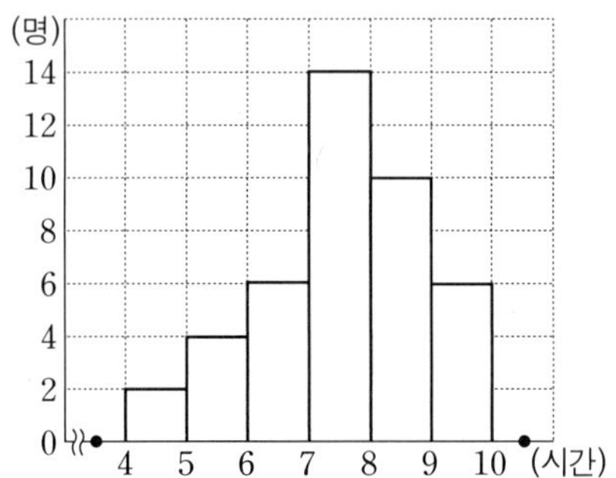

03

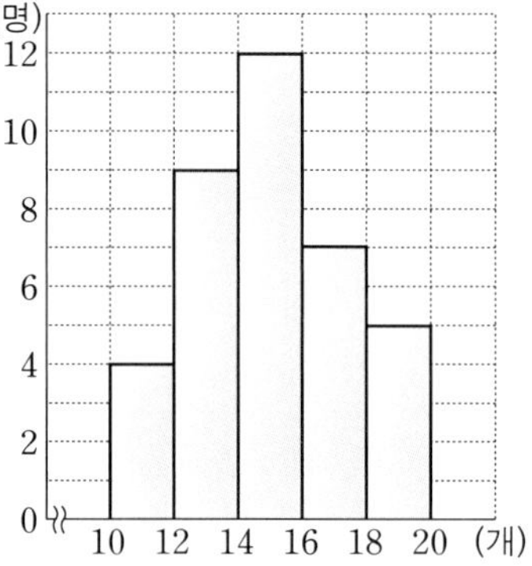

04

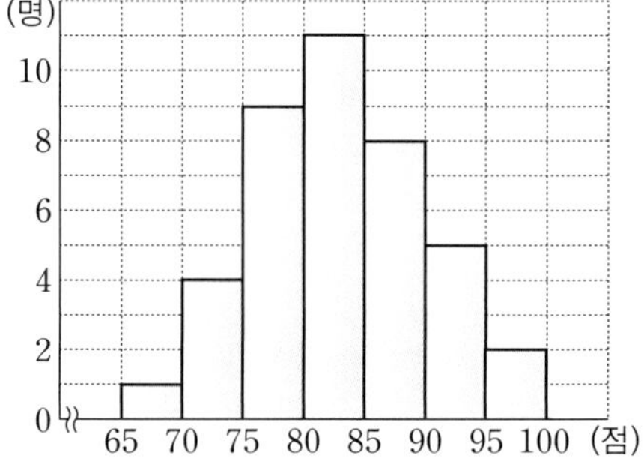

유형 31 도수분포다각형으로 도수분포표 완성하기

[05-06] 다음 도수분포다각형을 보고, 도수분포표를 완성하여라.

05

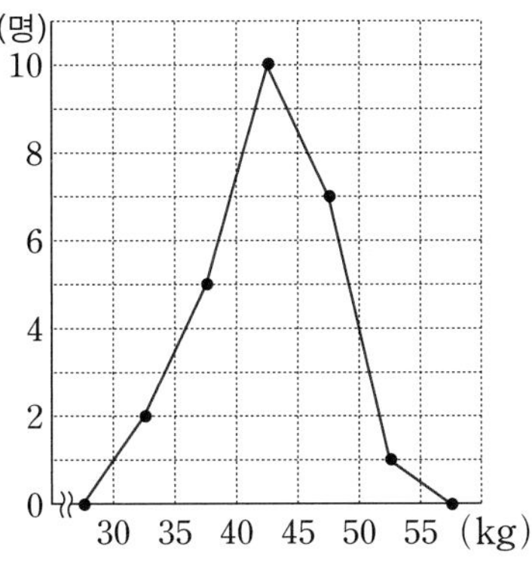

몸무게(kg)	도수(명)
30이상~35미만	2
35 ~40	5
40 ~45	
45 ~50	
50 ~55	
합계	25

06

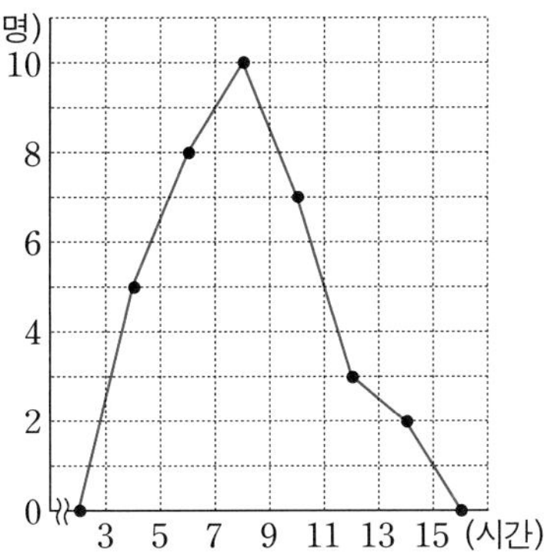

봉사 활동 시간(시간)	도수(명)
3이상~ 5미만	
합계	

유형 32 도수분포표로 도수분포다각형 완성하기

[07-08] 다음 도수분포표를 보고, 도수분포다각형을 완성하여라.

07

턱걸이 횟수(회)	도수(명)
2이상~ 4미만	4
4 ~ 6	8
6 ~ 8	6
8 ~10	5
10 ~12	2
합계	25

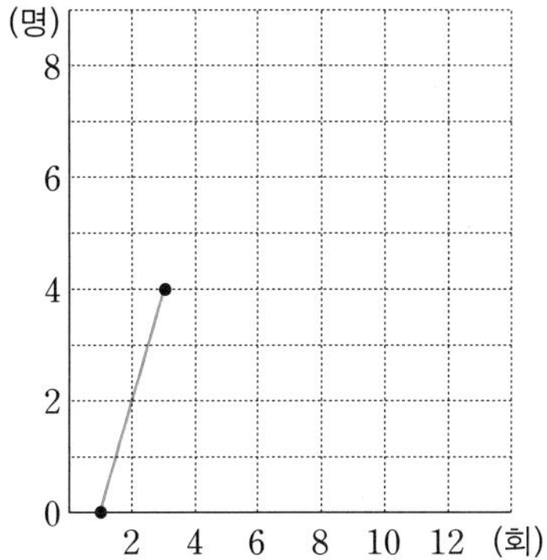

08

과학 점수(점)	도수(명)
40이상~ 50미만	1
50 ~ 60	4
60 ~ 70	7
70 ~ 80	16
80 ~ 90	9
90 ~100	3
합계	40

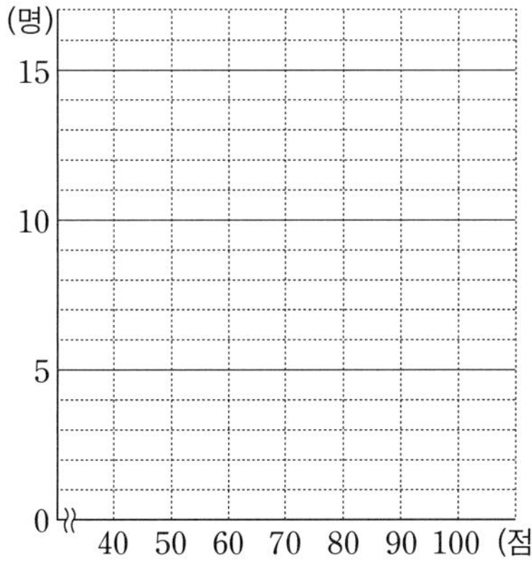

〈정답과 해설 p. 92~93〉

유형 33 도수분포다각형에서의 계급의 크기

[09-11] 다음 도수분포다각형을 보고, 계급의 크기를 구하여라.

09

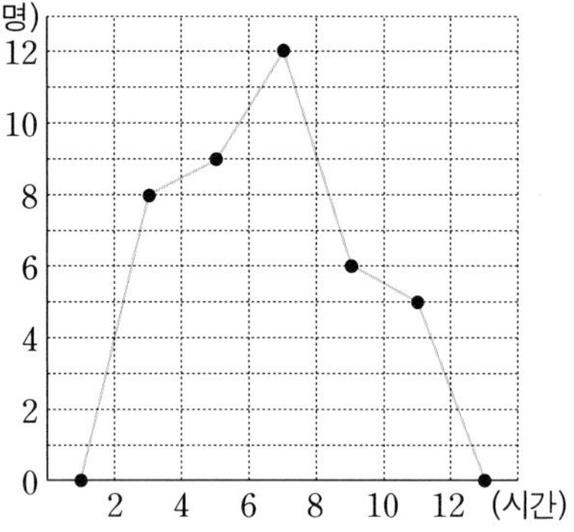

해 계급의 크기는 각 계급의 양 끝값의 차이므로

$4-2=$ ☐ (시간)

10

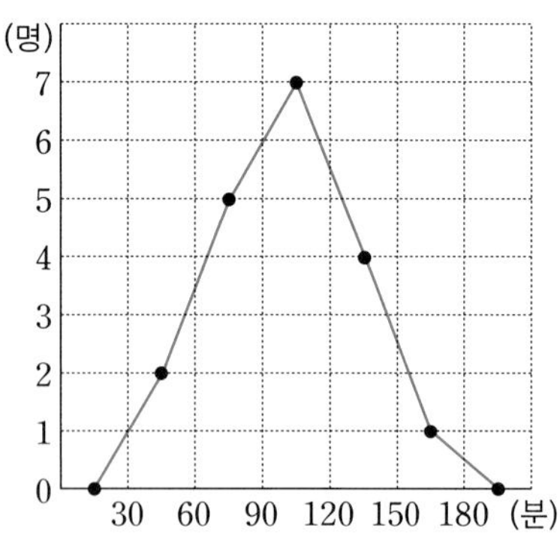

11

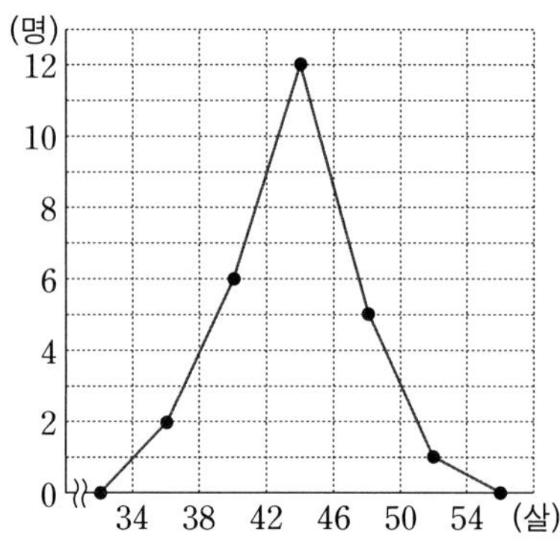

유형 34 도수분포다각형에서의 계급

[12-16] 그림은 지우네 반 학생들의 몸무게를 조사하여 나타낸 도수분포다각형이다. 다음을 구하여라.

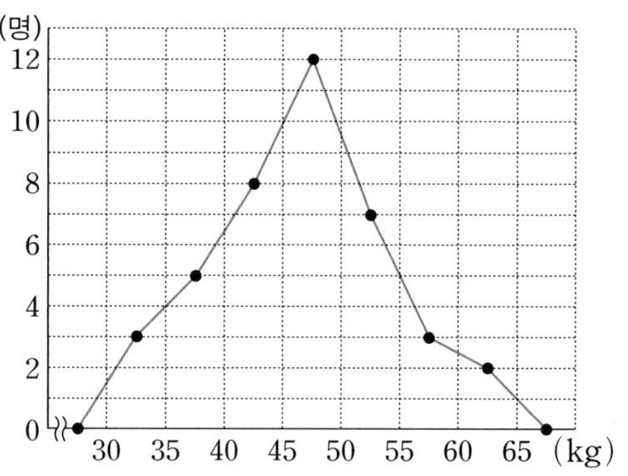

12 도수가 가장 작은 계급

13 도수가 8인 계급

14 도수가 같은 두 계급

15 몸무게가 50 kg인 학생이 속하는 계급

16 몸무게가 7번째로 가벼운 학생이 속하는 계급

유형 35 도수분포다각형에서의 도수의 총합

[17-19] 다음 도수분포다각형을 보고, 도수의 총합을 구하여라.

17

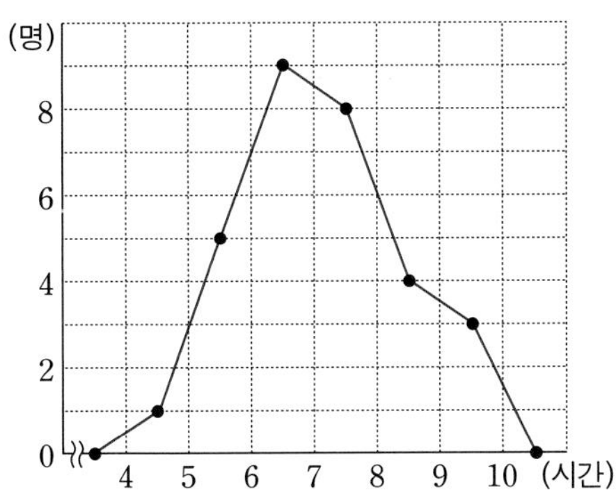

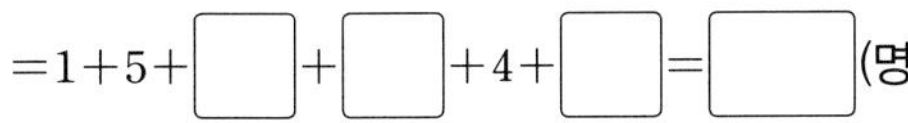

18

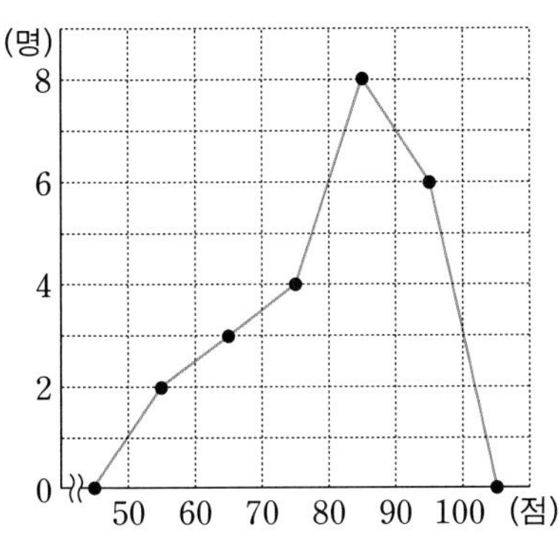

19

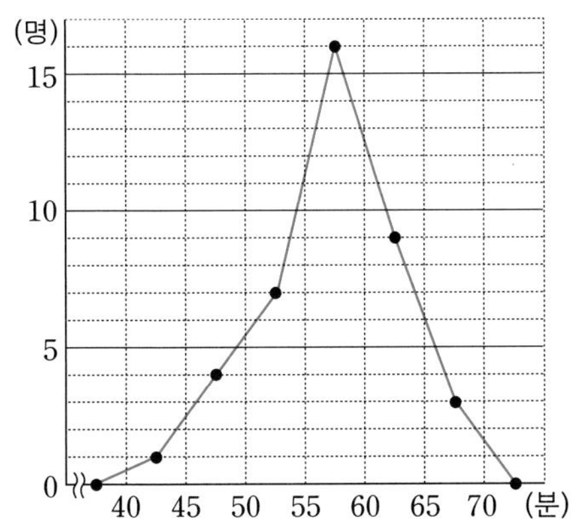

유형 36 도수분포다각형에서의 백분율

[20-23] 그림은 어느 반 학생 30명의 책 대여 수를 조사하여 나타낸 도수분포다각형이다. 다음을 구하여라.

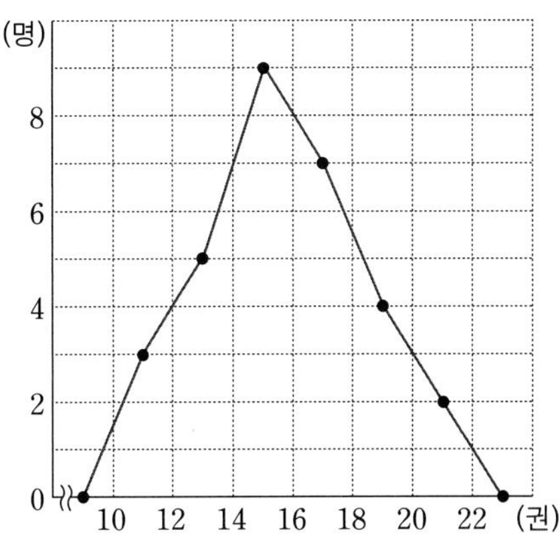

20 책 대여 수가 14권 이상 16권 미만인 학생 수를 구하여라.

21 책 대여 수가 14권 이상 16권 미만인 학생은 전체의 몇 %인지 구하여라.

해 전체 학생 수가 30명이므로

$\frac{\square}{30}\times 100=\square(\%)$

22 책 대여 수가 18권 이상 22권 미만인 학생 수를 구하여라.

23 책 대여 수가 18권 이상 22권 미만인 학생은 전체의 몇 %인지 구하여라.

〈 정답과 해설 p. 93~94 〉

[24-28] 그림은 유주네 반 학생들의 미술 점수를 조사하여 나타낸 도수분포다각형이다. 다음 물음에 답하여라.

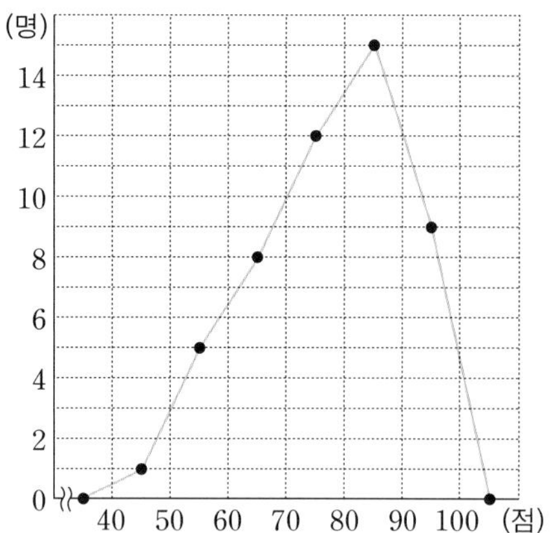

24 전체 학생 수를 구하여라.

해 (전체 학생 수)

$=1+\square+8+12+\square+9=\square$(명)

25 미술 점수가 60점 이상 70점 미만인 학생 수를 구하여라.

26 미술 점수가 60점 이상 70점 미만인 학생은 전체의 몇 %인지 구하여라.

27 미술 점수가 80점 이상인 학생 수를 구하여라.

28 미술 점수가 80점 이상인 학생은 전체의 몇 %인지 구하여라.

유형 37 도수분포다각형의 이해

[29-32] 그림은 어느 반 학생들의 앉은 키를 조사하여 나타낸 도수분포다각형이다. 다음 물음에 답하여라.

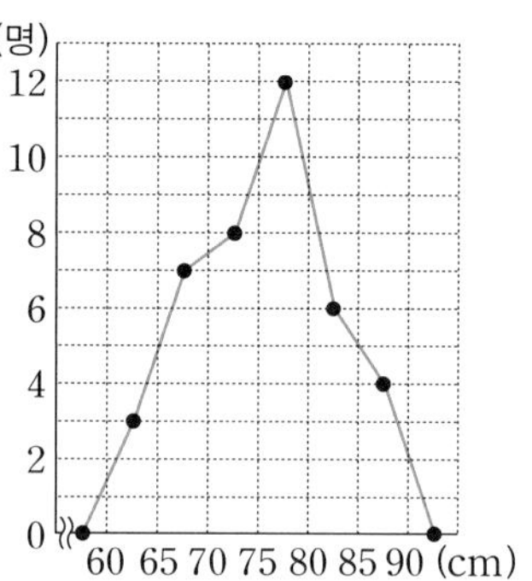

29 전체 학생 수를 구하여라.

30 앉은 키가 80 cm 이상인 학생 수를 구하여라.

31 앉은 키가 80 cm 이상인 학생은 전체의 몇 %인지 구하여라.

32 앉은 키가 6번째로 작은 학생이 속하는 계급의 도수를 구하여라.

개념 체크

33 다음 빈칸에 알맞은 것을 써넣어라.

히스토그램에서 각 직사각형의 윗변의 [　　　]의 점을 차례로 선분으로 연결한 후 양 끝에 도수가 [　　　]인 계급을 하나씩 추가하여 그 중앙의 점도 선분으로 연결한 그래프를 [　　　　　]이라 한다.

〈정답과 해설 p. 94〉

09 도수분포다각형의 특징

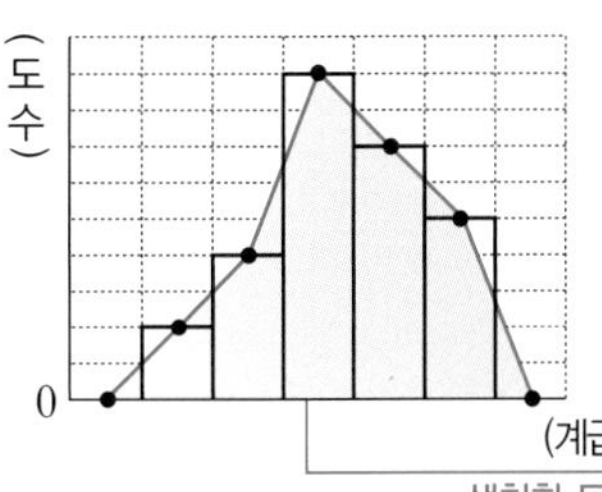

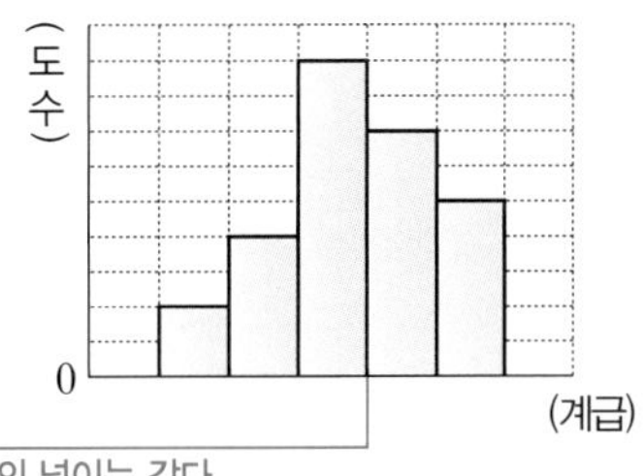

색칠한 두 부분의 넓이는 같다.

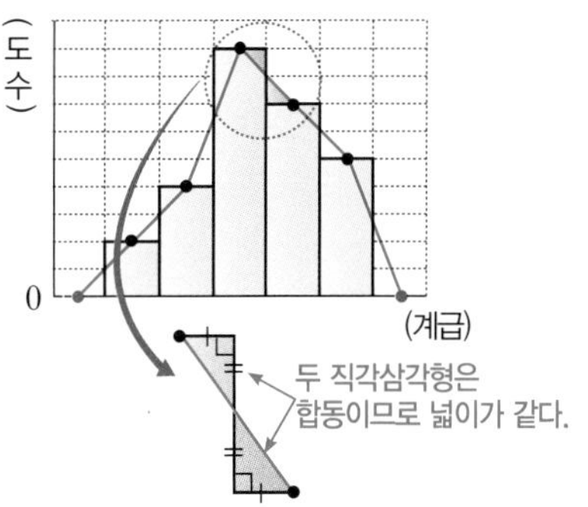

(1) 자료의 전체적인 분포 상태를 연속적으로 관찰할 수 있다.

(2) (도수분포다각형과 가로축으로 둘러싸인 부분의 넓이)

=(히스토그램의 각 직사각형의 넓이의 합)=(계급의 크기)×(도수의 총합)

DAY 31

유형 38 도수분포다각형의 넓이

[01-05] 그림에서 도수분포다각형과 가로축으로 둘러싸인 부분의 넓이를 구하여라.

01

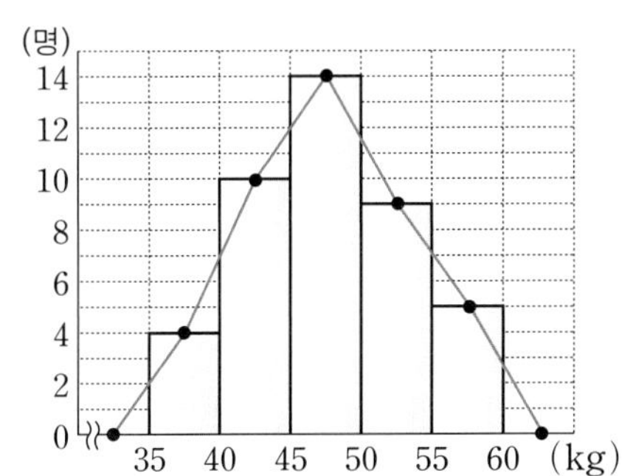

해 (도수분포다각형과 가로축으로 둘러싸인 부분의 넓이)

=(히스토그램의 각 직사각형의 넓이의 합)

=(계급의 크기)×(도수의 총합)

$=5\times(4+\square+14+\square+5)=\square$

02

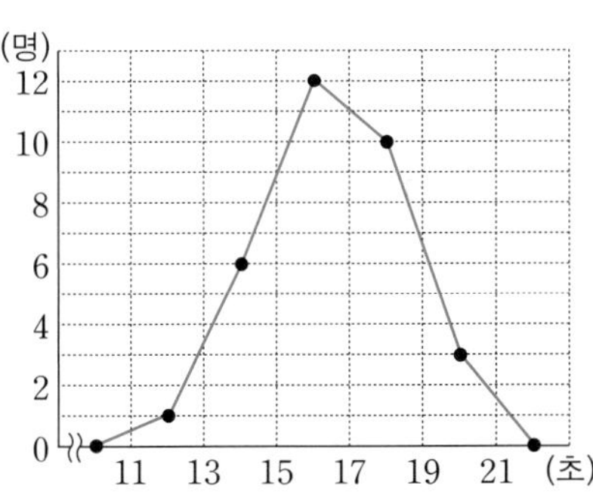

03

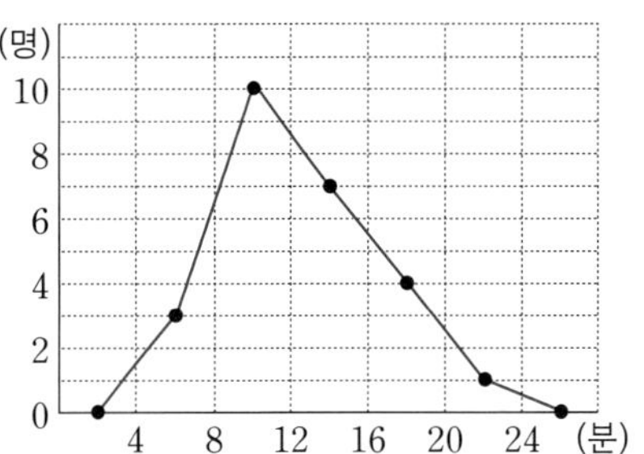

04

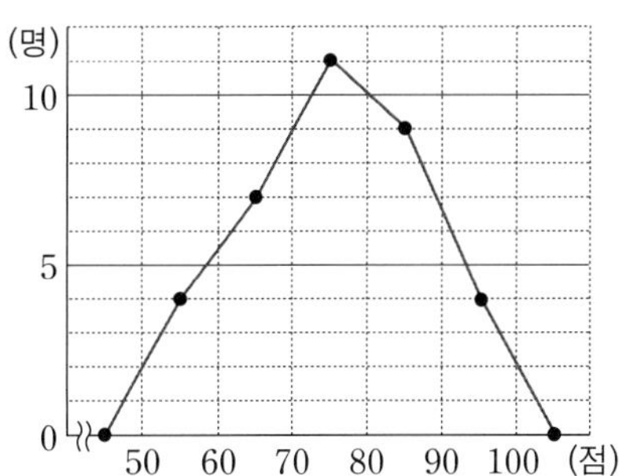

05

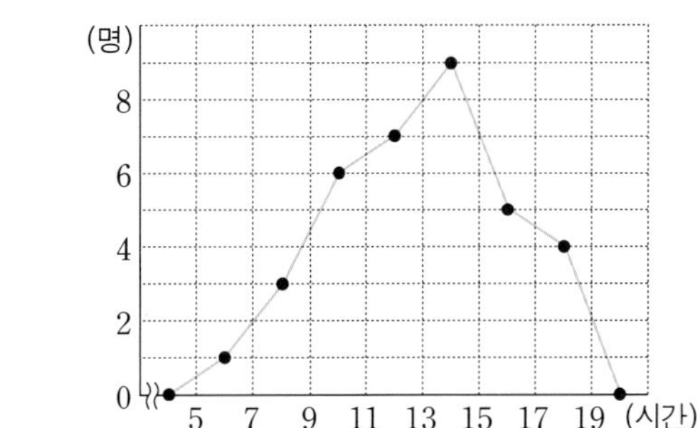

〈정답과 해설 p. 94〉

유형 39 **도수분포다각형 종합**

[06-10] 그림은 지혜네 반 학생들의 영어 점수를 조사하여 나타낸 도수분포다각형이다. 다음 물음에 답하여라.

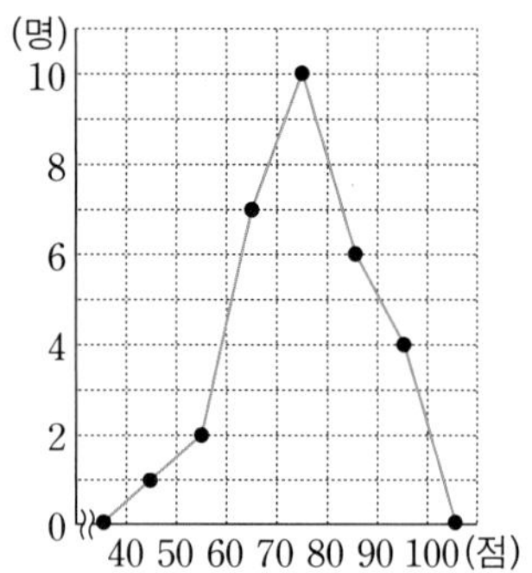

06 계급의 크기와 계급의 개수를 차례로 구하여라.

07 전체 학생 수를 구하여라.

08 영어 점수가 가장 좋은 학생이 속하는 계급의 도수를 구하여라.

09 영어 점수가 50점 이상 70점 미만인 학생은 전체의 몇 %인지 구하여라.

10 도수분포다각형과 가로축으로 둘러싸인 부분의 넓이를 구하여라.

[11-15] 그림은 정은이네 반 학생들의 키를 조사하여 나타낸 도수분포다각형이다. 다음 물음에 답하여라.

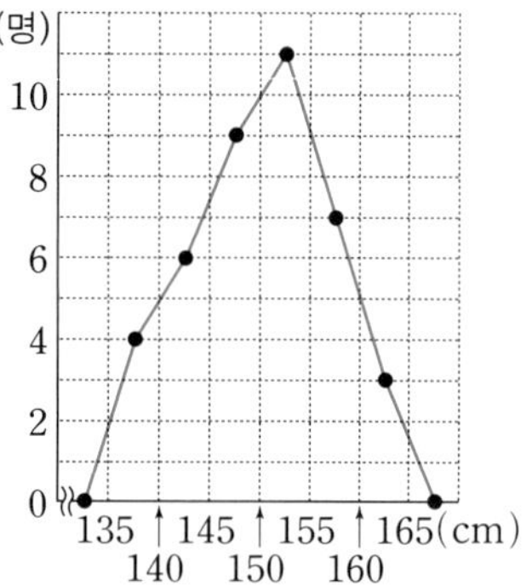

11 도수가 가장 작은 계급을 구하여라.

12 전체 학생 수를 구하여라.

13 키가 9번째로 큰 학생이 속하는 계급을 구하여라.

14 키가 145 cm 미만인 학생은 전체의 몇 %인지 구하여라.

15 도수분포다각형과 가로축으로 둘러싸인 부분의 넓이를 구하여라.

개념 체크

16 **다음 빈칸에 알맞은 것을 써넣어라.**

[　　　　　]은 자료의 전체적인 분포 상태를 연속적으로 알아볼 수 있다.
또한, 도수분포다각형과 가로축으로 둘러싸인 부분의 넓이는 히스토그램의 [　　　　]의 넓이의 합과 같다.

〈 정답과 해설 p. 94~95 〉

01

다음은 어느 반 학생 17명의 한 달 동안의 독서 시간을 조사하여 나타낸 줄기와 잎 그림이다. 독서 시간이 15시간 이상인 학생 수를 a명, 중앙값을 b시간이라 할 때, $a+b$의 값을 구하여라.

독서 시간 (0|2은 2시간)

줄기	잎
0	2 3 5 7
1	0 2 2 4 9 9
2	1 1 3 7 7
3	0 3

02

다음은 어느 산악회 회원들의 나이를 조사하여 나타낸 줄기와 잎 그림이다. 나이가 8번째로 많은 회원의 나이를 구하여라.

회원의 나이 (2|4는 24살)

줄기	잎
2	4 6 9
3	1 1 3 7 7 7 8
4	2 5 6 8 8 9
5	0 2 2 3

03 조건 확인!

다음은 진석이네 반 학생들의 윗몸일으키기 기록을 조사하여 나타낸 줄기와 잎 그림이다. 윗몸일으키기 기록이 35회 이상 45회 이하인 학생은 모두 몇 명인지 구하여라.

윗몸일으키기 기록 (2|2는 22회)

줄기	잎
2	2 3 5 7
3	1 2 5 8 8 9
4	1 4 5 5 7
5	0 2 5

04

다음은 수아네 반 학생들의 수학 점수를 조사하여 나타낸 줄기와 잎 그림이다. 수학 점수가 가장 높은 학생과 가장 낮은 학생의 수학 점수의 차를 구하여라.

수학 점수 (6|2는 62점)

줄기	잎
6	2 3 6 8
7	1 3 3 5 6 9
8	0 2 4 5 6 6 8 9 9
9	2 5 8 8

05

다음 중 옳지 않은 것은?

① 변량을 일정한 간격으로 나눈 구간을 계급이라 한다.
② 각 계급에 속하는 도수를 조사하여 나타낸 표를 도수분포표라 한다.
③ 변량을 나눈 구간의 너비를 계급의 개수라 한다.
④ 각 계급에 속하는 자료의 개수를 도수라 한다.
⑤ 키, 몸무게, 성적 등과 같이 자료를 수량으로 나타낸 것을 변량이라 한다.

06

오른쪽은 어느 반 학생 28명의 지난 학기 동안 도서관 이용 횟수를 조사하여 나타낸 도수분포표이다. 이용 횟수가 4회 이상 12회 미만인 학생 수를 a명, 이용 횟수가 많은 쪽에서 4번째인 학생이 속하는 계급의 도수를 b명이라 할 때, $a+b$의 값을 구하여라.

이용 횟수(회)	도수(명)
0이상 ~ 4미만	3
4 ~ 8	6
8 ~ 12	11
12 ~ 16	5
16 ~ 20	3
합계	28

DAY 32

〈정답과 해설 p. 95〉

[07-10] 다음은 병원에 방문한 학생들의 몸무게를 조사하여 나타낸 도수분포표이다. 다음 물음에 답하여라.

몸무게(kg)	도수(명)
35이상 ~ 40미만	5
40 ~ 45	3
45 ~ 50	x
50 ~ 55	10
55 ~ 60	6
60 ~ 65	4
합계	40

07

계급의 크기를 구하여라.

08 계산 조심

x의 값을 구하여라.

09

몸무게가 9번째로 무거운 학생이 속하는 계급은?

① 35 kg 이상 40 kg 미만
② 40 kg 이상 45 kg 미만
③ 45 kg 이상 50 kg 미만
④ 50 kg 이상 55 kg 미만
⑤ 55 kg 이상 60 kg 미만

10

몸무게가 50 kg 미만인 학생은 전체의 몇 %인가?

① 40 % ② 45 % ③ 50 %
④ 55 % ⑤ 60 %

[11-14] 그림은 헬스 클럽 회원들의 1일 동안의 운동 시간을 조사하여 나타낸 히스토그램이다. 다음 물음에 답하여라.

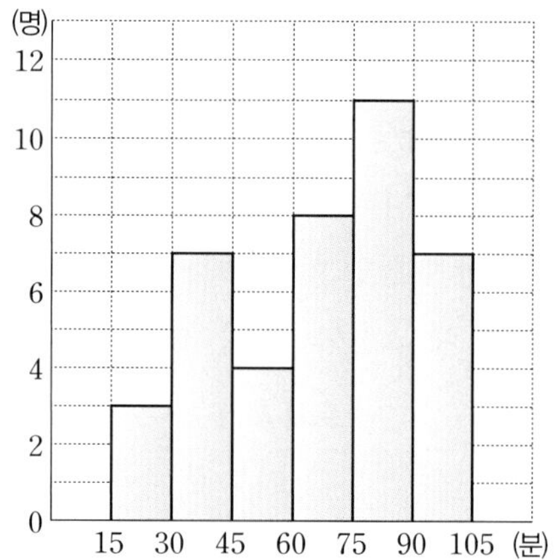

11

계급의 크기를 구하여라.

12

도수가 4인 계급은?

① 15분 이상 30분 미만
② 30분 이상 45분 미만
③ 45분 이상 60분 미만
④ 60분 이상 75분 미만
⑤ 75분 이상 90분 미만

13

모든 직사각형의 넓이의 합을 구하여라.

14

1일 동안의 운동 시간이 75분 이상인 회원은 전체의 몇 %인지 구하여라.

[15-18] 그림은 50명의 지하철 이용자의 지하철 이용 시간을 조사하여 나타낸 도수분포다각형인데 일부가 찢어져 보이지 않는다. 다음 물음에 답하여라.

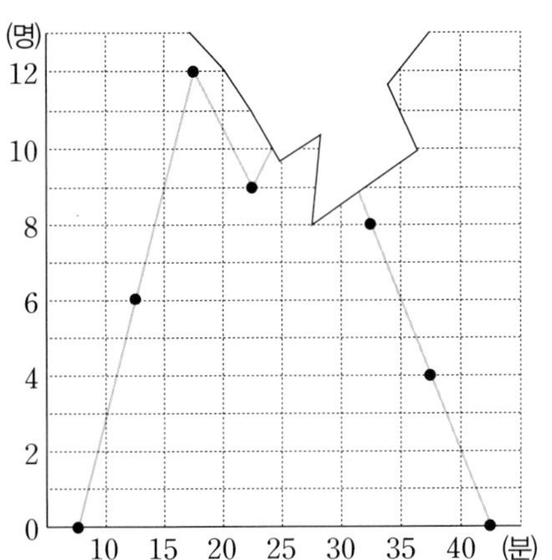

15 조건 확인!

지하철 이용 시간이 25분 이상 30분 미만인 지하철 이용자 수를 구하여라.

16

지하철 이용 시간이 20번째로 적은 이용자가 속하는 계급은?

① 10분 이상 15분 미만
② 15분 이상 20분 미만
③ 20분 이상 25분 미만
④ 25분 이상 30분 미만
⑤ 30분 이상 35분 미만

17

지하철 이용 시간이 20분 미만인 이용자는 전체의 몇 %인가?

① 30 %　② 32 %　③ 34 %
④ 36 %　⑤ 38 %

18

도수분포다각형과 가로축으로 둘러싸인 부분의 넓이를 구하여라.

[19-21] 그림은 어느 중학교 1학년 학생들의 1분 동안 팔굽혀펴기 횟수를 조사하여 나타낸 히스토그램과 도수분포다각형이다. 다음 물음에 답하여라.

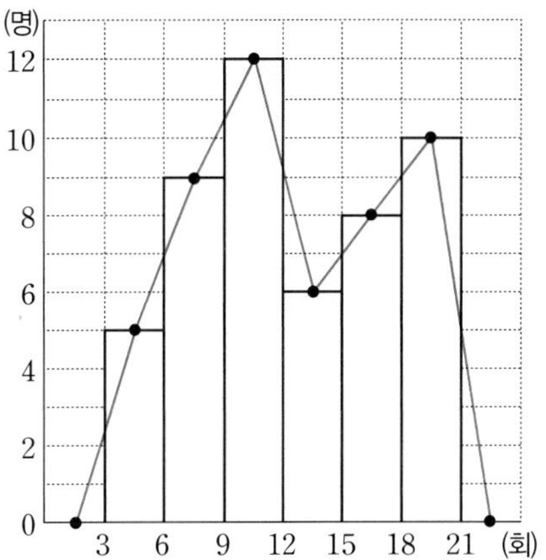

19

〈보기〉의 설명 중에서 옳은 것만을 있는 대로 고른 것은?

〈보기〉
ㄱ. 전체 학생 수는 50명이다.
ㄴ. 도수가 두 번째로 큰 계급은 6회 이상 9회 미만이다.
ㄷ. 도수가 12회 이상 15회 미만인 계급의 도수의 2배인 계급은 9회 이상 12회 미만이다.

① ㄱ　② ㄴ　③ ㄱ, ㄴ
④ ㄱ, ㄷ　⑤ ㄱ, ㄴ, ㄷ

20

계급의 크기를 a회, 계급의 개수를 b라 할 때, $a+b$의 값은?

① 7　② 8　③ 9
④ 10　⑤ 11

21

도수분포다각형과 가로축으로 둘러싸인 부분의 넓이를 구하여라.

〈 정답과 해설 p. 95~96 〉

10 상대도수의 분포표

(1) **상대도수** : 전체 도수에 대한 각 계급의 도수의 비율
두 수의 비를 분수 또는 소수로 나타낸 것

➡ $(\text{어떤 계급의 상대도수})=\dfrac{(\text{그 계급의 도수})}{(\text{도수의 총합})}$

참고 ① (어떤 계급의 도수)=(도수의 총합)×(그 계급의 상대도수)

② $(\text{도수의 총합})=\dfrac{(\text{그 계급의 도수})}{(\text{어떤 계급의 상대도수})}$

(2) **상대도수의 분포표** : 각 계급의 상대도수를 나타낸 표

(3) **상대도수의 특징**

① 상대도수의 총합은 항상 1이다.

② 각 계급의 상대도수는 그 계급의 도수에 정비례한다.

③ 도수의 총합이 다른 두 개 이상의 자료의 분포 상태를 비교할 때 상대도수를 이용하면 편리하다.

몸무게(kg)	도수(명)	상대도수
40이상~45미만	2	$\frac{2}{20}=0.1$
45 ~50	10 (5배)	$\frac{10}{20}=0.5$ (5배)
50 ~55	8	$\frac{8}{20}=0.4$
합계	20	1

총합은 항상 1

유형 40 비율을 소수로 나타내기

[01-06] 다음을 소수로 나타내어라.

01 $36\,\%$

02 $\dfrac{21}{100}$

03 $\dfrac{1}{5}$

04 100명 중 혈액형이 O형인 사람이 31명일 때, 혈액형이 O형인 사람의 비율

05 40명의 학생들 중 남학생이 18명일 때, 남학생의 비율

06 50명의 학생들 중 안경을 쓴 학생 수가 19명일 때, 안경을 안 쓴 학생의 비율

유형 41 상대도수의 특징 알기

[07-12] 다음 중 옳은 것은 ○표, 옳지 않은 것은 ×표를 (   ) 안에 써넣어라.

07 상대도수는 전체 도수에 대한 각 계급의 도수의 비율이다. (   )

08 상대도수의 총합은 전체 도수에 따라 달라진다. (   )

09 상대도수는 0보다 크고 1보다 작다. (   )

10 상대도수는 그 계급의 도수에 정비례한다. (   )

11 도수분포표에서 도수가 가장 큰 계급의 상대도수가 가장 크다. (   )

12 도수의 총합이 다른 두 자료의 분포 상태를 비교할 때 상대도수를 이용하면 편리하다. (   )

유형 42 상대도수의 분포표 만들기

[13-15] 다음과 같은 상대도수의 분포표에서 각 계급의 상대도수를 구하여 빈칸을 채워라.

13

수학 점수(점)	도수(명)	상대도수
$50^{이상}$ ~ $60^{미만}$	1	$\frac{1}{20}=0.05$
60 ~ 70	4	$\frac{\square}{20}=\square$
70 ~ 80	8	$\frac{\square}{20}=\square$
80 ~ 90	5	$\frac{\square}{20}=\square$
90 ~100	2	$\frac{\square}{20}=\square$
합계	20	1

14

용돈(만 원)	도수(명)	상대도수
$2^{이상}$ ~ $4^{미만}$	8	0.2
4 ~ 6	12	
6 ~ 8	14	
8 ~10	6	
합계	40	

15

윗몸일으키기 횟수(회)	도수(명)	상대도수
$0^{이상}$~$15^{미만}$	2	
15 ~30	6	
30 ~45	18	
45 ~60	10	
60 ~75	4	
합계	40	

유형 43 상대도수의 분포표에서 도수 구하기

[16-18] 다음과 같은 상대도수의 분포표에서 각 계급의 도수를 구하여 빈칸을 채워라.

16

줄넘기 횟수(회)	도수(명)	상대도수
$0^{이상}$~ $20^{미만}$	$25\times0.08=2$	0.08
20 ~ 40	$25\times\square=\square$	0.12
40 ~ 60	$25\times\square=\square$	0.4
60 ~ 80	$25\times\square=\square$	0.24
80 ~100	$25\times\square=\square$	0.16
합계	25	1

17

독서 시간(시간)	도수(명)	상대도수
$0^{이상}$~ $4^{미만}$	3	0.075
4 ~ 8		0.15
8 ~12		0.3
12 ~16		0.25
16 ~20		0.125
20 ~24		0.1
합계	40	1

18

관객의 나이(세)	도수(명)	상대도수
$15^{이상}$~$20^{미만}$		0.125
20 ~25		0.21
25 ~30		0.35
30 ~35		0.18
35 ~40		0.09
40 ~45		0.045
합계	200	1

DAY 33

〈정답과 해설 p. 96~98〉

유형 44 상대도수의 총합

[19-21] 다음 상대도수의 분포표에서 A의 값을 구하여라.

19

키(cm)	도수(명)	상대도수
120이상~130미만	10	0.1
130 ~140	24	0.24
140 ~150	30	0.3
150 ~160	20	0.2
160 ~170	16	0.16
합계	100	A

해 상대도수의 총합은 항상 ☐이다.

20

열량(kcal)	도수(명)	상대도수
300이상~350미만	3	
350 ~400	8	0.16
400 ~450	11	
450 ~500	18	
500 ~550	6	0.12
550 ~600	4	0.08
합계	50	A

21

독서량(권)	도수(명)	상대도수
0이상~ 3미만	2	
3 ~ 6	4	
6 ~ 9	5	0.25
9 ~12	7	
12 ~15	2	
합계	20	A

유형 45 상대도수의 분포표에서의 백분율

[22-24] 다음은 수진이네 반 학생들의 몸무게를 조사하여 나타낸 상대도수의 분포표이다.
다음 물음에 답하여라.

몸무게(kg)	상대도수
40이상~45미만	0.15
45 ~50	0.2
50 ~55	0.3
55 ~60	0.15
60 ~65	0.1
65 ~70	0.1
합계	1

22 몸무게가 45 kg 이상 50 kg 미만인 학생은 전체의 몇 %인지 구하여라.

해 몸무게가 45 kg 이상 50 kg 미만인 계급의 상대도수가 ☐이므로 ☐$\times 100=$☐(%)

23 몸무게가 50 kg 이상 65 kg 미만인 학생은 전체의 몇 %인지 구하여라.

24 몸무게가 50 kg 미만인 학생은 전체의 몇 %인지 구하여라.

유형 46 상대도수의 분포표에서 도수와 상대도수

[25-27] 다음 상대도수의 분포표에서 A, B의 값을 각각 구하여라.

25

던지기 기록(m)	도수(명)	상대도수
$20^{이상}\sim30^{미만}$	11	B
30 ~40	18	
40 ~50	13	
50 ~60	8	
합계	A	1

해 $A=11+\square+13+8=\square$

$B=\dfrac{11}{\square}=\square$

26

소음도(dB)	도수(개)	상대도수
$65^{이상}\sim70^{미만}$	3	
70 ~75	9	
75 ~80	10	
80 ~85	13	B
85 ~90	5	
합계	A	1

27

미술 점수(점)	도수(명)	상대도수
$50^{이상}\sim60^{미만}$	3	
60 ~ 70	8	
70 ~ 80	A	B
80 ~ 90	1	
90 ~100	3	
합계	20	1

유형 47 상대도수로 도수의 총합 구하기

[28-30] 다음 상대도수의 분포표에서 도수의 총합을 구하여라.

28

운동 시간(시간)	도수(명)	상대도수
$1^{이상}\sim2^{미만}$	6	0.15
2 ~3		0.35
3 ~4	12	0.3
4 ~5	8	0.2
합계		1

해 운동 시간이 1시간 이상 2시간 미만인 계급의 도수는 6명이고, 상대도수는 $\square$이므로

(도수의 총합)$=\dfrac{(그\ 계급의\ 도수)}{(어떤\ 계급의\ 상대도수)}$

$=\dfrac{6}{\square}=\square$(명)

29

사과의 무게(g)	도수(개)	상대도수
$200^{이상}\sim210^{미만}$	8	0.25
210 ~		

30

TV시청 시간(분)	도수(명)	상대도수
$35^{이상}\sim40^{미만}$	3	0.06
40 ~		

DAY 33

〈정답과 해설 p. 98〉

유형 48 상대도수의 분포표에서 미지수 구하기

[31-35] 다음은 어느 학교 학생들의 키를 조사하여 나타낸 상대도수의 분포표이다. 다음을 구하여라.

키(cm)	도수(명)	상대도수
$120^{이상}$~$130^{미만}$	A	0.06
130 ~140	15	0.15
140 ~150	35	B
150 ~160	C	0.23
160 ~170	D	
합계	E	1

31 E의 값

해 키가 130 cm 이상 140 cm 미만인 계급의 도수가 □명, 상대도수가 0.15이므로

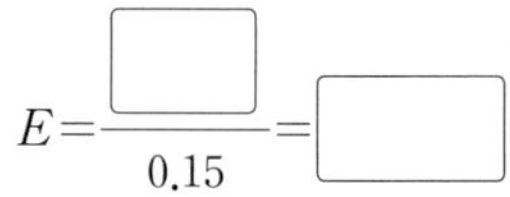

32 A의 값

33 B의 값

34 C의 값

35 D의 값

[36-40] 다음은 어느 중학교 1학년 학생들의 일주일 동안의 평균 운동 시간을 조사하여 나타낸 상대도수의 분포표이다. 다음을 구하여라.

평균 운동 시간(시간)	도수(명)	상대도수
$0^{이상}$~$2^{미만}$	2	A
2 ~4	B	0.15
4 ~6	C	0.55
6 ~8	D	0.2
합계	E	

36 A의 값

해 상대도수의 총합은 항상 □이므로

$A=$ □ $-(0.15+0.55+0.2)=$ □

37 E의 값

38 B의 값

39 C의 값

40 D의 값

개념 체크

41 다음 빈칸에 알맞은 것을 써넣어라.

전체 도수가 다른 두 개 이상의 자료의 분포 상태를 비교할 때 [ ]를 이용하면 편리하다.
이때, 각 계급의 상대도수는 그 계급의 [ ]에 정비례하며 상대도수의 총합은 항상 [ ]이다.

〈 정답과 해설 p. 98~99 〉

11 상대도수의 분포를 나타낸 그래프

(1) **상대도수의 분포를 나타낸 그래프** : 상대도수의 분포표를 히스토그램이나 도수분포다각형으로 나타낸 그래프

(2) **상대도수의 분포를 나타낸 그래프 그리는 순서**

❶ 가로축에는 각 계급의 양 끝값을, 세로축에는 상대도수를 차례로 나타낸다.

❷ 각 계급의 상대도수를 히스토그램이나 도수분포다각형과 같은 모양으로 그린다.

〈상대도수의 분포표〉

수학 점수(점)	상대도수
60이상 ~ 70미만	0.14
70 ~ 80	0.3
80 ~ 90	0.36
90 ~ 100	0.2
합계	1

❶

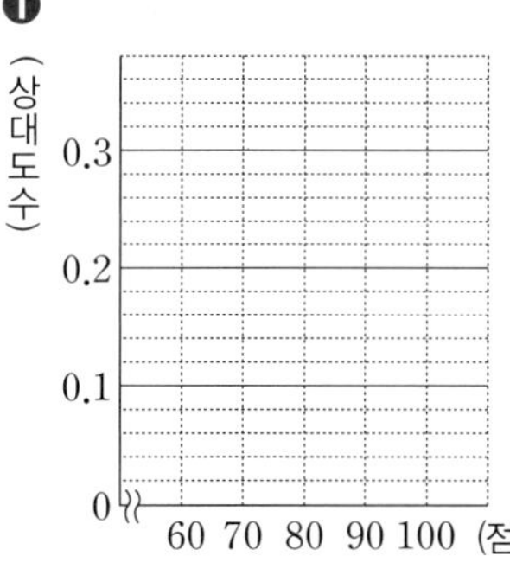

❷ 〈상대도수의 분포를 나타낸 그래프〉

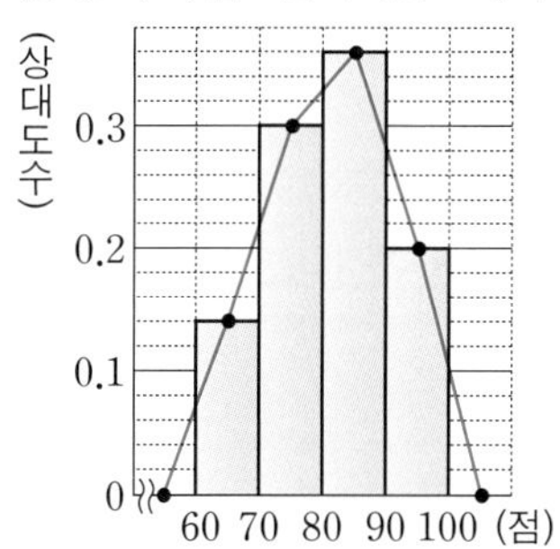

참고 상대도수의 분포를 나타낸 그래프는 도수분포다각형 모양의 그래프를 많이 이용한다.

유형 49 상대도수의 분포를 나타낸 그래프 그리기

[01-02] 다음 상대도수의 분포표를 보고 상대도수의 분포를 도수분포다각형 모양의 그래프로 나타내어라.

01

수학 점수(점)	상대도수
50이상 ~ 60미만	0.14
60 ~ 70	0.18
70 ~ 80	0.34
80 ~ 90	0.26
90 ~ 100	0.08
합계	1

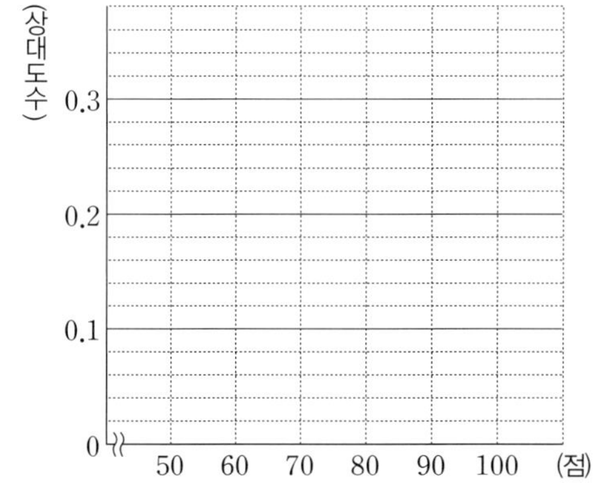

02

인터넷 사용 시간(시간)	상대도수
3이상 ~ 4미만	0.06
4 ~ 5	
5 ~ 6	0.36
6 ~ 7	0.32
7 ~ 8	0.1
합계	

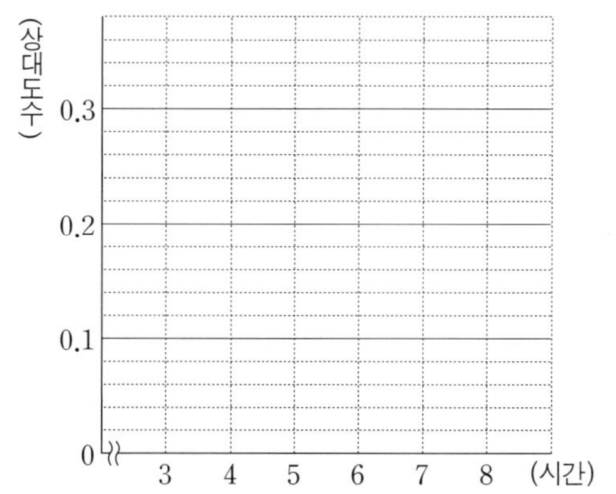

〈정답과 해설 p. 99〉

유형 50 상대도수의 분포를 나타낸 그래프의 이해

[03-06] 그림은 어느 반 학생 50명의 줄넘기 횟수를 조사하여 상대도수의 분포를 나타낸 그래프이다.
다음 물음에 답하여라.

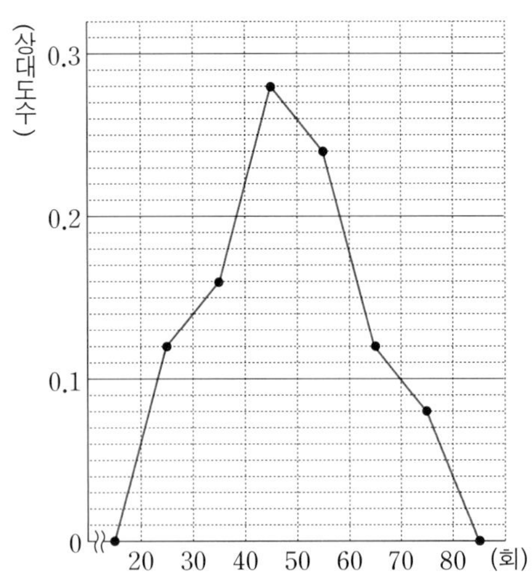

03 줄넘기 횟수가 30회 이상 40회 미만인 학생은 전체의 몇 %인지 구하여라.

해 줄넘기 횟수가 30회 이상 40회 미만인 계급의 상대도수가 □ 이므로

□ × 100 = □ (%)

04 줄넘기 횟수가 20회 이상 30회 미만인 학생 수를 구하여라.

해 도수의 총합이 50명이고 줄넘기 횟수가 20회 이상 30회 미만인 계급의 상대도수가 □ 이므로

50 × □ = □ (명)

05 줄넘기 횟수가 60회 이상인 학생은 전체의 몇 %인지 구하여라.

06 줄넘기 횟수가 50회 이상 70회 미만인 학생 수를 구하여라.

[07-10] 그림은 어느 중학교 1학년 학생들의 몸무게를 조사하여 상대도수의 분포를 나타낸 그래프이다.
몸무게가 50 kg 이상 55 kg 미만인 학생이 20명일 때, 다음 물음에 답하여라.

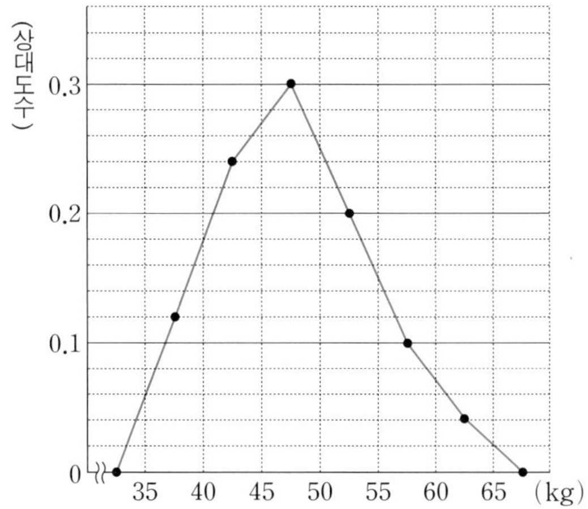

07 전체 학생 수를 구하여라.

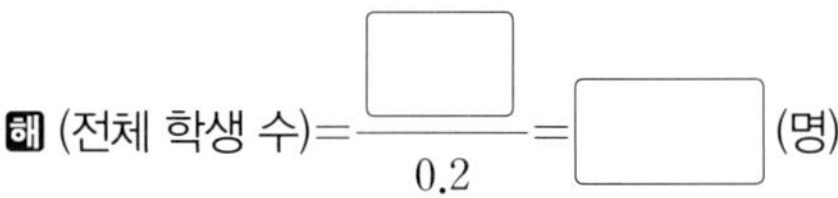
해 (전체 학생 수) = $\frac{\square}{0.2}$ = □ (명)

08 도수가 3번째로 작은 계급의 도수를 구하여라.

09 몸무게가 40 kg 이상 50 kg 미만인 학생은 전체의 몇 %인지 구하여라.

10 몸무게가 55 kg 이상인 학생 수를 구하여라.

개념 체크

11 다음 빈칸에 알맞은 것을 써넣어라.

상대도수의 분포표를 히스토그램이나 [ ]과 같은 모양으로 나타낸 그래프를 상대도수의 [ ]를 나타낸 그래프라 한다.

〈정답과 해설 p. 99〉

12 도수의 총합이 다른 두 자료의 비교

✪ 그림은 남학생과 여학생의 키를 조사하여 상대도수의 분포를 나타낸 그래프이다.
이 그래프에서 남학생과 여학생의 키를 비교해보자.

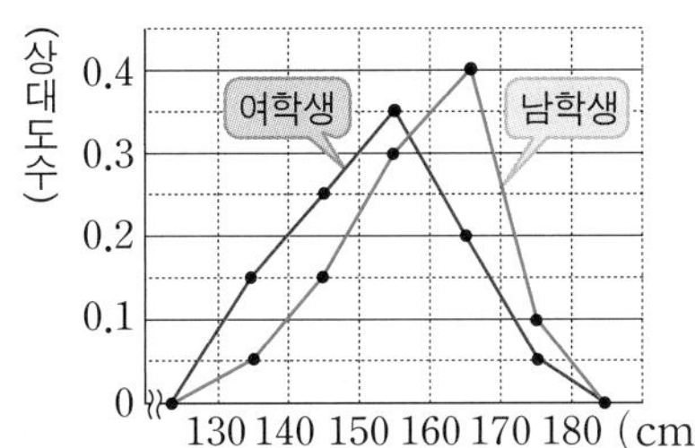

(1) **키가 150 cm 이상 160 cm 미만인 학생의 비율**
➡ 150 cm 이상 160 cm 미만인 계급의 상대도수
남학생 0.3 < 여학생 0.35
➡ 남학생보다 여학생의 비율이 더 높다.

(2) 남학생의 그래프가 여학생의 그래프보다 오른쪽으로 치우쳐 있으므로 남학생이 여학생보다 키가 더 큰 편이다.

도수의 총합이 다른 두 자료의 분포를 비교할 때
(1) 각 계급의 도수를 비교하는 것보다 상대도수를 비교하는 것이 더 적절하다.
(2) 상대도수의 분포를 나타낸 그래프를 이용하면 편리하다.

DAY 33

유형 51 표에서의 두 집단의 비교

[01-04] 다음은 어느 중학교 1학년 1반과 2반의 수학 점수를 조사하여 나타낸 상대도수의 분포표이다. 다음 물음에 답하여라.

수학 점수(점)	1반		2반	
	도수(명)	상대도수	도수(명)	상대도수
50이상 ~ 60미만	2	0.05	3	0.06
60 ~ 70	8		10	
70 ~ 80	14		18	
80 ~ 90	10		12	
90 ~ 100	6		7	
합계	40	1	50	1

01 위의 상대도수의 분포표를 완성하여라.

02 1반과 2반의 상대도수가 같은 계급을 구하여라.

03 1반과 2반 중 수학 점수가 90점 이상 100점 미만인 학생의 비율은 어느 반이 더 높은지 구하여라.

04 1반과 2반 중 수학 점수가 80점 미만인 학생의 비율은 어느 반이 더 높은지 구하여라.

유형 52 그래프에서의 두 집단의 비교

[05-06] 그림은 A 중학교 학생 300명과 B 중학교 학생 200명의 몸무게를 조사하여 상대도수의 분포를 나타낸 그래프이다. 다음 물음에 답하여라.

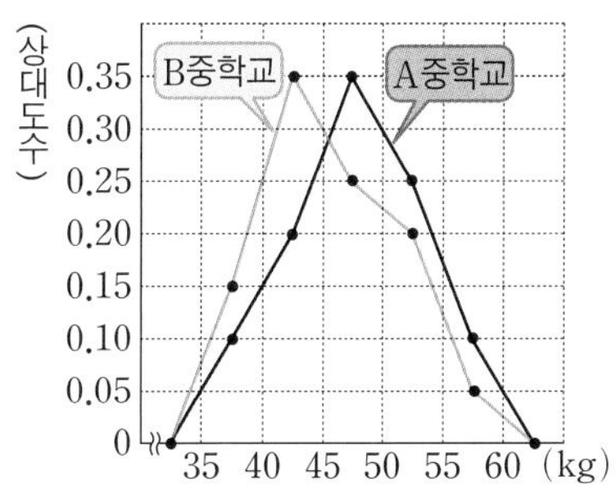

05 A 중학교와 B 중학교에서 몸무게가 50 kg 이상 55 kg 미만인 학생 수를 차례로 구하여라.

06 어느 중학교 학생의 몸무게가 더 무거운 편인지 구하여라.

개념 체크

07 다음 빈칸에 알맞은 것을 써넣어라.

도수의 총합이 다른 두 자료의 분포를 비교할 때는 각 계급의 도수를 비교하는 것보다 [   ]를 비교하는 것이 더 적절하다.

〈정답과 해설 p. 100〉

01

〈보기〉의 상대도수에 대한 설명 중에서 옳은 것만을 있는 대로 고른 것은?

〈보기〉
ㄱ. 상대도수의 총합은 항상 1이다.
ㄴ. 어떤 계급의 도수는 전체 도수에 그 계급의 상대도수를 곱한 것과 같다.
ㄷ. 상대도수의 값의 범위는 0 이상 1 미만이다.

① ㄱ ② ㄴ ③ ㄱ, ㄴ
④ ㄱ, ㄷ ⑤ ㄱ, ㄴ, ㄷ

02

〈보기〉의 설명 중에서 옳은 것만을 있는 대로 고른 것은?

〈보기〉
ㄱ. 전체 도수가 20이고 어떤 계급의 도수가 4이면 그 계급의 상대도수는 0.2이다.
ㄴ. 전체 도수가 100이고 어떤 계급의 상대도수가 0.68이면 그 계급의 도수는 68이다.
ㄷ. 어떤 계급의 도수가 10이고 상대도수가 0.5이면 전체 도수는 20이다.

① ㄱ ② ㄴ ③ ㄱ, ㄴ
④ ㄱ, ㄷ ⑤ ㄱ, ㄴ, ㄷ

03 생각 더하기

표는 어느 동호회 남자 회원 40명, 여자 회원 10명 중에서 이벤트에 참여한 사람을 조사하여 각 성별로 상대도수를 나타낸 것이다. 전체 회원 50명에 대하여 이벤트에 참여한 사람의 상대도수를 구하여라.

〈상대도수〉

남자회원	여자회원
0.2	0.4

[04-07] 다음은 어느 중학교 학생들의 수학 점수를 조사하여 나타낸 상대도수의 분포표이다. 다음 물음에 답하여라.

수학 점수(점)	상대도수
50이상 ~ 60미만	0.08
60 ~ 70	0.12
70 ~ 80	A
80 ~ 90	0.36
90 ~100	0.1
합계	B

04

A, B의 값을 각각 구하여라.

05

도수가 가장 큰 계급은?

① 50점 이상 60점 미만
② 60점 이상 70점 미만
③ 70점 이상 80점 미만
④ 80점 이상 90점 미만
⑤ 90점 이상 100점 미만

06

60점 이상 70점 미만인 학생 수가 36명일 때, 전체 학생 수는?

① 250명 ② 275명 ③ 300명
④ 325명 ⑤ 350명

07

수학 점수가 80점 이상인 학생은 전체의 몇 %인가?

① 48 % ② 46 % ③ 44 %
④ 42 % ⑤ 40 %

[08-11] 다음은 어느 중학교 학생들의 3개월 동안 참여한 봉사 활동 시간을 조사하여 나타낸 상대도수의 분포표인데 일부가 찢어져서 보이지 않는다. 다음 물음에 답하여라.

봉사 활동 시간(시간)	학생 수(명)	상대도수
0이상 ~ 3미만	5	0.125
3 ~ 6	7	
6 ~ 9	10	
9 ~ 12	8	
12 ~ 15	6	
15 ~ 18		
합계		

08

전체 학생 수는?

① 37명　② 38명　③ 39명
④ 40명　⑤ 41명

09

봉사 활동 시간이 15시간 이상 18시간 미만인 계급의 상대도수는?

① 0.1　② 0.125　③ 0.15
④ 0.175　⑤ 0.2

10

도수가 가장 큰 계급의 상대도수는?

① 0.175　② 0.2　③ 0.225
④ 0.25　⑤ 0.275

11

봉사 활동 시간이 9시간 이상 15시간 미만인 학생은 전체의 몇 %인지 구하여라.

[12-15] 그림은 어느 중학교 2개 반의 학생들이 1분 동안 윗몸일으키기를 한 횟수를 조사하여 상대도수의 분포를 나타낸 그래프이다. 도수가 가장 큰 계급의 도수가 20일 때, 다음 물음에 답하여라.

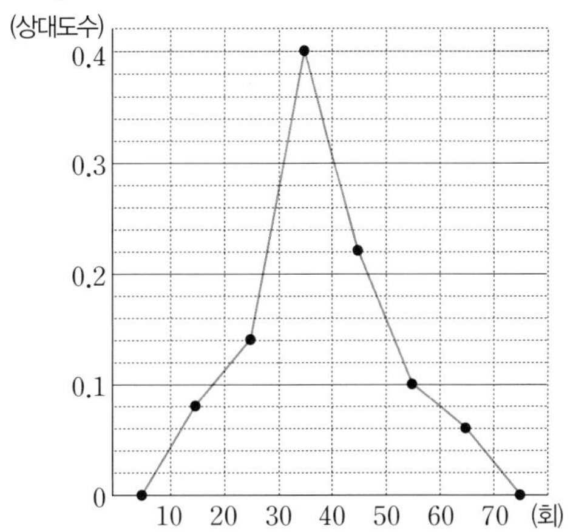

DAY 34

12

전체 학생 수를 구하여라.

13

도수가 두 번째로 작은 계급의 도수는?

① 1명　② 2명　③ 3명
④ 4명　⑤ 5명

14

윗몸일으키기를 한 횟수가 30회 미만인 학생은 전체의 몇 %인가?

① 21 %　② 22 %　③ 23 %
④ 24 %　⑤ 25 %

15 조건 확인!

윗몸일으키기를 한 횟수가 6번째로 많은 학생이 속하는 계급의 상대도수는?

① 0.06　② 0.08　③ 0.1
④ 0.14　⑤ 0.22

〈 정답과 해설 p. 100~101 〉

16 계산 조심

오른쪽 그림은 한결이네 중학교 1학년 학생들의 한 달 동안의 운동 시간을 조사하여 상대도수의 분포를 나타낸 그래프이다. 운동 시간이 10시간 이상 15시간 미만인 학생이 12명일 때, 운동 시간이 20시간 이상인 학생 수를 구하여라.

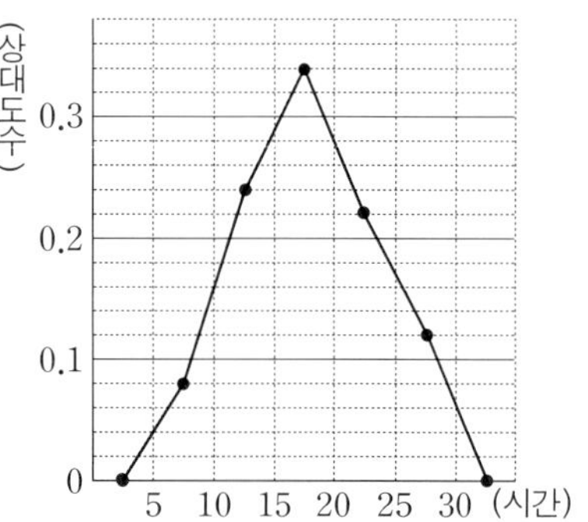

17

오른쪽 그림은 어느 중학교 1학년 남학생 150명과 여학생 100명의 영어 점수를 조사하여 상대도수의 분포를 나타낸 그래프이다. 다음 중 옳은 것을 모두 고르면? (정답 2개)

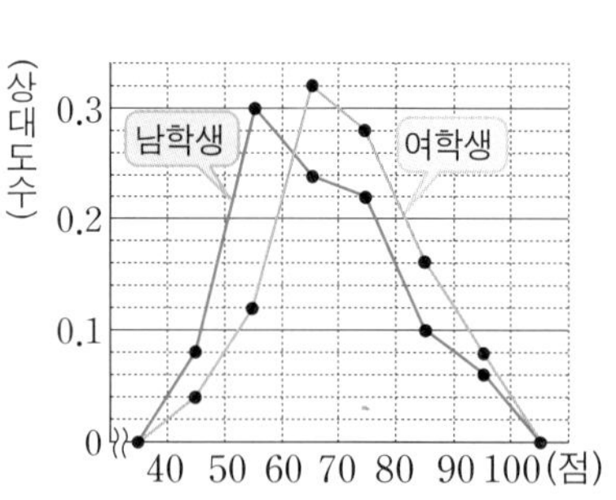

① 영어 점수가 60점 미만인 학생의 비율은 여학생이 더 높다.

② 영어 점수가 70점 이상 80점 미만인 학생 수는 남학생이 33명, 여학생이 28명이다.

③ 영어 점수가 60점 이상 70점 미만인 학생 수는 여학생이 남학생보다 더 많다.

④ 여학생의 영어 점수가 남학생의 영어 점수보다 더 높은 편이다.

⑤ 남학생과 여학생에 대한 각각의 그래프와 가로축으로 둘러싸인 부분의 넓이는 서로 다르다.

[18-20] 그림은 A 중학교 학생 160명과 B 중학교 학생 200명의 국어 점수를 조사하여 상대도수의 분포를 나타낸 그래프이다. 다음 물음에 답하여라.

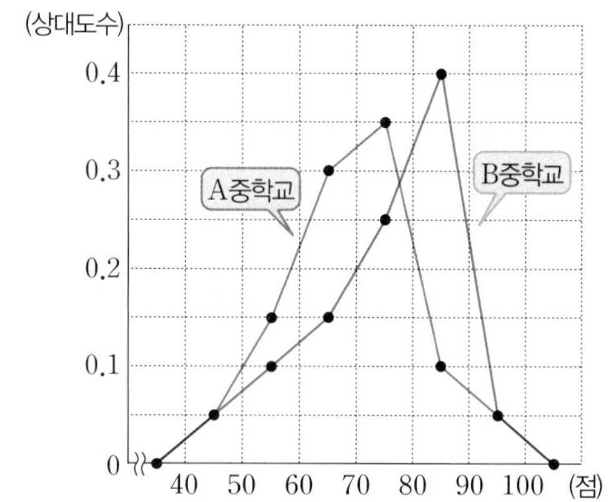

18

<보기>의 설명 중에서 옳은 것만을 있는 대로 고른 것은?

> <보기>
> ㄱ. 국어 점수가 90점 이상인 학생 수는 두 학교가 같다.
> ㄴ. A 중학교의 국어 점수가 80점 이상인 학생 수는 24명이다.
> ㄷ. B 중학교의 국어 점수가 70점 이상 80점 미만인 학생 수는 50명이다.

① ㄱ　② ㄴ　③ ㄷ
④ ㄴ, ㄷ　⑤ ㄱ, ㄴ, ㄷ

19 조건 확인!

A 중학교의 각 계급의 도수 중 가장 큰 도수를 a명, B 중학교의 각 계급의 도수 중 가장 큰 도수를 b명이라 할 때, $a+b$의 값은?

① 128　② 130　③ 132
④ 134　⑤ 136

20

국어 점수가 70점 이상인 학생의 비율이 어느 학교가 더 높은지 말하시오.

〈 정답과 해설 p. 101~102 〉

☆ 학교 시험 대비

실력 향상 테스트

학교 시험 대비

I 단원 실력 향상 테스트

I 기본 도형

제한 시간 60분
맞은 개수 개

01

그림과 같은 입체도형에 대하여 교점의 개수를 a, 교선의 개수를 b라 할 때, $b-a$의 값은?

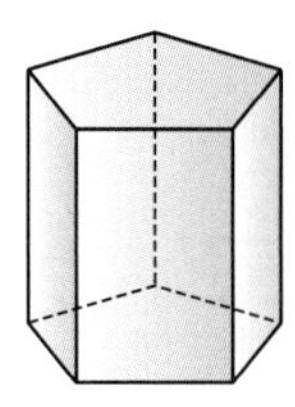

① 1 ② 2 ③ 3
④ 4 ⑤ 5

02

서로 다른 네 점 A, B, C, D가 한 직선 위의 점일 때, 다음 중 옳지 않은 것을 모두 고르면? (정답 2개)

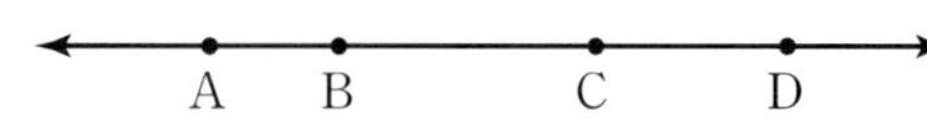

① $\overleftrightarrow{DA}=\overrightarrow{DA}$ ② $\overline{AB}=\overline{BA}$ ③ $\overleftrightarrow{BC}=\overleftrightarrow{AD}$
④ $\overrightarrow{CA}=\overrightarrow{AC}$ ⑤ $\overrightarrow{BC}=\overrightarrow{BD}$

03

그림과 같이 한 직선 위의 5개의 점 A, B, C, D, E에 대하여 점 C는 $\overline{AE}$의 중점, 두 점 B, D는 각각 $\overline{AC}$와 $\overline{CE}$의 중점이다. $\overline{BC}=a\overline{AE}$, $\overline{AC}=b\overline{BE}$일 때, 두 상수 a, b에 대하여 $a+b$의 값은?

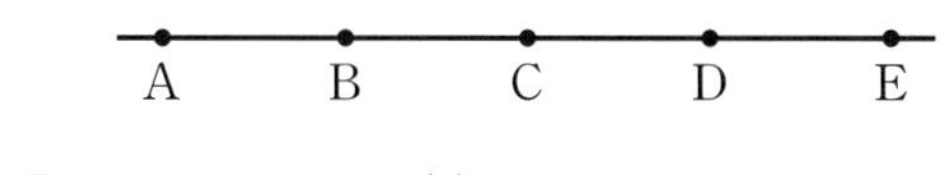

① $\frac{5}{6}$ ② $\frac{11}{12}$ ③ 1
④ $\frac{13}{12}$ ⑤ $\frac{7}{6}$

04 시험에 꼭!

그림에서 두 점 M, N은 각각 $\overline{AB}$, $\overline{BC}$의 중점이고, $\overline{MN}=15\text{ cm}$이다. $\overline{AB}=\frac{3}{2}\overline{BC}$일 때, $\overline{BC}$의 길이는?

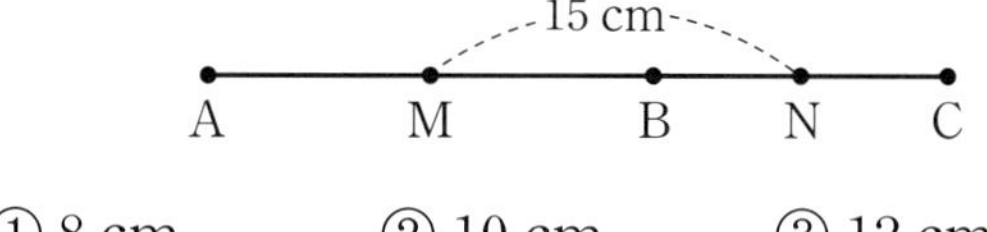

① 8 cm ② 10 cm ③ 12 cm
④ 14 cm ⑤ 16 cm

05

그림과 같이 직선 l 위에 서로 다른 네 점 A, B, C, D가 있다. 이 네 점 중에서 두 점으로 만들 수 있는 서로 다른 직선의 개수를 a, 반직선의 개수를 b, 선분의 개수를 c라 할 때, $a-b+c$의 값은?

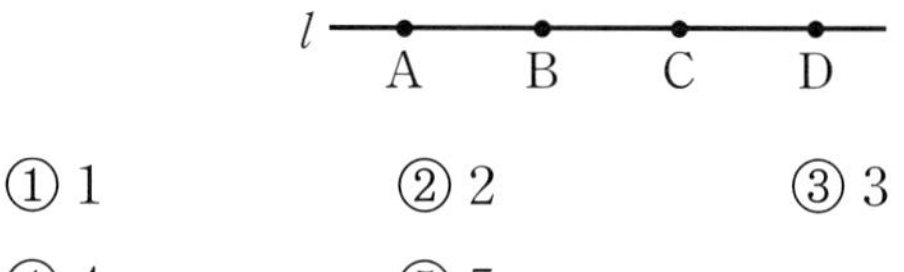

① 1 ② 2 ③ 3
④ 4 ⑤ 5

06 시험에 꼭!

그림과 같이 직선 l 위에 있는 세 점 A, B, C와 직선 l 위에 있지 않은 두 점 D, E가 있다.
이 점들 중에서 두 점을 이용하여 그을 수 있는 서로 다른 직선의 개수는?

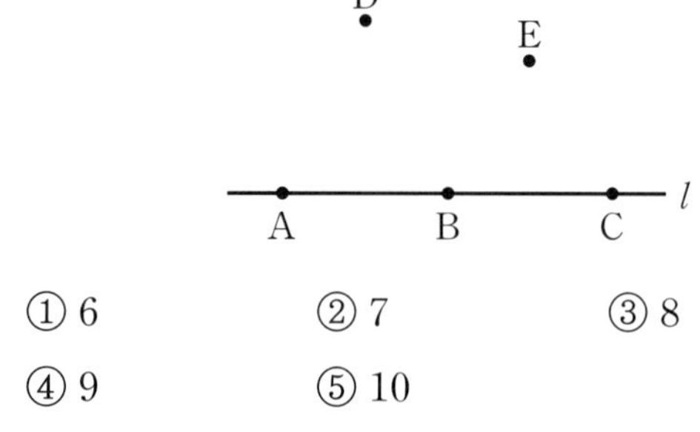

① 6 ② 7 ③ 8
④ 9 ⑤ 10

07

그림에서 $\angle AOE=180°$, $\angle BOC=2\angle AOB$, $\angle COD=2\angle DOE$일 때, $\angle BOD$의 크기는?

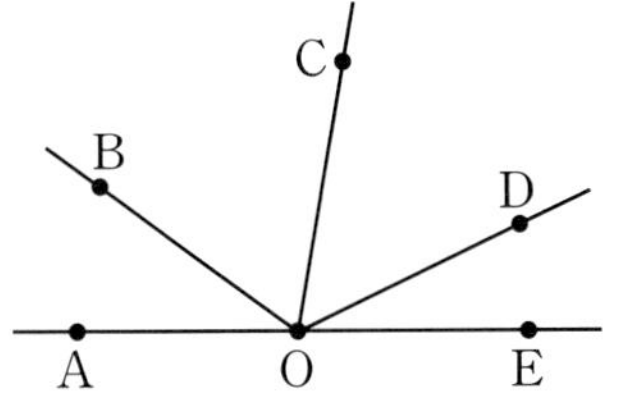

① 100° ② 105° ③ 110°
④ 115° ⑤ 120°

08 시험에 꼭!

그림과 같이 네 직선이 한 점에서 만날 때, $\angle x+\angle y$의 크기는?

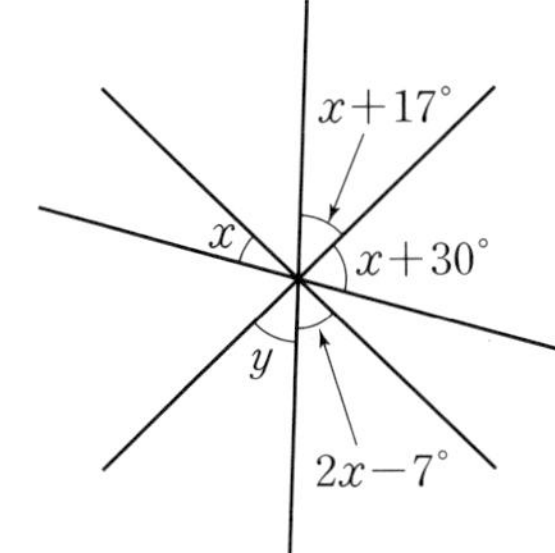

① 69° ② 70° ③ 71°
④ 72° ⑤ 73°

09

그림에서 $\overleftrightarrow{AD} \perp \overleftrightarrow{CF}$이고, $\angle BOC : \angle AOB=1:5$일 때, $\angle EOF$의 크기는?

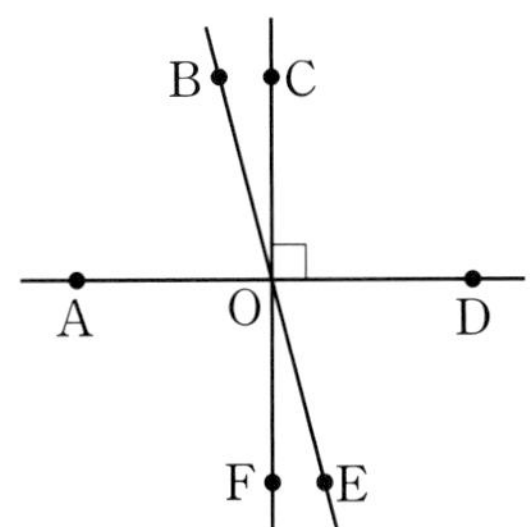

① 15° ② 18° ③ 20°
④ 25° ⑤ 30°

10

그림과 같은 사다리꼴 ABCD에 대한 〈보기〉의 설명 중에서 옳은 것의 개수를 구하여라.

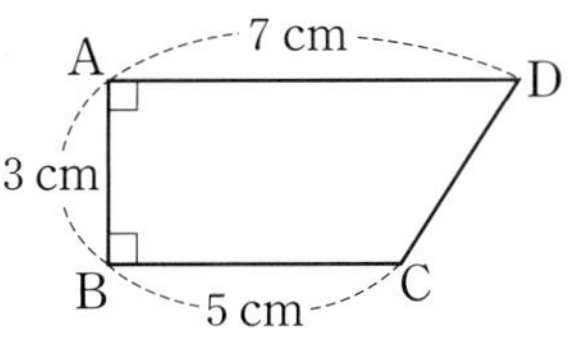

〈보기〉

ㄱ. 변 AD와 변 BC는 서로 평행하다.
ㄴ. 변 AD와 변 CD는 서로 수직이다.
ㄷ. 점 B와 변 AD 사이의 거리는 3 cm이다.
ㄹ. 점 C와 변 AB 사이의 거리는 7 cm이다.
ㅁ. 점 C에서 변 AD에 내린 수선의 발은 점 D이다.

11

그림에 대한 〈보기〉의 설명 중에서 옳은 것만을 있는 대로 고른 것은?

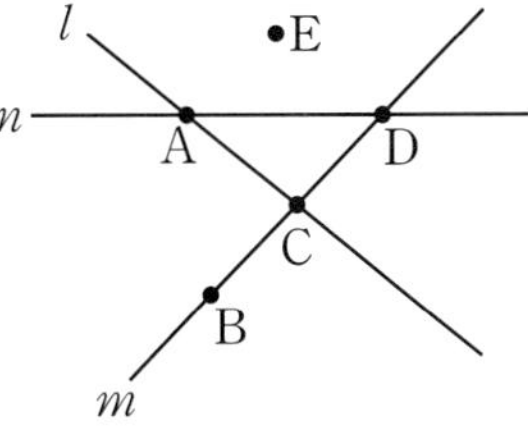

〈보기〉

ㄱ. 직선 m 위에 있는 점은 점 B, 점 C, 점 D이다.
ㄴ. 직선 l과 직선 m의 교점은 점 C이다.
ㄷ. 두 직선 m, n은 점 D 이외의 점에서도 만난다.

① ㄱ ② ㄴ ③ ㄱ, ㄴ
④ ㄴ, ㄷ ⑤ ㄱ, ㄴ, ㄷ

12 시험에 꼭!

그림에서 $l \,/\!/\, m$일 때, $\angle x$의 크기는?

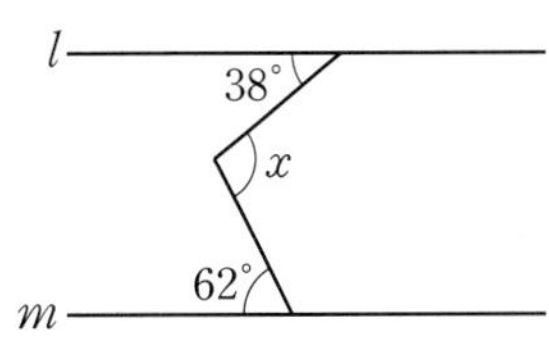

① 98° ② 100° ③ 102°
④ 104° ⑤ 106°

DAY 35

〈정답과 해설 p. 103~104〉

13

그림에서 $l /\!/ m$, $r /\!/ s$일 때, $\angle x$의 크기는?

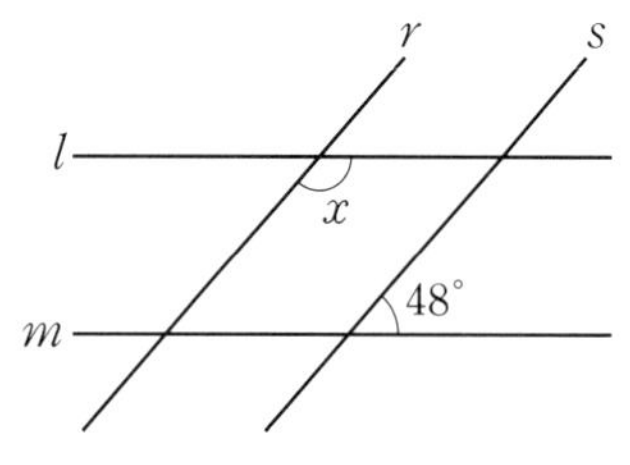

① 126°　② 128°　③ 130°
④ 132°　⑤ 134°

14 시험에 꼭!

그림과 같은 오각기둥에서 각 모서리를 연장한 직선을 그을 때, 〈보기〉 중에서 옳은 것만을 있는 대로 고른 것은?

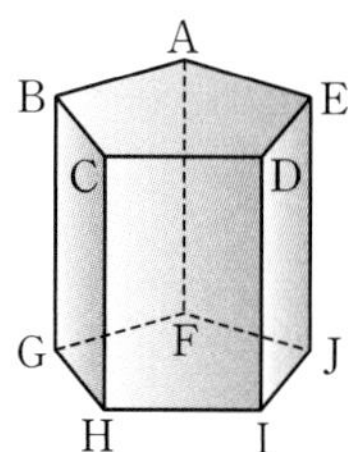

〈보기〉

ㄱ. 직선 AE는 직선 DI와 꼬인 위치에 있다.
ㄴ. 직선 GH는 직선 IJ와 한 점에서 만난다.
ㄷ. 직선 GF와 직선 DE는 평행하다.

① ㄱ　② ㄴ　③ ㄱ, ㄴ
④ ㄴ, ㄷ　⑤ ㄱ, ㄴ, ㄷ

15

그림과 같이 밑면이 사다리꼴인 사각기둥에서 면 ABCD와 수직인 모서리의 개수를 a, 모서리 AD와 평행한 면의 개수를 b라 할 때, $a+b$의 값은?

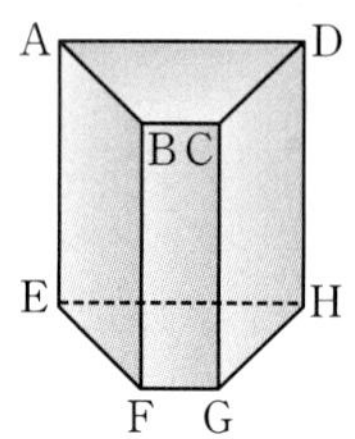

① 3　② 4　③ 5
④ 6　⑤ 7

16

공간 위에 있는 서로 다른 두 직선 l, m의 위치 관계가 될 수 있는 것만을 〈보기〉 중에서 있는 대로 고른 것은?

〈보기〉

ㄱ. 두 직선 l, m이 서로 만나지도 않고 평행하지도 않다.
ㄴ. 두 직선 l, m이 서로 다른 두 점에서 만난다.
ㄷ. 두 직선 l, m이 서로 직교한다.

① ㄱ　② ㄷ　③ ㄱ, ㄴ
④ ㄱ, ㄷ　⑤ ㄱ, ㄴ, ㄷ

17

다음 중 한 평면 위에 있는 서로 다른 두 직선의 위치 관계가 될 수 <u>없는</u> 것은?

① 평행하다.
② 한 점에서 만난다.
③ 일치한다.
④ 수직으로 만난다.
⑤ 꼬인 위치에 있다.

18

그림과 같은 직육면체에 대하여 〈보기〉 중에서 옳은 것만을 있는 대로 고른 것은?

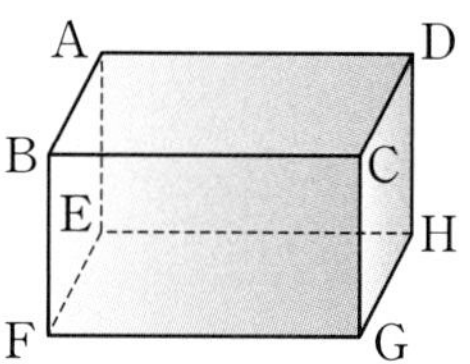

〈보기〉

ㄱ. 점 A는 평면 EFGH 위에 있다.
ㄴ. 점 B는 평면 BFGC 위에 있지만 직선 CD 위에 있지 않다.
ㄷ. 직선 CG 위에 있지 않는 꼭짓점의 개수는 6이다.

① ㄱ　② ㄴ　③ ㄱ, ㄴ
④ ㄴ, ㄷ　⑤ ㄱ, ㄴ, ㄷ

19

그림에서 $\angle a$의 엇각의 크기를 x°, $\angle b$의 동위각의 크기를 y°라 할 때, $x+y$의 값은?

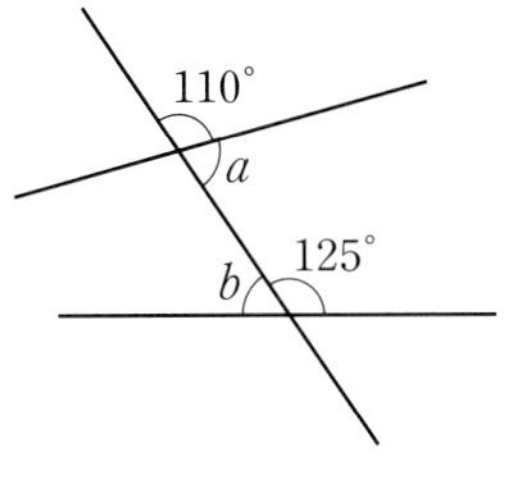

① 110 ② 115 ③ 120
④ 125 ⑤ 130

20

도형의 합동에 대한 〈보기〉의 설명 중에서 옳은 것만을 있는 대로 고른 것은?

〈보기〉

ㄱ. 합동인 두 도형의 넓이는 같다.
ㄴ. 대응하는 세 변의 길이가 각각 같은 삼각형은 합동이다.
ㄷ. 합동인 두 도형의 대응하는 두 변의 길이는 서로 같다.
ㄹ. 합동인 두 도형의 대응하는 두 각의 크기는 서로 같다.

① ㄱ, ㄴ, ㄷ ② ㄱ, ㄴ, ㄹ ③ ㄱ, ㄷ, ㄹ
④ ㄴ, ㄷ, ㄹ ⑤ ㄱ, ㄴ, ㄷ, ㄹ

21

다음과 같이 세 선분의 길이가 주어졌을 때 삼각형을 작도할 수 없는 것은?

① 4, 5, 6 ② 2, 9, 11 ③ 5, 12, 14
④ 10, 15, 20 ⑤ 11, 11, 1

22

$\triangle$ABC와 $\triangle$DEF에서 $\overline{AB}=\overline{DE}$, $\overline{BC}=\overline{EF}$이다. $\triangle ABC \equiv \triangle DEF$가 되기 위해 하나의 조건을 추가할 때, 〈보기〉 중에서 필요한 조건인 것만을 있는 대로 고른 것은?

〈보기〉

ㄱ. $\angle A=\angle D$
ㄴ. $\angle B=\angle E$
ㄷ. $\angle C=\angle F$
ㄹ. $\overline{AC}=\overline{DF}$

① ㄱ, ㄹ ② ㄴ, ㄹ ③ ㄷ, ㄹ
④ ㄱ, ㄴ, ㄷ ⑤ ㄱ, ㄷ, ㄹ

23 도전해 **얍!**

삼각형의 세 변의 길이가 4, 10, a일 때, a가 될 수 있는 모든 자연수들의 합은?

① 65 ② 70 ③ 75
④ 80 ⑤ 85

24

〈보기〉 중에서 $\triangle$ABC가 하나로 결정되는 것을 모두 고르시오.

〈보기〉

ㄱ. $\angle A=60^\circ$, $\angle B=60^\circ$, $\angle C=60^\circ$
ㄴ. $\angle A=60^\circ$, $\angle B=40^\circ$, $\overline{AB}=5$ cm
ㄷ. $\overline{AB}=3$ cm, $\overline{BC}=4$ cm, $\overline{CA}=5$ cm
ㄹ. $\overline{AB}=6$ cm, $\overline{BC}=8$ cm, $\angle A=60^\circ$, $\angle C=30^\circ$

DAY 35

〈 정답과 해설 p. 104~105 〉

Ⅱ단원 실력 향상 테스트

Ⅱ 평면도형

제한 시간 60분
맞은 개수 개

01

다음 중 다각형에 대한 설명으로 옳지 않은 것을 모두 고르면? (정답 2개)

① 꼭짓점의 개수가 6인 다각형은 육각형이다.
② 팔각형은 9개의 선분으로 둘러싸여 있다.
③ 다각형은 2개 이상의 선분으로 둘러싸여 있다.
④ 다각형의 한 꼭짓점에서의 내각의 크기와 외각의 크기의 합은 $180°$이다.
⑤ 다각형에서 한 내각에 대한 외각은 2개이다.

02

다음 조건을 모두 만족시키는 다각형을 구하여라.

(가) 꼭짓점의 개수는 7이다.
(나) 모든 변의 길이가 같다.
(다) 모든 내각의 크기가 같다.

03

어떤 다각형의 꼭짓점의 개수가 a, 한 꼭짓점에서 그을 수 있는 대각선의 개수가 b, 한 꼭짓점에서 대각선을 모두 그을 때 생기는 삼각형의 개수가 c일 때, $a+b+c=13$을 만족시키는 다각형은?

① 오각형　② 육각형　③ 칠각형
④ 팔각형　⑤ 구각형

04

그림에서 $\angle x$의 크기는?

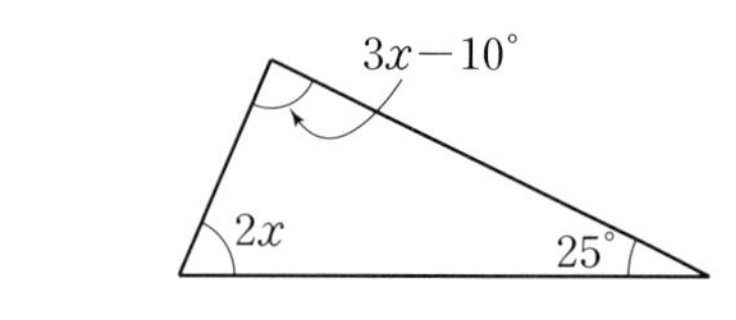

① $30°$　② $31°$　③ $32°$
④ $33°$　⑤ $34°$

05

$\triangle ABC$에서 $\angle A=68°$이고 $\angle C$의 크기는 $\angle B$의 크기의 3배일 때, $\angle B$의 크기를 구하여라.

06 시험에 꼭!

그림과 같은 $\triangle ABC$에서 $\angle B$, $\angle C$의 이등분선의 교점을 D라 하자.
$\angle BDC=122°$일 때, $\angle x$의 크기는?

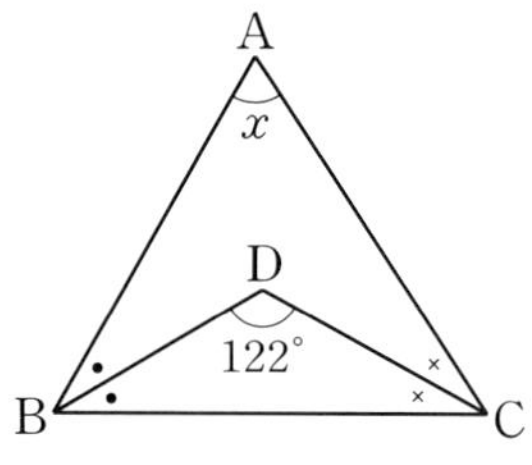

① $64°$　② $65°$　③ $66°$
④ $67°$　⑤ $68°$

07

그림에서 $\angle x+\angle y$의 크기를 구하여라.

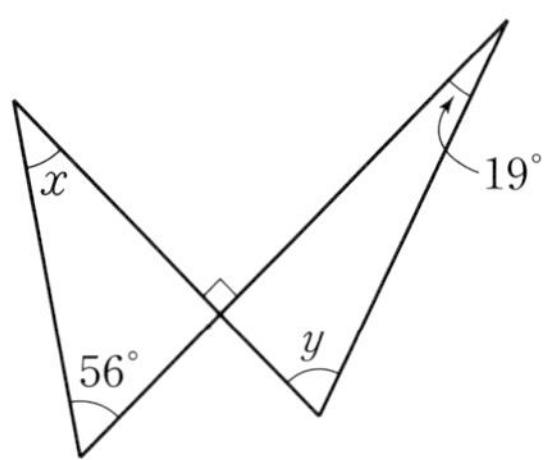

08

그림에서 $\angle x$의 크기를 구하여라.

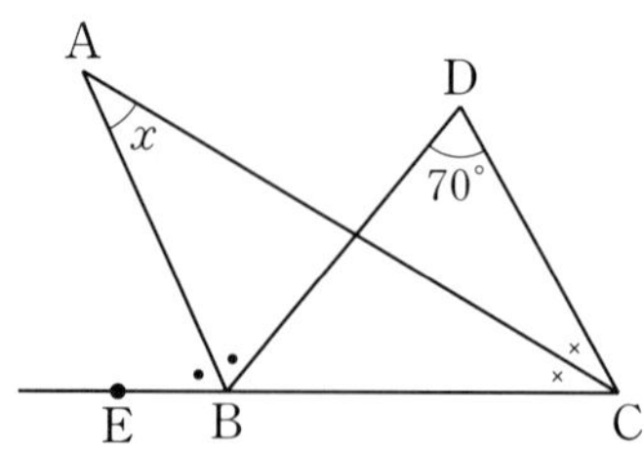

09

그림에서 $\angle x$의 크기를 구하여라.

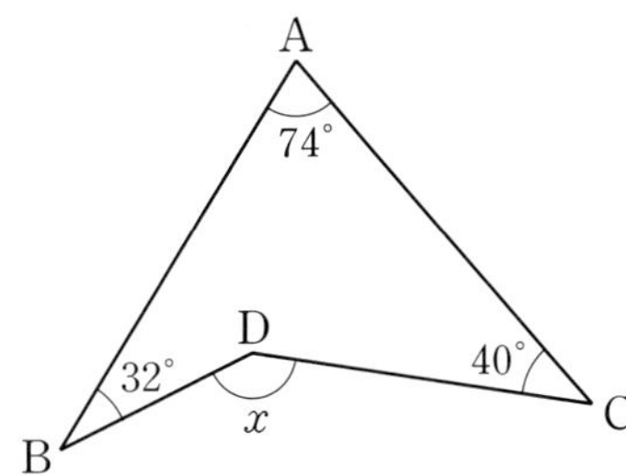

10

그림에서 $\angle x$의 크기는?

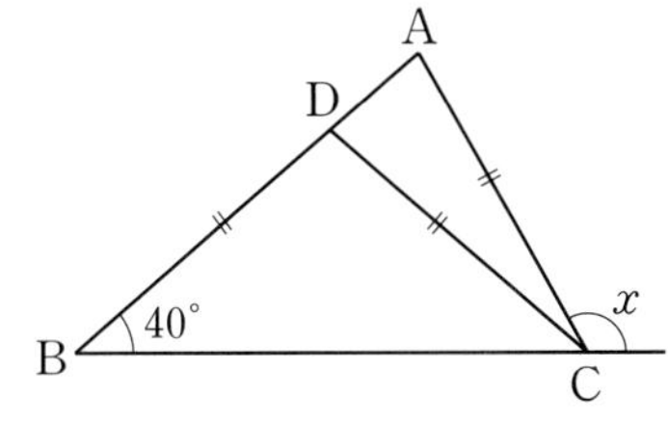

① 105° ② 110° ③ 115°
④ 120° ⑤ 125°

11 도전해 **얍!**

그림에서 $\angle x$의 크기를 구하여라.

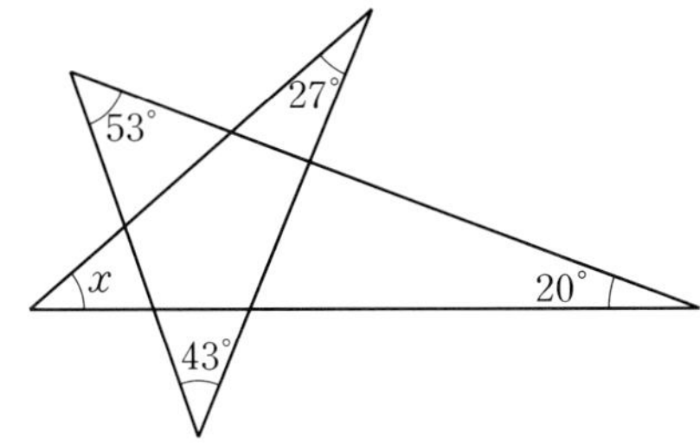

12 시험에 **꼭!**

그림에서 $\angle x$의 크기를 구하여라.

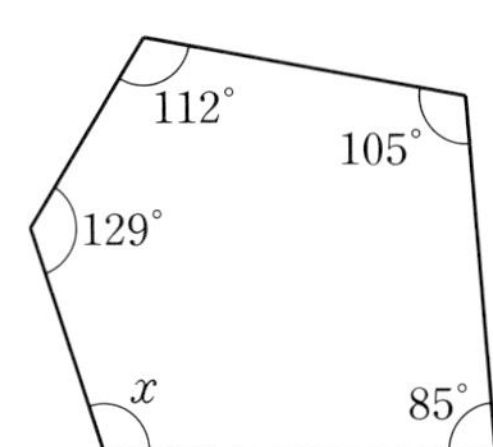

13 시험에 **꼭!**

그림에서 $\angle x$의 크기는?

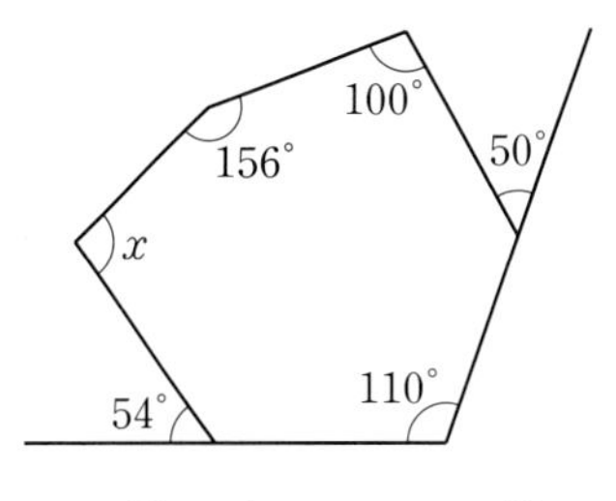

① 92° ② 94° ③ 96°
④ 98° ⑤ 100°

14

그림에서 $\angle x$의 크기는?

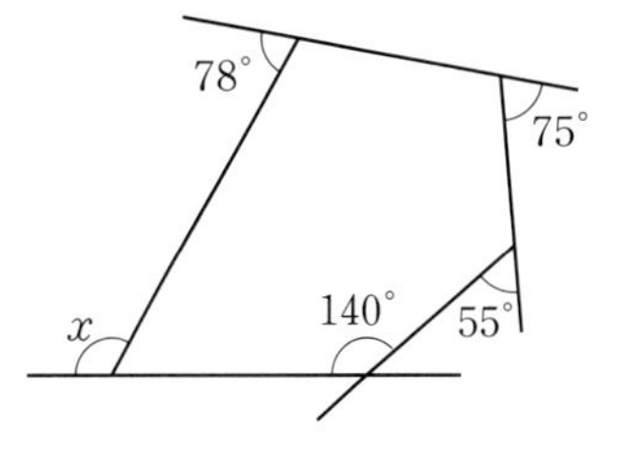

① 100° ② 103° ③ 106°
④ 109° ⑤ 112°

15

한 내각의 크기가 160°인 정다각형의 모든 내각의 크기의 합을 구하여라.

16

그림과 같은 원 O에 대한 설명으로 옳지 않은 것은?

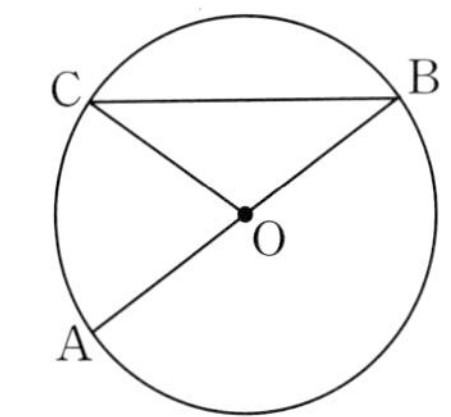

① $\overline{AB}$는 원 O의 현 중에서 길이가 가장 긴 현이다.
② $\overline{OA}=\overline{OB}=\overline{OC}$
③ $\angle AOC$는 호 AC에 대한 중심각이다.
④ 호 BC와 $\overline{BC}$로 이루어진 도형은 부채꼴이다.
⑤ 호 AB와 $\overline{AB}$로 이루어진 도형은 부채꼴이면서 활꼴이다.

〈 정답과 해설 p. 105~106 〉

DAY 36

17

다음 설명 중 옳지 않은 것을 모두 고르면?

(정답 2개)

① 원의 중심을 지나는 현은 지름이다.
② 현은 원 위의 두 점을 이은 선분이다.
③ 반원에 대한 중심각의 크기는 360°이다.
④ 할선은 원 위의 두 점을 이은 직선이다.
⑤ 원의 중심에서 원 위의 한 점을 이은 선분은 지름이다.

18 시험에 꼭!

그림과 같은 원에서 x의 값은?

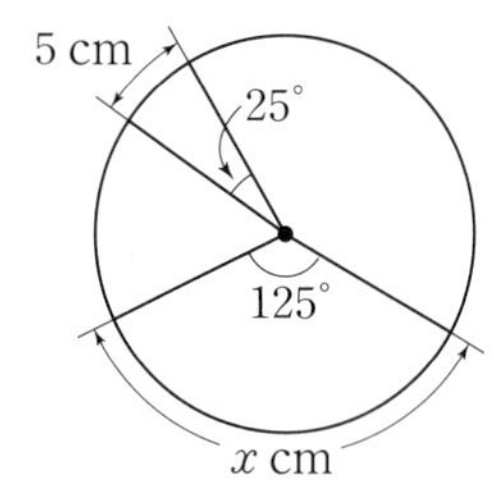

① 10　② 15　③ 20
④ 25　⑤ 30

19 도전해 앗!

그림과 같은 원 O에서 $\overline{OD}=\overline{DE}$, $\angle AED=20^\circ$, $\widehat{AC}=12$ cm일 때, $\widehat{BD}$의 길이는?

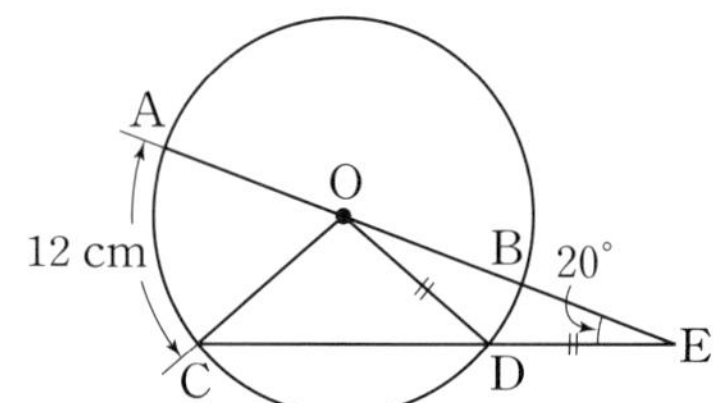

① 1 cm　② 2 cm　③ 3 cm
④ 4 cm　⑤ 5 cm

20

그림과 같은 반원 O에서 $\overline{OD} /\!/ \overline{BC}$이고 $\angle AOD=40^\circ$, $\widehat{AD}=6$ cm일 때, x의 값은?

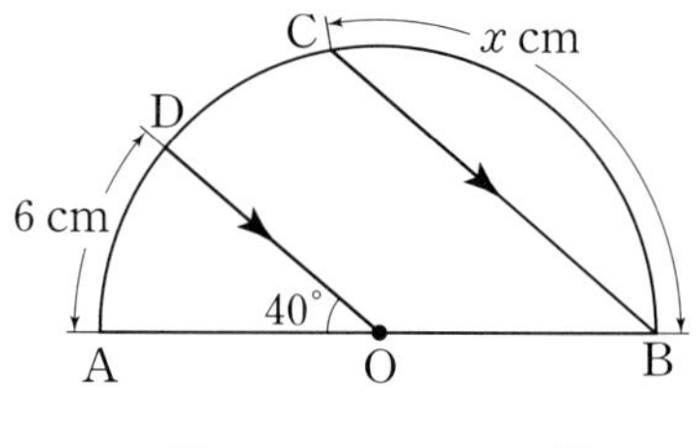

① 13　② 14　③ 15
④ 16　⑤ 17

21 시험에 꼭!

그림과 같은 원에서 x의 값을 구하여라.

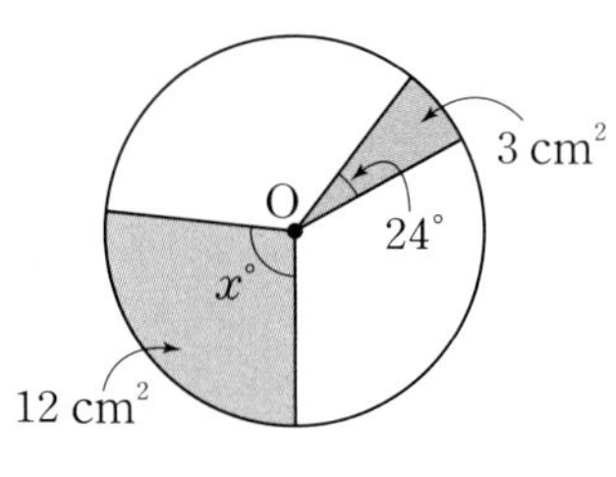

① 64　② 80　③ 96
④ 112　⑤ 128

22

그림과 같은 반원 O에서 $\overline{AB} /\!/ \overline{CD}$, $\angle COD=120^\circ$이고 부채꼴 COD의 넓이가 24π cm^{2}일 때, 부채꼴 AOC의 넓이는?

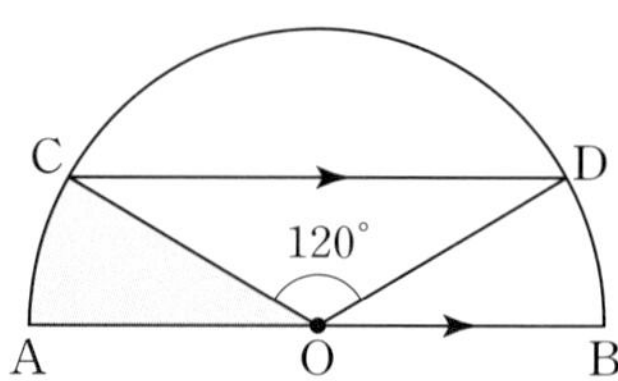

① 3π cm^2　② 4π cm^2　③ 5π cm^2
④ 6π cm^2　⑤ 7π cm^2

23

그림과 같은 원에서 x의 값을 구하시오.

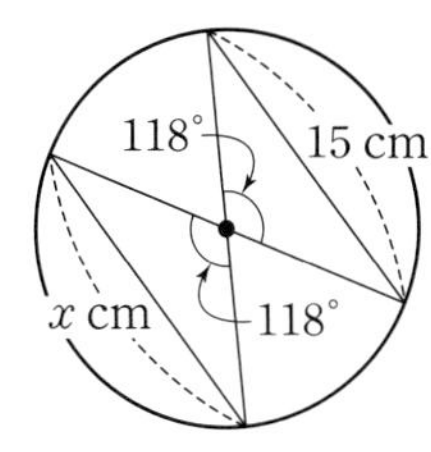

24 시험에 꼭!

원 O의 둘레의 길이가 18π cm일 때, 이 원의 넓이는?

① 25π cm^2 ② 36π cm^2 ③ 49π cm^2
④ 64π cm^2 ⑤ 81π cm^2

25

그림과 같은 부채꼴과 넓이가 같은 원의 반지름의 길이는?

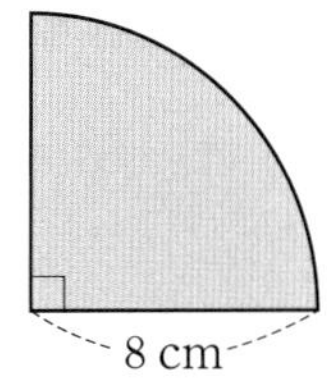

① 2 cm ② 3 cm ③ 4 cm
④ 5 cm ⑤ 6 cm

26

중심각의 크기가 144°이고 넓이가 10π cm^{2}인 부채꼴의 반지름의 길이는?

① 4 cm ② 5 cm ③ 6 cm
④ 7 cm ⑤ 8 cm

27 도전해 얍!

그림과 같이 반지름의 길이가 6 cm인 원 O의 중심을 한 꼭짓점으로 하는 삼각형 OAB가 있다. 호 DE의 길이가 4π cm일 때, $\angle OAB + \angle OBA$의 크기를 구하여라.

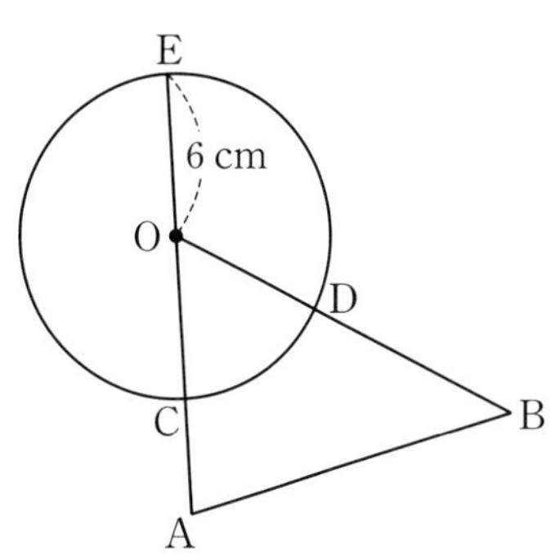

28

그림과 같이 한 변의 길이가 5 cm인 정오각형과 부채꼴로 이루어진 도형이 있다. 이 도형에서 색칠된 부분의 둘레의 길이를 구하여라.

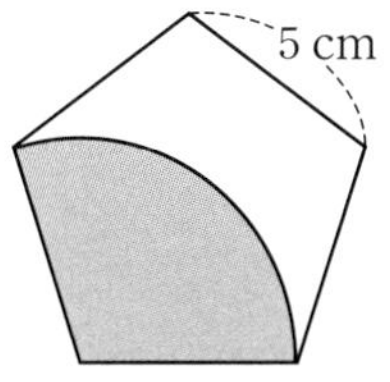

29 도전해 얍!

그림에서 색칠된 부분의 넓이는?

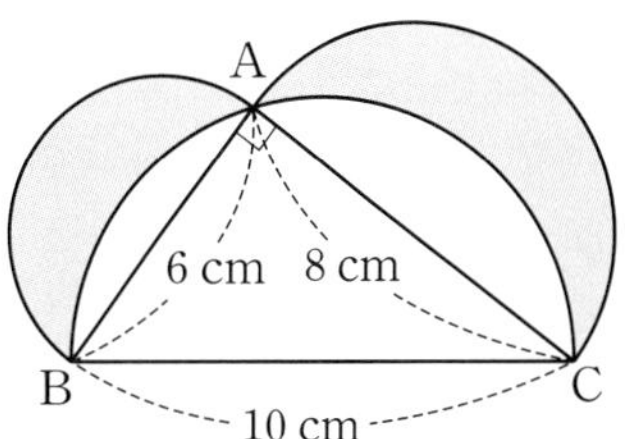

① 16 cm^2 ② 24 cm^2 ③ 32 cm^2
④ 16π cm^2 ⑤ 24π cm^2

DAY 36

〈정답과 해설 p. 106~107〉

학교 시험 대비

Ⅲ 단원 실력 향상 테스트

Ⅲ 입체도형

제한 시간 60분
맞은 개수 개

01

그림과 같은 입체도형의 면의 개수를 a, 꼭짓점의 개수를 b라 할 때, $a+b$의 값은?

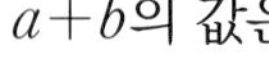

① 13　② 14
③ 15　④ 16
⑤ 17

02

다음 입체도형 중에서 칠면체인 것의 개수는?

> 사각뿔대, 오각뿔, 오각뿔대, 육각뿔, 육각기둥

① 1　② 2　③ 3
④ 4　⑤ 5

03

다음 입체도형 중에서 면의 개수가 가장 적은 것은?

① 사각기둥　② 정육면체　③ 칠각뿔
④ 오각기둥　⑤ 삼각뿔

04 시험에 꼭!

다음 조건을 모두 만족시키는 입체도형은?

> (가) 두 밑변이 서로 평행하고 합동이다.
> (나) 옆면이 모두 직사각형이다.
> (다) 십이면체이다.

① 팔각기둥　② 구각기둥　③ 십각기둥
④ 구각뿔대　⑤ 십각뿔대

05

〈보기〉의 정다면체에 대한 설명 중에서 옳은 것만을 있는 대로 고른 것은?

〈보기〉

ㄱ. 정다면체의 각 면은 정삼각형, 정사각형, 정오각형 중 하나로 이루어져 있다.
ㄴ. 정다면체의 한 꼭짓점에 모인 면의 개수가 4개인 것은 정팔면체 뿐이다.
ㄷ. 정다면체 중 모서리의 개수가 가장 적은 것은 정사면체이다.

① ㄱ　② ㄴ　③ ㄱ, ㄴ
④ ㄱ, ㄷ　⑤ ㄱ, ㄴ, ㄷ

06

각 면의 모양이 정삼각형이고 한 꼭짓점에서 모인 면의 개수가 가장 많은 정다면체는?

① 정사면체　② 정육면체　③ 정팔면체
④ 정십이면체　⑤ 정이십면체

07

그림과 같은 전개도로 만들어지는 정다면체에 대하여 〈보기〉의 설명 중에서 옳은 것만을 있는 대로 고른 것은?

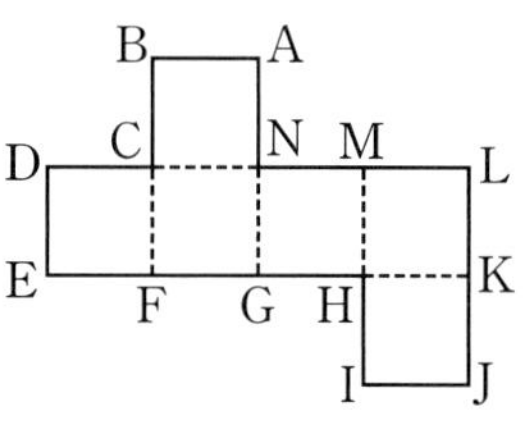

〈보기〉

ㄱ. 모서리의 개수는 12이다.
ㄴ. 점 G와 겹치는 점은 I이다.
ㄷ. 모서리 AB와 모서리 NG는 꼬인 위치에 있다.

① ㄱ　② ㄴ　③ ㄱ, ㄴ
④ ㄱ, ㄷ　⑤ ㄱ, ㄴ, ㄷ

08

오른쪽 그림과 같은 입체도형은 어떤 평면도형을 직선 l을 회전축으로 하여 1회전 시킨 것인가?

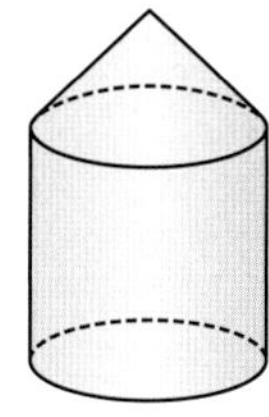

① 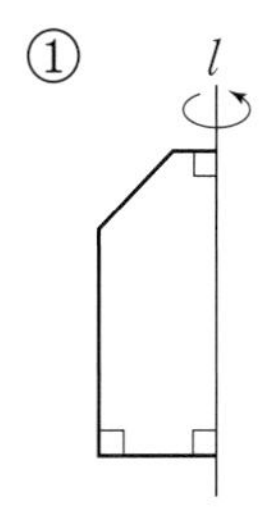

② 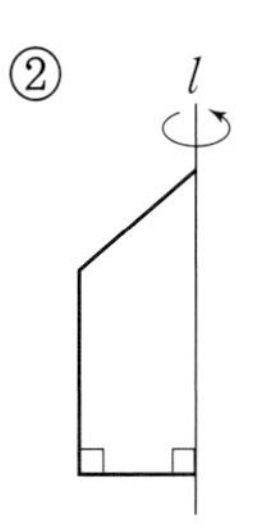

③ 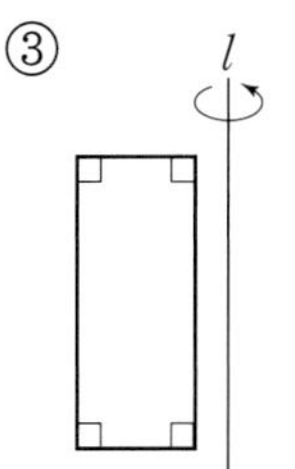

④ 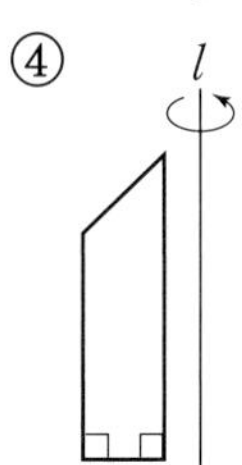

⑤ 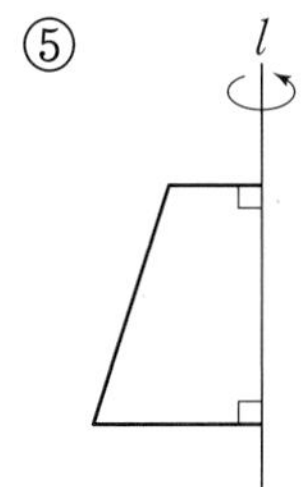

09 

그림과 같은 평면도형을 직선 l을 회전축으로 하여 1회전 시킬 때 생기는 회전체를 회전축을 포함하는 평면으로 자를 때, 생기는 단면의 넓이를 구하여라.

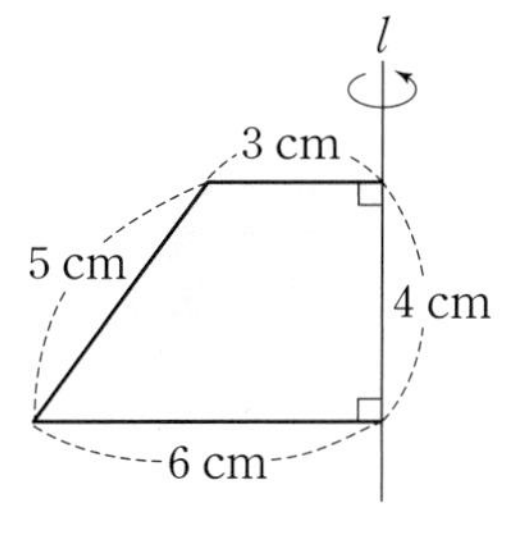

10

다음 중에서 회전체와 회전축을 포함하는 평면으로 자를 때, 그 단면의 모양이 바르게 연결되지 <u>않은</u> 것은?

① 반구 – 반원　② 원뿔 – 이등변삼각형
③ 원기둥 – 정사각형　④ 원뿔대 – 사다리꼴
⑤ 구 – 원

11

반지름의 길이가 8 cm인 구를 회전축을 포함하는 평면으로 자를 때, 생기는 단면의 넓이는?

① $16\pi\ \text{cm}^2$　② $32\pi\ \text{cm}^2$　③ $48\pi\ \text{cm}^2$
④ $64\pi\ \text{cm}^2$　⑤ $72\pi\ \text{cm}^2$

12

그림은 직각삼각형과 이 직각삼각형을 직선 l을 회전축으로 하여 1회전 시킬 때, 생기는 회전체의 전개도를 나타낸 것이다. $a+b$의 값을 구하여라.

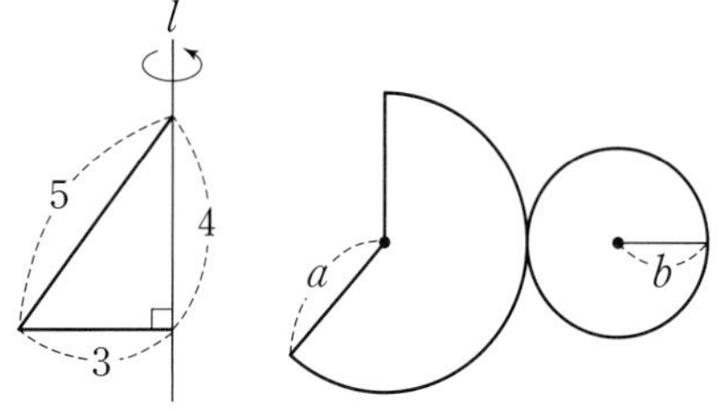

13

회전체에 대한 〈보기〉의 설명 중에서 옳은 것만을 있는 대로 고른 것은?

〈보기〉
ㄱ. 모든 회전체는 전개도를 그릴 수 있다.
ㄴ. 회전체를 회전축을 포함하는 평면으로 자른 단면은 회전축에 대하여 선대칭도형이다.
ㄷ. 회전체를 회전축에 수직인 평면으로 자른 단면은 항상 합동이다.

① ㄱ　② ㄴ　③ ㄱ, ㄴ
④ ㄴ, ㄷ　⑤ ㄱ, ㄴ, ㄷ

14

그림과 같은 각기둥의 겉넓이를 구하여라.

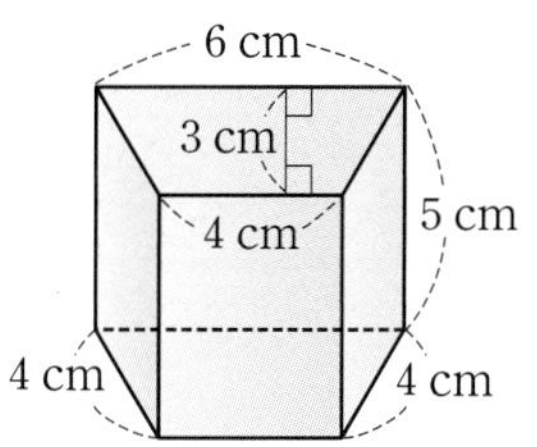

〈 정답과 해설 p. 108~109 〉

15

그림과 같은 사각기둥의 겉넓이가 160 cm^2일 때, 이 사각기둥의 높이는?

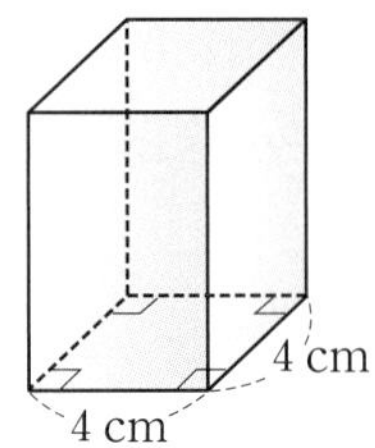

① 6 cm ② 7 cm ③ 8 cm
④ 9 cm ⑤ 10 cm

16

그림과 같은 전개도로 만든 입체도형의 부피는?

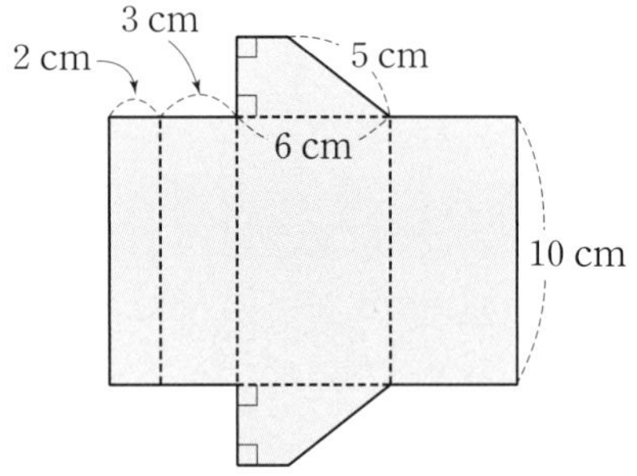

① 110 cm^3 ② 120 cm^3 ③ 130 cm^3
④ 140 cm^3 ⑤ 150 cm^3

17 시험에 꼭!

그림은 직육면체에서 밑면과 옆면에 각각 평행하게 일부를 잘라낸 입체도형이다. 이 입체도형의 겉넓이를 a cm^2, 부피를 b cm^3이라 할 때, $a+b$의 값을 구하시오.

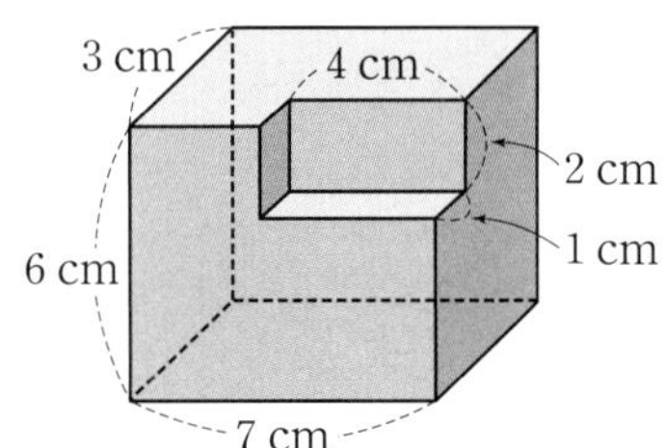

18

그림과 같이 구멍이 뚫린 원기둥의 겉넓이는?

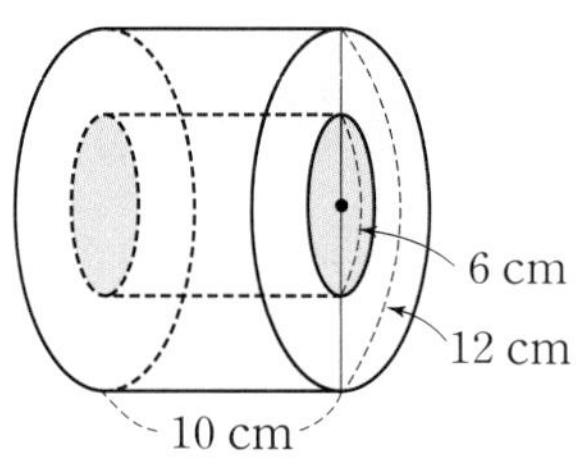

① 222π cm^2 ② 226π cm^2 ③ 230π cm^2
④ 234π cm^2 ⑤ 238π cm^2

19

그림과 같이 밑면이 부채꼴인 기둥의 겉넓이가 $(10\pi+42)$ cm^2일 때, x의 값은?

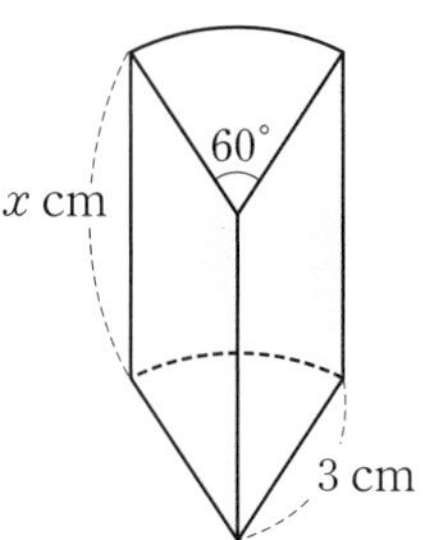

① 3 ② 5 ③ 7
④ 9 ⑤ 11

20

그림과 같이 속이 뚫린 입체도형의 부피는?

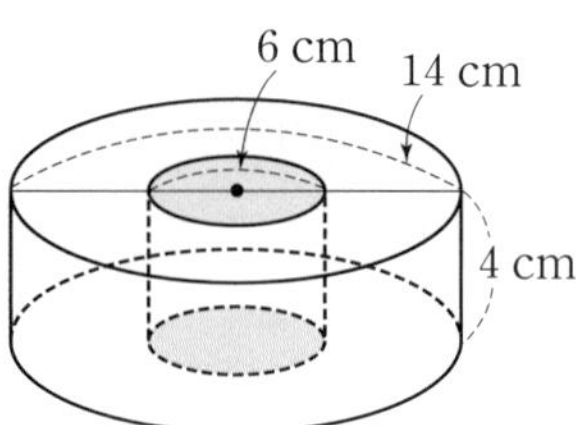

① 130π cm^3 ② 140π cm^3 ③ 150π cm^3
④ 160π cm^3 ⑤ 170π cm^3

21

그림과 같은 전개도로 만들어지는 입체도형의 부피는?

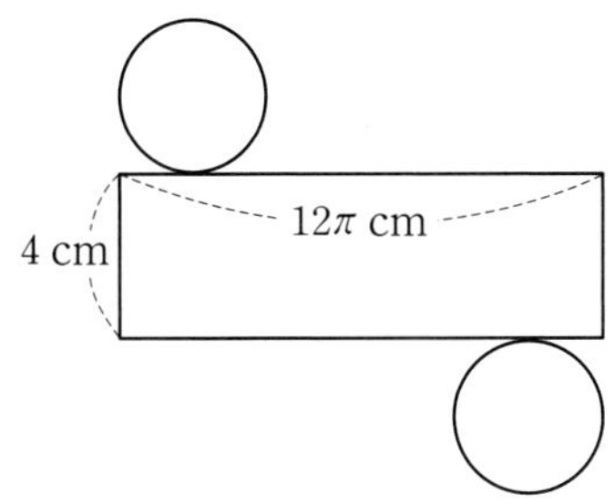

① $120\pi\ \text{cm}^3$ ② $126\pi\ \text{cm}^3$ ③ $132\pi\ \text{cm}^3$
④ $138\pi\ \text{cm}^3$ ⑤ $144\pi\ \text{cm}^3$

22

그림과 같은 원뿔의 전개도에서 옆넓이는?

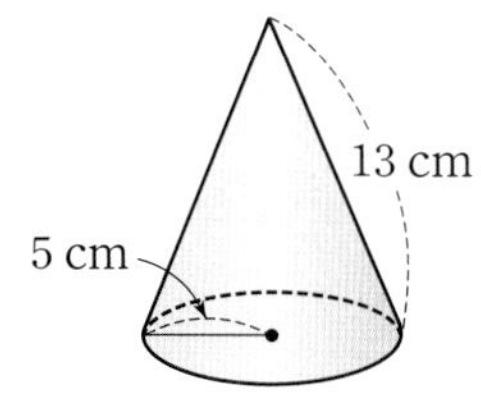

① $50\pi\ \text{cm}^2$ ② $55\pi\ \text{cm}^2$ ③ $60\pi\ \text{cm}^2$
④ $65\pi\ \text{cm}^2$ ⑤ $70\pi\ \text{cm}^2$

23 도전해 **얍!**

그림과 같이 밑면의 반지름의 길이가 5 cm, 높이가 12 cm인 원뿔 모양의 그릇에 1분에 $5\pi\ \text{cm}^3$의 속도로 물을 담을 때, 빈 그릇에 물을 넘치지 않게 가득 채우려면 몇 분이 걸리겠는가?

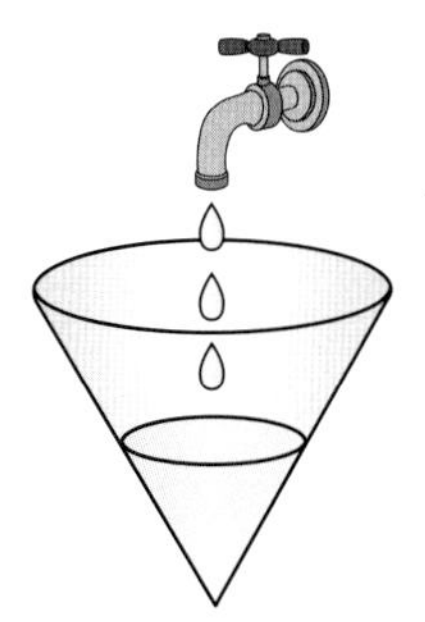

① 18분 ② 20분 ③ 22분
④ 24분 ⑤ 26분

24

그림과 같이 두 밑면이 모두 직사각형인 사각뿔대의 부피는?

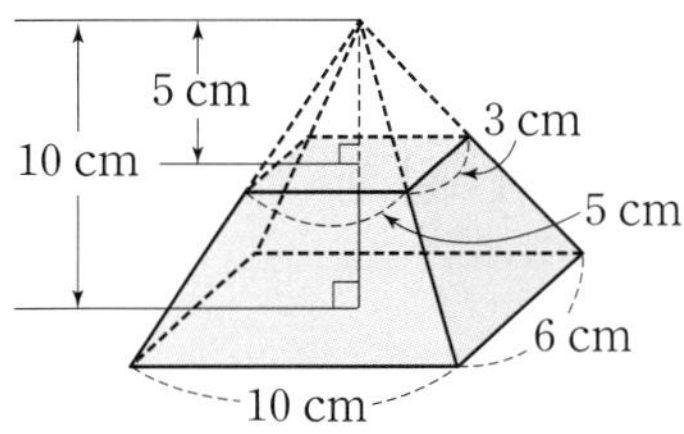

① $165\ \text{cm}^3$ ② $170\ \text{cm}^3$ ③ $175\ \text{cm}^3$
④ $180\ \text{cm}^3$ ⑤ $185\ \text{cm}^3$

25 시험에 **꼭!**

그림은 반지름의 길이가 6 cm인 구의 일부분을 잘라낸 입체도형이다. 이 입체도형의 겉넓이는?

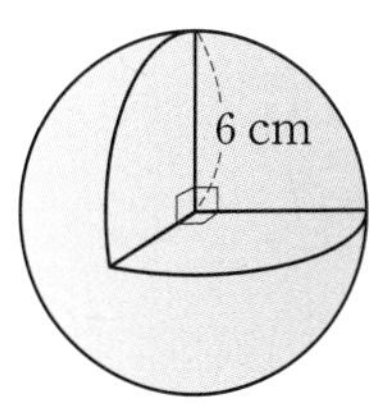

① $150\pi\ \text{cm}^2$ ② $151\pi\ \text{cm}^2$ ③ $152\pi\ \text{cm}^2$
④ $153\pi\ \text{cm}^2$ ⑤ $154\pi\ \text{cm}^2$

26 시험에 **꼭!**

그림과 같은 평면도형을 직선 l을 회전축으로 하여 1회전 시켰을 때 생기는 입체도형의 겉넓이와 부피를 각각 구하여라.

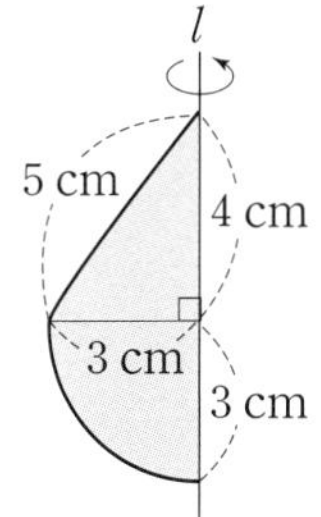

DAY 37

〈정답과 해설 p. 109~110〉

학교 시험 대비

Ⅳ단원 실력 향상 테스트

Ⅳ 통계

제한 시간 60분

맞은 개수 개

01

다음 자료의 평균이 5일 때, x의 값은?

$2,\ 7,\ 8,\ x,\ 4,\ 4$

① 3 ② 4 ③ 5
④ 6 ⑤ 7

02 시험에 꼭!

세 변량 x, y, z의 평균이 3일 때, 다음 자료의 평균은?

$x,\ 8,\ y+3,\ z-4,\ 7,\ 1$

① 3 ② 4 ③ 5
④ 6 ⑤ 7

03 도전해 앞!

어느 마을의 남녀 전체의 평균 나이가 36살이다. 이 마을의 남자의 평균 나이는 34살, 여자의 평균 나이는 39살일 때, 남자와 여자의 수의 비는?

① 1 : 2 ② 2 : 1 ③ 2 : 3
④ 3 : 2 ⑤ 4 : 5

04

네 변량 82, 32, 54, x의 중앙값이 56일 때, x의 값은?

① 50 ② 52 ③ 54
④ 56 ⑤ 58

05

다음은 어느 자료를 작은 값부터 크기순으로 나열한 것이다. 이 자료의 중앙값이 12일 때, x의 값은?

$8,\ 9,\ 10,\ x,\ 16,\ 18$

① 13 ② 14 ③ 15
④ 16 ⑤ 17

06 도전해 앞!

8명의 학생들의 수학 점수를 작은 값부터 크기순으로 나열했더니 4번째 학생의 수학 점수가 76점이었고 중앙값은 78점이었다.
이때, 수학 점수가 82점인 학생을 추가하여 구한 수학 점수의 중앙값은?

① 76점 ② 78점 ③ 80점
④ 82점 ⑤ 84점

07

다음은 7명의 학생의 턱걸이 횟수를 조사하여 나타낸 자료이다. 이 자료의 평균과 최빈값이 같을 때, x의 값을 구하여라.

$5,\ 7,\ 5,\ x,\ 3,\ 4,\ 5$

08

5개의 변량 x, y, z, 5, 6이 다음 조건을 모두 만족시킬 때, 이 자료의 중앙값을 구하여라.

(가) 평균이 4이다. (나) 최빈값이 4이다.

09

다음은 30일 동안 어느 지역의 하루 평균 미세먼지 농도를 조사하여 나타낸 줄기와 잎 그림이다. 한국환경공단에서는 미세먼지 농도가 81 $\mu g/m^3$ 이상일 때, 미세먼지 나쁨으로 실외 활동을 자제할 것을 권고하고 있다. 30일 중에서 미세먼지 나쁨인 날은 총 며칠인지 구하여라.

미세먼지 농도 (3|2는 32 $\mu g/m^3$)

줄기	잎
3	2 2 4 5 6 7 9
4	1 1 1 3 4 8 8 8
5	4 6 8 8
6	5 6
7	0 1 7
8	0 0 1 5 7 9

10

다음은 동아리 남녀 회원들의 나이를 조사하여 나타낸 줄기와 잎 그림이다. 남자 중 나이가 가장 많은 회원과 여자 중 나이가 가장 적은 회원의 나이의 차는?

회원의 나이 (1|8은 18살)

잎(남자)	줄기	잎(여자)
8 7 7	1	8 9
9 8 8 5 4	2	5 5 5 6
4 2 2 2	3	5 8 8 9

① 15살 ② 16살 ③ 17살
④ 18살 ⑤ 19살

11 시험에 꼭!

오른쪽은 소현이네 반 학생들의 몸무게를 조사하여 나타낸 도수분포표이다. 몸무게가 45 kg 이상인 학생은 전체의 몇 %인지 구하여라.

몸무게(kg)	도수(명)
25이상~35미만	11
35 ~45	13
45 ~55	A
55 ~65	4
합계	40

12

오른쪽은 수지네 반 학생 25명의 통학 시간을 조사하여 나타낸 도수분포표이다. 다음 중 옳은 것은?

통학 시간(분)	도수(명)
0이상~10미만	4
10 ~20	6
20 ~30	A
30 ~40	8
합계	25

① 계급의 개수는 5이다.
② 계급의 크기는 5분이다.
③ A의 값은 8이다.
④ 통학 시간이 긴 쪽에서 10번째인 학생이 속하는 계급의 도수는 8명이다.
⑤ 통학 시간이 30분 미만인 학생은 전체의 68 %이다.

[13-14] 오른쪽은 지홍이네 반 학생 30명의 지난 주말 동안 학습 시간을 조사하여 나타낸 도수분포표이다. 다음 물음에 답하여라.

학습 시간(시간)	도수(명)
0이상~1미만	8
1 ~2	7
2 ~3	3
3 ~4	$3x$
4 ~5	2
5 ~6	$2x$
합계	30

13

도수가 가장 큰 계급은?

① 0시간 이상 1시간 미만
② 1시간 이상 2시간 미만
③ 2시간 이상 3시간 미만
④ 3시간 이상 4시간 미만
⑤ 4시간 이상 5시간 미만

14

학습 시간이 4시간 이상인 학생 수는 전체의 몇 %인가?

① 16 % ② 20 % ③ 24 %
④ 28 % ⑤ 32 %

DAY 38

〈정답과 해설 p. 110~111〉

15 시험에 꼭!

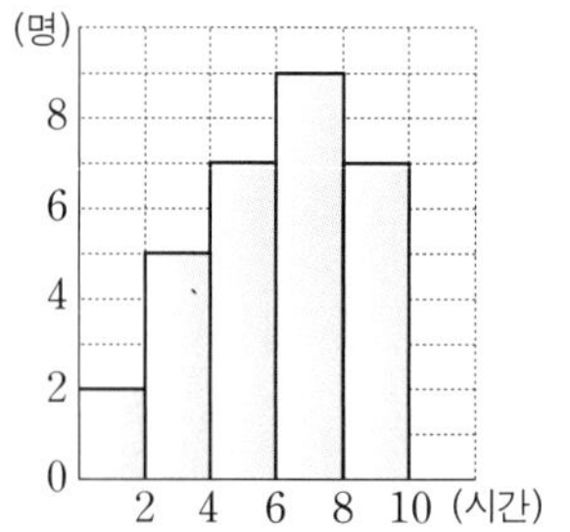

그림은 가영이네 반 학생들의 일주일 동안의 독서 시간을 조사하여 나타낸 히스토그램이다. 다음 중 옳지 않은 것은?

① 계급의 개수는 5이다.
② 전체 학생 수는 30명이다.
③ 독서 시간이 가장 많은 학생의 독서 시간은 10시간이다.
④ 독서 시간이 4시간 미만인 학생 수는 7명이다.
⑤ 모든 직사각형의 넓이의 합은 60이다.

[16-17] 그림은 태연이네 반 학생 40명의 수학 점수를 조사하여 나타낸 히스토그램인데 일부가 찢어져 보이지 않는다. 수학 점수가 60점 이상 70점 미만인 학생 수는 70점 이상 80점 미만인 학생 수의 $\frac{4}{3}$배일 때, 다음 물음에 답하여라.

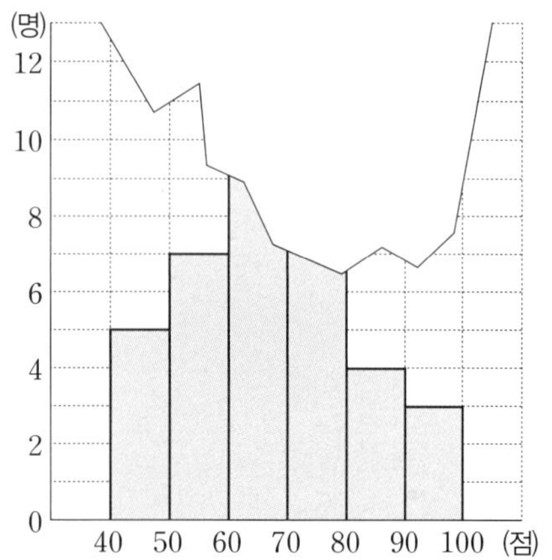

16

수학 점수가 60점 이상 70점 미만인 학생 수를 구하여라.

17 시험에 꼭!

수학 점수가 70점 이상인 학생 수는 전체의 몇 %인지 구하여라.

18

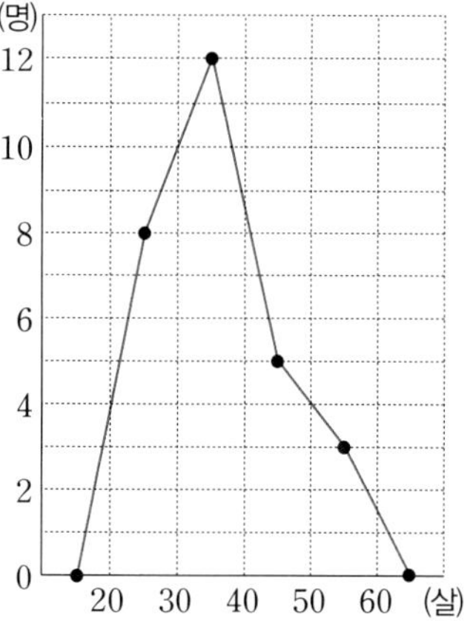

그림은 어느 동호회 회원들의 나이를 조사하여 나타낸 도수분포다각형이다. 이 동호회에서 40살 미만인 회원 수를 a명, 40살 이상인 회원 수를 b명이라 할 때, $a-b$의 값은?

① 11 ② 12 ③ 13
④ 14 ⑤ 15

[19-22] 그림은 민규네 반 학생들의 공 던지기 기록을 조사하여 나타낸 도수분포다각형이다. 다음 물음에 답하여라.

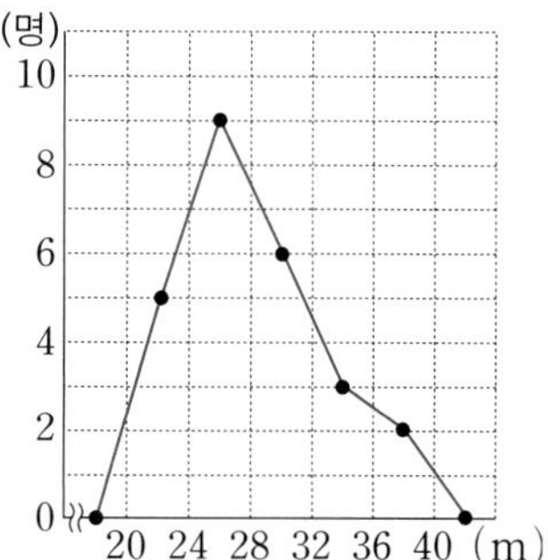

19

전체 학생 수를 구하여라.

20

던지기 기록이 낮은 쪽에서 7번째인 학생이 속하는 계급을 구하여라.

21

던지기 기록이 24 m 이상 36 m 미만인 학생은 전체의 몇 %인지 구하여라.

22

도수분포다각형과 가로축으로 둘러싸인 부분의 넓이를 구하여라.

23

상대도수에 대한 설명으로 옳지 않은 것은?

① 한 자료나 전체 도수가 같은 두 개 이상의 자료에서 도수가 클수록 상대도수도 크다.

② 도수의 총합이 다른 두 자료를 비교하는 데 편리하다.

③ 전체 도수에 대한 각 계급의 도수의 비율을 상대도수라 한다.

④ 어떤 계급의 상대도수와 그 계급의 도수의 곱은 전체 도수이다.

⑤ 상대도수의 총합은 항상 1이다.

[24-26] 다음은 어느 반 학생들의 1분 동안 실시한 윗몸일으키기 횟수를 조사하여 나타낸 상대도수의 분포표이다. 다음 물음에 답하여라.

윗몸일으키기 횟수(회)	도수(명)	상대도수
0이상 ~ 10미만	2	0.05
10 ~ 20	4	
20 ~ 30	A	0.4
30 ~ 40	11	B
40 ~ 50	7	
합계		C

24 시험에 꼭!

A, B, C의 값을 각각 구하여라.

25

윗몸일으키기 횟수가 48회인 학생이 속하는 계급의 상대도수를 구하여라.

26

윗몸일으키기 횟수가 30회 미만인 학생은 전체의 몇 %인지 구하여라.

27 시험에 꼭!

그림은 어느 중학교 학생 50명을 대상으로 평균 통화 시간을 조사하여 상대도수의 분포를 나타낸 그래프인데 일부가 찢어져 보이지 않는다. 통화 시간이 18초 이상 20초 미만인 학생 수를 구하여라.

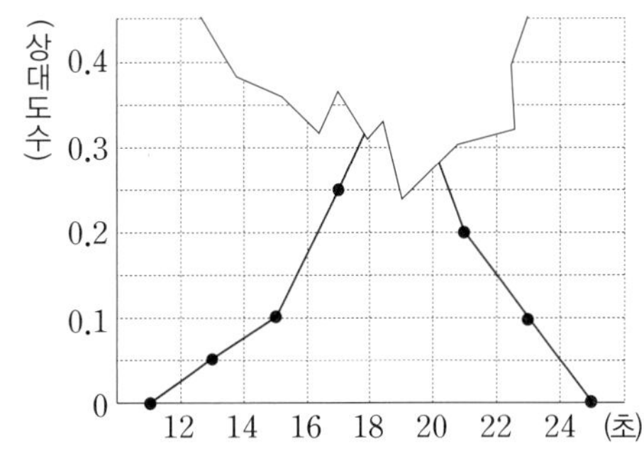

[28-30] 그림은 어느 중학교 1학년 1반과 2반의 수학 점수를 조사하여 상대도수의 분포를 나타낸 그래프이다. 다음 물음에 답하여라.

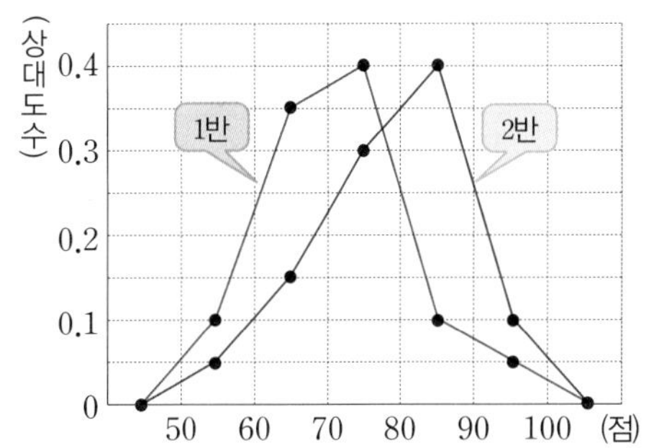

28 시험에 꼭!

1반에서 학생 수가 가장 적은 계급을 구하여라.

29

2반에서 70점 이상 80점 미만인 학생 수가 9명일 때, 2반의 전체 학생 수를 구하여라.

30

수학 점수가 더 좋은 편인 반은 어느 반인지 말하여라.

〈정답과 해설 p. 111~112〉

DAY 38

〈개념 찾아보기〉

My Best friend
수경출판사 · 자이스토리

나만의 학습 계획표를 올려 주세요.

나만의 학습 계획표를 작성하고, 사진을 찍어
인스타그램 또는 블로그에 올려 주세요.

★ **필수 해시태그** - #수경출판사 #자이스토리 #수능기출문제집 #학습 계획표

★참여해 주신 분께: **바나나우유 기프티콘 증정**

QR코드를 스캔하여 개인 정보 및 작성한 게시물의 URL을 입력합니다.

수경 Mania가 되어 주세요.

인스타그램, 카페, 블로그 등에 수경출판사 교재로
공부하는 모습, 학습 후기, 교재 사진을 올려 주세요.

★참여해 주신 분께: **3,000원 편의점 기프티콘 증정**

★우수 후기 작성자: **강남인강 1년 수강권 증정**

QR코드를 스캔하여 개인 정보 및 작성한 게시물의 URL을 입력합니다.

교재 평가 설문지를 작성해 주세요.

수경출판사 교재 학습 후기, 교재 평가 설문지를 작성해 주세요.
[학생, 선생님 모두 가능]

★참여해 주신 분께: **2,000원 편의점 기프티콘 증정**

★우수 후기 작성자: **강남인강 1년 수강권 증정**

QR코드를 스캔하여 해당 링크에 들어가서 설문조사를 진행합니다.

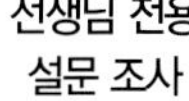
선생님 전용 설문 조사

학생 전용 설문 조사

*자세한 사항은 해당 QR코드를 스캔하거나, 홈페이지 이벤트 공지글을 참고해 주세요.

*이벤트의 내용이나 상품이 변경될 수 있으며, 변경시 홈페이지에 공지됩니다.

수학 실력 100% 충전

수력 충전

[해설편]

중등 수학 1·2

자이스토리 · 수경출판사

차례

Ⅰ-1 기본 도형

01 도형

▸ p.10

01 ○　02 ○　03 ○　04 ×　05 ×
06 ×　07 ○　08 평　09 평　10 입
11 입　12 입　13 평　14 선, 면, 평면, 입체

02 교점과 교선

▸ p.11

01 점 A　02 점 G　03 점 F　04 점 D
05 모서리 BC　06 모서리 DH　07 4
08 4, 6　09 6, 9　10 선, 교점, 면, 교선

03 직선, 반직선, 선분

▸ p.12~14

01 $\overleftrightarrow{AB}$　02 $\overline{AB}$　03 $\overrightarrow{AB}$　04 $\overrightarrow{BA}$

05 

06 

07 

08 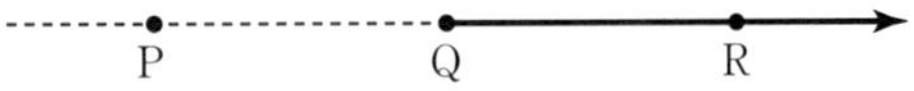

09 $\overline{BA}$　10 $\overline{CB}$　11 $\overline{AC}$　12 $\overleftrightarrow{AC}$　13 $\overleftrightarrow{AC}$
14 $\overrightarrow{CA}$　15 $\overrightarrow{AB}$　16 $\neq$　17 $\neq$　18 $=$　19 $\neq$
20 $=$　21 $=$　22 $\neq$　23 $=$　24 무수히 많다.
25 1　26 3　27 6　28 3　29 3　30 6
31 AB, $\overleftrightarrow{AB}$, 반직선, $\overrightarrow{AB}$, 선분, $\overline{AB}$

04 두 점 사이의 거리

▸ p.15

01 8 cm　02 7 cm　03 6 cm　04 10 cm
05 8 cm　06 9 cm　07 7 cm　08 12 cm
09 짧은, 3

05 선분의 중점

▸ p.16~17

01 1) $\frac{1}{2}$, 6　2) $\frac{1}{2}$, 6　3) 2, 2
02 1) 4　2) 2, 8
03 1) 7　2) 2, 14
04 1) $\frac{1}{3}$, 5　2) 3, 3, 3
05 1) 7　2) 3, 21
06 1) $\frac{1}{2}$, 6　2) 3, 3, 3, 18
07 2　08 4　09 $\frac{1}{4}$　10 $\frac{1}{2}$　11 2　12 $\frac{3}{4}$
13 2 cm　14 8 cm　15 5 cm　16 2 cm
17 1) 중점　2) 삼등분점

06 각

▸ p.18~20

01 ×　02 ○　03 ×　04 ○　05 ○　06 ×
07 ∠BAC, ∠CAB　08 ∠CBA, ∠ABD
09 ∠ACD, ∠DCA
10 평각　11 직각　12 예각　13 둔각
14 둔각　15 직각　16 둔각　17 예각
18 ∠AOB　19 ∠AOP, ∠POB　20 ∠POQ, ∠QOB
21 ∠AOQ　22 ㄷ　23 ㄹ　24 ㄱ, ㅁ, ㅅ, ㅈ
25 ㄴ, ㅂ, ㅇ　26 $60°$　27 $70°$　28 $28°$　29 $18°$
30 $16°$　31 $80°$　32 $52°$　33 $20°$　34 $40°$
35 $180°$, $90°$, $0°$, $90°$, 둔각

07 맞꼭지각

▸ p.21~22

01 ∠DOE　02 ∠BOD　03 ∠EOF
04 ∠COE　05 ∠AOF　06 ∠AOC
07 $60°$　08 $90°$　09 $30°$　10 $120°$
11 $25°$　12 $18°$　13 $125°$　14 $20°$　15 $32°$
16 $\angle x=60°$, $\angle y=150°$　17 $\angle x=54°$, $\angle y=36°$
18 $\angle x=50°$, $\angle y=140°$　19 $\angle x=27°$, $\angle y=63°$
20 맞꼭지각, 같다

08 수직과 수선

▸ p.23~24

01 ⊥　02 ⊥　03 ⊥　04 ⊥　05 ⊥, =
06 $\overline{CD}$　07 $\overline{AD}$, $\overline{BC}$　08 $\overline{AB}$
09 점 D　10 점 A　11 점 B　12 점 C　13 점 B, 점 E
14 4 cm　15 3 cm　16 6 cm　17 3 cm　18 ⊥, H, CH

단원 마무리 **평가** [01~08]

▸ 문제편 p.25~27

01 3　02 ⑤　03 ③　04 ③　05 ②　06 16 cm
07 ③　08 ④　09 12　10 ④　11 ③　12 $36°$　13 ③
14 ④　15 ④　16 ④　17 ③　18 ①　19 12　20 ⑤

Ⅰ-2 위치 관계

09 점과 직선, 점과 평면의 위치 관계 ▸ p.28

01 있지 않다에 ○표 02 있다에 ○표
03 점 B, 점 C, 점 D 04 점 A, 점 D
05 점 A, 점 E 06 점 B, 점 C, 점 E 07 점 D
08 점 E 09 있지 않다에 ○표 10 있다에 ○표
11 점 A, 점 B, 점 C, 점 D 12 점 A, 점 B, 점 E, 점 F
13 A, B, C, D

10 평면에서 두 직선의 위치 관계 ▸ p.29

01 ○ 02 ○ 03 × 04 ×
05 × 06 ○ 07 × 08 ○
09 평행, 0, 일치

11 공간에서 두 직선의 위치 관계 ▸ p.30~31

01 $\overline{AD}$, $\overline{BE}$, $\overline{AC}$, $\overline{BC}$ 02 $\overline{AD}$, $\overline{CF}$, $\overline{DE}$, $\overline{EF}$
03 $\overline{AB}$, $\overline{BC}$, $\overline{DE}$, $\overline{EF}$ 04 $\overline{AC}$, $\overline{BC}$, $\overline{DF}$, $\overline{EF}$
05 $\overline{AD}$, $\overline{CF}$, $\overline{AB}$, $\overline{BC}$ 06 $\overline{BE}$, $\overline{CF}$, $\overline{DE}$, $\overline{DF}$
07 $\overline{CD}$, $\overline{GL}$, $\overline{IJ}$ 08 $\overline{BC}$, $\overline{EF}$, $\overline{KL}$
09 $\overline{AB}$, $\overline{GH}$, $\overline{JK}$ 10 $\overline{AG}$, $\overline{BH}$, $\overline{CI}$, $\overline{EK}$, $\overline{FL}$
11 $\overline{CG}$, $\overline{DH}$, $\overline{FG}$, $\overline{GH}$, $\overline{EH}$ 12 $\overline{AE}$, $\overline{DH}$, $\overline{EF}$, $\overline{GH}$
13 $\overline{AB}$, $\overline{AD}$, $\overline{EF}$, $\overline{EH}$ 14 $\overline{AB}$, $\overline{BC}$, $\overline{EF}$, $\overline{FG}$
15 $\overline{AB}$, $\overline{BC}$, $\overline{AD}$, $\overline{AE}$, $\overline{BF}$ 16 $\overline{BC}$, $\overline{CD}$, $\overline{FG}$, $\overline{GH}$
17 $\overline{AB}$, $\overline{AD}$, $\overline{AE}$, $\overline{BC}$, $\overline{CD}$ 18 $\overline{BC}$
19 $\overline{BC}$, $\overline{CD}$ 20 ○ 21 × 22 ×
23 꼬인, 평행, 꼬인

12 공간에서 직선과 평면의 위치 관계 ▸ p.32~33

01 면 ABCD, 면 ABFE 02 면 ABCD, 면 BFGC
03 면 BFGC, 면 CGHD 04 면 AEHD, 면 CGHD
05 면 ABFE, 면 DCGH 06 면 ABCD, 면 EFGH
07 $\overline{AE}$, $\overline{BF}$, $\overline{CG}$, $\overline{DH}$ 08 $\overline{AB}$, $\overline{CD}$, $\overline{EF}$, $\overline{GH}$
09 면 CGHD, 면 EFGH 10 면 ABFE, 면 BFGC
11 면 ABCD, 면 AEHD 12 $\overline{BF}$, $\overline{FG}$, $\overline{CG}$, $\overline{BC}$
13 $\overline{AB}$, $\overline{BC}$, $\overline{CD}$, $\overline{AD}$ 14 $\overline{AB}$, $\overline{BF}$, $\overline{EF}$, $\overline{AE}$
15 면 ABC, 면 DEFG 16 면 ABED, 면 CFG
17 $\overline{AC}$, $\overline{EF}$, $\overline{DG}$ 18 $\overline{AB}$, $\overline{DE}$, $\overline{FG}$
19 포함, 평행, P, 수직, $l\perp P$

13 공간에서 두 평면의 위치 관계 ▸ p.34~35

01 면 ABFE, 면 BFGC, 면 CGHD, 면 AEHD
02 면 CGHD
03 면 ABCD, 면 ABFE, 면 EFGH, 면 CGHD
04 면 BFGC 05 $\overline{GH}$
06 면 ABC, 면 ADFC, 면 BEFC, 면 DEF
07 면 ABC, 면 ADEB, 면 DEF
08 면 DEF 09 면 ADEB, 면 BEFC, 면 ADFC
10 $\overline{BE}$ 11 $\overline{EF}$ 12 $\overline{AB}$, $\overline{BC}$, $\overline{EF}$, $\overline{FG}$
13 면 AEHD, 면 EFGH 14 면 BFGC, 면 CGHD
15 면 ABCD, 면 EFGH
16 면 ABFE, 면 BFGC, 면 CGHD, 면 AEHD
17 면 AEHD 18 × 19 ○ 20 ○
21 × 22 ○ 23 직선, 평행, 수직, $P\perp Q$

단원 마무리 평가 [09~13] ▸ 문제편 p.36~38

01 ①, ② 02 6 03 ⑤ 04 ⑤ 05 ④ 06 ②
07 ⑤ 08 12 09 ④ 10 ⑤ 11 ④ 12 ① 13 ②
14 ⑤ 15 ③ 16 ④

Ⅰ-3 평행선

14 동위각 ▸ p.39

01 $\angle f$ 02 $\angle h$ 03 $\angle c$ 04 $\angle a$
05 $\angle z$ 06 $\angle x$ 07 $\angle b$ 08 $\angle d$
09 $102°$ 10 $80°$ 11 $95°$ 12 동위각

15 엇각 ▸ p.40

01 $\angle h$ 02 $\angle c$ 03 ○ 04 ×
05 × 06 ○ 07 $75°$ 08 $110°$
09 $125°$ 10 엇각

16 평행선의 성질 ▸ p.41~43

01 $130°$ 02 $60°$ 03 $105°$ 04 $100°$
05 $55°$ 06 $130°$ 07 $40°$ 08 $70°$
09 $\angle x=43°$, $\angle y=137°$ 10 $\angle x=75°$, $\angle y=105°$
11 $\angle x=80°$, $\angle y=100°$ 12 $\angle x=45°$, $\angle y=135°$
13 $\angle x=53°$, $\angle y=127°$ 14 $\angle x=110°$, $\angle y=70°$
15 $\angle x=80°$, $\angle y=135°$ 16 $\angle x=65°$, $\angle y=102°$

17 $\angle x=80^\circ$, $\angle y=48^\circ$　18 $\angle x=85^\circ$, $\angle y=120^\circ$
19 $\angle x=103^\circ$, $\angle y=142^\circ$　20 $\angle x=98^\circ$, $\angle y=140^\circ$
21 105°　22 120°　23 80°　24 55°
25 50°　26 32°　27 57°　28 26°
29 72°　30 53°　31 49°　32 엇각, 같다

17 평행선과 꺾인 선 ▸ p.44~45

01 90°　02 115°　03 75°　04 80°　05 25°
06 40°　07 40°　08 20°　09 82°
10 100°　11 85°　12 80°　13 77°
14 60°　15 54°　16 40°　17 평행, 동위각, 엇각

18 평행선과 종이접기 ▸ p.46

01 52°　02 110°　03 72°　04 62°
05 73°　06 96°　07 접은 각, 엇각

19 평행선이 되기 위한 조건 ▸ p.47~48

01 ○　02 ×　03 ○　04 ×
05 ○　06 ×　07 ×　08 ×
09 l과 n　10 l과 n　11 l과 m　12 l과 n
13 m과 n　14 115°　15 60°　16 62°
17 동위각, 평행

단원 마무리 평가 [14~19] ▸ 문제편 p.49~51

01 180°　02 ③　03 ③, ④　04 ⑤　05 28°　06 ②
07 ④　08 ③　09 ⑤　10 ④　11 ①　12 ⑤　13 ①
14 75°　15 ⑤　16 ③　17 ②　18 ④
19 직선 m과 직선 n

Ⅰ-4 작도와 합동

20 길이가 같은 선분의 작도 ▸ p.52

01 ㄱ, ㄷ　02 ○　03 ×　04 ○
05
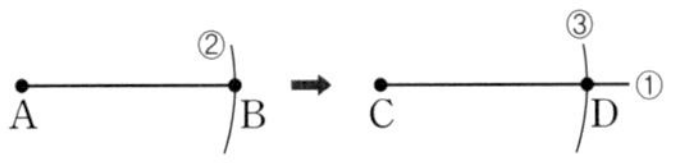

06
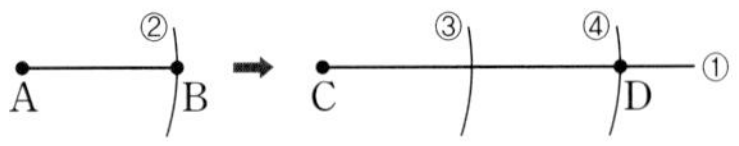

07 C, 컴퍼스, C, $\overline{AB}$

21 크기가 같은 각의 작도 ▸ p.53

01 ㉢, ㉡, ㉣　02 $\overline{OB}$, $\overline{PD}$, $\overline{CD}$　03 DPC
04
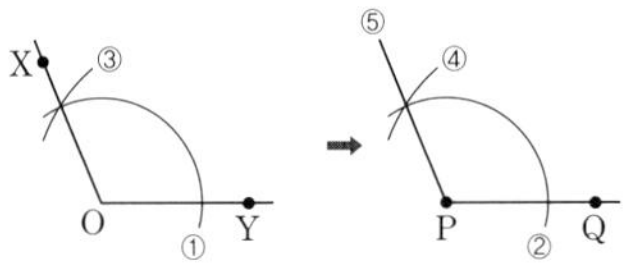

05 A, B, C, $\overline{AB}$, D, $\overrightarrow{PD}$

22 평행선의 작도 ▸ p.54

01 ㉤, ㉡, ㉥, ㉢, ㉣　02 $\overline{AC}$, $\overline{PR}$, $\overline{QR}$　03 QPR
04
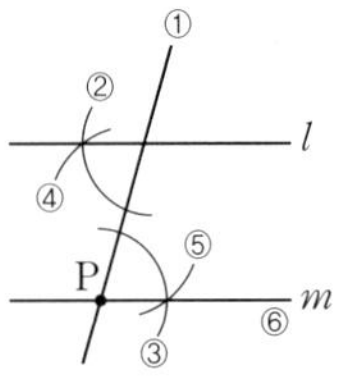

05 직선, A, B, $\overline{QA}$, $\overline{AB}$, $\overline{AB}$, P, D, PD

23 삼각형 ▸ p.55

01 6 cm　02 8 cm　03 60°　04 43°
05 77°　06 ○　07 ×　08 ×
09 ○　10 $\angle$B, $\overline{BC}$, $\overline{AB}$, $\overline{BC}$, $\overline{CA}$, $\angle$C

24 삼각형의 작도 – 세 변의 길이가 주어질 때 ▸ p.56

01 $\overline{AC}$
02
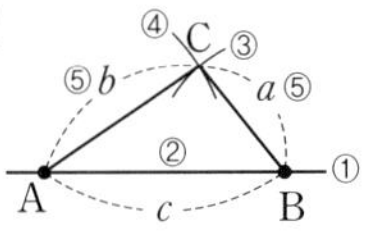

03
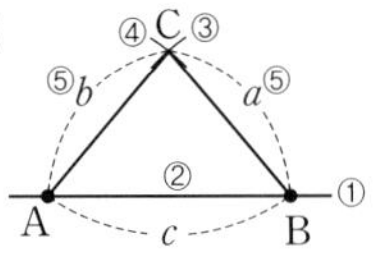

04 a, c, b, $\overline{AB}$

25 삼각형의 작도 – 두 변의 길이와 그 끼인각의 크기가 주어질 때 ▸ p.57

01 $\overline{BA}$, $\overline{CA}$
02
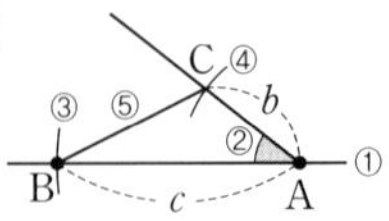

03
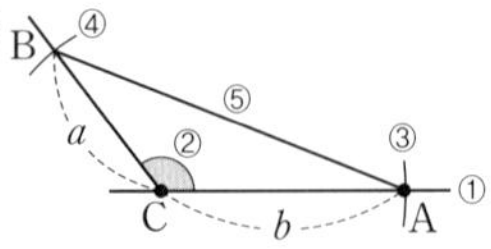

04 $\angle$B, B, C, A, $\overline{AC}$

26 삼각형의 작도
– 한 변의 길이와 그 양 끝 각의 크기가 주어질 때

▸ p.58

01 $\overline{BC}$, C, $\overline{CA}$

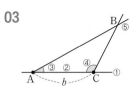

02 03

04 a, ∠B, ∠C, A

27 삼각형이 하나로 정해질 조건

▸ p.59

01 × 02 × 03 × 04 ○
05 × 06 ○ 07 × 08 ○
09 ○ 10 × 11 $\overline{BC}$, ∠A, ∠C

28 도형의 합동

▸ p.60~61

01 △HIG 02 △EFD 03 □KLIJ 04 점 E
05 점 H 06 변 FG 07 변 DA 08 ∠G
09 ∠A 10 40° 11 110° 12 5 cm
13 9 cm 14 8 cm 15 6 cm 16 45°
17 105° 18 6 cm 19 7 cm 20 7 cm
21 80° 22 120° 23 합동, ≡, 대응각, 같다

29 삼각형의 합동 조건

▸ p.62~63

01 $\overline{DF}$, ∠D, ∠C, △EDF, ASA
02 $\overline{DF}$, $\overline{CB}$, ∠F, △DFE, SAS
03 $\overline{FD}$, $\overline{BC}$, $\overline{FE}$, △FDE, SSS
04 △PQR, ASA 05 △NOM, SAS 06 △LJK, ASA
07 ○ 08 ○ 09 ○ 10 ○ 11 × 12 ×
13 1) $\overline{AC}=\overline{DF}$ 2) ∠B=∠E 또는 ∠A=∠D
14 1) $\overline{BC}=\overline{EF}$ 2) ∠A=∠D
15 1) 변 2) SAS, 끼인각 3) ASA, 양 끝 각

단원 마무리 평가 [20~29]

▸ 문제편 p.64~66

01 ① 02 ① 03 ④ 04 ③ 05 1) × 2) ○ 06 ①
07 ②, ⑤ 08 ② 09 1) 4 cm 2) 85° 3) 40°
10 ④ 11 ③ 12 ④ 13 ② 14 ③, ⑤ 15 ④
16 27°

Ⅱ-1 다각형

01 다각형

▸ p.70~71

01 × 02 ○ 03 ○ 04 ×
05 ㉢ 06 ㉠ 07 ㉣ 08 ㉤

09

다각형	(삼각형 그림)	(오각형 그림)	(칠각형 그림)
변의 개수 (개)	3	5	7
꼭짓점의 개수 (개)	3	5	7
내각의 개수 (개)	3	5	7
다각형의 이름	삼각형	오각형	칠각형

10 125° 11 85° 12 105° 13 50°
14 85° 15 108° 16 50° 17 70°
18 40° 19 116° 20 90° 21 $\angle x=144°$, $\angle y=62°$
22 $\angle x=105°$, $\angle y=73°$ 23 3, 외각, 180°

02 정다각형

▸ p.72

01 ○ 02 × 03 ○ 04 ○
05 × 06 × 07 정팔각형 08 정육각형
09 정구각형 10 변, 정다각형, 정사각형, 정오각형

03 다각형의 대각선

▸ p.73~74

01 1 02 3 03 5 04 8
05 12 06 오각형 07 구각형 08 십각형
09 십육각형 10 2 11 9 12 20
13 54 14 14 15 65 16 90
17 오각형 18 구각형 19 십각형 20 십이각형
21 십사각형 22 십팔각형 23 $n-3$, $n(n-3)$

04 삼각형의 내각의 크기의 합

▸ p.75~76

01 65° 02 131° 03 26° 04 23°
05 25° 06 30° 07 75° 08 36°
09 75° 10 84° 11 90° 12 80°
13 75° 14 90° 15 70°
16 180°, $2\angle x$, $5\angle x$, $2\angle x$, $5\angle x$, 180°

05 삼각형의 내각과 외각 사이의 관계
▸ p.77~80

01 $135°$ 02 $134°$ 03 $70°$ 04 $63°$
05 $21°$ 06 $18°$ 07 $60°$ 08 $135°$
09 $\angle x=50°$, $\angle y=55°$ 10 $\angle x=90°$, $\angle y=20°$
11 $\angle x=56°$, $\angle y=109°$ 12 $\angle x=125°$, $\angle y=100°$
13 $32°$ 14 $40°$ 15 $102°$ 16 $25°$
17 $100°$ 18 $145°$ 19 $85°$ 20 $51°$
21 $27°$ 22 $30°$ 23 $50°$ 24 $40°$
25 $135°$ 26 $105°$ 27 $130°$ 28 $25°$
29 $180°$ 30 $135°$ 31 $40°$ 32 내각, 합

06 다각형의 내각의 크기의 합
▸ p.81~84

01 2 02 4 03 7 04 11
05 15 06 18 07 $360°$ 08 $720°$
09 $1260°$ 10 $1980°$ 11 $2700°$ 12 $3240°$
13 $540°$ 14 $900°$ 15 $1260°$ 16 $1440°$
17 $1980°$ 18 $2160°$ 19 $3420°$ 20 팔각형
21 육각형 22 십일각형 23 십칠각형 24 십삼각형
25 십각형 26 십오각형 27 $100°$ 28 $83°$
29 $125°$ 30 $148°$ 31 $60°$ 32 $120°$
33 $89°$ 34 $75°$ 35 $70°$ 36 $113°$
37 $65°$ 38 $25°$ 39 $540°$ 40 $360°$
41 $220°$ 42 $n-2$, $180°$, 2

07 다각형의 외각의 크기의 합
▸ p.85

01 $105°$ 02 $97°$ 03 $74°$ 04 $100°$
05 $116°$ 06 $55°$ 07 $102°$ 08 $360°$

08 정다각형의 한 내각과 한 외각의 크기
▸ p.86~89

01 $108°$ 02 $135°$ 03 $140°$ 04 $150°$
05 $160°$ 06 정삼각형 07 정사각형 08 정육각형
09 정십각형 10 정이십각형 11 $72°$ 12 $45°$
13 $40°$ 14 $30°$ 15 $20°$ 16 $18°$
17 정사각형 18 정삼각형 19 정육각형
20 정십각형 21 정십오각형 22 정십팔각형
23 $120°$, 정삼각형 24 $72°$, 정오각형
25 $60°$, 정육각형 26 $45°$, 정팔각형
27 $36°$, 정십각형 28 정사각형
29 정삼각형 30 정육각형 31 정팔각형
32 정오각형 33 정십각형 34 $60°$, $120°$

35 $108°$, $72°$ 36 $135°$, $45°$ 37 $140°$, $40°$
38 $144°$, $36°$ 39 $140°$ 40 $36°$ 41 54
42 $n-2$, $360°$

단원 마무리 평가 [01~08]
▸ 문제편 p.90~93

01 ①, ④ 02 ④ 03 ② 04 정오각형 05 ⑤ 06 9
07 ① 08 $25°$ 09 ② 10 ① 11 ① 12 ③ 13 ④
14 ③ 15 $65°$ 16 ① 17 ② 18 ③ 19 ③
20 $115°$ 21 ③ 22 ① 23 ⑤ 24 $720°$ 25 ③
26 정이십각형 27 ② 28 ⑤ 29 ③, ⑤

Ⅱ-2 원과 부채꼴

09 원과 부채꼴
▸ p.94

01 02 03

04 05

06 $\overline{AD}$ 07 $\overline{AD}$, $\overline{BC}$ 08 $\angle DOE$ 09 $120°$
10 부채꼴, 중심각, 현, 활꼴, 호

10 부채꼴의 중심각의 크기와 호의 길이
▸ p.95~96

01 3 02 4 03 5 04 80
05 120 06 120 07 $x=8$, $y=60$ 08 $x=27$, $y=80$
09 $x=7$, $y=36$ 10 $x=8$, $y=45$ 11 8 12 20
13 16 14 원, 같다, 같다, 정비례

11 부채꼴의 중심각의 크기와 넓이
▸ p.97

01 9 02 12 03 6 04 36
05 90 06 120 07 합동, 같다, 같다, 정비례

12 부채꼴의 중심각의 크기와 현의 길이
▸ p.98

01 5 02 40 03 55 04 ○
05 × 06 ○ 07 × 08 같다, 호, 중심각, 정비례

13 원의 둘레의 길이와 넓이

▸ p.99~101

01 12π cm 02 18π cm 03 22π cm 04 6π cm
05 10π cm 06 15π cm 07 $\frac{1}{2}$ cm 08 2 cm
09 $\frac{5}{2}$ cm 10 6 cm 11 13 cm 12 15 cm
13 20 cm 14 16π cm^2 15 81π cm^2 16 9π cm^2
17 25π cm^2 18 π cm^2 19 9π cm^2 20 49π cm^2
21 144π cm^2 22 64π cm^2 23 256π cm^2
24 625π cm^2 25 4π cm 26 8π cm 27 10π cm
28 16π cm 29 32π cm 30 원주율, π, $2\pi r$, πr^2

14 부채꼴의 호의 길이와 넓이

▸ p.102~106

01 π cm 02 5π cm 03 4π cm 04 21π cm
05 2π cm 06 π cm 07 7π cm 08 60°
09 100° 10 90° 11 135° 12 120°
13 80° 14 8 cm 15 12 cm 16 4 cm
17 18 cm 18 2π cm^2 19 6π cm^2 20 4π cm^2
21 3π cm^2 22 96π cm^2 23 9π cm^2 24 3π cm^2
25 12π cm^2 26 14π cm^2 27 24π cm^2 28 30°
29 80° 30 90° 31 45° 32 210°
33 90° 34 8 cm 35 2 cm 36 6 cm
37 10 cm 38 30 cm^2 39 20π cm^2 40 2π cm^2
41 15π cm^2 42 60π cm^2 43 10 cm 44 5 cm
45 4 cm 46 14 cm 47 12 cm 48 $2\pi r$, x, πr^2, $\frac{1}{2}$

15 색칠한 부분의 둘레의 길이와 넓이

▸ p.107~108

01 18π cm 02 8π cm 03 10π cm 04 10π cm
05 $(8\pi+8)$ cm 06 $(3\pi+6)$ cm 07 27π cm^2
08 4π cm^2 09 $(32-8\pi)$ cm^2 10 10π cm^2
11 $\frac{25}{2}\pi$ cm^2 12 $\frac{21}{2}\pi$ cm^2 13 18π cm^2

단원 마무리 **평가** [09~15]

▸ 문제편 p.109~111

01 ④ 02 ② 03 144° 04 50 05 12 06 ③
07 ③ 08 ③ 09 12 cm^2 10 ② 11 ④ 12 ④
13 ④ 14 ① 15 $\left(8+\frac{10}{3}\pi\right)$ cm 16 ①
17 45 18 ② 19 $(6\pi+8)$ cm 20 $(25\pi-50)$ cm^2

Ⅲ-1 다면체와 회전체

01 다면체

▸ p.116~117

01 ○ 02 × 03 × 04 ○
05 5 06 6 07 7 08 8
09 6 10 9 11 12 12 15
13 4, 사면체 14 5, 오면체 15 6, 육면체
16 8, 팔면체 17 다면체, 오면체, 육면체

02 다면체의 종류 – 각뿔대

▸ p.118~120

01 사각형, 사각뿔대 02 오각형, 오각뿔대
03 육각형, 육각뿔대 04 8, 12, 6 05 10, 15, 7
06 12, 18, 8 07 사다리꼴 08 사다리꼴
09 사다리꼴 10 사다리꼴

11

다면체			
밑면의 모양에 따른 이름	사각기둥	사각뿔	사각뿔대
꼭짓점의 개수	8	5	8
모서리의 개수	12	8	12
면의 개수	6	5	6

12

	꼭짓점의 개수	모서리의 개수	면의 개수
삼각기둥	6	9	5
오각기둥	10	15	7
육각기둥	12	18	8
팔각기둥	16	24	10

13

	꼭짓점의 개수	모서리의 개수	면의 개수
삼각뿔	4	6	4
오각뿔	6	10	6
육각뿔	7	12	7
팔각뿔	9	16	9

14

	꼭짓점의 개수	모서리의 개수	면의 개수
삼각뿔대	6	9	5
오각뿔대	10	15	7
육각뿔대	12	18	8
팔각뿔대	16	24	10

15 ㄱ, ㄷ, ㅁ, ㅂ, ㅅ, ㅈ 16 ㄹ, ㅂ, ㅅ
17 ㄴ, ㄹ, ㅇ 18 ㄷ, ㅁ, ㅅ 19 ㄷ, ㄹ
20 ㄱ, ㅁ, ㅇ 21 ㄱ, ㄹ, ㅁ 22 육각뿔대
23 팔각기둥 24 칠각뿔 25 구각뿔대
26 각뿔대, 2, 사다리꼴

03 정다면체

▸ p.121~122

01

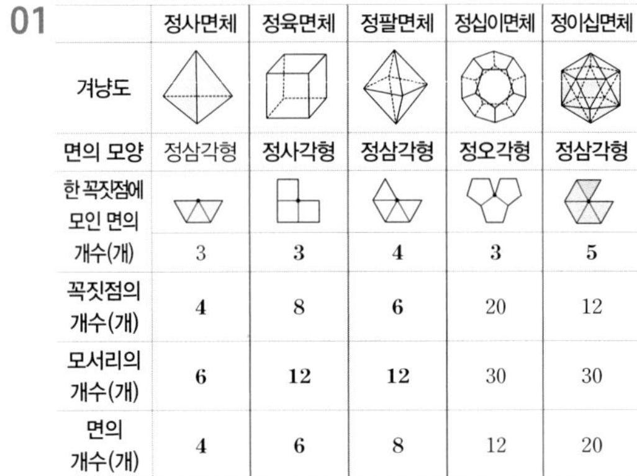

	정사면체	정육면체	정팔면체	정십이면체	정이십면체
겨냥도					
면의 모양	정삼각형	정사각형	정삼각형	정오각형	정삼각형
한 꼭짓점에 모인 면의					
개수(개)	3	3	4	3	5
꼭짓점의 개수(개)	4	8	6	20	12
모서리의 개수(개)	6	12	12	30	30
면의 개수(개)	4	6	8	12	20

02 × 03 ○ 04 ○ 05 ×

06 × 07 ○ 08 × 09 ○

10 정사면체, 정팔면체, 정이십면체

11 정육면체 12 정십이면체

13 정사면체, 정육면체, 정십이면체

14 정팔면체 15 정이십면체

16 정다면체, 정사면체, 정팔면체, 정이십면체, 5

04 정다면체의 전개도

▸ p.123~124

01 1) 2) 3) 4) 5)

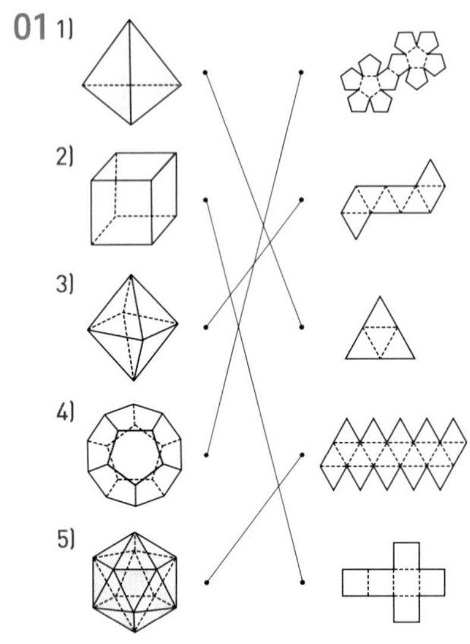

02 1) 정사면체 2) 점 E 3) 점 D
4) $\overline{AC}$, $\overline{AF}(\overline{EF})$, $\overline{BC}(\overline{DC})$, $\overline{DF}$ 5) $\overline{CF}$

03 ○ 04 × 05 ○ 06 ×

07 1) 점 H 2) $\overline{IH}$ 3) 면 LEFK

08 1) 점 I 2) 점 G 3) $\overline{GF}$ 4) $\overline{CD}(\overline{GF})$
5) $\overline{DE}(\overline{FE})$, $\overline{DJ}$, $\overline{GE}$, $\overline{CJ}$

09 1) 정이십면체 2) 정십이면체

05 회전체

▸ p.125~126

01 ○ 02 × 03 ○ 04 × 05 ○ 06 ○

07 1) 2) 3) 4) 5)

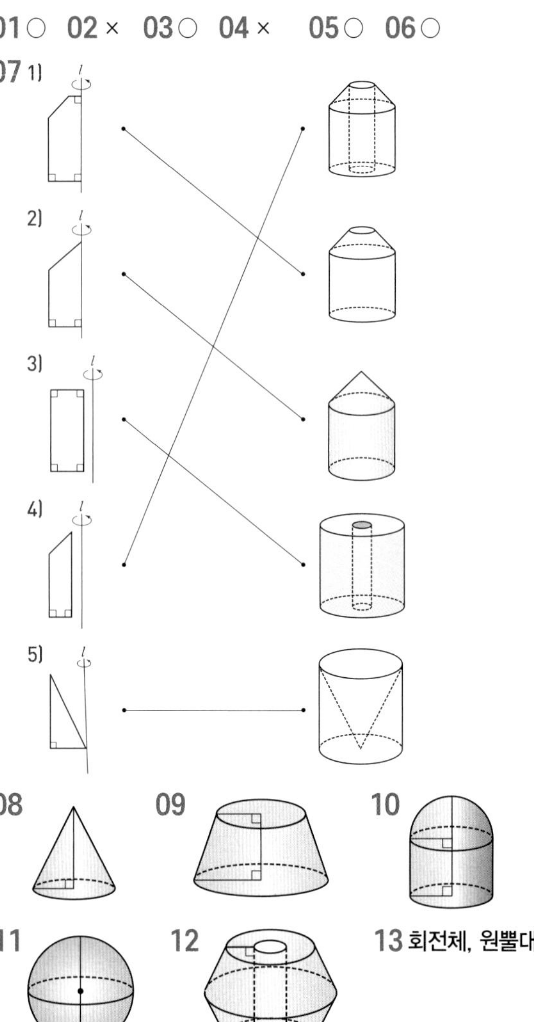

13 회전체, 원뿔대

06 회전체의 성질

▸ p.127~129

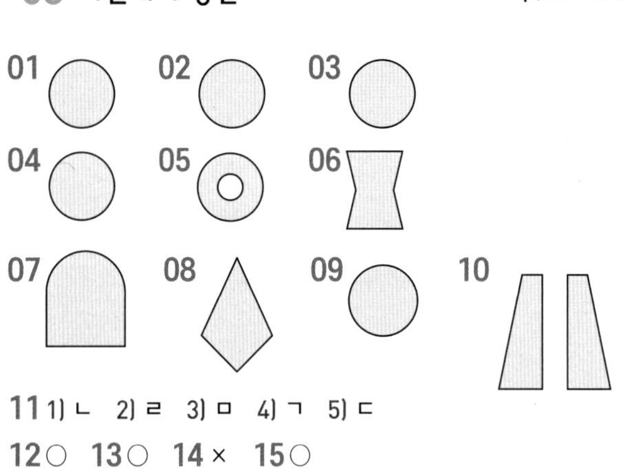

11 1) ㄴ 2) ㄹ 3) ㅁ 4) ㄱ 5) ㄷ

12 ○ 13 ○ 14 × 15 ○

20 단면 : 풀이 참조, 넓이 : $21\ \text{cm}^2$

21 단면 : 풀이 참조, 넓이 : $81\ \text{cm}^2$

22 단면 : 풀이 참조, 넓이 : $25\pi\ \text{cm}^2$

23 원, 직사각형, 이등변삼각형, 사다리꼴, 원

07 회전체의 전개도
▸ p.130~131

01 1) 2) 3)

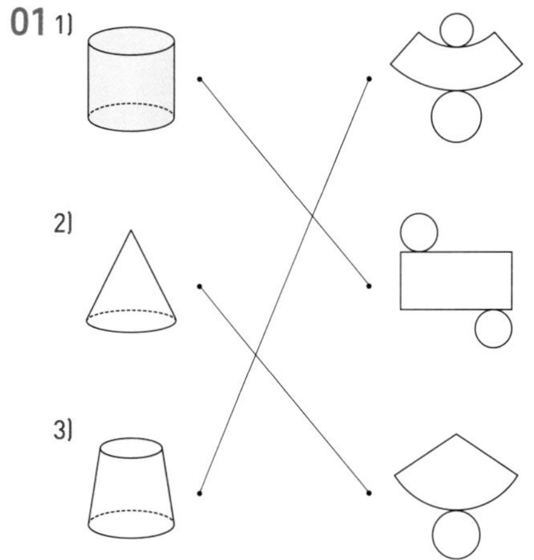

02 $a=5$, $b=10$ **03** $a=6$, $b=12\pi$ **04** $a=7$, $b=6\pi$
05 $a=5$, $b=9$ **06** $a=13$, $b=12\pi$ **07** $a=4$, $b=6$
08 $a=14\pi$, $b=26\pi$
09 **10**

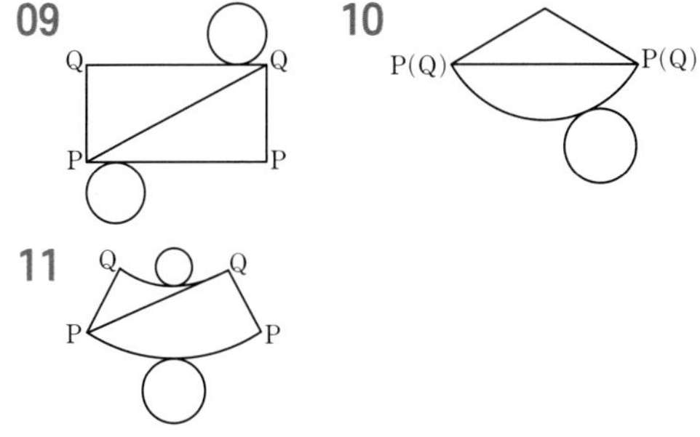

11

12 1) 원기둥, 둘레, 직사각형 2) 원뿔, 부채꼴, 호
3) 원뿔대

단원 마무리 평가 [01~07]
▸ 문제편 p.132~134

01 ㄱ, ㄴ, ㅂ **02** ③ **03** ② **04** ③ **05** ⑤ **06** 35
07 ② **08** ⑤ **09** ⑤ **10** ⑤ **11** ⑤ **12** ②, ⑤
13 ④ **14** ③ **15** ② **16** ③ **17** ④ **18** 5 cm
19 ③ **20** $(30\pi+20)$ cm

Ⅲ-2 입체도형의 겉넓이와 부피

08 각기둥의 겉넓이
▸ p.135~137

01 24 cm^2 **02** 288 cm^2 **03** 336 cm^2 **04** 36 cm^2
05 280 cm^2 **06** 352 cm^2 **07** 152 cm^2 **08** 292 cm^2
09 540 cm^2 **10** 184 cm^2 **11** 4 cm **12** 20 cm
13 6 cm **14** 27 cm^2 **15** 240 cm^2 **16** 120 cm^2
17 414 cm^2 **18** 638 cm^2 **19** 320 cm^2 **20** 404 cm^2
21 2, 옆넓이, 2, 둘레, 높이

09 각기둥의 부피
▸ p.138~139

01 300 cm^3 **02** 240 cm^3 **03** 120 cm^3 **04** 120 cm^3
05 210 cm^3 **06** 84 cm^3 **07** 126 cm^3 **08** 243 cm^3
09 10 cm **10** 4 cm **11** 19 cm^2 **12** 28 cm^2
13 높이, Sh

10 원기둥의 겉넓이
▸ p.140~142

01 78π cm^2 **02** 170π cm^2 **03** 192π cm^2 **04** 400π cm^2
05 42π cm^2 **06** 18 cm^2 **07** 16π cm^2 **08** 12 cm
09 17 cm **10** 8 cm **11** 21π cm^2 **12** 100π cm^2
13 40π cm^2 **14** 182π cm^2 **15** 200π cm^2 **16** 320π cm^2
17 120π cm^2 **18** 224π cm^2 **19** 112π cm^2 **20** 140π cm^2
21 192π cm^2 **22** 밑넓이, $2\pi rh$

11 원기둥의 부피
▸ p.143~144

01 90π cm^3 **02** 175π cm^3 **03** 176π cm^3 **04** 8 cm
05 9 cm **06** 10 cm **07** 450π cm^3 **08** 72π cm^3
09 320π cm^3 **10** 512π cm^3 **11** 75π cm^3 **12** 396π cm^3
13 1440π cm^3 **14** 높이, πr^2, $\pi r^2 h$

12 밑면이 부채꼴인 기둥의 겉넓이
▸ p.145

01 $\frac{9}{2}\pi$ cm^2 **02** $(30\pi+60)$ cm^2 **03** $(39\pi+60)$ cm^2
04 $(7\pi+24)$ cm^2 **05** $(98\pi+96)$ cm^2
06 밑넓이, $\frac{x}{360}$, h

13 밑면이 부채꼴인 기둥의 부피
▸ p.146

01 60π cm^3 **02** 189π cm^3 **03** 60π cm^3 **04** 240π cm^3
05 20π cm^3 **06** 27π cm^3 **07** 밑넓이, $\frac{x}{360}$

14 뿔의 겉넓이
▸ p.147~148

01 1) 100 cm^2 2) 240 cm^2 3) 340 cm^2
02 39 cm^2 **03** 125 cm^2 **04** 80 cm^2
05 1) 6π cm 2) 9π cm^2 3) 15π cm^2 4) 24π cm^2
06 16π cm^2 **07** 126π cm^2 **08** 65π cm^2
09 52π cm^2 **10** 1, 밑넓이

15 뿔의 부피

▸ p.149~150

01 20 cm^3 02 50 cm^3 03 120 cm^3 04 40 cm^3
05 180 cm^3 06 $18\pi\text{ cm}^3$ 07 $48\pi\text{ cm}^3$ 08 $12\pi\text{ cm}^3$
09 $50\pi\text{ cm}^3$ 10 80 cm^2 11 12 cm 12 15 cm
13 8 cm 14 6 cm 15 $\frac{1}{3}$, $\frac{1}{3}$, $\frac{1}{3}Sh$

16 뿔대의 겉넓이

▸ p.151~152

01 1) 45 cm^2 2) 72 cm^2 3) 117 cm^2
02 224 cm^2 03 256 cm^2 04 320 cm^2
05 1) $5\pi\text{ cm}^2$ 2) $4\pi\text{ cm}$, $2\pi\text{ cm}$ 3) $12\pi\text{ cm}^2$ 4) $17\pi\text{ cm}^2$
06 $56\pi\text{ cm}^2$ 07 $90\pi\text{ cm}^2$ 08 $210\pi\text{ cm}^2$ 09 $33\pi\text{ cm}^2$
10 두 밑넓이의 합

17 뿔대의 부피

▸ p.153~154

01 48 cm^3 02 6 cm^3 03 42 cm^3 04 56 cm^3
05 312 cm^3 06 420 cm^3 07 $120\pi\text{ cm}^3$ 08 $15\pi\text{ cm}^3$
09 $105\pi\text{ cm}^3$ 10 $312\pi\text{ cm}^3$ 11 $104\pi\text{ cm}^3$ 12 $252\pi\text{ cm}^3$
13 $\frac{52}{3}\pi\text{ cm}^3$ 14 $56\pi\text{ cm}^3$ 15 큰 뿔의 부피

18 구의 겉넓이

▸ p.155~156

01 $144\pi\text{ cm}^2$ 02 $100\pi\text{ cm}^2$ 03 $400\pi\text{ cm}^2$
04 $256\pi\text{ cm}^2$ 05 $64\pi\text{ cm}^2$ 06 $196\pi\text{ cm}^2$
07 $324\pi\text{ cm}^2$ 08 $36\pi\text{ cm}^2$ 09 $9\pi\text{ cm}^2$
10 $27\pi\text{ cm}^2$ 11 $108\pi\text{ cm}^2$ 12 $48\pi\text{ cm}^2$
13 $16\pi\text{ cm}^2$ 14 $\pi\text{ cm}^2$ 15 $17\pi\text{ cm}^2$ 16 $50\pi\text{ cm}^2$
17 $2r$, $2r$, $4\pi r^2$

19 구의 부피

▸ p.157~158

01 $\frac{500}{3}\pi\text{ cm}^3$ 02 $36\pi\text{ cm}^3$ 03 $\frac{256}{3}\pi\text{ cm}^3$
04 $144\pi\text{ cm}^3$ 05 $27\pi\text{ cm}^3$ 06 $\frac{28}{3}\pi\text{ cm}^3$
07 $45\pi\text{ cm}^3$ 08 $30\pi\text{ cm}^3$ 09 $126\pi\text{ cm}^3$ 10 $18\pi\text{ cm}^3$
11 $36\pi\text{ cm}^3$ 12 $54\pi\text{ cm}^3$ 13 1 : 2 : 3 14 $\frac{4}{3}\pi r^3$

단원 마무리 평가 [08~19]

▸ 문제편 p.159~161

01 540 cm^3 02 ① 03 60 cm^3 04 ⑤ 05 ③
06 ④ 07 $160\pi\text{ cm}^3$ 08 ① 09 ② 10 ① 11 ②
12 $100\pi\text{ cm}^3$ 13 ③ 14 ③ 15 ③ 16 ④ 17 ②
18 ⑤ 19 ① 20 ②

Ⅳ-1 대푯값

01 대푯값 – 평균

▸ p.166~168

01 2 02 55 03 9 04 40
05 5 06 6 07 5 08 9
09 80 10 6 11 54 12 74
13 85 14 18 15 9 16 23
17 4 18 2 19 4 20 8
21 13 22 4 23 6 24 13
25 17 26 평균, 평균

02 대푯값 – 중앙값

▸ p.169~170

01 4 02 60 03 8 04 4
05 4 06 55 07 6 08 3
09 50 10 5500 11 5 12 $\frac{35}{2}$
13 8 14 7 15 8 16 19
17 10 18 중앙값, 홀수, 짝수

03 대푯값 – 최빈값

▸ p.171~172

01 3 02 22 03 3 04 17
05 4, 8 06 2, 6 07 4, 6, 7 08 20, 24
09 야구 10 28회 11 2시간 12 2시간, 3시간
13 평균 : 15, 중앙값 : 15, 최빈값 : 15
14 평균 : 18, 중앙값 : 19, 최빈값 : 20
15 평균 : 84, 중앙값 : 85, 최빈값 : 87
16 최빈값, 최빈값

단원 마무리 평가 [01~03]

▸ 문제편 p.173~175

01 ③, ④ 02 78 03 ⑤ 04 ③ 05 ② 06 ③
07 ② 08 ② 09 ⑤ 10 ④ 11 30 12 ⑤ 13 30
14 16 15 8 16 ③ 17 ③ 18 ③ 19 ③ 20 ⑤
21 ③

Ⅳ-2 자료의 정리와 해석(1)

04 줄기와 잎 그림 ▸ p.176~179

01 줄넘기 횟수 (3|1은 31회)

줄기	잎
3	1 5 5 6 8 9
4	0 1 3 4
5	4 5 5
6	0 0 4

02 국어 점수 (5|2는 52점)

줄기	잎
5	2 3 7
6	4 9
7	1 2 5 6 7 9
8	2 4 5 8
9	5

03 1) 20명 2) 6명 **04** 1) 19명 2) 5명

05 1) 15명 2) 4명 **06** 1) 30명 2) 7명

07 1) 3 2) 0, 0, 2, 5, 9, 9 **08** 1) 5 2) 0, 1, 2, 4, 6, 7, 9

09 1) 2 2) 1, 2, 4, 5, 8 **10** 1) 7 2) 0, 0, 7, 9

11 31점 **12** 35분 **13** 36시간 **14** 68살

15 35권 **16** 줄기와 잎 그림, 줄기, 잎

05 도수분포표 ▸ p.180~186

01 1) ㄴ 2) ㄹ 3) ㄷ 4) ㄱ

02

몸무게(kg)	도수(명)	
$40^{\text{이상}}\sim45^{\text{미만}}$	///	3
45 ~50	/	1
50 ~55	//	2
55 ~60	////	4
합계	10	

03

과학 점수(점)	도수(명)	
$40^{\text{이상}}\sim50^{\text{미만}}$	/	1
50 ~ 60	//	2
60 ~ 70	//	2
70 ~ 80	//	2
80 ~ 90	///	3
90 ~100	//	2
합계	12	

04

독서량(권)	도수(명)	
$0^{\text{이상}}\sim5^{\text{미만}}$	///	3
5 ~10	卌 //	7
10 ~15	////	4
15 ~20	//	2
합계	16	

05

통학 시간(분)	도수(명)
$10^{\text{이상}}\sim15^{\text{미만}}$	2
15 ~20	1
20 ~25	3
25 ~30	3
30 ~35	3
35 ~40	4
합계	16

06 60점 이상 70점 미만 **07** 3시간 이상 4시간 미만

08 290타 이상 310타 미만 **09** 1℃ **10** 4회

11 5 kg **12** 5 cm **13** 10점 **14** 2시간

15

수행평가 점수(점)	도수(명)
$0^{\text{이상}}\sim10^{\text{미만}}$	3
10 ~20	8
20 ~30	10
30 ~40	2
40 ~50	2
합계	25

16

턱걸이 기록(회)	도수(명)
$0^{\text{이상}}\sim4^{\text{미만}}$	6
4 ~ 8	7
8 ~12	4
12 ~16	2
16 ~20	1
합계	20

17

휴대전화 통화 시간(분)	도수(명)
$0^{\text{이상}}\sim10^{\text{미만}}$	8
10 ~20	2
20 ~30	9
30 ~40	6
40 ~50	3
50 ~60	2
합계	30

18

줄넘기 횟수(회)	도수(명)
$30^{\text{이상}}\sim40^{\text{미만}}$	2
40 ~50	8
50 ~60	15
60 ~70	3
70 ~80	2
합계	30

19

봉사 활동 시간(시간)	도수(명)
$3^{\text{이상}}\sim5^{\text{미만}}$	6
5 ~ 7	8
7 ~ 9	12
9 ~11	10
11 ~13	4
합계	40

20

회원의 나이(살)	도수(명)
$10^{\text{이상}}\sim15^{\text{미만}}$	7
15 ~20	11
20 ~25	10
25 ~30	13
30 ~35	9
합계	50

21 3 **22** 2 **23** 6 **24** 4

25 4 **26** 6 **27** 7명 **28** 35 %

29 1명 **30** 5% **31** 5명 **32** 25 %

33 10명 **34** 50 % **35** 10점 **36** 5

37 7 **38** 70점 이상 80점 미만 **39** 40 %

40 10회 **41** 5 **42** 16 **43** 60회 이상 70회 미만

44 65 % **45** 계급, 계급의 크기, 도수

06 히스토그램

▸ p.187~191

01
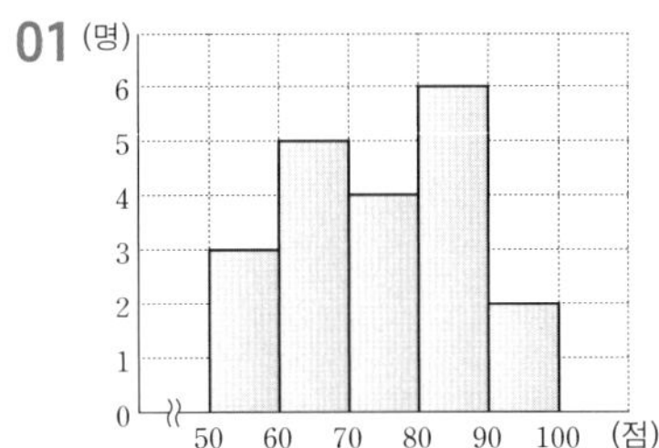

02
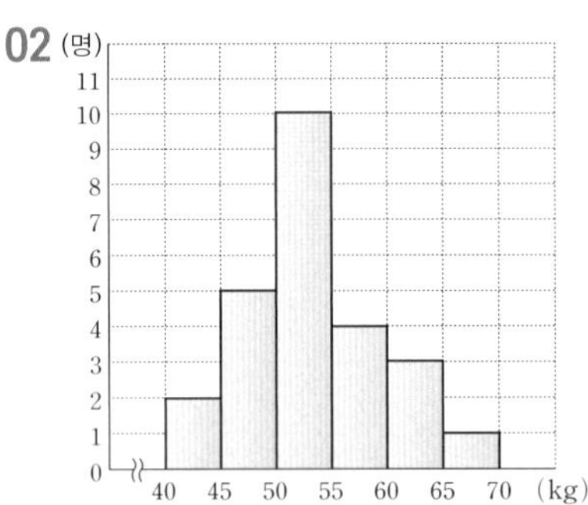

03

감귤의 무게(g)	도수(개)
70이상 ~ 75미만	3
75 ~ 80	4
80 ~ 85	8
85 ~ 90	7
90 ~ 95	3
합계	25

04

독서 시간(시간)	도수(명)
0이상 ~ 4미만	1
4 ~ 8	4
8 ~ 12	7
12 ~ 16	5
16 ~ 20	3
합계	20

05

영어 점수(점)	도수(명)
70이상 ~ 75미만	4
75 ~ 80	6
80 ~ 85	14
85 ~ 90	8
90 ~ 95	6
95 ~ 100	2
합계	40

06

100 m 달리기 기록(초)	도수(명)
14이상 ~ 15미만	2
15 ~ 16	4
16 ~ 17	9
17 ~ 18	6
18 ~ 19	3
19 ~ 20	1
합계	25

07 10 kg **08** 5회 **09** 20 m
10 80점 이상 85점 미만 **11** 95점 이상 100점 미만
12 85점 이상 90점 미만 **13** 70점 이상 75점 미만
14 90점 이상 95점 미만 **15** 80점 이상 85점 미만
16 30명 **17** 40명 **18** 50명 **19** 6명
20 15 % **21** 16명 **22** 40 % **23** 6명
24 12 % **25** 15명 **26** 30 % **27** 20명
28 48 kg 이상 52kg 미만 **29** 6명 **30** 20 %
31 가로, 도수, 직사각형

07 히스토그램에서 직사각형의 특징

▸ p.192~193

01 5 **02** 2시간 **03** 11시간 이상 13시간 미만
04 12 **05** 60 **06** 3배 **07** 6
08 10점 **09** 60점 이상 70점 미만 **10** 50
11 400 **12** 2배 **13** 12권 이상 14권 미만
14 16 **15** 14 **16** 70
17 8권 이상 10권 미만 **18** 크기, 도수

08 도수분포다각형

▸ p.194~198

01
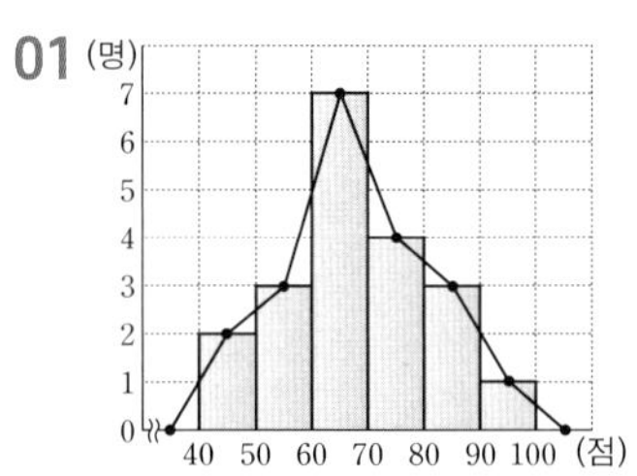

02
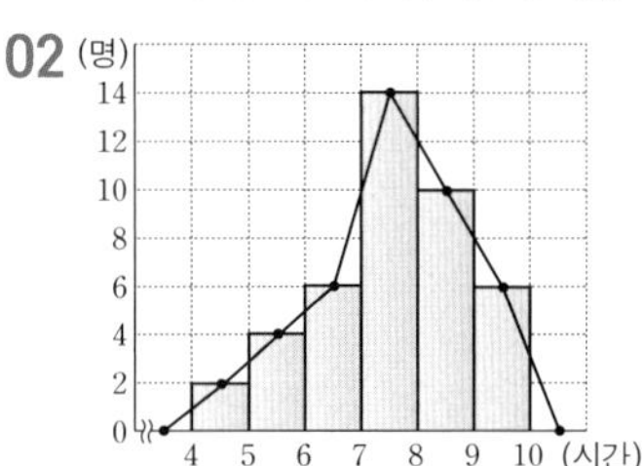

03
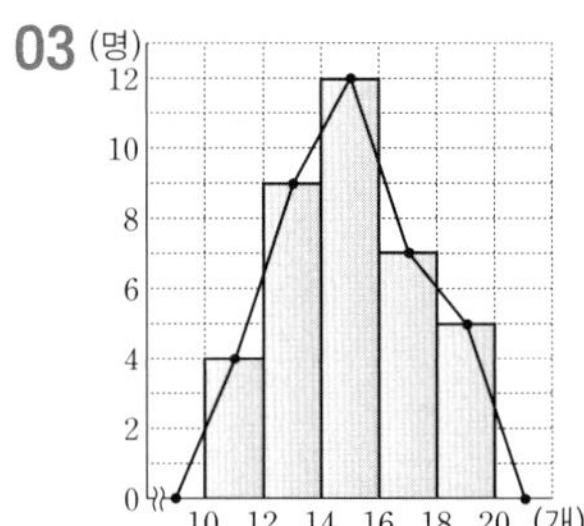

04
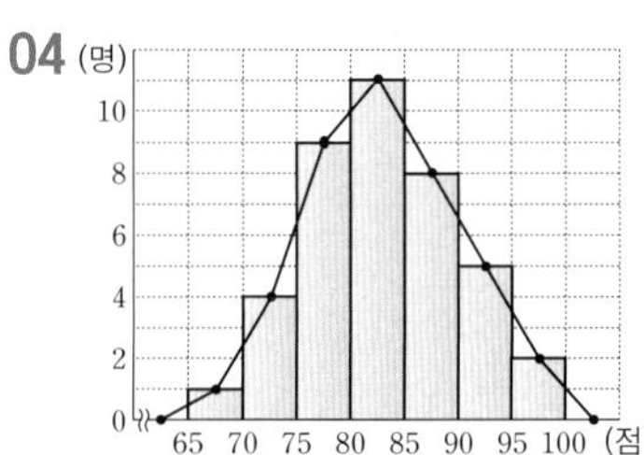

05

몸무게(kg)	도수(명)
30이상 ~ 35미만	2
35 ~ 40	5
40 ~ 45	10
45 ~ 50	7
50 ~ 55	1
합계	25

06

봉사 활동 시간(시간)	도수(명)
$3^{이상} \sim 5^{미만}$	5
5 ~ 7	8
7 ~ 9	10
9 ~ 11	7
11 ~ 13	3
13 ~ 15	2
합계	35

07

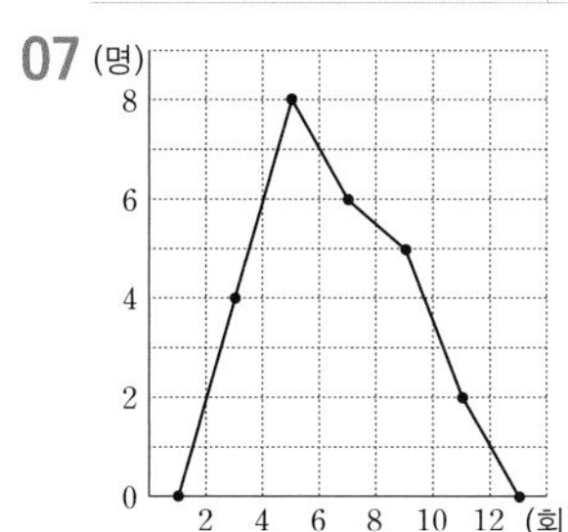

08

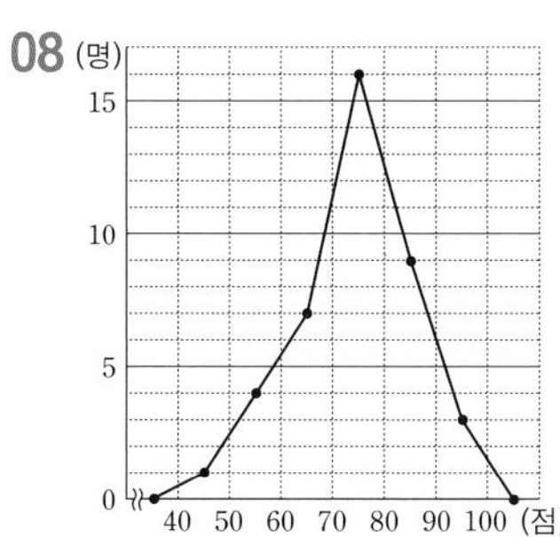

09 2시간 **10** 30분 **11** 4살

12 60 kg 이상 65 kg 미만 **13** 40 kg 이상 45 kg 미만

14 30 kg 이상 35 kg 미만, 55 kg 이상 60 kg 미만

15 50 kg 이상 55 kg 미만 **16** 35 kg 이상 40 kg 미만

17 30명 **18** 23명 **19** 40명 **20** 9명

21 30 % **22** 6명 **23** 20 % **24** 50명

25 8명 **26** 16 % **27** 24명 **28** 48 %

29 40명 **30** 10명 **31** 25 % **32** 7명

33 중앙, 0, 도수분포다각형

09 도수분포다각형의 특징

▸ p.199~200

01 210 **02** 64 **03** 100 **04** 350

05 70 **06** 10점, 6 **07** 30명 **08** 4명

09 30 % **10** 300 **11** 160 cm 이상 165 cm 미만

12 40명 **13** 155 cm 이상 160 cm 미만 **14** 25 %

15 200 **16** 도수분포다각형, 직사각형

단원 마무리 **평가** [04~09]

▸ 문제편 p.201~203

01 28 **02** 46살 **03** 8명 **04** 36점 **05** ③ **06** 22

07 5 kg **08** 12 **09** ⑤ **10** ③ **11** 15분 **12** ③

13 600 **14** 45 % **15** 11명 **16** ③ **17** ④

18 250 **19** ④ **20** ③ **21** 150

Ⅳ-3 자료의 정리와 해석(2)

10 상대도수의 분포표

▸ p.204~208

01 0.36 **02** 0.21 **03** 0.2 **04** 0.31

05 0.45 **06** 0.62 **07** ○ **08** ×

09 × **10** ○ **11** ○ **12** ○

13

수학 점수(점)	도수(명)	상대도수
$50^{이상} \sim 60^{미만}$	1	$\frac{1}{20}=0.05$
60 ~ 70	4	$\frac{4}{20}=0.2$
70 ~ 80	8	$\frac{8}{20}=0.4$
80 ~ 90	5	$\frac{5}{20}=0.25$
90 ~ 100	2	$\frac{2}{20}=0.1$
합계	20	1

14

용돈(만 원)	도수(명)	상대도수
$2^{이상} \sim 4^{미만}$	8	0.2
4 ~ 6	12	0.3
6 ~ 8	14	0.35
8 ~ 10	6	0.15
합계	40	1

15

윗몸일으키기 횟수(회)	도수(명)	상대도수
$0^{이상} \sim 15^{미만}$	2	0.05
15 ~ 30	6	0.15
30 ~ 45	18	0.45
45 ~ 60	10	0.25
60 ~ 75	4	0.1
합계	40	1

16

줄넘기 횟수(회)	도수(명)	상대도수
$0^{이상} \sim 20^{미만}$	$25\times0.08=2$	0.08
20 ~ 40	$25\times0.12=3$	0.12
40 ~ 60	$25\times0.4=10$	0.4
60 ~ 80	$25\times0.24=6$	0.24
80 ~ 100	$25\times0.16=4$	0.16
합계	25	1

17

독서 시간(시간)	도수(명)	상대도수
$0^{이상} \sim 4^{미만}$	3	0.075
4 ~ 8	6	0.15
8 ~ 12	12	0.3
12 ~ 16	10	0.25
16 ~ 20	5	0.125
20 ~ 24	4	0.1
합계	40	1

18

관객의 나이(세)	도수(명)	상대도수
$15^{이상} \sim 20^{미만}$	25	0.125
20 ~ 25	42	0.21
25 ~ 30	70	0.35
30 ~ 35	36	0.18
35 ~ 40	18	0.09
40 ~ 45	9	0.045
합계	200	1

19 1 **20** 1 **21** 1 **22** 20 %

23 55 % **24** 35 % **25** $A=50$, $B=0.22$

26 $A=40$, $B=0.325$ **27** $A=5$, $B=0.25$

28 40명 **29** 32개 **30** 50명 **31** 100
32 6 **33** 0.35 **34** 23 **35** 21
36 0.1 **37** 20 **38** 3 **39** 11
40 4 **41** 상대도수, 도수, 1

11 상대도수의 분포를 나타낸 그래프

▸ p.209~210

01

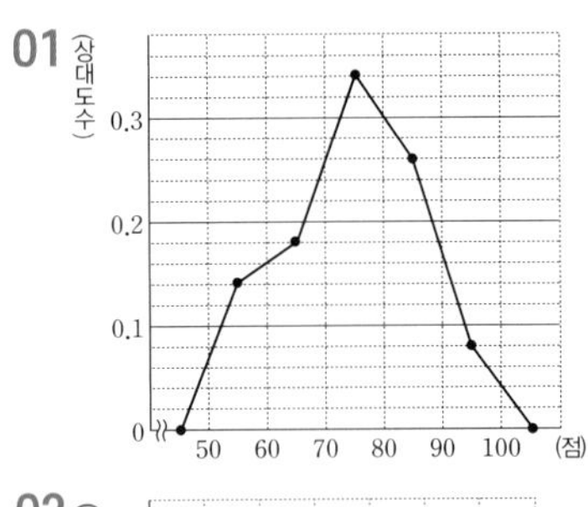

02

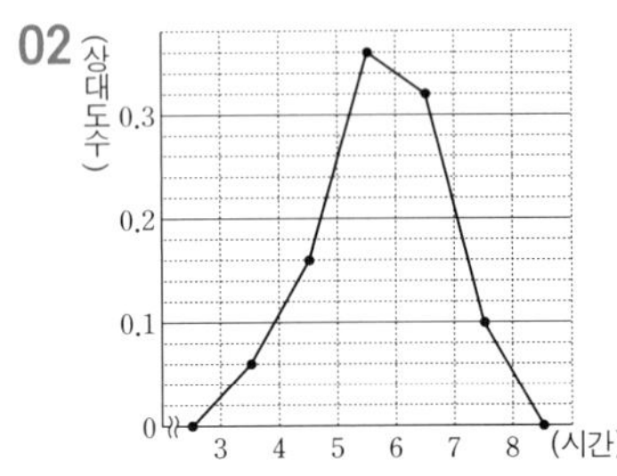

03 16 % **04** 6명 **05** 20 % **06** 18명
07 100명 **08** 12명 **09** 54 % **10** 14명
11 도수분포다각형, 분포

12 도수의 총합이 다른 두 자료의 비교

▸ p.211

01

수학 점수(점)	1반		2반	
	도수(명)	상대도수	도수(명)	상대도수
50이상 ~ 60미만	2	0.05	3	0.06
60 ~ 70	8	**0.2**	10	**0.2**
70 ~ 80	14	**0.35**	18	**0.36**
80 ~ 90	10	**0.25**	12	**0.24**
90 ~ 100	6	**0.15**	7	**0.14**
합계	40	1	50	1

02 60점 이상 70점 미만 **03** 1반 **04** 2반
05 75명, 40명 **06** A 중학교 **07** 상대도수

단원 마무리 평가 [10~12]

▸ 문제편 p.212~214

01 ③ **02** ⑤ **03** 0.24 **04** $A=0.34$, $B=1$ **05** ④
06 ③ **07** ② **08** ④ **09** ① **10** ④ **11** 35 %
12 50명 **13** ④ **14** ② **15** ③ **16** 17명 **17** ②, ④
18 ④ **19** ⑤ **20** B 중학교

실력 향상 테스트

Ⅰ 기본 도형

▸ p.216~219

01 ⑤ **02** ①, ④ **03** ② **04** ③ **05** ① **06** ③
07 ⑤ **08** ⑤ **09** ① **10** 2 **11** ③ **12** ② **13** ④
14 ③ **15** ④ **16** ④ **17** ⑤ **18** ④ **19** ④ **20** ⑤
21 ② **22** ② **23** ② **24** ㄴ, ㄷ, ㄹ

Ⅱ 평면도형

▸ p.220~223

01 ②, ③ **02** 정칠각형 **03** ② **04** ④ **05** 28°
06 ① **07** 105° **08** 35° **09** 146° **10** ④ **11** 37° **12** 109°
13 ④ **14** ⑤ **15** 2880° **16** ④ **17** ③, ⑤
18 ④ **19** ④ **20** ③ **21** ③ **22** ④ **23** 15 **24** ⑤
25 ③ **26** ② **27** 120° **28** $(3\pi+10)$cm **29** ②

Ⅲ 입체도형

▸ p.224~227

01 ⑤ **02** ② **03** ⑤ **04** ③ **05** ⑤ **06** ⑤ **07** ⑤
08 ② **09** 36 cm^2 **10** ③ **11** ④ **12** 8 **13** ②
14 120 cm^2 **15** ③ **16** ② **17** 280 **18** ④ **19** ③
20 ④ **21** ⑤ **22** ④ **23** ② **24** ③ **25** ④
26 겉넓이 : 33π cm^2, 부피 : 30π cm^3

Ⅳ 통계

▸ p.228~231

01 ③ **02** ② **03** ④ **04** ⑤ **05** ② **06** ③ **07** 6
08 4 **09** 4일 **10** ② **11** 40% **12** ⑤ **13** ①
14 ② **15** ③ **16** 12명 **17** 40% **18** ② **19** 25명
20 24 m 이상 28 m 미만 **21** 72% **22** 100 **23** ④
24 $A=16$, $B=0.275$, $C=1$ **25** 0.175 **26** 55%
27 15명 **28** 90점 이상 100점 미만
29 30명 **30** 2반

Ⅰ-1 기본 도형

01 도형

▸ p.10

01 답 ○

02 답 ○

03 답 ○

04 답 ×

점이 움직인 자리는 곡선도 될 수 있다.

05 답 ×

한 평면 위에 있는 도형은 평면도형이다.

06 답 ×

삼각형은 평면도형이고 원뿔, 직육면체는 입체도형이다.

07 답 ○

08 답 **평**

한 평면 위에 있으므로 평면도형이다.

09 답 **평**

10 답 **입**

한 평면 위에 있지 않으므로 입체도형이다.

11 답 **입**

12 답 **입**

13 답 **평**

14 답 **선, 면, 평면, 입체**

02 교점과 교선

▸ p.11

01 답 **점 A**

모서리 AB와 모서리 AE는 점 A에서 만난다.

02 답 **점 G**

모서리 FG와 모서리 GH는 점 G에서 만난다.

03 답 **점 F**

모서리 BF와 면 EFGH는 점 F에서 만난다.

04 답 **점 D**

모서리 AD와 면 CGHD는 점 D에서 만난다.

05 답 **모서리 BC**

면 ABCD와 면 BFGC는 모서리 BC에서 만난다.

06 답 **모서리 DH**

면 AEHD와 면 CGHD는 모서리 DH에서 만난다.

07 답 **4**

평면도형에서 교점의 개수는 꼭짓점의 개수와 같으므로 4이다.

08 답 **4, 6**

입체도형에서 교점의 개수는 꼭짓점의 개수와 같으므로 4이고, 교선의 개수는 모서리의 개수와 같으므로 6이다.

09 답 **6, 9**

입체도형에서 교점의 개수는 꼭짓점의 개수와 같으므로 6이고, 교선의 개수는 모서리의 개수와 같으므로 9이다.

10 답 **선, 교점, 면, 교선**

03 직선, 반직선, 선분

▸ p.12~14

01 답 $\overleftrightarrow{AB}$

02 답 $\overline{AB}$

03 답 $\overrightarrow{AB}$

04 답 $\overrightarrow{BA}$

05 답 P Q R

06 답 P Q R

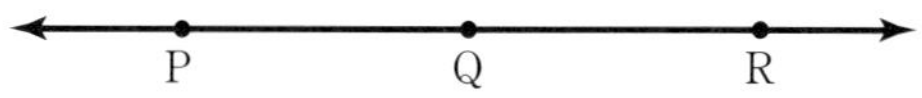

07 답 P Q R

08 답 P Q R

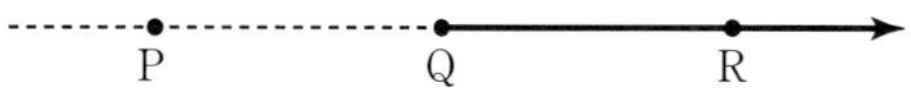

09 답 $\overline{BA}$

10 답 $\overline{CB}$

11 답 $\overline{AC}$

12 답 $\overleftrightarrow{AC}$

13 답 $\overleftrightarrow{AC}$

14 답 $\overrightarrow{CA}$

15 답 $\overrightarrow{AB}$

16 답 $\neq$

17 답 $\neq$

18 답 $=$

19 답 $\neq$

20 답 $=$

21 답 $=$

22 답 $\neq$

23 답 $=$

24 답 **무수히 많다.**

한 점을 지나는 직선은 무수히 많다.

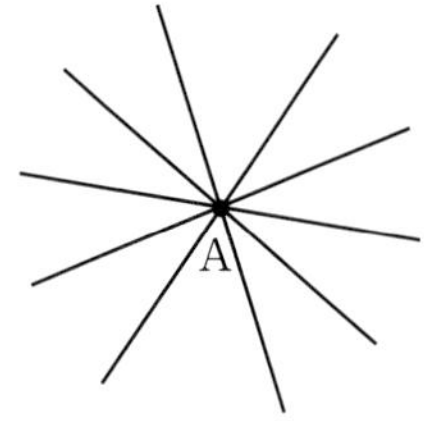

25 답 **1**

$\overleftrightarrow{AB}$의 $\boxed{1}$개이다.

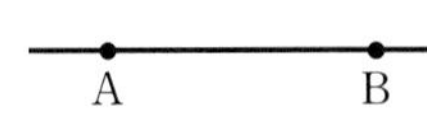

26 답 **3**

$\overleftrightarrow{AB}$, $\overleftrightarrow{BC}$, $\overleftrightarrow{CA}$의 3개이다.

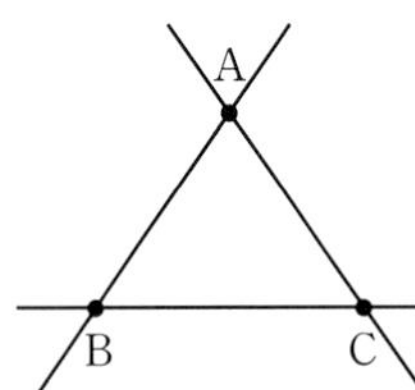

27 답 **6**

$\overleftrightarrow{AB}$, $\overleftrightarrow{BC}$, $\overleftrightarrow{CD}$, $\overleftrightarrow{DA}$, $\overleftrightarrow{AC}$, $\overleftrightarrow{BD}$의 6개이다.

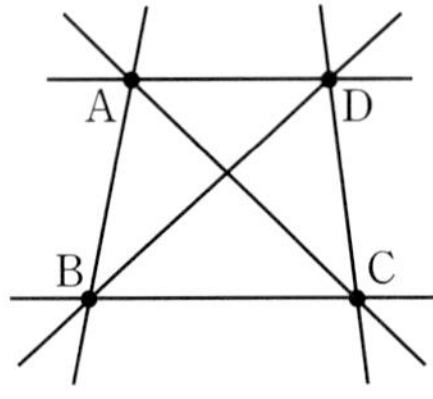

28 답 **3**

두 점을 지나는 서로 다른 직선의 개수는 $\overleftrightarrow{AB}$, $\overleftrightarrow{BC}$, $\boxed{\overleftrightarrow{CA}}$로 $\boxed{3}$이다.

29 답 **3**

두 점을 이은 서로 다른 선분의 개수는 $\overline{AB}$, $\overline{BC}$, $\overline{CA}$로 3이다.

30 답 **6**

두 점을 지나는 서로 다른 반직선의 개수는 $\overrightarrow{AB}$, $\overrightarrow{AC}$, $\overrightarrow{BA}$, $\overrightarrow{BC}$, $\overrightarrow{CA}$, $\overrightarrow{CB}$로 6이다.

31 답 **AB, $\overleftrightarrow{AB}$, 반직선, $\overrightarrow{AB}$, 선분, $\overline{AB}$**

04 두 점 사이의 거리

▸ p.15

01 답 **8 cm**

(두 점 A, B 사이의 거리)=(선분 $\boxed{AB}$의 길이)=$\boxed{8}$ cm

02 답 **7 cm**

(두 점 A, C 사이의 거리)=(선분 AC의 길이)=7 cm

03 답 **6 cm**

(두 점 A, D 사이의 거리)=(선분 AD의 길이)=6 cm

04 답 **10 cm**

(두 점 B, C 사이의 거리)=(선분 BC의 길이)=10 cm

05 답 **8 cm**

(두 점 A, D 사이의 거리)=(선분 $\boxed{AD}$의 길이)=$\boxed{8}$ cm

06 답 **9 cm**

(두 점 B, C 사이의 거리)=(선분 BC의 길이)=9 cm

07 답 **7 cm**

(두 점 C, D 사이의 거리)=(선분 CD의 길이)=7 cm

08 답 **12 cm**

(두 점 B, D 사이의 거리)=(선분 BD의 길이)=12 cm

09 답 **짧은, 3**

05 선분의 중점

▸ p.16~17

01 답 1) $\frac{1}{2}$, 6 2) $\frac{1}{2}$, 6 3) 2, 2

1) $\overline{AM}=\boxed{\frac{1}{2}}\overline{AB}=\frac{1}{2}\times 12=\boxed{6}$(cm)

2) $\overline{BM}=\boxed{\frac{1}{2}}\overline{AB}=\frac{1}{2}\times 12=\boxed{6}$(cm)

3) $\overline{AB}=\boxed{2}\overline{AM}=\boxed{2}\overline{BM}$

02 답 1) 4 2) 2, 8

1) $\overline{BM}=\overline{AM}=\boxed{4}$(cm)

2) $\overline{AB}=\boxed{2}\overline{AM}=2\times 4=\boxed{8}$(cm)

03 답 1) 7 2) 2, 14

1) $\overline{AM}=\overline{BM}=\boxed{7}$(cm)

2) $\overline{AB}=\boxed{2}\overline{BM}=2\times 7=\boxed{14}$(cm)

04 답 1) $\frac{1}{3}$, 5　2) 3, 3, 3

1) $\overline{AB}=\overline{BC}=\overline{CD}=\boxed{\frac{1}{3}}\overline{AD}=\frac{1}{3}\times15=\boxed{5}$(cm)

2) $\overline{AD}=\boxed{3}\overline{AB}=\boxed{3}\overline{BC}=\boxed{3}\overline{CD}$

05 답 1) 7　2) 3, 21

1) $\overline{AB}=\overline{CD}=\overline{BC}=\boxed{7}$(cm)

2) $\overline{AD}=\boxed{3}\overline{BC}=3\times7=\boxed{21}$(cm)

06 답 1) $\frac{1}{2}$, 6　2) 3, 3, 3, 18

1) 두 점 B, C는 선분 AD의 삼등분점이므로
두 선분 AB, BC의 길이는 서로 같다.
즉, 점 B는 선분 AC의 중점이므로

$\overline{AB}=\overline{BC}=\boxed{\frac{1}{2}}\overline{AC}=\frac{1}{2}\times12=\boxed{6}$(cm)

2) $\overline{AD}=\boxed{3}\overline{AB}=\boxed{3}\overline{BC}=\boxed{3}\overline{CD}=3\times6=\boxed{18}$(cm)

07 답 2

점 M은 선분 AB의 중점이므로 선분 AB의 길이는 선분 AM의 길이의 $\boxed{2}$배이다.

$\therefore \overline{AB}=\boxed{2}\overline{AM}$

08 답 4

점 N은 선분 AM의 중점이므로 선분 AM의 길이는 선분 NM의 길이의 $\boxed{2}$배이다.

$\therefore \overline{AB}=\boxed{2}\overline{AM}=2\times\boxed{2}\overline{NM}=\boxed{4}\overline{NM}$

09 답 $\frac{1}{4}$

$\overline{AB}=4\overline{NM}=4\overline{AN}$이므로 $\overline{AN}=\boxed{\frac{1}{4}}\overline{AB}$

10 답 $\frac{1}{2}$

$\overline{AM}=\overline{MB}$이므로 $\overline{NM}=\frac{1}{2}\overline{AM}=\boxed{\frac{1}{2}}\overline{MB}$

11 답 2

$\overline{AN}=\overline{NM}$이므로 $\overline{AM}=\boxed{2}\overline{NM}$

12 답 $\frac{3}{4}$

$\overline{NM}=\boxed{\frac{1}{4}}\overline{AB}$, $\overline{BM}=\boxed{\frac{1}{2}}\overline{AB}$이므로

$\overline{NB}=\overline{NM}+\overline{BM}=\boxed{\frac{1}{4}}\overline{AB}+\boxed{\frac{1}{2}}\overline{AB}=\boxed{\frac{3}{4}}\overline{AB}$

13 답 2 cm

$\overline{AM}=\overline{BM}$이므로 $\overline{BM}=\frac{1}{2}\overline{AB}=\frac{1}{2}\times8=4$(cm)

$\overline{MN}=\overline{BN}$이므로 $\overline{MN}=\frac{1}{2}\overline{BM}=\frac{1}{2}\times4=2$(cm)

14 답 8 cm

$\overline{AM}=\overline{BM}$이므로 $\overline{BM}=\frac{1}{2}\overline{AB}$

$\overline{BN}=\overline{CN}$이므로 $\overline{BN}=\frac{1}{2}\overline{BC}$

$\therefore \overline{MN}=\overline{BM}+\overline{BN}=\frac{1}{2}\overline{AB}+\frac{1}{2}\overline{BC}=\frac{1}{2}(\overline{AB}+\overline{BC})$

$=\frac{1}{2}\overline{AC}=\frac{1}{2}\times16=8$(cm)

15 답 5 cm

두 점 M, N이 선분 BC의 삼등분점이므로

$\overline{BM}=\overline{MN}=\overline{CN}=5$cm

즉, $\overline{CM}=\overline{CN}+\overline{MN}=5+5=10$(cm)이고

점 M이 선분 AC의 중점이므로 $\overline{AM}=\overline{CM}=10$ cm

이때, $\overline{BM}=5$ cm이므로

$\overline{AB}=\overline{AM}-\overline{BM}=10-5=5$(cm)

16 답 2 cm

두 점 B, C가 선분 AD의 삼등분점이므로

$\overline{AB}=\overline{BC}=\overline{CD}$ ⋯ ㉠

이때, $\overline{AC}=8$ cm이므로 ㉠에 의하여

$\overline{AB}=\overline{BC}=\frac{1}{2}\overline{AC}=\frac{1}{2}\times8=4$(cm)

㉠에 의하여 $\overline{CD}=\overline{AB}=\overline{BC}=4$ cm이고 점 M이 선분 CD의 중점이므로 $\overline{CM}=\frac{1}{2}\overline{CD}=\frac{1}{2}\times4=2$(cm)

17 답 1) **중점**　2) **삼등분점**

06 각

▸ p.18~20

01 답 ×

∠AOB는 한 점 O에서 시작하는 두 반직선 OA, OB로 이루어진 도형이고 ∠ABO는 한 점 B에서 시작하는 두 반직선 BA, BO로 이루어진 도형이므로 ∠AOB는 ∠ABO로 나타낼 수 없다.

02 답 ○

03 답 ×

직각의 크기는 90°이다.

04 답 ○

05 답 ○

직각의 크기는 평각의 크기의 $\frac{1}{2}$배이므로 평각의 크기는 직각의 크기의 2배이다.

06 답 ×

둔각은 90°보다 크고 180°보다 작은 각이다.

07 답 $\angle BAC$, $\angle CAB$

08 답 $\angle CBA$, $\angle ABD$

09 답 $\angle ACD$, $\angle DCA$

10 답 평각

$\angle AOB$의 크기는 180°이므로 [평각]이다.

11 답 직각

$\angle AOC$의 크기는 90°이므로 직각이다.

12 답 예각

$0^\circ < \angle COD < 90^\circ$이므로 예각이다.

13 답 둔각

$90^\circ < \angle AOE < 180^\circ$이므로 둔각이다.

14 답 둔각

$90^\circ < \angle AOD < 180^\circ$이므로 둔각이다.

15 답 직각

$\angle BOD$의 크기는 90°이므로 직각이다.

16 답 둔각

$90^\circ < \angle BOE < 180^\circ$이므로 둔각이다.

17 답 예각

$0^\circ < \angle DOE < 90^\circ$이므로 예각이다.

18 답 $\angle AOB$

19 답 $\angle AOP$, $\angle POB$

20 답 $\angle POQ$, $\angle QOB$

21 답 $\angle AOQ$

22 답 ㄷ

평각은 180°이다.

23 답 ㄹ

직각은 90°이다.

24 답 ㄱ, ㅁ, ㅅ, ㅈ

예각은 0° 보다 크고 90° 보다 작은 각이다.

25 답 ㄴ, ㅂ, ㅇ

둔각은 90° 보다 크고 180° 보다 작은 각이다.

26 답 60°

직각은 90°이므로 $\angle x+30^\circ=\boxed{90}^\circ$에서

$\angle x=\boxed{60}^\circ$

27 답 70°

직각은 90°이므로 $20^\circ+\angle x=90^\circ$에서 $\angle x=70^\circ$

28 답 28°

직각은 90°이므로 $27^\circ+\angle x+35^\circ=90^\circ$에서

$\angle x+62^\circ=90^\circ \qquad \therefore \angle x=28^\circ$

29 답 18°

직각은 90°이므로 $2\angle x+3\angle x=\boxed{90}^\circ$에서

$5\angle x=\boxed{90}^\circ \qquad \therefore \angle x=\boxed{18}^\circ$

30 답 16°

직각은 90°이므로 $2\angle x+(3\angle x+10^\circ)=90^\circ$에서

$5\angle x+10^\circ=90^\circ$, $5\angle x=80^\circ \qquad \therefore \angle x=16^\circ$

31 답 80°

평각은 180°이므로 $40^\circ+\angle x+60^\circ=\boxed{180}^\circ$에서

$\angle x+\boxed{100}^\circ=\boxed{180}^\circ \qquad \therefore \angle x=\boxed{80}^\circ$

32 답 52°

평각은 180°이므로 $38^\circ+90^\circ+\angle x=180^\circ$에서

$\angle x+128^\circ=180^\circ \qquad \therefore \angle x=52^\circ$

33 답 20°

평각은 180°이므로 $3\angle x+6\angle x=180^\circ$에서

$9\angle x=180^\circ \qquad \therefore \angle x=20^\circ$

34 답 40°

평각은 180°이므로 $20° + (5\angle x - 40°) = 180°$에서

$5\angle x - 20° = 180°$, $5\angle x = 200°$ $\therefore \angle x = 40°$

35 답 180°, 90°, 0°, 90°, 둔각

07 맞꼭지각

▸ p.21~22

01 답 ∠DOE

∠AOB는 두 직선 AD, BE가 만나서 생기는 각이므로

∠AOB의 맞꼭지각은 ∠ DOE 이다.

02 답 ∠BOD

∠AOE는 두 직선 AD, BE가 만나서 생기는 각이므로

∠AOE의 맞꼭지각은 ∠BOD이다.

03 답 ∠EOF

∠BOC는 두 직선 BE, CF가 만나서 생기는 각이므로

∠BOC의 맞꼭지각은 ∠EOF이다.

04 답 ∠COE

∠BOF는 두 직선 BE, CF가 만나서 생기는 각이므로

∠BOF의 맞꼭지각은 ∠COE이다.

05 답 ∠AOF

∠COD는 두 직선 CF, AD가 만나서 생기는 각이므로

∠COD의 맞꼭지각은 ∠AOF이다.

06 답 ∠AOC

∠DOF는 두 직선 AD, CF가 만나서 생기는 각이므로

∠DOF의 맞꼭지각은 ∠AOC이다.

07 답 60°

∠BOC는 두 직선 BE, CF가 만나서 생기는 각이므로

∠BOC의 맞꼭지각은 ∠ EOF

$\therefore \angle BOC = \angle \boxed{EOF} = \boxed{60}°$

08 답 90°

∠DOE는 두 직선 BE, AD가 만나서 생기는 각이므로

∠DOE의 맞꼭지각은 ∠AOB

$\therefore \angle DOE = \angle AOB = 90°$

09 답 30°

∠COD는 두 직선 CF, AD가 만나서 생기는 각이므로

∠COD의 맞꼭지각은 ∠ AOF

$\therefore \angle COD = \angle \boxed{AOF} = \angle AOE - \angle FOE$

$= 90° - \boxed{60}° = \boxed{30}°$

10 답 120°

∠COE는 두 직선 BE, CF가 만나서 생기는 각이므로

∠COE의 맞꼭지각은 ∠BOF

$\therefore \angle COE = \angle BOF = \angle AOB + \angle AOF$

$= 90° + 30° = 120°$

11 답 25°

$\angle x + 40° = 3\angle x - 10°$에서

$2\angle x = \boxed{50}°$ $\therefore \angle x = \boxed{25}°$

12 답 18°

$6\angle x + 34° = 9\angle x - 20°$에서 $3\angle x = 54°$

$\therefore \angle x = 18°$

13 답 125°

$\angle x + 30° + 25° = \boxed{180}°$에서 $\angle x + 55° = \boxed{180}°$

$\therefore \angle x = \boxed{125}°$

14 답 20°

$(3\angle x + 55°) + (\angle x + 10°) + (2\angle x - 5°) = 180°$에서

$6\angle x + 60° = 180°$, $6\angle x = 120°$ $\therefore \angle x = 20°$

15 답 32°

$(2\angle x - 16°) + 90° + (\angle x + 10°) = 180°$에서

$3\angle x + 84° = 180°$, $3\angle x = 96°$ $\therefore \angle x = 32°$

16 답 ∠x=60°, ∠y=150°

$\angle x = 90° - 30° = \boxed{60}°$

$\angle y = 90° + \angle x = 90° + \boxed{60}° = \boxed{150}°$

17 답 ∠x=54°, ∠y=36°

$\angle x = 180° - 126° = 54°$

$\angle y + 90° = 126°$에서 $\angle y = 126° - 90° = 36°$

18 답 ∠x=50°, ∠y=140°

$40° + 90° + \angle x = 180°$에서 $\angle x + 130° = 180°$

$\therefore \angle x = 180° - 130° = 50°$

$\angle y = 90° + \angle x = 90° + 50° = 140°$

19 답 $\angle x=27°$, $\angle y=63°$

$(2\angle x-12°)+\angle x+(3\angle x+30°)=180°$에서

$6\angle x+18°=180°$, $6\angle x=162°$ $\therefore \angle x=27°$

$\angle x+\angle y=90°$에서 $27°+\angle y=90°$

$\therefore \angle y=90°-27°=63°$

20 답 **맞꼭지각, 같다**

08 수직과 수선

▸ p.23~24

01 답 ⊥

02 답 ⊥

03 답 ⊥

04 답 ⊥

05 답 ⊥, =

06 답 $\overline{CD}$

두 직선이 서로 수직일 때, 한 직선을 다른 직선의 [수선]이라 한다. 즉, $\overline{BC}$의 수선은 [$\overline{CD}$]이다.

07 답 $\overline{AD}$, $\overline{BC}$

08 답 $\overline{AB}$

09 답 **점 D**

10 답 **점 A**

11 답 **점 B**

12 답 **점 C**

13 답 **점 B, 점 E**

14 답 **4 cm**

점 A에서 $\overline{DC}$에 내린 수선의 발이 점 D이므로 점 A와 $\overline{DC}$ 사이의 거리는 $\overline{AD}=4$ cm이다.

15 답 **3 cm**

점 B에서 $\overline{CD}$에 내린 수선의 발이 점 C이므로 점 B와 $\overline{CD}$ 사이의 거리는 $\overline{BC}=3$ cm이다.

16 답 **6 cm**

점 A에서 $\overline{BC}$에 내린 수선의 발이 점 B이므로 점 A와 $\overline{BC}$ 사이의 거리는 $\overline{AB}=6$ cm이다.

17 답 **3 cm**

점 C에서 $\overline{GH}$에 내린 수선의 발이 점 G이므로 점 C와 $\overline{GH}$ 사이의 거리는 $\overline{CG}=\overline{BF}=3$ cm이다.

18 답 ⊥, H, CH

단원 마무리 평가 [01~08]

▸ 문제편 p.25~27

01 답 **3**

a=(교점의 개수)=(꼭짓점의 개수)=6

b=(교선의 개수)=(모서리의 개수)=9

$\therefore 2a-b=2\times6-9=3$

02 답 ⑤

ㄱ. 교점은 꼭짓점의 개수와 같으므로 12개이다. (거짓)

ㄴ. 교선은 모서리의 개수와 같으므로 18개이다. (참)

ㄷ. 모서리 BC와 모서리 CI는 점 C에서 만난다. (참)

ㄹ. 면 DEKJ와 면 EFLK는 모서리 EK에서 만난다. (참)

따라서 옳은 것은 ㄴ, ㄷ, ㄹ이다.

03 답 ③

ㄱ. 점, 선, 면을 도형의 기본 요소라 한다. (참)

ㄴ. 점이 움직인 자리는 선이 된다. (거짓)

ㄷ. 서로 다른 두 점을 지나는 직선은 오직 하나이다. (거짓)

ㄹ. 면과 면이 만나서 생기는 선을 교선이라 하고 교선은 직선이 될 수도 있고, 곡선이 될 수도 있다. (참)

따라서 옳은 것은 ㄱ, ㄹ이다.

04 답 ③

ㄱ. 점 M이 선분 AB의 중점이면 두 선분 AM, BM의 길이는 서로 같고, 이 두 선분의 길이는 선분 AB의 길이의 $\frac{1}{2}$이다. 따라서 이것을 기호로 나타내면 $\overline{AM}=\overline{BM}=\frac{1}{2}\overline{AB}$이다. (참)

ㄴ. 각 AOB와 각 COD의 크기가 같으면 $\angle AOB=\angle COD$이다. (참)

ㄷ. 선분 AB의 길이가 3이면 $\overline{AB}=3$이다. (거짓)

따라서 기호를 올바르게 사용하여 나타낸 것은 ㄱ, ㄴ이다.

05 답 ②

①, ④ 시작점과 방향이 모두 다르다.

③ 시작점이 다르다.

⑤ 직선 AB와 선분 AB는 다르다.

06 답 16 cm

점 M이 $\overline{AB}$의 중점이므로 $\overline{AB}=2\overline{MB}$

점 N이 $\overline{BC}$의 중점이므로 $\overline{BC}=2\overline{BN}$

$\therefore \overline{AC}=\overline{AB}+\overline{BC}=2\overline{MB}+2\overline{BN}$

$=2(\overline{MB}+\overline{BN})=2\overline{MN}$

$=2\times8=16(\text{cm})$

07 답 ③

두 점을 지나는 직선은 $\overleftrightarrow{AB}$, $\overleftrightarrow{AC}$, $\overleftrightarrow{AD}$, $\overleftrightarrow{BC}$, $\overleftrightarrow{BD}$, $\overleftrightarrow{CD}$의 6개이므로 $a=6$

두 점을 지나는 반직선은 $\overrightarrow{AB}$, $\overrightarrow{AC}$, $\overrightarrow{AD}$, $\overrightarrow{BA}$, $\overrightarrow{BC}$, $\overrightarrow{BD}$, $\overrightarrow{CA}$, $\overrightarrow{CB}$, $\overrightarrow{CD}$, $\overrightarrow{DA}$, $\overrightarrow{DB}$, $\overrightarrow{DC}$의 12개이므로 $b=12$

$\therefore a+b=6+12=18$

08 답 ④

두 조건 (가), (다)에 의하여

$\overline{AB}=\overline{BD}=12$ cm, $\overline{AD}=2\overline{BD}=2\times12=24(\text{cm})$

조건 (나)에 의하여 $\overline{AC}=\frac{2}{3}\overline{AD}=\frac{2}{3}\times24=16(\text{cm})$

$\therefore \overline{BC}=\overline{AC}-\overline{AB}=16-12=4(\text{cm})$

09 답 12

두 점 A, C 사이의 거리는 선분 AC의 길이이므로 5 cm이다.

$\therefore a=5$

두 점 C, D 사이의 거리는 선분 CD의 길이이므로 7 cm이다.

$\therefore b=7$

$\therefore a+b=5+7=12$

10 답 ④

$\overline{MB}=2\overline{MN}=2\times4=8(\text{cm})$이므로

$\overline{AB}=2\overline{MB}=2\times8=16(\text{cm})$

11 답 ③

두 점 M, N이 $\overline{AB}$의 삼등분점이므로

$\overline{AM}=\overline{MN}=\overline{BN}=\frac{1}{2}\overline{AN}=\frac{1}{2}\times10=5(\text{cm})$

$\therefore \overline{AB}=3\overline{AM}=3\times5=15(\text{cm})$

12 답 36°

$\angle x+\angle y+\angle z=180^\circ$이므로

$\angle z=180^\circ\times\frac{2}{3+5+2}=180^\circ\times\frac{1}{5}=36^\circ$

13 답 ③

③ $90^\circ<\angle COE<180^\circ$이므로 둔각이다.

14 답 ④

맞꼭지각의 크기는 같으므로

$5\angle y-10^\circ=3\angle y+20^\circ$

$2\angle y=30^\circ \quad \therefore \angle y=15^\circ$

즉, $3\angle y+20^\circ=45^\circ+20^\circ=65^\circ$이므로

$\angle x=180^\circ-65^\circ=115^\circ$

$\therefore \angle x+\angle y=115^\circ+15^\circ=130^\circ$

15 답 ④

$(3\angle y+2^\circ)+90^\circ+(3\angle x+19^\circ)=180^\circ$에서

$3\angle x+3\angle y=69^\circ \quad \therefore \angle x+\angle y=23^\circ$

16 답 ④

$\angle BOD=\angle AOB=90^\circ$

$3\angle BOC=\angle COD$이므로

$\angle BOD=\angle BOC+\angle COD=\angle BOC+3\angle BOC$

$=4\angle BOC=90^\circ$

$\therefore \angle BOC=90^\circ\times\frac{1}{4}=22.5^\circ$

17 답 ③

$(\angle x+10^\circ)+\angle x+(\angle x+20^\circ)=180^\circ$에서

$3\angle x+30^\circ=180^\circ$, $3\angle x=150^\circ \quad \therefore \angle x=50^\circ$

18 답 ①

$a=2$, $b=3$, $c=1$이므로 $a+b+c=2+3+1=6$

19 답 12

점 B와 변 CD 사이의 거리는 선분 BC의 길이이므로 7 cm이다. $\therefore a=7$

점 D와 변 BC 사이의 거리는 선분 CD의 길이이므로 5 cm이다. $\therefore b=5$

$\therefore a+b=7+5=12$

20 답 ⑤

⑤ $\overline{AC}$와 $\overline{CD}$는 서로 직교하지 않으므로 $\overline{CD}$는 $\overline{AC}$의 수선이 아니다.

Ⅰ-2 위치 관계

09 점과 직선, 점과 평면의 위치 관계

▸ p.28

01 답 있지 않다에 ○표

직선 l은 점 A를 지나지 않으므로 점 A는 직선 l 위에 있지 않다.

02 답 있다에 ○표

직선 l은 점 C를 지나므로 점 C는 직선 l 위에 있다.

03 답 점 B, 점 C, 점 D

04 답 점 A, 점 D

05 답 점 A, 점 E

06 답 점 B, 점 C, 점 E

07 답 점 D

08 답 점 E

09 답 있지 않다에 ○표

평면 P는 점 A를 포함하지 않으므로 점 A는 평면 P 위에 있지 않다.

10 답 있다에 ○표

평면 P는 점 C를 포함하므로 점 C는 평면 P 위에 있다.

11 답 점 A, 점 B, 점 C, 점 D

12 답 점 A, 점 B, 점 E, 점 F

13 답 A, B, C, D

10 평면에서 두 직선의 위치 관계

▸ p.29

01 답 ○

변 AB와 변 CD의 연장선은 한 점에서 만난다.

02 답 ○

변 BC와 변 EF의 연장선은 만나지 않는다. (평행하다.)

03 답 ×

변 CD와 변 DE의 연장선은 한 점에서 만난다.

04 답 ×

변 DE와 변 AF의 연장선은 한 점에서 만난다.

05 답 ×

$\overline{AB}$와 $\overline{CD}$는 서로 평행하지 않다.

06 답 ○

$\overline{AD}$와 $\overline{BC}$는 서로 평행하다.

07 답 ×

$\overline{AB}$와 $\overline{BC}$는 한 점에서 만나지만 서로 수직은 아니다.

08 답 ○

$\overline{AD}$와 $\overline{CD}$는 서로 수직이다.

09 답 평행, 0, 일치

11 공간에서 두 직선의 위치 관계

▸ p.30~31

01 답 $\overline{AD}$, $\overline{BE}$, $\overline{AC}$, $\overline{BC}$

02 답 $\overline{AD}$, $\overline{CF}$, $\overline{DE}$, $\overline{EF}$

03 답 $\overline{AB}$, $\overline{BC}$, $\overline{DE}$, $\overline{EF}$

04 답 $\overline{AC}$, $\overline{BC}$, $\overline{DF}$, $\overline{EF}$

05 답 $\overline{AD}$, $\overline{CF}$, $\overline{AB}$, $\overline{BC}$

06 답 $\overline{BE}$, $\overline{CF}$, $\overline{DE}$, $\overline{DF}$

07 답 $\overline{CD}$, $\overline{GL}$, $\overline{IJ}$

08 답 $\overline{BC}$, $\overline{EF}$, $\overline{KL}$

09 답 $\overline{AB}$, $\overline{GH}$, $\overline{JK}$

10 답 $\overline{AG}$, $\overline{BH}$, $\overline{CI}$, $\overline{EK}$, $\overline{FL}$

11 답 $\overline{CG}$, $\overline{DH}$, $\overline{FG}$, $\overline{GH}$, $\overline{EH}$

12 답 $\overline{AE}$, $\overline{DH}$, $\overline{EF}$, $\overline{GH}$

13 답 $\overline{AB}$, $\overline{AD}$, $\overline{EF}$, $\overline{EH}$

14 답 $\overline{AB}$, $\overline{BC}$, $\overline{EF}$, $\overline{FG}$

15 답 $\overline{AB}$, $\overline{BC}$, $\overline{AD}$, $\overline{AE}$, $\overline{BF}$

16 답 $\overline{BC}$, $\overline{CD}$, $\overline{FG}$, $\overline{GH}$

17 답 $\overline{AB}$, $\overline{AD}$, $\overline{AE}$, $\overline{BC}$, $\overline{CD}$

18 답 $\overline{BC}$

19 답 $\overline{BC}$, $\overline{CD}$

20 답 ○

그림과 같이 직육면체 위에 $l /\!/ m$, $m /\!/ n$이 되도록 세 직선 l, m, n을 그리면 l $\boxed{/\!/}$ n이다.

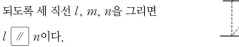

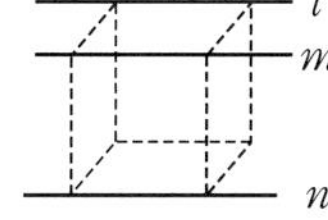

21 답 ×

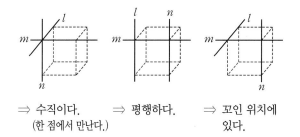

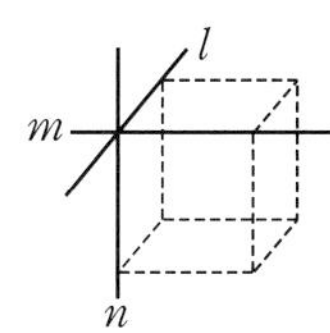

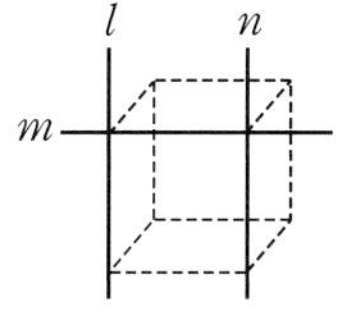

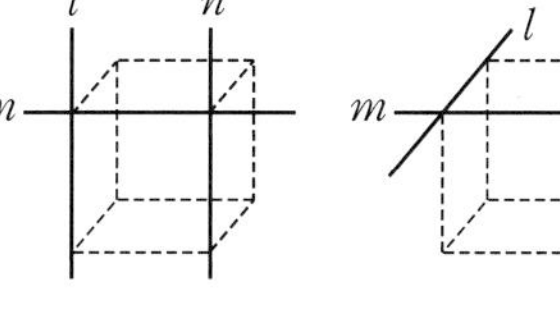

⇒ 수직이다.
(한 점에서 만난다.)

⇒ 평행하다.

⇒ 꼬인 위치에 있다.

22 답 ×

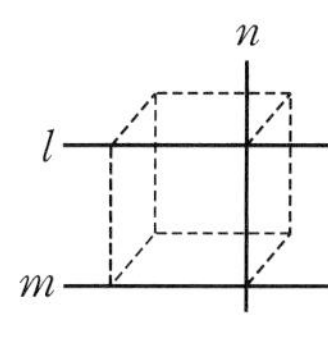

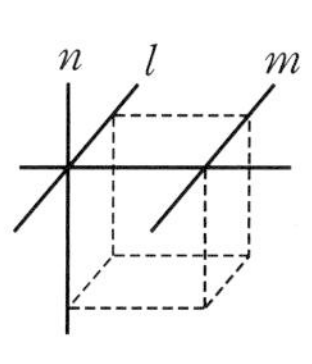

⇒ 수직이다.
(한 점에서 만난다.)

⇒ 꼬인 위치에 있다.

23 답 꼬인, 평행, 꼬인

12 공간에서 직선과 평면의 위치 관계

▸ p.32~33

01 답 면 ABCD, 면 ABFE

02 답 면 ABCD, 면 BFGC

03 답 면 BFGC, 면 CGHD

04 답 면 AEHD, 면 CGHD

05 답 면 ABFE, 면 DCGH

06 답 면 ABCD, 면 EFGH

07 답 $\overline{AE}$, $\overline{BF}$, $\overline{CG}$, $\overline{DH}$

08 답 $\overline{AB}$, $\overline{CD}$, $\overline{EF}$, $\overline{GH}$

09 답 면 CGHD, 면 EFGH

10 답 면 ABFE, 면 BFGC

11 답 면 ABCD, 면 AEHD

12 답 $\overline{BF}$, $\overline{FG}$, $\overline{CG}$, $\overline{BC}$

13 답 $\overline{AB}$, $\overline{BC}$, $\overline{CD}$, $\overline{AD}$

14 답 $\overline{AB}$, $\overline{BF}$, $\overline{EF}$, $\overline{AE}$

15 답 면 ABC, 면 DEFG

16 답 면 ABED, 면 CFG

17 답 $\overline{AC}$, $\overline{EF}$, $\overline{DG}$

18 답 $\overline{AB}$, $\overline{DE}$, $\overline{FG}$

19 답 포함, 평행, P, 수직, $l \perp P$

13 공간에서 두 평면의 위치 관계

▸ p.34~35

01 답 면 ABFE, 면 BFGC, 면 CGHD, 면 AEHD

02 답 면 CGHD

03 답 면 ABCD, 면 ABFE, 면 EFGH, 면 CGHD

04 답 면 BFGC

05 답 $\overline{GH}$

06 답 면 ABC, 면 ADFC, 면 BEFC, 면 DEF

07 답 면 ABC, 면 ADEB, 면 DEF

08 답 면 DEF

09 답 **면 ADEB, 면 BEFC, 면 ADFC**

10 답 $\overline{\text{BE}}$

11 답 $\overline{\text{EF}}$

12 답 $\overline{\text{AB}}$, $\overline{\text{BC}}$, $\overline{\text{EF}}$, $\overline{\text{FG}}$

13 답 **면 AEHD, 면 EFGH**

14 답 **면 BFGC, 면 CGHD**

15 답 **면 ABCD, 면 EFGH**

16 답 **면 ABFE, 면 BFGC, 면 CGHD, 면 AEHD**

17 답 **면 AEHD**

18 답 ×

모서리 AB와 평행한 면은 면 EFGH, 면 CGHD로 2개이다.

19 답 ○

면 ABCD와 수직인 모서리는 $\overline{\text{AE}}$, $\overline{\text{BF}}$로 2개이다.

20 답 ○

모서리 EF와 꼬인 위치에 있는 모서리는 $\overline{\text{BC}}$, $\overline{\text{AD}}$, $\overline{\text{CG}}$, $\overline{\text{DH}}$로 4개이다.

21 답 ×

면 ABFE와 평행한 면은 없다.

22 답 ○

23 답 **직선, 평행, 수직, $P\perp Q$**

단원 마무리 평가 [09~13]

▸문제편 p.36~38

01 답 ①, ②

③

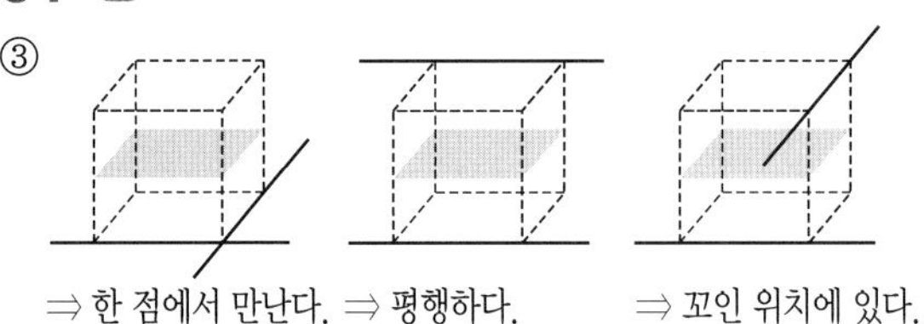

⇒ 한 점에서 만난다. ⇒ 평행하다. ⇒ 꼬인 위치에 있다.

④

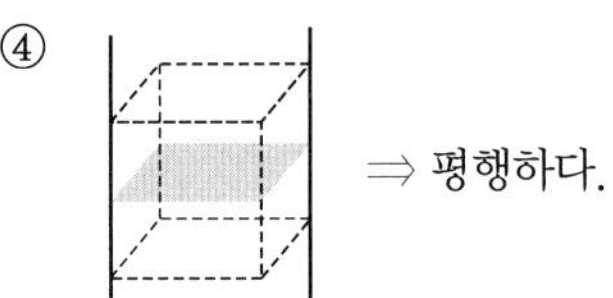

⇒ 평행하다.

⑤ 꼬인 위치일 수도 있다.

02 답 6

모서리 DJ, 모서리 EK, 모서리 FL, 모서리 AG, 모서리 EF, 모서리 KL의 6개이다.

03 답 ⑤

ㄱ. 평면에서 두 직선의 위치 관계는 한 점에서 만나거나 일치하거나 평행하므로 두 직선이 한 점에서 만나려면 일치하거나 평행하지 않으면 된다.
즉, $\overleftrightarrow{\text{AH}}$와 한 점에서 만나는 직선은 $\overleftrightarrow{\text{AH}}$와 평행한 직선 DE를 제외한 모든 직선이다.
따라서 $\overleftrightarrow{\text{AB}}$, $\overleftrightarrow{\text{BC}}$, $\overleftrightarrow{\text{CD}}$, $\overleftrightarrow{\text{EF}}$, $\overleftrightarrow{\text{FG}}$, $\overleftrightarrow{\text{GH}}$이므로 그 개수는 6이다. (참)

ㄴ. 직선 BC와 만나지 않는 직선은 $\overleftrightarrow{\text{BC}}$와 평행한 $\overleftrightarrow{\text{FG}}$ 뿐이므로 그 개수는 1이다. (참)

ㄷ. $\overleftrightarrow{\text{DE}}$와 $\overleftrightarrow{\text{EF}}$는 점 E에서 만난다. (참)

따라서 옳은 것은 ㄱ, ㄴ, ㄷ이다.

04 답 ⑤

ㄱ. 직선 AB와 평행한 서로 다른 모서리는 $\overline{\text{GF}}$ 뿐이므로 그 개수는 1이다. (참)

ㄴ. 직선 AB와 꼬인 위치에 있는 서로 다른 모서리는 $\overline{\text{CH}}$, $\overline{\text{DI}}$, $\overline{\text{EJ}}$, $\overline{\text{GH}}$, $\overline{\text{HI}}$, $\overline{\text{IJ}}$, $\overline{\text{JF}}$이므로 그 개수는 7이다. (참)

ㄷ. 직선 AB와 한 점에서 만나는 서로 다른 모서리는 $\overline{\text{BC}}$, $\overline{\text{AE}}$, $\overline{\text{BG}}$, $\overline{\text{AF}}$이므로 그 개수는 4이다. (참)

따라서 옳은 것은 ㄱ, ㄴ, ㄷ이다.

05 답 ④

④ 면 ABC와 평행한 모서리는 모서리 DE, 모서리 EF, 모서리 DF의 3개이다.

06 답 ②

ㄱ. $l \perp m$, $l \perp n$일 때, 두 직선 m, n이 꼬인 위치에 있거나 만나는 경우도 있으므로 항상 $m /\!/ n$을 만족하는 것은 아니다. (거짓)

ㄴ. $P \perp l$이고 $P /\!/ Q$이면 $Q \perp l$ (참)

ㄷ. $P /\!/ l$이고 $P /\!/ m$일 때, 두 직선 l, m이 꼬인 위치에 있거나 만나는 경우도 있으므로 항상 $l /\!/ m$을 만족하는 것은 아니다. (거짓)

따라서 옳은 것은 ㄴ이다.

07 답 ⑤

ㄱ. 점 D는 직선 l 위의 점도 아니고 직선 m 위의 점도 아니다. (거짓)

ㄴ. 세 점 A, B, C는 직선 m 위의 점이다. (참)

ㄷ. 점 B는 두 직선 l, m의 교점이므로 두 직선 l, m 위의 점이다. (참)

따라서 옳은 것은 ㄴ, ㄷ이다.

08 답 12

직선 AB와 한 점에서 만나는 서로 다른 직선의 개수는 $\overleftrightarrow{BC}$, $\overleftrightarrow{CD}$, $\overleftrightarrow{AD}$, $\overleftrightarrow{BF}$, $\overleftrightarrow{AE}$로 5이므로 $a=5$

직선 CD와 꼬인 위치에 있는 직선의 개수는 $\overleftrightarrow{AE}$, $\overleftrightarrow{BF}$, $\overleftrightarrow{FE}$, $\overleftrightarrow{FG}$, $\overleftrightarrow{EH}$로 5이므로 $b=5$

면 CGHD와 평행한 직선의 개수는 $\overleftrightarrow{AE}$, $\overleftrightarrow{BF}$로 2이므로 $c=2$

$\therefore a+b+c=5+5+2=12$

09 답 ④

① 한 평면 위에서 두 직선이 만나면 한 점에서 만나거나 무수히 많은 점에서 만난다. (거짓)

② 만나지 않는 두 직선이 꼬인 위치에 있으면 한 평면 위에 있지 않다. (거짓)

③ 공간에서 두 직선이 만나지 않으면 꼬인 위치에 있거나 평행하다. (거짓)

⑤ 서로 다른 두 직선이 꼬인 위치에 있으면 두 직선을 포함하는 평면은 존재하지 않는다. (거짓)

10 답 ⑤

ㄱ. 모서리 AB를 교선으로 하는 두 면은 ABCD, ABFE이다. (참)

ㄴ. 각 면과 한 모서리에서 만나는 면의 개수는 4이다. (참)

ㄷ. 각 면과 평행한 면의 개수는 1이다. (참)

따라서 옳은 것은 ㄱ, ㄴ, ㄷ이다.

11 답 ④

직선 AB 위에 있는 꼭짓점의 개수는 점 A, 점 B로 2이므로 $a=2$

직선 BD 위에 있지 않는 꼭짓점의 개수는 점 A, 점 C로 2이므로 $b=2$

직선 CD와 만나는 서로 다른 직선의 개수는 $\overleftrightarrow{AD}$, $\overleftrightarrow{BC}$, $\overleftrightarrow{AC}$, $\overleftrightarrow{BD}$로 4이므로 $c=4$

$\therefore a+b+c=2+2+4=8$

12 답 ①

면 ABHG와 평행한 모서리의 개수는 $\overline{CI}$, $\overline{DJ}$, $\overline{EK}$, $\overline{FL}$, $\overline{DE}$, $\overline{JK}$로 6이다.

13 답 ②

모서리 DE와 평행한 모서리는 $\overline{AB}$, $\overline{GH}$, $\overline{JK}$이고 이 중에서 모서리 EF와 꼬인 위치에 있는 모서리는 $\overline{GH}$, $\overline{JK}$이므로 구하는 모서리의 개수는 2이다.

14 답 ⑤

ㄱ. $l /\!/ m$, $l \perp n$이면 두 직선 m, n은 꼬인 위치에 있을 수도 있다. (거짓)

ㄴ. $l /\!/ m$, $m /\!/ n$이면 $l /\!/ n$이다. (참)

ㄷ. $P /\!/ Q$, $Q \perp R$이면 $P \perp R$이다. (참)

ㄹ. $P /\!/ Q$, $Q /\!/ R$이면 $P /\!/ R$이다. (참)

따라서 옳은 것은 ㄴ, ㄷ, ㄹ이다.

15 답 ③

모서리 PQ와 꼬인 위치에 있는 모서리의 개수는 $\overline{AB}$, $\overline{AD}$, $\overline{AE}$, $\overline{DR}$, $\overline{DH}$, $\overline{EF}$, $\overline{GH}$, $\overline{HE}$로 8이다.

16 답 ④

면 AEHD와 평행한 모서리의 개수는 $\overline{BF}$, $\overline{FG}$, $\overline{GQ}$, $\overline{PQ}$, $\overline{BP}$로 5이므로 $a=5$

면 ABFE와 수직인 모서리의 개수는 $\overline{BP}$, $\overline{AD}$, $\overline{EH}$, $\overline{FG}$로 4이므로 $b=4$

$\therefore a+b=5+4=9$

Ⅰ-3 평행선

14 동위각

▸ p.39

01 답 $\angle f$

02 답 $\angle h$

03 답 $\angle c$

04 답 $\angle a$

05 답 $\angle z$

06 답 $\angle x$

07 답 $\angle b$

08 답 $\angle d$

09 답 $102°$

$\angle a$의 동위각은 $\angle$ d 이므로 $\angle a$의 동위각의 크기는

$\angle$ d $=180°-$ 78 $°=$ 102 $°$

10 답 $80°$

$\angle c$의 동위각은 $\angle f$이므로 $\angle c$의 동위각의 크기는

$\angle f=180°-100°=80°$

11 답 $95°$

$\angle d$의 동위각은 $\angle b$이므로 $\angle d$의 동위각의 크기는

$\angle b=95°$(맞꼭지각)

12 답 동위각

15 엇각

▸ p.40

01 답 $\angle h$

02 답 $\angle c$

03 답 ○

04 답 ×

$\angle c$의 엇각은 $\angle e$, $\angle i$이다.

05 답 ×

$\angle a$의 엇각은 없다.

06 답 ○

07 답 $75°$

$\angle b$의 엇각은 $\angle$ d 이므로 $\angle b$의 엇각의 크기는

$\angle$ d $=180°-$ 105 $°=$ 75 $°$

08 답 $110°$

$\angle d$의 엇각은 $\angle a$이므로 $\angle d$의 엇각의 크기는

$\angle a=180°-70°=110°$

09 답 $125°$

$\angle c$의 엇각은 $\angle e$이므로 $\angle c$의 엇각의 크기는

$\angle e=125°$(맞꼭지각)

10 답 엇각

16 평행선의 성질

▸ p.41~43

01 답 $130°$

$l /\!/ m$이므로 동위각 의 크기는 같다.

$\therefore \angle x=$ 130 $°$

02 답 $60°$

$l /\!/ m$이므로 $\angle x=60°$(동위각)

03 답 $105°$

$l /\!/ m$이므로 $\angle x=105°$(동위각)

04 답 $100°$

$l /\!/ m$이므로 $\angle x=100°$(동위각)

05 답 $55°$

$l /\!/ m$이므로 엇각 의 크기는 같다.

$\therefore \angle x=$ 55 $°$

06 답 $130°$

$l /\!/ m$이므로 $\angle x=130°$(엇각)

07 답 $40°$

$l /\!/ m$이므로 $\angle x=40°$(엇각)

08 답 $70°$

$l /\!/ m$이므로 $\angle x=70°$(엇각)

09 답 $\angle x=43°$, $\angle y=137°$

동위각의 크기가 같으므로 $\angle x=$ 43 $°$

$\therefore \angle y=180°-\angle x=180°-$ 43 $°=$ 137 $°$

10 답 $\angle x=75^\circ$, $\angle y=105^\circ$

동위각의 크기가 같으므로 $\angle x=75^\circ$

$\therefore \angle y=180^\circ-\angle x=180^\circ-75^\circ=105^\circ$

11 답 $\angle x=80^\circ$, $\angle y=100^\circ$

엇각의 크기가 같으므로 $\angle x=80^\circ$

$\therefore \angle y=180^\circ-\angle x=180^\circ-80^\circ=100^\circ$

12 답 $\angle x=45^\circ$, $\angle y=135^\circ$

동위각의 크기가 같으므로 $\angle y=135^\circ$

$\therefore \angle x=180^\circ-\angle y=180^\circ-135^\circ=45^\circ$

13 답 $\angle x=53^\circ$, $\angle y=127^\circ$

$\angle a=127^\circ$(맞꼭지각)

동위각의 크기가 같으므로

$\angle y=\angle a=127^\circ$

$\therefore \angle x=180^\circ-\angle y$

$=180^\circ-127^\circ=53^\circ$

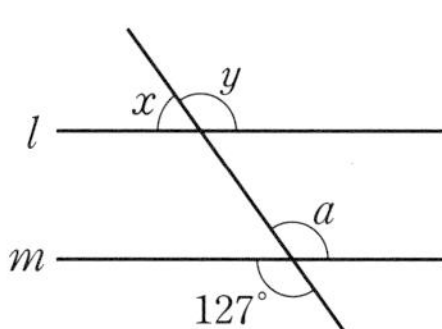

14 답 $\angle x=110^\circ$, $\angle y=70^\circ$

동위각의 크기가 같으므로

$\angle a=70^\circ$

$\angle y=\angle a=70^\circ$(맞꼭지각)

$\therefore \angle x=180^\circ-\angle y$

$=180^\circ-70^\circ=110^\circ$

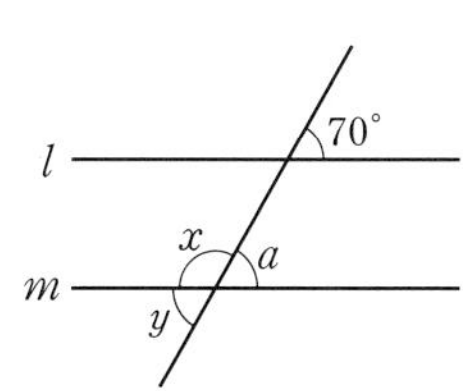

15 답 $\angle x=80^\circ$, $\angle y=135^\circ$

엇각의 크기가 같으므로 $\angle x=\boxed{80}^\circ$

$\angle y=180^\circ-\boxed{45}^\circ=\boxed{135}^\circ$

16 답 $\angle x=65^\circ$, $\angle y=102^\circ$

동위각의 크기가 같으므로

$\angle x=65^\circ$, $\angle a=78^\circ$

$\therefore \angle y=180^\circ-\angle a$

$=180^\circ-78^\circ=102^\circ$

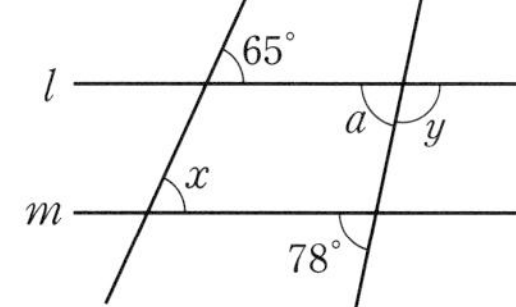
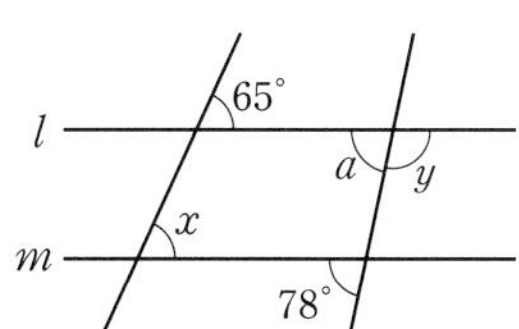

17 답 $\angle x=80^\circ$, $\angle y=48^\circ$

동위각의 크기가 같으므로

$\angle a=100^\circ$

$\therefore \angle x=180^\circ-\angle a$

$=180^\circ-100^\circ$

$=80^\circ$

엇각의 크기가 같으므로 $\angle y=48^\circ$

18 답 $\angle x=85^\circ$, $\angle y=120^\circ$

엇각의 크기가 같으므로

$\angle a=95^\circ$

$\therefore \angle x=180^\circ-\angle a$

$=180^\circ-95^\circ=85^\circ$

동위각의 크기가 같으므로 $\angle y=120^\circ$

19 답 $\angle x=103^\circ$, $\angle y=142^\circ$

동위각의 크기가 같으므로

$\angle a=77^\circ$

$\therefore \angle x=180^\circ-\angle a$

$=180^\circ-77^\circ=103^\circ$

엇각의 크기가 같으므로 $\angle b=38^\circ$

$\therefore \angle y=180^\circ-\angle b=180^\circ-38^\circ=142^\circ$

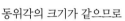

20 답 $\angle x=98^\circ$, $\angle y=140^\circ$

엇각의 크기가 같으므로

$\angle a=82^\circ$

$\therefore \angle x=180^\circ-\angle a$

$=180^\circ-82^\circ=98^\circ$

동위각의 크기가 같으므로

$\angle b=140^\circ$

$\therefore \angle y=\angle b=140^\circ$(맞꼭지각)

21 답 105°

동위각의 크기가 같으므로

$\angle x=45^\circ+60^\circ=\boxed{105}^\circ$

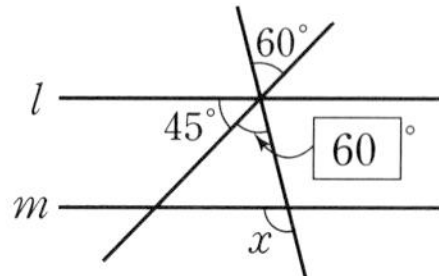

22 답 120°

$\angle x=50^\circ+70^\circ=120^\circ$

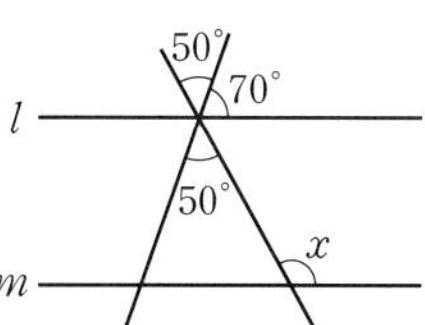

23 답 80°

$\angle x+60^\circ+40^\circ=\boxed{180}^\circ$

$\therefore \angle x=\boxed{80}^\circ$

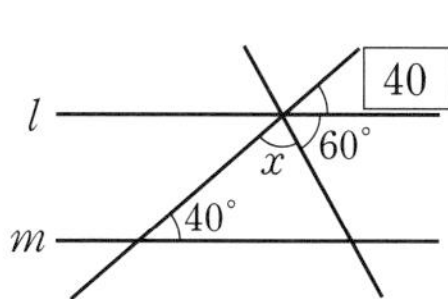

24 답 55°

$45^\circ+\angle x+80^\circ=180^\circ$

$\therefore \angle x=55^\circ$

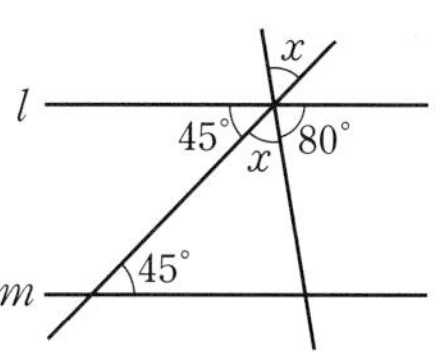

25 답 $50°$

$55° + \angle x + 75° = 180°$

$\therefore \angle x = 50°$

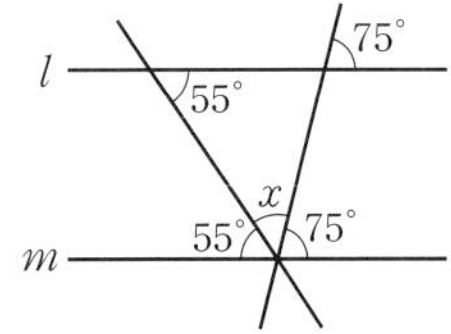

26 답 $32°$

$\angle x + 113° = 145°$

$\therefore \angle x = 32°$

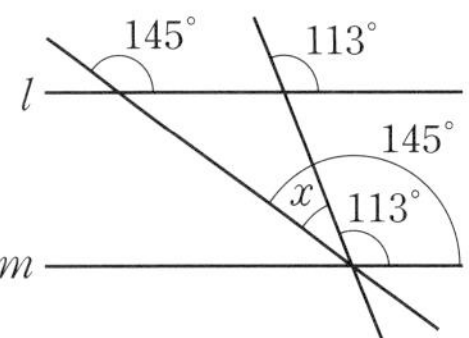

27 답 $57°$

삼각형의 세 내각의 크기의 합은 $\boxed{180}°$이므로

$\angle x + \boxed{45}° + \boxed{78}° = \boxed{180}°$

$\therefore \angle x = \boxed{57}°$

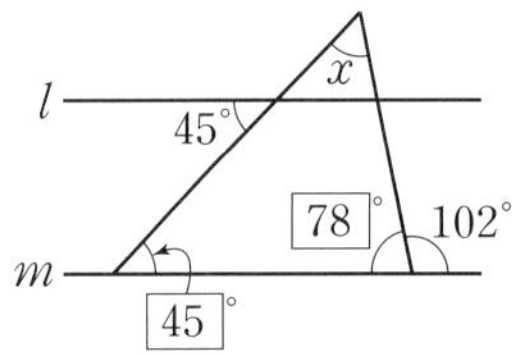

28 답 $26°$

삼각형의 세 내각의 크기의 합은 $180°$이므로

$\angle x + 112° + 42° = 180°$

$\therefore \angle x = 26°$

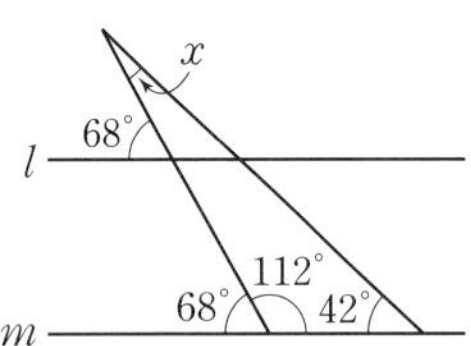

29 답 $72°$

삼각형의 세 내각의 크기의 합은 $180°$이므로

$\angle x + 63° + 45° = 180°$

$\therefore \angle x = 72°$

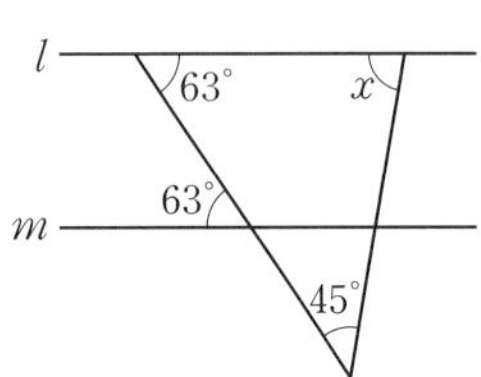

30 답 $53°$

삼각형의 세 내각의 크기의 합은 $180°$이므로

$\angle x + 72° + 55° = 180°$

$\therefore \angle x = 53°$

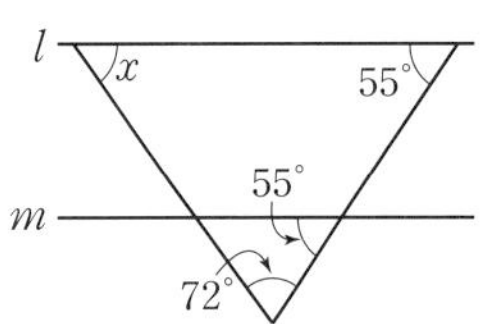

31 답 $49°$

삼각형의 세 내각의 크기의 합은 $180°$이므로

$\angle x + 85° + 46° = 180°$

$\therefore \angle x = 49°$

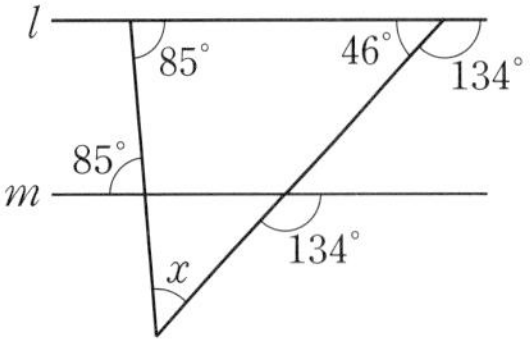

32 답 **엇각, 같다**

17 평행선과 꺾인 선

▸ p.44~45

01 답 $90°$

꺾인 점을 지나고 두 직선 l, m에 평행한 직선 n을 그으면

$\angle x = \boxed{60}° + 30° = \boxed{90}°$

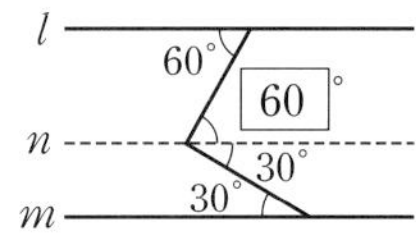

02 답 $115°$

꺾인 점을 지나고 두 직선 l, m에 평행한 직선 n을 그으면

$\angle x = 45° + 70° = 115°$

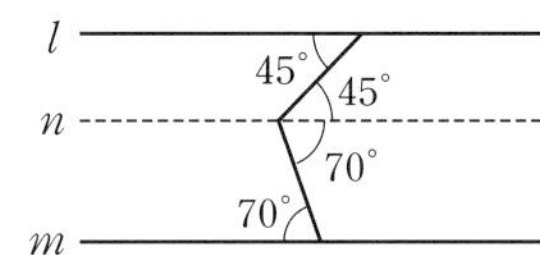

03 답 $75°$

꺾인 점을 지나고 두 직선 l, m에 평행한 직선 n을 그으면

$\angle x = 35° + 40° = 75°$

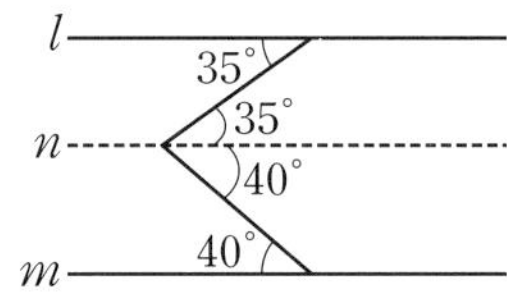

04 답 $80°$

꺾인 점을 지나고 두 직선 l, m에 평행한 직선 n을 그으면

$\angle x = 30° + 50° = 80°$

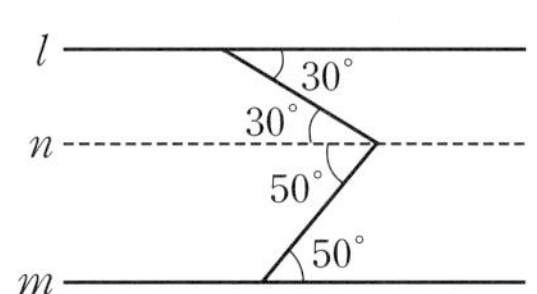

05 답 $25°$

꺾인 점을 지나고 두 직선 l, m에 평행한 직선 n을 그으면

$\angle x + 35° = 60°$

$\therefore \angle x = 25°$

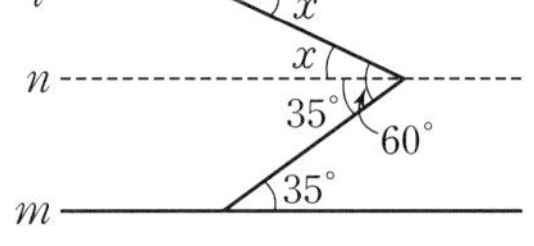

06 답 $40°$

꺾인 점을 지나고 두 직선 l, m에 평행한 직선 n을 그으면

$20° + \angle x = 60°$

$\therefore \angle x = 40°$

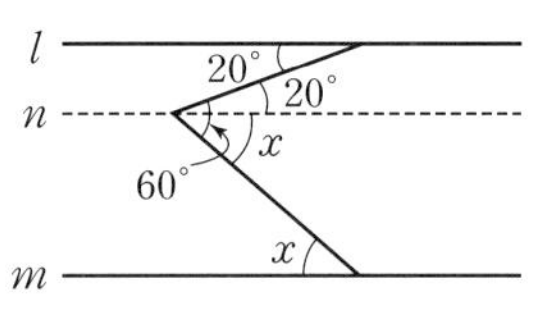

07 답 $40°$

꺾인 점을 지나고 두 직선 l, m에 평행한 직선 n을 그으면

$30° + \angle x = 70°$

$\therefore \angle x = 40°$

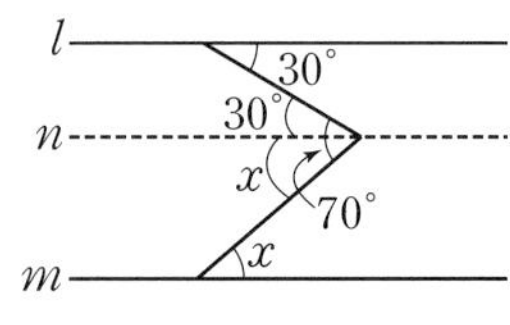

08 답 20°

꺾인 점을 지나고 두 직선 l, m에 평행한 직선 n을 그으면

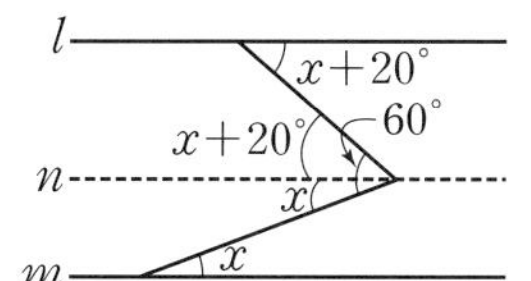

$(\angle x+20^\circ)+\angle x=60^\circ$

$2\angle x+20^\circ=60^\circ$, $2\angle x=40^\circ$

$\therefore\ \angle x=20^\circ$

09 답 82°

두 직선 l, m과 평행한 직선 n을 그으면

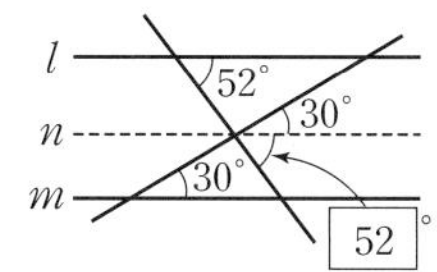

$\angle x=30^\circ+$ 52 $^\circ=$ 82 $^\circ$

10 답 100°

두 직선 l, m과 평행한 직선 n을 그으면

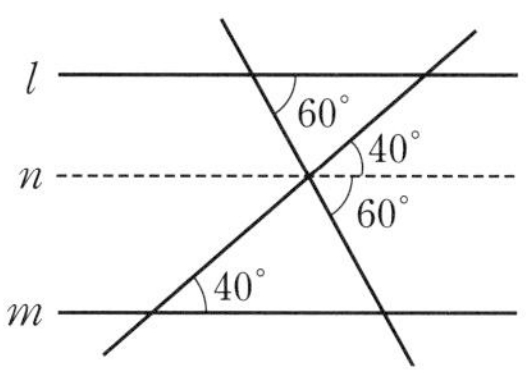

$\angle x=40^\circ+60^\circ=100^\circ$

11 답 85°

두 직선 l, m과 평행한 직선 n을 그으면

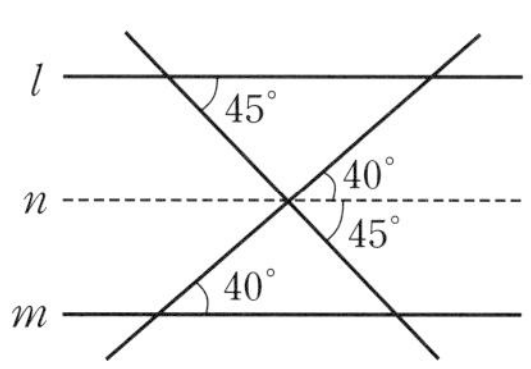

$\angle x=40^\circ+45^\circ=85^\circ$

12 답 80°

두 직선 l, m과 평행한 직선 n을 그으면

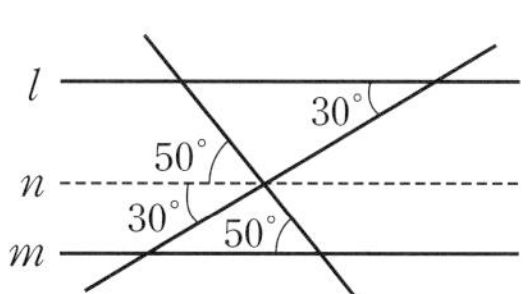

$\angle x=50^\circ+30^\circ=80^\circ$

13 답 77°

두 직선 l, m과 평행한 직선 n을 그으면

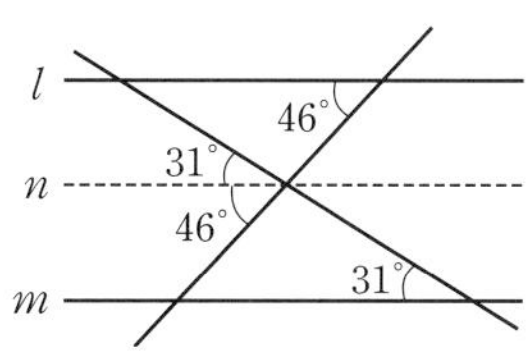

$\angle x=31^\circ+46^\circ=77^\circ$

14 답 60°

꺾인 점을 지나고 두 직선 l, m에 평행한 두 직선 n, k를 각각 그으면

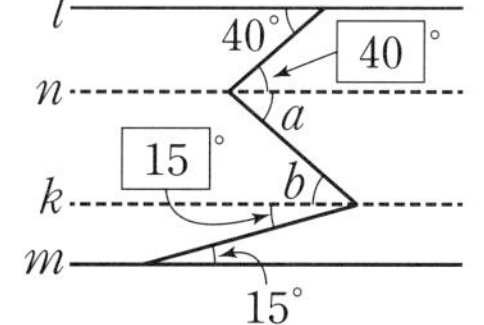

$\angle a=\angle x-$ 40 $^\circ$

$\angle b=35^\circ-$ 15 $^\circ=$ 20 $^\circ$

$\angle a=\angle b$이므로 $\angle x-$ 40 $^\circ=$ 20 $^\circ$

$\therefore\ \angle x=$ 60 $^\circ$

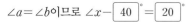

15 답 54°

꺾인 점을 지나고 두 직선 l, m에 평행한 두 직선 n, k를 각각 그으면

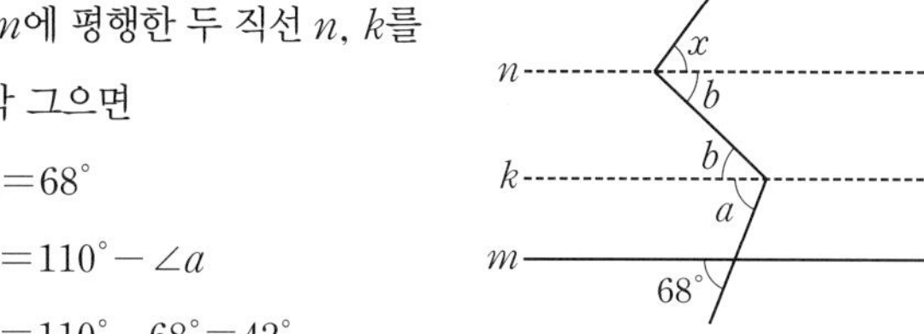

$\angle a=68^\circ$

$\angle b=110^\circ-\angle a$

$=110^\circ-68^\circ=42^\circ$

이므로 $\angle x+\angle b=96^\circ$에서 $\angle x+42^\circ=96^\circ$ $\therefore\ \angle x=54^\circ$

16 답 40°

꺾인 점을 지나고 두 직선 l, m에 평행한 두 직선 n, k를 각각 그으면

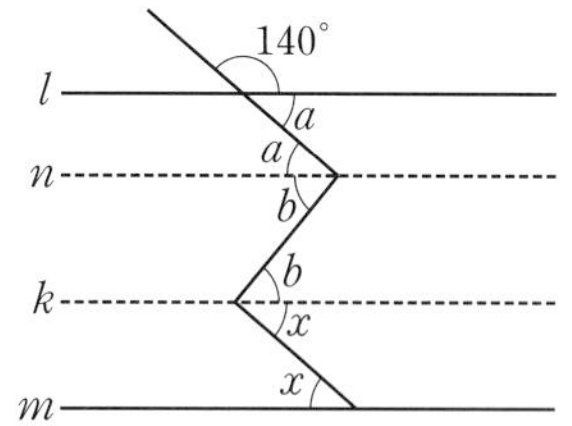

$\angle a=180^\circ-140^\circ=40^\circ$

$\angle b=90^\circ-\angle a$

$=90^\circ-40^\circ=50^\circ$

$\angle b+\angle x=90^\circ$이므로 $50^\circ+\angle x=90^\circ$ $\therefore\ \angle x=40^\circ$

17 답 평행, 동위각, 엇각

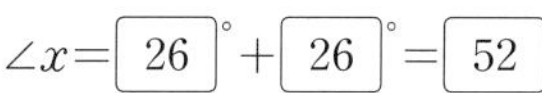

18 평행선과 종이접기

▸ p.46

01 답 52°

엇각의 크기는 같고, 접은 각의 크기도 같으므로

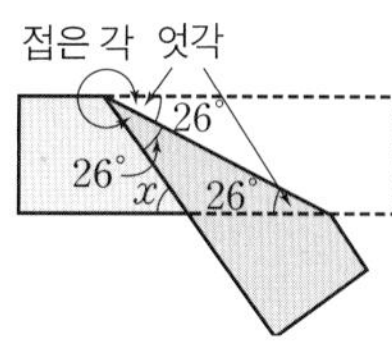

$\angle x=$ 26 $^\circ+$ 26 $^\circ=$ 52 $^\circ$

02 답 110°

엇각의 크기는 같고, 접은 각의 크기도 같으므로 주어진 그림에 각의 크기를 나타내면 오른쪽과 같다.

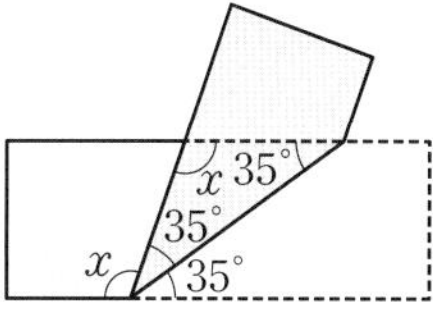

이때, 삼각형의 세 내각의 크기의 합은 180°이므로

$\angle x+35^\circ+35^\circ=180^\circ$

$\therefore\ \angle x=110^\circ$

03 답 72°

엇각의 크기는 같고, 접은 각의 크기도 같으므로 주어진 그림에 각의 크기를 나타내면 오른쪽과 같다.

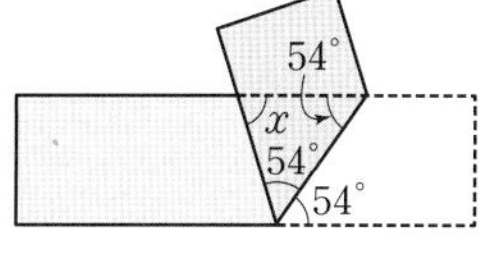

이때, 삼각형의 세 내각의 크기의 합은 180°이므로

$\angle x+54^\circ+54^\circ=180^\circ$ $\therefore\ \angle x=72^\circ$

04 답 **62°**

엇각의 크기는 같고, 접은 각의 크기도 같으므로 주어진 그림에 각의 크기를 나타내면 오른쪽과 같다.

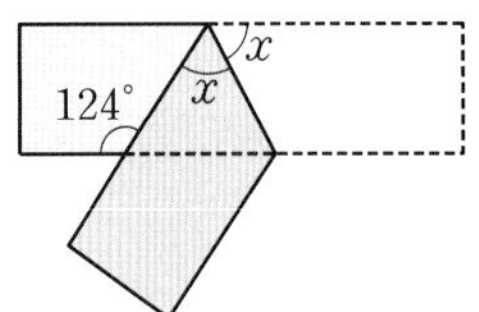

$\angle x+\angle x=124°$에서

$2\angle x=124°$

$\therefore\ \angle x=62°$

05 답 **73°**

엇각의 크기는 같고, 접은 각의 크기도 같으므로 주어진 그림에 각의 크기를 나타내면 오른쪽과 같다.

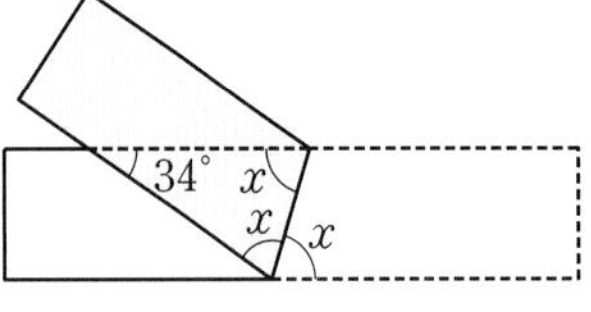

이때, 삼각형의 세 내각의 크기의 합은 180°이므로

$\angle x+\angle x+34°=180°$에서 $2\angle x+34°=180°$

$2\angle x=146°$

$\therefore\ \angle x=73°$

06 답 **96°**

엇각의 크기는 같고, 접은 각의 크기도 같으므로 주어진 그림에 각의 크기를 나타내면 오른쪽과 같다.

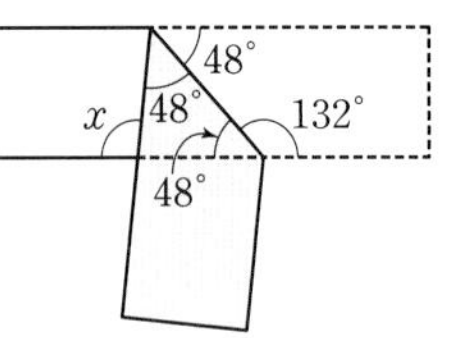

$\angle x=48°+48°=96°$

07 답 **접은 각, 엇각**

19 평행선이 되기 위한 조건

▸ p.47~48

01 답 ○

동위각의 크기가 같으므로 두 직선 l, m은 평행 하다.

02 답 ×

동위각의 크기가 같지 않으므로 두 직선 l, m은 평행하지 않다.

03 답 ○

동위각의 크기가 같으므로 두 직선 l, m은 평행하다.

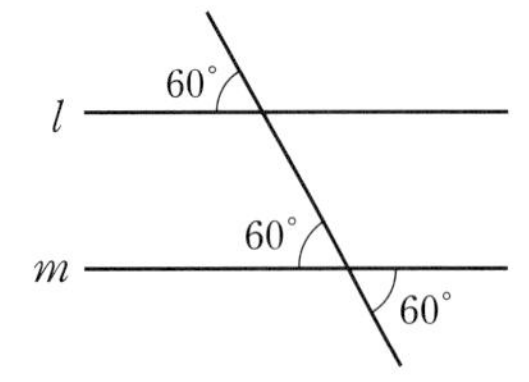

04 답 ×

동위각의 크기가 같지 않으므로 두 직선 l, m은 평행하지 않다.

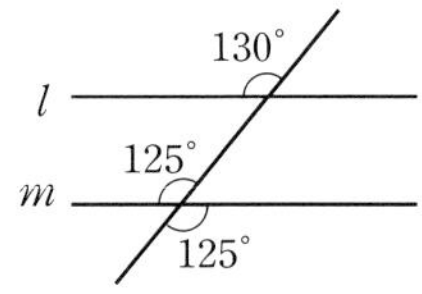

05 답 ○

엇각의 크기가 같으므로 두 직선 l, m은 평행 하다.

06 답 ×

엇각의 크기가 같지 않으므로 두 직선 l, m은 평행하지 않다.

07 답 ×

엇각의 크기가 같지 않으므로 두 직선 l, m은 평행하지 않다.

08 답 ×

엇각의 크기가 같지 않으므로 두 직선 l, m은 평행하지 않다.

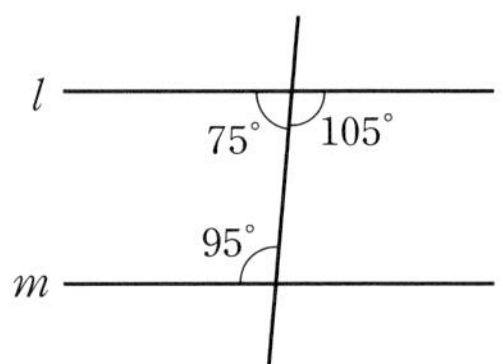

09 답 ***l*과 *n***

두 직선 l과 n은 동위각의 크기가 130°로 같으므로 l // n이다.

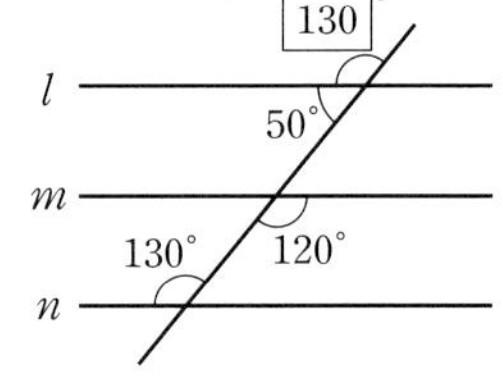

10 답 ***l*과 *n***

두 직선 l과 n은 엇각의 크기가 95°로 같으므로 $l /\!/ n$이다.

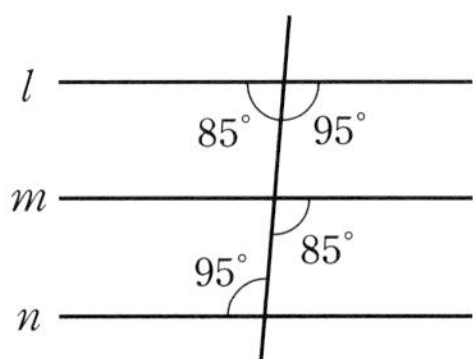

11 답 ***l*과 *m***

두 직선 l과 m은 동위각의 크기가 88°로 같으므로 $l /\!/ m$이다.

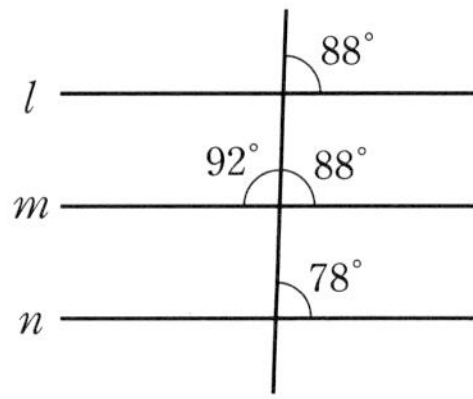

12 답 ***l*과 *n***

두 직선 l과 n은 동위각의 크기가 100°로 같으므로 $l /\!/ n$이다.

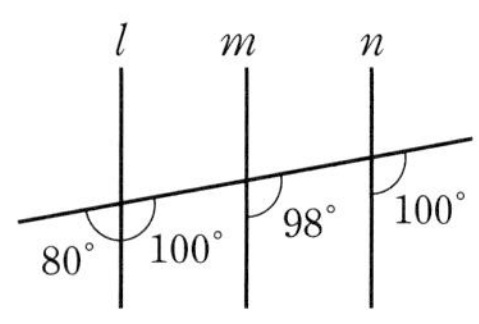

13 답 **m과 n**

두 직선 m과 n은 엇각의 크기가 110°로 같으므로 $m /\!/ n$이다.

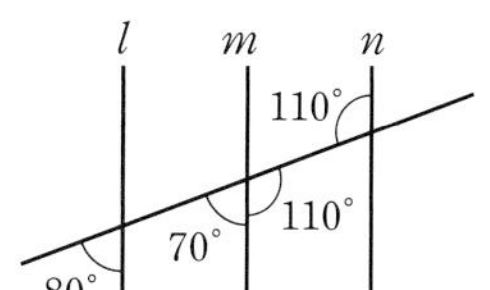

14 답 **115°**

엇각의 크기가 75°로 같으므로 $p /\!/$ $\boxed{q}$

$\therefore \angle x=$ $\boxed{115}$° (동위각)

15 답 **60°**

엇각의 크기가 64°로 같으므로 $l /\!/$ $\boxed{m}$

$\therefore \angle x=$ $\boxed{60}$° (엇각)

16 답 **62°**

엇각의 크기가 60°로 같으므로

$p /\!/ q$

$\therefore \angle x=180°-118°$

$=62°$

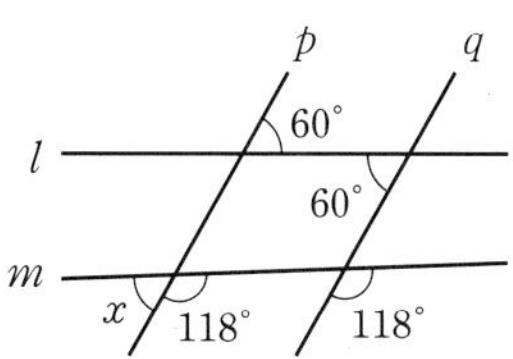

17 답 **동위각, 평행**

단원 마무리 평가 [14~19]

▸문제편 p.49~51

01 답 **180°**

그림에서 $\angle a$의 동위각은 $\angle x$이므로

$\angle a$의 동위각의 크기는

$\angle x=180°-125°=55°$

$\angle b$의 동위각은 $\angle y$이므로

$\angle b$의 동위각의 크기는 $\angle y=125°$

따라서 $\angle a$의 동위각의 크기와

$\angle b$의 동위각의 크기의 합은

$\angle x+\angle y=55°+125°=180°$

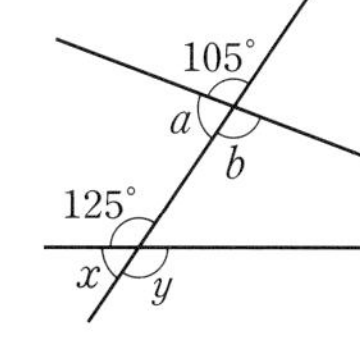

02 답 ③

③ $\angle y$의 동위각의 크기는 136°이다. (거짓)

03 답 ③, ④

① $\angle a$의 동위각은 $\angle d$이고 그 크기는

$\angle d=180°-95°=85°$ (거짓)

② $\angle b$의 엇각은 $\angle f$이다. (거짓)

③ $\angle c$와 $\angle f$는 동위각이다. (참)

④ $\angle f$의 엇각은 $\angle b$이고 그 크기는

$\angle b=180°-75°=105°$ (참)

⑤ $\angle e$의 동위각의 크기는 75°이다. (거짓)

04 답 ⑤

$\angle a$의 모든 엇각의 크기는

$\angle b=180°-40°=140°$,

$\angle c=180°-65°=115°$이므로

$x°=\angle b+\angle c$

$=140°+115°=255°$

$\angle b$의 모든 동위각의 크기는

75°, 65°이므로

$y°=75°+65°=140°$

따라서 $x=255$, $y=140$이므로 $x+y=255+140=395$

05 답 **28°**

동위각의 크기는 서로 같으므로 $\angle y=76°$이고

$\angle x=180°-\angle y=180°-76°=104°$

$\therefore \angle x-\angle y=104°-76°=28°$

06 답 ②

동위각의 크기는 서로 같으므로

$\angle a=134°$이고

$\angle y=180°-\angle a$

$=180°-134°=46°$

이때, 삼각형의 세 내각의 크기의 합은 180°이므로

$38°+\angle x+\angle y=180°$에서 $38°+\angle x+46°=180°$

$\angle x+84°=180°$ $\therefore \angle x=96°$

$\therefore \angle x-\angle y=96°-46°=50°$

07 답 ④

동위각의 크기는 서로 같으므로

$\angle a=60°$이고

$\angle x+\angle a=105°$에서

$\angle x+60°=105°$

$\therefore \angle x=45°$

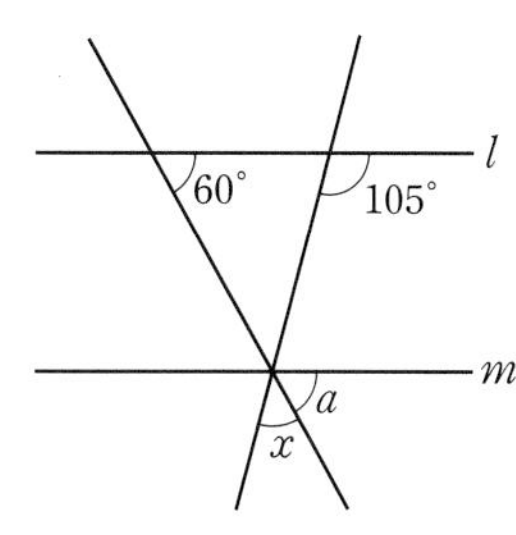

08 답 ③

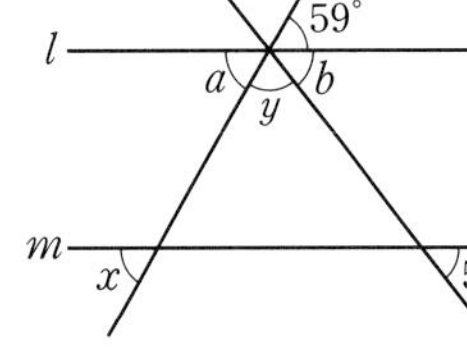

동위각의 크기는 서로 같으므로

$\angle a=\angle x$, $\angle b=51^\circ$

이때, 맞꼭지각의 크기는 서로 같으므로 $\angle a=59^\circ$

$\therefore \angle x=\angle a=59^\circ$

또, $\angle a+\angle y+\angle b=180^\circ$이므로

$59^\circ+\angle y+51^\circ=180^\circ$에서 $\angle y=70^\circ$

$\therefore \angle x+\angle y=59^\circ+70^\circ=129^\circ$

09 답 ⑤

동위각의 크기는 서로 같으므로

$\angle x+(2\angle x+30^\circ)=180^\circ$에서 $3\angle x+30^\circ=180^\circ$

$3\angle x=150^\circ$ $\quad\therefore \angle x=50^\circ$

10 답 ④

동위각의 크기는 서로 같으므로

$(2\angle x+16^\circ)+(4\angle x-22^\circ)=180^\circ$에서

$6\angle x-6^\circ=180^\circ$, $6\angle x=186^\circ$ $\quad\therefore \angle x=31^\circ$

11 답 ①

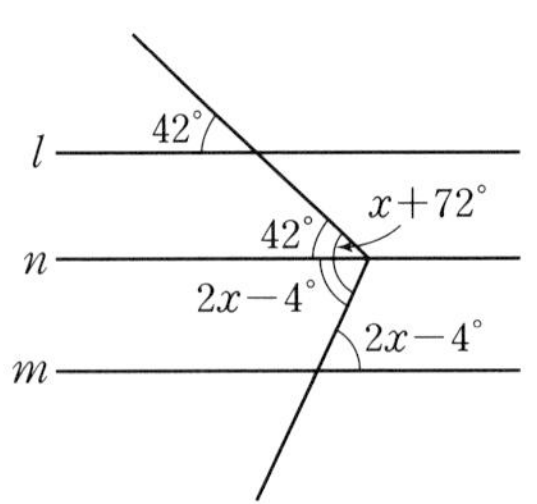

꺾인 점을 지나고

두 직선 l, m에

평행한 직선 n을 그으면

$42^\circ+(2\angle x-4^\circ)=\angle x+72^\circ$

$\therefore \angle x=34^\circ$

12 답 ⑤

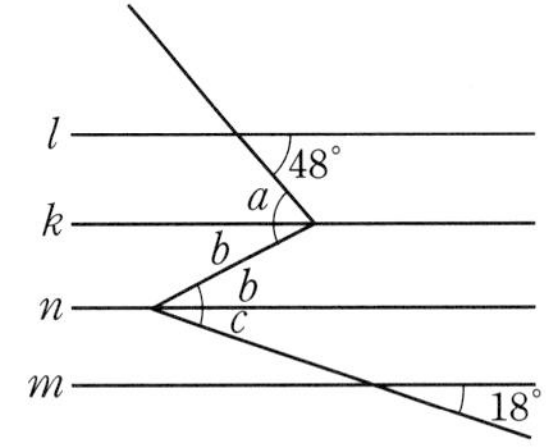

꺾인 점을 지나고

두 직선 l, m에

평행한 두 직선 k, n을 그으면

$\angle a=48^\circ$,

$\angle b=74^\circ-\angle a$

$=74^\circ-48^\circ=26^\circ$

$\angle c=18^\circ$

$\angle x=\angle b+\angle c=26^\circ+18^\circ=44^\circ$

13 답 ①

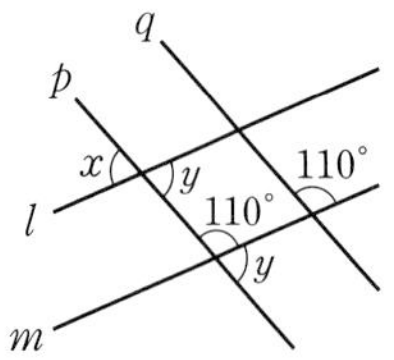

$p /\!/ q$이므로

$110^\circ+\angle y=180^\circ$

$\therefore \angle y=70^\circ$

$l /\!/ m$이므로 $\angle x=\angle y=70^\circ$

$\therefore \angle x+\angle y=70^\circ+70^\circ=140^\circ$

14 답 75°

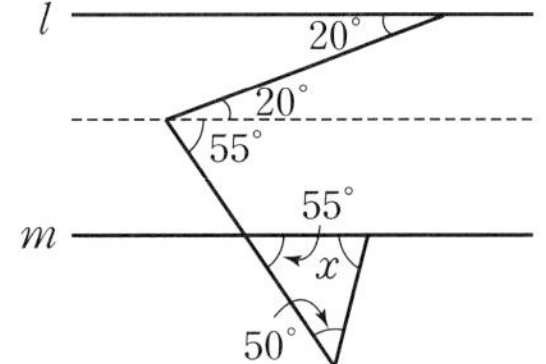

$55^\circ+50^\circ+\angle x=180^\circ$이므로

$105^\circ+\angle x=180^\circ$

$\therefore \angle x=75^\circ$

15 답 ⑤

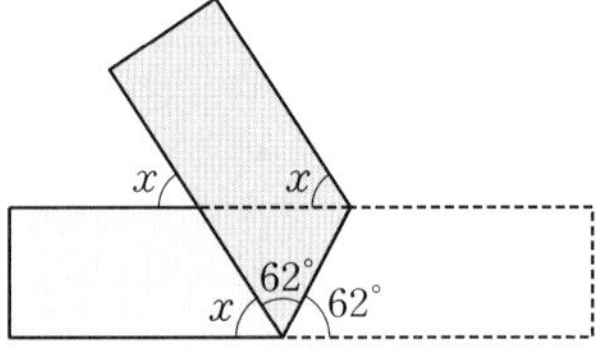

동위각의 크기는 같고, 접은 각의 크기도 같으므로 주어진 그림에 각의 크기를 나타내면 오른쪽과 같다.

즉, $\angle x+62^\circ+62^\circ=180^\circ$에서

$\angle x=56^\circ$

16 답 ③

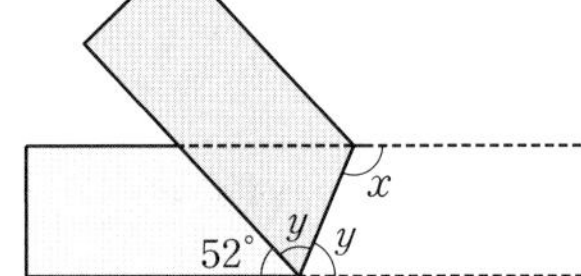

접은 각의 크기는 같으므로

$52^\circ+\angle y+\angle y=180^\circ$에서

$2\angle y=128^\circ$

$\therefore \angle y=64^\circ$

한편, 엇각의 크기는 같으므로

$\angle x=\angle y+52^\circ=64^\circ+52^\circ=116^\circ$

17 답 ②

접은 각의 크기는 같으므로 $\angle \mathrm{QPR}=\angle \mathrm{QPD}$

엇각의 크기는 같으므로 $\angle \mathrm{RPD}=\angle \mathrm{PRB}$에서

$\angle \mathrm{QPR}+\angle \mathrm{QPD}=\angle \mathrm{PRB}$, $2\angle \mathrm{QPR}=\angle \mathrm{PRB}=68^\circ$

$\therefore \angle \mathrm{QPR}=34^\circ$

18 답 ④

① 동위각의 크기가 121°로 같으므로 두 직선 l, m은 서로 평행하다.

② 엇각의 크기가 124°로 같으므로 두 직선 l, m은 서로 평행하다.

③ 72°의 동위각의 크기는 $180^\circ-108^\circ=72^\circ$이다.
즉, 동위각의 크기가 같으므로 두 직선 l, m은 서로 평행하다.

④ 59°의 엇각의 크기는 $180^\circ-131^\circ=49^\circ$이다.
즉, 엇각의 크기가 같지 않으므로 두 직선 l, m은 서로 평행하지 않다.

⑤ 52°의 동위각의 크기는 $180^\circ-128^\circ=52^\circ$이다.
즉, 동위각의 크기가 같으므로 두 직선 l, m은 서로 평행하다.

19 답 **직선 m과 직선 n**

(i) 두 직선 l, m에서 54°의 동위각의 크기는 180°−128°=52°이므로 두 직선 l, m은 서로 평행하지 않다.

(ii) 두 직선 l, n에서 54°의 동위각의 크기는 52°이므로 두 직선 l, n은 서로 평행하지 않다.

(iii) 두 직선 l, k에서 54°의 동위각의 크기는 180°−130°=50°이므로 두 직선 l, k는 서로 평행하지 않다.

(iv) 두 직선 m, n에서 128°의 동위각의 크기는 180°−52°=128°이므로 두 직선 m, n은 서로 평행하다.

(v) 두 직선 m, k에서 128°의 동위각의 크기는 130°이므로 두 직선 m, k는 서로 평행하지 않다.

(vi) 두 직선 n, k에서 52°의 동위각의 크기는 180°−130°=50°이므로 두 직선 n, k는 서로 평행하지 않다.

(i)~(vi)에 의하여 서로 평행한 두 직선은 m, n이다.

Ⅰ-4 작도와 합동

20 길이가 같은 선분의 작도

▸ p.52

01 답 ㄱ, ㄷ

02 답 ○

03 답 ×

작도를 할 때는 눈금 없는 자와 컴퍼스만을 사용한다.

04 답 ○

05 답

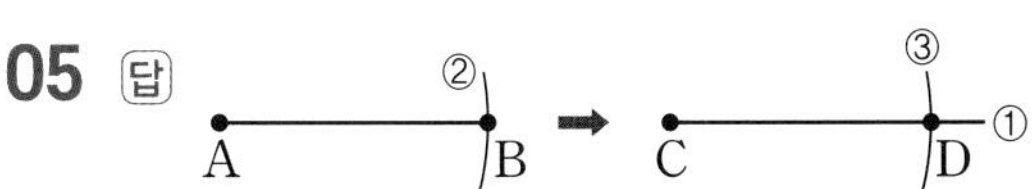

06 답

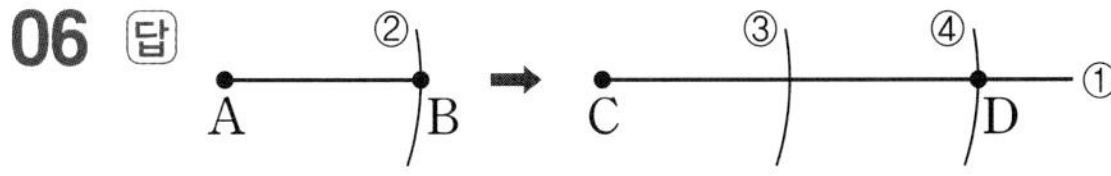

07 답 C, 컴퍼스, C, $\overline{AB}$

21 크기가 같은 각의 작도

▸ p.53

01 답 ㉢, ㉡, ㉣

02 답 $\overline{OB}$, $\overline{PD}$, $\overline{CD}$

03 답 DPC

04 답

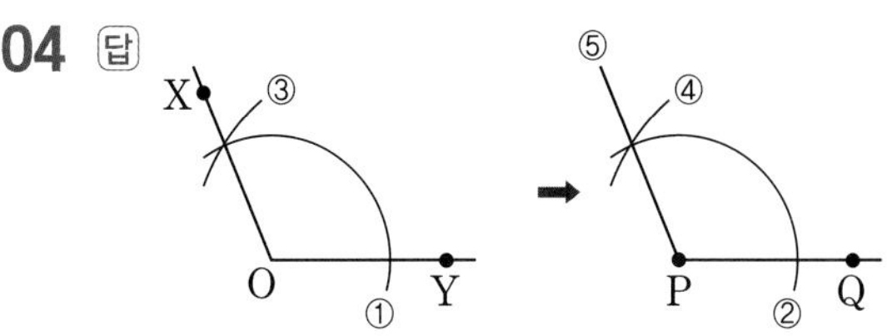

05 답 A, B, C, $\overline{AB}$, D, $\overrightarrow{PD}$

22 평행선의 작도

▸ p.54

01 답 ㉤, ㉡, ㉥, ㉢, ㉣

02 답 $\overline{AC}$, $\overline{PR}$, $\overline{QR}$

03 답 QPR

04 답

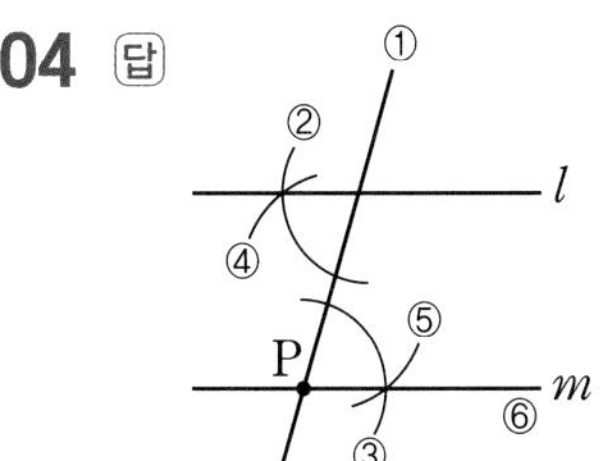

05 답 직선, A, B, $\overline{QA}$, $\overline{AB}$, $\overline{AB}$, P, D, PD

23 삼각형

▸ p.55

01 답 6 cm

∠B의 대변은 [AC]이고 그 길이는 [6] cm이다.

02 답 8 cm

∠C의 대변은 AB이고 그 길이는 8 cm이다.

03 답 60°

$\overline{AB}$의 대각은 ∠[ACB]이고 그 크기는 [60]°이다.

04 답 43°

$\overline{AC}$의 대각은 ∠B이고 그 크기는 43°이다.

05 답 77°

△ABC의 세 내각의 크기의 합은 180°이므로

$\angle A = 180^\circ - (43^\circ + 60^\circ) = 77^\circ$

이때, $\overline{BC}$의 대각은 ∠A이므로 그 크기는 77°이다.

06 답 ○

6 < 4+4이므로 삼각형을 만들 수 있다.

07 답 ×

12 > 6+4이므로 삼각형을 만들 수 없다.

08 답 ×

14=7+7이므로 삼각형을 만들 수 없다.

09 답 ○

5<3+4이므로 삼각형을 만들 수 있다.

10 답 ∠B, $\overline{BC}$, $\overline{AB}$, $\overline{BC}$, $\overline{CA}$, ∠C

24 삼각형의 작도 — 세 변의 길이가 주어질 때

▸ p.56

01 답 $\overline{AC}$

02 답

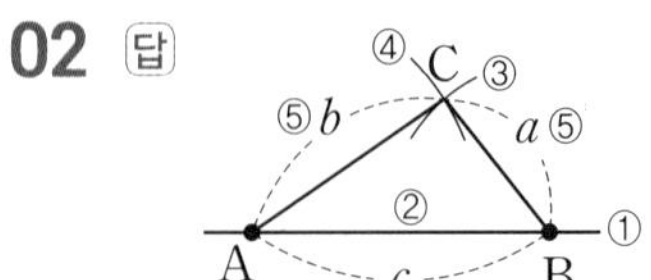

03 답

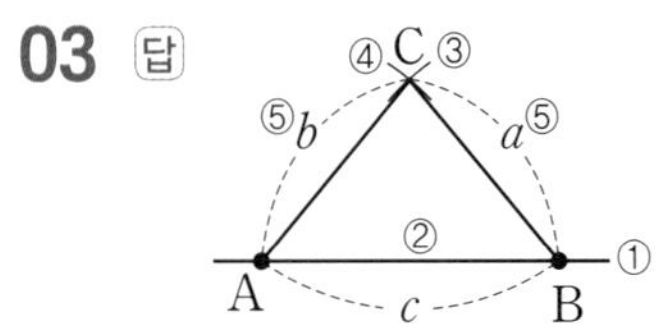

04 답 a, c, b, $\overline{AB}$

25 삼각형의 작도

— 두 변의 길이와 그 끼인각의 크기가 주어질 때

▸ p.57

01 답 $\overline{BA}$, $\overline{CA}$

02 답

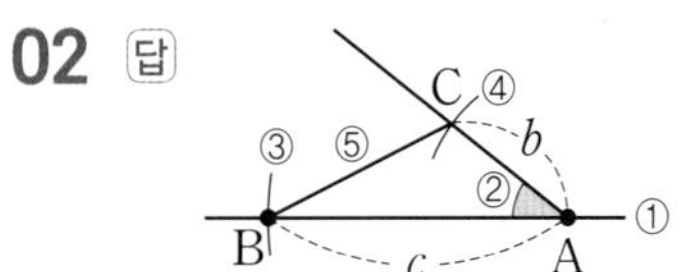

03 답

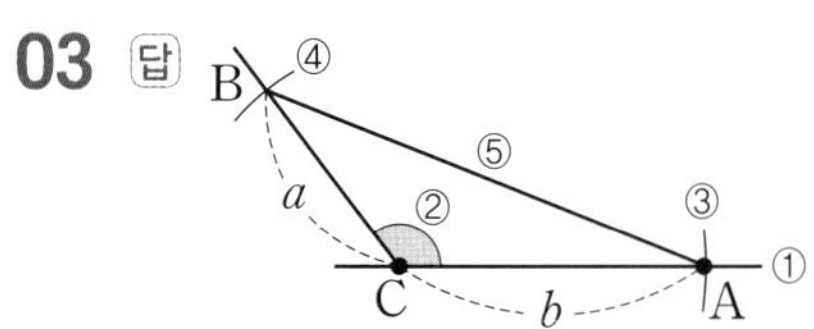

04 답 ∠B, B, C, A, $\overline{AC}$

26 삼각형의 작도

— 한 변의 길이와 그 양 끝 각의 크기가 주어질 때

▸ p.58

01 답 $\overline{BC}$, C, $\overline{CA}$

02 답

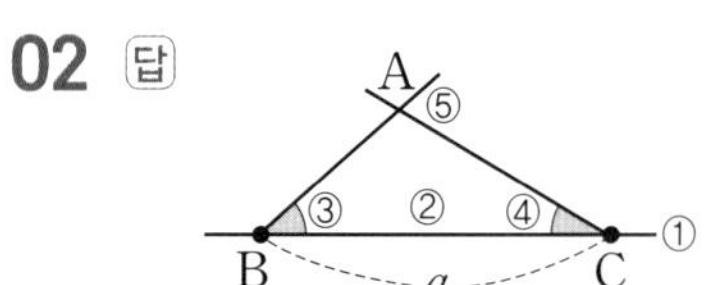

03 답

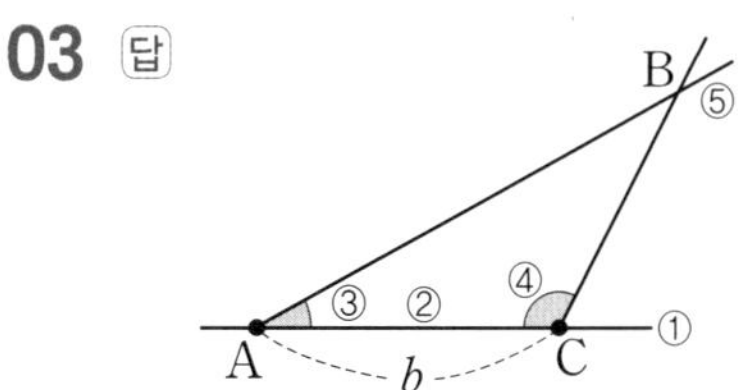

04 답 a, ∠B, ∠C, A

27 삼각형이 하나로 정해질 조건

▸ p.59

01 답 ×

세 변의 길이가 주어졌지만 10>5+4이므로 삼각형이 만들어지지 않는다.

02 답 ×

세 각의 크기가 주어진 경우에는 모양은 같지만 크기가 다른 삼각형이 무수히 많이 그려진다.

03 답 ×

두 변의 길이와 그 끼인각이 아닌 다른 한 각의 크기가 주어졌으므로 삼각형이 하나로 정해지지 않는다.

04 답 ○

한 변의 길이와 그 양 끝 각의 크기가 주어졌으므로 삼각형이 하나로 정해진다.

05 답 ×

한 변의 길이와 그 양 끝 각의 크기가 주어졌지만 $\angle A+\angle C=120^\circ+60^\circ=180^\circ$이므로 삼각형이 만들어지지 않는다.

06 답 ○

두 변의 길이와 그 끼인각의 크기가 주어지는 것이므로 삼각형이 하나로 정해진다.

07 답 ×

두 변의 길이와 그 끼인각이 아닌 한 각의 크기가 주어지는 것이므로 삼각형이 하나로 정해지지 않는다.

08 답 ○

한 변의 길이와 양 끝 각의 크기가 주어지는 것이므로 삼각형이 하나로 정해진다.

09 답 ○

$\angle A$, $\angle B$의 크기가 주어졌으므로 $\angle C$의 크기를 구할 수 있다.
즉, 한 변의 길이와 양 끝 각의 크기가 주어지는 것이므로 삼각형이 하나로 정해진다.

10 답 ×

세 각의 크기가 주어진 것이므로 삼각형이 하나로 정해지지 않는다.

11 답 $\overline{BC}$, $\angle A$, $\angle C$

28 도형의 합동

▸ p.60~61

01 답 $\triangle HIG$

02 답 $\triangle EFD$

03 답 □KLIJ

04 답 점 E

05 답 점 H

06 답 변 FG

07 답 변 DA

08 답 $\angle G$

09 답 $\angle A$

10 답 40°

$\angle D$의 대응각은 $\angle A$이므로 $\angle D=\angle A=40^\circ$

11 답 110°

$\angle E$의 대응각은 $\angle B$이므로 $\angle E=\angle B=110^\circ$

12 답 5 cm

$\overline{EF}$의 대응변은 $\overline{BC}$이므로 $\overline{EF}=\overline{BC}=5$ cm

13 답 9 cm

$\overline{AC}$의 대응변은 $\overline{DF}$이므로 $\overline{AC}=\overline{DF}=9$ cm

14 답 8 cm

$\overline{AB}$의 대응변은 $\overline{DE}$이므로 $\overline{AB}=\overline{DE}=8$ cm

15 답 6 cm

$\overline{EF}$의 대응변은 $\overline{BC}$이므로 $\overline{EF}=\overline{BC}=6$ cm

16 답 45°

$\angle A$의 대응각은 $\angle D$이므로 $\angle A=\angle D=45^\circ$

17 답 105°

$\angle E$의 대응각은 $\angle B$이므로 $\angle E=\angle B=30^\circ$
삼각형의 세 각의 크기의 합은 180°이므로
$\angle D+\angle E+\angle F=180^\circ$에서 $45^\circ+30^\circ+\angle F=180^\circ$
$\therefore \angle F=105^\circ$

18 답 6 cm

$\overline{HE}$의 대응변은 $\overline{DA}$이므로 $\overline{HE}=\overline{DA}=6$ cm

19 답 7 cm

$\overline{BC}$의 대응변은 $\overline{FG}$이므로 $\overline{BC}=\overline{FG}=7$ cm

20 답 7 cm

$\overline{EF}$의 대응변은 $\overline{AB}$이므로 $\overline{EF}=\overline{AB}=7$ cm

21 답 80°

$\angle E$의 대응각은 $\angle A$이므로 $\angle E=\angle A=80^\circ$

22 답 120°

$\angle D$의 대응각은 $\angle H$이므로 $\angle D=\angle H=120^\circ$

23 답 합동, ≡, 대응각, 같다

29 삼각형의 합동 조건

▸ p.62~63

01 답 $\overline{DF}$, $\angle D$, $\angle C$, $\triangle EDF$, ASA

02 답 $\overline{DF}$, $\overline{CB}$, $\angle F$, $\triangle DFE$, SAS

03 답 $\overline{FD}$, $\overline{BC}$, $\overline{FE}$, $\triangle FDE$, SSS

04 답 $\triangle PQR$, ASA

$\triangle PQR$에서 $\angle R=180^\circ-(70^\circ+50^\circ)=60^\circ$

$\triangle ABC$와 $\triangle PQR$에서

$\angle A=\angle P$, $\overline{AC}=\overline{PR}$, $\angle C=\angle R$이므로

$\triangle ABC\equiv\triangle PQR$(ASA 합동)

05 답 $\triangle NOM$, SAS

$\triangle NOM$에서 $\angle N=180^\circ-(100^\circ+50^\circ)=30^\circ$

$\triangle DEF$와 $\triangle NOM$에서

$\overline{DE}=\overline{NO}$, $\angle D=\angle N$, $\overline{DF}=\overline{NM}$이므로

$\triangle DEF\equiv\triangle NOM$(SAS 합동)

06 답 $\triangle LJK$, ASA

$\triangle LJK$에서 $\angle K=180^\circ-(50^\circ+30^\circ)=100^\circ$

$\triangle GHI$와 $\triangle LJK$에서

$\angle H=\angle J$, $\overline{HI}=\overline{JK}$, $\angle I=\angle K$이므로

$\triangle GHI\equiv\triangle LJK$(ASA 합동)

07 답 ○

대응하는 세 변의 길이가 각각 같으므로 SSS 합동이다.

08 답 ○

대응하는 두 변의 길이가 각각 같고 그 끼인각의 크기가 같으므로 SAS 합동이다.

09 답 ○

대응하는 한 변의 길이가 같고 그 양 끝 각의 크기가 각각 같으므로 ASA 합동이다.

10 답 ○

$\angle A=\angle D$, $\angle B=\angle E$이므로

$\angle C=180^\circ-(\angle A+\angle B)=180^\circ-(\angle D+\angle E)=\angle F$

따라서 대응하는 한 변의 길이가 같고 그 양 끝 각의 크기가 각각 같으므로 ASA 합동이다.

11 답 ×

대응하는 두 변의 길이는 각각 같지만 그 끼인각의 크기가 같은지 알 수 없으므로 $\triangle ABC$와 $\triangle DEF$는 합동이라고 할 수 없다.

12 답 ×

대응하는 세 각의 크기가 각각 같으면 모양은 같지만 크기가 다를 수 있으므로 $\triangle ABC$와 $\triangle DEF$는 합동이라고 할 수 없다.

13 답 1) $\overline{AC}=\overline{DF}$ 2) $\angle B=\angle E$ 또는 $\angle A=\angle D$

1) 대응하는 두 변의 길이가 각각 같고 그 끼인각의 크기가 같아야 하므로 $\overline{AC}=\overline{DF}$의 조건이 있어야 한다.

2) 대응하는 한 변의 길이가 같고 그 양 끝 각의 크기가 각각 같아야 하므로 $\angle B=\angle E$ 또는 $\angle A=\angle D$의 조건이 있어야 한다.

14 답 1) $\overline{BC}=\overline{EF}$ 2) $\angle A=\angle D$

1) 대응하는 세 변의 길이가 각각 같아야 하므로 $\overline{BC}=\overline{EF}$의 조건이 있어야 한다.

2) 대응하는 두 변의 길이가 각각 같고 그 끼인각의 크기가 같아야 하므로 $\angle A=\angle D$의 조건이 있어야 한다.

15 답 1) 변 2) SAS, 끼인각 3) ASA, 양 끝 각

단원 마무리 평가 [20~29]

▸ 문제편 p.64~66

01 답 ①

ㄷ. 두 선분의 길이를 비교할 때는 컴퍼스를 사용한다. (거짓)

ㄹ. 눈금 없는 자와 컴퍼스만을 사용하여 도형을 그리는 것을 작도라 한다. (거짓)

따라서 옳은 것은 ㄱ, ㄴ이다.

02 답 ①

ㄷ. $\overline{PC}=\overline{CD}$인지는 알 수 없다. (거짓)

ㄹ. 작도 순서는 ㅂ → ㉠ → ㉢ → ㉡ → ㉣ → ㉤이다. (거짓)

따라서 옳은 것은 ㄱ, ㄴ이다.

03 답 ④

①, ②, ③ $\overline{AB}=\overline{AC}=\overline{PQ}=\overline{PR}$, $\overline{BC}=\overline{QR}$

④ $\overline{PQ}=\overline{QR}$인지는 알 수 없다.

⑤ 평행한 직선의 작도는 동위각의 크기가 같으면 두 직선은 평행하다는 성질을 이용하여 크기가 같은 각의 작도를 한 것이므로 $\angle BAC=\angle QPR$

04 답 ③

(i) $\overline{CA}$가 가장 긴 변일 때,

$\overline{CA}<\overline{AB}+\overline{BC}=8+12=20(cm)$

(ii) $\overline{BC}$가 가장 긴 변일 때, $\overline{BC}<\overline{AB}+\overline{CA}$에서

$\overline{CA}>\overline{BC}-\overline{AB}=12-8=4(cm)$

(i), (ii)에 의하여 $\overline{CA}$의 길이는 4 cm보다 길고 20 cm보다 짧아야 한다.

따라서 삼각형 ABC를 작도할 수 있는 것은 ③ 19 cm이다.

05 답 1) × 2) ○

1) ∠C는 $\overline{AB}$, $\overline{BC}$의 끼인각이 아니다.

06 답 ①

ㄱ. $\overline{AB}$, $\overline{BC}$와 그 끼인각 ∠B의 크기가 주어졌으므로 삼각형 ABC가 하나로 결정된다.

ㄴ. 삼각형의 세 변의 길이가 주어졌지만 $\overline{AB}+\overline{BC}=\overline{CA}$이므로 삼각형을 만들 수 없다.

ㄷ. 무수히 많은 삼각형 ABC가 만들어진다.

따라서 삼각형 ABC가 하나로 결정되는 것은 ㄱ이다.

07 답 ②, ⑤

① 두 변의 길이와 그 끼인각의 크기가 주어지는 것이므로 삼각형이 하나로 정해진다. ← OK!

② 두 변의 길이와 그 끼인각의 크기가 아닌 한 각의 크기가 주어지는 것이므로 삼각형이 하나로 정해지지 않는다. ← NO!

③ 한 변의 길이와 양 끝 각의 크기가 주어지는 것이므로 삼각형이 하나로 정해진다. ← OK!

④ ∠A, ∠B의 크기가 주어졌으므로 ∠C의 크기를 구할 수 있다. 즉, 한 변의 길이와 양 끝 각의 크기가 주어지는 것이므로 삼각형이 하나로 정해진다. ← OK!

⑤ 세 각의 크기가 주어진 것이므로 삼각형이 하나로 정해지지 않는다. ← NO!

08 답 ②

② ∠B가 $\overline{AB}$와 $\overline{AC}$의 끼인각이 아니므로 삼각형이 하나로 정해지지 않는다.

09 답 1) 4 cm 2) 85° 3) 40°

1) $\overline{EF}$의 대응변은 $\overline{BC}$이므로 $\overline{EF}=\overline{BC}=4$ cm

2) ∠A의 대응각은 ∠D이므로 ∠A=∠D=85°

3) ∠E의 대응각은 ∠B이고

∠B=180°−(85°+55°)=40°이므로 ∠E=∠B=40°

10 답 ④

④【반례】

4 cm
4 cm
8 cm
2 cm

11 답 ③

ㄱ. 한 변의 길이가 같은 두 정삼각형은 항상 합동이다.

ㄴ. 넓이가 같지만 합동이 아닌 두 직사각형이 존재한다.

ㄷ. 지름의 길이가 같은 두 원은 항상 합동이다.

ㄹ. 둘레의 길이가 같은 두 정오각형은 항상 합동이다.

ㅁ. 넓이가 같지만 합동이 아닌 두 평행사변형이 존재한다.

따라서 항상 합동인 것은 ㄱ, ㄷ, ㄹ로 3개이다.

12 답 ④

ㄱ. 합동인 두 도형의 넓이는 같다. (참)

ㄴ. 대응하는 각의 크기가 서로 같아도 두 도형은 합동이 되지 않을 수 있다. (거짓)

ㄷ. 합동인 두 도형은 대응하는 변의 길이가 서로 같다. (참)

ㄹ. 넓이가 같은 두 원은 항상 합동이다. (참)

따라서 옳은 것은 ㄱ, ㄷ, ㄹ이다.

13 답 ②

② 대응하는 한 변의 길이가 9 cm로 같고, 그 양 끝 각의 크기가 45°, 30°로 같으므로 ASA 합동이다.

14 답 ③, ⑤

① 대응하는 세 변의 길이가 같으므로 SSS 합동이다. ← OK!

② 대응하는 두 변의 길이와 그 끼인각의 크기가 같으므로 SAS 합동이다. ← OK!

③ ∠C와 ∠F가 끼인각이 아니므로 합동이 아니다. ← NO!

④ 대응하는 한 변의 길이와 그 양 끝 각의 크기가 같으므로 ASA 합동이다. ← OK!

⑤ 대응하는 세 각의 크기가 같은 것은 삼각형의 합동 조건이 아니다. ← NO!

15 답 ④

$\overline{AP}=\overline{BP}$, $\overline{CP}=\overline{DP}$, ∠APC=∠BPD(맞꼭지각)이므로

△ACP≡△BDP(SAS합동)이다. ← ① 참, ② 참

따라서 $\overline{AC}=\overline{BD}$이고 ∠ACP=∠BDP이므로

$\overline{AC}$ // $\overline{DB}$이다. ← ③ 참, ⑤ 참

그런데 ∠ACP=∠DBP인지는 알 수 없다. ← ④ 거짓

16 답 **27°**

$\overline{OA}=\overline{OC}$, $\overline{AB}=\overline{CD}$이므로

$\overline{OB}=\overline{OA}+\overline{AB}=\overline{OC}+\overline{CD}=\overline{OD}$

즉, △OBC와 △ODA에서

$\overline{OB}=\overline{OD}$, $\overline{OC}=\overline{OA}$이고 ∠O는 공통이므로

△OBC≡△ODA (SAS 합동)

∴ ∠D=∠B=27°

Ⅱ-1 다각형

01 다각형

▸ p.70~71

01 답 ×

선분이 아닌 곡선이 있으므로 다각형이 아니다.

02 답 ○

03 답 ○

04 답 ×

평면도형이 아닌 입체도형이므로 다각형이 아니다.

05 답 ㉢

06 답 ㉠

07 답 ㉣

08 답 ㉤

09 답

다각형	(삼각형 그림)	(오각형 그림)	(칠각형 그림)
변의 개수(개)	3	5	7
꼭짓점의 개수(개)	3	5	7
내각의 개수(개)	3	5	7
다각형의 이름	삼각형	오각형	칠각형

10 답 **125°**

11 답 **85°**

12 답 **105°**

13 답 **50°**

14 답 **85°**

15 답 **108°**

∠A의 내각의 크기가 72°이므로 ∠A의 외각의 크기는

180°−72°=108°

16 답 **50°**

∠A의 내각의 크기가 130°이므로 ∠A의 외각의 크기는

180°−130°=50°

17 답 **70°**

∠A의 내각의 크기가 110°이므로 ∠A의 외각의 크기는

180°−110°=70°

18 답 **40°**

∠A의 외각의 크기가 140°이므로 ∠A의 내각의 크기는

180°−140°=40°

19 답 **116°**

∠A의 외각의 크기가 64°이므로 ∠A의 내각의 크기는

180°−64°=116°

20 답 **90°**

∠A의 외각의 크기가 90°이므로 ∠A의 내각의 크기는

180°−90°=90°

21 답 $\angle x=144°$, $\angle y=62°$

다각형의 한 꼭짓점에서

(내각의 크기)+(외각의 크기)=180°이므로

$\angle x+36°=180°$에서 $\angle x=144°$

$\angle y+118°=180°$에서 $\angle y=62°$

22 답 $\angle x=105°$, $\angle y=73°$

다각형의 한 꼭짓점에서

(내각의 크기)+(외각의 크기)=180°이므로

$\angle x+75°=180°$에서 $\angle x=105°$

$\angle y+107°=180°$에서 $\angle y=73°$

23 답 **3, 외각, 180°**

02 정다각형

▸ p.72

01 답 ○

02 답 ×

모든 사각형은 4개의 선분으로 둘러싸인 다각형이다.

정사각형은 네 변의 길이가 모두 같고, 네 내각의 크기가 모두 같은 사각형이다.

03 답 ○

삼각형은 세 변의 길이만 모두 같거나 세 내각의 크기만 모두 같아도 정삼각형이 된다.

04 답 ○

05 답 ×

마름모는 네 내각의 크기가 모두 같지 않을 수 있으므로 정다각형이 아니다.

06 답 ×

정사각형의 한 내각의 크기와 한 외각의 크기가 $90°$로 서로 같지만 다른 정다각형의 한 내각의 크기와 한 외각의 크기는 같지 않다.

예 정삼각형의 한 내각의 크기는 $60°$이고, 한 외각의 크기는 $120°$이다.

07 답 **정팔각형**

조건 (가)를 만족시키는 다각형은 팔각형이고, 두 조건 (나), (다)를 만족시키는 다각형은 정다각형이므로 구하는 다각형은 정팔각형이다.

08 답 **정육각형**

조건 (가)를 만족시키는 다각형은 육각형이고, 두 조건 (나), (다)를 만족시키는 다각형은 정다각형이므로 구하는 다각형은 정육각형이다.

09 답 **정구각형**

조건 (가)를 만족시키는 다각형은 구각형이고, 두 조건 (나), (다)를 만족시키는 다각형은 정다각형이므로 구하는 다각형은 정구각형이다.

10 답 **변, 정다각형, 정사각형, 정오각형**

03 다각형의 대각선

▸ p.73~74

01 답 1

사각형의 꼭짓점의 개수는 $\boxed{4}$이므로 사각형의 한 꼭짓점에서 그을 수 있는 대각선의 개수는 $\boxed{4}-3=\boxed{1}$이다.

02 답 3

육각형의 꼭짓점의 개수는 6이므로 육각형의 한 꼭짓점에서 그을 수 있는 대각선의 개수는 $6-3=3$이다.

03 답 5

팔각형의 꼭짓점의 개수는 8이므로 팔각형의 한 꼭짓점에서 그을 수 있는 대각선의 개수는 $8-3=5$이다.

04 답 8

십일각형의 꼭짓점의 개수는 11이므로 십일각형의 한 꼭짓점에서 그을 수 있는 대각선의 개수는 $11-3=8$이다.

05 답 12

십오각형의 꼭짓점의 개수는 15이므로 십오각형의 한 꼭짓점에서 그을 수 있는 대각선의 개수는 $15-3=12$이다.

06 답 **오각형**

구하는 다각형을 n각형이라 하면

$n-\boxed{3}=2$에서 $n=\boxed{5}$

따라서 $\boxed{\text{오}}$각형이다.

07 답 **구각형**

구하는 다각형을 n각형이라 하면

$n-3=6$에서 $n=9$

따라서 구각형이다.

08 답 **십각형**

구하는 다각형을 n각형이라 하면

$n-3=7$에서 $n=10$

따라서 십각형이다.

09 답 **십육각형**

구하는 다각형을 n각형이라 하면

$n-3=13$에서 $n=16$

따라서 십육각형이다.

10 답 2

사각형의 꼭짓점의 개수는 $\boxed{4}$이므로 사각형의 대각선의 개수는 $\dfrac{\boxed{4}\times(\boxed{4}-3)}{\boxed{2}}=\boxed{2}$이다.

11 답 9

육각형의 꼭짓점의 개수는 6이므로 육각형의 대각선의 개수는 $\dfrac{6\times(6-3)}{2}=9$이다.

12 답 20

팔각형의 꼭짓점의 개수는 8이므로 팔각형의 대각선의 개수는 $\dfrac{8\times(8-3)}{2}=20$이다.

13 답 54

십이각형의 꼭짓점의 개수는 12이므로 십이각형의 대각선의 개수는 $\frac{12\times(12-3)}{2}=54$이다.

14 답 14

구하는 다각형을 n각형이라 하면 $n-\boxed{3}=4$에서 $n=\boxed{7}$

따라서 $\boxed{\text{칠}}$각형의 대각선의 개수는

$\frac{\boxed{7}\times(\boxed{7}-3)}{\boxed{2}}=\boxed{14}$이다.

15 답 65

구하는 다각형을 n각형이라 하면 $n-3=10$에서 $n=13$

따라서 십삼각형의 대각선의 개수는 $\frac{13\times(13-3)}{2}=65$이다.

16 답 90

구하는 다각형을 n각형이라 하면 $n-3=12$에서 $n=15$

따라서 십오각형의 대각선의 개수는 $\frac{15\times(15-3)}{2}=90$이다.

17 답 오각형

구하는 다각형을 n각형이라 하면

$\frac{n(n-\boxed{3})}{2}=\boxed{5}$에서 $n(n-\boxed{3})=10$

이때, $10=\boxed{5}\times2$이므로 $n=\boxed{5}$

따라서 구하는 다각형은 $\boxed{\text{오}}$각형이다.

18 답 구각형

구하는 다각형을 n각형이라 하면

$\frac{n(n-3)}{2}=27$에서 $n(n-3)=54$

이때, $54=9\times6$이므로 $n=9$

따라서 구하는 다각형은 구각형이다.

19 답 십각형

구하는 다각형을 n각형이라 하면

$\frac{n(n-3)}{2}=35$에서 $n(n-3)=70$

이때, $70=10\times7$이므로 $n=10$

따라서 구하는 다각형은 십각형이다.

20 답 십이각형

구하는 다각형을 n각형이라 하면

$\frac{n(n-3)}{2}=54$에서 $n(n-3)=108$

이때, $108=12\times9$이므로 $n=12$

따라서 구하는 다각형은 십이각형이다.

21 답 십사각형

구하는 다각형을 n각형이라 하면

$\frac{n(n-3)}{2}=77$에서 $n(n-3)=154$

이때, $154=14\times11$이므로 $n=14$

따라서 구하는 다각형은 십사각형이다.

22 답 십팔각형

구하는 다각형을 n각형이라 하면

$\frac{n(n-3)}{2}=135$에서 $n(n-3)=270$

이때, $270=18\times15$이므로 $n=18$

따라서 구하는 다각형은 십팔각형이다.

23 답 $n-3$, $n(n-3)$

04 삼각형의 내각의 크기의 합

▸ p.75~76

01 답 65°

삼각형의 세 내각의 크기의 합은 $\boxed{180}^\circ$이므로

$\angle x+30^\circ+85^\circ=\boxed{180}^\circ$ $\quad\therefore \angle x=\boxed{65}^\circ$

02 답 131°

삼각형의 세 내각의 크기의 합은 180°이므로

$\angle x+17^\circ+32^\circ=180^\circ$ $\quad\therefore \angle x=131^\circ$

03 답 26°

삼각형의 세 내각의 크기의 합은 180°이므로

$\angle x+64^\circ+90^\circ=180^\circ$ $\quad\therefore \angle x=26^\circ$

04 답 23°

삼각형의 세 내각의 크기의 합은 $\boxed{180}^\circ$이므로

$3\angle x+2\angle x+65^\circ=\boxed{180}^\circ$

$5\angle x=\boxed{115}^\circ$ $\quad\therefore \angle x=\boxed{23}^\circ$

05 답 25°

삼각형의 세 내각의 크기의 합은 180°이므로

$(\angle x+10^\circ)+3\angle x+70^\circ=180^\circ$

$4\angle x=100^\circ$ $\quad\therefore \angle x=25^\circ$

06 답 **30°**

삼각형의 세 내각의 크기의 합은 180°이므로

$\angle x+2\angle x+90°=180°$

$3\angle x=90°$ $\quad\therefore \angle x=30°$

07 답 **75°**

$\angle ACB=\boxed{40}°$(맞꼭지각)이고 삼각형의 세 내각의 크기의 합은 $\boxed{180}°$이므로 $\angle x+65°+\boxed{40}°=\boxed{180}°$

$\therefore \angle x=\boxed{75}°$

08 답 **36°**

삼각형의 세 내각의 크기의 합은 180°이므로 △ABD에서

$36°+90°+\angle BAD=180°$ $\quad\therefore \angle BAD=54°$

이때, $\angle BAC=90°$이므로

$\angle x=90°-\angle BAD=90°-54°=36°$

09 답 **75°**

삼각형의 세 내각의 크기의 합은 $\boxed{180}°$이므로

△ABC에서 $\angle BAC+60°+30°=\boxed{180}°$

$\therefore \angle BAC=\boxed{90}°$

즉, $\angle BAD=\frac{1}{2}\angle BAC=\frac{1}{2}\times\boxed{90}°=\boxed{45}°$이므로

△ABD에서 $\angle x+60°+\boxed{45}°=\boxed{180}°$

$\therefore \angle x=\boxed{75}°$

10 답 **84°**

$\angle ACB=180°-140°=40°$이고 삼각형의 세 내각의 크기의 합은 180°이므로 △ABC에서

$\angle BAC+52°+40°=180°$

$\therefore \angle BAC=88°$

즉, $\angle BAD=\frac{1}{2}\angle BAC=\frac{1}{2}\times 88°=44°$이므로

△ABD에서 $\angle x+52°+44°=180°$

$\therefore \angle x=84°$

11 답 **90°**

세 내각의 크기를 $\angle x$, $2\angle x$, $3\angle x$라 하면

$\angle x+2\angle x+3\angle x=\boxed{180}°$, $6\angle x=\boxed{180}°$

$\therefore \angle x=\boxed{30}°$

따라서 가장 큰 내각의 크기는

$3\angle x=3\times\boxed{30}°=\boxed{90}°$

12 답 **80°**

세 내각의 크기를 $2\angle x$, $3\angle x$, $4\angle x$라 하면

$2\angle x+3\angle x+4\angle x=180°$, $9\angle x=180°$

$\therefore \angle x=20°$

따라서 가장 큰 내각의 크기는

$4\angle x=4\times 20°=80°$

13 답 **75°**

세 내각의 크기를 $3\angle x$, $4\angle x$, $5\angle x$라 하면

$3\angle x+4\angle x+5\angle x=180°$, $12\angle x=180°$

$\therefore \angle x=15°$

따라서 가장 큰 내각의 크기는

$5\angle x=5\times 15°=75°$

14 답 **90°**

세 내각의 크기를 $5\angle x$, $4\angle x$, $9\angle x$라 하면

$5\angle x+4\angle x+9\angle x=180°$, $18\angle x=180°$

$\therefore \angle x=10°$

따라서 가장 큰 내각의 크기는

$9\angle x=9\times 10°=90°$

15 답 **70°**

세 내각의 크기를 $5\angle x$, $6\angle x$, $7\angle x$라 하면

$5\angle x+6\angle x+7\angle x=180°$, $18\angle x=180°$

$\therefore \angle x=10°$

따라서 가장 큰 내각의 크기는

$7\angle x=7\times 10°=70°$

16 답 **180°, $2\angle x$, $5\angle x$, $2\angle x$, $5\angle x$, 180°**

05 삼각형의 내각과 외각 사이의 관계

▸ p.77~80

01 답 **135°**

삼각형의 한 외각의 크기는 그와 이웃하지 않는 두 내각의 크기의 합과 같으므로

$\angle x=50°+\boxed{85}°=\boxed{135}°$

02 답 **134°**

삼각형의 한 외각의 크기는 그와 이웃하지 않는 두 내각의 크기의 합과 같으므로

$\angle x=44°+90°=134°$

03 답 **70°**

삼각형의 한 외각의 크기는 그와 이웃하지 않는 두 내각의 크기의 합과 같으므로 $\angle x+50°=120°$

$\therefore \angle x=70°$

04 답 **63°**

삼각형의 한 외각의 크기는 그와 이웃하지 않는 두 내각의 크기의 합과 같으므로 $\angle x+47°=110°$

$\therefore \angle x=63°$

05 답 **21°**

삼각형의 한 외각의 크기는 그와 이웃하지 않는 두 내각의 크기의 합과 같으므로 $(2\angle x+23°)+45°=110°$

$2\angle x=42°$ $\quad\therefore \angle x=21°$

06 답 **18°**

삼각형의 한 외각의 크기는 그와 이웃하지 않는 두 내각의 크기의 합과 같으므로

$(3\angle x-12°)+60°=5\angle x+12°$, $2\angle x=36°$

$\therefore \angle x=18°$

07 답 **60°**

삼각형의 한 외각의 크기는 그와 이웃하지 않는 두 내각의 크기의 합과 같으므로 오른쪽 그림에서

$\angle x+\boxed{70}°=130°$ $\quad\therefore \angle x=\boxed{60}°$

[다른 풀이]

오른쪽 그림에서

$\angle x+50°=110°$ $\quad\therefore \angle x=60°$

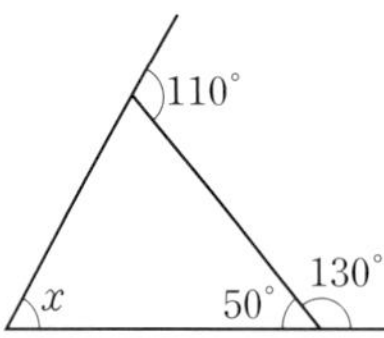

08 답 **135°**

삼각형의 한 외각의 크기는 그와 이웃하지 않는 두 내각의 크기의 합과 같으므로 오른쪽 그림에서

$\angle x=60°+75°=135°$

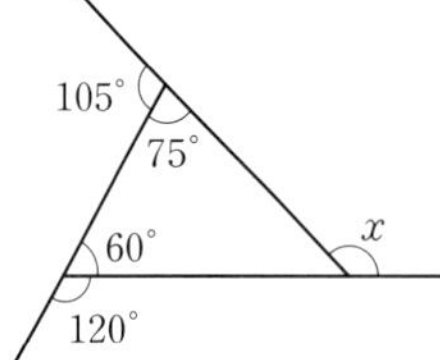

09 답 **$\angle x=50°$, $\angle y=55°$**

△EAB에서 삼각형의 내각과 외각 사이의 관계에 의하여

$\angle x+\boxed{35}°=85°$ $\quad\therefore \angle x=\boxed{50}°$

△ECD에서 삼각형의 내각과 외각 사이의 관계에 의하여

$\angle y+\boxed{30}°=85°$ $\quad\therefore \angle y=\boxed{55}°$

10 답 **$\angle x=90°$, $\angle y=20°$**

△AEB에서 삼각형의 내각과 외각 사이의 관계에 의하여

$\angle x=40°+50°=90°$

△CDE에서 삼각형의 내각과 외각 사이의 관계에 의하여

$70°+\angle y=\angle x=90°$ $\quad\therefore \angle y=20°$

11 답 **$\angle x=56°$, $\angle y=109°$**

△CED에서 삼각형의 내각과 외각 사이의 관계에 의하여

$\angle y=41°+68°=109°$

△ABE에서 삼각형의 내각과 외각 사이의 관계에 의하여

$53°+\angle x=\angle y=109°$ $\quad\therefore \angle x=56°$

12 답 **$\angle x=125°$, $\angle y=100°$**

두 직선 AB, CF가 평행하므로

$\angle ADC=\angle DAB=80°$(엇각)

$\therefore \angle y=180°-80°=100°$

△CDE에서 삼각형의 내각과 외각 사이의 관계에 의하여

$\angle x=45°+80°=125°$

13 답 **32°**

△DBC에서

$\overline{DB}=\overline{DC}$이므로

$\angle DCB=\angle\boxed{DBC}=\angle x$

△DBC에서 삼각형의 외각의 성질에 의하여

$\angle CDA=\angle x+\angle x=2\angle x$

△CDA에서 $\overline{CD}=\boxed{\overline{CA}}$이므로 $\angle CAD=\angle\boxed{CDA}=2\angle x$

△ABC에서 삼각형의 외각의 성질에 의하여

$\angle x+2\angle x=\boxed{96}°$

$3\angle x=96°$ $\quad\therefore \angle x=\boxed{32}°$

14 답 **40°**

△DBC에서

$\overline{DB}=\overline{DC}$이므로

$\angle DCB=\angle DBC=\angle x$

△DBC에서 삼각형의 외각의 성질에 의하여

$\angle CDA=\angle x+\angle x=2\angle x$

△CDA에서 $\overline{CD}=\overline{CA}$이므로 $\angle CAD=\angle CDA=2\angle x$

$2\angle x=180°-100°=80°$ $\quad\therefore \angle x=40°$

15 답 **102°**

△BCD에서 $\overline{DB}=\overline{DC}$이므로

$\angle DBC=\angle DCB=34°$

△DBC에서 삼각형의 외각의 성질에 의하여

$\angle ADB=34°+34°=68°$

△ABD에서 $\overline{BA}=\overline{BD}$이므로 $\angle BAD=\angle ADB=68°$

△ABC에서 삼각형의 외각의 성질에 의하여

$\angle x=68°+34°=102°$

16 답 **25°**

△DBE에서 $\overline{DB}=\overline{DE}$이므로

$\angle DEB=\angle DBE=\angle x$

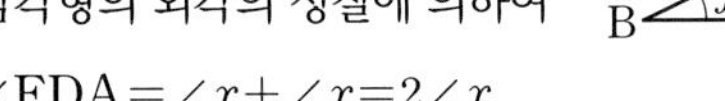

삼각형의 외각의 성질에 의하여

$\angle EDA=\angle x+\angle x=2\angle x$

△EDA에서 $\overline{ED}=\overline{EA}$이므로

$\angle EAD=\angle EDA=2\angle x$

△ABE에서 삼각형의 외각의 성질에 의하여

$\angle AEC=\angle x+2\angle x=3\angle x$

△AEC에서 $\overline{AE}=\overline{AC}$이므로

$\angle ACE=\angle AEC=3\angle x$

△ABC에서 삼각형의 외각의 성질에 의하여

$\angle x+3\angle x=100°$

$4\angle x=100°$ $\quad\therefore \angle x=25°$

17 답 **100°**

△ABC에서 $\angle ABC=180°-(50°+70°)=\boxed{60}°$이므로

$\angle DBC=\frac{1}{2}\angle ABC=\frac{1}{2}\times\boxed{60}°=\boxed{30}°$

따라서 △BCD에서

$\angle x=70°+\boxed{30}°=\boxed{100}°$

18 답 **145°**

△ABD에서 $65°+\angle ABD=105°$ $\quad\therefore \angle ABD=40°$

따라서 $\angle ABC=2\angle ABD=2\times40°=80°$이므로

△ABC에서 $\angle x=65°+80°=145°$

[다른 풀이]

$\angle DBC=\angle ABD=40°$이므로 △DBC에서

$\angle x=40°+105°=145°$

19 답 **85°**

△ABC에서 $\angle BAC+70°=120°$ $\quad\therefore \angle BAC=50°$

따라서 $\angle BAD=\frac{1}{2}\angle BAC=\frac{1}{2}\times50°=25°$이므로

△ABD에서 $\angle x=180°-(70°+25°)=85°$

20 답 **51°**

△ABC에서 $78°+\angle ABC+\angle ACB=180°$

$\therefore \angle ABC+\angle ACB=102°$ ⋯ ㉠

이때, $\angle ABD=\angle DBC$, $\angle ACD=\angle DCB$이므로

㉠에서 $(\angle ABD+\angle DBC)+(\angle ACD+\angle DCB)=102°$

$2\angle DBC+2\angle DCB=102°$ $\quad\therefore \angle DBC+\angle DCB=51°$

$\therefore \angle x=\angle DBC+\angle DCB=51°$

21 답 **27°**

△ABC에서 $\angle ACE=\angle ABC+54°$

한편, $\angle ACE=2\angle DCE$, $\angle ABC=2\angle DBC$이므로

$2\angle DCE=2\angle DBC+54°$, $\angle DCE=\angle DBC+27°$

$\therefore \angle DCE-\angle DBC=\boxed{27}°$ ⋯ ㉠

이때, △DBC에서 $\angle DCE=\angle DBC+\angle x$이므로

$\angle x=\angle DCE-\angle DBC=\boxed{27}°$(∵ ㉠)

22 답 **30°**

△ABC에서 $\angle ACE=\angle ABC+60°$

한편, $\angle ACE=2\angle DCE$, $\angle ABC=2\angle DBC$이므로

$2\angle DCE=2\angle DBC+60°$, $\angle DCE=\angle DBC+30°$

$\therefore \angle DCE-\angle DBC=30°$ ⋯ ㉠

이때, △DBC에서 $\angle DCE=\angle DBC+\angle x$이므로

$\angle x=\angle DCE-\angle DBC=30°$(∵ ㉠)

23 답 **50°**

△ABC에서 $\angle ACE=\angle ABC+100°$

한편, $\angle ACE=2\angle DCE$, $\angle ABC=2\angle DBC$이므로

$2\angle DCE=2\angle DBC+100°$, $\angle DCE=\angle DBC+50°$

$\therefore \angle DCE-\angle DBC=50°$ ⋯ ㉠

이때, △DBC에서 $\angle DCE=\angle DBC+\angle x$이므로

$\angle x=\angle DCE-\angle DBC=50°$(∵ ㉠)

24 답 **40°**

△DBC에서 $\angle DBE=\angle DCB+80°$

한편, $\angle DBE=2\angle ABE$, $\angle DCB=2\angle ACB$이므로

$2\angle ABE=2\angle ACB+80°$, $\angle ABE=\angle ACB+40°$

$\therefore \angle ABE-\angle ACB=40°$ ⋯ ㉠

이때, △ABC에서 $\angle ABE=\angle ACB+\angle x$이므로

$\angle x=\angle ABE-\angle ACB=40°$(∵ ㉠)

25 답 135°

그림과 같이 $\overline{AD}$의 연장선 위에 점 E를 잡으면

$\angle BDE = 25° + \angle BAD$

$\angle CDE = \boxed{40}° + \angle CAD$

$\therefore \angle x = \angle BDE + \angle CDE$

$= (25° + \angle BAD) + (40° + \angle CAD)$

$= 25° + \boxed{40}° + (\angle BAD + \angle CAD)$

$= 25° + 40° + \boxed{70}° = \boxed{135}°$

26 답 105°

그림과 같이 $\overline{AD}$의 연장선 위에 점 E를 잡으면

$\angle BDE = 20° + \angle BAD$

$\angle CDE = 30° + \angle CAD$

$\therefore \angle x = \angle BDE + \angle CDE$

$= (20° + \angle BAD) + (30° + \angle CAD)$

$= 20° + 30° + (\angle BAD + \angle CAD)$

$= 20° + 30° + 55° = 105°$

27 답 130°

그림과 같이 $\overline{AD}$의 연장선 위에 점 E를 잡으면

$\angle BDE = 20° + \angle BAD$

$\angle CDE = 30° + \angle CAD$

$\therefore \angle x = \angle BDE + \angle CDE$

$= (20° + \angle BAD) + (30° + \angle CAD)$

$= 20° + 30° + (\angle BAD + \angle CAD)$

$= 20° + 30° + 80° = 130°$

28 답 25°

그림과 같이 $\overline{AD}$의 연장선 위에 점 E를 잡으면

$\angle BDE = 20° + \angle BAD$

$\angle CDE = \angle x + \angle CAD$

$\angle BDC = \angle BDE + \angle CDE$

$= (20° + \angle BAD) + (\angle x + \angle CAD)$

$= 20° + \angle x + (\angle BAD + \angle CAD)$

$= 20° + \angle x + 75° = \angle x + 95°$

이때, $\angle BDC = 120°$이므로

$\angle x + 95° = 120° \qquad \therefore \angle x = 25°$

29 답 180°

그림의 $\triangle ACG$에서

$\angle DGF = \angle a + \angle \boxed{c}$

$\triangle BEF$에서

$\angle DFG = \angle b + \angle \boxed{e}$

따라서 $\triangle DFG$에서

$\angle d + (\angle b + \angle e) + (\angle a + \angle c) = 180°$이므로

$\angle a + \angle b + \angle c + \angle d + \angle e = \boxed{180}°$

30 답 135°

그림의 $\triangle BDG$에서

$\angle AGF = \angle a + \angle c$

$\triangle CEF$에서

$\angle AFG = \angle b + \angle d$

따라서 $\triangle AFG$에서

$(\angle a + \angle c) + (\angle b + \angle d) + 45° = 180°$이므로

$\angle a + \angle b + \angle c + \angle d = 135°$

31 답 40°

$\triangle ACG$에서

$\angle DGF = 25° + 35° = 60°$

$\triangle BEF$에서

$\angle DFG = 30° + 50° = 80°$

따라서 $\triangle DFG$에서

$\angle x + 60° + 80° = 180°$

$\therefore \angle x = 40°$

32 답 내각, 합

06 다각형의 내각의 크기의 합

▸ p.81~84

01 답 2

$4 - \boxed{2} = \boxed{2}$

02 답 4

$6 - 2 = 4$

03 답 7

$9 - 2 = 7$

04 답 11

$13 - 2 = 11$

05 답 15
$17-2=15$

06 답 18
$20-2=18$

07 답 360°
$180° \times (\boxed{4}-2)=\boxed{360}°$

08 답 720°
$180° \times (6-2)=720°$

09 답 1260°
$180° \times (9-2)=1260°$

10 답 1980°
$180° \times (13-2)=1980°$

11 답 2700°
$180° \times (17-2)=2700°$

12 답 3240°
$180° \times (20-2)=3240°$

13 답 540°
삼각형의 세 내각의 크기의 합은 $\boxed{180}°$이므로 한 꼭짓점에서 대각선을 모두 그어 만든 삼각형의 개수가 3인 다각형의 내각의 크기의 합은 $\boxed{180}° \times 3=\boxed{540}°$

14 답 900°
$180° \times 5=900°$

15 답 1260°
$180° \times 7=1260°$

16 답 1440°
$180° \times 8=1440°$

17 답 1980°
$180° \times 11=1980°$

18 답 2160°
$180° \times 12=2160°$

19 답 3420°
$180° \times 19=3420°$

20 답 팔각형
구하는 다각형을 n각형이라 하면

$180° \times (n-\boxed{2})=1080°$

$n-\boxed{2}=6 \quad \therefore n=\boxed{8}$

따라서 구하는 다각형은 [팔]각형이다.

21 답 육각형
구하는 다각형을 n각형이라 하면

$180° \times (n-2)=720°$

$n-2=4 \quad \therefore n=6$

따라서 구하는 다각형은 육각형이다.

22 답 십일각형
구하는 다각형을 n각형이라 하면

$180° \times (n-2)=1620°$

$n-2=9 \quad \therefore n=11$

따라서 구하는 다각형은 십일각형이다.

23 답 십칠각형
구하는 다각형을 n각형이라 하면

$180° \times (n-2)=2700°$

$n-2=15 \quad \therefore n=17$

따라서 구하는 다각형은 십칠각형이다.

24 답 십삼각형
구하는 다각형을 n각형이라 하면

$180° \times (n-2)=1980°$

$n-2=11 \quad \therefore n=13$

따라서 구하는 다각형은 십삼각형이다.

25 답 십각형
구하는 다각형을 n각형이라 하면

$180° \times (n-2)=1440°$

$n-2=8 \quad \therefore n=10$

따라서 구하는 다각형은 십각형이다.

26 답 십오각형
구하는 다각형을 n각형이라 하면

$180° \times (n-2)=2340°$

$n-2=13 \quad \therefore n=15$

따라서 구하는 다각형은 십오각형이다.

27 답 100°
사각형의 내각의 크기의 합은 $180° \times (\boxed{4}-2)=\boxed{360}°$이므로

$95°+100°+\angle x+65°=\boxed{360}°$

$\therefore \angle x=\boxed{100}°$

28 답 **83°**

사각형의 내각의 크기의 합은 $180^\circ\times(4-2)=360^\circ$이므로

$98^\circ+89^\circ+90^\circ+\angle x=360^\circ$

$\therefore\ \angle x=83^\circ$

29 답 **125°**

오각형의 내각의 크기의 합은 $180^\circ\times(5-2)=540^\circ$이므로

$125^\circ+85^\circ+\angle x+110^\circ+95^\circ=540^\circ$

$\therefore\ \angle x=125^\circ$

30 답 **148°**

칠각형의 내각의 크기의 합은 $180^\circ\times(7-2)=900^\circ$이므로

$120^\circ+119^\circ+\angle x+133^\circ+130^\circ+140^\circ+110^\circ=900^\circ$

$\therefore\ \angle x=148^\circ$

31 답 **60°**

사각형의 내각의 크기의 합은 $180^\circ\times(4-2)=360^\circ$이므로

$\angle x+2\angle x+\angle x+2\angle x=360^\circ$

$6\angle x=360^\circ \qquad \therefore\ \angle x=60^\circ$

32 답 **120°**

육각형의 내각의 크기의 합은 $180^\circ\times(6-2)=720^\circ$이므로

$\angle x+\angle x+\angle x+\angle x+\angle x+\angle x=720^\circ$

$6\angle x=720^\circ \qquad \therefore\ \angle x=120^\circ$

33 답 **89°**

사각형의 내각의 크기의 합은 $180^\circ\times(4-2)=360^\circ$이므로

$75^\circ+130^\circ+\angle x+(180^\circ-\boxed{114}^\circ)=\boxed{360}^\circ$

$\therefore\ \angle x=\boxed{89}^\circ$

34 답 **75°**

오각형의 내각의 크기의 합은 $180^\circ\times(5-2)=540^\circ$이므로

$(180^\circ-50^\circ)+95^\circ+100^\circ+110^\circ+(180^\circ-\angle x)=540^\circ$

$\therefore\ \angle x=75^\circ$

35 답 **70°**

그림과 같이 보조선을 그으면

$\angle a+\angle b=\boxed{180}^\circ-\angle x$이고

오각형의 내각의 크기의 합이

$180^\circ\times(5-2)=\boxed{540}^\circ$이므로

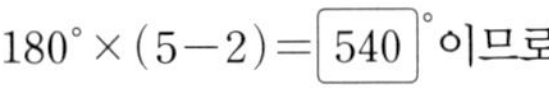

$70^\circ+90^\circ+100^\circ+110^\circ+60^\circ+\angle a+\angle b=540^\circ$

$70^\circ+90^\circ+100^\circ+110^\circ+60^\circ+(180^\circ-\angle x)=540^\circ$

$\therefore\ \angle x=\boxed{70}^\circ$

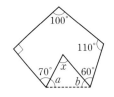

36 답 **113°**

그림과 같이 보조선을 그으면

$\angle a+\angle b=180^\circ-\angle x$이고 사각형의

내각의 크기의 합이

$180^\circ\times(4-2)=360^\circ$이므로

$47^\circ+110^\circ+100^\circ+36^\circ+\angle a+\angle b=360^\circ$

$47^\circ+110^\circ+100^\circ+36^\circ+(180^\circ-\angle x)=360^\circ$

$\therefore\ \angle x=113^\circ$

37 답 **65°**

그림과 같이 보조선을 그으면

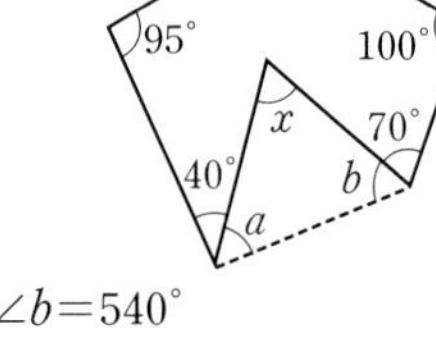

$\angle a+\angle b=180^\circ-\angle x$이고

오각형의 내각의 크기의 합이

$180^\circ\times(5-2)=540^\circ$이므로

$40^\circ+95^\circ+120^\circ+100^\circ+70^\circ+\angle a+\angle b=540^\circ$

$40^\circ+95^\circ+120^\circ+100^\circ+70^\circ+(180^\circ-\angle x)=540^\circ$

$\therefore\ \angle x=65^\circ$

38 답 **25°**

그림과 같이 보조선을 그으면

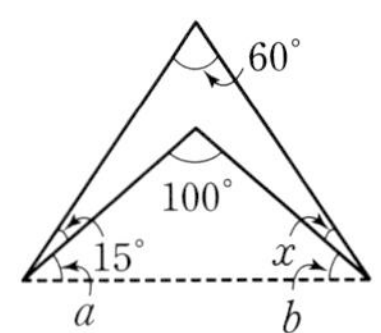

$\angle a+\angle b=180^\circ-100^\circ=80^\circ$

삼각형의 내각의 크기의 합이

180°이므로

$15^\circ+60^\circ+\angle x+\angle a+\angle b=180^\circ$

$15^\circ+60^\circ+\angle x+80^\circ=180^\circ \qquad \therefore\ \angle x=25^\circ$

39 답 **540°**

그림과 같이 보조선을 그으면

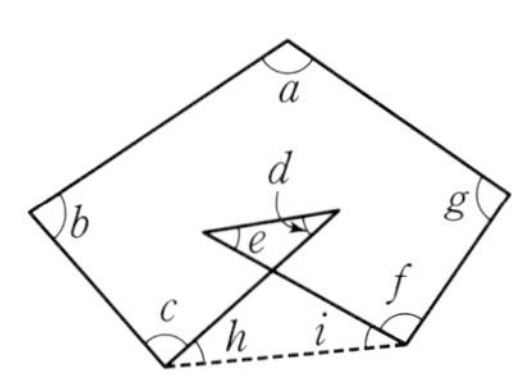

$\angle h+\angle i=\angle d+\angle e$이고

오각형의 내각의 크기의 합이

$180^\circ\times(5-2)=540^\circ$이므로

$\angle a+\angle b+\angle c+\angle h+\angle i+\angle f+\angle g=\boxed{540}^\circ$

$\therefore\ \angle a+\angle b+\angle c+\angle d+\angle e+\angle f+\angle g=\boxed{540}^\circ$

40 답 **360°**

그림과 같이 보조선을 그으면

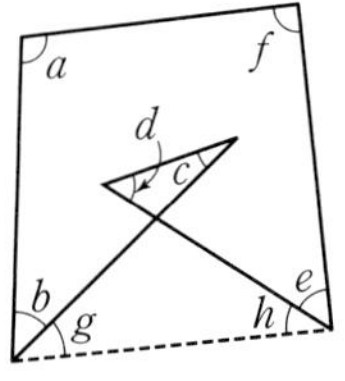

$\angle c+\angle d=\angle g+\angle h$이고

사각형의 내각의 크기의 합이

$180^\circ\times(4-2)=360^\circ$이므로

$\angle a+\angle b+\angle g+\angle h+\angle e+\angle f=360^\circ$

$\therefore\ \angle a+\angle b+\angle c+\angle d+\angle e+\angle f=360^\circ$

41 답 220°

그림과 같이 보조선을 그으면

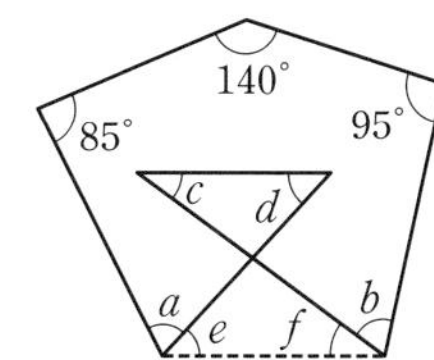

$\angle c+\angle d=\angle e+\angle f$이고

오각형의 내각의 크기의 합이

$180^\circ\times(5-2)=540^\circ$이므로

$140^\circ+85^\circ+\angle a+\angle e+\angle f+\angle b+95^\circ=540^\circ$

$\therefore \angle a+\angle b+\angle c+\angle d=540^\circ-(140^\circ+85^\circ+95^\circ)$

$=220^\circ$

42 답 $n-2$, 180°, 2

07 다각형의 외각의 크기의 합

▸ p.85

01 답 105°

다각형의 외각의 크기의 합은 $\boxed{360}^\circ$이므로

$\angle x+130^\circ+125^\circ=\boxed{360}^\circ$ $\quad\therefore \angle x=\boxed{105}^\circ$

02 답 97°

다각형의 외각의 크기의 합은 360°이므로

$\angle x+81^\circ+62^\circ+120^\circ=360^\circ$ $\quad\therefore \angle x=97^\circ$

03 답 74°

다각형의 외각의 크기의 합은 360°이므로

$51^\circ+70^\circ+\angle x+85^\circ+80^\circ=360^\circ$ $\quad\therefore \angle x=74^\circ$

04 답 100°

다각형의 외각의 크기의 합은 360°이므로

$(180^\circ-40^\circ)+\angle x+120^\circ=\boxed{360}^\circ$ $\quad\therefore \angle x=\boxed{100}^\circ$

05 답 116°

다각형의 외각의 크기의 합은 360°이므로

$\angle x+(180^\circ-126^\circ)+(180^\circ-90^\circ)+100^\circ=360^\circ$

$\therefore \angle x=116^\circ$

06 답 55°

다각형의 외각의 크기의 합은 360°이므로

$(180^\circ-110^\circ)+(180^\circ-100^\circ)+55^\circ+100^\circ+\angle x=360^\circ$

$\therefore \angle x=55^\circ$

07 답 102°

다각형의 외각의 크기의 합은 360°이므로

$50^\circ+72^\circ+(180^\circ-\angle x)+85^\circ+(180^\circ-105^\circ)=360^\circ$

$\therefore \angle x=102^\circ$

08 답 360°

08 정다각형의 한 내각과 한 외각의 크기

▸ p.86~89

01 답 108°

$\dfrac{\boxed{180}^\circ\times(5-\boxed{2})}{5}=\dfrac{\boxed{540}^\circ}{5}=\boxed{108}^\circ$

02 답 135°

$\dfrac{180^\circ\times(8-2)}{8}=\dfrac{1080^\circ}{8}=135^\circ$

03 답 140°

$\dfrac{180^\circ\times(9-2)}{9}=\dfrac{1260^\circ}{9}=140^\circ$

04 답 150°

$\dfrac{180^\circ\times(12-2)}{12}=\dfrac{1800^\circ}{12}=150^\circ$

05 답 160°

$\dfrac{180^\circ\times(18-2)}{18}=\dfrac{2880^\circ}{18}=160^\circ$

06 답 정삼각형

구하는 정다각형을 정n각형이라 하면

$\dfrac{180^\circ\times(n-2)}{n}=60^\circ$에서

$180^\circ\times n-360^\circ=60^\circ\times n$

$120^\circ\times n=\boxed{360}^\circ$ $\quad\therefore n=\boxed{3}$

따라서 구하는 정다각형은 정 삼 각형이다.

07 답 정사각형

구하는 정다각형을 정n각형이라 하면

$\dfrac{180^\circ\times(n-2)}{n}=90^\circ$에서

$180^\circ\times n-360^\circ=90^\circ\times n$

$90^\circ\times n=360^\circ$ $\quad\therefore n=4$

따라서 구하는 정다각형은 정사각형이다.

08 답 정육각형

구하는 정다각형을 정n각형이라 하면

$\dfrac{180^\circ\times(n-2)}{n}=120^\circ$에서

$180^\circ\times n-360^\circ=120^\circ\times n$

$60^\circ\times n=360^\circ$ $\quad\therefore n=6$

따라서 구하는 정다각형은 정육각형이다.

09 답 **정십각형**

구하는 정다각형을 정n각형이라 하면

$\frac{180^\circ \times (n-2)}{n}=144^\circ$에서

$180^\circ \times n-360^\circ=144^\circ \times n$

$36^\circ \times n=360^\circ \quad \therefore n=10$

따라서 구하는 정다각형은 정십각형이다.

10 답 **정이십각형**

구하는 정다각형을 정n각형이라 하면

$\frac{180^\circ \times (n-2)}{n}=162^\circ$에서

$180^\circ \times n-360^\circ=162^\circ \times n$

$18^\circ \times n=360^\circ \quad \therefore n=20$

따라서 구하는 정다각형은 정이십각형이다.

11 답 **72°**

정다각형의 외각의 크기의 합은 항상 $\boxed{360}^\circ$이므로

정오각형의 한 외각의 크기는 $\frac{\boxed{360}^\circ}{5}=\boxed{72}^\circ$

12 답 **45°**

정다각형의 외각의 크기의 합은 항상 360°이므로

정팔각형의 한 외각의 크기는 $\frac{360^\circ}{8}=45^\circ$

13 답 **40°**

정다각형의 외각의 크기의 합은 항상 360°이므로

정구각형의 한 외각의 크기는 $\frac{360^\circ}{9}=40^\circ$

14 답 **30°**

정다각형의 외각의 크기의 합은 항상 360°이므로

정십이각형의 한 외각의 크기는 $\frac{360^\circ}{12}=30^\circ$

15 답 **20°**

정다각형의 외각의 크기의 합은 항상 360°이므로

정십팔각형의 한 외각의 크기는 $\frac{360^\circ}{18}=20^\circ$

16 답 **18°**

정다각형의 외각의 크기의 합은 항상 360°이므로

정이십각형의 한 외각의 크기는 $\frac{360^\circ}{20}=18^\circ$

17 답 **정사각형**

구하는 정다각형을 정n각형이라 하면

$\frac{\boxed{360}^\circ}{5}=90^\circ \quad \therefore n=\boxed{4}$

따라서 구하는 정다각형은 정 사 각형이다.

18 답 **정삼각형**

구하는 정다각형을 정n각형이라 하면

$\frac{360^\circ}{n}=120^\circ \quad \therefore n=3$

따라서 구하는 정다각형은 정삼각형이다.

19 답 **정육각형**

구하는 정다각형을 정n각형이라 하면

$\frac{360^\circ}{n}=60^\circ \quad \therefore n=6$

따라서 구하는 정다각형은 정육각형이다.

20 답 **정십각형**

구하는 정다각형을 정n각형이라 하면

$\frac{360^\circ}{n}=36^\circ \quad \therefore n=10$

따라서 구하는 정다각형은 정십각형이다.

21 답 **정십오각형**

구하는 정다각형을 정n각형이라 하면

$\frac{360^\circ}{n}=24^\circ \quad \therefore n=15$

따라서 구하는 정다각형은 정십오각형이다.

22 답 **정십팔각형**

구하는 정다각형을 정n각형이라 하면

$\frac{360^\circ}{n}=20^\circ \quad \therefore n=18$

따라서 구하는 정다각형은 정십팔각형이다.

23 답 **120°, 정삼각형**

한 꼭짓점에서 내각의 크기와 외각의 크기의 합은 $\boxed{180}^\circ$이므로

(한 외각의 크기)$=\boxed{180}^\circ-60^\circ=\boxed{120}^\circ$

구하는 정다각형을 정n각형이라 하면

$\frac{360^\circ}{n}=\boxed{120}^\circ \quad \therefore n=\boxed{3}$

따라서 구하는 정다각형은 정 삼 각형이다.

24 답 **72°, 정오각형**

한 꼭짓점에서 내각의 크기와 외각의 크기의 합은 180°이므로

(한 외각의 크기)$=180°-108°=72°$

구하는 정다각형을 정n각형이라 하면

$\frac{360°}{n}=72°$ $\therefore n=5$

따라서 구하는 정다각형은 정오각형이다.

25 답 **60°, 정육각형**

한 꼭짓점에서 내각의 크기와 외각의 크기의 합은 180°이므로

(한 외각의 크기)$=180°-120°=60°$

구하는 정다각형을 정n각형이라 하면

$\frac{360°}{n}=60°$ $\therefore n=6$

따라서 구하는 정다각형은 정육각형이다.

26 답 **45°, 정팔각형**

한 꼭짓점에서 내각의 크기와 외각의 크기의 합은 180°이므로

(한 외각의 크기)$=180°-135°=45°$

구하는 정다각형을 정n각형이라 하면

$\frac{360°}{n}=45°$ $\therefore n=8$

따라서 구하는 정다각형은 정팔각형이다.

27 답 **36°, 정십각형**

한 꼭짓점에서 내각의 크기와 외각의 크기의 합은 180°이므로

(한 외각의 크기)$=180°-144°=36°$

구하는 정다각형을 정n각형이라 하면

$\frac{360°}{n}=36°$ $\therefore n=10$

따라서 구하는 정다각형은 정십각형이다.

28 답 **정사각형**

한 꼭짓점에서 내각의 크기와 외각의 크기의 합은 $\boxed{180}°$이므로

(한 외각의 크기)$=180°\times\frac{1}{1+1}=\boxed{90}°$

구하는 정다각형을 정n각형이라 하면

$\frac{360°}{n}=\boxed{90}°$ $\therefore n=\boxed{4}$

따라서 구하는 정다각형은 정$\boxed{사}$각형이다.

[다른 풀이]

한 꼭짓점에서 내각의 크기와 외각의 크기의 합은 180°이므로

(한 내각의 크기)$=180°\times\frac{1}{1+1}=90°$

구하는 정다각형을 정n각형이라 하면

$\frac{180°\times(n-2)}{n}=90°$, $180°\times n-360°=90°\times n$

$90°\times n=360°$ $\therefore n=4$

따라서 구하는 정다각형은 정사각형이다.

29 답 **정삼각형**

한 꼭짓점에서 내각의 크기와 외각의 크기의 합은 180°이므로

(한 외각의 크기)$=180°\times\frac{2}{1+2}=120°$

구하는 정다각형을 정n각형이라 하면

$\frac{360°}{n}=120°$ $\therefore n=3$

따라서 구하는 정다각형은 정삼각형이다.

30 답 **정육각형**

한 꼭짓점에서 내각의 크기와 외각의 크기의 합은 180°이므로

(한 외각의 크기)$=180°\times\frac{1}{2+1}=60°$

구하는 정다각형을 정n각형이라 하면

$\frac{360°}{n}=60°$ $\therefore n=6$

따라서 구하는 정다각형은 정육각형이다.

31 답 **정팔각형**

한 꼭짓점에서 내각의 크기와 외각의 크기의 합은 180°이므로

(한 외각의 크기)$=180°\times\frac{1}{3+1}=45°$

구하는 정다각형을 정n각형이라 하면

$\frac{360°}{n}=45°$ $\therefore n=8$

따라서 구하는 정다각형은 정팔각형이다.

32 답 **정오각형**

한 꼭짓점에서 내각의 크기와 외각의 크기의 합은 180°이므로

(한 외각의 크기)$=180°\times\frac{2}{3+2}=72°$

구하는 정다각형을 정n각형이라 하면

$\frac{360°}{n}=72°$ $\therefore n=5$

따라서 구하는 정다각형은 정오각형이다.

33 답 **정십각형**

한 꼭짓점에서 내각의 크기와 외각의 크기의 합은 180°이므로

(한 외각의 크기)$=180°\times\frac{1}{4+1}=36°$

구하는 정다각형을 정n각형이라 하면

$\frac{360°}{n}=36°$ $\therefore n=10$

따라서 구하는 정다각형은 정십각형이다.

34 답 **60°, 120°**

내각의 크기의 합이 180°인 정다각형을 정n각형이라 하면

$180° \times (n-\boxed{2})=180°$, $n-2=1$ $\therefore n=\boxed{3}$

따라서 구하는 정다각형은 정[삼]각형이고

이 정다각형의 한 내각의 크기는 $\frac{180°}{\boxed{3}}=\boxed{60}°$이고

한 외각의 크기는 $\frac{360°}{\boxed{3}}=\boxed{120}°$이다.

35 답 **108°, 72°**

내각의 크기의 합이 540°인 정다각형을 정n각형이라 하면

$180° \times (n-2)=540°$, $n-2=3$ $\therefore n=5$

따라서 구하는 정다각형은 정오각형이고 이 정다각형의

한 내각의 크기는 $\frac{540°}{5}=108°$이고 한 외각의 크기는

$\frac{360°}{5}=72°$이다.

36 답 **135°, 45°**

내각의 크기의 합이 1080°인 정다각형을 정n각형이라 하면

$180° \times (n-2)=1080°$, $n-2=6$ $\therefore n=8$

따라서 구하는 정다각형은 정팔각형이고 이 정다각형의

한 내각의 크기는 $\frac{1080°}{8}=135°$이고 한 외각의 크기는

$\frac{360°}{8}=45°$이다.

37 답 **140°, 40°**

내각의 크기의 합이 1260°인 정다각형을 정n각형이라 하면

$180° \times (n-2)=1260°$, $n-2=7$ $\therefore n=9$

따라서 구하는 정다각형은 정구각형이고 이 정다각형의

한 내각의 크기는 $\frac{1260°}{9}=140°$이고 한 외각의 크기는

$\frac{360°}{9}=40°$이다.

38 답 **144°, 36°**

내각의 크기의 합이 1440°인 정다각형을 정n각형이라 하면

$180° \times (n-2)=1440°$, $n-2=8$ $\therefore n=10$

따라서 구하는 정다각형은 정십각형이고 이 정다각형의

한 내각의 크기는 $\frac{1440°}{10}=144°$이고 한 외각의 크기는

$\frac{360°}{10}=36°$이다.

39 답 **140°**

한 꼭짓점에서 그을 수 있는 대각선의 개수가 6인 정다각형은

정[구]각형이므로 이 정다각형의 한 내각의 크기는

$\frac{180° \times (\boxed{9}-2)}{\boxed{9}}=\boxed{140}°$

40 답 **36°**

구하는 정다각형을 정n각형이라 하면 대각선의 개수는

$\frac{n(n-3)}{2}=35$에서 $n(n-3)=70=10 \times 7$ $\therefore n=10$

따라서 구하는 정다각형은 정십각형이고

이 정다각형의 한 외각의 크기는 $\frac{360°}{10}=36°$이다.

41 답 **54**

구하는 정다각형을 정n각형이라 하면 한 외각의 크기는

$180° \times \frac{1}{5+1}=30°$이므로 $\frac{360°}{n}=30°$에서 $n=12$

따라서 구하는 정다각형은 정십이각형이고 이 정다각형의

대각선의 개수는 $\frac{12 \times (12-3)}{2}=54$이다.

42 답 $\boldsymbol{n-2}$**, 360°**

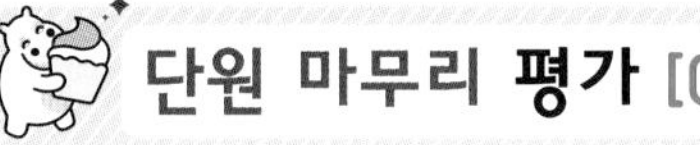

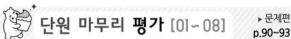

단원 마무리 평가 [01~08]

▸문제편 p.90~93

01 답 ①, ④

① 원은 곡선으로 이루어져 있다.

④ 사각기둥은 평면도형이 아니다.

02 답 ④

ㄱ. 3개 이상의 선분으로 둘러싸인 평면도형을 다각형이라 하고 3개의 선분으로 둘러싸인 다각형은 삼각형이므로 변의 개수가 가장 적은 다각형은 삼각형이다. (참)

ㄴ. n각형의 변의 개수는 n, 꼭짓점의 개수도 n이므로 n각형의 변의 개수와 꼭짓점의 개수는 항상 같다. (참)

ㄷ. 다각형의 한 내각에 대한 외각은 2개이다. (거짓)

따라서 옳은 것은 ㄱ, ㄴ이다.

03 답 ②

다각형의 한 꼭짓점에서 내각의 크기와 외각의 크기의 합은 180°이므로 $\angle x+94°=180°$에서 $\angle x=86°$이고

$\angle y+76°=180°$에서 $\angle y=104°$

$\therefore \angle x+\angle y=86°+104°=190°$

04 답 **정오각형**

조건 (가)를 만족시키는 다각형은 오각형이고, 두 조건 (나), (다)를 만족시키는 다각형은 정다각형이므로 구하는 다각형은 정오각형이다.

05 답 ⑤

구하는 다각형을 n각형이라 하면 $\frac{n(n-3)}{2}=35$에서

$n(n-3)=70=10\times7 \quad \therefore n=10$

따라서 구하는 다각형은 십각형이다.

06 답 **9**

구하는 다각형을 n각형이라 하면 $\frac{n(n-3)}{2}=27$에서

$n(n-3)=54=9\times6 \quad \therefore n=9$

따라서 구하는 다각형은 구각형이고 구각형의 꼭짓점이 개수는 9이다.

07 답 ①

삼각형의 세 내각의 크기의 합은 180°이므로 주어진 그림의 삼각형의 주어지지 않은 한 내각의 크기는

$180°-(52°+35°)=93°$

$\therefore \angle x=180°-93°=87°$

또한, $\angle y=180°-35°=145°$이므로

$\angle x+\angle y=87°+145°=232°$

[다른 풀이]

삼각형의 한 외각의 크기는 그와 이웃하지 않는 두 내각의 크기의 합과 같으므로 $\angle x=52°+35°=87°$

(이하 동일)

08 답 **25°**

삼각형의 세 내각의 크기의 합이 180°이므로

$(\angle x+25°)+2\angle x+(3\angle x+5°)=180°$에서

$6\angle x+30°=180°,\ 6\angle x=150° \quad \therefore x=25°$

09 답 ②

삼각형의 세 내각의 크기의 합이 180°이므로 가장 작은 내각의 크기는 $180°\times\frac{2}{3+2+4}=40°$이다.

10 답 ①

$\angle A=\angle x$라 하면 $\angle B=2\angle A=2\angle x$이고 삼각형의 세 내각의 크기의 합이 180°이므로 $\angle A+\angle B+\angle C=180°$에서

$\angle x+2\angle x+48°=180°,\ 3\angle x=132°$

$\therefore \angle x=\angle A=44°$

11 답 ①

삼각형의 세 내각의 크기의 합이 180°이므로

$5\angle x+35°+115°=180°$에서 $5\angle x=30°$

$\therefore \angle x=6°$

12 답 ③

$2(\times+\bigcirc)=180°$이므로 $\times+\bigcirc=90°$

따라서 $\triangle ABP$에서

$\angle x=180°-(90°+50°)=40°$

13 답 ④

$\triangle ABC$에서

$\angle ABC+\angle ACB=180°-74°=106°$

$\therefore \angle IBC+\angle ICB=\frac{1}{2}(\angle ABC+\angle ACB)$

$=\frac{1}{2}\times106°=53°$

따라서 $\triangle IBC$에서

$\angle x=180°-(\angle IBC+\angle ICB)$

$=180°-53°=127°$

14 답 ③

삼각형의 한 외각의 크기는 그와 이웃하지 않는 두 내각의 크기의 합과 같으므로 $\angle x+65°=115°$에서 $\angle x=50°$

15 답 **65°**

$\triangle PAB$, $\triangle PCD$에서 $\angle APC$는 외각이므로

$\angle x+50°=\angle APC=45°+70°$

$\therefore \angle x=115°-50°=65°$

16 답 ①

$\angle ABD=\angle DBC=\angle a$, $\angle ACD=\angle DCE=\angle b$라 하면

$\triangle BCD$에서 $\angle a+27°=\angle b \quad \therefore \angle b-\angle a=27°$

$\triangle ABC$에서 $\angle x+2\angle a=2\angle b$

$\therefore \angle x=2\angle b-2\angle a=2(\angle b-\angle a)=2\times27°=54°$

17 답 ②

$\triangle DBC$에서 $\overline{DB}=\overline{DC}$이므로 $\angle DBC=\angle DCB=\angle x$이고

$\angle ADB=\angle DBC+\angle DCB=\angle x+\angle x=2\angle x$

또, $\triangle ABD$에서 $\overline{BA}=\overline{BD}$이므로

$\angle BAD=\angle ADB=2\angle x$

따라서 $\triangle ABC$에서 $\angle BAC+\angle ACB=132°$

$2\angle x+\angle x=132°,\ 3\angle x=132 \quad \therefore \angle x=44°$

18 답 ③

$180°\times(12-2)=1800°$

19 답 ③

주어진 그림은 오각형이고 오각형의 모든 내각의 크기의 합은

$180^\circ \times (5-2) = 540^\circ$이므로

$\angle x + 96^\circ + 145^\circ + 85^\circ + 117^\circ = 540^\circ$에서 $\angle x = 97^\circ$

20 답 **115°**

그림과 같이 보조선을 그으면 △EBC에서

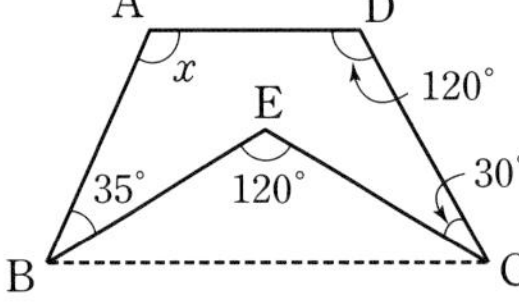

$\angle EBC + \angle ECB$

$= 180^\circ - 120^\circ = 60^\circ$

이때, 사각형의 내각의 크기의 합은 360°이므로

$\angle x + 35^\circ + \angle EBC + \angle ECB + 30^\circ + 120^\circ = 360^\circ$

$\angle x + 35^\circ + 60^\circ + 30^\circ + 120^\circ = 360^\circ$

$\therefore \angle x = 115^\circ$

21 답 ③

다각형의 모든 외각의 크기의 합은 360°이므로

$\angle x + 110^\circ + 130^\circ = 360^\circ$에서 $\angle x = 120^\circ$

22 답 ①

다각형의 모든 외각의 크기의 합은 360°이므로

$50^\circ + 40^\circ + 65^\circ + \angle x + (\angle x + 20^\circ) + 41^\circ = 360^\circ$에서

$2\angle x = 144^\circ \qquad \therefore \angle x = 72^\circ$

23 답 ⑤

다각형의 외각의 크기의 합은 360°이므로 주어진 오각형의 가장 작은 외각의 크기는

$360^\circ \times \dfrac{1}{2+5+4+1+3} = 24^\circ$

따라서 가장 큰 내각의 크기는

$180^\circ - 24^\circ = 156^\circ$

24 답 **720°**

구하는 정다각형을 정n각형이라 하면

$\dfrac{180^\circ \times (n-2)}{n} = 120^\circ$에서

$180^\circ \times n - 360^\circ = 120^\circ \times n$, $60^\circ \times n = 360^\circ$

$\therefore n = 6$

따라서 정육각형의 모든 내각의 크기의 합은

$180^\circ \times (6-2) = 720^\circ$

[다른 풀이]

정n각형의 한 내각의 크기가 120°이므로 한 외각의 크기는

$180^\circ - 120^\circ = 60^\circ$

즉, $\dfrac{360^\circ}{n} = 60^\circ$에서 $n = 6$

따라서 정육각형의 내각의 크기의 합은

$180^\circ \times (6-2) = 720^\circ$

25 답 ③

구하는 정다각형을 정n각형이라 하고, 정n각형의 한 외각의 크기를 $\angle x$라 하면 한 내각의 크기는 $3\angle x$이므로

$3\angle x + \angle x = 180^\circ$에서 $4\angle x = 180^\circ$

$\therefore \angle x = 45^\circ$

즉, $\dfrac{360^\circ}{n} = 45^\circ$에서 $n = 8$

따라서 구하는 정다각형은 정팔각형이고 정팔각형의 대각선의 개수는 $\dfrac{8 \times (8-3)}{2} = 20$

26 답 **정이십각형**

구하는 정다각형을 정n각형이라 하면

$\dfrac{360^\circ}{n} = 18^\circ$에서 $n = 20$

따라서 구하는 정다각형은 정이십각형이다.

27 답 ②

구하는 정다각형을 정n각형이라 하면

$\dfrac{360^\circ}{n} = 72^\circ$에서 $n = 5$

따라서 구하는 정다각형은 정오각형이고 정오각형의 대각선의 개수는 $\dfrac{5 \times (5-3)}{2} = 5$이다.

28 답 ⑤

한 꼭짓점에서 내각의 크기와 외각의 크기의 합은 180°이므로

한 외각의 크기는 $180^\circ \times \dfrac{1}{8+1} = 20^\circ$

이때, 구하는 정다각형을 정n각형이라 하면

$\dfrac{360^\circ}{n} = 20^\circ$에서 $n = 18$

따라서 구하는 정다각형은 정십팔각형이다.

29 답 ③, ⑤

① 정팔각형의 변의 개수는 8이다. (참)

② 정팔각형의 모든 외각의 크기는 $\dfrac{360^\circ}{8} = 45^\circ$로 같다. (참)

③ 정팔각형의 대각선의 개수는 $\dfrac{8 \times (8-3)}{2} = 20$이다. (거짓)

④ 정팔각형의 모든 내각의 크기의 합은
$180^\circ \times (8-2) = 1080^\circ$이다. (참)

⑤ 정팔각형의 한 외각의 크기는 ②에 의하여 45°이고
한 내각의 크기는 ④에 의하여 $\dfrac{1080^\circ}{8} = 135^\circ$이므로
정팔각형의 한 내각의 크기와 한 외각의 크기는 서로 다르다. (거짓)

Ⅱ-2 원과 부채꼴

09 원과 부채꼴 ▸ p.94

01 답

02 답

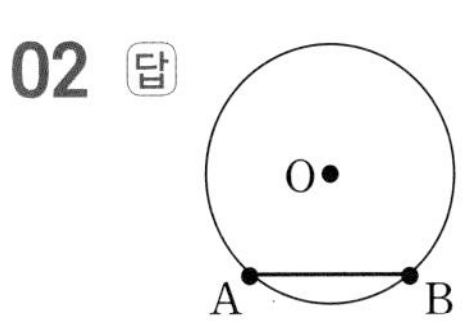

03 답

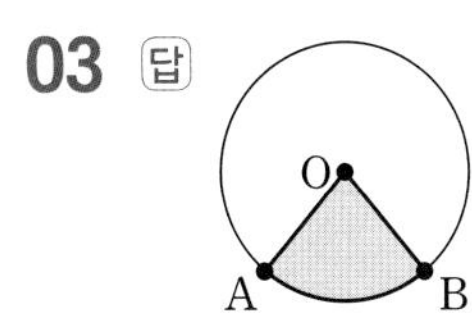

04 답

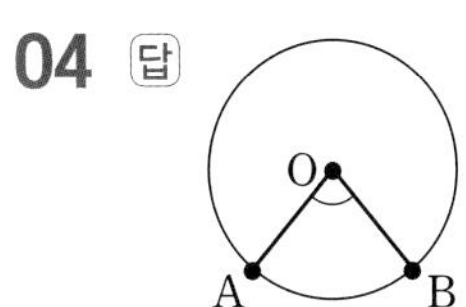

05 답

06 답 $\overline{\mathrm{AD}}$

07 답 $\overline{\mathrm{AD}}$, $\overline{\mathrm{BC}}$

08 답 ∠DOE

09 답 120°

$\overparen{\mathrm{AE}}$에 대한 중심각은 ∠AOE이고 그 크기는 120°이다.

10 답 **부채꼴, 중심각, 현, 활꼴, 호**

10 부채꼴의 중심각의 크기와 호의 길이 ▸ p.95~96

01 답 3

중심각의 크기가 같으면 호의 길이는 [같다].

$\therefore x=$ [3]

02 답 4

호의 길이는 중심각의 크기에 [정비례]하므로

$25:50=x:$ [8] $\therefore x=$ [4]

03 답 5

호의 길이는 중심각의 크기에 정비례하므로

$120:40=15:x$ $\therefore x=5$

04 답 80

호의 길이가 같으면 중심각의 크기는 [같다].

$\therefore x=$ [80]

05 답 120

호의 길이는 중심각의 크기에 [정비례]하므로

$80:x=$ [4] $:6$ $\therefore x=$ [120]

06 답 120

호의 길이는 중심각의 크기에 정비례하므로

$x:30=8:2$ $\therefore x=120$

07 답 $x=8$, $y=60$

호의 길이는 중심각의 크기에 정비례하므로

$30:120=$ [2] $:x$ $\therefore x=$ [8]

[30] $:y=2:4$ $\therefore y=$ [60]

08 답 $x=27$, $y=80$

호의 길이는 중심각의 크기에 정비례하므로

$30:135=6:x$ $\therefore x=27$

$30:y=6:16$ $\therefore y=80$

09 답 $x=7$, $y=36$

호의 길이는 중심각의 크기에 정비례하므로

$90:126=5:x$ $\therefore x=7$

$90:y=5:2$ $\therefore y=36$

10 답 $x=8$, $y=45$

호의 길이는 중심각의 크기에 정비례하므로

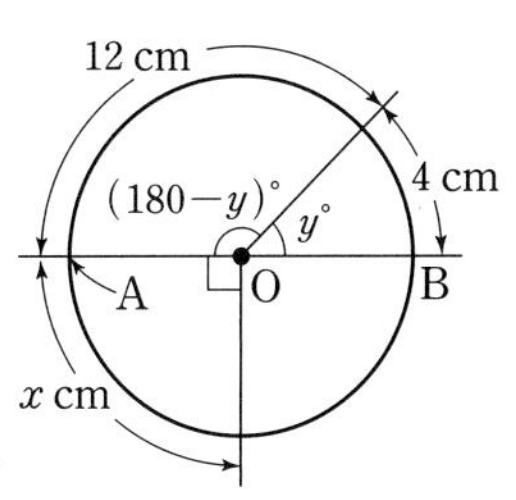

$(180-y):y=12:4=3:1$

$3y=180-y$

$4y=180$ $\therefore y=45$

$45:90=4:x$ $\therefore x=8$

11 답 8

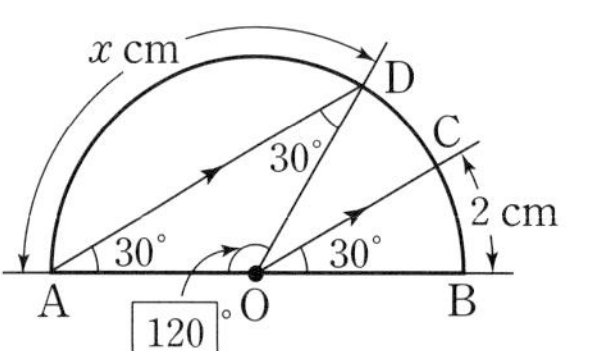

그림에서

$\overline{AD} /\!/ \overline{OC}$이므로

$\angle DAO = \angle COB$ (동위각)

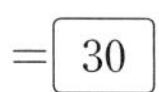

$= \boxed{30}°$

$\overline{OA} = \overline{OD}$이므로 $\angle ADO = \angle DAO = \boxed{30}°$

$\therefore \angle AOD = 180° - (30° + 30°) = \boxed{120}°$

호의 길이는 중심각의 크기에 정비례하므로

$30 : \boxed{120} = 2 : x \qquad \therefore x = \boxed{8}$

12 답 20

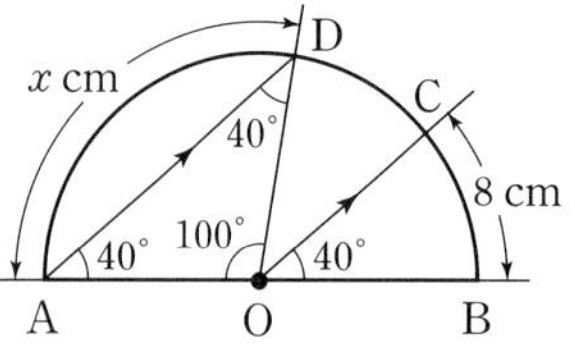

그림에서

$\overline{AD} /\!/ \overline{OC}$이므로

$\angle DAO = \angle COB$ (동위각)

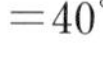

$= 40°$

$\overline{OA} = \overline{OD}$이므로 $\angle ADO = \angle DAO = 40°$

$\therefore \angle AOD = 180° - (40° + 40°) = 100°$

호의 길이는 중심각의 크기에 정비례하므로

$40 : 100 = 8 : x \qquad \therefore x = 20$

13 답 16

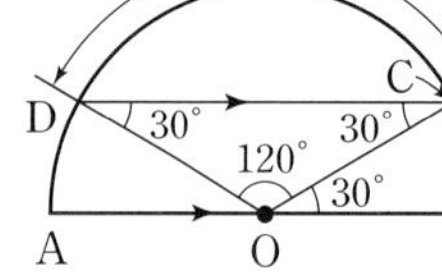

그림에서

$\overline{AB} /\!/ \overline{DC}$이므로

$\angle OCD = \angle COB$ (엇각)

$= 30°$

$\overline{OC} = \overline{OD}$이므로

$\angle ODC = \angle OCD = 30°$

$\therefore \angle DOC = 180° - (30° + 30°) = 120°$

호의 길이는 중심각의 크기에 정비례하므로

$30 : 120 = 4 : x \qquad \therefore x = 16$

14 답 원, 같다, 같다, 정비례

11 부채꼴의 중심각의 크기와 넓이

▸ p.97

01 답 9

중심각의 크기가 같으면 부채꼴의 넓이는 $\boxed{\text{같다}}$.

$\therefore x = \boxed{9}$

02 답 12

부채꼴의 넓이는 중심각의 크기에 $\boxed{\text{정비례}}$하므로

$25 : 75 = \boxed{4} : x \qquad \therefore x = \boxed{12}$

03 답 6

부채꼴의 넓이는 중심각의 크기에 정비례하므로

$100 : 40 = 15 : x \qquad \therefore x = 6$

04 답 36

부채꼴의 넓이가 같으면 중심각의 크기는 같다.

$\therefore x = 36$

05 답 90

부채꼴의 넓이는 중심각의 크기에 정비례하므로

$45 : x = 3 : 6 \qquad \therefore x = 90$

06 답 120

부채꼴의 넓이는 중심각의 크기에 정비례하므로

$40 : x = 4 : 12 \qquad \therefore x = 120$

07 답 합동, 같다, 같다, 정비례

12 부채꼴의 중심각의 크기와 현의 길이

▸ p.98

01 답 5

중심각의 크기가 같으면 현의 길이는 $\boxed{\text{같다}}$.

$\therefore x = \boxed{5}$

02 답 40

현의 길이가 같으면 중심각의 크기는 $\boxed{\text{같다}}$.

$\therefore x = \boxed{40}$

03 답 55

현의 길이가 같으면 중심각의 크기는 같다.

$\therefore x = 55$

04 답 ○

05 답 ×

현의 길이는 중심각의 크기에 정비례하지 않는다.

06 답 ○

07 답 ×

중심각의 크기가 같으면 호의 길이도 같고, 현의 길이도 같다.

08 답 같다, 호, 중심각, 정비례

13 원의 둘레의 길이와 넓이

▸ p.99~101

01 답 12π cm

(둘레의 길이)$=2\pi\times\boxed{6}=\boxed{12\pi}$ (cm)

02 답 18π cm

(둘레의 길이)$=2\pi\times9=18\pi$ (cm)

03 답 22π cm

(둘레의 길이)$=2\pi\times11=22\pi$ (cm)

04 답 6π cm

반지름의 길이가 $6\times\frac{1}{2}=\boxed{3}$ (cm)이므로

(둘레의 길이)$=2\pi\times\boxed{3}=\boxed{6\pi}$ (cm)

05 답 10π cm

반지름의 길이가 $10\times\frac{1}{2}=5$(cm)이므로

(둘레의 길이)$=2\pi\times5=10\pi$ (cm)

06 답 15π cm

반지름의 길이가 $15\times\frac{1}{2}=\frac{15}{2}$(cm)이므로

(둘레의 길이)$=2\pi\times\frac{15}{2}=15\pi$ (cm)

07 답 $\frac{1}{2}$ cm

원의 반지름의 길이를 r cm라 하면

(원의 둘레의 길이)$=\boxed{2\pi}\times r=\pi$ $\quad\therefore r=\boxed{\frac{1}{2}}$

따라서 구하는 반지름의 길이는 $\boxed{\frac{1}{2}}$ cm이다.

08 답 2 cm

원의 반지름의 길이를 r cm라 하면

(원의 둘레의 길이)$=2\pi r=4\pi$ $\quad\therefore r=2$

따라서 구하는 반지름의 길이는 2 cm이다.

09 답 $\frac{5}{2}$ cm

원의 반지름의 길이를 r cm라 하면

(원의 둘레의 길이)$=2\pi r=5\pi$ $\quad\therefore r=\frac{5}{2}$

따라서 구하는 반지름의 길이는 $\frac{5}{2}$ cm이다.

10 답 6 cm

원의 반지름의 길이를 r cm라 하면

(원의 둘레의 길이)$=2\pi r=12\pi$ $\quad\therefore r=6$

따라서 구하는 반지름의 길이는 6 cm이다.

11 답 13 cm

원의 반지름의 길이를 r cm라 하면

(원의 둘레의 길이)$=2\pi r=26\pi$ $\quad\therefore r=13$

따라서 구하는 반지름의 길이는 13 cm이다.

12 답 15 cm

원의 반지름의 길이를 r cm라 하면

(원의 둘레의 길이)$=2\pi r=30\pi$ $\quad\therefore r=15$

따라서 구하는 반지름의 길이는 15 cm이다.

13 답 20 cm

원의 반지름의 길이를 r cm라 하면

(원의 둘레의 길이)$=2\pi r=40\pi$ $\quad\therefore r=20$

따라서 구하는 반지름의 길이는 20 cm이다.

14 답 16π cm^2

(원의 넓이)$=\pi\times\boxed{4}^2=\boxed{16\pi}$ (cm^2)

15 답 81π cm^2

(원의 넓이)$=\pi\times9^2=81\pi$(cm^2)

16 답 9π cm^2

반지름의 길이가 $6\times\frac{1}{2}=3$(cm)이므로

(원의 넓이)$=\pi\times3^2=9\pi$(cm^2)

17 답 25π cm^2

반지름의 길이가 $10\times\frac{1}{2}=5$(cm)이므로

(원의 넓이)$=\pi\times5^2=25\pi$(cm^2)

18 답 π cm^2

원의 반지름의 길이를 r cm라 하면

(둘레의 길이)$=2\pi r=2\pi$ $\quad\therefore r=\boxed{1}$

$\therefore$ (원의 넓이)$=\pi\times\boxed{1}^2=\boxed{\pi}$(cm^2)

19 답 9π cm^2

원의 반지름의 길이를 r cm라 하면

(둘레의 길이)$=2\pi r=6\pi$ $\quad\therefore r=3$

$\therefore$ (원의 넓이)$=\pi\times3^2=9\pi$(cm^2)

20 답 $49\pi\ \text{cm}^2$

원의 반지름의 길이를 r cm라 하면

(둘레의 길이)$=2\pi r=14\pi$ $\therefore r=7$

$\therefore$ (원의 넓이)$=\pi\times7^2=49\pi(\text{cm}^2)$

21 답 $144\pi\ \text{cm}^2$

원의 반지름의 길이를 r cm라 하면

(둘레의 길이)$=2\pi r=24\pi$ $\therefore r=12$

$\therefore$ (원의 넓이)$=\pi\times12^2=144\pi(\text{cm}^2)$

22 답 $64\pi\ \text{cm}^2$

원의 반지름의 길이를 r cm라 하면

(둘레의 길이)$=2\pi r=16\pi$ $\therefore r=8$

$\therefore$ (원의 넓이)$=\pi\times8^2=64\pi(\text{cm}^2)$

23 답 $256\pi\ \text{cm}^2$

원의 반지름의 길이를 r cm라 하면

(둘레의 길이)$=2\pi r=32\pi$ $\therefore r=16$

$\therefore$ (원의 넓이)$=\pi\times16^2=256\pi(\text{cm}^2)$

24 답 $625\pi\ \text{cm}^2$

원의 반지름의 길이를 r cm라 하면

(둘레의 길이)$=2\pi r=50\pi$ $\therefore r=25$

$\therefore$ (원의 넓이)$=\pi\times25^2=625\pi(\text{cm}^2)$

25 답 4π cm

원의 반지름의 길이를 r cm라 하면

$\pi r^2=4\pi$, $r^2=4=2\times2$ $\therefore r=\boxed{2}$

$\therefore$ (원의 둘레의 길이)$=2\pi\times\boxed{2}=\boxed{4\pi}(\text{cm})$

26 답 8π cm

원의 반지름의 길이를 r cm라 하면

$\pi r^2=16\pi$, $r^2=16=4\times4$ $\therefore r=4$

$\therefore$ (원의 둘레의 길이)$=2\pi\times4=8\pi(\text{cm})$

27 답 10π cm

원의 반지름의 길이를 r cm라 하면

$\pi r^2=25\pi$, $r^2=25=5\times5$ $\therefore r=5$

$\therefore$ (원의 둘레의 길이)$=2\pi\times5=10\pi(\text{cm})$

28 답 16π cm

원의 반지름의 길이를 r cm라 하면

$\pi r^2=64\pi$, $r^2=64=8\times8$ $\therefore r=8$

$\therefore$ (원의 둘레의 길이)$=2\pi\times8=16\pi(\text{cm})$

29 답 32π cm

원의 반지름의 길이를 r cm라 하면

$\pi r^2=256\pi$, $r^2=256=16\times16$ $\therefore r=16$

$\therefore$ (원의 둘레의 길이)$=2\pi\times16=32\pi(\text{cm})$

30 답 **원주율, π, $2\pi r$, πr^2**

14 부채꼴의 호의 길이와 넓이

▸ p.102~106

01 답 π cm

(호의 길이)$=2\pi\times\boxed{2}\times\frac{\boxed{90}}{360}=\boxed{\pi}(\text{cm})$

02 답 5π cm

(호의 길이)$=2\pi\times6\times\frac{150}{360}=5\pi(\text{cm})$

03 답 4π cm

(호의 길이)$=2\pi\times9\times\frac{80}{360}=4\pi(\text{cm})$

04 답 21π cm

(호의 길이)$=2\pi\times14\times\frac{270}{360}=21\pi(\text{cm})$

05 답 2π cm

(호의 길이)$=2\pi\times\boxed{3}\times\frac{\boxed{120}}{360}=\boxed{2\pi}(\text{cm})$

06 답 π cm

(호의 길이)$=2\pi\times6\times\frac{30}{360}=\pi(\text{cm})$

07 답 7π cm

(호의 길이)$=2\pi\times4\times\frac{315}{360}=7\pi(\text{cm})$

08 답 60°

부채꼴의 중심각의 크기를 x°라 하면

$2\pi\times\boxed{6}\times\frac{x}{360}=2\pi$ $\therefore x=\boxed{60}$

따라서 부채꼴의 중심각의 크기는 $\boxed{60}^\circ$이다.

09 답 100°

부채꼴의 중심각의 크기를 x°라 하면

$2\pi\times9\times\frac{x}{360}=5\pi$ $\therefore x=100$

따라서 부채꼴의 중심각의 크기는 100°이다.

10 답 **90°**

부채꼴의 중심각의 크기를 $x°$라 하면

$2\pi\times8\times\frac{x}{360}=4\pi \quad \therefore x=90$

따라서 부채꼴의 중심각의 크기는 90°이다.

11 답 **135°**

부채꼴의 중심각의 크기를 $x°$라 하면

$2\pi\times4\times\frac{x}{360}=3\pi \quad \therefore x=135$

따라서 부채꼴의 중심각의 크기는 135°이다.

12 답 **120°**

부채꼴의 중심각의 크기를 $x°$라 하면

$2\pi\times12\times\frac{x}{360}=8\pi \quad \therefore x=120$

따라서 부채꼴의 중심각의 크기는 120°이다.

13 답 **80°**

부채꼴의 중심각의 크기를 $x°$라 하면

$2\pi\times9\times\frac{x}{360}=4\pi \quad \therefore x=80$

따라서 부채꼴의 중심각의 크기는 80°이다.

14 답 **8 cm**

부채꼴의 반지름의 길이를 r cm라 하면

$2\pi\times r\times\frac{\boxed{45}}{360}=2\pi \quad \therefore r=\boxed{8}$

따라서 부채꼴의 반지름의 길이는 $\boxed{8}$ cm이다.

15 답 **12 cm**

부채꼴의 반지름의 길이를 r cm라 하면

$2\pi\times r\times\frac{150}{360}=10\pi \quad \therefore r=12$

따라서 부채꼴의 반지름의 길이는 12 cm이다.

16 답 **4 cm**

부채꼴의 반지름의 길이를 r cm라 하면

$2\pi\times r\times\frac{270}{360}=6\pi \quad \therefore r=4$

따라서 부채꼴의 반지름의 길이는 4 cm이다.

17 답 **18 cm**

부채꼴의 반지름의 길이를 r cm라 하면

$2\pi\times r\times\frac{50}{360}=5\pi \quad \therefore r=18$

따라서 부채꼴의 반지름의 길이는 18 cm이다.

18 답 **2π cm²**

(부채꼴의 넓이)$=\pi\times\boxed{4}^2\times\frac{\boxed{45}}{360}=\boxed{2\pi}(\text{cm}^2)$

19 답 **6π cm²**

(부채꼴의 넓이)$=\pi\times6^2\times\frac{60}{360}=6\pi(\text{cm}^2)$

20 답 **4π cm²**

(부채꼴의 넓이)$=\pi\times3^2\times\frac{160}{360}=4\pi(\text{cm}^2)$

21 답 **3π cm²**

(부채꼴의 넓이)$=\pi\times2^2\times\frac{270}{360}=3\pi(\text{cm}^2)$

22 답 **96π cm²**

(부채꼴의 넓이)$=\pi\times12^2\times\frac{240}{360}=96\pi(\text{cm}^2)$

23 답 **9π cm²**

(부채꼴의 넓이)$=\pi\times9^2\times\frac{40}{360}=9\pi(\text{cm}^2)$

24 답 **3π cm²**

(부채꼴의 넓이)$=\pi\times\boxed{3}^2\times\frac{\boxed{120}}{360}=\boxed{3\pi}(\text{cm}^2)$

25 답 **12π cm²**

(부채꼴의 넓이)$=\pi\times12^2\times\frac{30}{360}=12\pi(\text{cm}^2)$

26 답 **14π cm²**

(부채꼴의 넓이)$=\pi\times4^2\times\frac{315}{360}=14\pi(\text{cm}^2)$

27 답 **24π cm²**

(부채꼴의 넓이)$=\pi\times8^2\times\frac{135}{360}=24\pi(\text{cm}^2)$

28 답 **30°**

부채꼴의 중심각의 크기를 $x°$라 하면

$\pi\times\boxed{6}^2\times\frac{x}{360}=3\pi \quad \therefore x=\boxed{30}$

따라서 부채꼴의 중심각의 크기는 $\boxed{30}$°이다.

29 답 **80°**

부채꼴의 중심각의 크기를 $x°$라 하면

$\pi\times3^2\times\frac{x}{360}=2\pi \quad \therefore x=80$

따라서 부채꼴의 중심각의 크기는 80°이다.

30 답 **90°**

부채꼴의 중심각의 크기를 $x°$라 하면

$\pi\times4^2\times\frac{x}{360}=4\pi$ $\quad\therefore x=90$

따라서 부채꼴의 중심각의 크기는 $90°$이다.

31 답 **45°**

부채꼴의 중심각의 크기를 $x°$라 하면

$\pi\times12^2\times\frac{x}{360}=18\pi$ $\quad\therefore x=45$

따라서 부채꼴의 중심각의 크기는 $45°$이다.

32 답 **210°**

부채꼴의 중심각의 크기를 $x°$라 하면

$\pi\times6^2\times\frac{x}{360}=21\pi$ $\quad\therefore x=210$

따라서 부채꼴의 중심각의 크기는 $210°$이다.

33 답 **90°**

부채꼴의 중심각의 크기를 $x°$라 하면

$\pi\times8^2\times\frac{x}{360}=16\pi$ $\quad\therefore x=90$

따라서 부채꼴의 중심각의 크기는 $90°$이다.

34 답 **8 cm**

부채꼴의 반지름의 길이를 r cm라 하면

$\pi\times r^2\times\frac{135}{360}=\boxed{24\pi}$, $r^2=\boxed{64}$ $\quad\therefore r=\boxed{8}$

따라서 부채꼴의 반지름의 길이는 $\boxed{8}$ cm이다.

35 답 **2 cm**

부채꼴의 반지름의 길이를 r cm라 하면

$\pi\times r^2\times\frac{90}{360}=\pi$, $r^2=4$ $\quad\therefore r=2$

따라서 부채꼴의 반지름의 길이는 2 cm이다.

36 답 **6 cm**

부채꼴의 반지름의 길이를 r cm라 하면

$\pi\times r^2\times\frac{60}{360}=6\pi$, $r^2=36$ $\quad\therefore r=6$

따라서 부채꼴의 반지름의 길이는 6 cm이다.

37 답 **10 cm**

부채꼴의 반지름의 길이를 r cm라 하면

$\pi\times r^2\times\frac{36}{360}=10\pi$, $r^2=100$ $\quad\therefore r=10$

따라서 부채꼴의 반지름의 길이는 10 cm이다.

38 답 **30 cm²**

(부채꼴의 넓이)$=\frac{1}{2}\times6\times\boxed{10}=\boxed{30}$ (cm^2)

39 답 **20π cm²**

(부채꼴의 넓이)$=\frac{1}{2}\times5\times8\pi=20\pi$ (cm^2)

40 답 **2π cm²**

(부채꼴의 넓이)$=\frac{1}{2}\times\boxed{4}\times\pi=\boxed{2\pi}$ (cm^2)

41 답 **15π cm²**

(부채꼴의 넓이)$=\frac{1}{2}\times5\times6\pi=15\pi$ (cm^2)

42 답 **60π cm²**

(부채꼴의 넓이)$=\frac{1}{2}\times12\times10\pi=60\pi$ (cm^2)

43 답 **10 cm**

부채꼴의 반지름의 길이를 r cm라 하면

$\frac{1}{2}\times r\times\boxed{3\pi}=15\pi$ $\quad\therefore r=\boxed{10}$

따라서 부채꼴의 반지름의 길이는 $\boxed{10}$ cm이다.

44 답 **5 cm**

부채꼴의 반지름의 길이를 r cm라 하면

$\frac{1}{2}\times r\times2\pi=5\pi$ $\quad\therefore r=5$

따라서 부채꼴의 반지름의 길이는 5 cm이다.

45 답 **4 cm**

부채꼴의 반지름의 길이를 r cm라 하면

$\frac{1}{2}\times r\times5\pi=10\pi$ $\quad\therefore r=4$

따라서 부채꼴의 반지름의 길이는 4 cm이다.

46 답 **14 cm**

부채꼴의 반지름의 길이를 r cm라 하면

$\frac{1}{2}\times r\times3\pi=21\pi$ $\quad\therefore r=14$

따라서 부채꼴의 반지름의 길이는 14 cm이다.

47 답 **12 cm**

부채꼴의 반지름의 길이를 r cm라 하면

$\frac{1}{2}\times r\times6\pi=36\pi$ $\quad\therefore r=12$

따라서 부채꼴의 반지름의 길이는 12 cm이다.

48 답 **$2\pi r$, x, πr^2, $\frac{1}{2}$**

15 색칠한 부분의 둘레의 길이와 넓이 ▸ p.107~108

01 답 18π cm

(색칠한 부분의 둘레의 길이)$=2\pi\times6+2\pi\times\boxed{3}$

$=12\pi+\boxed{6\pi}=\boxed{18\pi}$(cm)

02 답 8π cm

(색칠한 부분의 둘레의 길이)

$=\frac{1}{2}\times2\pi\times4+2\times\left(\frac{1}{2}\times2\pi\times2\right)=4\pi+4\pi=8\pi$(cm)

03 답 10π cm

(색칠한 부분의 둘레의 길이)

$=\frac{1}{2}\times2\pi\times5+\frac{1}{2}\times2\pi\times3+\frac{1}{2}\times2\pi\times2$

$=5\pi+3\pi+2\pi=10\pi$(cm)

04 답 10π cm

(색칠한 부분의 둘레의 길이)

$=4\times\left(2\pi\times\boxed{5}\times\frac{90}{360}\right)=\boxed{10\pi}$(cm)

05 답 $(8\pi+8)$ cm

(색칠한 부분의 둘레의 길이)

$=2\pi\times8\times\frac{90}{360}+\frac{1}{2}\times2\pi\times4+8=4\pi+4\pi+8$

$=8\pi+8$(cm)

06 답 $(3\pi+6)$ cm

(색칠한 부분의 둘레의 길이)

$=2\pi\times6\times\frac{60}{360}+2\pi\times3\times\frac{60}{360}+(6-3)\times2$

$=2\pi+\pi+6=3\pi+6$(cm)

07 답 27π cm^2

(색칠한 부분의 넓이)

$=\pi\times6^2-\pi\times\boxed{3}^2$

$=36\pi-\boxed{9\pi}=\boxed{27\pi}$(cm^2)

08 답 4π cm^2

(색칠한 부분의 넓이)

$=\frac{1}{2}\times\pi\times4^2-2\times\left(\frac{1}{2}\times\pi\times\boxed{2}^2\right)$

$=8\pi-\boxed{4\pi}=\boxed{4\pi}$(cm^2)

09 답 $(32-8\pi)$ cm^2

(색칠한 부분의 넓이)

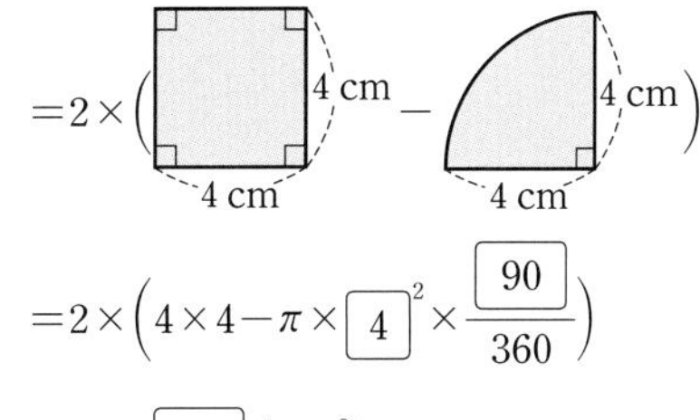

$=2\times\left(4\times4-\pi\times\boxed{4}^2\times\frac{\boxed{90}}{360}\right)$

$=32-\boxed{8\pi}$(cm^2)

10 답 10π cm^2

(색칠한 부분의 넓이)

$=\frac{1}{2}\times\pi\times5^2-\frac{1}{2}\times\pi\times3^2+\frac{1}{2}\times\pi\times2^2$

$=\frac{25}{2}\pi-\frac{9}{2}\pi+2\pi=10\pi$(cm^2)

11 답 $\frac{25}{2}\pi$ cm^2

(색칠한 부분의 넓이)

$=\pi\times10^2\times\frac{90}{360}-\frac{1}{2}\times\pi\times5^2$

$=25\pi-\frac{25}{2}\pi=\frac{25}{2}\pi$(cm^2)

12 답 $\frac{21}{2}\pi$ cm^2

(색칠한 부분의 넓이)

$=\pi\times12^2\times\frac{60}{360}-\pi\times9^2\times\frac{60}{360}$

$=24\pi-\frac{27}{2}\pi=\frac{21}{2}\pi$(cm^2)

13 답 18π cm^2

(색칠한 부분의 넓이)

$=\pi\times6^2\times\frac{240}{360}-\pi\times3^2\times\frac{240}{360}$

$=24\pi-6\pi=18\pi$(cm^2)

단원 마무리 평가 [09~15] ▸문제편 p.109~111

01 답 ④

④ 원에서 호와 현으로 이루어진 도형을 활꼴이라 하고 원에서 두 반지름과 호로 이루어진 도형을 부채꼴이라 한다. (거짓)

02 답 ②

$\overparen{AB}:\overparen{BC}=3:5$이고 $\angle AOC=180°$이므로

$\angle x=180°\times\frac{5}{3+5}=112.5°$

03 답 $144°$

$\overset{\frown}{AB}:\overset{\frown}{BC}:\overset{\frown}{CA}=1:5:4$이므로

$\angle x=360°\times\frac{4}{1+5+4}=144°$

04 답 50

$\overline{AD}/\!/\overline{OC}$이므로

$\angle OAD=\angle BOC=15°$

보조선 OD를 그으면

삼각형 OAD는

이등변삼각형이므로

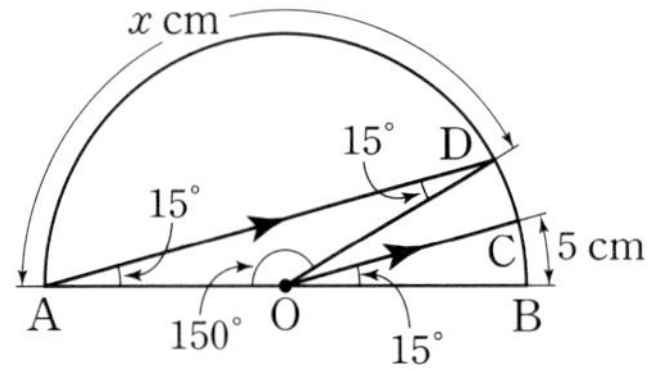

$\angle ODA=\angle OAD=15°$

이때, 삼각형의 세 내각의 크기의 합은 $180°$이므로

$\angle AOD=180°-(15°+15°)=150°$

부채꼴의 호의 길이는 중심각의 크기에 정비례하므로

$15:150=5:x \qquad \therefore x=50$

05 답 12

$\overline{AB}/\!/\overline{DC}$이므로

$\angle OCD=\angle BOC=36°$

보조선 OD를 그으면

삼각형 OCD는

이등변삼각형이므로

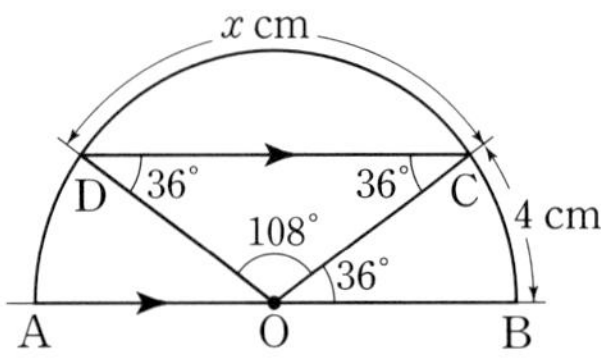

$\angle ODC=\angle OCD=36°$

이때, 삼각형의 세 내각의 크기의 합은 $180°$이므로

$\angle COD=180°-(36°+36°)=108°$

부채꼴의 호의 길이는 중심각의 크기에 정비례하므로

$36:108=4:x \qquad \therefore x=12$

06 답 ③

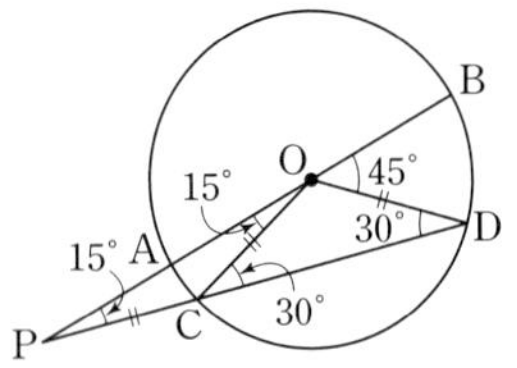

$\triangle OCP$에서 $\overline{PC}=\overline{OC}$이므로 $\angle COP=\angle CPO=15°$이고

삼각형의 내각과 외각 사이의 관계에 의하여

$\angle OCD=\angle CPO+\angle COP=15°+15°=30°$

$\triangle OCD$에서 $\overline{OC}=\overline{OD}$이므로 $\angle ODC=\angle OCD=30°$

또, $\triangle OPD$에서 삼각형의 삼각형의 내각과 외각 사이의 관계에

의하여 $\angle BOD=\angle OPD+\angle ODP=15°+30°=45°$

부채꼴의 호의 길이는 중심각의 크기에 정비례하므로

$\overset{\frown}{AC}:\overset{\frown}{BD}=15:45=1:3 \qquad \therefore \overset{\frown}{BD}=3\overset{\frown}{AC}$

따라서 호 BD의 길이는 호 AC의 길이의 3배이다.

07 답 ③

부채꼴의 넓이는 중심각의 크기에 정비례하므로

$50:75=6:x \qquad \therefore x=9$

08 답 ③

부채꼴의 넓이는 중심각의 크기에 정비례하고 원의 중심각의

크기는 $360°$, 부채꼴 AOB의 중심각의 크기는 $120°$이므로

원 O의 넓이를 $x\text{ cm}^2$라 하면

$120:360=18\pi:x \qquad \therefore x=54\pi$

따라서 원 O의 넓이는 $54\pi\text{ cm}^2$이다.

09 답 12 cm^2

호의 길이는 중심각의 크기에 정비례하므로

$\angle AOB:\angle COD=10:4$

이때, 부채꼴 COD의 넓이를 $x\text{ cm}^2$라 하면 부채꼴의 넓이도

중심각의 크기에 정비례하므로

$\angle AOB:\angle COD=30:x$

따라서 $10:4=30:x$이므로

$10x=120 \qquad \therefore x=12$

따라서 부채꼴 COD의 넓이는 12 cm^2이다.

10 답 ②

원 O에서 중심각의 크기가 $21°$일 때, 현의 길이가 2 cm이므로

$\angle x=21°+21°=42°$

11 답 ④

ㄱ. 현의 길이는 중심각의 크기에 정비례하지 않으므로

$3\overline{AB}\neq\overline{CD}$ (거짓)

ㄴ. 부채꼴의 호의 길이는 중심각의 크기에 정비례하므로

$3\overset{\frown}{AB}=\overset{\frown}{CD}$ (참)

ㄷ. 부채꼴의 넓이는 중심각의 크기에 정비례하므로

(부채꼴 COD의 넓이)$=3\times$(부채꼴 AOB의 넓이) (참)

따라서 옳은 것은 ㄴ, ㄷ이다.

12 답 ④

둘레의 길이가 18π cm인 원의 반지름의 길이를 r cm라 하면

$2\pi r=18\pi$에서 $r=9$

따라서 원의 넓이는 $\pi r^2=\pi\times 9^2=81\pi(\text{cm}^2)$

13 답 ④

넓이가 $256\pi\text{ cm}^2$인 원의 반지름의 길이를 r cm라 하면

$\pi r^2=256\pi$에서 $r^2=256=16\times 16 \qquad \therefore r=16$

따라서 원의 둘레의 길이는 $2\pi r=2\pi\times 16=32\pi(\text{cm})$

14 답 ①

구하는 부채꼴의 넓이를 S cm²라 하면

$S=\pi\times8^2\times\frac{60}{360}=\frac{32}{3}\pi$

따라서 구하는 부채꼴의 넓이는 $\frac{32}{3}\pi$ cm²이다.

15 답 $\left(8+\frac{10}{3}\pi\right)$ cm

반지름의 길이가 4 cm이고 중심각의 크기가 150°인 부채꼴의 호의 길이를 l cm라 하면

$l=2\pi\times4\times\frac{150}{360}=\frac{10}{3}\pi$

따라서 부채꼴의 둘레의 길이는

$2\times4+l=2\times4+\frac{10}{3}\pi=8+\frac{10}{3}\pi(\text{cm})$

16 답 ①

반지름의 길이가 15 cm, 넓이가 50π cm²인 부채꼴의 호의 길이를 l cm라 하면 $\frac{1}{2}\times15\times l=50\pi$ $\quad\therefore l=\frac{20}{3}\pi$

따라서 구하는 부채꼴의 호의 길이는 $\frac{20}{3}\pi$ cm이다.

[다른 풀이]

반지름의 길이가 15 cm, 넓이가 50π cm²인 부채꼴의 중심각의 크기를 x°라 하면 $\pi\times15^2\times\frac{x}{360}=50\pi$

$\therefore x=80$

따라서 부채꼴의 중심각의 크기가 80°이므로 호의 길이는

$2\pi\times15\times\frac{80}{360}=\frac{20}{3}\pi(\text{cm})$

17 답 45

반지름의 길이가 4 cm이고 호의 길이가 3π cm인 부채꼴의 중심각의 크기가 a°이므로

$2\pi\times4\times\frac{a}{360}=3\pi$ $\quad\therefore a=135$

따라서 이 부채꼴의 넓이는

$\pi\times4^2\times\frac{135}{360}=6\pi(\text{cm}^2)$ $\quad\therefore S=6$

$\therefore \frac{2a}{S}=\frac{2\times135}{6}=45$

18 답 ②

(색칠한 부분의 넓이)

=(반지름의 길이가 6 cm인 원의 넓이)

−(반지름의 길이가 3 cm인 원의 넓이)

$=\pi\times6^2-\pi\times3^2$

$=36\pi-9\pi=27\pi(\text{cm}^2)$

19 답 $(6\pi+8)$ cm

(색칠한 부분의 둘레의 길이)

=(반지름의 길이가 4 cm인 반원의 호의 길이)

+(반지름의 길이가 8 cm, 중심각의 크기가 45°인 부채꼴의 호의 길이)

+8

$=\frac{1}{2}\times2\pi\times4+2\pi\times8\times\frac{45}{360}+8$

$=4\pi+2\pi+8=6\pi+8(\text{cm})$

20 답 $(25\pi-50)$ cm²

그림과 같이 도형을 이동시키면

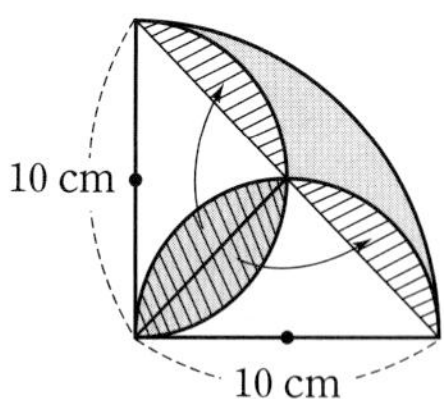

(색칠한 부분의 넓이)

$=\pi\times10^2\times\frac{90}{360}-\frac{1}{2}\times10\times10$

$=25\pi-50(\text{cm}^2)$

Ⅲ-1 다면체와 회전체

01 다면체

▸ p.116~117

01 답 ○

다면체는 다각형 인 면으로만 둘러싸인 입체도형이다.

02 답 ×

다각형이 아닌 원이나 곡면으로 둘러싸인 입체도형은 다면체가 아니다.

03 답 ×

04 답 ○

05 답 5

06 답 6

07 답 7

08 답 8

09 답 6

10 답 9

11 답 12

12 답 15

13 답 4, 사면체

14 답 5, 오면체

15 답 6, 육면체

16 답 8, 팔면체

17 답 다면체, 오면체, 육면체

02 다면체의 종류 — 각뿔대

▸ p.118~120

01 답 **사각형, 사각뿔대**

02 답 **오각형, 오각뿔대**

03 답 **육각형, 육각뿔대**

04 답 **8, 12, 6**

05 답 **10, 15, 7**

06 답 **12, 18, 8**

07 답 **사다리꼴**

주어진 그림은 삼각뿔대이므로 옆면의 모양은 사다리꼴이다.

08 답 **사다리꼴**

주어진 그림은 사각뿔대이므로 옆면의 모양은 사다리꼴이다.

09 답 **사다리꼴**

주어진 그림은 오각뿔대이므로 옆면의 모양은 사다리꼴이다.

10 답 **사다리꼴**

주어진 그림은 육각뿔대이므로 옆면의 모양은 사다리꼴이다.

11 답

다면체			
밑면의 모양에 따른 이름	사각기둥	사각뿔	사각뿔대
꼭짓점의 개수	8	**5**	**8**
모서리의 개수	**12**	**8**	12
면의 개수	**6**	5	**6**

n각기둥의 꼭짓점의 개수, 모서리의 개수, 면의 개수는 각각 $2n$, $3n$, $n+2$이다.

n각뿔의 꼭짓점의 개수, 모서리의 개수, 면의 개수는 각각 $n+1$, $2n$, $n+1$이다.

n각뿔대의 꼭짓점의 개수, 모서리의 개수, 면의 개수는 각각 $2n$, $3n$, $n+2$이다.

12 답

	꼭짓점의 개수	모서리의 개수	면의 개수
삼각기둥	6	9	5
오각기둥	**10**	**15**	**7**
육각기둥	**12**	**18**	**8**
팔각기둥	**16**	**24**	**10**

n각기둥의 꼭짓점의 개수, 모서리의 개수, 면의 개수는 각각 $2n$, $3n$, $n+2$이다.

13 답

	꼭짓점의 개수	모서리의 개수	면의 개수
삼각뿔	4	6	4
오각뿔	**6**	**10**	**6**
육각뿔	**7**	**12**	**7**
팔각뿔	**9**	**16**	**9**

n각뿔의 꼭짓점의 개수, 모서리의 개수, 면의 개수는 각각 $n+1$, $2n$, $n+1$이다.

14 답

	꼭짓점의 개수	모서리의 개수	면의 개수
삼각뿔대	6	9	5
오각뿔대	**10**	**15**	**7**
육각뿔대	**12**	**18**	**8**
팔각뿔대	**16**	**24**	**10**

n각뿔대의 꼭짓점의 개수, 모서리의 개수, 면의 개수는 각각 $2n$, $3n$, $n+2$이다.

15 답 **ㄱ, ㄷ, ㅁ, ㅂ, ㅅ, ㅈ**

밑면의 개수가 2인 다면체는 각기둥과 각뿔대이다.

16 답 **ㄹ, ㅂ, ㅅ**

밑면의 모양이 육각형이 다면체는 육각기둥, 육각뿔, 육각뿔대이다.

17 답 **ㄴ, ㄹ, ㅇ**

옆면의 모양이 삼각형인 다면체는 각뿔이다.

18 답 **ㄷ, ㅁ, ㅅ**

옆면의 모양이 직사각형이 아닌 사다리꼴인 다면체는 각뿔대이다.

19 답 **ㄷ, ㄹ**

면의 개수가 7인 다면체는 육각뿔, 오각뿔대이다.

20 답 **ㄱ, ㅁ, ㅇ**

꼭짓점의 개수가 8인 다면체는 사각기둥, 칠각뿔, 사각뿔대이다.

21 답 **ㄱ, ㄹ, ㅁ**

모서리의 개수가 12인 다면체는 사각기둥, 육각뿔, 사각뿔대이다.

22 답 **육각뿔대**

두 조건 (가), (나)에 의하여 구하는 입체도형은 [각뿔대]이다.

즉, 구하는 입체도형을 n[각뿔대]라 하면

조건 (다)에 의하여 $n+$[2]$=8$에서 $n=$[6]

따라서 구하는 입체도형은 [육각뿔대]이다.

23 답 **팔각기둥**

두 조건 (가), (나)에 의하여 구하는 입체도형은 각기둥이다.
즉, 구하는 입체도형을 n각기둥이라 하면
조건 (다)에 의하여 $n+2=10$에서 $n=8$
따라서 구하는 입체도형은 팔각기둥이다.

24 답 **칠각뿔**

두 조건 (가), (나)에 의하여 구하는 입체도형은 각뿔이다.
즉, 구하는 입체도형을 n각뿔이라 하면
조건 (다)에 의하여 $2n=14$에서 $n=7$
따라서 구하는 입체도형은 칠각뿔이다.

25 답 **구각뿔대**

두 조건 (가), (나)에 의하여 구하는 입체도형은 각뿔대이다.
즉, 구하는 입체도형을 n각뿔대라 하면
조건 (다)에 의하여 $2n=18$에서 $n=9$
따라서 구하는 입체도형은 구각뿔대이다.

26 답 **각뿔대, 2, 사다리꼴**

03 정다면체

▸ p.121~122

01 답 **풀이 참고**

	정사면체	정육면체	정팔면체	정십이면체	정이십면체
겨냥도					
면의 모양	정삼각형	정사각형	정삼각형	정오각형	정삼각형
한 꼭짓점에 모인 면의 개수(개)	3	3	4	3	5
꼭짓점의 개수(개)	4	8	6	20	12
모서리의 개수(개)	6	12	12	30	30
면의 개수(개)	4	6	8	12	20

02 답 ×

모든 면이 합동인 정다각형이고 각 꼭짓점에 모인 면의 개수가 같은 다면체를 정다면체라 한다. 즉, 모든 면이 합동인 정다각형인 다면체는 정다면체가 아닐 수도 있다.

03 답 ○

04 답 ○

정다면체는 정사면체, 정육면체, 정팔면체, 정십이면체, 정이십면체의 5가지뿐이다.

05 답 ×

정다면체의 면의 모양은 정삼각형, 정사각형, 정오각형 중 하나이다.

06 답 ×

정팔면체의 모서리의 개수는 12이다.

07 답 ○

08 답 ×

정다면체의 한 꼭짓점에 모일 수 있는 면의 개수는 최대 5이다.

09 답 ○

10 답 **정사면체, 정팔면체, 정이십면체**

11 답 **정육면체**

12 답 **정십이면체**

13 답 **정사면체, 정육면체, 정십이면체**

14 답 **정팔면체**

15 답 **정이십면체**

16 답 **정다면체, 정사면체, 정팔면체, 정이십면체, 5**

04 정다면체의 전개도

▸ p.123~124

01 답

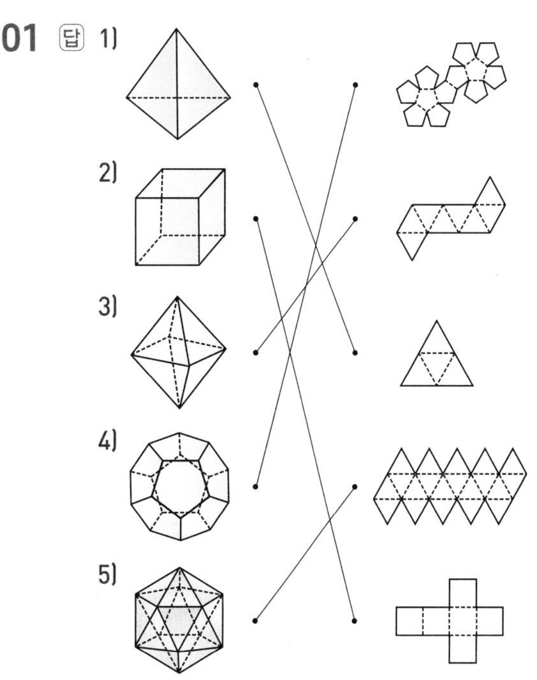

02 답 1) 정사면체 2) 점 E 3) 점 D
4) $\overline{AC}$, $\overline{AF}(\overline{EF})$, $\overline{BC}(\overline{DC})$, $\overline{DF}$
5) $\overline{CF}$

주어진 전개도로 만들어지는 정다면체는 그림과 같다.

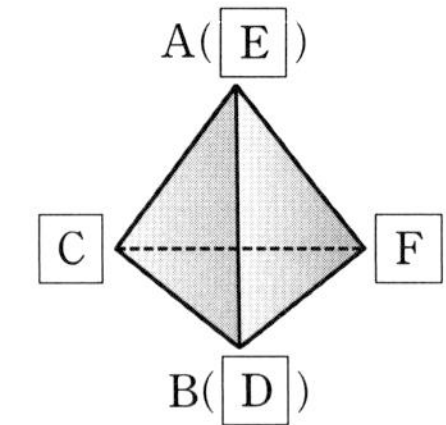

03 답 ○

04 답 ×

05 답 ○

06 답 ×

07 답 1) 점 H 2) $\overline{IH}$ 3) 면 LEFK

주어진 전개도로 만들어지는 정다면체는 그림과 같다.

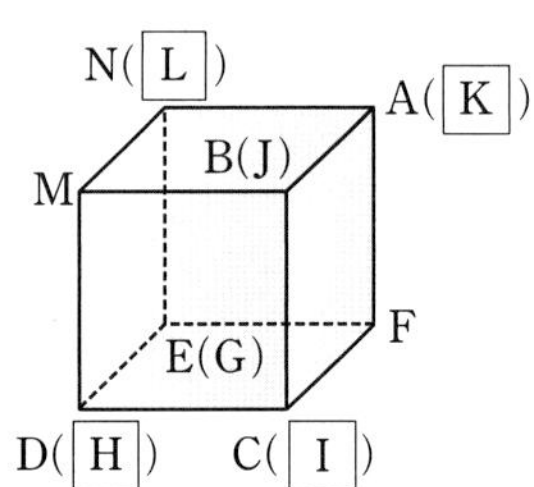

08 답 1) 점 I 2) 점 G 3) $\overline{GF}$ 4) $\overline{CD}(\overline{GF})$
5) $\overline{DE}(\overline{FE})$, $\overline{DJ}$, $\overline{GE}$, $\overline{CJ}$

주어진 전개도로 만들어지는 정다면체는 그림과 같다.

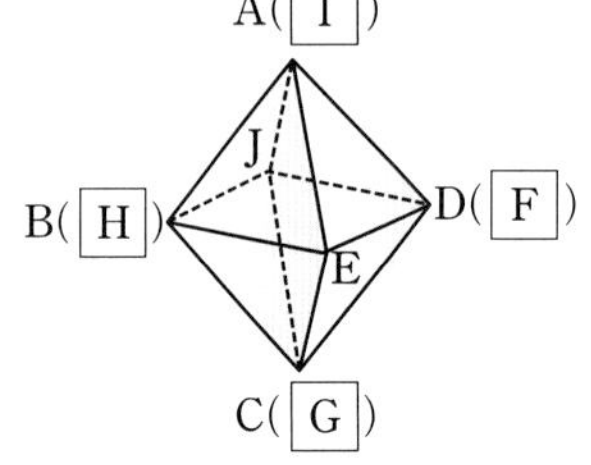

09 답 1) 정이십면체 2) 정십이면체

05 회전체

▸ p.125~126

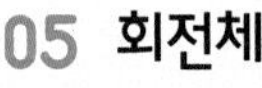

01 답 ○

02 답 ×

03 답 ○

04 답 ×

05 답 ○

06 답 ○

07 답

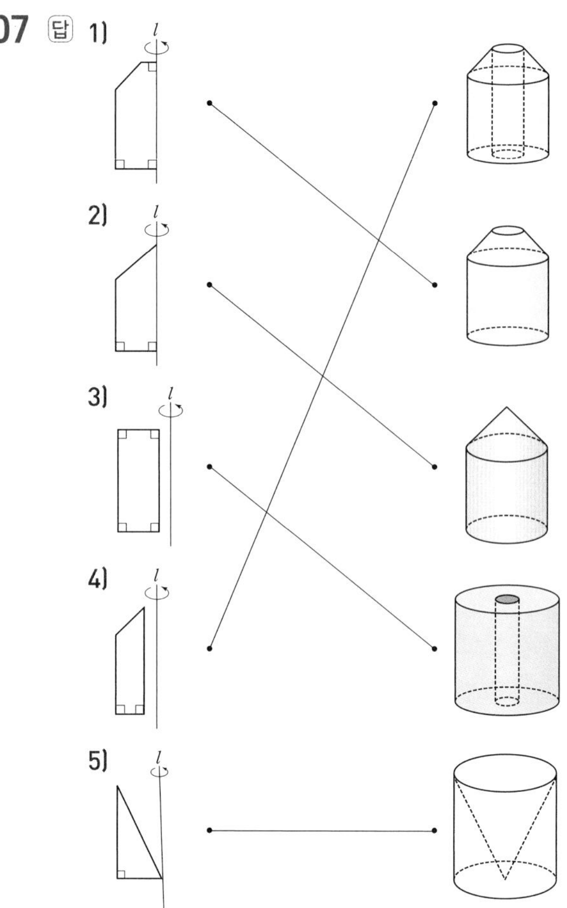

08 답

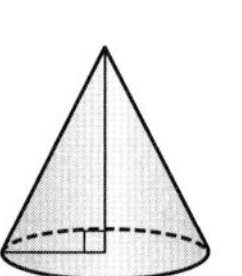

09 답

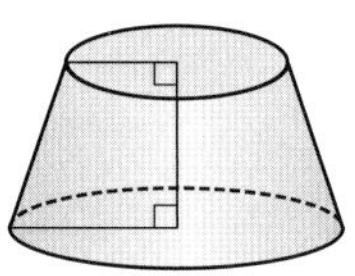

10 답

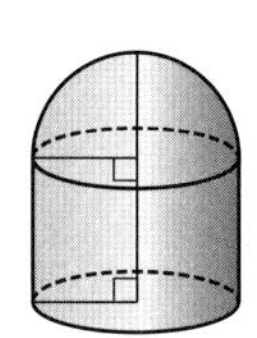

11 답

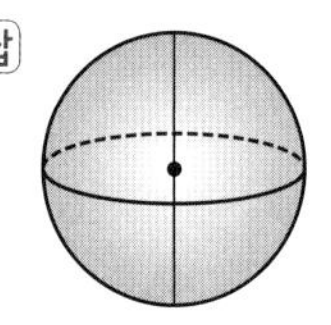

12 답

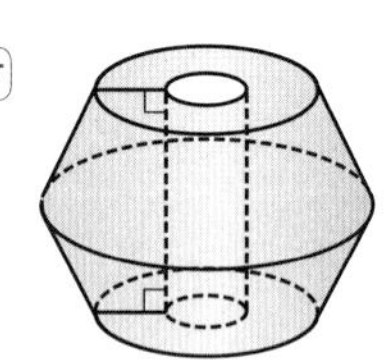

13 답 회전체, 원뿔대

06 회전체의 성질

▸ p.127~129

01 답

02 답

03 답 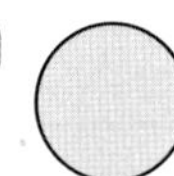

04 답 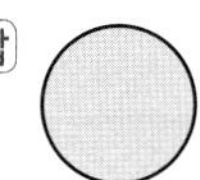

05 답 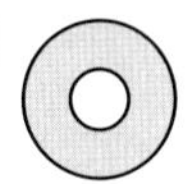

06 답 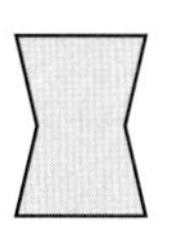

07 답 

08 답 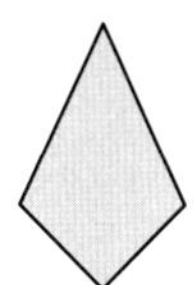

09 답 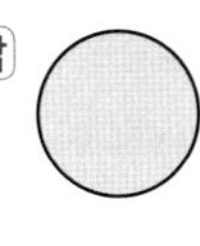

10 답 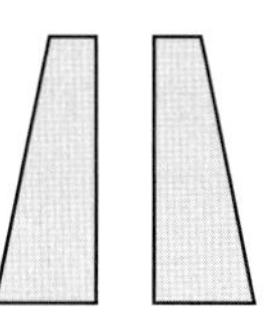

11 답 1) ㄴ 2) ㄹ 3) ㅁ 4) ㄱ 5) ㄷ

12 답 ○

13 답 ○

14 답 ×

원뿔대를 회전축을 포함하는 평면으로 자를 때 생기는 단면은 사다리꼴이다.

15 답 ○

16 답 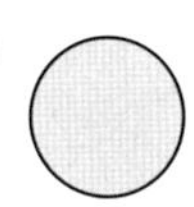

17 답 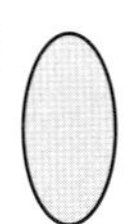

18 답 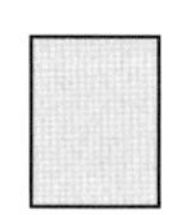

19 답 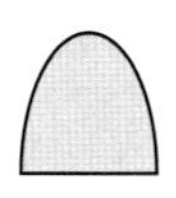

20 답 **단면 : 풀이 참조, 넓이 : $21\ \text{cm}^2$**

단면은 그림과 같이 이등변삼각형이므로

(구하는 넓이)

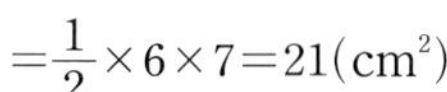

$=\frac{1}{2}\times6\times7=21(\text{cm}^2)$

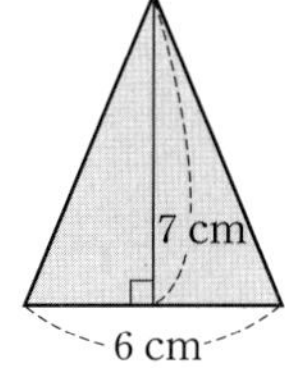

21 답 **단면 : 풀이 참조, 넓이 : $81\ \text{cm}^2$**

단면은 그림과 같이 사다리꼴이므로

(구하는 넓이)

$=\frac{1}{2}\times(6+12)\times9=81\ (\text{cm}^2)$

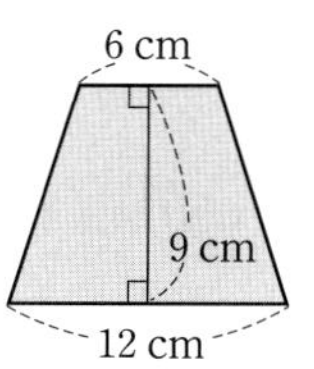

22 답 **단면 : 풀이 참조, 넓이 : $25\pi\ \text{cm}^2$**

단면은 그림과 같이 원이므로

(구하는 넓이)

$=\pi\times5^2=25\pi\ (\text{cm}^2)$

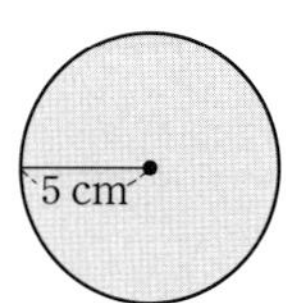

23 답 **원, 직사각형, 이등변삼각형, 사다리꼴, 원**

07 회전체의 전개도

▸ p.130~131

01 답

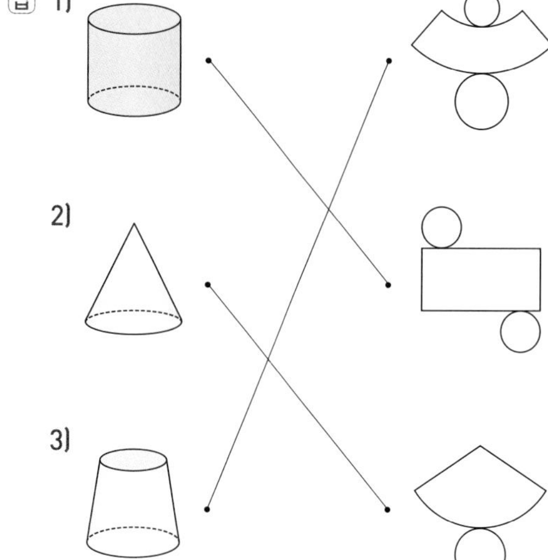

02 답 $a=5,\ b=10$

03 답 $a=6,\ b=12\pi$

$b=2\pi\times6=12\pi$

04 답 $a=7,\ b=6\pi$

$b=2\pi\times3=6\pi$

05 답 $a=5,\ b=9$

06 답 $a=13,\ b=12\pi$

$b=2\pi\times6=12\pi$

07 답 $a=4,\ b=6$

08 답 $a=14\pi,\ b=26\pi$

$a=2\pi\times7=14\pi$, $b=2\pi\times13=26\pi$

09 답

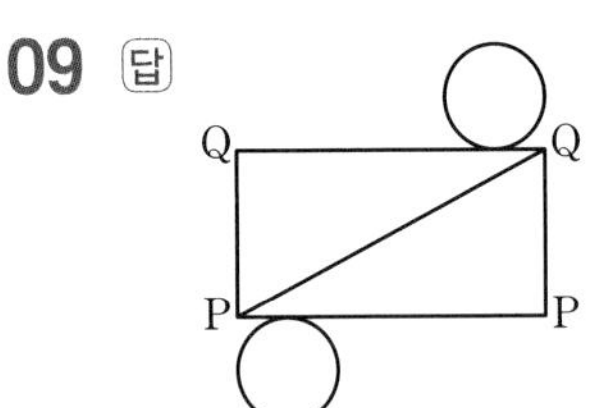

10 답

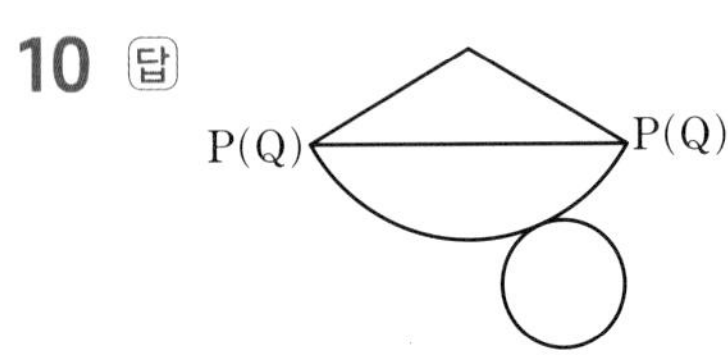

11 답

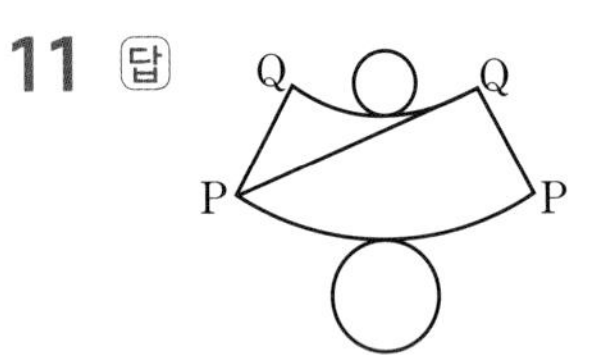

12 답 1) **원기둥, 둘레, 직사각형**

2) **원뿔, 부채꼴, 호**

3) **원뿔대**

단원 마무리 평가 [01~07]

▸문제편 p.132~134

01 답 ㄱ, ㄴ, ㅂ

ㄱ. 사각기둥의 면의 개수는 6이므로 육면체이다.

ㄴ. 오각뿔의 면의 개수는 6이므로 육면체이다.

ㄷ. 삼각뿔대의 면의 개수는 5이므로 오면체이다.

ㄹ. 육각뿔의 면의 개수는 7이므로 칠면체이다.

ㅁ. 삼각기둥의 면의 개수는 5이므로 오면체이다.

ㅂ. 사각뿔대의 면의 개수는 6이므로 육면체이다.

따라서 육면체인 것은 ㄱ, ㄴ, ㅂ이다.

02 답 ③

원기둥, 원뿔, 구, 원뿔대는 회전체이고 삼각뿔은 다면체이다.

03 답 ②

면의 개수는 7이므로 $a=7$

모서리의 개수는 15이므로 $b=15$

꼭짓점의 개수는 10이므로 $c=10$

$\therefore a-b+c=7-15+10=2$

04 답 ③

꼭짓점의 개수가 20인 각기둥을 n각기둥이라 하면 n각기둥의 꼭짓점의 개수는 $2n$이므로 $2n=20$에서 $n=10$

즉, 구하는 각기둥은 십각기둥이고 십각기둥의 면의 개수는 $10+2=12$이므로 $a=12$이고 모서리의 개수는 $3\times10=30$이므로 $b=30$이다.

$\therefore a+b=12+30=42$

05 답 ⑤

두 조건 (가), (나)에 의하여 구하는 입체도형은 각뿔대이다.

즉, 구하는 입체도형을 n각뿔대라 하면 조건 (다)에 의하여 $2n=12$에서 $n=6$

따라서 구하는 입체도형은 육각뿔대이다.

06 답 **35**

오각기둥의 면의 개수는 7, 팔각뿔의 모서리의 개수는 16, 육각뿔대의 꼭짓점의 개수는 12이므로

$a=7,\ b=16,\ c=12$

$\therefore a+b+c=7+16+12=35$

07 답 ②

② 정팔면체의 면의 모양은 정삼각형이고 면의 모양이 정오각형인 정다면체는 정십이면체이다.(거짓)

08 답 ⑤

두 조건 (가), (나)에 의하여 구하는 입체도형은 정다면체이다.

정다면체 중에서 조건 (다)를 만족시키는 정다면체는 정이십면체이다.

09 답 ⑤

⑤ 정이십면체의 각 면의 모양은 정삼각형이고 꼭짓점의 개수는 12이다.(거짓)

10 답 ⑤

주어진 전개도로 만들어지는 정육면체는 그림과 같으므로 선택지 중 $\overline{BC}$와 꼬인 위치에 있는 모서리는 ⑤ $\overline{LI}$이다.

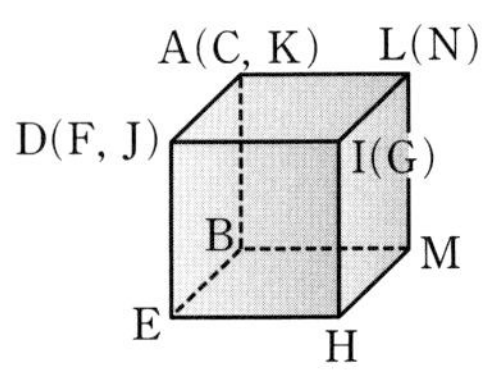

11 답 ⑤

주어진 전개도로 만든 정다면체는 그림과 같다.

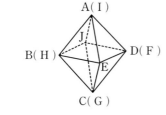

ㄱ. 정다면체의 이름은 정팔면체이다. (참)

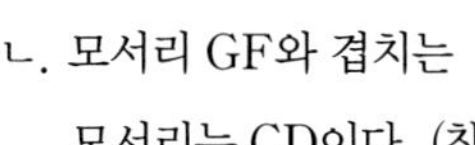

ㄴ. 모서리 GF와 겹치는 모서리는 CD이다. (참)

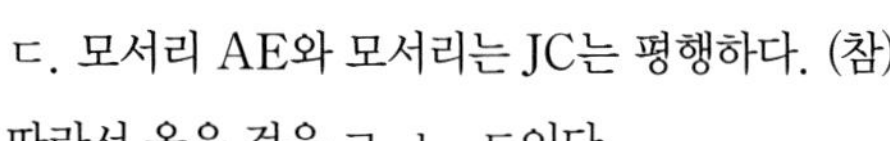

ㄷ. 모서리 AE와 모서리는 JC는 평행하다. (참)

따라서 옳은 것은 ㄱ, ㄴ, ㄷ이다.

12 답 ②, ⑤

① 구의 회전축은 무수히 많다. (거짓)

③ 원뿔을 회전축을 포함하는 평면으로 자를 때 생기는 단면은 이등변삼각형이다. (거짓)

④ 회전체를 회전축을 포함하는 평면으로 자를 때 생기는 단면은 모두 선대칭도형이고 합동이다. (거짓)

13 답 ④

주어진 입체도형 중에서 회전체인 것은 원뿔대, 원뿔, 원기둥, 구로 4개이다.

14 답 ③

15 답 ②

직선 l을 회전축으로 하여 1회전 시킬 때 생기는 입체도형은 그림과 같으므로 축을 포함한 평면으로 자른 단면은 사다리꼴이고, 축과 수직인 평면으로 자른 단면의 모양은 원이다.

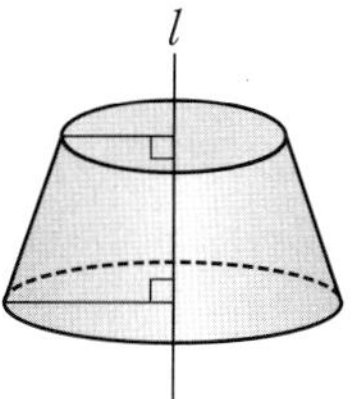

16 답 ③

직선 l을 회전축으로 하여 1회전 시킬 때 생기는 입체도형은 밑면의 반지름의 길이가 6 cm이고 높이가 14 cm인 원기둥이다.

이 원기둥을 회전축에 수직인 평면으로 자를 때, 생기는 단면은 반지름의 길이가 6 cm인 원이므로 단면의 넓이는 $\pi\times6^2=36\pi(\text{cm}^2)$이다.

17 답 ④

ㄱ. 원기둥, 원뿔, 원뿔대는 회전체이다. (참)

ㄴ. 구는 어느 방향으로 잘라도 그 단면이 모두 원이지만 항상 합동인 것은 아니다. (거짓)

ㄷ. 회전체를 회전축을 포함하는 평면으로 자를 때, 단면은 모두 합동이다. (참)

따라서 옳은 것은 ㄱ, ㄷ이다.

18 답 5 cm

원기둥의 전개도에서 옆면의 가로의 길이는 밑면인 원의 둘레의 길이와 같으므로 밑면인 원의 반지름의 길이를 r cm라 하면

$2\pi\times r=10\pi \qquad \therefore r=5$

따라서 밑면인 원의 반지름의 길이는 5 cm이다.

19 답 ③

직선 l을 회전축으로 하여 1회전 시킬 때 생기는 입체도형은 두 밑면의 반지름의 길이가 각각 12 cm, 6 cm인 원이고 높이가 8 cm인 원뿔대이므로 두 밑면의 넓이의 합은

$\pi\times12^2+\pi\times6^2=144\pi+36\pi=180\pi(\text{cm}^2)$이다.

20 답 $(30\pi+20)$ cm

주어진 입체도형의 전개도를 그리면 그림과 같다.

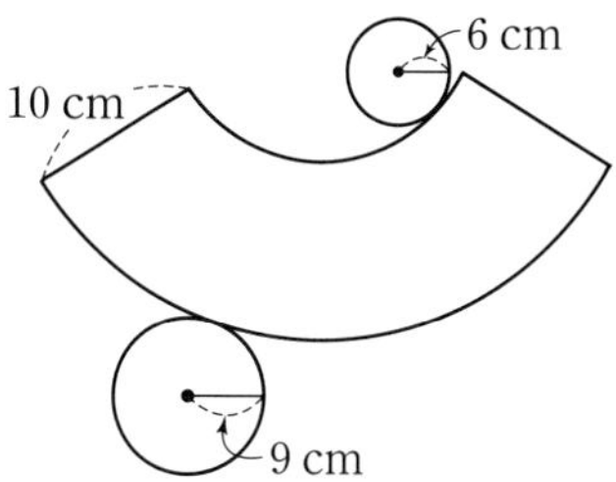

따라서 전개도에서 옆면의 둘레의 길이는

$2\pi\times9+2\pi\times6+10+10=30\pi+20(\text{cm})$이다.

Ⅲ-2 입체도형의 겉넓이와 부피

08 각기둥의 겉넓이

▸ p.135~137

01 답 24 cm²

삼각기둥의 밑면이 직각삼각형이므로

(밑넓이)$=\dfrac{1}{2}\times\boxed{8}\times6=\boxed{24}(\text{cm}^2)$

02 답 288 cm²

밑면의 둘레의 길이는 $6+8+10=24(\text{cm})$이고

높이는 12 cm이므로

(옆넓이)$=\boxed{24}\times12=\boxed{288}(\text{cm}^2)$

03 답 336 cm²

(겉넓이)=(밑넓이)$\times\boxed{2}+$(옆넓이)

$=\boxed{24}\times\boxed{2}+\boxed{288}=\boxed{336}(\text{cm}^2)$

04 답 36 cm²

사각기둥의 밑면이 사다리꼴이므로

(밑넓이)$=\frac{1}{2}\times(\boxed{6}+12)\times4=\boxed{36}$(cm²)

05 답 280 cm²

밑면의 둘레의 길이는

$5+12+5+6=28$(cm)이고

높이는 10 cm이므로

(옆넓이)$=\boxed{28}\times\boxed{10}=\boxed{280}$(cm²)

06 답 352 cm²

(겉넓이)=(밑넓이)$\times\boxed{2}+$(옆넓이)

$=\boxed{36}\times\boxed{2}+\boxed{280}=\boxed{352}$(cm²)

07 답 152 cm²

(밑넓이)$=\frac{1}{2}\times6\times4=12$(cm²)

(옆넓이)$=(5+6+5)\times8=128$(cm²)

∴ (겉넓이)$=12\times2+128=152$(cm²)

08 답 292 cm²

(밑넓이)$=8\times7=56$(cm²)

(옆넓이)$=(7+8+7+8)\times6=180$(cm²)

∴ (겉넓이)$=56\times2+180=292$(cm²)

09 답 540 cm²

(밑넓이)$=\frac{1}{2}\times(7+13)\times8=80$(cm²)

(옆넓이)$=(8+7+10+13)\times10=380$(cm²)

∴ (겉넓이)$=80\times2+380=540$(cm²)

10 답 184 cm²

(밑넓이)$=\frac{1}{2}\times6\times4=12$(cm²)

(옆넓이)$=(6+5+5)\times10=160$(cm²)

(겉넓이)$=12\times2+160=184$(cm²)

11 답 4 cm

사각기둥의 밑면의 가로의 길이를 x cm라 하면

(밑넓이)$=x\times\boxed{5}=\boxed{5x}$ (cm²)

(옆넓이)$=(x+5+x+5)\times\boxed{6}=\boxed{12x+60}$ (cm²)

이 사각기둥의 겉넓이가 148 cm²이므로

(밑넓이)×2+(옆넓이)=148에서

$\boxed{5x}\times2+\boxed{12x+60}=148$ ∴ $x=\boxed{4}$

따라서 사각기둥의 밑면의 가로의 길이는 $\boxed{4}$ cm이다.

12 답 20 cm

삼각기둥의 높이를 x cm라 하면

(밑넓이)$=\frac{1}{2}\times12\times5=30$(cm²)

(옆넓이)$=(5+12+13)\times x=30x$(cm²)

이 삼각기둥의 겉넓이가 660 cm²이므로

(밑넓이)×2+(옆넓이)=660에서

$30\times2+30x=660$ ∴ $x=20$

따라서 삼각기둥의 높이는 20 cm이다.

13 답 6 cm

사각기둥의 한 모서리의 길이를 x cm라 하면

(밑넓이)$=x\times x=x^2$(cm²)

(옆넓이)$=(x+x+x+x)\times x=4x^2$(cm²)

이 사각기둥의 겉넓이가 216 cm²이므로

(밑넓이)×2+(옆넓이)=216에서

$x^2\times2+4x^2=216$, $6x^2=216$, $x^2=36=6\times6$

∴ $x=6$

따라서 사각기둥의 한 모서리의 길이는 6 cm이다.

14 답 27 cm²

(밑넓이)

=(바깥쪽 각기둥의 밑넓이)−(안쪽 각기둥의 밑넓이)

$=6\times6-\boxed{3}\times\boxed{3}=\boxed{27}$(cm²)

15 답 240 cm²

(바깥쪽 각기둥의 옆넓이)

$=(6+6+6+6)\times\boxed{10}=\boxed{240}$(cm²)

16 답 120 cm²

(안쪽 각기둥의 옆넓이)

$=(3+3+3+3)\times\boxed{10}=\boxed{120}$(cm²)

17 답 414 cm²

(겉넓이)=(밑넓이)×2+(바깥쪽 각기둥의 옆넓이)

+(안쪽 각기둥의 옆넓이)

$=\boxed{27}\times2+\boxed{240}+\boxed{120}=\boxed{414}$(cm²)

18 답 638 cm²

(밑넓이)$=10\times10-1\times1=99$(cm²)

(바깥쪽 각기둥의 옆넓이)$=(10+10+10+10)\times10$

$=400$(cm²)

(안쪽 각기둥의 옆넓이)$=(1+1+1+1)\times10=40$(cm²)

∴ (겉넓이)$=99\times2+400+40=638$(cm²)

19 답 320 cm²

(밑넓이)$=6\times6-2\times2=32(\text{cm}^2)$

(바깥쪽 각기둥의 옆넓이)$=(6+6+6+6)\times8$

$=192(\text{cm}^2)$

(안쪽 각기둥의 옆넓이)$=(2+2+2+2)\times8=64(\text{cm}^2)$

∴ (겉넓이)$=32\times2+192+64=320(\text{cm}^2)$

20 답 404 cm²

(밑넓이)$=6\times8-\frac{1}{2}\times3\times4=42(\text{cm}^2)$

(바깥쪽 각기둥의 옆넓이)$=(6+8+6+8)\times8=224(\text{cm}^2)$

(안쪽 각기둥의 옆넓이)$=(3+4+5)\times8=96(\text{cm}^2)$

∴ (겉넓이)$=42\times2+224+96=404(\text{cm}^2)$

21 답 2, 옆넓이, 2, 둘레, 높이

09 각기둥의 부피

▸ p.138~139

01 답 300 cm³

(밑넓이)$=\frac{1}{2}\times\boxed{5}\times\boxed{12}=\boxed{30}(\text{cm}^2)$이고

높이는 $\boxed{10}$ cm이므로

(부피)=(밑넓이)×(높이)$=\boxed{30}\times\boxed{10}=\boxed{300}(\text{cm}^3)$

02 답 240 cm³

(밑넓이)$=\frac{1}{2}\times8\times5=20(\text{cm}^2)$이고 높이는 12 cm이므로

(부피)=(밑넓이)×(높이)$=20\times12=240(\text{cm}^3)$

03 답 120 cm³

(밑넓이)$=\frac{1}{2}\times6\times8=24(\text{cm}^2)$이고 높이는 5 cm이므로

(부피)=(밑넓이)×(높이)$=24\times5=120(\text{cm}^3)$

04 답 120 cm³

(밑넓이)$=4\times5=20(\text{cm}^2)$이고 높이는 6 cm이므로

(부피)=(밑넓이)×(높이)$=20\times6=120(\text{cm}^3)$

05 답 210 cm³

(밑넓이)$=\frac{1}{2}\times(9+6)\times4=30(\text{cm}^2)$이고

높이는 7 cm이므로

(부피)=(밑넓이)×(높이)$=30\times7=210(\text{cm}^3)$

06 답 84 cm³

(밑넓이)$=4\times\boxed{5}-2\times\boxed{3}=\boxed{14}(\text{cm}^2)$이고

높이는 $\boxed{6}$ cm이므로

(부피)=(밑넓이)×(높이)$=\boxed{14}\times\boxed{6}=\boxed{84}(\text{cm}^3)$

07 답 126 cm³

(밑넓이)$=5\times5-2\times2=21(\text{cm}^2)$이고

높이는 6 cm이므로

(부피)=(밑넓이)×(높이)$=21\times6=126(\text{cm}^3)$

08 답 243 cm³

(밑넓이)$=5\times6-\frac{1}{2}\times3\times2=27(\text{cm}^2)$이고

높이는 9 cm이므로

(부피)=(밑넓이)×(높이)$=27\times9=243(\text{cm}^3)$

09 답 10 cm

(부피)=(밑넓이)×(높이)이므로

$\boxed{180}=18\times$(높이)

∴ (높이)$=\boxed{10}$(cm)

10 답 4 cm

(부피)=(밑넓이)×(높이)이므로

$72=18\times$(높이)

∴ (높이)$=4$ cm

11 답 19 cm²

(부피)=(밑넓이)×(높이)이므로

$\boxed{285}=$(밑넓이)$\times\boxed{15}$

∴ (밑넓이)$=\boxed{19}$ cm²

12 답 28 cm²

(부피)=(밑넓이)×(높이)이므로

$448=$(밑넓이)$\times16$

∴ (밑넓이)$=28$ cm²

13 답 높이, Sh

10 원기둥의 겉넓이

▸ p.140~142

01 답 $78\pi\ \mathrm{cm}^2$

(밑넓이)$=\pi\times\boxed{3}^2=\boxed{9}\pi(\mathrm{cm}^2)$

(옆넓이)$=(2\pi\times\boxed{3})\times\boxed{10}=\boxed{60}\pi(\mathrm{cm}^2)$

$\therefore$ (겉넓이)=(밑넓이)$\times2+$(옆넓이)

$=\boxed{9}\pi\times2+\boxed{60}\pi=\boxed{78}\pi(\mathrm{cm}^2)$

02 답 $170\pi\ \mathrm{cm}^2$

(밑넓이)$=\pi\times5^2=25\pi(\mathrm{cm}^2)$

(옆넓이)$=(2\pi\times5)\times12=120\pi(\mathrm{cm}^2)$

$\therefore$ (겉넓이)=(밑넓이)$\times2+$(옆넓이)

$=25\pi\times2+120\pi=170\pi(\mathrm{cm}^2)$

03 답 $192\pi\ \mathrm{cm}^2$

(밑넓이)$=\pi\times6^2=36\pi(\mathrm{cm}^2)$

(옆넓이)$=(2\pi\times6)\times10=120\pi(\mathrm{cm}^2)$

$\therefore$ (겉넓이)=(밑넓이)$\times2+$(옆넓이)

$=36\pi\times2+120\pi=192\pi(\mathrm{cm}^2)$

04 답 $400\pi\ \mathrm{cm}^2$

(밑넓이)$=\pi\times8^2=64\pi(\mathrm{cm}^2)$

(옆넓이)$=(2\pi\times8)\times17=272\pi(\mathrm{cm}^2)$

$\therefore$ (겉넓이)=(밑넓이)$\times2+$(옆넓이)

$=64\pi\times2+272\pi=400\pi(\mathrm{cm}^2)$

05 답 $42\pi\ \mathrm{cm}^2$

밑면의 지름의 길이가 6 cm이므로

(밑면의 반지름의 길이)$=\frac{1}{2}\times6=3(\mathrm{cm})$

(밑넓이)$=\pi\times3^2=9\pi(\mathrm{cm}^2)$

(옆넓이)$=(2\pi\times3)\times4=24\pi(\mathrm{cm}^2)$

$\therefore$ (겉넓이)=(밑넓이)$\times2+$(옆넓이)

$=9\pi\times2+24\pi=42\pi(\mathrm{cm}^2)$

06 답 $18\ \mathrm{cm}^2$

겉넓이가 $63\ \mathrm{cm}^2$, 옆넓이가 $27\ \mathrm{cm}^2$인 원기둥의 한 밑면의 넓이를 $x\ \mathrm{cm}^2$라 하면

$x\times\boxed{2}+27=63,\ 2x=36\qquad\therefore x=\boxed{18}$

따라서 원기둥의 한 밑면의 넓이는 $\boxed{18}\ \mathrm{cm}^2$이다.

07 답 $16\pi\ \mathrm{cm}^2$

겉넓이가 $88\pi\ \mathrm{cm}^2$, 옆넓이가 $56\pi\ \mathrm{cm}^2$인 원기둥의 한 밑면의 넓이를 $x\ \mathrm{cm}^2$라 하면

$x\times2+56\pi=88\pi,\ 2x=32\pi\qquad\therefore x=16\pi$

따라서 원기둥의 한 밑면의 넓이는 $16\pi\ \mathrm{cm}^2$이다.

08 답 12 cm

겉넓이가 $170\pi\ \mathrm{cm}^2$, 밑면의 반지름의 길이가 5 cm인 원기둥의 높이를 h cm라 하면

(밑넓이)$=\pi\times\boxed{5}^2=\boxed{25\pi}(\mathrm{cm}^2)$

(옆넓이)$=(2\pi\times\boxed{5})\times h=\boxed{10\pi h}(\mathrm{cm}^2)$

즉, (겉넓이)=(밑넓이)$\times2+$(옆넓이)에서

$170\pi=\boxed{25\pi}\times2+\boxed{10\pi h},\ 120\pi=10\pi h\qquad\therefore h=\boxed{12}$

따라서 원기둥의 높이는 $\boxed{12}$ cm이다.

09 답 17 cm

겉넓이가 $468\pi\ \mathrm{cm}^2$, 밑면의 반지름의 길이가 9 cm인 원기둥의 높이를 h cm라 하면

(밑넓이)$=\pi\times9^2=81\pi(\mathrm{cm}^2)$

(옆넓이)$=(2\pi\times9)\times h=18\pi h(\mathrm{cm}^2)$

즉, (겉넓이)=(밑넓이)$\times2+$(옆넓이)에서

$468\pi=81\pi\times2+18\pi h,\ 306\pi=18\pi h\qquad\therefore h=17$

따라서 원기둥의 높이는 17 cm이다.

10 답 8 cm

겉넓이가 $168\pi\ \mathrm{cm}^2$, 밑면의 지름의 길이가 12 cm인 원기둥의 높이를 h cm라 하면

(반지름의 길이)$=\frac{1}{2}\times12=6(\mathrm{cm})$이므로

(밑넓이)$=\pi\times6^2=36\pi(\mathrm{cm}^2)$

(옆넓이)$=(2\pi\times6)\times h=12\pi h(\mathrm{cm}^2)$

즉, (겉넓이)=(밑넓이)$\times2+$(옆넓이)에서

$168\pi=36\pi\times2+12\pi h,\ 96\pi=12\pi h\qquad\therefore h=8$

따라서 원기둥의 높이는 8 cm이다.

11 답 $21\pi\ \mathrm{cm}^2$

(밑넓이)$=\pi\times\boxed{5}^2-\pi\times\boxed{2}^2=\boxed{21}\pi(\mathrm{cm}^2)$

12 답 $100\pi\ \mathrm{cm}^2$

(바깥쪽 원기둥의 옆넓이)

$=(2\pi\times\boxed{5})\times\boxed{10}=\boxed{100}\pi(\mathrm{cm}^2)$

13 답 40π **cm²**

(안쪽 원기둥의 옆넓이)

$=(2\pi\times\boxed{2})\times\boxed{10}=\boxed{40}\pi(\text{cm}^2)$

14 답 182π **cm²**

(겉넓이)$=\boxed{21}\pi\times2+\boxed{100}\pi+\boxed{40}\pi=\boxed{182}\pi(\text{cm}^2)$

15 답 200π **cm²**

(밑넓이)$=\pi\times6^2-\pi\times4^2=20\pi(\text{cm}^2)$

(바깥쪽 원기둥의 옆넓이)$=(2\pi\times6)\times8=96\pi(\text{cm}^2)$

(안쪽 원기둥의 옆넓이)$=(2\pi\times4)\times8=64\pi(\text{cm}^2)$

$\therefore$ (겉넓이)$=20\pi\times2+96\pi+64\pi=200\pi(\text{cm}^2)$

16 답 320π **cm²**

(밑넓이)$=\pi\times7^2-\pi\times3^2=40\pi(\text{cm}^2)$

(바깥쪽 원기둥의 옆넓이)$=(2\pi\times7)\times12=168\pi(\text{cm}^2)$

(안쪽 원기둥의 옆넓이)$=(2\pi\times3)\times12=72\pi(\text{cm}^2)$

$\therefore$ (겉넓이)$=40\pi\times2+168\pi+72\pi=320\pi(\text{cm}^2)$

17 답 120π **cm²**

(밑넓이)$=\pi\times4^2-\pi\times2^2=12\pi(\text{cm}^2)$

(바깥쪽 원기둥의 옆넓이)$=(2\pi\times4)\times8=64\pi(\text{cm}^2)$

(안쪽 원기둥의 옆넓이)$=(2\pi\times2)\times8=32\pi(\text{cm}^2)$

$\therefore$ (겉넓이)$=12\pi\times2+64\pi+32\pi=120\pi(\text{cm}^2)$

18 답 224π **cm²**

(밑넓이)$=\pi\times5^2-\pi\times3^2=16\pi(\text{cm}^2)$

(바깥쪽 원기둥의 옆넓이)$=(2\pi\times5)\times12=120\pi(\text{cm}^2)$

(안쪽 원기둥의 옆넓이)$=(2\pi\times3)\times12=72\pi(\text{cm}^2)$

$\therefore$ (겉넓이)$=16\pi\times2+120\pi+72\pi=224\pi(\text{cm}^2)$

19 답 112π **cm²**

회전시켜 생기는 입체도형은 밑면의 반지름의 길이가 4 cm이고 높이가 10 cm인 원기둥이므로

(밑넓이)$=\pi\times4^2=16\pi(\text{cm}^2)$

(옆넓이)$=(2\pi\times4)\times10=80\pi(\text{cm}^2)$

$\therefore$ (겉넓이)$=16\pi\times2+80\pi=112\pi(\text{cm}^2)$

20 답 140π **cm²**

회전시켜 생기는 입체도형은 밑면의 반지름의 길이가 5 cm이고 높이가 9 cm인 원기둥이므로

(밑넓이)$=\pi\times5^2=25\pi(\text{cm}^2)$

(옆넓이)$=(2\pi\times5)\times9=90\pi(\text{cm}^2)$

$\therefore$ (겉넓이)$=25\pi\times2+90\pi=140\pi(\text{cm}^2)$

21 답 192π **cm²**

회전시켜 생기는 입체도형은 그림과 같이 구멍이 뚫린 원기둥이므로

(밑넓이)$=\pi\times6^2-\pi\times2^2$

$=32\pi(\text{cm}^2)$

(바깥쪽 원기둥의 옆넓이)

$=(2\pi\times6)\times8=96\pi(\text{cm}^2)$

(안쪽 원기둥의 옆넓이)$=(2\pi\times2)\times8=32\pi(\text{cm}^2)$

$\therefore$ (겉넓이)$=32\pi\times2+96\pi+32\pi=192\pi(\text{cm}^2)$

22 답 **밑넓이,** $2\pi rh$

11 원기둥의 부피

▸ p.143~144

01 답 90π **cm³**

(밑넓이)$=\pi\times\boxed{3}^2=\boxed{9}\pi(\text{cm}^2)$

$\therefore$ (부피)=(밑넓이)×(높이)$=\boxed{9}\pi\times\boxed{10}=\boxed{90}\pi(\text{cm}^3)$

02 답 175π **cm³**

(밑넓이)$=\pi\times5^2=25\pi(\text{cm}^2)$

$\therefore$ (부피)=(밑넓이)×(높이)$=25\pi\times7=175\pi(\text{cm}^3)$

03 답 176π **cm³**

밑면의 지름의 길이가 8 cm이므로

(밑면의 반지름의 길이)$=\frac{1}{2}\times8=4(\text{cm})$

(밑넓이)$=\pi\times4^2=16\pi(\text{cm}^2)$

$\therefore$ (부피)=(밑넓이)×(높이)$=16\pi\times11=176\pi(\text{cm}^3)$

04 답 **8 cm**

부피가 128π cm³이고 밑면의 반지름의 길이가 4 cm인 원기둥의 높이를 h cm라 하면 $\pi\times4^2\times h=128\pi$ $\therefore h=8$

따라서 원기둥의 높이는 8 cm이다.

05 답 **9 cm**

부피가 486π cm³이고 높이가 6 cm인 원기둥의 밑면의 반지름의 길이를 r cm라 하면 $\pi r^2\times6=486\pi$, $r^2=81=9\times9$ $\therefore r=9$

따라서 원기둥의 밑면의 반지름의 길이는 9 cm이다.

06 답 **10 cm**

부피가 350π cm³, 높이가 14 cm인 원기둥의 밑면의 반지름의 길이를 r cm라 하면 $\pi r^2\times14=350\pi$, $r^2=25=5\times5$ $\therefore r=5$

따라서 원기둥의 밑면의 지름의 길이는

$2r=2\times5=10(\text{cm})$이다.

07 답 450π cm³

(밑넓이)$=\pi\times\boxed{7}^2-\pi\times\boxed{2}^2=\boxed{45}\pi(\text{cm}^2)$

$\therefore$ (부피)=(밑넓이)×(높이)$=\boxed{45}\pi\times\boxed{10}=\boxed{450}\pi(\text{cm}^3)$

08 답 72π cm³

(밑넓이)$=\pi\times4^2-\pi\times2^2=12\pi(\text{cm}^2)$

$\therefore$ (부피)=(밑넓이)×(높이)$=12\pi\times6=72\pi(\text{cm}^3)$

09 답 320π cm³

(밑넓이)$=\pi\times7^2-\pi\times3^2=40\pi(\text{cm}^2)$

$\therefore$ (부피)=(밑넓이)×(높이)$=40\pi\times8=320\pi(\text{cm}^3)$

10 답 512π cm³

(밑넓이)$=\pi\times10^2-\pi\times6^2=64\pi(\text{cm}^2)$

$\therefore$ (부피)=(밑넓이)×(높이)$=64\pi\times8=512\pi(\text{cm}^3)$

11 답 75π cm³

회전시켜 생기는 입체도형은 밑면의 반지름의 길이가 5 cm이고 높이가 3 cm인 원기둥이므로 (밑넓이)$=\pi\times5^2=25\pi(\text{cm}^2)$

$\therefore$ (부피)=(밑넓이)×(높이)$=25\pi\times3=75\pi(\text{cm}^3)$

12 답 396π cm³

회전시켜 생기는 입체도형은 그림과 같이 구멍이 뚫린 원기둥이므로

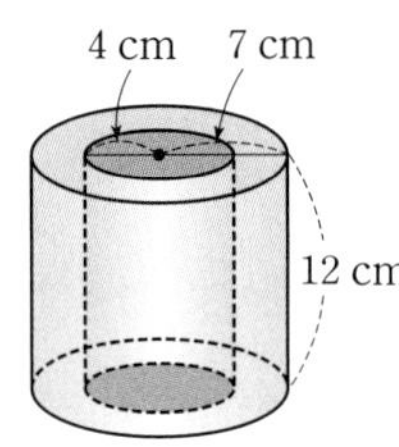

(밑넓이)

$=\pi\times7^2-\pi\times4^2=33\pi(\text{cm}^2)$

$\therefore$ (부피)=(밑넓이)×(높이)

$=33\pi\times12=396\pi(\text{cm}^3)$

13 답 1440π cm³

회전시켜 생기는 입체도형은 그림과 같이 구멍이 뚫린 원기둥이므로 밑면의 반지름의 길이가 12 cm이고 높이가 12 cm인 큰 원기둥의 부피에서 밑면의 반지름의 길이가 6 cm이고 높이가 8 cm인 작은 원기둥의 부피를 빼서 구한다.

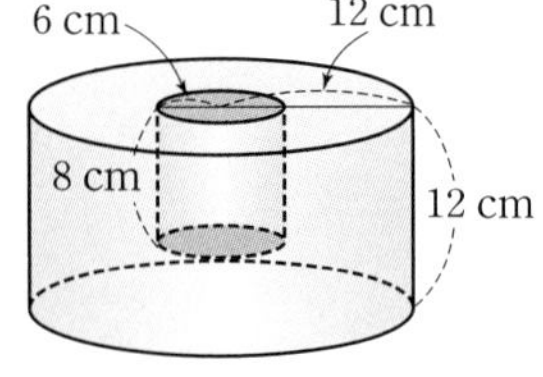

(큰 원기둥의 부피)$=\pi\times12^2\times12=1728\pi(\text{cm}^3)$

(작은 원기둥의 부피)$=\pi\times6^2\times8=288\pi(\text{cm}^3)$

$\therefore$ (부피)=(큰 원기둥의 부피)−(작은 원기둥의 부피)

$=1728\pi-288\pi=1440\pi(\text{cm}^3)$

14 답 높이, πr^2, πr^2h

12 밑면이 부채꼴인 기둥의 겉넓이

▸ p.145

01 답 $\frac{9}{2}\pi$ cm²

(밑넓이)$=\pi\times\boxed{3}^2\times\frac{180}{360}=\boxed{\frac{9}{2}}\pi(\text{cm}^2)$

02 답 $(30\pi+60)$ cm²

주어진 기둥의 전개도는 그림과 같다.

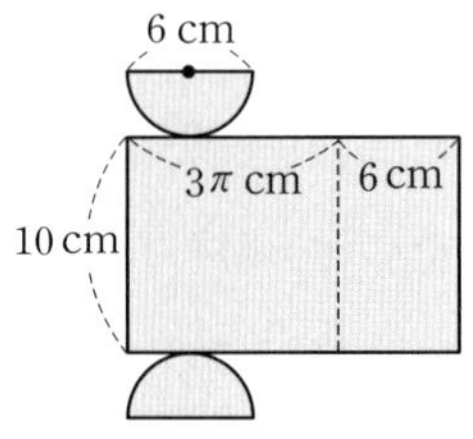

따라서 전개도에서 옆면인 직사각형의 가로의 길이는

$2\pi\times\boxed{3}\times\frac{180}{360}+\boxed{6}=\boxed{3}\pi+\boxed{6}(\text{cm})$이고

세로의 길이는 $\boxed{10}$ cm이므로

(옆넓이)$=(\boxed{3}\pi+\boxed{6})\times\boxed{10}=\boxed{30}\pi+\boxed{60}(\text{cm}^2)$

03 답 $(39\pi+60)$ cm²

(겉넓이)$=\boxed{\frac{9}{2}}\pi\times2+\boxed{30}\pi+\boxed{60}$

$=\boxed{39}\pi+\boxed{60}(\text{cm}^2)$

04 답 $(7\pi+24)$ cm²

(밑넓이)$=\pi\times3^2\times\frac{60}{360}=\frac{3}{2}\pi(\text{cm}^2)$

(옆넓이)$=\left(2\pi\times3\times\frac{60}{360}+3+3\right)\times4=4\pi+24(\text{cm}^2)$

$\therefore$ (겉넓이)$=\frac{3}{2}\pi\times2+4\pi+24=7\pi+24(\text{cm}^2)$

05 답 $(98\pi+96)$ cm²

(밑넓이)$=\pi\times6^2\times\frac{210}{360}=21\pi(\text{cm}^2)$

(옆넓이)$=\left(2\pi\times6\times\frac{210}{360}+6+6\right)\times8=56\pi+96(\text{cm}^2)$

$\therefore$ (겉넓이)$=21\pi\times2+56\pi+96=98\pi+96(\text{cm}^2)$

06 답 밑넓이, $\frac{x}{360}$, h

13 밑면이 부채꼴인 기둥의 부피

▸ p.146

01 답 60π cm³

(밑넓이)$=\pi\times\boxed{6}^2\times\frac{60}{360}=6\pi$(cm²)

∴ (부피)=(밑넓이)×(높이)

$=\boxed{6}\pi\times\boxed{10}=\boxed{60}\pi$(cm³)

02 답 189π cm³

(밑넓이)$=\pi\times6^2\times\frac{270}{360}=27\pi$(cm²)

∴ (부피)=(밑넓이)×(높이)$=27\pi\times7=189\pi$(cm³)

03 답 60π cm³

밑면인 부채꼴의 중심각의 크기가 $360^\circ-90^\circ=270^\circ$이므로

(밑넓이)$=\pi\times4^2\times\frac{270}{360}=12\pi$(cm²)

∴ (부피)=(밑넓이)×(높이)$=12\pi\times5=60\pi$(cm³)

04 답 240π cm³

밑면인 부채꼴의 중심각의 크기가 $360^\circ-60^\circ=300^\circ$이므로

(밑넓이)$=\pi\times6^2\times\frac{300}{360}=30\pi$(cm²)

∴ (부피)=(밑넓이)×(높이)$=30\pi\times8=240\pi$(cm³)

05 답 20π cm³

(밑넓이)$=\pi\times4^2\times\frac{45}{360}=2\pi$(cm²)

∴ (부피)=(밑넓이)×(높이)$=2\pi\times10=20\pi$(cm³)

06 답 27π cm³

(밑넓이)$=\pi\times3^2\times\frac{120}{360}=3\pi$(cm²)

∴ (부피)=(밑넓이)×(높이)$=3\pi\times9=27\pi$(cm³)

07 답 밑넓이, $\frac{x}{360}$

14 뿔의 겉넓이

▸ p.147~148

01 답 1) 100 cm² 2) 240 cm² 3) 340 cm²

주어진 사각뿔의 전개도는 그림과 같다.

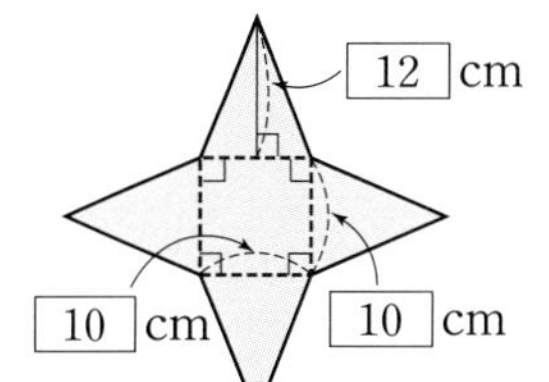

1) 정사각뿔의 밑면이 정사각형이므로

(밑넓이)$=\boxed{10}\times\boxed{10}=\boxed{100}$(cm²)

2) 정사각뿔의 옆면은 모두 합동인 삼각형이므로

(옆넓이)$=\left(\frac{1}{2}\times\boxed{10}\times\boxed{12}\right)\times4=\boxed{240}$(cm²)

3) (겉넓이)=(밑넓이)+(옆넓이)

$=\boxed{100}+\boxed{240}=\boxed{340}$(cm²)

02 답 39 cm²

(밑넓이)$=3\times3=9$(cm²)

(옆넓이)$=\left(\frac{1}{2}\times3\times5\right)\times4=30$(cm²)

∴ (겉넓이)=(밑넓이)+(옆넓이)$=9+30=39$(cm²)

03 답 125 cm²

(밑넓이)$=5\times5=25$(cm²)

(옆넓이)$=\left(\frac{1}{2}\times5\times10\right)\times4=100$(cm²)

∴ (겉넓이)=(밑넓이)+(옆넓이)$=25+100=125$(cm²)

04 답 80 cm²

(밑넓이)$=4\times4=16$(cm²)

(옆넓이)$=\left(\frac{1}{2}\times4\times8\right)\times4=64$(cm²)

∴ (겉넓이)=(밑넓이)+(옆넓이)$=16+64=80$(cm²)

05 답 1) 6π cm 2) 9π cm² 3) 15π cm² 4) 24π cm²

주어진 원뿔의 전개도는 그림과 같다.

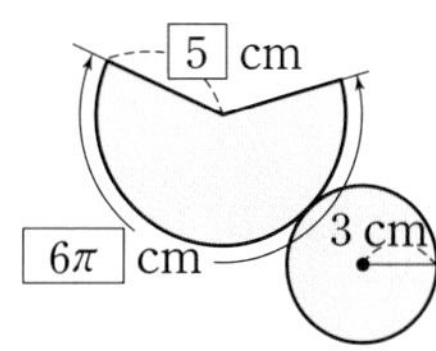

1) 옆면인 부채꼴의 호의 길이는 밑면인 원의 둘레의 길이와 같으므로

(부채꼴의 호의 길이)$=2\pi\times\boxed{3}=\boxed{6}\pi$(cm)

2) (밑넓이)$=\pi\times\boxed{3}^2=\boxed{9}\pi(\text{cm}^2)$

3) (옆넓이)$=\frac{1}{2}\times\boxed{5}\times\boxed{6}\pi=\boxed{15}\pi(\text{cm}^2)$

4) (겉넓이)=(밑넓이)+(옆넓이)

$=\boxed{9}\pi+\boxed{15}\pi=\boxed{24}\pi(\text{cm}^2)$

06 답 16π cm^2

(밑넓이)$=\pi\times2^2=4\pi(\text{cm}^2)$

(옆넓이)$=\frac{1}{2}\times6\times(2\pi\times2)=12\pi(\text{cm}^2)$

$\therefore$ (겉넓이)=(밑넓이)+(옆넓이)$=4\pi+12\pi=16\pi(\text{cm}^2)$

07 답 126π cm^2

(밑넓이)$=\pi\times6^2=36\pi(\text{cm}^2)$

(옆넓이)$=\frac{1}{2}\times15\times(2\pi\times6)=90\pi(\text{cm}^2)$

$\therefore$ (겉넓이)=(밑넓이)+(옆넓이)

$=36\pi+90\pi=126\pi(\text{cm}^2)$

08 답 65π cm^2

밑면의 반지름의 길이는 $\frac{1}{2}\times10=5(\text{cm})$이므로

(밑넓이)$=\pi\times5^2=25\pi(\text{cm}^2)$

(옆넓이)$=\frac{1}{2}\times8\times(2\pi\times5)=40\pi(\text{cm}^2)$

$\therefore$ (겉넓이)=(밑넓이)+(옆넓이)$=25\pi+40\pi=65\pi(\text{cm}^2)$

09 답 52π cm^2

(밑넓이)$=\pi\times4^2=16\pi(\text{cm}^2)$

(옆넓이)$=\frac{1}{2}\times9\times(2\pi\times4)=36\pi(\text{cm}^2)$

$\therefore$ (겉넓이)=(밑넓이)+(옆넓이)$=16\pi+36\pi=52\pi(\text{cm}^2)$

10 답 1, 밑넓이

15 뿔의 부피

▸ p.149~150

01 답 20 cm^3

(밑넓이)$=\frac{1}{2}\times\boxed{4}\times\boxed{6}=\boxed{12}(\text{cm}^2)$이고

높이는 $\boxed{5}$ cm이므로

(부피)$=\frac{1}{3}\times$(밑넓이)$\times$(높이)

$=\frac{1}{3}\times\boxed{12}\times\boxed{5}=\boxed{20}(\text{cm}^3)$

02 답 50 cm^3

(밑넓이)$=5\times5=25(\text{cm}^2)$이고 높이는 6 cm이므로

(부피)$=\frac{1}{3}\times$(밑넓이)$\times$(높이)$=\frac{1}{3}\times25\times6=50(\text{cm}^3)$

03 답 120 cm^3

(밑넓이)$=\frac{1}{2}\times6\times10=30(\text{cm}^2)$이고 높이는 12cm이므로

(부피)$=\frac{1}{3}\times$(밑넓이)$\times$(높이)$=\frac{1}{3}\times30\times12=120(\text{cm}^3)$

04 답 40 cm^3

(밑넓이)$=5\times4=20(\text{cm}^2)$이고 높이는 6 cm이므로

(부피)$=\frac{1}{3}\times$(밑넓이)$\times$(높이)$=\frac{1}{3}\times20\times6=40(\text{cm}^3)$

05 답 180 cm^3

(밑넓이)$=10\times6=60(\text{cm}^2)$이고 높이는 9 cm이므로

(부피)$=\frac{1}{3}\times$(밑넓이)$\times$(높이)$=\frac{1}{3}\times60\times9=180(\text{cm}^3)$

06 답 18π cm^3

(밑넓이)$=\pi\times\boxed{3}^2=\boxed{9}\pi(\text{cm}^2)$이고 높이는 $\boxed{6}$ cm이므로

(부피)$=\frac{1}{3}\times$(밑넓이)$\times$(높이)

$=\frac{1}{3}\times\boxed{9}\pi\times\boxed{6}=\boxed{18}\pi(\text{cm}^3)$

07 답 48π cm^3

(밑넓이)$=\pi\times4^2=16\pi(\text{cm}^2)$이고 높이는 9 cm이므로

(부피)$=\frac{1}{3}\times$(밑넓이)$\times$(높이)$=\frac{1}{3}\times16\pi\times9=48\pi(\text{cm}^3)$

08 답 12π cm^3

(밑넓이)$=\pi\times3^2=9\pi(\text{cm}^2)$이고 높이는 4 cm이므로

(부피)$=\frac{1}{3}\times$(밑넓이)$\times$(높이)$=\frac{1}{3}\times9\pi\times4=12\pi(\text{cm}^3)$

09 답 50π cm^3

(밑넓이)$=\pi\times5^2=25\pi(\text{cm}^2)$이고 높이는 6 cm이므로

(부피)$=\frac{1}{3}\times$(밑넓이)$\times$(높이)$=\frac{1}{3}\times25\pi\times6=50\pi(\text{cm}^3)$

10 답 80 cm^2

부피가 240 cm^3, 높이가 9 cm인 오각뿔의 밑면의 넓이를

S cm^{2}이라 하면

$\frac{1}{3}\times S\times9=240\qquad\therefore S=80$

따라서 오각뿔의 밑면의 넓이는 80 cm^{2}이다.

11 답 **12 cm**

부피가 384 cm^3, 높이가 8 cm인 정사각뿔의 밑면의 한 변의 길이를 x cm라 하면 (밑넓이)$=x\times x=x^2(cm^2)$이므로

$\frac{1}{3}\times x^2\times 8=384$, $x^2=144=12\times 12$ $\quad\therefore x=12$

따라서 정사각뿔의 밑면의 한 변의 길이는 12 cm이다.

12 답 **15 cm**

부피가 300π cm^3, 높이가 4 cm인 원뿔의 밑면의 반지름의 길이를 r cm라 하면 (밑넓이)$=\pi r^2(cm^2)$이므로

$\frac{1}{3}\times\pi r^2\times 4=300\pi$, $r^2=225=15\times 15$ $\quad\therefore r=15$

따라서 원뿔의 밑면의 반지름의 길이는 15 cm이다.

13 답 **8 cm**

부피가 96π cm^3, 밑면의 반지름의 길이가 6 cm인 원뿔의 높이를 h cm라 하면 (밑넓이)$=\pi\times 6^2=36\pi(cm^2)$이므로

$\frac{1}{3}\times 36\pi\times h=96\pi$ $\quad\therefore h=8$

따라서 원뿔의 높이는 8 cm이다.

14 답 **6 cm**

부피가 144π cm^3이고 높이와 밑면의 지름의 길이가 같은 원뿔의 반지름의 길이 r cm라 하면 지름의 길이와 높이는 모두 $2r$ cm이다.

이때, (밑넓이)$=\pi r^2(cm^2)$이므로

$\frac{1}{3}\times\pi r^2\times 2r=144\pi$, $r^3=216=6\times 6\times 6$ $\quad\therefore r=6$

따라서 원뿔의 반지름의 길이는 6 cm이다.

15 답 $\frac{1}{3}$, $\frac{1}{3}$, $\frac{1}{3}Sh$

16 뿔대의 겉넓이

▸ p.151~152

01 답 1) **45 cm^2** 2) **72 cm^2** 3) **117 cm^2**

주어진 각뿔대의 전개도는 그림과 같다.

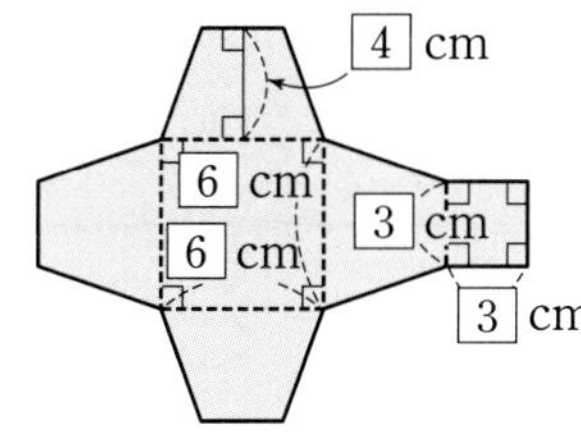

1) 두 밑면이 모두 정사각형이므로

(두 밑넓이의 합)

$=\boxed{3}\times\boxed{3}+\boxed{6}\times\boxed{6}=\boxed{45}(cm^2)$

2) 옆면은 모두 합동인 사다리꼴이므로

(옆넓이)$=\left\{\frac{1}{2}\times(\boxed{3}+\boxed{6})\times\boxed{4}\right\}\times 4=\boxed{72}(cm^2)$

3) (겉넓이)=(두 밑넓이의 합)+(옆넓이)

$=\boxed{45}+\boxed{72}=\boxed{117}(cm^2)$

02 답 **224 cm^2**

두 밑면이 모두 정사각형이므로

(두 밑넓이의 합)$=8\times 8+4\times 4=80(cm^2)$

옆면은 모두 합동인 사다리꼴이므로

(옆넓이)$=\left\{\frac{1}{2}\times(8+4)\times 6\right\}\times 4=144(cm^2)$

$\therefore$ (겉넓이)=(두 밑넓이의 합)+(옆넓이)

$=80+144=224(cm^2)$

03 답 **256 cm^2**

두 밑면이 모두 정사각형이므로

(두 밑넓이의 합)$=10\times 10+4\times 4=116(cm^2)$

옆면은 모두 합동인 사다리꼴이므로

(옆넓이)$=\left\{\frac{1}{2}\times(10+4)\times 5\right\}\times 4=140(cm^2)$

$\therefore$ (겉넓이)=(두 밑넓이의 합)+(옆넓이)

$=116+140=256(cm^2)$

04 답 **320 cm^2**

두 밑면이 모두 정사각형이므로

(두 밑넓이의 합)$=10\times 10+5\times 5=125(cm^2)$

옆면은 모두 합동인 사다리꼴이므로

(옆넓이)$=\left\{\frac{1}{2}\times(10+5)\times\frac{13}{2}\right\}\times 4=195(cm^2)$

$\therefore$ (겉넓이)=(두 밑넓이의 합)+(옆넓이)

$=125+195=320(cm^2)$

05 답 1) **5π cm^2** 2) **4π cm, 2π cm** 3) **12π cm^2** 4) **17π cm^2**

주어진 원뿔대의 전개도는 그림과 같다.

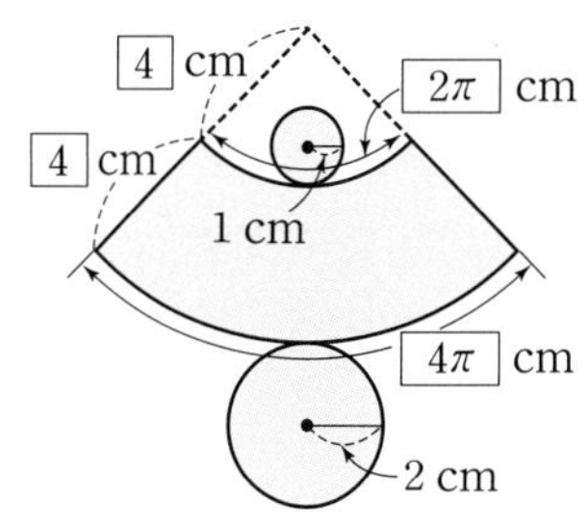

1) (두 밑넓이의 합)$=\pi\times\boxed{1}^2+\pi\times\boxed{2}^2$

$=\boxed{5}\pi(\text{cm}^2)$

2) (큰 부채꼴의 호의 길이)$=2\pi\times\boxed{2}=\boxed{4}\pi(\text{cm})$

(작은 부채꼴의 호의 길이)$=2\pi\times\boxed{1}=\boxed{2}\pi(\text{cm})$

3) 옆넓이는 큰 부채꼴의 넓이에서 작은 부채꼴의 넓이를 빼면 되므로

(옆넓이)$=\frac{1}{2}\times\boxed{8}\times\boxed{4}\pi-\frac{1}{2}\times\boxed{4}\times\boxed{2}\pi$

$=\boxed{12}\pi(\text{cm}^2)$

4) (겉넓이)=(두 밑넓이의 합)+(옆넓이)

$=\boxed{5}\pi+\boxed{12}\pi=\boxed{17}\pi(\text{cm}^2)$

06 답 56π cm^2

(두 밑넓이의 합)$=\pi\times4^2+\pi\times2^2=20\pi(\text{cm}^2)$

(옆넓이)$=\frac{1}{2}\times12\times(2\pi\times4)-\frac{1}{2}\times6\times(2\pi\times2)$

$=36\pi(\text{cm}^2)$

∴ (겉넓이)=(두 밑넓이의 합)+(옆넓이)

$=20\pi+36\pi=56\pi(\text{cm}^2)$

07 답 90π cm^2

(두 밑넓이의 합)$=\pi\times6^2+\pi\times3^2=45\pi(\text{cm}^2)$

(옆넓이)$=\frac{1}{2}\times10\times(2\pi\times6)-\frac{1}{2}\times5\times(2\pi\times3)$

$=45\pi(\text{cm}^2)$

∴ (겉넓이)=(두 밑넓이의 합)+(옆넓이)

$=45\pi+45\pi=90\pi(\text{cm}^2)$

08 답 210π cm^2

(두 밑넓이의 합)$=\pi\times9^2+\pi\times3^2=90\pi(\text{cm}^2)$

(옆넓이)$=\frac{1}{2}\times15\times(2\pi\times9)-\frac{1}{2}\times5\times(2\pi\times3)$

$=120\pi(\text{cm}^2)$

∴ (겉넓이)=(두 밑넓이의 합)+(옆넓이)

$=90\pi+120\pi=210\pi(\text{cm}^2)$

09 답 33π cm^2

(두 밑넓이의 합)$=\pi\times3^2+\pi\times2^2=13\pi(\text{cm}^2)$

(옆넓이)$=\frac{1}{2}\times12\times(2\pi\times3)-\frac{1}{2}\times8\times(2\pi\times2)$

$=20\pi(\text{cm}^2)$

∴ (겉넓이)=(두 밑넓이의 합)+(옆넓이)

$=13\pi+20\pi=33\pi(\text{cm}^2)$

10 답 두 밑넓이의 합

17 뿔대의 부피

▸ p.153~154

01 답 48 cm^3

(큰 사각뿔의 부피)$=\frac{1}{\boxed{3}}\times(6\times6)\times\boxed{4}=\boxed{48}(\text{cm}^3)$

02 답 6 cm^3

(작은 사각뿔의 부피)$=\frac{1}{\boxed{3}}\times(3\times3)\times\boxed{2}=\boxed{6}(\text{cm}^3)$

03 답 42 cm^3

(사각뿔대의 부피)

=(큰 사각뿔의 부피)−(작은 사각뿔의 부피)

$=\boxed{48}-\boxed{6}=\boxed{42}(\text{cm}^3)$

04 답 56 cm^3

(큰 사각뿔의 부피)$=\frac{1}{3}\times(4\times6)\times8=64(\text{cm}^3)$

(작은 사각뿔의 부피)$=\frac{1}{3}\times(2\times3)\times4=8(\text{cm}^3)$

∴ (사각뿔대의 부피)

=(큰 사각뿔의 부피)−(작은 사각뿔의 부피)

$=64-8=56(\text{cm}^3)$

05 답 312 cm^3

(큰 사각뿔의 부피)$=\frac{1}{3}\times(10\times10)\times10=\frac{1000}{3}(\text{cm}^3)$

(작은 사각뿔의 부피)$=\frac{1}{3}\times(4\times4)\times4=\frac{64}{3}(\text{cm}^3)$

∴ (사각뿔대의 부피)

=(큰 사각뿔의 부피)−(작은 사각뿔의 부피)

$=\frac{1000}{3}-\frac{64}{3}=312(\text{cm}^3)$

06 답 420 cm^3

(큰 삼각뿔의 부피)$=\frac{1}{3}\times\left(\frac{1}{2}\times12\times12\right)\times20=480(\text{cm}^3)$

(작은 삼각뿔의 부피)$=\frac{1}{3}\times\left(\frac{1}{2}\times6\times6\right)\times10=60(\text{cm}^3)$

∴ (삼각뿔대의 부피)

=(큰 삼각뿔의 부피)−(작은 삼각뿔의 부피)

$=480-60=420(\text{cm}^3)$

07 답 120π cm^3

(큰 원뿔의 부피)

$=\frac{1}{3}\times(\pi\times\boxed{6}^2)\times\boxed{10}=\boxed{120}\pi(\text{cm}^3)$

08 답 **15π cm³**

(작은 원뿔의 부피)

$=\frac{1}{\boxed{3}}\times(\pi\times\boxed{3}^2)\times\boxed{5}=\boxed{15}\pi(\text{cm}^3)$

09 답 **105π cm³**

(원뿔대의 부피)

=(큰 원뿔의 부피)−(작은 원뿔의 부피)

$=\boxed{120}\pi-\boxed{15}\pi=\boxed{105}\pi(\text{cm}^3)$

10 답 **312π cm³**

(큰 원뿔의 부피)$=\frac{1}{3}\times(\pi\times9^2)\times12=324\pi(\text{cm}^3)$

(작은 원뿔의 부피)$=\frac{1}{3}\times(\pi\times3^2)\times4=12\pi(\text{cm}^3)$

∴ (원뿔대의 부피)

=(큰 원뿔의 부피)−(작은 원뿔의 부피)

$=324\pi-12\pi=312\pi(\text{cm}^3)$

11 답 **104π cm³**

(큰 원뿔의 부피)$=\frac{1}{3}\times(\pi\times6^2)\times9=108\pi(\text{cm}^3)$

(작은 원뿔의 부피)$=\frac{1}{3}\times(\pi\times2^2)\times3=4\pi(\text{cm}^3)$

∴ (원뿔대의 부피)

=(큰 원뿔의 부피)−(작은 원뿔의 부피)

$=108\pi-4\pi=104\pi(\text{cm}^3)$

12 답 **252π cm³**

(큰 원뿔의 부피)$=\frac{1}{3}\times(\pi\times8^2)\times12=256\pi(\text{cm}^3)$

(작은 원뿔의 부피)$=\frac{1}{3}\times(\pi\times2^2)\times3=4\pi(\text{cm}^3)$

∴ (원뿔대의 부피)

=(큰 원뿔의 부피)−(작은 원뿔의 부피)

$=256\pi-4\pi=252\pi(\text{cm}^3)$

13 답 **$\frac{52}{3}\pi$ cm³**

(큰 원뿔의 부피)$=\frac{1}{3}\times(\pi\times3^2)\times6=18\pi(\text{cm}^3)$

(작은 원뿔의 부피)$=\frac{1}{3}\times(\pi\times1^2)\times2=\frac{2}{3}\pi(\text{cm}^3)$

∴ (원뿔대의 부피)

=(큰 원뿔의 부피)−(작은 원뿔의 부피)

$=18\pi-\frac{2}{3}\pi=\frac{52}{3}\pi(\text{cm}^3)$

14 답 **56π cm³**

(큰 원뿔의 부피)$=\frac{1}{3}\times(\pi\times4^2)\times12=64\pi(\text{cm}^3)$

(작은 원뿔의 부피)$=\frac{1}{3}\times(\pi\times2^2)\times6=8\pi(\text{cm}^3)$

∴ (원뿔대의 부피)

=(큰 원뿔의 부피)−(작은 원뿔의 부피)

$=64\pi-8\pi=56\pi(\text{cm}^3)$

15 답 **큰 뿔의 부피**

18 구의 겉넓이

▸ p.155~156

01 답 **144π cm²**

구의 반지름의 길이가 $\boxed{6}$ cm이므로

(겉넓이)$=4\pi\times\boxed{6}^2=\boxed{144}\pi(\text{cm}^2)$

02 답 **100π cm²**

구의 반지름의 길이가 5 cm이므로

(겉넓이)$=4\pi\times5^2=100\pi(\text{cm}^2)$

03 답 **400π cm²**

구의 반지름의 길이가 10 cm이므로

(겉넓이)$=4\pi\times10^2=400\pi(\text{cm}^2)$

04 답 **256π cm²**

구의 반지름의 길이가 8 cm이므로

(겉넓이)$=4\pi\times8^2=256\pi(\text{cm}^2)$

05 답 **64π cm²**

구의 반지름의 길이가 $\frac{1}{2}\times8=4(\text{cm})$이므로

(겉넓이)$=4\pi\times4^2=64\pi(\text{cm}^2)$

06 답 **196π cm²**

구의 반지름의 길이가 $\frac{1}{2}\times14=7(\text{cm})$이므로

(겉넓이)$=4\pi\times7^2=196\pi(\text{cm}^2)$

07 답 **324π cm²**

구의 반지름의 길이가 $\frac{1}{2}\times18=9(\text{cm})$이므로

(겉넓이)$=4\pi\times9^2=324\pi(\text{cm}^2)$

08 답 **36π cm²**

$\boxed{4}\pi\times\boxed{3}^2=\boxed{36}\pi(\text{cm}^2)$

09 답 9π **cm²**

$\pi\times\boxed{3}^2=\boxed{9}\pi(\text{cm}^2)$

10 답 27π **cm²**

(겉넓이)$=\frac{1}{2}\times$(구의 겉넓이)$+$(단면인 원의 넓이)

$=\frac{1}{2}\times\boxed{36}\pi+\boxed{9}\pi=\boxed{27}\pi(\text{cm}^2)$

11 답 108π **cm²**

(겉넓이)$=\frac{1}{2}\times$(구의 겉넓이)$+$(단면인 원의 넓이)

$=\frac{1}{2}\times(4\pi\times6^2)+\pi\times6^2=108\pi(\text{cm}^2)$

12 답 48π **cm²**

반구의 반지름의 길이가 $\frac{1}{2}\times8=4(\text{cm})$이므로

(겉넓이)$=\frac{1}{2}\times$(구의 겉넓이)$+$(단면인 원의 넓이)

$=\frac{1}{2}\times(4\pi\times4^2)+\pi\times4^2=48\pi(\text{cm}^2)$

13 답 16π **cm²**

$4\pi\times2^2=16\pi(\text{cm}^2)$

14 답 π **cm²**

$\pi\times2^2\times\frac{90}{360}=\pi(\text{cm}^2)$

15 답 17π **cm²**

이 입체도형은 반지름의 길이가 2 cm인 구의 $\frac{1}{8}$을 잘라내고 남은 것이므로

(겉넓이)$=\frac{7}{8}\times\boxed{16}\pi+\boxed{\pi}\times3=\boxed{17}\pi(\text{cm}^2)$

16 답 50π **cm²**

반지름의 길이가 5 cm인 구의 겉넓이는

$4\pi\times5^2=100\pi(\text{cm}^2)$

반지름의 길이가 5 cm인 반원의 넓이는

$\frac{1}{2}\times\pi\times5^2=\frac{25}{2}\pi(\text{cm}^2)$

$\therefore$ (겉넓이)$=\frac{1}{4}\times$(구의 겉넓이)$+2\times$(반원의 넓이)

$=\frac{1}{4}\times100\pi+2\times\frac{25}{2}\pi=50\pi(\text{cm}^2)$

17 답 $2r$, $2r$, $4\pi r^2$

19 구의 부피

▸ p.157~158

01 답 $\frac{500}{3}\pi$ **cm³**

구의 반지름의 길이가 5 cm이므로

(부피)$=\frac{4}{3}\pi\times\boxed{5}^3=\boxed{\frac{500}{3}}\pi(\text{cm}^3)$

02 답 36π **cm³**

(부피)$=\frac{4}{3}\pi\times3^3=36\pi(\text{cm}^3)$

03 답 $\frac{256}{3}\pi$ **cm³**

(부피)$=\frac{4}{3}\pi\times4^3=\frac{256}{3}\pi(\text{cm}^3)$

04 답 144π **cm³**

(부피)$=\frac{1}{2}\times\left(\frac{4}{3}\pi\times6^3\right)=144\pi(\text{cm}^3)$

05 답 27π **cm³**

(부피)$=\frac{3}{4}\times\left(\frac{4}{3}\pi\times3^3\right)=27\pi(\text{cm}^3)$

06 답 $\frac{28}{3}\pi$ **cm³**

(부피)$=\frac{7}{8}\times\left(\frac{4}{3}\pi\times2^3\right)=\frac{28}{3}\pi(\text{cm}^3)$

07 답 45π **cm³**

주어진 입체도형의 부피는 반지름의 길이가 $\boxed{3}$ cm인 반구의 부피와 밑면인 원의 반지름의 길이가 $\boxed{3}$ cm이고 높이가 $\boxed{3}$ cm인 원기둥의 부피의 합과 같으므로

(부피)$=\frac{1}{2}\times\left(\frac{4}{3}\pi\times\boxed{3}^3\right)+(\pi\times\boxed{3}^2)\times\boxed{3}$

$=18\pi+27\pi=\boxed{45}\pi(\text{cm}^3)$

08 답 30π **cm³**

(부피)$=$(반구의 부피)$+$(원뿔의 부피)

$=\frac{1}{\boxed{2}}\times\left(\frac{4}{3}\pi\times\boxed{3}^3\right)+\frac{1}{\boxed{3}}\times(\pi\times3^2)\times\boxed{4}$

$=18\pi+12\pi=\boxed{30}\pi(\text{cm}^3)$

09 답 126π **cm³**

(부피)$=$(반구의 부피)$\times2+$(원기둥의 부피)

$=\left\{\frac{1}{2}\times\left(\frac{4}{3}\pi\times3^3\right)\right\}\times2+(\pi\times3^2)\times10$

$=36\pi+90\pi=126\pi(\text{cm}^3)$

10 답 18π cm^3

밑면인 원의 반지름의 길이가 3 cm, 높이가 6 cm인 원뿔이므로

(원뿔의 부피)$=\frac{1}{3}\times(\pi\times3^2)\times6=18\pi$(cm^3)

11 답 36π cm^3

반지름의 길이가 3 cm인 구이므로

(구의 부피)$=\frac{4}{3}\pi\times3^3=36\pi$(cm^3)

12 답 54π cm^3

밑면인 원의 반지름의 길이가 3 cm, 높이가 6 cm인 원기둥이므로

(원기둥의 부피)$=(\pi\times3^2)\times6=54\pi$(cm^3)

13 답 $1:2:3$

(원뿔의 부피) : (구의 부피) : (원기둥의 부피)

$=18\pi:36\pi:54\pi$

$=1:2:3$

14 답 $\frac{4}{3}\pi r^3$

단원 마무리 평가 [08~19]

▸문제편 p.159~161

01 답 540 cm^2

(밑넓이)$=\frac{1}{2}\times12\times9=54$(cm^2)

(옆넓이)$=(9+12+15)\times12=432$(cm^2)

$\therefore$ (겉넓이)$=54\times2+432=540$(cm^2)

02 답 ①

잘라낸 부분의 단면을 그림과 같이 이동하여 생각하면 주어진 입체도형의 겉넓이는 잘라내기 전의 직육면체의 겉넓이와 같다.

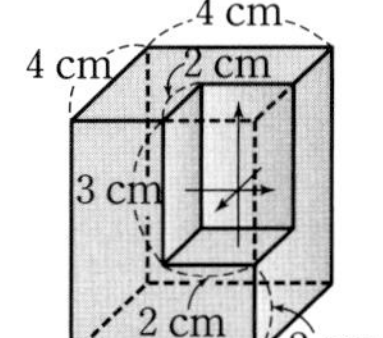

$\therefore$ (겉넓이)

$=(4\times4)\times2+(4+4+4+4)\times5$

$=32+80=112$(cm^2)

03 답 60 cm^3

(부피)$=\left\{\frac{1}{2}\times(4+8)\times2\right\}\times5=60$(cm^3)

04 답 ⑤

삼각기둥의 밑넓이를 x cm^{2}라 하면 부피가 60 cm^{3}이므로

$x\times3=60$에서 $x=20$

따라서 삼각기둥의 밑넓이는 20 cm^{2}이다.

05 답 ③

(밑넓이)$=\pi\times4^2=16\pi$(cm^2)

(옆넓이)$=(2\pi\times4)\times7=56\pi$(cm^2)

$\therefore$ (겉넓이)$=16\pi\times2+56\pi=88\pi$(cm^2)

(부피)$=16\pi\times7=112\pi$(cm^3)

따라서 $a=88$, $b=112$이므로

$a+b=88+112=200$

06 답 ④

(밑넓이)$=\pi\times9^2\times\frac{120}{360}=27\pi$(cm^2)

(옆넓이)$=\left(2\pi\times9\times\frac{120}{360}+9+9\right)\times7$

$=(6\pi+18)\times7=42\pi+126$(cm^2)

$\therefore$ (겉넓이)$=27\pi\times2+42\pi+126$

$=96\pi+126$(cm^2)

07 답 160π cm^3

(밑넓이)$=\pi\times5^2-\pi\times3^2=16\pi$(cm^2)

$\therefore$ (부피)$=16\pi\times10=160\pi$(cm^3)

[다른 풀이]

(부피)=(큰 원기둥의 부피)−(작은 원기둥의 부피)

$=(\pi\times5^2)\times10-(\pi\times3^2)\times10$

$=250\pi-90\pi$

$=160\pi$(cm^3)

08 답 ①

(밑넓이)$=\pi\times3^2\times\frac{270}{360}=\frac{27}{4}\pi$(cm^2)

$\therefore$ (부피)$=\frac{27}{4}\pi\times8=54\pi$(cm^3)

09 답 ②

(밑넓이)$=6\times6=36$(cm^2)

(옆넓이)$=\left(\frac{1}{2}\times6\times8\right)\times4=96$(cm^2)

$\therefore$ (겉넓이)$=36+96=132$(cm^2)

10 답 ①

전개도에서 밑면의 둘레의 길이와 옆면인 부채꼴의 호의 길이가 같으므로 밑면의 반지름의 길이를 r cm라 하면

$2\pi r = 2\pi \times 6 \times \frac{150}{360}$에서 $r = \frac{5}{2}$

(밑넓이)$= \pi \times \left(\frac{5}{2}\right)^2 = \frac{25}{4}\pi(\text{cm}^2)$

(옆넓이)$= \pi \times 6^2 \times \frac{150}{360} = 15\pi(\text{cm}^2)$

$\therefore$ (겉넓이)$= \frac{25}{4}\pi + 15\pi = \frac{85}{4}\pi(\text{cm}^2)$

11 답 ②

부피가 50 cm^3인 정사각뿔의 높이를 h cm라 하면

(밑넓이)$= 5 \times 5 = 25(\text{cm}^2)$이므로

$\frac{1}{3} \times 25 \times h = 50 \qquad \therefore h = 6$

따라서 주어진 정사각뿔의 높이는 6 cm이다.

12 답 $100\pi\text{ cm}^3$

밑면인 원의 반지름의 길이를 r cm라 하면

(옆넓이)$= \frac{1}{2} \times 13 \times 2\pi r = 65\pi$

$13r = 65 \qquad \therefore r = 5$

$\therefore$ (부피)$= \frac{1}{3} \times (\pi \times 5^2) \times 12 = 100\pi(\text{cm}^3)$

13 답 ③

(원뿔의 밑넓이)$= \pi \times 4^2 = 16\pi(\text{cm}^2)$이므로

(원뿔의 부피)$= \frac{1}{3} \times 16\pi \times 6 = 32\pi(\text{cm}^3)$

(원기둥의 밑넓이)$= \pi \times 2^2 = 4\pi(\text{cm}^2)$이므로 높이를 h cm라 하면 (원기둥의 부피)$= 4\pi \times h = 4\pi h(\text{cm}^3)$

이때, 원뿔의 부피와 원기둥의 부피가 서로 같으므로

$32\pi = 4\pi h$에서 $h = 8$

따라서 원기둥의 높이는 8 cm이다.

14 답 ③

그릇에 담겨진 물의 모양은 삼각뿔이다.

삼각뿔의 높이를 10 cm라 하면

(밑넓이)$= \frac{1}{2} \times 6 \times 8 = 24(\text{cm}^2)$이므로

(물의 부피)$= \frac{1}{3} \times 24 \times 10 = 80(\text{cm}^3)$

15 답 ③

(두 밑넓이의 합)$= \pi \times 8^2 + \pi \times 4^2 = 80\pi(\text{cm}^2)$

(옆넓이)$= \frac{1}{2} \times 10 \times (2\pi \times 8) - \frac{1}{2} \times 5 \times (2\pi \times 4) = 60\pi(\text{cm}^2)$

$\therefore$ (겉넓이)$= 80\pi + 60\pi = 140\pi(\text{cm}^2)$

16 답 ④

(부피)$= \frac{1}{3} \times (6 \times 4) \times 8 - \frac{1}{3} \times (3 \times 2) \times 4$

$= 64 - 8 = 56(\text{cm}^3)$

17 답 ②

반지름의 길이가 4 cm, 2 cm인 구의 겉넓이는 각각

$4\pi \times 4^2 = 64\pi(\text{cm}^2)$, $4\pi \times 2^2 = 16\pi(\text{cm}^2)$이다.

따라서 반지름의 길이가 4 cm인 구의 겉넓이는 반지름의 길이가 2 cm인 구의 겉넓이의 $64\pi \div 16\pi = 4$(배)이다.

18 답 ⑤

반지름의 길이가 6 cm인 구의 겉넓이는

$4\pi \times 6^2 = 144\pi(\text{cm}^2)$

반지름의 길이가 6 cm인 원의 넓이는

$\pi \times 6^2 = 36\pi(\text{cm}^2)$

따라서 반지름의 길이가 6 cm인 반구의 겉넓이는

$\frac{1}{2} \times 144\pi + 36\pi = 108\pi(\text{cm}^2)$

19 답 ①

(겉넓이)$= 4\pi \times 3^2 = 36\pi(\text{cm}^2) \qquad \therefore a = 36$

(부피)$= \frac{4}{3}\pi \times 3^3 = 36\pi(\text{cm}^3) \qquad \therefore b = 36$

$\therefore a + b = 36 + 36 = 72$

20 답 ②

주어진 평면도형을 직선 l을 회전축으로 하여 1회전 시킬 때 생기는 입체도형의 부피는 원뿔의 부피에서 반구의 부피를 빼서 구하면 된다.

$\therefore$ (부피)$= \frac{1}{3} \times \pi \times 6^2 \times 6 - \frac{1}{2} \times \left(\frac{4}{3}\pi \times 3^3\right)$

$= 72\pi - 18\pi = 54\pi(\text{cm}^3)$

Ⅳ-1 대푯값

01 대푯값 — 평균 ▸ p.166~168

01 답 2

변량이 1, 2, 3으로 3개이므로

(평균)$= \frac{(\text{변량의 총합})}{(\text{변량의 개수})}$

$= \frac{1 + \boxed{2} + 3}{3} = \frac{\boxed{6}}{3} = \boxed{2}$

02 답 55

변량이 20, 60, 40, 100으로 4개이므로

$$(\text{평균})=\frac{(\text{변량의 총합})}{(\text{변량의 개수})}=\frac{20+60+\boxed{40}+100}{\boxed{4}}=\frac{220}{4}=\boxed{55}$$

03 답 9

변량이 6개이므로

$$(\text{평균})=\frac{4+8+8+8+12+14}{6}=\frac{54}{6}=9$$

04 답 40

변량이 7개이므로

$$(\text{평균})=\frac{10+20+30+40+50+60+70}{7}=\frac{280}{7}=40$$

05 답 5

변량이 7개이므로

$$(\text{평균})=\frac{8+2+4+7+7+6+1}{7}=\frac{35}{7}=5$$

06 답 6

변량이 8개이므로

$$(\text{평균})=\frac{3+4+6+7+4+8+6+10}{8}=\frac{48}{8}=6$$

07 답 5

변량이 10개이므로

$$(\text{평균})=\frac{2+3+5+4+10+7+9+3+2+5}{10}=\frac{50}{10}=5$$

08 답 9

변량이 4개이고, 평균이 6이므로

$(\text{평균})=\frac{(\text{변량의 총합})}{(\text{변량의 개수})}$에서 $\boxed{6}=\frac{4+5+6+x}{4}$

$15+x=\boxed{24}$ $\quad\therefore x=\boxed{9}$

09 답 80

변량이 $\boxed{4}$개이고, 평균이 65이므로

$(\text{평균})=\frac{(\text{변량의 총합})}{(\text{변량의 개수})}$에서 $65=\frac{30+90+x+60}{\boxed{4}}$

$180+x=\boxed{260}$ $\quad\therefore x=\boxed{80}$

10 답 6

변량이 5개이고, 평균이 5이므로

$$5=\frac{7+3+x+4+5}{5}$$

$19+x=25$ $\quad\therefore x=6$

11 답 54

변량이 4개이고, 평균이 57이므로

$$57=\frac{61+x+57+56}{4}$$

$174+x=228$ $\quad\therefore x=54$

12 답 74

변량이 5개이고, 평균이 80이므로

$$80=\frac{76+80+82+88+x}{5}$$

$326+x=400$ $\quad\therefore x=74$

13 답 85

변량이 5개이고, 평균이 90이므로

$$90=\frac{86+90+92+x+97}{5}$$

$365+x=450$ $\quad\therefore x=85$

14 답 18

변량이 5개이고, 평균이 20이므로

$$20=\frac{16+22+19+25+x}{5}$$

$82+x=100$ $\quad\therefore x=18$

15 답 9

변량이 6개이고, 평균이 7이므로

$$7=\frac{x+3+9+7+8+6}{6}$$

$33+x=42$ $\quad\therefore x=9$

16 답 23

변량이 6개이고 평균이 21이므로

$$21=\frac{18+19+21+x+24+21}{6}$$

$103+x=126$ $\quad\therefore x=23$

17 답 4

변량이 8개이고 평균이 4이므로

$$4=\frac{8+x+5+3+4+3+2+3}{8}$$

$28+x=32$ $\quad\therefore x=4$

18 답 2

a, b의 평균이 2이므로

$\frac{a+b}{\boxed{2}}=2 \qquad \therefore a+b=\boxed{4}$

따라서 2, a, b의 평균은

$\frac{2+a+b}{3}=\frac{2+\boxed{4}}{3}=\frac{\boxed{6}}{3}=\boxed{2}$

19 답 4

$a+b=4$이므로

(평균)$=\frac{a+5+b+7}{4}=\frac{4+12}{4}=\frac{16}{4}=4$

20 답 8

$a+b=4$이므로

(평균)$=\frac{(3a+2)+(3b+2)}{2}=\frac{3(a+b)+\boxed{4}}{2}$

$=\frac{3\times\boxed{4}+\boxed{4}}{2}=\frac{\boxed{16}}{2}=\boxed{8}$

21 답 13

$a+b=4$이므로

(평균)$=\frac{(2a+3b)+(5a+4)+(2b+3)+(a+3b+13)}{4}$

$=\frac{8a+8b+20}{4}=\frac{8(a+b)+20}{4}=\frac{8\times4+20}{4}$

$=\frac{52}{4}=13$

22 답 4

x, y, z의 평균이 4이므로

$\frac{x+y+z}{\boxed{3}}=4$

$\therefore x+y+z=\boxed{12}$

따라서 2, x, y, z, 6의 평균은

$\frac{2+x+y+z+6}{5}=\frac{8+\boxed{12}}{5}=\frac{\boxed{20}}{5}=\boxed{4}$

23 답 6

$x+y+z=12$이므로

(평균)$=\frac{x+y+z+8+4+12}{6}$

$=\frac{12+24}{6}=\frac{36}{6}=6$

24 답 13

$x+y+z=12$이므로

(평균)$=\frac{(2x+5)+(2y+7)+(2z+3)}{3}$

$=\frac{2x+2y+2z+15}{3}=\frac{2(x+y+z)+15}{3}$

$=\frac{2\times12+15}{3}=\frac{39}{3}=13$

25 답 17

$x+y+z=12$이므로

(변량의 총합)

$=(x+1)+(x+2y+5)+(2x+y+2z)$

$+(2x+3y+4z+7)+8+9$

$=6x+6y+6z+30=6(x+y+z)+30=6\times12+30$

$=102$

$\therefore$ (평균)$=\frac{102}{6}=17$

26 답 평균, 평균

02 대푯값 — 중앙값

▸ p.169~170

01 답 4

변량을 작은 값부터 크기순으로 나열하면 1, 3, $\boxed{4}$, 5, 6이고 변량의 개수가 5로 홀수이므로

중앙값은 $\frac{5+1}{2}=3$번째에 있는 $\boxed{4}$이다.

02 답 60

변량을 작은 값부터 크기순으로 나열하면 20, $\boxed{40}$, $\boxed{60}$, $\boxed{90}$, 100이고 변량의 개수가 5로 홀수이므로

중앙값은 $\frac{5+1}{2}=3$번째에 있는 $\boxed{60}$이다.

03 답 8

변량을 작은 값부터 크기순으로 나열하면 4, 8, 8, 12, 14이고 변량의 개수가 5로 홀수이므로

중앙값은 $\frac{5+1}{2}=3$번째에 있는 8이다.

04 답 4

변량을 작은 값부터 크기순으로 나열하면 1, 2, 2, 4, 6, 6, 7이고 변량의 개수가 7로 홀수이므로

중앙값은 $\frac{7+1}{2}=4$번째에 있는 4이다.

05 답 4

변량을 작은 값부터 크기순으로 나열하면 1, 3, 3, 4, 4, 5, 6이고 변량의 개수가 7로 홀수이므로

중앙값은 $\frac{7+1}{2}=4$번째에 있는 4이다.

06 답 55

변량을 작은 값부터 크기순으로 나열하면 35, 40, 55, 55, 60, 60, 70이고 변량의 개수가 7로 홀수이므로

중앙값은 $\frac{7+1}{2}=4$번째에 있는 55이다.

07 답 6

변량을 작은 값부터 크기순으로 나열하면 3, 4, 4, 5, 6, 6, 7, 7, 8이고 변량의 개수가 9로 홀수이므로

중앙값은 $\frac{9+1}{2}=5$번째에 있는 6이다.

08 답 3

변량을 작은 값부터 크기순으로 나열하면 1, 1, 2, 4, 5, 6이고 변량의 개수가 6으로 짝수이므로 중앙값은 $\frac{6}{2}=3$번째와 $\frac{6}{2}+1=4$번째에 있는 2, 4의 평균인 $\frac{2+4}{2}=\boxed{3}$이다.

09 답 50

변량을 작은 값부터 크기순으로 나열하면 20, 40, $\boxed{60}$, 90이고 변량의 개수가 4로 짝수이므로 중앙값은 $\frac{4}{2}=2$번째와 $\frac{4}{2}+1=3$번째에 있는 40, $\boxed{60}$의 평균인

$\frac{40+\boxed{60}}{2}=\boxed{50}$이다.

10 답 5500

변량을 작은 값부터 크기순으로 나열하면 3000, 5000, 6000, 8000이고 변량의 개수가 4로 짝수이므로

중앙값은 $\frac{4}{2}=2$번째와 $\frac{4}{2}+1=3$번째에 있는 5000, 6000의 평균인 $\frac{5000+6000}{2}=5500$이다.

11 답 5

변량을 작은 값부터 크기순으로 나열하면 2, 3, 4, 6, 8, 9이고 변량의 개수가 6으로 짝수이므로 중앙값은 $\frac{6}{2}=3$번째와 $\frac{6}{2}+1=4$번째에 있는 4, 6의 평균인 $\frac{4+6}{2}=5$이다.

12 답 $\frac{35}{2}$

변량을 작은 값부터 크기순으로 나열하면 14, 16, 17, 18, 18, 20이고 변량의 개수가 6으로 짝수이므로 중앙값은 $\frac{6}{2}=3$번째와 $\frac{6}{2}+1=4$번째에 있는 17, 18의 평균인 $\frac{17+18}{2}=\frac{35}{2}$이다.

13 답 8

변량을 작은 값부터 크기순으로 나열하면 1, 3, 7, 9, 11, 12이고 변량의 개수가 6으로 짝수이므로 중앙값은 $\frac{6}{2}=3$번째와 $\frac{6}{2}+1=4$번째에 있는 7, 9의 평균인 $\frac{7+9}{2}=8$이다.

14 답 7

변량의 개수가 4로 짝수이므로 $\frac{4}{2}=2$번째와 $\frac{4}{2}+1=3$번째에 있는 두 값 5, x의 평균이 중앙값 6이 되어야 한다.

즉, $6=\frac{5+x}{\boxed{2}}$에서 $x=\boxed{7}$

15 답 8

변량의 개수가 4로 짝수이므로 $\frac{4}{2}=2$번째와 $\frac{4}{2}+1=3$번째에 있는 두 값 x, 10의 평균이 중앙값 9가 되어야 한다.

즉, $9=\frac{x+10}{2}$에서 $x=8$

16 답 19

변량의 개수가 6으로 짝수이므로 $\frac{6}{2}=3$번째와 $\frac{6}{2}+1=4$번째에 있는 두 값 17, x의 평균이 중앙값 18이 되어야 한다.

즉, $18=\frac{17+x}{2}$에서 $x=19$

17 답 10

변량의 개수가 6으로 짝수이므로 $\frac{6}{2}=3$번째와 $\frac{6}{2}+1=4$번째에 있는 두 값 8, x의 평균이 중앙값 9가 되어야 한다.

즉, $9=\frac{8+x}{2}$에서 $x=10$

18 답 **중앙값, 홀수, 짝수**

03 대푯값 — 최빈값

▸ p.171~172

01 답 3

변량 중에서 $\boxed{3}$이 2개로 가장 많이 나타나므로 최빈값은 $\boxed{3}$이다.

02 답 22

변량 중에서 22가 2개로 가장 많이 나타나므로 최빈값은 22이다.

03 답 3

변량 중에서 3이 3개로 가장 많이 나타나므로 최빈값은 3이다.

04 답 17

변량 중에서 17이 3개로 가장 많이 나타나므로 최빈값은 17이다.

05 답 4, 8

변량 중에서 [4]와 [8]이 모두 2개씩 가장 많이 나타나므로 최빈값은 [4]와 [8]이다.

06 답 2, 6

변량 중에서 2와 6이 모두 2개씩 가장 많이 나타나므로 최빈값은 2와 6이다.

07 답 4, 6, 7

변량 중에서 4와 6과 7이 모두 2개씩 가장 많이 나타나므로 최빈값은 4와 6과 7이다.

08 답 20, 24

변량 중에서 20과 24가 모두 2개씩 가장 많이 나타나므로 최빈값은 20과 24이다.

09 답 야구

표에서 회원 수가 가장 많이 나타나는 것은 야구이므로 최빈값은 야구이다.

10 답 28회

표에서 학생 수가 가장 많이 나타나는 것은 28회이므로 최빈값은 28회이다.

11 답 2시간

표에서 학생 수가 가장 많이 나타나는 것은 2시간이므로 최빈값은 2시간이다.

12 답 2시간, 3시간

표에서 운동 시간이 가장 많이 나타나는 것은 2시간과 3시간이므로 최빈값은 2시간, 3시간이다.

13 답 평균 : 15, 중앙값 : 15, 최빈값 : 15

(평균)$=\frac{15+16+17+15+12}{5}=\frac{75}{5}=15$

변량을 작은 값부터 크기순으로 나열하면 12, 15, 15, 16, 17이고 변량의 개수가 5로 홀수이므로

중앙값은 $\frac{5+1}{2}=3$번째에 있는 15이다.

변량 중에서 15가 2개로 가장 많이 나타나므로 최빈값은 15이다.

14 답 평균 : 18, 중앙값 : 19, 최빈값 : 20

(평균)$=\frac{20+19+20+18+13}{5}=\frac{90}{5}=18$

변량을 작은 값부터 크기순으로 나열하면 13, 18, 19, 20, 20이고 변량의 개수가 5로 홀수이므로

중앙값은 $\frac{5+1}{2}=3$번째에 있는 19이다.

변량 중에서 20이 2개로 가장 많이 나타나므로 최빈값은 20이다.

15 답 평균 : 84, 중앙값 : 85, 최빈값 : 87

(평균)$=\frac{86+87+82+87+78+84}{6}=\frac{504}{6}=84$

변량을 작은 값부터 크기순으로 나열하면 78, 82, 84, 86, 87, 87이고 변량의 개수가 6으로 짝수이므로

중앙값은 $\frac{6}{2}=3$번째와 $\frac{6}{2}+1=4$번째에 있는 84, 86의 평균인

$\frac{84+86}{2}=85$이다.

변량 중에서 87이 2개로 가장 많이 나타나므로 최빈값은 87이다.

16 답 최빈값, 최빈값

단원 마무리 평가 [01~03]

▸문제편 p.173~175

01 답 ③, ④

③ 자료에 따라 최빈값은 2개 이상일 수도 있다. (거짓)

④ 자료의 값이 매우 크거나 매우 작은 값이 있는 경우 대푯값으로는 중앙값이 적절하다. (거짓)

02 답 78

(평균)$=\frac{77+86+71+80+76}{5}=\frac{390}{5}=78$

03 답 ⑤

$\frac{6+4+x+1+9+2}{6}=5$에서 $22+x=30$ $\therefore x=8$

04 답 ③

두 변량 x, y의 평균이 4이므로 $\frac{x+y}{2}=4$에서 $x+y=8$

따라서 x, $y+2$, $x+2y$, $x+6$, 8의 평균은

$\frac{x+(y+2)+(x+2y)+(x+6)+8}{5}$

$=\frac{3x+3y+16}{5}=\frac{3(x+y)+16}{5}=\frac{3\times8+16}{5}=\frac{40}{5}=8$

05 답 ②

남학생 6명의 키의 평균이 169 cm이므로

(남학생 6명의 키의 총합)$=169\times6=1014$(cm)

여학생 4명의 키의 평균이 164 cm이므로

(여학생 4명의 키의 총합)$=164\times4=656$(cm)

따라서 이들 10명의 키의 평균은

$\frac{1014+656}{10}=167$(cm)

06 답 ③

(평균)$=\frac{4\times2+5\times3+6\times4+7\times1}{10}=\frac{54}{10}=5.4$(시간)

07 답 ②

4회의 수학 점수를 x점이라 하고, 1회부터 4회까지의 평균을

구하면 $\frac{84+96+88+x}{4}=\frac{268+x}{4}$

1회부터 4회까지의 평균이 90점이어야 하므로

$\frac{268+x}{4}=90$에서 $268+x=360$ $\therefore x=92$

따라서 1회부터 4회까지의 수학 점수의 평균이 90점이 되려면 4회에 92점을 받아야 한다.

08 답 ②

자료를 작은 값부터 크기순으로 나열하면 1, 4, 6, 8, 9, 11이고 변량의 개수가 6으로 짝수이므로 중앙값은 6, 8의 평균인

$\frac{6+8}{2}=7$이다.

09 답 ⑤

① 자료 1, 2, 3, 3, 8의 중앙값은 3이다.

② 자료 7, 3, 5, 3, 6, 9를 작은 값부터 크기순으로 나열하면 3, 3, 5, 6, 7, 9이므로 중앙값은 5, 6의 평균인 $\frac{5+6}{2}=5.5$이다.

③ 자료 5, 5, 5, 5, 5의 중앙값은 5이다.

④ 자료 3, 3, 4, 5, 6의 중앙값은 4이다.

⑤ 자료 1, 14, 9, 8, 10, 4를 작은 값부터 크기순으로 나열하면 1, 4, 8, 9, 10, 14이므로 중앙값은 8, 9의 평균인 $\frac{8+9}{2}=8.5$이다.

따라서 중앙값이 가장 큰 자료는 ⑤이다.

10 답 ④

변량의 개수가 8으로 짝수이므로 중앙값은 13, x의 평균이다.

이때, 중앙값이 15이므로 $\frac{13+x}{2}=15$에서 $x=17$

11 답 30

변량의 개수가 5로 홀수이고 중앙값이 x이므로 주어진 자료를 작은 값부터 크기순으로 나열하면 7, 9, x, 11, 16이다.

즉, x의 값의 범위는 $9\le x\le11$이므로 x의 값으로 가능한 자연수는 9, 10, 11이고 그 합은 $9+10+11=30$이다.

12 답 ⑤

변량의 개수가 6으로 짝수이므로 중앙값은 x, 10의 평균이다.

이때, 중앙값이 9이므로 $\frac{x+10}{2}=9$에서

$x+10=18$ $\therefore x=8$

또, 주어진 자료의 평균이 9이므로

$\frac{4+5+8+10+13+y}{6}=9$에서 $\frac{40+y}{6}=9$

$40+y=54$ $\therefore y=14$

$\therefore y-x=14-8=6$

13 답 30

자료 A의 변량의 개수가 5로 홀수이므로 중앙값은 x이다.

이때, 자료 A의 중앙값이 14이므로 $x=14$이다.

한편, 두 자료 A, B를 섞은 전체 자료를 작은 값부터 크기순으로 나열하면 3, 9, 11, $x=14$, $y-1$, y, 17, 17, 19이고 변량의 개수가 9로 홀수이므로 중앙값은 $y-1$이다.

이때, 두 자료 A, B를 섞은 전체 자료의 중앙값이 15이므로

$y-1=15$에서 $y=16$이다.

$\therefore x+y=14+16=30$

14 답 16

조건 (가)에서 자료 x, y, 4, 6, 12의 중앙값이 7이므로 작은 값부터 크기순으로 나열하였을 때 3번째 수가 7이 되어야 하고 $x<y$이므로 3번째 수는 x가 되어야 한다. $\therefore x=7$

조건 (나)에서 자료 $x=7$, y, 7, 12의 중앙값이 8이므로 작은 값부터 크기순으로 나열하였을 때 7, 7, y, 12가 되어야 한다.

즉, $\frac{7+y}{2}=8$에서 $7+y=16$ $\therefore y=9$

$\therefore x+y=7+9=16$

15 답 8

자료를 작은 값부터 크기순으로 나열하면

1, 2, 3, 4, 4, 8, 8, 8, 10, 10이므로

가장 많이 나타난 값, 즉 최빈값은 8이다.

16 답 ③

A형이 9명으로 가장 많이 나타난 값이므로 최빈값은 A형이다.

17 답 ③

동아리 A의 학생 수는 동아리 B의 학생 수 22명과 같으므로

$1+3+2+x+4+3=22$에서

$x=9$

따라서 동아리 A의 최빈값은 4회, 동아리 B의 최빈값

5회이므로

$a=4$, $b=5$

$\therefore a+b=4+5=9$

18 답 ③

최빈값이 15뿐이므로 주어진 자료에서 15가 가장 많이 나타나야 한다.

$\therefore y=15$

따라서 이 자료의 평균은

$x=\dfrac{12+15+19+12+15+8+15+8}{8}$

$=\dfrac{104}{8}=13$

$\therefore x+y=13+15=28$

19 답 ③

주어진 자료의 평균이 12이므로

$\dfrac{8+14+11+18+10+x+y}{7}=12$에서 $61+x+y=84$

$\therefore x+y=23$

한편, 주어진 자료의 최빈값이 10이므로 x, y의 값 중 하나는 10이어야 한다.

그런데 $x<y$이므로 $x=10$, $y=13$이다.

$\therefore y-x=13-10=3$

20 답 ⑤

주어진 자료의 최빈값이 9이므로 $x=9$

따라서 주어진 자료를 작은 값부터 크기순으로 나열하면

3, 5, 6, 8, 9, 9이고 변량의 개수가 6으로 짝수이므로 중앙값은

6, 8의 평균인 $\dfrac{6+8}{2}=7$이다.

21 답 ③

변량을 작은 값부터 크기순으로 나열하면 3, 4, 5, x, y이고,

변량의 개수가 5로 홀수이므로 5가 중앙값이다.

이때, 평균, 중앙값, 최빈값이 모두 같으므로 평균과 최빈값도 각각 5이다.

한편, 최빈값이 5이려면 변량 5가 2개 이상이어야 하므로

$x=5$이어야 한다.

즉, (평균)$=\dfrac{3+4+5+x+y}{5}=5$에서

$\dfrac{3+4+5+5+y}{5}=5$, $17+y=25$ $\therefore y=8$

$\therefore y-x=8-5=3$

Ⅳ-2 자료의 정리와 해석(1)

04 줄기와 잎 그림

▸ p.176~179

01 답

줄넘기 횟수 (3|1은 31회)

줄기	잎
3	1 5 5 6 8 9
4	0 1 3 4
5	4 5 5
6	0 0 4

02 답

국어 점수 (5|2는 52점)

줄기	잎
5	2 3 7
6	4 9
7	1 2 5 6 7 9
8	2 4 5 8
9	5

03 답 1) 20명 2) 6명

1) 전체 잎의 개수는 $6+7+5+2=20$

따라서 수현이네 반 여학생은 모두 20명이다.

2) 수학 점수가 75점 이상 86점 이하인 여학생은 77점, 78점, 81점, 84점, 85점, 86점의 6명이다.

04 답 1) 19명 2) 5명

1) 전체 잎의 개수는 $8+7+3+1=19$

따라서 민호네 반 남학생은 모두 19명이다.

2) 통학 시간이 25분 이상 36분 이하인 남학생은 25분, 27분, 29분, 31분, 33분의 5명이다.

05 답 1) 15명 2) 4명

1) 전체 잎의 개수는 7+5+3=15

따라서 영진이네 반 남학생은 모두 15명이다.

2) 턱걸이 횟수가 10회 이상 15회 이하인 남학생은 12회, 13회, 14회, 14회의 4명이다.

06 답 1) 30명 2) 7명

1) 전체 잎의 개수는 9+9+7+5=30

따라서 지수네 반 학생은 모두 30명이다.

2) 독서량이 7권 이하인 학생은 2권, 3권, 3권, 4권, 5권, 7권, 7권의 7명이다.

07 답 1) 3 2) 0, 0, 2, 5, 9, 9

1) 줄기가 3인 잎의 개수가 8으로 가장 많다.

08 답 1) 5 2) 0, 1, 2, 4, 6, 7, 9

1) 줄기가 5인 잎의 개수가 5로 가장 적다.

09 답 1) 2 2) 1, 2, 4, 5, 8

1) 줄기가 2인 잎의 개수가 7으로 가장 많다.

10 답 1) 7 2) 0, 0, 7, 9

1) 줄기가 7인 잎의 개수가 3으로 가장 적다.

11 답 31점

음악 점수가 가장 높은 학생의 점수는 92점, 가장 낮은 학생의 점수는 61점이므로 구하는 음악 점수의 차는

92−61=31(점)

12 답 35분

통학 시간이 가장 긴 학생의 통학 시간은 45분, 가장 짧은 학생의 통학 시간은 10분이므로 구하는 통학 시간의 차는

45−10=35(분)

13 답 36시간

봉사 활동 시간이 가장 긴 학생의 봉사 활동 시간은 47시간, 가장 짧은 학생의 봉사 활동 시간은 11시간이므로 구하는 봉사 활동 시간의 차는

47−11=36(시간)

14 답 68살

가장 나이가 많은 사람의 나이는 69살, 가장 나이가 적은 사람의 나이는 1살이므로 구하는 나이의 차는

69−1=68(살)

15 답 35권

독서량이 가장 많은 학생의 독서량은 38권, 가장 적은 학생의 독서량은 3권이므로 구하는 독서량의 차는

38−3=35(권)

16 답 줄기와 잎 그림, 줄기, 잎

05 도수분포표

▸ p.180~186

01 답 1) ㄴ 2) ㄹ 3) ㄷ 4) ㄱ

02 답

몸무게(kg)	도수(명)	
40이상~45미만	///	3
45 ~50	/	1
50 ~55	//	2
55 ~60	////	4
합계	10	

03 답

과학 점수(점)	도수(명)	
40이상~ 50미만	/	1
50 ~ 60	//	2
60 ~ 70	//	2
70 ~ 80	//	2
80 ~ 90	///	3
90 ~100	//	2
합계	12	

04 답

독서량(권)	도수(명)	
0이상~ 5미만	///	3
5 ~10	𝍸 //	7
10 ~15	////	4
15 ~20	//	2
합계	16	

05 답

통학 시간(분)	도수(명)
10이상~15미만	2
15 ~20	1
20 ~25	3
25 ~30	3
30 ~35	3
35 ~40	4
합계	16

06 답 60점 이상 70점 미만

07 답 3시간 이상 4시간 미만

08 답 290타 이상 310타 미만

09 답 1℃

계급의 크기는 각 계급의 양 끝값의 차이므로

(계급의 크기)$=14-\boxed{13}=\boxed{1}$(℃)

10 답 4회

(계급의 크기)$=4-\boxed{0}=\boxed{4}$(회)

11 답 5 kg

(계급의 크기)$=45-40=5$(kg)

12 답 5 cm

(계급의 크기)$=145-140=5$(cm)

13 답 10점

(계급의 크기)$=60-50=10$(점)

14 답 2시간

(계급의 크기)$=2-0=2$(시간)

15 답

수행평가 점수(점)	도수(명)
0이상 ~ 10미만	3
10 ~ 20	8
20 ~ 30	10
30 ~ 40	2
40 ~ 50	2
합계	25

(도수의 총합)$=3+8+10+2+2=\boxed{25}$(명)

16 답

턱걸이 기록(회)	도수(명)
0이상 ~ 4미만	6
4 ~ 8	7
8 ~ 12	4
12 ~ 16	2
16 ~ 20	1
합계	20

(도수의 총합)$=6+7+\boxed{4}+2+1=\boxed{20}$(명)

17 답

휴대전화 통화 시간(분)	도수(명)
0이상 ~ 10미만	8
10 ~ 20	2
20 ~ 30	9
30 ~ 40	6
40 ~ 50	3
50 ~ 60	2
합계	30

(도수의 총합)$=8+2+9+6+3+2=30$(명)

18 답

줄넘기 횟수(회)	도수(명)
30이상 ~ 40미만	2
40 ~ 50	8
50 ~ 60	15
60 ~ 70	3
70 ~ 80	2
합계	30

(도수의 총합)$=2+8+15+3+2=30$(명)

19 답

봉사 활동 시간(시간)	도수(명)
3이상 ~ 5미만	6
5 ~ 7	8
7 ~ 9	12
9 ~ 11	10
11 ~ 13	4
합계	40

(도수의 총합)$=6+8+12+10+4=40$(명)

20 답

회원의 나이(살)	도수(명)
10이상 ~ 15미만	7
15 ~ 20	11
20 ~ 25	10
25 ~ 30	13
30 ~ 35	9
합계	50

(도수의 총합)$=7+11+10+13+9=50$(명)

21 답 3

도수의 총합이 20일이므로

$A=\boxed{20}-(7+5+4+1)=20-17=\boxed{3}$

22 답 2

도수의 총합이 20명이므로

$A=20-(1+2+10+5)=20-18=2$

23 답 6

도수의 총합이 30명이므로

$A=30-(3+4+10+5+2)=30-24=6$

24 답 4

도수의 총합이 30명이므로

$A=30-(2+3+6+6+9)=30-26=4$

25 답 4

도수의 총합이 40명이므로

$A=40-(2+10+14+8+2)=40-36=4$

26 답 **6**

도수의 총합이 50명이므로

$A=50-(4+8+9+15+8)=50-44=6$

27 답 **7명**

28 답 **35 %**

전체 학생 수는 20명이고, 운동 시간이 4시간 이상 6시간 미만인 학생 수는 [7]명이므로

$\frac{\boxed{7}}{20}\times 100=\boxed{35}(\%)$

29 답 **1명**

30 답 **5 %**

전체 학생 수는 20명이고, 운동 시간이 10시간 이상 12시간 미만인 학생 수는 1명이므로 $\frac{1}{20}\times 100=5(\%)$

31 답 **5명**

운동 시간이 8시간 이상 10시간 미만인 학생 수는 [4]명,

10시간 이상 12시간 미만인 학생 수는 [1]명이므로

운동 시간이 8시간 이상인 학생 수는

$\boxed{4}+\boxed{1}=\boxed{5}$(명)

32 답 **25 %**

전체 학생 수는 20명이고, 운동 시간이 8시간 이상인 학생 수는 [5]명이므로 $\frac{\boxed{5}}{20}\times 100=\boxed{25}(\%)$

33 답 **10명**

운동 시간이 2시간 이상 4시간 미만인 학생 수는 3명,

4시간 이상 6시간 미만인 학생 수는 7명이므로

운동 시간이 6시간 미만인 학생 수는 $3+7=10$(명)

34 답 **50 %**

전체 학생 수는 20명이고, 운동 시간이 6시간 미만인 학생 수는 10명이므로 $\frac{10}{20}\times 100=50(\%)$

35 답 **10점**

(계급의 크기)$=60-50=10$(점)

36 답 **5**

37 답 **7**

도수의 총합이 30명이므로

$A=30-(4+6+8+5)=7$

38 답 **70점 이상 80점 미만**

39 답 **40 %**

수학 점수가 80점 이상 90점 미만인 학생 수는 7명,

90점 이상 100점 미만인 학생 수는 5명이므로

수학 점수가 80점 이상인 학생 수는 $7+5=12$(명)이다.

이때, 전체 학생 수는 30명이므로 $\frac{12}{30}\times 100=40(\%)$

40 답 **10회**

(계급의 크기)$=30-20=10$(회)

41 답 **5**

42 답 **16**

도수의 총합이 40명이므로

$A=40-(1+9+8+6)=16$

43 답 **60회 이상 70회 미만**

44 답 **65 %**

줄넘기 횟수가 20회 이상 30회 미만인 학생 수는 1명,

30회 이상 40회 미만인 학생 수는 9명,

40회 이상 50회 미만인 학생 수는 16명이므로

줄넘기 횟수가 50회 미만인 학생 수는 $1+9+16=26$(명)이다.

이때, 전체 학생 수는 40명이므로 $\frac{26}{40}\times 100=65(\%)$

45 답 **계급, 계급의 크기, 도수**

06 히스토그램

▸ p.187~191

01 답

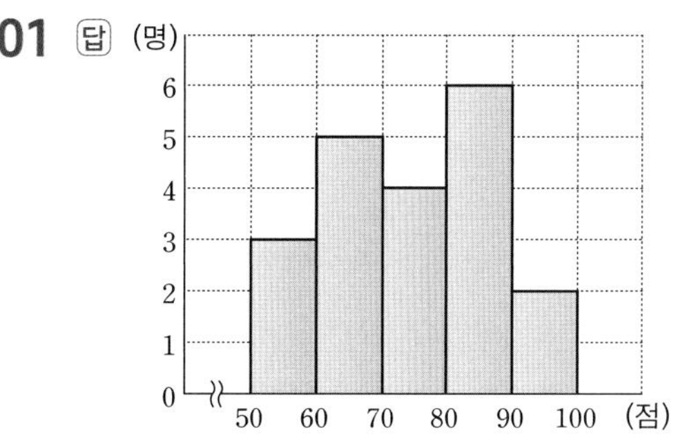

02 답

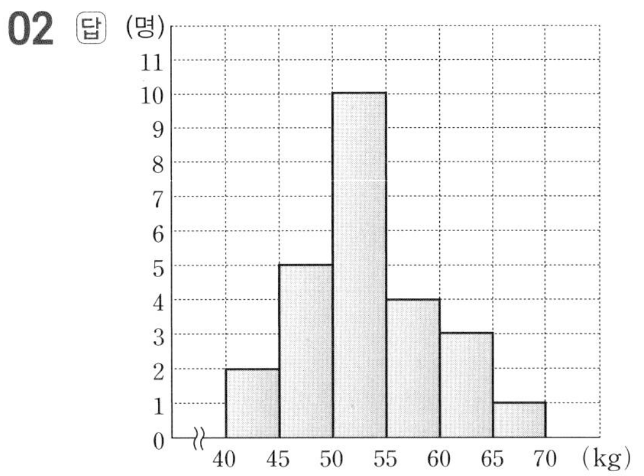

03 답

감귤의 무게(g)	도수(개)
70이상 ~ 75미만	3
75 ~ 80	**4**
80 ~ 85	8
85 ~ 90	**7**
90 ~ 95	3
합계	**25**

04 답

독서 시간(시간)	도수(명)
0이상 ~ 4미만	1
4 ~ 8	**4**
8 ~ 12	**7**
12 ~ 16	**5**
16 ~ 20	**3**
합계	**20**

05 답

영어 점수(점)	도수(명)
70이상 ~ 75미만	4
75 ~ 80	**6**
80 ~ 85	**14**
85 ~ 90	**8**
90 ~ 95	**6**
95 ~ 100	**2**
합계	**40**

06 답

100 m 달리기 기록(초)	도수(명)
14이상 ~ 15미만	**2**
15 ~ 16	**4**
16 ~ 17	**9**
17 ~ 18	**6**
18 ~ 19	**3**
19 ~ 20	**1**
합계	**25**

07 답 **10 kg**

계급의 크기는 히스토그램의 각 직사각형의 [가로]의 길이이므로

[50]−40=[10](kg)

08 답 **5회**

계급의 크기는 히스토그램의 각 직사각형의 가로의 길이이므로

15−10=5(회)

09 답 **20 m**

계급의 크기는 히스토그램의 각 직사각형의 가로의 길이이므로

100−80=20(m)

10 답 **80점 이상 85점 미만**

히스토그램에서 도수가 가장 큰 계급은 직사각형의 세로의 길이가 가장 긴 계급이므로 80점 이상 85점 미만이다.

11 답 **95점 이상 100점 미만**

히스토그램에서 도수가 가장 작은 계급은 직사각형의 세로의 길이가 가장 짧은 계급이므로 95점 이상 100점 미만이다.

12 답 **85점 이상 90점 미만**

히스토그램에서 도수가 7인 계급은 직사각형의 세로의 길이가 7인 계급이므로 85점 이상 90점 미만이다.

13 답 **70점 이상 75점 미만**

히스토그램에서 도수가 2인 계급은 직사각형의 세로의 길이가 2인 계급이므로 70점 이상 75점 미만이다.

14 답 **90점 이상 95점 미만**

95점 이상 100점 미만인 계급의 도수는 1명, 90점 이상 95점 미만인 계급의 도수는 5명이므로 사회 점수가 5번째로 높은 학생이 속하는 계급은 90점 이상 95점 미만이다.

15 답 **80점 이상 85점 미만**

70점 이상 75점 미만인 계급의 도수는 2명, 75점 이상 80점 미만인 계급의 도수는 6명, 80점 이상 85점 미만인 계급의 도수는 9명이므로 사회 점수가 10번째로 낮은 학생이 속하는 계급은 80점 이상 85점 미만이다.

16 답 **30명**

(도수의 총합)=2+[6]+10+[8]+3+1=[30](명)

17 답 **40명**

(도수의 총합)=4+5+9+11+8+3=40(명)

18 답 **50명**

(도수의 총합)=4+14+20+10+2=50(명)

19 답 **6명**

국어 점수가 50점 이상 60점 미만인 계급의 직사각형의 세로의 길이가 6이므로 국어 점수가 50점 이상 60점 미만인 학생 수는 6명이다.

20 답 **15 %**

전체 학생 수가 $2+6+12+10+6+4=\boxed{40}$(명)이므로

$\frac{\boxed{6}}{40}\times 100=\boxed{15}$(%)

21 답 **16명**

국어 점수가 70점 이상 80점 미만인 학생 수는 10명,

80점 이상 90점 미만인 학생 수는 $\boxed{6}$명이므로

$10+\boxed{6}=\boxed{16}$(명)

22 답 **40 %**

전체 학생 수가 40명이므로

$\frac{\boxed{16}}{\boxed{40}}\times 100=\boxed{40}$(%)

23 답 **6명**

한 달 독서량이 9권 이상 11권 미만인 계급의 직사각형의 세로의 길이가 6이므로 한 달 독서량이 9권 이상 11권 미만인 학생 수는 6명이다.

24 답 **12 %**

전체 학생 수가 $6+9+15+10+6+4=50$(명)이고

한 달 독서량이 9권 이상 11권 미만인 학생 수가 6명이므로

$\frac{6}{50}\times 100=12$(%)

25 답 **15명**

한 달 독서량이 1권 이상 3권 미만인 학생 수가 6명, 3권 이상 5권 미만인 학생 수가 9명이므로 한 달 독서량이 5권 미만인 학생 수는 $6+9=15$(명)이다.

26 답 **30 %**

전체 학생 수가 50명이고 한 달 독서량이 5권 미만인 학생 수는 15명이므로 $\frac{15}{50}\times 100=30$(%)

27 답 **20명**

전체 학생 수는 $2+\boxed{6}+8+\boxed{3}+1=\boxed{20}$(명)

28 답 **48 kg 이상 52 kg 미만**

29 답 **6명**

몸무게가 40 kg 이상 44 kg 미만인 학생 수는 2명, 44 kg 이상 48 kg 미만인 학생 수는 $\boxed{6}$명이므로 몸무게가 5번째로 가벼운 학생이 속하는 계급은 44 kg 이상 48 kg 미만이다.

따라서 이 계급의 도수는 $\boxed{6}$명이다.

30 답 **20 %**

몸무게가 52 kg 이상 56 kg 미만인 학생 수는 3명, 56 kg 이상 60 kg 미만인 학생 수는 1명이므로 몸무게가 52 kg 이상인 학생 수는 $3+1=4$(명)이다.

이때, 전체 학생 수가 20명이므로 $\frac{4}{20}\times 100=20$(%)

31 답 **가로, 도수, 직사각형**

07 히스토그램에서 직사각형의 특징

▸ p.192~193

01 답 **5**

직사각형의 개수가 5이므로 계급의 개수는 5이다.

02 답 **2시간**

히스토그램의 각 직사각형의 가로의 길이가 $5-3=2$이므로 계급의 크기는 2시간이다.

03 답 **11시간 이상 13시간 미만**

도수가 3인 계급의 직사각형의 세로의 길이는 3이므로 도수가 3인 계급은 11시간 이상 13시간 미만이다.

04 답 **12**

도수가 6인 계급의 직사각형의 넓이는

(계급의 크기)×(그 계급의 도수)$=\boxed{2}\times 6=\boxed{12}$

05 답 **60**

(도수의 총합)$=4+6+8+9+3=30$(명)

∴ (모든 직사각형의 넓이의 합)

$=$(계급의 크기)×(도수의 총합)$=2\times 30=60$

06 답 **3배**

도수가 가장 큰 계급과 가장 작은 계급의 직사각형의 넓이는 각각 $2\times 9=18$, $2\times 3=6$이므로 도수가 가장 큰 계급의 직사각형의 넓이는 도수가 가장 작은 직사각형의 넓이의 $\frac{18}{6}=3$(배)이다.

[다른 풀이]

히스토그램에서 각 직사각형의 넓이는 도수에 정비례한다.
이때, 도수가 가장 큰 계급의 도수는 9이고 가장 작은 계급의 도수는 3이므로 도수가 가장 큰 계급의 직사각형의 넓이는 도수가 가장 작은 계급의 직사각형의 넓이의 $\frac{9}{3}=3$(배)이다.

07 답 6

직사각형의 개수가 6이므로 계급의 개수는 6이다.

08 답 10점

히스토그램의 각 직사각형의 가로의 길이가 $50-40=10$이므로 계급의 크기는 10점이다.

09 답 60점 이상 70점 미만

직사각형의 세로의 길이가 9인 계급이므로 60점 이상 70점 미만이다.

10 답 50

(도수가 5인 계급의 직사각형의 넓이)
$=$(계급의 크기)$\times$(도수)$=10\times5=50$

11 답 400

(도수의 총합)$=2+5+9+12+8+4=40$(명)
$\therefore$ (모든 직사각형의 넓이의 합)
$=$(계급의 크기)$\times$(도수의 총합)$=10\times40=400$

12 답 2배

점수가 가장 높은 학생이 속한 계급은 90점 이상 100점 미만이고 이 계급의 도수는 4이므로 이 계급의 직사각형의 넓이는 $10\times4=40$이다.
점수가 가장 낮은 학생이 속한 계급은 40점 이상 50점 미만이고 이 계급의 도수는 2이므로 이 계급의 직사각형의 넓이는 $10\times2=20$이다.
따라서 점수가 가장 높은 학생이 속한 계급의 직사각형의 넓이는 점수가 가장 낮은 학생이 속한 계급의 직사각형의 넓이의 $\frac{40}{20}=2$(배)이다.

13 답 12권 이상 14권 미만

직사각형의 세로의 길이가 가장 긴 계급이므로 12권 이상 14권 미만이다.

14 답 16

(계급의 크기)$=8-6=2$(권)이고 도수가 두 번째로 큰 계급의 직사각형의 세로의 길이는 8이므로 이 계급의 직사각형의 넓이는 $2\times8=16$이다.

15 답 14

1년 동안 읽은 책의 수가 15권인 학생이 속하는 계급은 14권 이상 16권 미만인 계급이고 이 계급의 도수는 7이므로 이 계급의 직사각형의 넓이는 $2\times7=14$이다.

16 답 70

(도수의 총합)$=2+6+8+9+7+3=35$(명)
$\therefore$ (모든 직사각형의 넓이의 합)
$=$(계급의 크기)$\times$(도수의 총합)$=2\times35=70$

17 답 8권 이상 10권 미만

히스토그램에서 각 직사각형의 넓이는 각 계급의 도수에 정비례한다.
이때, 6권 이상 8권 미만인 계급의 도수는 2이므로 직사각형의 넓이가 이 계급의 직사각형의 넓이의 3배인 계급의 도수는 6이다.
따라서 구하는 계급은 도수가 6인 8권 이상 10권 미만이다.

18 답 크기, 도수

08 도수분포다각형

▸ p.194~198

01 답

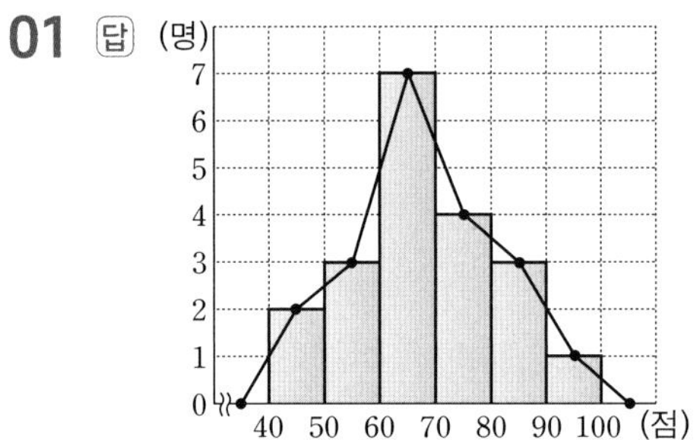

02 답

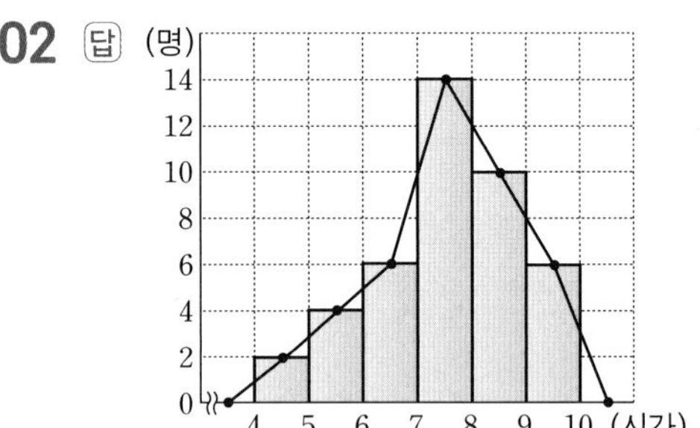

03 답

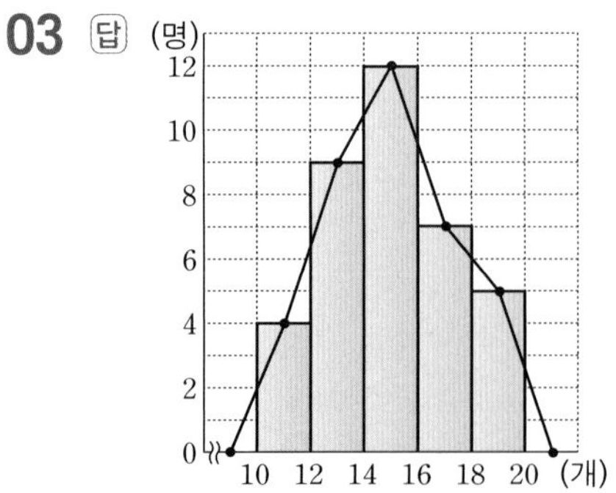

04 답

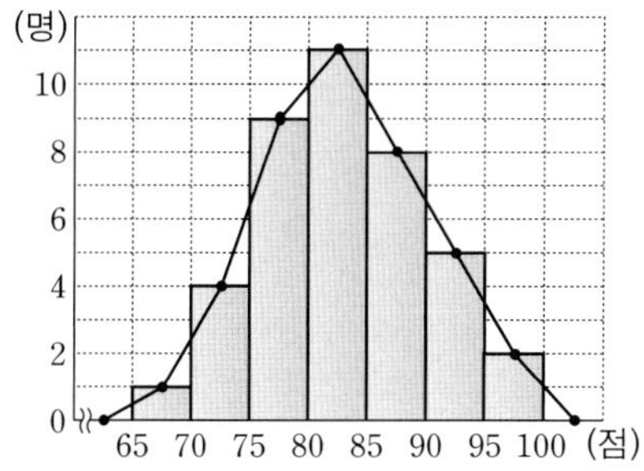

05 답

몸무게(kg)	도수(명)
30이상 ~ 35미만	2
35 ~ 40	5
40 ~ 45	**10**
45 ~ 50	**7**
50 ~ 55	**1**
합계	25

06 답

봉사 활동 시간(시간)	도수(명)
3이상 ~ 5미만	**5**
5 ~ 7	**8**
7 ~ 9	**10**
9 ~ 11	**7**
11 ~ 13	**3**
13 ~ 15	**2**
합계	**35**

07 답

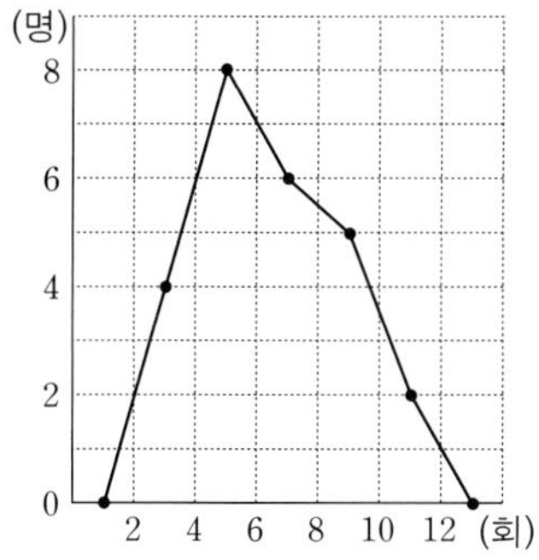

08 답

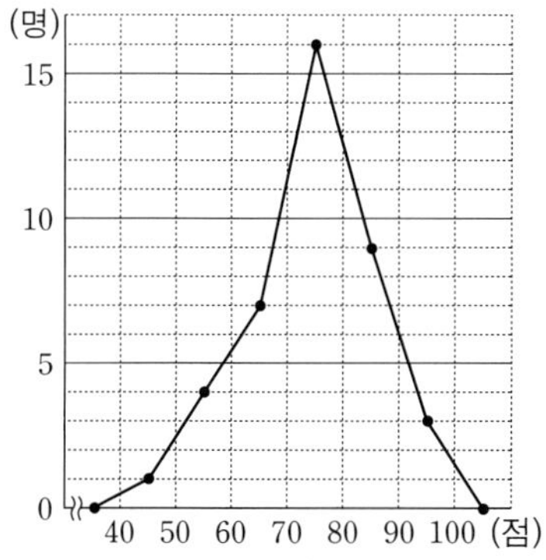

09 답 **2시간**

계급의 크기는 각 계급의 양 끝값의 차이므로

$4-2=\boxed{2}$(시간)

10 답 **30분**

계급의 크기는 각 계급의 양 끝값의 차이므로

$60-30=30$(분)

11 답 **4살**

계급의 크기는 각 계급의 양 끝값의 차이므로

$38-34=4$(살)

12 답 **60 kg 이상 65 kg 미만**

가장 작은 도수는 2이므로 구하는 계급은 60 kg 이상 65 kg 미만이다.

13 답 **40 kg 이상 45 kg 미만**

14 답 **30 kg 이상 35 kg 미만, 55 kg 이상 60 kg 미만**

30 kg 이상 35 kg 미만인 계급과 55 kg 이상 60 kg 미만인 계급의 도수가 3으로 같다.

15 답 **50 kg 이상 55 kg 미만**

16 답 **35 kg 이상 40 kg 미만**

몸무게가 30 kg 이상 35 kg 미만인 학생 수는 3명, 35 kg 이상 40 kg 미만인 학생 수는 5명이므로 몸무게가 7번째로 가벼운 학생이 속하는 계급은 35 kg 이상 40 kg 미만이다.

17 답 **30명**

(도수의 총합)$=1+5+\boxed{9}+\boxed{8}+4+\boxed{3}=\boxed{30}$(명)

18 답 **23명**

(도수의 총합)$=2+3+4+8+6=23$(명)

19 답 **40명**

(도수의 총합)$=1+4+7+16+9+3=40$(명)

20 답 **9명**

21 답 **30 %**

전체 학생 수가 30명이므로

$\frac{\boxed{9}}{30}\times100=\boxed{30}$(%)

22 답 **6명**

책 대여 수가 18권 이상 20권 미만인 학생 수가 4명, 20권 이상 22권 미만인 학생 수가 2명이므로 책 대여수가 18권 이상 22권 미만인 학생 수는 $4+2=6$(명)이다.

23 답 **20 %**

전체 학생 수가 30명이므로 $\frac{6}{30}\times100=20(\%)$

24 답 **50명**

(전체 학생 수)$=1+\boxed{5}+8+12+\boxed{15}+9=\boxed{50}$(명)

25 답 **8명**

26 답 **16 %**

$\frac{8}{50}\times100=16(\%)$

27 답 **24명**

미술 점수가 80점 이상 90점 미만인 학생 수는 15명, 90점 이상 100점 미만인 학생 수는 9명이므로 미술 점수가 80점 이상인 학생 수는 $15+9=24$(명)이다.

28 답 **48 %**

$\frac{24}{50}\times100=48(\%)$

29 답 **40명**

(전체 학생 수)$=3+7+8+12+6+4=40$(명)

30 답 **10명**

앉은 키가 80 cm 이상 85 cm 미만인 학생 수는 6명,
85 cm 이상 90 cm 미만인 학생 수는 4명이므로
앉은 키가 80 cm 이상인 학생 수는 $6+4=10$(명)이다.

31 답 **25 %**

$\frac{10}{40}\times100=25(\%)$

32 답 **7명**

앉은 키가 60 cm 이상 65 cm 미만인 학생 수는 3명,
65 cm 이상 70 cm 미만인 학생 수는 7명이므로
앉은 키가 6번째로 작은 학생이 속하는 계급은
65 cm 이상 70 cm 미만이고 이 계급의 도수는 7명이다.

33 답 **중앙, 0, 도수분포다각형**

09 도수분포다각형의 특징

▸ p.199~200

01 답 **210**

(도수분포다각형과 가로축으로 둘러싸인 부분의 넓이)
$=$(히스토그램의 각 직사각형의 넓이의 합)
$=$(계급의 크기)$\times$(도수의 총합)
$=5\times(4+\boxed{10}+14+\boxed{9}+5)=\boxed{210}$

02 답 **64**

(도수분포다각형과 가로축으로 둘러싸인 부분의 넓이)
$=$(계급의 크기)$\times$(도수의 총합)
$=2\times(1+6+12+10+3)=64$

03 답 **100**

(도수분포다각형과 가로축으로 둘러싸인 부분의 넓이)
$=$(계급의 크기)$\times$(도수의 총합)
$=4\times(3+10+7+4+1)=100$

04 답 **350**

(도수분포다각형과 가로축으로 둘러싸인 부분의 넓이)
$=$(계급의 크기)$\times$(도수의 총합)
$=10\times(4+7+11+9+4)=350$

05 답 **70**

(도수분포다각형과 가로축으로 둘러싸인 부분의 넓이)
$=$(계급의 크기)$\times$(도수의 총합)
$=2\times(1+3+6+7+9+5+4)=70$

06 답 **10점, 6**

(계급의 크기)$=50-40=10$(점)

07 답 **30명**

(전체 학생 수)$=1+2+7+10+6+4=30$(명)

08 답 **4명**

영어 점수가 가장 좋은 학생이 속하는 계급은 90점 이상 100점 미만이고 이 계급의 도수는 4명이다.

09 답 **30 %**

영어 점수가 50점 이상 60점 미만인 학생 수는 2명, 60점 이상 70점 미만인 학생 수는 7명이므로 영어 점수가 50점 이상 70점 미만인 학생 수는 $2+7=9$(명)이다.

$\therefore \frac{9}{30}\times100=30(\%)$

10 답 **300**

(도수분포다각형과 가로축으로 둘러싸인 부분의 넓이)
$=$(계급의 크기)$\times$(도수의 총합)$=10\times30=300$

11 답 **160 cm 이상 165 cm 미만**

160 cm 이상 165 cm 미만인 계급의 도수가 3명으로 가장 작다.

12 답 **40명**

(전체 학생 수)$=4+6+9+11+7+3=40$(명)

13 답 **155 cm 이상 160 cm 미만**

키가 160 cm 이상 165 cm 미만인 학생 수가 3명, 155 cm 이상 160 cm 미만인 학생 수가 7명이므로 키가 9번째로 큰 학생이 속하는 계급은 155 cm 이상 160 cm 미만이다.

14 답 **25 %**

키가 135 cm 이상 140 cm 미만인 학생 수가 4명, 140 cm 이상 145 cm 미만인 학생 수가 6명이므로 키가 145 cm 미만인 학생 수는 $4+6=10$(명)이다.

$\therefore \frac{10}{40}\times 100=25(\%)$

15 답 **200**

(계급의 크기)$=140-135=5$(cm)이고

전체 학생 수는 40명이므로

(도수분포다각형과 가로축으로 둘러싸인 부분의 넓이)

$=$(계급의 크기)$\times$(도수의 총합)$=5\times 40=200$

16 답 **도수분포다각형, 직사각형**

단원 마무리 평가 [04~09]

▸문제편 p.201~203

01 답 **28**

독서 시간이 15시간 이상인 학생은 19시간, 19시간, 21시간, 21시간, 23시간, 27시간, 27시간, 30시간, 33시간의 9명이므로 $a=9$

학생 수가 17명이므로 중앙값은 $\frac{17+1}{2}=9$번째 변량이다.

즉, 중앙값은 19시간이므로 $b=19$

$\therefore a+b=9+19=28$

02 답 **46살**

나이가 많은 쪽에서부터 차례로 나열하면 53살, 52살, 52살, 50살, 49살, 48살, 48살, 46살, …이므로 나이가 8번째로 많은 회원의 나이는 46살이다.

03 답 **8명**

윗몸일으키기 기록이 35회 이상 45회 이하인 학생은 35회, 38회, 38회, 39회, 41회, 44회, 45회, 45회의 8명이다.

04 답 **36점**

수학 점수가 가장 높은 학생은 98점, 가장 낮은 학생은 62점이므로 그 차는 $98-62=36$(점)이다.

05 답 ③

③ 변량을 나눈 구간의 너비를 계급의 크기라 한다. (거짓)

06 답 **22**

이용 횟수가 4회 이상 8회 미만인 학생이 6명, 8회 이상 12회 미만인 학생이 11명이므로 이용 횟수가 4회 이상 12회 미만인 학생 수는 $6+11=17$(명) $\quad\therefore a=17$

이용 횟수가 16회 이상 20회 미만인 학생이 3명, 12회 이상 16회 미만인 학생이 5명이므로 이용 횟수가 많은 쪽에서 4번째인 학생이 속하는 계급은 12회 이상 16회 미만이고 이 계급의 도수는 5명이다. $\quad\therefore b=5$

$\therefore a+b=17+5=22$

07 답 **5 kg**

계급의 크기는 각 계급의 양 끝값의 차이므로

$40-35=5$(kg)이다.

08 답 **12**

전체 학생 수가 40명이므로

$x=40-(5+3+10+6+4)=12$

09 답 ⑤

몸무게가 60 kg 이상 65 kg 미만인 학생 수가 4명, 55 kg 이상 60 kg 미만인 학생 수가 6명이므로 몸무게가 9번째로 무거운 학생이 속하는 계급은 55 kg 이상 60 kg 미만이다.

10 답 ③

몸무게가 35 kg 이상 40 kg 미만인 학생 수가 5명, 40 kg 이상 45 kg 미만인 학생 수가 3명, 45 kg 이상 50 kg 미만인 학생 수가 $x=12$(명)이므로 몸무게가 50 kg 미만인 학생 수는 $5+3+12=20$(명)이다.

이때, 전체 학생 수가 40명이므로 몸무게가 50 kg 미만인 학생은 $\frac{20}{40}\times 100=50(\%)$이다.

11 답 **15분**

히스토그램의 각 직사각형의 가로의 길이가

$30-15=15$이므로 계급의 크기는 15분이다.

12 답 ③

도수가 4인 계급의 직사각형의 세로의 길이는 4이므로 도수가 4인 계급은 45분 이상 60분 미만이다.

13 답 **600**

(도수의 총합)$=3+7+4+8+11+7=40$(명)

$\therefore$ (모든 직사각형의 넓이의 합)$=$(계급의 크기)$\times$(도수의 총합)

$=15\times 40=600$

14 답 **45 %**

1일 동안의 운동 시간이 75분 이상 90분 미만인 회원 수는 11명, 90분 이상 105분 미만인 회원 수는 7명이므로

1일 동안의 운동 시간이 75분 이상인 회원 수는

$11+7=18$(명)이다.

이때, 전체 회원 수가 40명이므로 1일 동안의 운동 시간이

75분 이상인 회원은 $\frac{18}{40}\times100=45(\%)$이다.

15 답 **11명**

50명의 지하철 이용 시간을 조사하였으므로 전체 도수는 50명이다.

이때, 지하철 이용 시간이 25분 이상 30분 미만인 이용자 수를 x명이라 하면 $x=50-(6+12+9+8+4)=11$

따라서 지하철 이용 시간이 25분 이상 30분 미만인 이용자 수는 11명이다.

16 답 ③

지하철 이용 시간이 10분 이상 15분 미만인 이용자 수는 6명, 15분 이상 20분 미만인 이용자 수는 12명, 20분 이상 25분 미만인 이용자 수는 9명이므로 지하철 이용 시간이 20번째로 적은 이용자가 속하는 계급은 20분 이상 25분 미만이다.

17 답 ④

지하철 이용 시간이 10분 이상 15분 미만인 이용자 수는 6명, 15분 이상 20분 미만인 이용자 수는 12명이므로 지하철 이용 시간이 20분 미만인 이용자 수는 $6+12=18$(명)이다.

이때, 전체 도수가 50명이므로 지하철 이용 시간이 20분 미만인

이용자는 $\frac{18}{50}\times100=36(\%)$이다.

18 답 **250**

계급의 크기는 각 계급의 양 끝값의 차이므로

$15-10=5$(분)이고 전체 도수는 50명이므로

(도수분포다각형과 가로축으로 둘러싸인 부분의 넓이)

=(계급의 크기)×(전체 도수)$=5\times50=250$

19 답 ④

ㄱ. (전체 학생 수)$=5+9+12+6+8+10=50$(명) (참)

ㄴ. 도수가 두 번째로 큰 계급은 18회 이상 21회 미만이다. (거짓)

ㄷ. 12회 이상 15회 미만인 계급의 도수는 6명이므로 이 계급의 도수의 2배는 12명이고 도수가 12명인 계급은 9회 이상 12회 미만이다. (참)

따라서 옳은 것은 ㄱ, ㄷ이다.

20 답 ③

계급의 크기는 각 계급의 양 끝값의 차이므로

$6-3=3$(회)이다. $\therefore a=3$

히스토그램에서 직사각형의 개수는 6이므로 계급의 개수는 6이다. $\therefore b=6$

$\therefore a+b=3+6=9$

21 답 **150**

계급의 크기는 3회이고 전체 학생 수는 50명이므로

(도수분포다각형과 가로축으로 둘러싸인 부분의 넓이)

=(계급의 크기)×(전체 학생 수)$=3\times50=150$

Ⅳ-3 자료의 정리와 해석(2)

10 상대도수의 분포표

▸ p.204~208

01 답 **0.36**

02 답 **0.21**

03 답 **0.2**

04 답 **0.31**

$\frac{31}{100}=0.31$

05 답 **0.45**

$\frac{18}{40}=0.45$

06 답 **0.62**

50명의 학생들 중 안경을 쓴 학생 수가 19명이므로

안경을 안 쓴 학생 수는 $50-19=31$(명)이다.

즉, 안경을 안 쓴 학생의 비율은 $\frac{31}{50}=0.62$

07 답 ○

08 답 ×

상대도수의 총합은 항상 1이다.

09 답 ×

상대도수는 0보다 크거나 같고 1보다 작거나 같다.

10 답 ○

11 답 ○

12 답 ○

13 답

수학 점수(점)	도수(명)	상대도수
50이상 ~ 60미만	1	$\frac{1}{20}=0.05$
60 ~ 70	4	$\frac{4}{20}=0.2$
70 ~ 80	8	$\frac{8}{20}=0.4$
80 ~ 90	5	$\frac{5}{20}=0.25$
90 ~100	2	$\frac{2}{20}=0.1$
합계	20	1

60점 이상 70점 미만인 계급의 상대도수는 $\frac{\boxed{4}}{20}=\boxed{0.2}$

70점 이상 80점 미만인 계급의 상대도수는 $\frac{\boxed{8}}{20}=\boxed{0.4}$

80점 이상 90점 미만인 계급의 상대도수는 $\frac{\boxed{5}}{20}=\boxed{0.25}$

90점 이상 100점 미만인 계급의 상대도수는 $\frac{\boxed{2}}{20}=\boxed{0.1}$

14 답

용돈(만 원)	도수(명)	상대도수
2이상 ~ 4미만	8	0.2
4 ~ 6	12	**0.3**
6 ~ 8	14	**0.35**
8 ~10	6	**0.15**
합계	40	**1**

4만 원 이상 6만 원 미만인 계급의 상대도수는 $\frac{12}{40}=0.3$

6만 원 이상 8만 원 미만인 계급의 상대도수는 $\frac{14}{40}=0.35$

8만 원 이상 10만 원 미만인 계급의 상대도수는 $\frac{6}{40}=0.15$

상대도수의 총합은 $0.2+0.3+0.35+0.15=1$

15 답

윗몸일으키기 횟수(회)	도수(명)	상대도수
0이상 ~15미만	2	**0.05**
15 ~30	6	**0.15**
30 ~45	18	**0.45**
45 ~60	10	**0.25**
60 ~75	4	**0.1**
합계	40	**1**

0회 이상 15회 미만인 계급의 상대도수는 $\frac{2}{40}=0.05$

15회 이상 30회 미만인 계급의 상대도수는 $\frac{6}{40}=0.15$

30회 이상 45회 미만인 계급의 상대도수는 $\frac{18}{40}=0.45$

45회 이상 60회 미만인 계급의 상대도수는 $\frac{10}{40}=0.25$

60회 이상 75회 미만인 계급의 상대도수는 $\frac{4}{40}=0.1$

상대도수의 총합은 $0.05+0.15+0.45+0.25+0.1=1$

16 답

줄넘기 횟수(회)	도수(명)	상대도수
0이상 ~ 20미만	25×0.08=2	0.08
20 ~ 40	**25×0.12=3**	0.12
40 ~ 60	**25×0.4=10**	0.4
60 ~ 80	**25×0.24=6**	0.24
80 ~100	**25×0.16=4**	0.16
합계	25	1

20회 이상 40회 미만인 계급의 도수는 $25\times\boxed{0.12}=\boxed{3}$(명)

40회 이상 60회 미만인 계급의 도수는 $25\times\boxed{0.4}=\boxed{10}$(명)

60회 이상 80회 미만인 계급의 도수는 $25\times\boxed{0.24}=\boxed{6}$(명)

80회 이상 100회 미만인 계급의 도수는 $25\times\boxed{0.16}=\boxed{4}$(명)

17 답

독서 시간(시간)	도수(명)	상대도수
0이상 ~ 4미만	3	0.075
4 ~ 8	**6**	0.15
8 ~12	**12**	0.3
12 ~16	**10**	0.25
16 ~20	**5**	0.125
20 ~24	**4**	0.1
합계	40	1

4시간 이상 8시간 미만인 계급의 도수는 $40\times0.15=6$(명)

8시간 이상 12시간 미만인 계급의 도수는 $40\times0.3=12$(명)

12시간 이상 16시간 미만인 계급의 도수는 $40\times0.25=10$(명)

16시간 이상 20시간 미만인 계급의 도수는 $40\times0.125=5$(명)

20시간 이상 24시간 미만인 계급의 도수는 $40\times0.1=4$(명)

18 답

관객의 나이(세)	도수(명)	상대도수
15이상 ~20미만	**25**	0.125
20 ~25	**42**	0.21
25 ~30	**70**	0.35
30 ~35	**36**	0.18
35 ~40	**18**	0.09
40 ~45	**9**	0.045
합계	200	1

15세 이상 20세 미만인 계급의 도수는 $200\times0.125=25$(명)

20세 이상 25세 미만인 계급의 도수는 $200\times0.21=42$(명)

25세 이상 30세 미만인 계급의 도수는 $200\times0.35=70$(명)

30세 이상 35세 미만인 계급의 도수는 $200\times0.18=36$(명)

35세 이상 40세 미만인 계급의 도수는 $200\times0.09=18$(명)

40세 이상 45세 미만인 계급의 도수는 $200\times0.045=9$(명)

19 답 **1**

상대도수의 총합은 항상 $\boxed{1}$이다.

20 답 **1**

21 답 **1**

22 답 **20 %**

몸무게가 45 kg 이상 50 kg 미만인 계급의 상대도수가

$\boxed{0.2}$이므로 $\boxed{0.2}\times100=\boxed{20}$(%)

23 답 **55 %**

몸무게가 50 kg 이상 55 kg 미만인 계급의 상대도수는 0.3,

55 kg 이상 60 kg 미만인 계급의 상대도수는 0.15,

60 kg 이상 65 kg 미만인 계급의 상대도수는 0.1이므로

몸무게가 50 kg 이상 65 kg 미만인 계급의 상대도수의 합은

$0.3+0.15+0.1=0.55$이다.

따라서 몸무게가 50 kg 이상 65 kg 미만인 학생은 전체의

$0.55\times100=55$(%)이다.

24 답 **35 %**

몸무게가 40 kg 이상 45 kg 미만인 계급의 상대도수는 0.15,

45 kg 이상 50 kg 미만인 계급의 상대도수는 0.2이므로

몸무게가 50 kg 미만인 계급의 상대도수의 합은

$0.15+0.2=0.35$이다.

따라서 몸무게가 50 kg 미만인 학생은 전체의

$0.35\times100=35$(%)이다.

25 답 **$A=50$, $B=0.22$**

$A=11+\boxed{18}+13+8=\boxed{50}$

$B=\dfrac{11}{\boxed{50}}=\boxed{0.22}$

26 답 **$A=40$, $B=0.325$**

$A=3+9+10+13+5=40$, $B=\dfrac{13}{40}=0.325$

27 답 **$A=5$, $B=0.25$**

$A=20-(3+8+1+3)=5$, $B=\dfrac{5}{20}=0.25$

28 답 **40명**

운동 시간이 1시간 이상 2시간 미만인 계급의 도수는 6명이고

상대도수는 $\boxed{0.15}$이므로

$(\text{도수의 총합})=\dfrac{(\text{그 계급의 도수})}{(\text{어떤 계급의 상대도수})}$

$=\dfrac{6}{\boxed{0.15}}=\boxed{40}$(명)

29 답 **32개**

$(\text{도수의 총합})=\dfrac{(\text{그 계급의 도수})}{(\text{어떤 계급의 상대도수})}=\dfrac{8}{0.25}=32$(개)

30 답 **50명**

$(\text{도수의 총합})=\dfrac{(\text{그 계급의 도수})}{(\text{어떤 계급의 상대도수})}=\dfrac{3}{0.06}=50$(명)

31 답 **100**

키가 130 cm 이상 140 cm 미만인 계급의 도수가

$\boxed{15}$명, 상대도수가 0.15이므로

$E=\dfrac{\boxed{15}}{0.15}=\boxed{100}$

32 답 **6**

키가 120 cm 이상 130 cm 미만인 계급의 상대도수가 0.06,

도수의 총합이 100명이므로 $A=100\times0.06=6$

33 답 **0.35**

키가 140 cm 이상 150 cm 미만인 계급의 도수가 35명,

도수의 총합이 100명이므로 $B=\dfrac{35}{100}=0.35$

34 답 **23**

키가 150 cm 이상 160 cm 미만인 계급의 상대도수가 0.23,

도수의 총합이 100명이므로 $C=100\times0.23=23$

35 답 **21**

$D=100-(6+15+35+23)=21$

36 답 **0.1**

상대도수의 총합은 항상 $\boxed{1}$이므로

$A=\boxed{1}-(0.15+0.55+0.2)=\boxed{0.1}$

37 답 **20**

평균 운동 시간이 0시간 이상 2시간 미만인 계급의 도수가 2명,

상대도수가 0.1이므로 $E=\dfrac{2}{0.1}=20$

38 답 **3**

평균 운동 시간이 2시간 이상 4시간 미만인 계급의 상대도수가 0.15, 도수의 총합이 20명이므로 $B=20\times0.15=3$

39 답 **11**

평균 운동 시간이 4시간 이상 6시간 미만인 계급의 상대도수가 0.55, 도수의 총합이 20명이므로 $C=20\times0.55=11$

40 답 **4**

평균 운동 시간이 6시간 이상 8시간 미만인 계급의 상대도수가 0.2, 도수의 총합이 20명이므로 $D=20\times0.2=4$

41 답 **상대도수, 도수, 1**

11 상대도수의 분포를 나타낸 그래프

▸ p.209~210

01 답

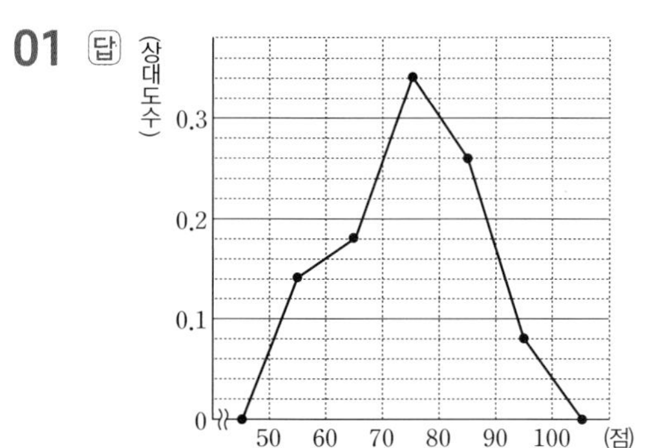

02 답

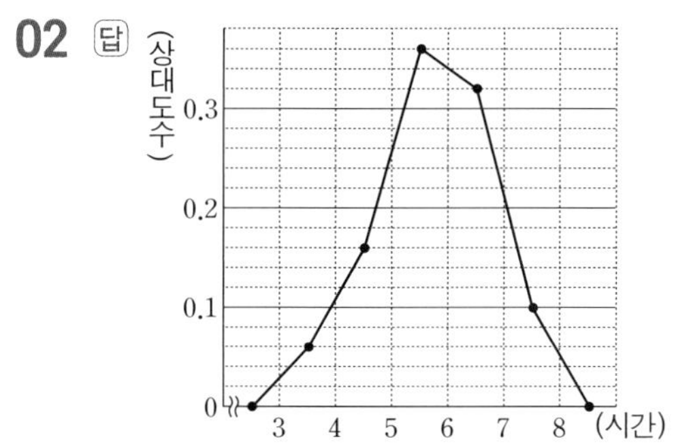

상대도수의 총합은 항상 1이므로 4시간 이상 5시간 미만인 계급의 상대도수는

$1-(0.06+0.36+0.32+0.1)=0.16$이다.

03 답 **16 %**

줄넘기 횟수가 30회 이상 40회 미만인 계급의 상대도수가 0.16이므로 $0.16\times100=16$(%)

04 답 **6명**

도수의 총합이 50명이고 줄넘기 횟수가 20회 이상 30회 미만인 계급의 상대도수가 0.12이므로 $50\times0.12=6$(명)

05 답 **20 %**

줄넘기 횟수가 60회 이상 70회 미만인 계급의 상대도수가 0.12, 70회 이상 80회 미만인 계급의 상대도수가 0.08이므로

줄넘기 횟수가 60회 이상인 계급의 상대도수의 합은

$0.12+0.08=0.2$

따라서 줄넘기 횟수가 60회 이상인 학생은 전체의

$0.2\times100=20$(%)이다.

06 답 **18명**

줄넘기 횟수가 50회 이상 60회 미만인 계급의 상대도수가 0.24, 60회 이상 70회 미만인 계급의 상대도수가 0.12이므로

줄넘기 횟수가 50회 이상 70회 미만인 계급의 상대도수의 합은

$0.24+0.12=036$

따라서 줄넘기 횟수가 50회 이상 70회 미만인 학생 수는

$50\times0.36=18$(명)이다.

07 답 **100명**

몸무게가 50 kg 이상 55 kg 미만인 계급의 상대도수가 0.2이고, 도수가 20명이므로

(전체 학생 수)$=\dfrac{20}{0.2}=100$(명)

08 답 **12명**

상대도수는 도수에 정비례하므로 도수가 3번째로 작은 계급은 상대도수가 3번째로 작은 계급인 35 kg 이상 45 kg 미만이다.

이때, 이 계급의 상대도수는 0.12이므로 도수는

$100\times0.12=12$(명)이다.

09 답 **54 %**

몸무게가 40 kg 이상 45 kg 미만인 계급의 상대도수는 0.24, 45 kg 이상 50 kg 미만인 계급의 상대도수는 0.3이므로

몸무게가 40 kg 이상 50 kg 미만인 계급의 상대도수의 합은

$0.24+0.3=0.54$

따라서 몸무게가 40 kg 이상 50 kg 미만인 학생은 전체의

$0.54\times100=54$(%)이다.

10 답 **14명**

몸무게가 55 kg 이상 60 kg 미만인 계급의 상대도수가 0.1, 60 kg 이상 65 kg 미만인 계급의 상대도수가 0.04이므로

몸무게가 55 kg 이상인 계급의 상대도수의 합은

$0.1+0.04=0.14$

따라서 몸무게가 55 kg 이상인 학생 수는

$100\times0.14=14$(명)이다.

11 답 **도수분포다각형, 분포**

12 도수의 총합이 다른 두 자료의 비교 ▸ p.211

01 답

수학 점수(점)	1반		2반	
	도수(명)	상대도수	도수(명)	상대도수
50이상 ~ 60미만	2	0.05	3	0.06
60 ~ 70	8	**0.2**	10	**0.2**
70 ~ 80	14	**0.35**	18	**0.36**
80 ~ 90	10	**0.25**	12	**0.24**
90 ~ 100	6	**0.15**	7	**0.14**
합계	40	1	50	1

02 답 **60점 이상 70점 미만**

03 답 **1반**

수학 점수가 90점 이상 100점 미만인 계급의 상대도수는 1반이 0.15, 2반이 0.14이므로 90점 이상 100점 미만인 학생의 비율은 1반이 더 높다.

04 답 **2반**

1반의 수학 점수가 50점 이상 60점 미만인 계급의 상대도수는 0.05, 60점 이상 70점 미만인 계급의 상대도수는 0.2, 70점 이상 80점 미만인 계급의 상대도수는 0.35이므로

(1반의 80점 미만인 계급의 상대도수의 합)

$=0.05+0.2+0.35=0.6$

2반의 수학 점수가 50점 이상 60점 미만인 계급의 상대도수는 0.06, 60점 이상 70점 미만인 계급의 상대도수는 0.2, 70점 이상 80점 미만인 계급의 상대도수는 0.36이므로

(2반의 80점 미만인 계급의 상대도수의 합)

$=0.06+0.2+0.36=0.62$

따라서 80점 미만인 학생의 비율은 2반이 더 높다.

05 답 **75명, 40명**

A 중학교에서 몸무게가 50 kg 이상 55 kg 미만인 계급의 상대도수는 0.25이고, 도수의 총합이 300명이므로 몸무게가 50 kg 이상 55 kg 미만인 학생 수는

$300\times0.25=75$(명)

B 중학교에서 몸무게가 50 kg 이상 55 kg 미만인 계급의 상대도수는 0.2이고, 도수의 총합이 200명이므로 몸무게가 50 kg 이상 55 kg 미만인 학생 수는

$200\times0.2=40$(명)

06 답 **A 중학교**

A 중학교의 그래프가 B 중학교의 그래프보다 오른쪽으로 치우쳐 있으므로 A 중학교 학생이 B 중학교 학생보다 몸무게가 더 무겁다고 할 수 있다.

07 답 **상대도수**

단원 마무리 평가 [10~12] ▸ 문제편 p.212~214

01 답 ③

ㄱ. 상대도수의 총합은 항상 1이다. (참)

ㄴ. 상대도수는 전체 도수에 대한 각 계급의 도수의 비율이므로

(어떤 계급의 상대도수)$=\dfrac{\text{(그 계급의 도수)}}{\text{(전체 도수)}}$이다.

∴ (어떤 계급의 도수)=(전체 도수)×(그 계급의 상대도수) (참)

ㄷ. 상대도수의 값의 범위는 0 이상 1 이하이다. (거짓)

따라서 옳은 것은 ㄱ, ㄴ이다.

02 답 ⑤

ㄱ. 전체 도수가 20이고 어떤 계급의 도수가 4이면 그 계급의 상대도수는 $\dfrac{4}{20}=0.2$이다. (참)

ㄴ. 전체 도수가 100이고 어떤 계급의 상대도수가 0.68이면 그 계급의 도수는 $100\times0.68=68$이다. (참)

ㄷ. 어떤 계급의 도수가 10이고 상대도수가 0.5이면 전체 도수는 $\dfrac{10}{0.5}=20$이다. (참)

따라서 옳은 것은 ㄱ, ㄴ, ㄷ이다.

03 답 **0.24**

이벤트에 참여한 남자 회원 수는 $40\times0.2=8$(명), 여자 회원 수는 $10\times0.4=4$(명)이므로 이벤트에 참여한 전체 회원 수는 $8+4=12$(명)이다.

따라서 전체 회원 50명에 대하여 이벤트에 참여한 사람의 상대도수는 $\dfrac{12}{50}=0.24$이다.

04 답 $A=0.34$, $B=1$

상대도수의 총합은 항상 1이므로 $B=1$

$\therefore A=1-(0.08+0.12+0.36+0.1)=0.34$

05 답 ④

각 계급의 상대도수는 그 계급의 도수에 정비례하므로 상대도수가 가장 큰 계급이 도수가 가장 크다.

따라서 도수가 가장 큰 계급은 상대도수가 가장 큰 80점 이상 90점 미만이다.

06 답 ③

60점 이상 70점 미만인 계급의 상대도수는 0.12, 도수는 36명이므로

(전체 학생 수)$=\frac{36}{0.12}=300$(명)

07 답 ②

수학 점수가 80점 이상 90점 미만인 계급의 상대도수는 0.36, 90점 이상 100점 미만인 계급의 상대도수는 0.1이므로 수학 점수가 80점 이상인 학생은

$(0.36+0.1)\times100=46$(%)이다.

08 답 ④

봉사 활동 시간이 0시간 이상 3시간 미만인 계급의 학생 수는 5명, 상대도수는 0.125이므로

(전체 학생 수)$=\frac{5}{0.125}=40$(명)

09 답 ①

전체 학생 수가 40명이므로 봉사 활동 시간이 15시간 이상 18시간 미만인 계급의 학생 수는

$40-(5+7+10+8+6)=4$(명)이다.

따라서 봉사 활동 시간이 15시간 이상 18시간 미만인 계급의 상대도수는 $\frac{4}{40}=0.1$이다.

10 답 ④

도수가 가장 큰 계급은 도수가 10명인 6시간 이상 9시간 미만이고 이 계급의 상대도수는 $\frac{10}{40}=0.25$이다.

11 답 **35 %**

전체 학생 수가 40명이므로 봉사 활동 시간이 9시간 이상 12시간 미만인 계급의 상대도수는 $\frac{8}{40}=0.2$이고 12시간 이상 15시간 미만인 계급의 상대도수는 $\frac{6}{40}=0.15$이다.

따라서 봉사 활동 시간이 9시간 이상 15시간 미만인 학생은

$(0.2+0.15)\times100=35$ (%)이다.

[다른 풀이]

봉사 활동 시간이 9시간 이상 12시간 미만인 계급의 도수는 8명, 12시간 이상 15시간 미만인 계급의 도수는 6명이므로 봉사 활동 시간이 9시간 이상 15시간 미만인 학생 수는

$8+6=14$(명)이다.

이때, 전체 학생 수가 40명이므로 봉사 활동 시간이 9시간 이상 15시간 미만인 학생은

$\frac{14}{40}\times100=35$(%)이다.

12 답 **50명**

도수가 가장 큰 계급은 상대도수가 가장 큰 계급인 30회 이상 40회 미만이다.

이때, 이 계급의 도수와 상대도수가 각각 20, 0.4이므로

(전체 학생 수)$=\frac{20}{0.4}=50$(명)

13 답 ④

도수가 두 번째로 작은 계급은 상대도수가 두 번째로 작은 계급인 10회 이상 20회 미만이다.

이때, 10회 이상 20회 미만인 계급의 상대도수는 0.08이고 전체 학생 수가 50명이므로

이 계급의 도수는 $50\times0.08=4$(명)이다.

14 답 ②

윗몸일으키기를 한 횟수가 10회 이상 20회 미만인 계급의 상대도수는 0.08이고 20회 이상 30회 미만인 계급의 상대도수는 0.14이다.

따라서 윗몸일으키기를 한 횟수가 30회 미만인 학생은

$(0.08+0.14)\times100=22$(%)이다.

15 답 ③

윗몸일으키기를 한 횟수가 60회 이상 70회 미만인 계급의 상대도수는 0.06이므로 이 계급의 도수는 $50\times0.06=3$(명)이고 50회 이상 60회 미만인 계급의 상대도수는 0.1이므로 이 계급의 도수는 $50\times0.1=5$(명)이다.

따라서 윗몸일으키기를 한 횟수가 6번째로 많은 학생이 속하는 계급의 상대도수는 0.1이다.

16 답 **17명**

운동 시간이 10시간 이상 15시간 미만인 계급의 상대도수가 0.24이므로

(전체 학생 수)$=\frac{12}{0.24}=50$(명)

운동 시간이 20시간 이상 25시간 미만인 계급의 상대도수가 0.22, 25시간 이상 30시간 미만인 계급의 상대도수가 0.12이므로 운동 시간이 20시간 이상인 계급의 상대도수의 합은

$0.22+0.12=0.34$이다.

이때, 전체 학생 수가 50명이므로 운동 시간이 20시간 이상인 학생 수는 $50\times0.34=17$(명)이다.

17 답 ②, ④

① 남학생과 여학생의 영어 점수가 60점 미만인 계급의 상대도수의 합을 각각 구하면

남학생 : $0.08+0.3=0.38$

여학생 : $0.04+0.12=0.16$

따라서 영어 점수가 60점 미만인 학생의 비율은 남학생이 더 높다. (거짓)

② 영어 점수가 70점 이상 80점 미만인 학생 수는

남학생 : $150\times0.22=33$(명)

여학생 : $100\times0.28=28$(명) (참)

③ 영어 점수가 60점 이상 70점 미만인 학생 수는

남학생 : $150\times0.24=36$(명)

여학생 : $100\times0.32=32$(명)

따라서 영어 점수가 60점 이상 70점 미만인 학생 수는 남학생이 여학생보다 더 많다. (거짓)

④ 여학생의 그래프가 남학생의 그래프보다 오른쪽으로 치우쳐 있으므로 여학생의 영어 점수가 남학생의 영어 점수보다 더 높은 편이다. (참)

⑤ 남학생과 여학생에 대한 두 그래프에서 계급의 크기와 상대도수의 총합이 각각 같으므로 그래프와 가로축으로 둘러싸인 부분의 넓이는 서로 같다. (거짓)

18 답 ④

ㄱ. A 중학교의 국어 점수가 90점 이상 100점 미만인 계급의 상대도수는 0.05이고 전체 학생 수가 160명이므로 이 계급의 학생 수는 $160\times0.05=8$(명)이다.

B 중학교의 국어 점수가 90점 이상 100점 미만인 계급의 상대도수는 0.05이고 전체 학생 수가 200명이므로 이 계급의 학생 수는 $200\times0.05=10$(명)이다.

따라서 국어 점수가 90점 이상인 학생 수는 두 학교가 다르다. (거짓)

ㄴ. A 중학교의 국어 점수가 80점 이상 90점 미만인 계급의 상대도수는 0.1, 90점 이상 100점 미만인 계급의 상대도수는 0.05이므로 A 중학교의 80점 이상인 학생의 상대도수는 $0.1+0.05=0.15$이다.

따라서 A 중학교의 국어 점수가 80점 이상인 학생 수는 $160\times0.15=24$(명)이다. (참)

ㄷ. B 중학교의 국어 점수가 70점 이상 80점 미만인 계급의 상대도수는 0.25이다.

따라서 B 중학교의 국어 점수가 70점 이상 80점 미만인 학생 수는 $200\times0.25=50$(명)이다. (참)

따라서 옳은 것은 ㄴ, ㄷ이다.

19 답 ⑤

A 중학교에서 상대도수가 가장 큰 계급은 70점 이상 80점 미만이고 이 계급의 상대도수는 0.35이다.

따라서 A 중학교의 각 계급의 도수 중 가장 큰 도수는 $160\times0.35=56$(명)이므로 $a=56$

B 중학교에서 상대도수가 가장 큰 계급은 80점 이상 90점 미만이고 이 계급의 상대도수는 0.4이다.

따라서 B 중학교의 각 계급의 도수 중 가장 큰 도수는 $200\times0.4=80$(명)이므로 $b=80$

$\therefore a+b=56+80=136$

20 답 **B 중학교**

A 중학교의 국어 점수가 70점 이상 80 미만인 계급의 상대도수는 0.35, 80점 이상 90점 미만인 계급의 상대도수는 0.1, 90점 이상 100점 미만인 계급의 상대도수는 0.05이므로 A 중학교의 국어 점수가 70점 이상인 학생의 비율은 $0.35+0.1+0.05=0.5$이다.

B 중학교의 국어 점수가 70점 이상 80 미만인 계급의 상대도수는 0.25, 80점 이상 90점 미만인 계급의 상대도수는 0.4, 90점 이상 100점 미만인 계급의 상대도수는 0.05이므로 B 중학교의 국어 점수가 70점 이상인 학생의 비율은 $0.25+0.4+0.05=0.7$이다.

따라서 국어 점수가 70점 이상인 학생의 비율이 더 높은 학교는 B 중학교이다.

01 답 ⑤

교점의 개수는 꼭짓점의 개수와 같으므로 $a=10$

교선의 개수는 모서리의 개수와 같으므로 $b=15$

$\therefore b-a=15-10=5$

02 답 ①, ④

① $\overleftrightarrow{DA}$는 두 점 A, D를 지나는 직선이고, $\overrightarrow{DA}$는 점 D에서 시작하여 점 A의 방향으로 한없이 뻗어 나가는 직선의 일부분이므로 $\overleftrightarrow{DA} \neq \overrightarrow{DA}$이다.

④ $\overrightarrow{CA}$는 점 C에서 시작하여 점 A의 방향으로 한없이 뻗어 나가는 직선의 일부분이고, $\overrightarrow{AC}$는 점 A에서 시작하여 점 C의 방향으로 한없이 뻗어 나가는 직선의 일부분이므로 $\overrightarrow{CA} \neq \overrightarrow{AC}$이다.

03 답 ②

점 C가 $\overline{AE}$의 중점이므로 $\overline{AC}=\overline{CE}$ ⋯ ㉠

점 B가 $\overline{AC}$의 중점이므로 $\overline{AB}=\overline{BC}$ ⋯ ㉡

점 D가 $\overline{CE}$의 중점이므로 $\overline{CD}=\overline{DE}$ ⋯ ㉢

㉠, ㉡, ㉢에 의하여 $\overline{AB}=\overline{BC}=\overline{CD}=\overline{DE}$이므로

$\overline{BC}=\frac{1}{4}\overline{AE}$, $\overline{AC}=\frac{2}{3}\overline{BE}$

따라서 $a=\frac{1}{4}$, $b=\frac{2}{3}$이므로 $a+b=\frac{1}{4}+\frac{2}{3}=\frac{11}{12}$

04 답 ③

$\overline{AB}=2\overline{BM}$, $\overline{BC}=2\overline{BN}$이므로

$\overline{AC}=\overline{AB}+\overline{BC}=2\overline{BM}+2\overline{BN}=2(\overline{BM}+\overline{BN})=2\overline{MN}$

$=2\times 15=30(\text{cm})$

한편, $\overline{AB}=\frac{3}{2}\overline{BC}$이므로

$\overline{AC}=\overline{AB}+\overline{BC}=\frac{3}{2}\overline{BC}+\overline{BC}=\frac{5}{2}\overline{BC}=30$

$\therefore \overline{BC}=30\times\frac{2}{5}=12(\text{cm})$

05 답 ①

직선 l 위의 네 점 중에서 두 점으로 만들 수 있는 서로 다른

(i) 직선의 개수는 1이므로 $a=1$

(ii) 반직선의 개수는 6이므로 $b=6$

(iii) 선분의 개수는 6이므로 $c=6$

$\therefore a-b+c=1-6+6=1$

06 답 ③

(i) 직선 l 위의 점을 이용하여 그을 수 있는 서로 다른 직선의 개수

세 점 A, B, C 중 두 점을 이용하여 그은 직선은 모두 직선 l과 같다. 즉, 직선 l 위의 점을 이용하여 그을 수 있는 직선은 1개이다.

(ii) 직선 l 위의 한 점과 직선 l 위에 있지 않은 한 점을 이용하여 그을 수 있는 서로 다른 직선의 개수

$\overleftrightarrow{AD}$, $\overleftrightarrow{AE}$, $\overleftrightarrow{BD}$, $\overleftrightarrow{BE}$, $\overleftrightarrow{CD}$, $\overleftrightarrow{CE}$로 6개이다.

(iii) 직선 l 위에 있지 않은 점을 이용하여 그을 수 있는 서로 다른 직선의 개수

$\overleftrightarrow{DE}$로 1개이다.

(i) ~ (iii)에 의하여 그을 수 있는 서로 다른 직선의 개수는 $1+6+1=8$이다.

07 답 ⑤

$\angle AOE=\angle AOB+\angle BOC+\angle COD+\angle DOE$

$=\frac{1}{2}\angle BOC+\angle BOC+\angle COD+\frac{1}{2}\angle COD$

$=\frac{3}{2}(\angle BOC+\angle COD)$

$=\frac{3}{2}\angle BOD=180^\circ$

$\therefore \angle BOD=180\times\frac{2}{3}=120^\circ$

08 답 ⑤

맞꼭지각의 크기는 같고 평각의 크기는 180°이므로

$\angle x+(2\angle x-7^\circ)+(\angle x+17^\circ)+(\angle x+30^\circ)=180^\circ$에서

$5\angle x+40^\circ=180^\circ$, $5\angle x=140^\circ$

$\therefore \angle x=28^\circ$

한편, $\angle y=\angle x+17^\circ=28^\circ+17^\circ=45^\circ$이므로

$\angle x+\angle y=28^\circ+45^\circ=73^\circ$

09 답 ①

$\angle BOC : \angle AOB=1:5$에서 $\angle AOB=5\angle BOC$

이때, $\overleftrightarrow{AD}\perp\overleftrightarrow{CF}$이므로

$\angle AOC=\angle AOB+\angle BOC$

$=5\angle BOC+\angle BOC$

$=6\angle BOC=90^\circ$

$\therefore \angle BOC=90^\circ\times\frac{1}{6}=15^\circ$

한편, 맞꼭지각의 크기는 같으므로

$\angle EOF=\angle BOC=15^\circ$

10 답 2

ㄱ. 변 AD와 변 BC는 서로 평행하다. (참)

ㄴ. 변 AD와 변 CD는 서로 수직이 아니다. (거짓)

ㄷ. 점 B와 변 AD 사이의 거리는 선분 AB의 길이이므로 3 cm이다. (참)

ㄹ. 점 C와 변 AB 사이의 거리는 선분 BC의 길이이므로 5 cm이다. (거짓)

ㅁ. 변 CD와 변 AD는 서로 수직이 아니므로 점 D는 수선의 발이 아니다. (거짓)

따라서 옳은 것은 ㄱ, ㄷ으로 2개이다.

11 답 ③

ㄱ. 직선 m 위에 있는 점은 점 B, 점 C, 점 D이다. (참)

ㄴ. 직선 l과 직선 m의 교점은 점 C이다. (참)

ㄷ. 두 직선 m, n은 점 D에서만 만난다. (거짓)

따라서 옳은 것은 ㄱ, ㄴ이다.

12 답 ②

꺾인 점을 지나고 두 직선 l, m에 평행한 직선 n을 그으면

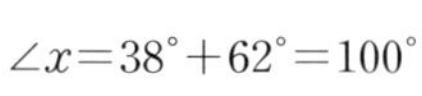

$\angle x=38^\circ+62^\circ=100^\circ$

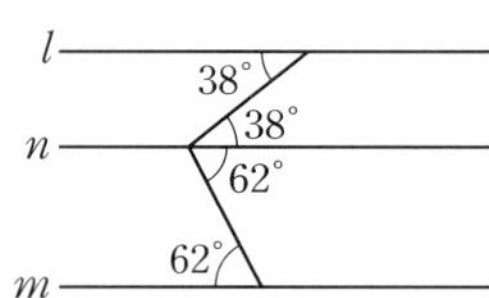

13 답 ④

동위각의 크기는 같으므로

$\angle x=180^\circ-48^\circ=132^\circ$

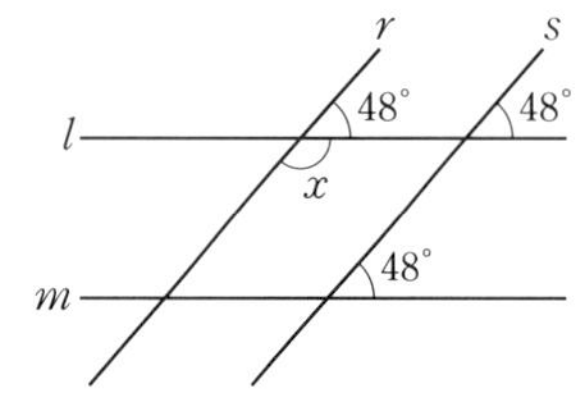

14 답 ③

ㄱ. 직선 AE는 직선 DI와 꼬인 위치에 있다. (참)

ㄴ. 직선 GH는 직선 IJ와 한 점에서 만난다. (참)

ㄷ. 직선 GF와 직선 DE는 꼬인 위치에 있다. (거짓)

따라서 옳은 것은 ㄱ, ㄴ이다.

15 답 ④

면 ABCD와 수직인 모서리의 개수는 $\overline{AE}$, $\overline{BF}$, $\overline{CG}$, $\overline{DH}$로 4이므로 $a=4$

모서리 AD와 평행한 면의 개수는 면 EFGH, 면 BFGC로 2이므로 $b=2$

$\therefore a+b=4+2=6$

16 답 ④

ㄱ. 두 직선 l, m이 서로 만나지도 않고 평행하지 않을 수 있다. 즉, 꼬인 위치에 있을 수 있다. ← OK!

ㄴ. 서로 다른 두 직선 l, m은 서로 다른 두 점에서 만날 수 없다. ← NO!

ㄷ. 두 직선 l, m이 서로 직교할 수 있다. ← OK!

따라서 두 직선 l, m의 위치 관계가 될 수 있는 것은 ㄱ, ㄷ이다.

17 답 ⑤

⑤ 공간에서 두 직선이 서로 만나지도 않고 평행하지도 않을 때, 두 직선은 꼬인 위치에 있다고 한다. 즉, 한 평면 위에 있는 두 직선은 꼬인 위치에 있을 수 없다.

18 답 ④

ㄱ. 점 A는 평면 ABCD, 평면 ABFE, 평면 AEHD 위에 있다. (거짓)

ㄴ. 점 B는 평면 BFGC 위에 있지만 직선 CD 위에 있지 않다. (참)

ㄷ. 직선 CG 위에 있지 않는 꼭짓점의 개수는 점 A, 점 B, 점 D, 점 E, 점 F, 점 H의 6이다. (참)

따라서 옳은 것은 ㄴ, ㄷ이다.

19 답 ④

$\angle a$의 엇각은 $\angle b$이므로

$\angle b=180^\circ-125^\circ=55^\circ$ $\quad\therefore x=55$

$\angle b$의 동위각은 $\angle c$이므로

$\angle c=180^\circ-110^\circ=70^\circ$ $\quad\therefore y=70$

$\therefore x+y=55+70=125$

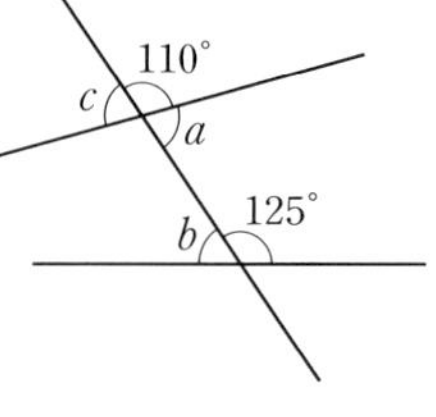

20 답 ⑤

ㄱ. 합동인 두 도형의 넓이는 같다. (참)

ㄴ. 대응하는 세 변의 길이가 각각 같은 삼각형은 SSS 합동이다. (참)

ㄷ. 합동인 두 도형의 대응하는 두 변의 길이는 서로 같다. (참)

ㄹ. 합동인 두 도형의 대응하는 두 각의 크기는 서로 같다. (참)

따라서 옳은 것은 ㄱ, ㄴ, ㄷ, ㄹ이다.

21 답 ②

세 변의 길이가 주어졌을 때 삼각형을 작도할 수 있으려면 가장 긴 변의 길이가 나머지 두 변의 길이의 합보다 작아야 한다.

① $6<4+5$ ← OK! ② $11=2+9$ ← NO!

③ $14<5+12$ ← OK! ④ $20<10+15$ ← OK!

⑤ $11<11+1$ ← OK!

22 답 ②

ㄱ. 대응하는 두 변의 길이는 같지만 그 끼인각의 크기가 아닌 각의 크기가 주어졌으므로 합동이라고 할 수 없다. ← NO!

ㄴ. 대응하는 두 변의 길이가 같고 그 끼인각의 크기가 같으므로 SAS 합동이다. ← OK!

ㄷ. 대응하는 두 변의 길이는 같지만 그 끼인각의 크기가 아닌 각의 크기가 주어졌으므로 합동이라고 할 수 없다. ← NO!

ㄹ. 대응하는 세 변의 길이가 같으므로 SSS 합동이다. ← OK!

따라서 필요한 조건인 것은 ㄴ, ㄹ이다.

23 답 ②

(i) a가 가장 긴 변일 때,

$a<4+10=14$이어야 한다.

(ii) 10이 가장 긴 변일 때,

$10<4+a$에서 $a>6$이어야 한다.

(i), (ii)에 의하여 a의 값은 6보다 크고 14보다 작아야 하므로 조건을 만족시키는 자연수 a의 값은 7, 8, 9, ⋯, 13이고 그 합은 $7+8+9+10+11+12+13=70$이다.

24 답 ㄴ, ㄷ, ㄹ

ㄱ. 세 각의 크기가 주어진 경우 모양은 같지만 크기가 다른 삼각형이 무수히 많이 그려진다. ← NO!

ㄴ. 한 변의 길이와 그 양 끝 각의 크기가 주어졌으므로 △ABC가 하나로 결정된다. ← OK!

ㄷ. 세 변의 길이가 주어졌고 $5<3+4$이므로 △ABC가 하나로 결정된다. ← OK!

ㄹ. $\angle B=180^\circ-(\angle A+\angle C)=180^\circ-(60^\circ+30^\circ)=90^\circ$ 이므로 두 변의 길이와 그 끼인각의 크기가 주어진 것이므로 △ABC가 하나로 결정된다. ← OK!

따라서 △ABC가 하나로 결정되는 것은 ㄴ, ㄷ, ㄹ이다.

Ⅱ단원 실력 향상 테스트

▸문제편 p.220~223

01 답 ②, ③

② 팔각형은 8개의 선분으로 둘러싸여 있고 9개의 선분으로 둘러싸여 있는 다각형은 구각형이다. (거짓)

③ 다각형은 3개 이상의 선분으로 둘러싸여 있다. (거짓)

02 답 정칠각형

조건 (가)를 만족시키는 다각형은 칠각형이고, 두 조건 (나), (다)를 만족시키는 다각형은 정다각형이므로 구하는 다각형은 정칠각형이다.

03 답 ②

구하는 다각형을 n각형이라 하면

$a=n$, $b=n-3$, $c=n-2$이다.

이때, $a+b+c=13$이므로 대입하면

$n+(n-3)+(n-2)=13$에서

$3n-5=13$, $3n=18$ $\quad\therefore n=6$

따라서 구하는 다각형은 육각형이다.

04 답 ④

삼각형의 세 내각의 크기의 합은 180°이므로

$2\angle x+(3\angle x-10^\circ)+25^\circ=180^\circ$에서

$5\angle x+15^\circ=180^\circ$, $5\angle x=165^\circ$

$\therefore \angle x=33^\circ$

05 답 28°

$\angle C=3\angle B$이고 삼각형의 세 내각의 크기의 합은 180°이므로

$\angle A+\angle B+\angle C=180^\circ$에서

$68^\circ+\angle B+3\angle B=180^\circ$, $4\angle B=112^\circ$

$\therefore \angle B=28^\circ$

06 답 ①

△DBC에서

$\angle DBC+\angle DCB=180^\circ-\angle BDC$

$=180^\circ-122^\circ=58^\circ$

△ABC에서

$\angle x=\angle BAC$

$=180^\circ-(\angle ABC+\angle ACB)$

$=180^\circ-\{(\angle ABD+\angle DBC)+(\angle DCB+\angle ACD)\}$

$=180^\circ-(2\angle DBC+2\angle DCB)$

$=180^\circ-2(\angle DBC+\angle DCB)$

$=180^\circ-2\times58^\circ=64^\circ$

07 답 105°

$\angle x+56^\circ=90^\circ$에서 $\angle x=34^\circ$

$\angle y+19^\circ=90^\circ$에서 $\angle y=71^\circ$

$\therefore \angle x+\angle y=34^\circ+71^\circ=105^\circ$

08 답 35°

$\angle ABE=\angle ABD=\angle a$, $\angle ACB=\angle ACD=\angle b$라 하면

△ABC에서 $\angle x+\angle b=\angle a$

$\therefore \angle a-\angle b=\angle x$ ⋯ ㉠

△DBC에서 $70^\circ+2\angle b=2\angle a$, $2\angle a-2\angle b=70^\circ$

$2(\angle a-\angle b)=70^\circ$

$\therefore \angle a-\angle b=35^\circ$

따라서 ㉠에 의하여 $\angle x=35^\circ$

09 답 146°

그림과 같이 직선 AD를 긋고 이 직선 위에 한 점 E를 잡으면

△ABD에서

$\angle BDE = \angle BAD + 32^\circ$이고

△ADC에서

$\angle CDE = \angle CAD + 40^\circ$이다.

$\therefore \angle x = \angle BDE + CDE$

$= (\angle BAD + 32^\circ) + (\angle CAD + 40^\circ)$

$= (\angle BAD + \angle CAD) + 72^\circ$

$= \angle BAC + 72^\circ = 74^\circ + 72^\circ = 146^\circ$

[다른 풀이]

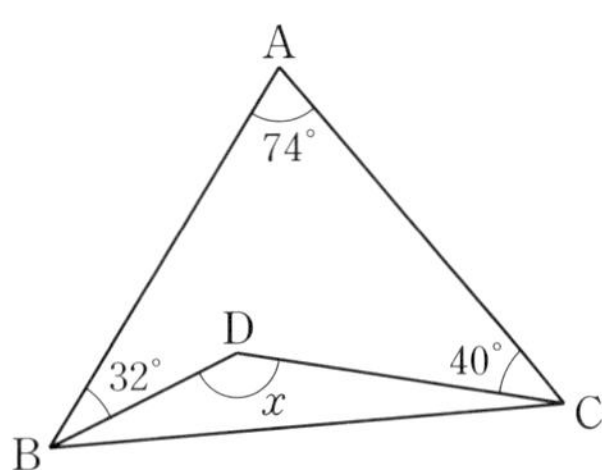

그림과 같이 선분 BC를 그으면 △ABC에서

$74^\circ + (32^\circ + \angle DBC) + (40^\circ + \angle DCB) = 180^\circ$

$\angle DBC + \angle DCB + 146^\circ = 180^\circ$

$\therefore \angle DBC + \angle DCB = 34^\circ$

△DBC에서

$\angle x = 180^\circ - (\angle DBC + \angle DCB) = 180^\circ - 34^\circ = 146^\circ$

10 답 ④

△DBC에서 $\overline{DB} = \overline{DC}$이므로

$\angle DCB = \angle DBC = 40^\circ$이고

$\angle ADC = \angle DBC + \angle DCB = 40^\circ + 40^\circ = 80^\circ$

△ADC에서 $\overline{CD} = \overline{CA}$이므로

$\angle CAD = \angle ADC = 80^\circ$

따라서 △ABC에서

$\angle x = \angle ABC + \angle BAC = 40^\circ + 80^\circ = 120^\circ$

11 답 37°

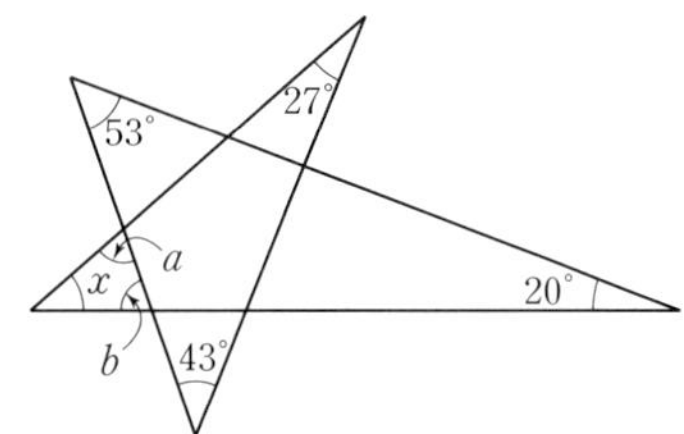

그림에서

$\angle a = 43^\circ + 27^\circ = 70^\circ$, $\angle b = 53^\circ + 20^\circ = 73^\circ$

$\therefore \angle x = 180^\circ - (70^\circ + 73^\circ) = 37^\circ$

12 답 109°

오각형의 모든 내각의 크기의 합은 $180^\circ \times (5-2) = 540^\circ$이므로

$\angle x + 85^\circ + 105^\circ + 112^\circ + 129^\circ = 540^\circ$ $\quad \therefore \angle x = 109^\circ$

13 답 ④

육각형의 모든 내각의 크기의 합은 $180^\circ \times (6-2) = 720^\circ$

이때, 외각의 크기가 54°, 50°인 꼭짓점에서의 내각의 크기는

각각 $180^\circ - 54^\circ = 126^\circ$, $180^\circ - 50^\circ = 130^\circ$이므로

$\angle x + 126^\circ + 110^\circ + 130^\circ + 100^\circ + 156^\circ = 720^\circ$ $\quad \therefore \angle x = 98^\circ$

14 답 ⑤

주어진 오각형에서 한 내각의 크기가 140°인 꼭짓점에서의 외각의 크기는 $180^\circ - 140^\circ = 40^\circ$이고 오각형의 모든 외각의 크기의 합은 360°이므로 $\angle x + 40^\circ + 55^\circ + 75^\circ + 78^\circ = 360^\circ$

$\therefore \angle x = 112^\circ$

15 답 2880°

정다각형의 한 내각의 크기가 160°이므로 한 외각의 크기는

$180^\circ - 160^\circ = 20^\circ$

구하는 정다각형을 정n각형이라 하면

$\frac{360^\circ}{n} = 20^\circ$에서 $n = 18$

따라서 구하는 정다각형은 정십팔각형이고 정십팔각형의 모든 내각의 크기의 합은 $180^\circ \times (18-2) = 2880^\circ$

[다른 풀이]

구하는 정다각형을 정n각형이라 하면 한 내각의 크기가

160°이므로 $\frac{180^\circ \times (n-2)}{n} = 160^\circ$에서

$180^\circ \times n - 360^\circ = 160^\circ \times n$, $20^\circ \times n = 360^\circ$ $\quad \therefore n = 18$

(이하 동일)

16 답 ④

④ 호 BC와 $\overline{BC}$로 이루어진 도형은 활꼴이다. (거짓)

17 답 ③, ⑤

③ 반원에 대한 중심각의 크기는 180°이다. (거짓)

⑤ 원의 중심에서 원 위의 한 점을 이은 선분은 반지름이다. (거짓)

18 답 ④

호의 길이는 중심각의 크기에 정비례하므로

$25 : 125 = 5 : x$ $\quad \therefore x = 25$

19 답 ④

$\triangle ODE$에서 $\overline{OD}=\overline{DE}$이므로 $\angle DOE=\angle OED=20^\circ$이고

$\angle ODC=\angle DOE+\angle OED=20^\circ+20^\circ=40^\circ$

$\overline{OC}$, $\overline{OD}$는 원 O의 반지름이므로 $\overline{OC}=\overline{OD}$

즉, $\angle OCD=\angle ODC=40^\circ$이므로 $\triangle OCE$에서

$\angle AOC=\angle OCE+\angle OEC=40^\circ+20^\circ=60^\circ$

한편, 호의 길이는 중심각의 크기에 정비례하므로

$\angle AOC : \angle BOD=\widehat{AC} : \widehat{BD}$에서 $60 : 20=12 : \widehat{BD}$

$\therefore \widehat{BD}=4$ cm

20 답 ③

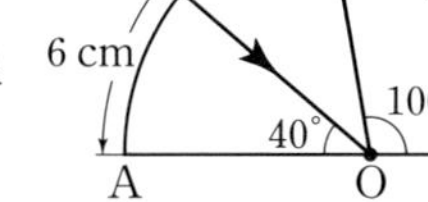

$\overline{OD} /\!/ \overline{BC}$이므로

$\angle OBC=\angle AOD=40^\circ$

$\triangle OBC$에서 $\overline{OB}=\overline{OC}$이므로

$\angle OCB=\angle OBC=40^\circ$

$\therefore \angle COB$

$=180^\circ-(\angle OBC+\angle OCB)$

$=180^\circ-(40^\circ+40^\circ)=100^\circ$

호의 길이는 중심각의 크기에 정비례하므로

$\angle AOD : \angle COB=\widehat{AD} : \widehat{BC}$에서 $40 : 100=6 : x$

$\therefore x=15$

21 답 ③

부채꼴의 넓이는 중심각의 크기에 정비례하므로

$x : 24=12 : 3 \qquad \therefore x=96$

22 답 ④

$\triangle COD$에서 $\overline{OC}=\overline{OD}$이므로

$\angle OCD=\frac{1}{2}\times(180^\circ-120^\circ)=30^\circ$

한편, $\overline{AB} /\!/ \overline{CD}$이므로 $\angle AOC=\angle OCD=30^\circ$

이때, 부채꼴 AOC의 넓이를 x cm^{2}라 하면 부채꼴의 넓이는

중심각의 크기에 정비례하므로 $30 : 120=x : 24\pi \qquad \therefore x=6\pi$

따라서 부채꼴 AOC의 넓이는 6π cm^{2}이다.

23 답 15

한 원에서 중심각의 크기가 같으면 현의 길이는 같으므로 $x=15$

24 답 ⑤

둘레의 길이가 18π cm인 원 O의 반지름의 길이를 r cm라 하면

$2\pi r=18\pi$에서 $r=9$

따라서 원 O의 반지름의 길이는 9 cm이므로 이 원의 넓이는

$\pi\times 9^2=81\pi(\text{cm}^2)$

25 답 ③

반지름의 길이가 8 cm이고 중심각의 크기가 90°인 부채꼴의

넓이는 $\pi\times 8^2\times\frac{90}{360}=16\pi(\text{cm}^2)$

한편, 이 부채꼴과 넓이가 같은 원의 반지름의 길이를 r cm라

하면 $\pi r^2=16\pi$에서 $r^2=16=4\times 4 \qquad \therefore r=4$

따라서 주어진 부채꼴과 넓이가 같은 원의 반지름의 길이는

4 cm이다.

26 답 ②

중심각의 크기가 144°이고 넓이가 10π cm^{2}인 부채꼴의

반지름의 길이를 r cm라 하면

$\pi r^2\times\frac{144}{360}=10\pi$에서 $\pi r^2\times\frac{2}{5}=10\pi$

$r^2=10\times\frac{5}{2}=25=5\times 5 \qquad \therefore r=5$

따라서 부채꼴의 반지름의 길이는 5 cm이다.

27 답 120°

부채꼴 ODE의 중심각의 크기를 x°라 하면 호 DE의 길이가

4π cm이므로 $2\pi\times 6\times\frac{x}{360}=4\pi$에서 $x=120$

$\therefore \angle DOE=120^\circ$

한편, $\angle DOE$는 $\triangle OAB$의 한 외각이므로

$\angle OAB+\angle OBA=\angle DOE=120^\circ$

28 답 $(3\pi+10)$ cm

정오각형의 한 내각의 크기는 $\frac{180^\circ\times(5-2)}{5}=108^\circ$이므로

(색칠된 부분의 둘레의 길이)

$=2\pi\times 5\times\frac{108}{360}+5+5=3\pi+10(\text{cm})$

29 답 ②

(색칠된 부분의 넓이)

$=\triangle ABC+$(지름이 $\overline{AB}$인 반원의 넓이)

$+$(지름이 $\overline{AC}$인 반원의 넓이)

$-$(지름이 $\overline{BC}$인 반원의 넓이)

$=\frac{1}{2}\times 6\times 8+\pi\times 3^2\times\frac{180}{360}+\pi\times 4^2\times\frac{180}{360}-\pi\times 5^2\times\frac{180}{360}$

$=24+\frac{9}{2}\pi+8\pi-\frac{25}{2}\pi=24(\text{cm}^2)$

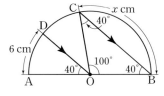

Ⅲ단원 실력 향상 테스트

▸문제편 p.224~227

01 답 ⑤

면의 개수는 7이므로 $a=7$

꼭짓점의 개수는 10이므로 $b=10$

$\therefore a+b=7+10=17$

02 답 ②

사각뿔대는 면의 개수가 6이므로 육면체이다.

오각뿔은 면의 개수가 6이므로 육면체이다.

오각뿔대는 면의 개수가 7이므로 칠면체이다.

육각뿔은 면의 개수가 7이므로 칠면체이다.

육각기둥은 면의 개수가 8이므로 팔면체이다.

따라서 칠면체인 것의 개수는 오각뿔대, 육각뿔로 2이다.

03 답 ⑤

① 사각기둥의 면의 개수는 6이다.

② 정육면체의 면의 개수는 6이다.

③ 칠각뿔의 면의 개수는 8이다.

④ 오각기둥의 면의 개수는 7이다.

⑤ 삼각뿔의 면의 개수는 4이다.

따라서 면의 개수가 가장 적은 입체도형은 ⑤ 삼각뿔이다.

04 답 ③

두 조건 (가), (나)를 만족시키는 입체도형은 각기둥이다.

각기둥 중에서 조건 (다)를 만족시키는 각기둥은 십각기둥이다.

05 답 ⑤

ㄱ. 한 꼭짓점에서 3개 이상의 면이 만나야 하고 한 꼭짓점에서 모인 각의 크기의 합이 360°보다 작아야 하므로 정다면체의 각 면은 정삼각형, 정사각형, 정오각형 중 하나로 이루어져 있다. (참)

ㄴ. 정다면체 중에서 한 꼭짓점에서 모인 면의 개수가 3인 것은 정사면체, 정육면체, 정십이면체이고 한 꼭짓점에서 모인 면의 개수가 4인 것은 정팔면체, 한 꼭짓점에서 모인 면의 개수가 5인 것은 정이십면체이다. (참)

ㄷ. 정사면체, 정육면체, 정팔면체, 정십이면체, 정이십면체의 모서리의 개수는 각각 6, 12, 12, 30, 30이므로 정다면체 중 모서리의 개수가 가장 적은 것은 정사면체이다. (참)

따라서 옳은 것은 ㄱ, ㄴ, ㄷ이다.

06 답 ⑤

각 면의 모양이 정삼각형인 정다면체는 정사면체, 정팔면체, 정이십면체이고 한 꼭짓점에 모인 면의 개수는 정사면체는 3, 정팔면체는 4, 정이십면체는 5이므로 조건을 만족시키는 정다면체는 정이십면체이다.

07 답 ⑤

주어진 전개도로 만들어지는 정다면체는 그림과 같이 정육면체이다.

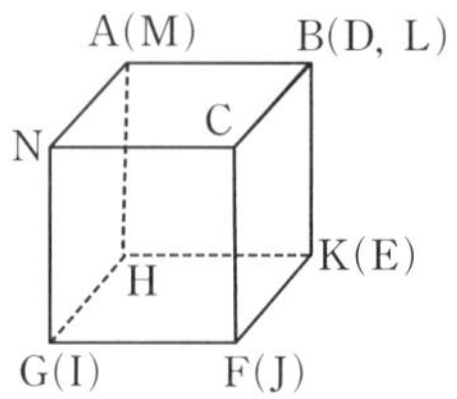

ㄱ. 모서리의 개수는 12이다. (참)

ㄴ. 점 G와 겹치는 점은 I이다. (참)

ㄷ. 모서리 AB와 모서리 NG는 꼬인 위치에 있다. (참)

따라서 옳은 것은 ㄱ, ㄴ, ㄷ이다.

08 답 ②

09 답 **36 cm²**

주어진 평면도형을 직선 l을 회전축으로 하여 1회전 시킬 때 생기는 회전체는 두 밑면의 반지름의 길이가 각각 6 cm, 3 cm이고 높이가 4 cm인 원뿔대이다.

이 원뿔대를 회전축을 포함하는 평면으로 자른 단면은 윗변의 길이가 $2\times3=6(\text{cm})$, 아랫변의 길이가 $2\times6=12(\text{cm})$, 높이가 4 cm인 사다리꼴이므로 단면의 넓이는

$\frac{1}{2}\times(6+12)\times4=36(\text{cm}^2)$이다.

10 답 ③

③ 원기둥을 회전축을 포함한 평면으로 자른 단면은 직사각형이다. ← NO!

11 답 ④

반지름의 길이가 8 cm인 구를 회전축을 포함하는 평면으로 자를 때, 생기는 단면은 반지름의 길이가 8 cm인 원이다.

$\therefore$ (단면의 넓이)$=\pi\times8^2=64\pi(\text{cm}^2)$

12 답 8

직각삼각형을 직선 l을 회전축으로 하여 1회전 시킬 때, 생기는 회전체는 밑면의 반지름의 길이가 3이고 높이가 4, 모선의 길이가 5인 원뿔이다.

이 원뿔의 전개도에서 a는 모선의 길이와 같으므로 $a=5$이고 b는 밑면의 반지름의 길이와 같으므로 $b=3$이다.

$\therefore a+b=5+3=8$

13 답 ②

ㄱ. 구는 회전체이지만 구의 전개도는 그릴 수 없다. (거짓)

ㄴ. 회전체를 회전축을 포함하는 평면으로 자른 단면은 회전축에 대하여 선대칭도형이다. (참)

ㄷ. 원뿔은 회전체이고 원뿔을 회전축에 수직인 평면으로 자른 단면은 모두 원으로 모양은 같지만 그 크기가 다르므로 합동이 아니다. (거짓)

따라서 옳은 것은 ㄴ이다.

14 답 120 cm²

(밑넓이)$=\frac{1}{2}\times(6+4)\times3=15(\text{cm}^2)$

(옆넓이)$=(6+4+4+4)\times5=90(\text{cm}^2)$

$\therefore$ (겉넓이)$=15\times2+90=120(\text{cm}^2)$

15 답 ③

(밑넓이)$=4\times4=16(\text{cm}^2)$

사각기둥의 높이를 h cm라 하면

(옆넓이)$=(4+4+4+4)\times h=16h(\text{cm}^2)$

이때, 이 사각기둥의 겉넓이가 160 cm²이므로

$16\times2+16h=160$에서 $16h=128$ $\quad\therefore h=8$

따라서 사각기둥의 높이는 8 cm이다.

16 답 ②

주어진 전개도로 만들어지는 입체도형은 사각기둥이다.

(밑넓이)$=\frac{1}{2}\times(6+2)\times3=12(\text{cm}^2)$이고 높이는 10 cm이므로 (부피)$=12\times10=120(\text{cm}^3)$이다.

17 답 280

주어진 입체도형의 겉넓이는 잘라내기 전의 직육면체의 겉넓이와 같다.

$\therefore$ (겉넓이)$=(3\times7)\times2+(3+7+3+7)\times6=162(\text{cm}^2)$

또한, 부피는 밑면의 가로의 길이와 세로의 길이가 각각 7 cm, 3 cm이고 높이가 6 cm인 직육면체의 부피에서 밑면의 가로의 길이와 세로의 길이가 각각 4 cm, 1 cm이고 높이가 2 cm인 직육면체의 부피를 뺀 것과 같다.

$\therefore$ (부피)$=(7\times3)\times6-(4\times1)\times2=118(\text{cm}^3)$

따라서 $a=162$, $b=118$이므로 $a+b=162+118=280$

18 답 ④

(밑넓이)$=\pi\times6^2-\pi\times3^2=27\pi(\text{cm}^2)$

(바깥쪽 원기둥의 옆넓이)$=(2\pi\times6)\times10=120\pi(\text{cm}^2)$

(안쪽 원기둥의 옆넓이)$=(2\pi\times3)\times10=60\pi(\text{cm}^2)$

$\therefore$ (겉넓이)$=27\pi\times2+120\pi+60\pi=234\pi(\text{cm}^2)$

19 답 ③

(밑넓이)$=\pi\times3^2\times\frac{60}{360}=\frac{3}{2}\pi(\text{cm}^2)$

(옆넓이)$=\left(2\pi\times3\times\frac{60}{360}+3+3\right)\times x=\pi x+6x(\text{cm}^2)$

이때, 겉넓이가 $(10\pi+42)$ cm²이므로

$\frac{3}{2}\pi\times2+(\pi x+6x)=10\pi+42$에서

$(3+x)\pi+6x=10\pi+42$

즉, $3+x=10$이고 $6x=42$이므로 $x=7$

20 답 ④

(밑넓이)$=\pi\times7^2-\pi\times3^2=49\pi-9\pi=40\pi(\text{cm}^2)$

$\therefore$ (부피)$=40\pi\times4=160\pi(\text{cm}^3)$

21 답 ⑤

주어진 전개도로 만들어지는 입체도형은 원기둥이다.

이때, 전개도에서 옆면의 가로의 길이가 12π cm이므로 밑면의 반지름의 길이를 r cm라 하면 $2\pi r=12\pi$

$\therefore r=6$

따라서 주어진 전개도로 만들어지는 원기둥의 부피는

$\pi\times6^2\times4=144\pi(\text{cm}^3)$

22 답 ④

원뿔의 전개도에서 옆면은 반지름의 길이가 13 cm이고 호의 길이가 $2\pi\times5=10\pi(\text{cm})$인 부채꼴이므로

(옆넓이)$=\frac{1}{2}\times13\times10\pi=65\pi(\text{cm}^2)$

23 답 ②

원뿔 모양의 그릇의 부피는

$\frac{1}{3}\times(\pi\times5^2)\times12=100\pi(\text{cm}^3)$

한편, 1분에 5π cm³의 속도로 물을 담으므로 빈 그릇에 물을 넘치지 않게 가득 채우는 데 x분이 걸린다고 하면

$5\pi\times x=100\pi$ $\quad\therefore x=20$

따라서 물을 가득 채우려면 20분이 걸린다.

24 답 ③

(큰 사각뿔의 부피)$=\frac{1}{3}\times(6\times10)\times10=200(\text{cm}^3)$

(작은 사각뿔의 부피)$=\frac{1}{3}\times(3\times5)\times5=25(\text{cm}^3)$

$\therefore$ (사각뿔대의 부피)$=200-25=175(\text{cm}^3)$

25 답 ④

주어진 입체도형의 겉넓이는 반지름의 길이가 6 cm인 구의 겉넓이의 $\frac{7}{8}$과 반지름의 길이가 6 cm이고 중심각의 크기가 90°인 부채꼴 3개의 넓이의 합과 같다.

$\therefore$ (겉넓이)$=(4\pi\times6^2)\times\frac{7}{8}+\left(\pi\times6^2\times\frac{90}{360}\right)\times3$

$=126\pi+27\pi=153\pi(\text{cm}^2)$

26 답 겉넓이 : 33π cm², 부피 : 30π cm³

주어진 평면도형을 직선 l을 회전축으로 하여 1회전 시켰을 때 생기는 입체도형은 오른쪽 그림과 같다.

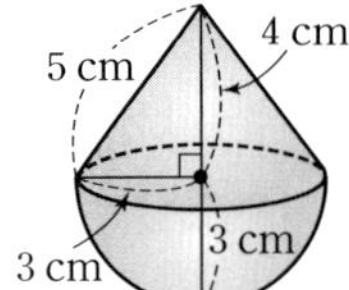

(겉넓이)

$=$(원뿔의 옆넓이)$+$(반구의 겉넓이)

$=\frac{1}{2}\times5\times(2\pi\times3)+\frac{1}{2}\times(4\pi\times3^2)$

$=15\pi+18\pi=33\pi(\text{cm}^2)$

(부피)

$=$(원뿔의 부피)$+$(반구의 부피)

$=\frac{1}{3}\times(\pi\times3^2)\times4+\frac{1}{2}\times\left(\frac{4}{3}\pi\times3^3\right)$

$=12\pi+18\pi=30\pi(\text{cm}^3)$

Ⅳ단원 실력 향상 테스트

▸문제편 p.228~231

01 답 ③

$\frac{2+7+8+x+4+4}{6}=5$에서 $x+25=30$

$\therefore x=5$

02 답 ②

세 변량 x, y, z의 평균이 3이므로 $\frac{x+y+z}{3}=3$

$\therefore x+y+z=9$

따라서 x, 8, $y+3$, $z-4$, 7, 1의 평균은

$\frac{x+8+(y+3)+(z-4)+7+1}{6}=\frac{(x+y+z)+15}{6}$

$=\frac{9+15}{6}=4$

03 답 ④

남자의 수를 x명, 여자의 수를 y명이라 하면 남자의 평균 나이는 34살, 여자의 평균 나이는 39살이므로

(남자의 나이의 총합)$=34x$(살)

(여자의 나이의 총합)$=39y$(살)

$\therefore$ (남자와 여자의 나이의 총합)$=34x+39y$(살)

한편, 이 마을의 남녀 전체의 평균 나이가 36살이고 남녀 전체의 수는 $(x+y)$명이므로 $\frac{34x+39y}{x+y}=36$에서

$34x+39y=36x+36y$, $3y=2x$

$\therefore x:y=3:2$

따라서 남자와 여자의 수의 비는 $3:2$이다.

04 답 ⑤

x를 제외한 나머지 세 변량을 작은 값부터 크기순으로 나열하면 32, 54, 82이므로 x의 값의 범위에 따라 주어진 네 변량의 중앙값을 구하면

(ⅰ) $x\le32$일 때, 중앙값은 $\frac{32+54}{2}=43$

(ⅱ) $32<x<82$일 때, 중앙값은 $\frac{x+54}{2}$

(ⅲ) $x\ge82$일 때, 중앙값은 $\frac{54+82}{2}=68$

이때, 네 변량의 중앙값이 56이므로 가능한 x의 값의 범위는 $32<x<82$이다. 즉, $\frac{x+54}{2}=56$에서 $x=58$

05 답 ②

변량의 개수가 6으로 짝수이므로 중앙값은 10, x의 평균이다.

이때, 중앙값이 12이므로 $\frac{10+x}{2}=12$에서 $x=14$

06 답 ③

8명의 수학 점수를 작은 값부터 크기순으로 나열한 자료를 a, b, c, 76, d, e, f, g라 하면 중앙값이 78점이므로 $\frac{76+d}{2}=78$에서 $d=80$

따라서 자료 a, b, c, 76, $d=80$, e, f, g에 변량 82를 추가하여 작은 값부터 크기순으로 나열하면 82는 80보다 오른쪽에 있으므로 구하는 중앙값은 5번째 값인 80점이다.

07 답 6

x의 값이 어느 값을 가져도 주어진 자료의 최빈값은 5이다.

즉, 주어진 자료의 평균이 5이므로

$\frac{5+7+5+x+3+4+5}{7}=5$에서 $x+29=35$

$\therefore x=6$

08 답 4

조건 (가)에 의하여 $\frac{x+y+z+5+6}{5}=4$에서

$x+y+z+11=20 \quad \therefore x+y+z=9 \cdots$ ㉠

조건 (나)에 의하여 x, y, z의 값 중 적어도 2개는 4이어야 한다.

(i) x, y, z의 값 중 2개가 4라 하면 ㉠에 의하여 나머지 1개의 값은 1이 되어야 한다.
이때의 5개의 변량을 작은 값부터 크기순으로 나열하면 1, 4, 4, 5, 6이므로 중앙값은 4이다.

(ii) x, y, z의 값이 모두 4라면 $x+y+z=12$이므로 ㉠을 만족시키지 않는다.

따라서 조건을 모두 만족시킬 때, 주어진 자료의 중앙값은 4이다.

09 답 4일

미세먼지 농도가 81 $\mu g/m^3$ 이상인 날은 81, 85, 87, 89로 4일이다.

10 답 ②

남자 중 나이가 가장 많은 회원의 나이는 34살, 여자 중 나이가 가장 적은 회원의 나이는 18살이므로 그 차는 $34-18=16$(살)이다.

11 답 40 %

$A=40-(11+13+4)=12$

몸무게가 45 kg 이상 55 kg 미만인 학생 수가 12명, 55 kg 이상 65 kg 미만인 학생 수가 4명이므로

몸무게가 45 kg 이상인 학생 수는 $12+4=16$(명)이다.

이때, 전체 학생 수가 40명이고, 몸무게가 45 kg 이상인 학생 수가 16명이므로 $\frac{16}{40}\times100=40(\%)$

12 답 ⑤

① 계급의 개수는 4이다. (거짓)

② 계급의 크기는 $10-0=10$(분)이다. (거짓)

③ $A=25-(4+6+8)=7$ (거짓)

④ 통학 시간이 30분 이상 40분 미만인 학생 수가 8명, 20분 이상 30분 미만인 학생 수가 7명이므로 통학 시간이 긴 쪽에서 10번째인 학생이 속하는 계급은 20분 이상 30분 미만이고 이 계급의 도수는 7명이다. (거짓)

⑤ 통학 시간이 0분 이상 10분 미만인 학생 수가 4명, 10분 이상 20분 미만인 학생 수가 6명, 20분 이상 30분 미만인 학생 수가 7명이므로 통학 시간이 30분 미만인 학생 수는
$4+6+7=17$(명) $\quad \therefore \frac{17}{25}\times100=68(\%)$ (참)

13 답 ①

전체 도수가 30명이므로 $8+7+3+3x+2+2x=30$

$5x+20=30$, $5x=10 \quad \therefore x=2$

즉, 3시간 이상 4시간 미만인 계급의 도수는

$3x=3\times2=6$(명)이고 5시간 이상 6시간 미만인 계급의 도수는

$2x=2\times2=4$(명)이다.

따라서 도수가 가장 큰 계급은 0시간 이상 1시간 미만이다.

14 답 ②

학습 시간이 4시간 이상 5시간 미만인 학생 수는 2명, 5시간 이상 6시간 미만인 학생 수는 4명이므로

학습 시간이 4시간 이상인 학생 수는 $2+4=6$(명)이다.

이때, 전체 학생 수는 30명이므로 학습 시간이 4시간 이상인 학생은 $\frac{6}{30}\times100=20(\%)$이다.

15 답 ③

② (전체 학생 수)$=2+5+7+9+7=30$(명) (참)

③ 독서 시간이 가장 많은 학생의 독서 시간은 알 수 없다. (거짓)

④ 독서 시간이 0시간 이상 2시간 미만인 학생 수는 2명, 2시간 이상 4시간 미만인 학생 수는 5명이므로 독서 시간이 4시간 미만인 학생 수는 $2+5=7$(명)이다. (참)

⑤ (직사각형의 넓이의 합)=(계급의 크기)×(도수의 총합)
$=2\times30=60$ (참)

16 답 12명

수학 점수가 70점 이상 80점 미만인 학생 수를 x명이라 하면

60점 이상 70점 미만인 학생 수는 $\frac{4}{3}x$(명)이다.

이때, 전체 학생 수가 40명이므로

$5+7+\frac{4}{3}x+x+4+3=40$에서 $\frac{7}{3}x+19=40$

$\frac{7}{3}x=21 \quad \therefore x=9$

따라서 수학 점수가 60점 이상 70점 미만인 학생 수는

$\frac{4}{3}x=\frac{4}{3}\times9=12$(명)이다.

17 답 40 %

수학 점수가 70점 이상 80점 미만인 학생 수는 $x=9$(명), 80점 이상 90점 미만인 학생 수는 4명, 90점 이상 100점 미만인 학생 수는 3명이므로 수학 점수가 70점 이상인 학생 수는 $9+4+3=16$(명)이다.

따라서 수학 점수가 70점 이상인 학생은

$\frac{16}{40}\times100=40(\%)$이다.

실력 Ⅳ단원

18 답 ②

나이가 20살 이상 30살 미만인 회원 수는 8명, 30살 이상 40살 미만인 회원 수는 12명이므로 나이가 40살 미만인 회원 수는 $8+12=20$(명)이다. $\therefore a=20$

나이가 40살 이상 50살 미만인 회원 수는 5명, 50살 이상 60살 미만인 회원 수는 3명이므로 나이가 40살 이상인 회원 수는 $5+3=8$(명)이다. $\therefore b=8$

$\therefore a-b=20-8=12$

19 답 25명

(전체 학생 수)$=5+9+6+3+2=25$(명)

20 답 24 m 이상 28 m 미만

던지기 기록이 20 m 이상 24 m 미만인 학생 수가 5명, 24 m 이상 28 m 미만인 학생 수가 9명이므로 던지기 기록이 낮은 쪽에서 7번째인 학생이 속하는 계급은 24 m 이상 28 m 미만이다.

21 답 72 %

던지기 기록이 24 m 이상 28 m 미만인 학생 수가 9명, 28 m 이상 32 m 미만인 학생 수가 6명, 32 m 이상 36 m 미만인 학생 수가 3명이므로 던지기 기록이 24 m 이상 36 m 미만인 학생 수는 $9+6+3=18$(명)이다.

이때, 전체 학생 수가 25명이고, 던지기 기록이 24 m 이상 36 m 미만인 학생 수가 18명이므로

$\frac{18}{25}\times 100=72(\%)$

22 답 100

(구하는 넓이)$=$(계급의 크기)$\times$(도수의 총합)

$=4\times 25=100$

23 답 ④

④ (전체 도수)$\times$(어떤 계급의 상대도수)

$=$(그 계급의 도수) (거짓)

24 답 $A=16$, $B=0.275$, $C=1$

(전체 학생 수)$=\frac{2}{0.05}=40$(명)

$A=40\times 0.4=16$

$B=\frac{11}{40}=0.275$

상대도수의 총합은 항상 1이므로 $C=1$

25 답 0.175

윗몸일으키기 횟수가 48회인 학생이 속하는 계급은 40회 이상 50회 미만이므로 이 계급의 상대도수는

$\frac{7}{40}=0.175$

26 답 55 %

윗몸일으키기 횟수가 10회 이상 20회 미만인 계급의 상대도수는 $\frac{4}{40}=0.1$

따라서 윗몸일으키기 횟수가 30회 미만인 계급의 상대도수의 합은 $0.05+0.1+0.4=0.55$이므로

$0.55\times 100=55(\%)$

27 답 15명

평균 통화 시간이 18초 이상 20초 미만인 계급의 상대도수는

$1-(0.05+0.1+0.25+0.2+0.1)=0.3$

이때, 전체 학생 수는 50명이므로 평균 통화 시간이 18초 이상 20초 미만인 학생 수는 $50\times 0.3=15$(명)

28 답 90점 이상 100점 미만

상대도수는 도수에 정비례하므로 학생 수가 가장 적은 계급은 상대도수도 가장 작다. 따라서 1반에서 학생 수가 가장 적은 계급은 90점 이상 100점 미만이다.

29 답 30명

2반에서 70점 이상 80점 미만인 학생 수가 9명이고 이 계급의 상대도수는 0.3이므로 2반의 전체 학생 수는 $\frac{9}{0.3}=30$(명)이다.

30 답 2반

2반의 그래프가 1반의 그래프보다 오른쪽으로 치우쳐 있으므로 2반의 수학 점수가 1반의 수학 점수보다 더 좋은 편이다.

상위 1% 도전을 위한 최고의 명품 수학 문제집!

일등급 수학

[일등급 수학 고등 시리즈]

공통수학 1, 공통수학 2
대수, 미적분 I, 확률과 통계

1 내신 1등급, 수능 필수 개념 총정리

- 학교 시험에 자주 출제되고, 수능에 꼭 필요한 개념을 이해가 쉽도록 야무지게 총정리 했습니다.
- 배열된 문제를 핵심 ➡ 실전 ➡ 도전 순으로 공부를 하면 개념뿐만 아니라 유형까지 자연스럽게 완성됩니다.

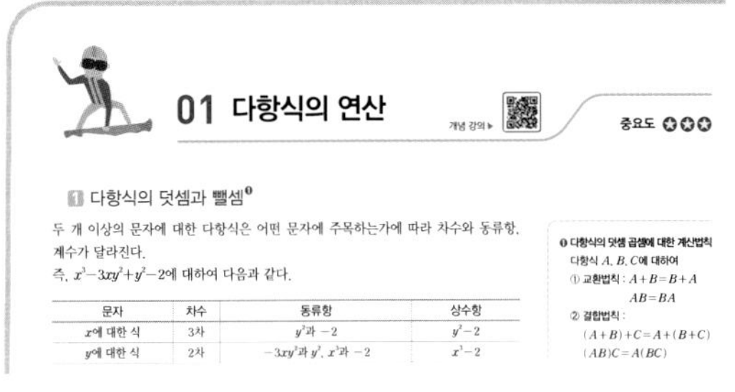

2 일등급 핵심 유형과 실전 유형

- 학교 시험 + 수능 일등급 핵심 유형을 유사 문제, 좀 더 확장된 문제에서 개념을 어떻게 적용하는지 익힐 수 있습니다.
- 핵심 유형: 대표 문제 ➡ 유제 ➡ 발전 문제가 하나의 세트로 구성되어 있어 효과적으로 공부할 수 있습니다.
- 실전 유형: 핵심 유형에서 배운 것을 학교 시험이나 수능에 어떻게 적용하는지 훈련합니다.

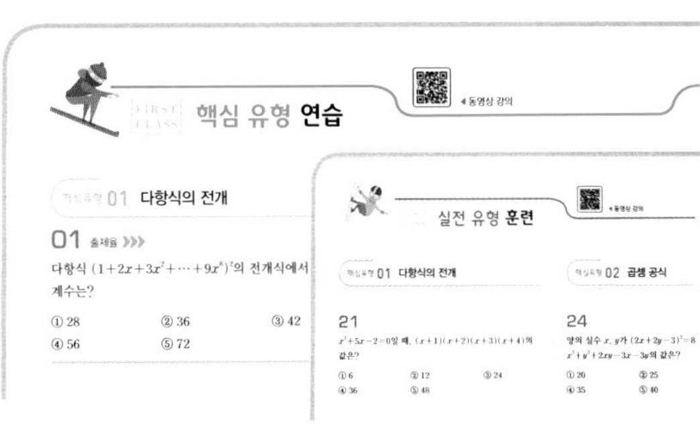

3 사고력을 키우는 최고의 명품 고난도 도전 문제

- 깊이 있는 수학적 사고를 하지 않으면 풀 수 없는 고난도 문제로 구성되어 있습니다.
- 자신이 알고 있는 모든 수학적 지식을 총동원하여 풀다보면 수학의 재미도 느낄 수 있고, 수학적 사고력을 키울 수 있어 모든 수학 시험에서 완벽한 1등급을 받을 수 있습니다.

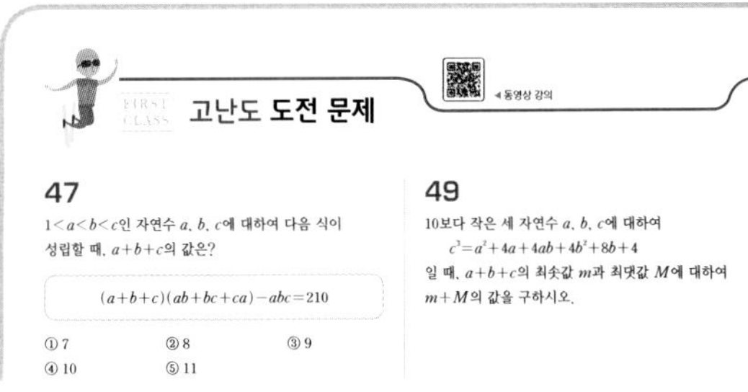